Kerstin Maiwald

Mesopotamische Schöpfungstexte in Ritualen

Mythological Studies (MythoS)

Herausgegeben von
Annette Zgoll und Christian Zgoll

Band 3

Kerstin Maiwald

Mesopotamische Schöpfungstexte in Ritualen

Methodik und Fallstudien zur situativen Verortung

DE GRUYTER

ISBN 978-3-11-111581-8
e-ISBN (PDF) 978-3-11-071922-2
ISSN 2626-9163

Library of Congress Control Number: 2020947341

Bibliografische Information der Deutschen Nationalbibliothek
Die Deutsche Nationalbibliothek verzeichnet diese Publikation in der Deutschen Nationalbibliografie; detaillierte bibliografische Daten sind im Internet über http://dnb.dnb.de abrufbar.

Dieser Band ist text- und seitenidentisch mit der 2021 erschienenen gebundenen Ausgabe.
Einbandabbildung: M-LAB © C. Zgoll 2003
Druck und Bindung: CPI books GmbH, Leck

www.degruyter.com

Vorwort

Die vorliegende Monographie ist eine überarbeitete Version meiner Ende 2017 verteidigten Dissertation an der Georg-August-Universität Göttingen. Für die Aufnahme in die Reihe Mythological Studies danke ich Prof. Dr. Annette und PD Dr. Christian Zgoll sehr herzlich.

Meiner Erstgutachterin Prof. Dr. Annette Zgoll gebührt herzlicher Dank für ihre intensive Betreuung dieses Promotionsvorhabens, die sich z. B. in vielen Gesprächen, Einblicken in ihre Forschungen, ausführliches Feedback, die Vermittlung einer tiefen Begeisterung für antike Mythen und Schöpfung im Besonderen und anderer, umfassender Unterstützung zeigte. Auch PD Dr. Claus Ambos danke ich sehr herzlich an dieser Stelle, der als Zweitgutachter meine Dissertation hervorragend betreut hat und mich ebenfalls auf vielfältige Art und Weise und nicht zuletzt durch Einblicke in seine eigenen Forschungen unterstützt hat.

Die vorliegende Monographie hat ferner von einem Austausch mit etlichen Forscher(inne)n profitiert: Ganz besonders sei hier Anja Merk gedankt für intensive Gespräche über mythische Texte und mesopotamisches Denken sowie umfassende Einblicke in ihre Forschungen. Auch Dr. Gösta Gabriel und Dr. Brit Kärger danke ich herzlich für viele Diskussionen und Einblicke in die eigenen Forschungen. Darüber hinaus konnten für meine Forschungen wichtige Erkenntnisse gewonnen werden von den Beiträgen und dem Austausch in den Oberseminaren der Altorientalistik an der Georg-August-Universität.

Dem *Collegium Mythologicum*, einer seit 2010 bestehenden Gruppe von Wissenschaftler(inne)n aus verschiedenen Fächern unter der Leitung von Prof. Dr. Annette Zgoll und PD Dr. Christian Zgoll zur Erforschung antiker Mythen, gebührt mein aufrichtiger Dank für viele Gespräche, einer tiefen Begeisterung für antike Mythen und die Schärfung von Begriffen und methodischen Zugängen rund um den antiken Mythos. Hervorzuheben ist an dieser Stelle PD Dr. Christian Zgoll, der mir umfassende Einblicke in seine Arbeit am Mythos gewährte und seine Habilitationsschrift bereits vor ihrer Publikation zur Verfügung stellte; seine Definition und Funktionsbestimmung von Mythen sowie die Definition von „Hylemen“ als kleinsten handlungstragenden Einheiten von Erzählstoffen haben meine eigenen Forschungen entscheidend geprägt. Ihm sei herzlich dafür gedankt.

Mein Promotionsvorhaben wurde u. a. durch ein Stipendium des Graduiertenkollegs 896 „Götterbilder – Gottesbilder – Weltbilder“ an der Georg-August-Universität Göttingen finanziert sowie durch ein Abschlussstipendium der Graduiertenschule für Geisteswissenschaften an der Georg-August-Universität

https://doi.org/10.1515/9783110719222-202

Göttingen. Beiden Institutionen gebührt mein aufrichtiger Dank dafür. Den Mitgliedern des Graduiertenkollegs 896 sei hier für viele fruchtbare Diskussionen und Feedback gedankt. Dr. Klaus Wagensonner hat mir großzügig exzellente eigene Fotos von Tafeln meines Schöpfungskorpus (Textzeugen zu KAR 4 und zu *Lugal-e*) zur Verfügung gestellt, wofür ich mich hier herzlich bedanke. Einblicke in die Forschungen von Prof. em. Dr. Pascal Attinger, Prof. Dr. Catherine Mittermayer und Dr. Manuel Ceccarelli im Rahmen von Veranstaltungen an der Georg-August-Universität Göttingen haben mich ebenfalls sehr bereichert; herzlicher Dank gebührt auch ihnen. Hier sei auch für die selbstlose Unterstützung durch das Besorgen von schwer zugänglicher Literatur durch Jan Steyer, Anja Piller und Katharina Ibenthal herzlich gedankt.

Bedanken möchte ich mich nicht zuletzt bei meiner Familie: ganz besonders bei Clemens Schittko und meinem Mann, Dr. Conrad Schittko, für gründliches Korrekturlesen. Sollten sich dennoch Fehler finden, sind sie allein auf mich zurückzuführen. Meinem Mann und darüber hinaus allen anderen Familienmitgliedern danke ich ferner herzlich für ihren Glauben an mich, ihre großherzige Bereitschaft, sich auf Erzählungen und Diskussionen über antike Mythen und mythische Texte einzulassen und ihre persönliche Unterstützung in jeglicher Hinsicht.

Berlin, Juli 2020
Kerstin Maiwald

Inhalt

Vorwort — V

Inhaltsverzeichnis — VII

Abkürzungsverzeichnis — XVII

Verzeichnis der Abbildungen und Tabellen — XIX

1 **Einleitung — 1**

2 **Forschungsgeschichte — 6**

3 **Allgemeine Indizien für die situative Verortung von mesopotamischen (Schöpfungs-)Texten: Methodische Annäherung I — 18**

3.1 Situationen/Handlungen im mythischen Text mit Bezug zur Gegenwart als Indiz für die Verortung: „Das Lied hören" etc. — **18**

3.1.1 Vorgehen bei der Analyse — **19**

3.1.2 Materialbasis: „Kronzeugentexte" und weitere Texte — **19**

3.1.3 Entstehung der Texte durch einen Gott und Tradierung der Texte durch Sänger (auswendig) und Schreiber (schriftlich) — **20**

3.1.4 Anwendung der Texte: Vortrag, Aufführung, wirkmächtige Verschriftung — **23**

3.1.5 Rituelle Handlungen als Spiegelung des Rituals im mythischen Text: Tempelbau, Geburt, Tanz, Tempelweihe, Prozession, Opfer etc. — **29**

3.2 Performanzangaben im mythischen Text zur Art und Weise der Aufführung oder des Vortrags: „Gegengesang" etc. — **35**

3.2.1 Vorgehen bei der Analyse — **35**

3.2.2 Strukturelle und optische Markierungen als Indiz für Performanz: musikalische Rubrik, Refrain, Trennstrich — **36**

3.2.3 Konkrete Angaben zum Singen des Textes — **39**

3.2.4 Sprachliche Angaben als Indiz für Aufführung oder Vortrag mit weiterer Anwesenheit oder Beteiligung: deiktische Pronomen — **40**

3.2.5 Sprachliche Angaben als Indiz für Aufführung oder Vortrag an Jemanden gerichtet: Personalpronomen, Possessivpronomen — **43**

3.3 Eingeschobene Anweisungen für Ritualhandlungen im mythischen Text mit Bezug zur Gegenwart als Indiz für eine rituelle Verortung: „Erschlage den Hexer“ etc. — **46**
3.3.1 Vorgehen bei der Analyse — **46**
3.3.2 Aufforderungen zu begleitenden Ritualhandlungen als Indiz für eine rituelle Verortung: Unheil rituell beseitigen etc. — **46**
3.4 Zeitangaben im mythischen Text mit Bezug zur Gegenwart als Indiz für die Verortung — **48**
3.4.1 Vorgehen bei der Analyse der Zeitangaben — **49**
3.4.2 Zeitangaben mit Bezug auf die Durchführung des Rituals in den „Kronzeugentexten“: „heute (am Tag des Rituals)“ etc. — **51**
3.4.3 Konkrete Zeitangaben im mythischen Text als spezifisches Indiz für die Verortung: „Erntefest des Gottes NN“ etc. — **57**
3.4.4 Die Aussagekraft von Zeitangaben im mythischen bzw. religiösen/kultischen Text — **70**
3.5 Indizien für die situative Verortung von Preisliedern (za$_3$-mim) — **74**
3.6 Exkurs: Kolophone und Fundkontexte als Indizien für die gesellschaftliche Verortung — **83**
3.7 Zusammenfassung: Allgemeine Indizien für die situative Verortung von mesopotamischen (Schöpfungs-)Texten — **85**

4 Bezüge zwischen mythischem Schöpfungstext und Ritual: Methodische Annäherung II — 87
4.1 Rituell markierte Schöpfungstexte (en$_2$, šiptum, ka enim-ma) vs. rituell nicht markierte Schöpfungstexte — **88**
4.2 Definitionen: Schöpfungsobjekt, Schöpfungssubjekt, Schöpfungshandlung — **90**
4.3 Definitionen: Hauptziel und Teilziel der Schöpfung — **91**
4.4 Schöpfungsobjekte der „Kronzeugentexte“ und deren Funktionalisierung im Ritual — **91**
4.4.1 Vorgehen bei der Analyse der Schöpfungsobjekte — **93**
4.4.2 Ritualteilnehmer, Ritualrahmen — **93**
4.4.3 Klassifizierung der Schöpfungsobjekte der „Kronzeugentexte“ — **96**
4.4.4 Schöpfungsobjekt „Gott“ und dessen Funktionalisierung im Ritual — **99**
4.4.4.1 Ein spezifischer Gott als Hauptziel der Schöpfung ist zugleich Ritualadressat — **99**

4.4.4.2 Ein spezifischer Gott als Teilziel der Schöpfung ist Ritualteilnehmer, Ritualadressat oder Voraussetzung für die Existenz des Ritualobjektes — **103**
4.4.5 Personales Schöpfungsobjekt „Mensch" und dessen Funktionalisierung im Ritual — **106**
4.4.5.1 Ein Embryo als Hauptziel der Schöpfung ist zugleich Ritualobjekt — **107**
4.4.5.2 Der König als Teilziel der Schöpfung ist zugleich Ritualteilnehmer und versorgt den Tempel — **108**
4.4.5.3 Die Menschheit als Teilziel der Schöpfung ist mittels Stellvertreter zugleich Ritualteilnehmer oder versorgt den Ritualort — **109**
4.4.6 Nicht-Personales Schöpfungsobjekt „Sache/Ort" und dessen Funktionalisierung im Ritual — **111**
4.4.6.1 Tempel als Hauptziel der Schöpfung ist Ritualteilnehmer und Ritualort — **112**
4.4.6.2 Pflanze als Hauptziel der Schöpfung ist Ritualteilnehmer und Ritualobjekt — **115**
4.4.6.3 Tier als Hauptziel der Schöpfung ist Ritualobjekt — **116**
4.4.6.4 Teilziele der Schöpfung sind Grundlage für Ritualobjekt TEMPEL: Gewässer, Berg, Wald, Rohr, Erde, Ziegelform, Siedlung, Stadt, Tier, Arbeit(szubehör) — **117**
4.4.6.5 Teilziel der Schöpfung ist Lebensgrundlage für Ritualobjekt EMBRYO: Knochen — **121**
4.4.6.6 Teilziele der Schöpfung gehören zum Einflussbereich des Ritualadressaten GOTT: Tempel, Fluss, Berg — **121**
4.4.6.7 Teilziel der Schöpfung sind Lebensraum des Ritualobjektes PFLANZE/TIER und wahrscheinlich Ritualort: Morast, Saatfurche, Schlamm, Gestank — **123**
4.4.6.8 Teilziele der Schöpfung sind Teil des Lebensraumes des Ritualobjektes PFLANZE/TIER: Pflanzenbestandteil und Tier — **128**
4.4.6.9 Teilziele der Schöpfung gehören zum Einflussbereich des Ritualadressaten, des Ritualgaranten oder sind Lebensraum des Ritualobjektes: Himmel und Erde — **129**
4.4.7 Nicht-personales Schöpfungsobjekt „Zeit" (Tag, Nacht) ist Ritualzeit — **132**
4.4.8 Nicht-personales Schöpfungsobjekt „Sonstiges" (alles, das Gute) ist Grundlage und Ziel des Rituals — **134**
4.4.9 Zusammenfassung: Funktionalisierung der Schöpfungsobjekte im Ritual — **135**

4.5 Zwei Ritualziele der Schöpfungstexte: Wirkmacht übertragen, Unheil beseitigen — **136**
4.6 Hauptziel der Schöpfung im Verhältnis zum Unheil, das im Ritual beseitigt wird — **137**
4.6.1 Schöpfungsobjekte vs. Unheil auf einen Blick — **138**
4.6.2 Schöpfungsobjekt verursacht Unheil — **141**
4.6.3 Schöpfungsobjekt beseitigt das Unheil — **144**
4.6.4 Am Schöpfungsobjekt geschieht das Unheil — **145**
4.6.5 Konsequenzen für die Analyse der situativen Verortung von weiteren Schöpfungstexten — **149**

5 Identifizierung von Teilnehmern und Rahmen des Rituals im (mythischen) Ritualtext: Methodische Annäherung III — 151
5.1 Vorgehen bei der Analyse der „Kronzeugentexte" — **151**
5.2 Ritualadressat — **152**
5.2.1 Überblick über Ritualadressaten in den „Kronzeugentexten" — **152**
5.2.2 Ritualadressat erscheint in der Schöpfungspassage als Hauptziel der Schöpfung — **153**
5.2.3 Ritualadressat erscheint aus anderen Gründen in der Schöpfungspassage oder im restlichen mythischen Text — **157**
5.2.4 Zusammenfassung: Indizien für den Ritualadressaten in der Schöpfungspassage und im restlichen mythischen Ritualtext — **164**
5.3 Göttliche Ritualteilnehmer: Garanten — **165**
5.3.1 Überblick über die göttlichen Garanten des Rituals in den „Kronzeugentexten" — **165**
5.3.2 Göttliche Garanten des Rituals erscheinen in der Schöpfungspassage als Teilziele der Schöpfung — **165**
5.3.3 Göttlicher Garant erscheint aus anderen Gründen in der Schöpfungspassage oder im restlichen mythischen Text — **166**
5.3.4 Zusammenfassung: Indizien für göttliche Garanten in der Schöpfungspassage und im restlichen mythischen Ritualtext — **166**
5.4 Menschliche Ritualteilnehmer: Ritualexperte, weitere — **166**
5.4.1 Ritualexperte erscheint nur in einem Fall indirekt durch eine eingeschobene Anweisung für Ritualhandlungen im mythischen Text — **167**
5.4.2 König erscheint häufig als Prototyp in der Schöpfungspassage und im restlichen mythischen Text — **169**

5.4.3 Weitere menschliche Ritualteilnehmer erscheinen als Prototypen in der Schöpfungspassage oder im restlichen mythischen Text — 172
5.4.4 Zusammenfassung: Indizien für Ritualexperten und weitere Ritualteilnehmer in der Schöpfungspassage und im restlichen mythischen Ritualtext — 178
5.5 Ritualobjekt — 178
5.5.1 Überblick über Ritualobjekte in den „Kronzeugentexten“ — 178
5.5.2 Ritualobjekt erscheint häufig in der Schöpfungspassage als Prototyp und Hauptziel der Schöpfung — 180
5.5.3 Ritualobjekt erscheint in der Schöpfungspassage als Prototyp auch aus anderen Gründen — 181
5.5.4 Ritualobjekt erscheint häufig auch im restlichen zu rezitierenden Ritualtext als Prototyp — 182
5.5.5 Ritualobjekt erscheint selten nur in der Anweisung für Ritualhandlungen — 186
5.5.6 Zusammenfassung: Indizien für das Ritualobjekt in der Schöpfungspassage und im restlichen mythischen Ritualtext — 187
5.6 Rahmen des Rituals: Ort des Rituals — 187
5.6.1 Überblick über Orte des Rituals in den „Kronzeugentexten“ — 188
5.6.2 Ort des Rituals erscheint in der Schöpfungspassage als Hauptziel der Schöpfung — 189
5.6.3 Ort des Rituals erscheint in der Schöpfungspassage als Teilziel der Schöpfung — 190
5.6.4 Ort des Rituals erscheint nur im restlichen mythischen Text — 192
5.6.5 Zusammenfassung: Indizien für den Ort des Rituals in der Schöpfungspassage und im restlichen mythischen Ritualtext — 194
5.7 Rahmen des Rituals: Zeit des Rituals — 194
5.7.1 Zeit des Rituals erscheint in der Schöpfungspassage als Teilziel der Schöpfung — 195
5.7.2 Zeit des Rituals ist häufig kein Schöpfungsobjekt in den „Kronzeugentexten“ — 196
5.7.3 Zusammenfassung: Indizien für die Zeit des Rituals in der Schöpfungspassage — 197

6 **Die situative Verortung von einzelnen Schöpfungstexten ohne eindeutige rituelle Verankerung: Zehn Fallstudien — 198**
6.1 Exemplarische Fallstudien — **198**
6.2 Definition: Ritualtext — **199**
6.3 Indizienargumentation — **200**
6.4 Indizien für mesopotamische Schöpfungstexte im Rahmen der Tempelweihe — **201**
6.4.1. Tempelweihtexte als Preislieder zur Aktivierung von Tempeln — **201**
6.4.2. Historische Quellen für Tempelweihe und deren Ablauf — **203**
6.4.3. Indizien für zyklische Tempelweihfeste — **205**

7 **Innana holt das Himmelshaus: Ritual im bzw. am Tempel — 211**
7.1 Indizien für die Einordnung als Ritualtext — **211**
7.2 Ritualadressat — **214**
7.3 Ritualobjekt — **215**
7.4 Weitere göttliche Ritualteilnehmer — **217**
7.5 Ritualexperte — **217**
7.6 Weitere menschliche Ritualteilnehmer — **218**
7.7 Ort des Rituals — **219**
7.8 Zeit des Rituals — **219**

8 **Keš-Hymne: Ritual im bzw. am Tempel — 226**
8.1 Indizienargumentation für die Einordnung als Ritualtext — **226**
8.2 Ritualadressat — **241**
8.3 Ritualobjekt — **243**
8.4 Weitere göttliche Ritualteilnehmer — **245**
8.5 Ritualexperte — **245**
8.6 Weitere menschliche Ritualteilnehmer — **246**
8.7 Ort des Rituals — **250**
8.8 Zeit des Rituals — **251**

9 **Enkis Fahrt nach Nippur: Ritual im bzw. am Tempel — 257**
9.1 Indizien für die Einordnung als Ritualtext — **257**
9.2 Ritualadressat — **265**
9.3 Ritualobjekt — **267**
9.4 Ritualexperte — **269**
9.5 Weitere menschliche Ritualteilnehmer — **272**
9.6 Ort des Rituals — **273**
9.7 Zeit des Rituals — **276**

10 Atram-ḫasīs: Ritual im bzw. am Tempel — 280
10.1 Indizienargumentation für die Einordnung als Ritualtext — **280**
10.2 Ritualadressat — **283**
10.3 Weitere göttliche Ritualteilnehmer — **287**
10.4 Ritualexperte — **287**
10.5 Weitere menschliche Ritualteilnehmer — **290**
10.6 Ritualobjekt — **292**
10.7 Ort des Rituals — **292**
10.8 Zeit des Rituals — **294**

11 Lied auf die Hacke: Ritual im bzw. am Tempel (und auf dem Feld) — 295
11.1 Indizienargumentation für die Einordnung als Ritualtext — **295**
11.2 Ritualadressat — **299**
11.3 Ritualexperte — **302**
11.4 Weitere menschliche Ritualteilnehmer — **303**
11.5 Ritualobjekt — **304**
11.6 Ort des Rituals — **306**
11.7 Zeit des Rituals — **307**

12 KAR 4: Ritual im bzw. am Tempel — 309
12.1 Indizienargumentation für die Einordnung als Ritualtext — **309**
12.2 Ritualadressat — **314**
12.3 Ritualexperte — **318**
12.4 Ritualobjekt — **321**
12.5 Ort des Rituals — **325**
12.6 Zeit des Rituals — **326**

13 Lugal-e: Ritual im bzw. am Tempel — 332
13.1 Indizienargumentation für die Einordnung als Ritualtext — **332**
13.2 Ritualadressat — **336**
13.3 Weitere göttliche Ritualteilnehmer — **339**
13.4 Ritualexperte — **340**
13.5 Weitere menschliche Ritualteilnehmer — **342**
13.6 Ritualobjekt — **343**
13.7 Ort des Rituals — **345**
13.8 Zeit des Rituals — **346**

14 Gilgameš, Enkidu und die Unterwelt: Ritual im bzw. am Kultort für Verstorbene — 353
14.1 Indizienargumentation für die Einordnung als Ritualtext — 353
14.2 Ritualadressat — 359
14.3 Ritualobjekt — 361
14.4 Ritualexperte — 362
14.5 Ort des Rituals — 363
14.6 Zeit des Rituals — 365

15 Enki und Ninmaḫ: Ritual im Tempel oder im Palast — 367
15.1 Indizien für die Einordnung als Ritualtext — 367
15.2 Ritualadressat — 376
15.3 Ritualobjekt — 376
15.4 Weitere göttliche Ritualteilnehmer — 378
15.5 Ritualexperte — 380
15.6 Weitere menschliche Ritualteilnehmer — 381
15.7 Ort des Rituals — 382
15.7.1 Indizien für Palast — 382
15.7.2 Indizien für Tempel — 384
15.7.3 Wie gehören die Indizien zusammen? — 384
15.8 Zeit des Rituals — 385

16 Theogonie von Dunnu: Ritual auf dem Feld — 390
16.1 Indizien für die Einordnung als Ritualtext — 390
16.2 Ritualadressat — 393
16.3 Ritualobjekt — 394
16.4 Weitere göttliche Ritualteilnehmer — 395
16.5 Ritualexperte — 396
16.6 Weitere menschliche Ritualteilnehmer — 397
16.7 Ort des Rituals — 397
16.8 Zeit des Rituals — 398

17 Fazit — 402

Steckbriefe der „Kronzeugentexte" — 411

Listen von mythischen Schöpfungstexten — 415

Abkürzungsverzeichnis

aB	altbabylonisch
AHW	von Soden, W., Akkadisches Handwörterbuch, Wiesbaden 1959–1981.
akk.	akkadisch
B	zu rezitierender Ritualtext (traditionell: „Beschwörung“)
BIN	Babylonian Inscriptions in the Collection of J. B. Nies, New Haven 1917 ff.
BM	Museumssignatur, British Museum
BM	Museumsnummer des British Museums
BPOA	Biblioteca del Proximo Oriente Antiguo, Madrid 2006 ff.
CAD	Roth, M. et al. (Hgg.), The Assyrian Dictionary of the Oriental Institute of the University of Chicago, Chicago 1956–2010.
CBS	Museumssignatur, University Museum in Philadelphia, Catalogue of the Babylonian Section
CST	Fish, T., Catalogue of Sumerian Tablets in the John Rylands Library, Manchester 1932.
CT	Cuneiform Texts from Babylonian Tablets in the British Museum, London 1896 ff.
durchges.	durchgesehen/e
Erm.	Museumssignatur, Eremitage, St. Petersburg
ETCSL	The Electronic Text Corpus of Sumerian Literature, ed. by Black, J.A./ Cunningham, G./ Ebeling, J./ Flückiger-Hawker, E./ Robson, E./ Taylor, J./ Zólyomi, G., Oxford, 1998–2006, http://etcsl.orinst.ox.ac.uk/.
f; ff	folgende(r); folgende
GN	Göttername
ITT	Fundnummer der Funde aus Tello
KM	Kerstin Maiwald
LKA	Ebeling, L., Literarische Keilschrifttexte aus Assur, Berlin 1953.
MSL	Materialien zum sumerischen Lexikon, Rom 1937 ff.
NATN	Owen, D. I., Neo-Sumerian Archival Texts Primarily from Nippur, Winona Lake 1982.
O	Museumssignatur, Antiquités orientales, Musée du Cinquantenaire
OECT	Oxford Editions of Cuneiform Texts, London/Oxford 1923 ff.
OIP	Oriental Institute Publications, Chicago 1924 ff.
PDT	Çig, M. / Kizilyay, H. / Salonen, A., Die Puzris-Dagan-Texte der Istanbuler Archäologischen Museen Teil 1. Texte 1–725, Helsinki 1956.
RA	Revue d'Assyriologie et d'Archéologie Orientale, Paris 1886 ff.
RAd	Ritualadressat
RH	Anweisung für Ritualhandlungen
RO	Ritualobjekt
RT	Ritualtext
SACT	Sumerian and Akkadian Cuneiform Texts in the Collection of the World Heritage Museum of the University of Illinois, Urbana 1972/1973.
SAT 1	Sigrist, M., Sumerian Archival Texts, Texts from the British Museum, CDL Press 1993.
SAT 2	Sigrist, M., Sumerian Archival Texts, Texts from the Yale Babylonian Collection, Part I, CDL Press 2000.

https://doi.org/10.1515/9783110719222-204

SO	Schöpfungsobjekt
SP	Schöpfungspassage
StOr	Studia Orientalia, Helsinki 1925 ff.
sum.	sumerisch
YOS	Yale Oriental Series. Babylonian Texts, New Haven 1915 ff.
Vs.	Vorderseite
w.	wörtlich
Westf.	Westfalen
WF	Deimel, A., Wirtschaftstexte aus Fara (= Wissenschaftliche Veröffentlichungen der Deutschen Orientgesellschaft 45), Leipzig 1924.
˹x˺	teilweise zerstörtes Zeichen
[x]	abgebrochenes Zeichen
<x>	ausgelassenes Zeichen
$x^{!}$	korrigiertes Zeichen
$x^{?}$	Zeichen mit unsicherer Lesung
(…)	lesbare Zeichen wegen Irrelevanz für die Argumentation an dieser Stelle ausgelassen
[…]	abgebrochene Zeichen

Verzeichnis der Abbildungen und Tabellen

Kap. 3.4.4:
Tab. 1: Auswahl von unspezifischen verortungsrelevanten Zeitangaben — **70**
Tab. 2: Auswahl von spezifischen verortungsrelevanten Zeitangaben — **71**
Tab. 3: Indizienargumentation: Auswahl an Zeitangaben, Situationen, Performanzangaben mit außertextlichem Bezug — **73**

Kap. 4.4.2:
Abb. 1: Ritualteilnehmer, Ritualrahmen – Ritual ohne separates Ritualobjekt — **95**
Abb. 2: Ritualteilnehmer, Ritualrahmen – Ritual mit separatem Ritualobjekt — **95**

Kap. 4.4.3:
Tab. 4: Prozentuale Klassifizierung der Schöpfungsobjekte der „Kronzeugentexte“ — **98**

Kap. 4.6.1:
Tab. 5: Verhältnis von Schöpfungsobjekt (SO), Ritualobjekt (RO) und Unheil in den „Kronzeugentexten“ — **139**

Kap. 5.2.1:
Tab. 6: Verhältnis des Ritualadressaten (RAd) zum Hauptziel der Schöpfung (SO) in den „Kronzeugentexten“ — **152**

Kap. 5.5.1:
Tab. 7: Ritualobjekte (RO) der „Kronzeugentexte“: Art, Erscheinen im Text, Verhältnis zum Hauptziel der Schöpfung, dem hauptsächlichen Schöpfungsobjekt (SO) — **179**

Kap. 5.6.1:
Tab. 8: Verhältnis von Ort des Rituals, Sache/Ort als Hauptziel der Schöpfung und Unheil in den „Kronzeugentexten“ — **188**

Kap. 6.4.3:
Tab. 9: Indizien in weiteren Schöpfungstexten für die Beschreibung einer Tempelweihe — **207**

Kap. 8.6:
Tab. 10: Menschliche Teilnehmer des Rituals in der *Keš-Hymne* — **247**

Kap. 8.8:
Tab. 11: Hypothesen zur rituellen Verortung der *Keš-Hymne* — **255**

Kap. 9.7:
Tab. 12: Hypothesen zur rituellen Verortung von *Enkis Fahrt nach Nippur* — **279**

https://doi.org/10.1515/9783110719222-205

1 Einleitung

In der Altorientalistik hat sich für eine Gruppe von Texten die Bezeichnung Mythen durchgesetzt, ohne dass eine sumerische oder akkadische Eigenbezeichnung für diese Gruppe vorliegt.[1] Nach den neuesten Forschungsergebnissen zur Mythosforschung handelt es sich jedoch bei Mythen nicht um Texte, sondern um Erzählstoffe, vorrangig von numinosen Protagonisten; diese Erzählstoffe konnten nach C. Zgoll inhaltlich und formal in verschiedenen Versionen und schriftlichen oder bildlichen Konkretionen gespeichert werden:

> Ein Mythos ist ein insgesamt polymorpher und je nach Variante polystrater Erzählstoff, wobei eine Variante eine in sich abgeschlossene Sequenz verschiedener, aufeinander bezogener Hyleme[2] darstellt, die nicht auf bestimmte mediale oder einzelsprachliche Konkretionen festgelegt ist. In einem solchen Erzählstoff (bzw. seinen Varianten) verdichten sich transzendierende und damit implizit einen Anspruch auf Relevanz für die Deutung und Bewältigung menschlicher Existenz erhebende, wesentlich kämpferisch geführte Auseinandersetzungen mit in konkreten (naturhaften oder kulturellen) Gegebenheiten verankerten Erfahrungsgegenständen, und zwar solchermaßen, daß diese Erfahrungsgegenstände in einen für die Gesamthandlung wesentlichen Zusammenhang mit aktiven Beteiligungen numinoser Mächte gebracht werden.
>
> (C. Zgoll 2019, 562)

Der überlieferte Text, der bislang als *Mythos* bezeichnet wurde, ist nach diesen Forschungsergebnissen nur eine *Variante eines mythischen Erzählstoffs*, genauer: eine verschriftete Konkretion des mythischen Erzählstoffs. Eine Variante des mythischen Erzählstoff (*Mythos*) wurde also als *mythischer Text* auf einem oder mehreren Textzeugen gespeichert und damit überliefert.

Solche mythischen Texte haben verschiedene Themen zum Inhalt. Großes Forschungsinteresse – auch über die Altorientalistik hinaus –[3] erregten bisher mythische Texte aus Mesopotamien, die Schöpfung zum Inhalt haben. In der vorliegenden Monographie sind ebenfalls mythische Texte in sumerischer oder in akkadischer Sprache bzw. als Bilingue in beiden Sprachen, die Schöpfung beschreiben, Gegenstand der Analyse. Unter *Schöpfung* wird hier eine Handlung verstanden, durch die mindestens ein Numen etwas oder jemanden auf eine spezifische Art und Weise ins Dasein bringt: Mindestens ein *Schöpfungs-*

1 Vgl. C. Zgoll (2019), der neben grundlegenden theoretischen und methodischen Überlegungen zu antiken Mythen und verschrifteten mythischen Texten u. a. eine Definition von antiken Mythen bietet; siehe dazu v. a. C. Zgoll 2019, 557–563.

2 Zum Hylem-Begriff siehe weiter unten.

3 Vgl. dazu Kapitel 2.

https://doi.org/10.1515/9783110719222-001

subjekt erschafft als spezifische *Schöpfungshandlung* ein oder mehrere *Schöpfungsobjekt(e)*.[4] Solch eine erzählte Schöpfungshandlung wird hier als mythisches *Schöpfungshylem* bezeichnet. C. Zgoll führt in seiner Habilitationsschrift den Begriff „Hylem" als „kleinste handlungstragende Einheit" bzw. „Stoffbaustein" einer konkreten Stoffversion (z. B. „Text") ein.[5] Ein mythischer Text mit mindestens einem Schöpfungshylem wird in der vorliegenden Monographie als *Schöpfungstext* bezeichnet.

Diese Schöpfungstexte sind kein einheitliches Korpus (vgl. die Liste von 52 mythischen Schöpfungstexten in Anhang I.2). Sie kommen aus zum Teil weit voneinander entfernten Regionen sowohl zeitlicher als auch räumlicher Art: Sie stammen aus ca. drei Jahrtausenden (2600–200 v. Chr.) und wurden über ganz Mesopotamien verteilt gefunden. Zudem handelt es sich um sehr heterogenes Quellenmaterial, da von der Thematik Schöpfung auf ganz verschiedene Arten erzählt wurde. Der Befund macht deutlich, dass Schöpfung ein zentrales Thema in den Textquellen ist. Dies fordert zur Frage heraus, warum Schöpfung einen so prominenten Platz in der Kultur der damaligen Menschen einnahm. Die vorliegende Arbeit versucht nun, einen Beitrag zur Beantwortung der Frage nach der *situativen Verortung* der Texte zu leisten: In welcher konkreten Lebenssituation kam der Text in Mesopotamien zum Einsatz? Was ist also sein „Sitz im Leben"? An wen ist er in dieser spezifischen Situation adressiert? Die vorliegende Monographie beschäftigt sich also mit der ursprünglichen situativen Verortung des uns überlieferten Textes in seiner Endgestalt und nicht mit derjenigen von Mythen, d. h. mythischen Erzählstoffen und ihren Schichten.[6]

Eine zweite, jedoch untergeordnete Fragestellung neben der situativen Verortung, der in der vorliegenden Dissertation nachgegangen wird, ist die nach der *gesellschaftlichen Verortung* des Textes: In welcher gesellschaftlichen Institution (Tempel, Palast, Spezialisten, die keiner Institution direkt zugeordnet werden können) könnte der überlieferte Text entstanden bzw. verankert sein? Die konkreten Personen, die den antiken Text genutzt haben, sind nur sehr schwer zu identifizieren; es wird in dieser Arbeit lediglich eine Zuordnung zu einer gesellschaftlichen Institution vorgenommen und ggf. ein Vorschlag unterbreitet, welches Amt am ehesten mit einem Text in Verbindung zu bringen

4 Nicht immer wird das Schöpfungssubjekt im Text genannt. Dies ist typisch für die Wiedergabe von Stoffen in Texten, die häufig abkürzend sind (vgl. C. Zgoll 2019, 277 f und 562 f; A. Zgoll/C. Zgoll 2019 a; A. Zgoll/C. Zgoll 2019 b). Für die Menschen der Antike war es vermutlich klar, wer gemeint war.

5 C. Zgoll 2019. Er spricht in diesem Zusammenhang von „Stoffbausteinen".

6 Mythen sind gewachsene Produkte, die in verschiedenen Schichten vorliegen, vgl. C. Zgoll 2019 und die Ergebnisse der DFG-Forschungsgruppe 2064 STRATA in: A. Zgoll/C. Zgoll 2019 b.

ist. Eine systematische chronologische, gesellschaftliche Verortung der Schöpfungstexte wird mit dieser Arbeit nicht angestrebt, weil dafür nicht genügend Indizien vorliegen.

Der antike Text, der in einer konkreten Lebenssituation verankert war, konnte in Mesopotamien in weitere Lebenssituationen gestellt werden (*erweiterte situative Verortung*), so z. B. innerhalb der Ausbildung religiöser Experten. Auf solch eine erweiterte situative Verortung kann noch heute z. B. der Fundkontext des einzelnen Schriftträgers (Tontafel etc.) hinweisen oder aber auch der überlieferte mythische Text auf diesem Schriftträger. Falls es für diese situativen Erweiterungen ausreichende Indizien gibt, werden sie in der vorliegenden Monographie vorgestellt.

Ziel dieser Arbeit ist es also, mesopotamische Schöpfungstexte situativ und – wenn möglich – gesellschaftlich zu verorten. Hierbei steht die situative Verortung im Rahmen von Ritualen im Mittelpunkt. Die Fragestellung wird durch folgende Beispiele im Detail erläutert: Kann ein Text durch mehrere Merkmale oder Indizien beispielsweise als Ritualtext eingeordnet werden, soll die situative Verortung (und damit verbunden die in dieser Situation beteiligten gesellschaftlichen Akteure) in diesem Ritualkontext aufgezeigt werden (Ritualteilnehmer, Ritualrahmen). Um welches spezifische Ritual hat es sich dabei gehandelt? Was war die konkrete Lebenssituation, in welcher der Text verwendet wurde (z. B. ein spezifisches Fest)? Wer waren die Ritualakteure (Ritualteilnehmer)? Wer sind die spezifischen Adressaten (z. B. eine spezifische Gottheit)? Was war das Ritualziel? Wo und wann fand das Ritual statt (Ritualrahmen)?

Mit dieser Arbeit wird nicht postuliert, dass alle Schöpfungstexte Ritualtexte sind. Schöpfungstexte erzählen von der Schöpfung in fernster Vergangenheit am Uranfang und sind gleichzeitig in der Gegenwart der Textrezipienten verankert und für diese bedeutsam.[7] Wie diese aktuelle Bedeutung konkret aussah, konnte ganz verschieden sein: Es ist denkbar, dass einige dieser Texte z. B. zur Unterhaltung für eine antike Gruppe beitrugen, Ätiologien für mesopotamische Gelehrte darstellten oder eine eigene Rechtsgrundlage für das Handeln in der mesopotamischen Gegenwart boten. Oder auf sie wurde im Ritual zurückgegriffen für das „Hier und Jetzt" der mesopotamischen Gegenwart.[8] Eine rituelle Verankerung bot sich für die Schöpfungstexte häufig (vgl. unten: rituelle „Kronzeugentexte"), aber nicht ausschließlich an. Wie die Arbeit gezeigt hat, waren zwölf Schöpfungstexte (die „Kronzeugentexte") in der Antike rituell verankert; diese bilden das Korpus der vorliegenden Monographie.

---

7 Zur Definition von Mythen siehe C. Zgoll 2019.
8 A. Zgoll 2012, 39.

Um der Gefahr von Einzelbeobachtungen entgegenzuwirken, wurde von mir eine Methodik erarbeitet, die viele Merkmale und Indizien berücksichtigt. Erst in der Summe der Beobachtungen eines Textes und seines Umfeldes (z. B. archäologischer Befund) können fundierte Aussagen über die Verortung dieser Schöpfungstexte getroffen werden. Jedoch sind die Fragen nach der Verankerung des Textes in einer spezifischen Lebenssituation möglicherweise nicht immer beantwortbar: Es kann beispielsweise zu wenig Indizien geben, die keine eindeutige Richtung für die Verortung angeben.

In Kapitel 2 werden die Forschungen innerhalb der Altorientalistik zu mythischen Texten und v. a. Schöpfungstexten unter dem Schwerpunkt der Frage nach der situativen und gesellschaftlichen Verortung skizziert. Die vorliegende Monographie wird in diesen Forschungsdiskurs eingeordnet.

Methodisch wird bei der Analyse wie folgt vorgegangen: Die Schöpfungstexte teilen sich in zwei Gruppen: diejenigen, die sich selbst eindeutig situativ verorten (durch rituelle Eigenbezeichnungen bzw. rituelle Serienvermerke) und diejenigen, die das nicht eindeutig tun. Die erste Gruppe umfasst zwölf Texte, die hier als „Kronzeugentexte" herangezogen werden (vgl. dazu die Auflistung in Abschnitt 3.1.2 und die Steckbriefe der „Kronzeugentexte" in Anhang I.1). Sie sind alle Ritualtexte. Weil diese „Kronzeugentexte" ihren Sitz im Leben selbst angeben, bilden sie in der vorliegenden Monographie exemplarisch die Grundlage für die restlichen Schöpfungstexte (also diejenigen ohne direkte Angaben zur situativen Verortung, wie Eigenbezeichnungen etc.).

Kapitel 3–5 der vorliegenden Arbeit sind methodische Annäherungen ausgehend von den zwölf rituellen „Kronzeugentexten", Kapitel 7–16 ist die Anwendung der Methodik auf zehn weitere, bislang nicht sicher verortete Schöpfungstexte. Im Folgenden werden die einzelnen Arbeitsschritte intensiver vorgestellt.

Kapitel 3 („Methodische Annäherung I") geht der Frage nach, welche Indizien helfen können, einen Text situativ zu verorten. Hierbei sind allgemeine Indizien interessant, nicht nur solche von mythischen Texten und Schöpfungstexten im Besonderen. In diesem Kapitel werden hauptsächlich Indizien für die Einordnung als Ritualtext erarbeitet. Einige Indizien weisen jedoch nicht zwangsläufig auf eine rituelle situative Verortung, so beispielsweise Indizien für eine Aufführung des Textes (vgl. Abschnitt 3.2.4 und 3.2.5). Die in diesem Kapitel vorgestellten Indizien für die situative Verortung müssen anschließend konkretisiert werden (vgl. Kapitel 4–6). Dieses Kapitel kann auch für Texte mit einer anderen situativen Verortung (z. B. Festmahl mit Rezitation eines Textes zur Unterhaltung) grundlegend sein.

Kapitel 4 („Methodische Annäherung II“) beleuchtet als zweiten Schwerpunkt der Arbeit den einzelnen Schöpfungstext der „Kronzeugentexte“ und dessen Verhältnis zum Ritual, in dem er verankert ist. Der mythische Schöpfungstext wird hier anhand der Schöpfungsobjekte analysiert; ausblickend sei hier angemerkt, dass weitere Elemente der Schöpfungspassage in Kapitel 5 im Fokus stehen.

Nach der Klärung von wichtigen Definitionen (Abschnitt 4.1–4.3) werden in Abschnitt 4.4 die Schöpfungsobjekte aus den Schöpfungspassagen des einzelnen „Kronzeugentextes“ auf ihre Funktion im Ritual untersucht. Dafür wird ein modellhaftes Ritualschema erarbeitet (Abbildung 1 und 2 in Abschnitt 4.4.2), das die einzelnen Ritualteilnehmer und den Ritualrahmen paradigmatisch darstellt. Es wird geklärt, inwieweit die einzelnen Schöpfungsobjekte in diesen Ritualkontext eingeordnet werden können. Anschließend werden die zwei Ritualziele der „Kronzeugentexte“ verdeutlicht (Abschnitt 4.5) und das Verhältnis des Schöpfungsobjektes zum Unheil, das im Ritual beseitigt werden soll, analysiert (Abschnitt 4.6). Auch hier wird gezeigt, dass der mythische Schöpfungstext das Ritualziel spiegeln kann.

In Kapitel 5 („Methodische Annäherung III“) werden die „Kronzeugentexte“ auf die Elemente eines Rituals (Ritualteilnehmer, Ritualrahmen) des modellhaften Ritualschemas untersucht. Hierbei wird die ganze Schöpfungspassage auf mögliche Indizien für die Identifizierung der Ritualteilnehmer und des Ritualrahmens analysiert.

Kapitel 6 ist eine Einführung für die Fallstudien der sich anschließenden Kapitel. Kapitel 7–16 wendet die Methodik aus den vorherigen Kapiteln auf zehn mythische Einzeltexte des Schöpfungskorpus an. Diese sollen situativ (und falls möglich gesellschaftlich) verortet werden, insofern es genügend Indizien für eine solche Indizienargumentation gibt.

Kapitel 17 bietet eine Zusammenfassung der Ergebnisse sowie einen Ausblick auf die Bedeutung von Schöpfungstexten in der mesopotamischen Wirklichkeit.

2 Forschungsgeschichte

Die Altorientalistik hat seit ihren Anfängen im 19. Jh. ein großes Interesse am Thema Schöpfung. Dies ist u. a. auf einen akkadischen Text mit Schöpfungshylemen[1] zurückzuführen: *Enūma elîš*. Bei diesem Werk ist besonders die Verbindung zu den biblischen Schöpfungsberichten Gegenstand des Forschungsinteresses gewesen.[2] Die Menschen- und die Weltschöpfung und damit verbunden die Analyse von Ort, Zeit und verschiedenen Motiven sind daher Ziel der Forschung seit den 60er Jahren des vergangenen Jahrhunderts.[3] Die Menschenschöpfung wird aktuell im Rahmen der Entstehung von Kultur betrachtet;[4] das Wesen des erschaffenen Menschen und das damit verbundene Menschenbild werden verstärkt zu wichtigen Forschungsfeldern der Altorientalistik.[5] Neben dieser Thematik sind spezialisierte Studien zu den mythischen Schöpfungshylemen erschienen.[6] In letzter Zeit rücken verstärkt die Tempelschöpfung und damit verbundene ontologische Fragen über das Wesen und Funktionieren von

---

1 Vgl. die Definitionen von „Hylem" und „Schöpfungshylem", die auf der Habilitionsschrift von C. Zgoll (C. Zgoll 2019) basieren, in der Einleitung der vorliegenden Arbeit.

2 Vgl. z. B. folgende Arbeiten: Delitzsch 1896; Smith 1876; Heidel 1951 (zusätzlicher Überblick: ausgewählte Texte); Johanning 1988 (Überblick: Babel-Bibel-Streit); Lambert 2008, 15–32 und 37–59 (Motivparallelen). Vgl. zur Verankerung im Ritual des Neujahrsfestes A. Zgoll 2006 a.

3 Aufgrund der zahlreichen Beiträge wird sich hier auf einige richtungsweisende Arbeiten beschränkt: Langdon 1963 (Überblick: Schöpfungssubjekte, -objekte, -handlungen); van Dijk 1964 (Überblick: sumerische Kosmogonie, Motivstudien, Umschrift/Übersetzung von Schöpfungspassagen); Pettinato 1971 (Überblick: Schöpfungshandlungen, Edition ausgewählter Texte); Lambert 1975 (Kosmogonie: ausgewählte Schöpfungssubjekte, -objekte, -handlungen); Wiggermann 1992 (ausgewählte Schöpfungssubjekte, -objekte, -handlungen); Heimpel 1993–1997, 546 f und 558–560 (Überblick: Schöpfungssubjekte, -objekte, -handlungen); Krebernik 2005 (ausgewählte Schöpfungssubjekte, -objekte, -handlungen); Wilcke 2007 (Welt- und Menschenschöpfung: ausgewählte Schöpfungssubjekte, -objekte, -handlungen, Umschriften v. ausgewählten Schöpfungspassagen); Lambert 2008 (Kosmogonie: ausgewählte Schöpfungssubjekte, -objekte, -handlungen, Übersetzung v. *Enūma elîš*); Horowitz 2011 (Überblick: Kosmogonie); A. Zgoll 2012 (Weltschöpfung, Menschenschöpfung, konzeptuelle Auswertung, exemplarische Ansätze zur situativen Verortung, Ziele von Schöpfung[stexten], Wesen und Aufgaben des Menschen); Lambert 2013 (Schöpfungssubjekte, -objekte, -handlungen, Editionen ausgewählter Texte); Horowitz 2015 (Kosmogonie).

4 Vgl. Wilcke 2007, 17–26; A. Zgoll 2012.

5 Vgl. Krebernik 2005; Wilcke 2006b; Wilcke 2010 a; Steinert 2012 b.

6 Vgl. Michalowski 1990 (Rahmen der Schöpfung); Dietrich 1995 (Motiv u$_4$-ri-a: Zeit des Uranfangs); Hruška 1996 (du$_6$-ku$_3$: Schöpfungsort) u. a. Den Hylembegriff verwenden diese Forscher noch nicht; er wird erst – wie bereits erwähnt – von Christian Zgoll (C. Zgoll 2019) eingeführt (vgl. dazu ausführlicher Kapitel 1 in der vorliegenden Monographie).

https://doi.org/10.1515/9783110719222-002

mesopotamischen Tempeln in den Blickpunkt.[7] Zudem besteht ein Interesse an der Entwicklung der mythischen Stoffe zur Schöpfung.[8] Hinzu kommen Überblicksdarstellungen über die Schöpfungsakteure (Schöpfungssubjekte, -objekte) Mesopotamiens im Vergleich mit den Nachbargebieten,[9] die auch Nachbardisziplinen (beispielsweise die Vorderasiatische Archäologie) in die Analyse des Materials einbeziehen.[10] Neue Ansätze, u. a. methodischer Art zur Verortung von *Enūma eliš*, finden sich in der Arbeit von Gabriel (2014).

Eine Frage bleibt in vielen dieser verschiedenen Studien (bis auf wenige Ausnahmen) ausgespart; das ist die Frage nach der Verortung derartiger Schöpfungstexte, d. h. dem situativen Kontext, in dem diese Texte verankert waren (situative Verortung), und dem gesellschaftlichen Umfeld, in dem sie eine Rolle spielten (gesellschaftliche Verortung). Schöpfungstexte können z. B. im Tempel, Palast, auf Feldern, am Flussufer, im Wohnhaus im Rahmen von Ritualen räumlich verortet werden. Alternativ kann man sich auch vorstellen, dass sie zur Unterhaltung im Palast rezitiert wurden. Schöpfungstexte, die im privaten Wohnhaus zu gesellschaftlichen Anlässen rezitiert wurden, sind vermutlich (weitestgehend) aufgrund des Fundzufalls nicht überliefert. Schöpfungstexte können des Weiteren innerhalb der Schreiber- und Expertenausbildung situativ verortet werden. In vielen Fällen wird es sich dabei wohl um eine sekundäre Verortung handeln, denn laut A. Zgoll schrieb man in der Antike wie auch in anderen Kulturen im Kontext der Ausbildung von Experten gerade solche Texte, die innerhalb der Lebenspraxis für bedeutsam gehalten wurden.[11]

Etliche Schöpfungstexte können im Rahmen von Ritualen verankert sein (vgl. Kapitel 1). Dieses Phänomen wird die vorliegende Arbeit zeigen. Außerdem versteht sie sich als Beitrag zur Identifizierung von allgemeinen Indizien zur Bestimmung der situativen Kontexte von mythischen Texten. Eine systemati-

---

7 Forschungsbeiträge in Auswahl: Hurowitz 1992 (Tempelschöpfung); van Dijk 1998 (Tempelontologie, Tempeltransfer auf die Erde); Janowski 2000 (Tempelontologie); Ragavan 2010 (Tempelontologie, Tempelschöpfung); A. Zgoll 2015 a (Tempelontologie, Tempeltransfer auf die Erde).

8 Vgl. Sjöberg 2002; A. Zgoll 2012; Lambert 2013; George 2016 u. a.

9 Ausgewählte exemplarische Studien: Luginbühl 1992 (Vergleich mit Griechenland); Bauks 1997 (Vergleich mit Israel); Krebernik 2005, 159–166 (Vergleich mit Israel); Kvanvigh 2011 (Vergleich mit Israel); Schmid 2012 (Vergleich mit Israel im AT und NT, Kirchengeschichte u. a.).

10 Vgl. Keel/Schroer 2008 (Vergleich mit Israel unter Berücksichtigung archäologischer Funde).

11 Persönliche Mitteilung von A. Zgoll; vgl. dies. 2011 und 2013 a.

sche Überblicksstudie zur Verortung von mesopotamischen Texten generell und spezifischer von mythischen Schöpfungstexten fehlt bis dato.

Für die Bestimmung der situativen Verortung von Texten mit und ohne Schöpfungshylem[12] kann die Arbeit auf einen wichtigen Bereich altorientalistischer Forschung zurückgreifen, nämlich die Ritualforschung.[13] Bisher sind Einzeleditionen zu verschiedenen mesopotamischen Ritualtexten erschienen; vergleichende Überblicksstudien z. B. zu Gattungen und Funktionen[14] der mesopotamischen Rituale sind weiterhin ein Desiderat in der Altorientalistik.[15] Aus dem SFB 619 „Ritualdynamik" der Ruprecht-Karls-Universität Heidelberg (2002–2013) liegen hingegen interdisziplinäre vergleichende Forschungen zu Dynamiken und Veränderungen von Ritualen über große Räume und Zeiten vor.[16] Den bisher erschienenen altorientalistischen Publikationen ist gemein, dass sie Ritualtexte nur als solche identifizieren, wenn sie eine Anweisung für Ritualhandlungen, eine Serienzuordnung, einen Formelvermerk (ka-enim-ma) für einen zu rezitierenden Ritualtext oder eine Anweisung für Ritualhandlungen durch Ritualkommentare (z. B. *Enūma elîš*) enthalten. In der altorientalistischen Forschungsliteratur herrscht eine Zurückhaltung vor, Texte als Ritualtexte zu klassifizieren, wenn solche spezifischen Vermerke nicht vorliegen. Es

---

12 Jeder Schöpfungstext enthält mindestens ein Schöpfungshylem. Zum Hylem-Begriff vgl. C. Zgoll 2019.

13 „Ritual" ist ein vielfach diskutierter Begriff in den Kultur- und Sozialwissenschaften; siehe beispielsweise Brosius/Michaels/Schrode 2013, 13–16; Selz 2007, 77–84 (mit Einführung eines mesopotamischen Ritualverständnisses). In der Altorientalistik wird darunter zumeist die Definition von Sallaberger 2007b, 421 verstanden: „eine in ihrem Ablauf festgelegte religiöse Handlung, deren Durchführung an einen bestimmten Anlaß gebunden ist"; vgl. auch Abschnitt 4.4.2 im vorliegenden Buch.

14 Eine systematische Kategorisierung von Ritualfunktionen erarbeitet A. Zgoll 2003b.

15 Vgl. Sallaberger 2007b, 422. Die nachfolgende Aufstellung einiger exemplarischer Ritualkategorien erhebt keine Vollständigkeit, sondern stellt exemplarisch die Vielfalt der mesopotamischen Rituale dar. Einen Überblick bietet Sallaberger 2007b, 424–428 (§ 4.1–4.5). Arbeiten über Rituale für eine funktionierende Kommunikation mit dem Numinosen sind z. B. Cohen 1993 (Kultischer Kalender), Sallaberger 1993 (Kultischer Kalender: Ur III), Ambos 2004 (Rituale für den Tempelbau), Linssen 2004 (Tempelrituale: seleukidisch), Walker/Dick 2001 (Götterstatuenherstellung: *mis pî*). Studien über Rituale für den Alltag der Bevölkerung sind z. B. Haas 1999 (Liebesrituale), Stol 2000 (Geburtsrituale), Tsukimoto 1985 (Rituale zur Totenpflege), A. Zgoll 2003a (Handerhebungsrituale). Zu Ritualen zur Abwehr von Unheil haben z. B. folgende Forscher gearbeitet: Farber 2014 (Rituale zur Abwehr von Lamaštu), Schwemer 2011 (Abwehrrituale gegen Magie), Maul 1994 (Löserituale: nam-bur-bi).

16 Z. B. Ambos et al. 2005 (Rituale von der Antike bis heute); Schneidmüller 2010 (Rituale zur Machterhaltung); Weinfurter/Ambos/Rösch 2010 (Bild und Ritual).

gibt bisher keine systematischen Überblicksstudien zur Identifizierung von mesopotamischen Ritualtexten ohne spezifische Ritualvermerke.

Hier ist meines Erachtens der Zugang zu den Texten entscheidend für die Frage der Zuordnung als Ritualtext oder andersartig performativer Text und damit der situativen Verortung. Die Vorannahmen, die mit den Texten, die keine Anweisungen für Ritualhandlungen überliefern, verbunden sind, können den Blick auf den Sitz im Leben solcher Texte maßgeblich beeinflussen. Es ist beispielsweise entscheidend, ob man Doxologien am Textende (z. B. za$_3$-mim NN: „Preislied auf NN!") wörtlich auffasst oder sie als Schreiberkonventionen interpretiert. So ist die altorientalistische Forschung geprägt von der Annahme eines signifikanten Unterschiedes innerhalb der sogenannten „literarischen Texte"[17], nämlich zwischen den klar ausgewiesenen Ritualtexten und den restlichen „literarischen" Texten. Eine Forschungsrichtung interpretiert den Sitz im Leben dieser letzteren Texte fast ausschließlich im Rahmen des Schreibtrainings[18] und nicht im Kontext von Ritualen der gesellschaftlichen Institutionen Palast oder Tempel (oder sogar in Ritualen der Schreiberschule selbst). Das e$_2$-dub-ba-a („Haus, das die Tafeln ausgeteilt hat"; frei „Schreiberschule") wird hier abgegrenzt von der Ausbildung performativer Ritualkunst. Dies dürfte ein Grund dafür sein, dass es bis heute nur wenige Versuche gibt, die Texte, die im e$_2$-dub-ba-a tradiert wurden, auf Indizien für eine rituelle Einbindung zu untersuchen. So werden beispielsweise bis dato von einigen Forscher(innen) die musikalischen Performanzangaben in den hymnischen Texten ausschließlich als strukturelle oder poetische Elemente gedeutet, die nicht auf einen musikalischen Vortrag schließen ließen.[19]

Die Annahme, dass die meisten Texte nicht-performativer und auch nicht-ritueller Art sind, ist seit einiger Zeit infrage gestellt worden, wie im Folgenden durch neue Erkenntnisse in Bezug auf mesopotamische Tafelsammlungen und Performanzhinweise aus den Texten gezeigt wird. In Wohnhäusern von Ritualexperten und Priestern fand man große Tafelsammlungen, die sie für die Ausübung ihres Amtes benötigten.[20] Die Forschungen zu einer Tafelsammlung von

---

17 So bezeichnen beispielsweise Black et al. 2004 die mythischen und hymnischen Texte als „literature". Um sie von den Wirtschafts- und Verwaltungstexten abzugrenzen, hat sich in der Fachliteratur die Bezeichnung *literarische Texte* eingebürgert.

18 Vgl. Michalowski 1992; Veldhuis 2004, 58 f; Brisch 2010; Michalowski 2010 a; Michalowski 2010 b, 10 f; vgl. die Zusammenfassung der Problematik bei Shehata 2009, 224 f.

19 Vgl. Brisch 2010, 162; vgl. Michalowski 2010 a.

20 Eine exzellente Zusammenstellung der Archive und Bibliotheken der Texte bietet Pedersén: Pedersén 1998; ders. 2005. Vgl. Bottéro 2001, 124 zur Rolle des Tempels („intellectual center") als Ort der Entstehung und Tradierung von Texten.

Ritualexperten in Assur belegen z. B., dass die Ausbildung hier auf die Praxis ausgerichtet war; die Kolophone geben Indizien für die rituelle Anwendung der Tafeln an.[21] Die interdisziplinäre Untersuchung von Gerstenberger zu za₃-mim („Preislied“) zeigt, dass diese Lieder Teil einer lebendigen Praxis waren und keine ausschließlich literarischen Produkte oder Übungstexte zur Schrifterlernung.[22]

Eine breitere Forschungsrichtung nimmt das Vorhandensein von rituellen Indizien wörtlich und verortet diese so erkennbaren kultischen Werke als Ritualtexte des Palastes oder Tempels.[23] So werden beispielsweise die stärker hymnisch stilisierten Texte bereitwilliger als Ritualtexte interpretiert, die zu bestimmten Anlässen im Tempel oder Palast gesungen wurden.[24] Gabbay (2007) bietet eine systematische Studie u. a. zur Performanz von verschiedenen hymnischen Emesal-Werken (balaĝ, eršema, eršaḫuĝa, šuila, sernamšuba, sernamgala) und zeigt, dass sie täglich, monatlich, jährlich und zu speziellen kultischen Anlässen von Ritualexperten dargeboten wurden.[25] Es ist auffallend, dass hymnische Textgenres, die aus heutiger Sicht als verschiedene Gebetsgattungen übersetzt werden (balaĝ, šuila, Komposita mit ser_3 [„Lied“] oder ir_2 [„Klage“]), eher rituell gedeutet werden, wohingegen die narrativen mythischen Texte oft rein literarisch interpretiert werden. Dabei werden heutige Vorstellungen, wie ein Ritualtext, der an eine Gottheit performativ dargeboten wurde, auszusehen hat, auf die damalige Zeit angewendet.[26] Der genauere Blick in die mesopotamische Überlieferung zeigt, dass auch vorwiegend narrative Texte vielfach hymnisch-preisende Passagen enthalten (vgl. z. B. *Innana holt das Himmelshaus*[27] und viele weitere Texte).[28]

---

21 Vgl. Maul 2010. Vgl. dazu Abschnitt 3.6 der vorliegenden Arbeit.

22 Vgl. dazu Gerstenberger 2018.

23 Cooper 1992, 112 spricht von „clearly cultic compositions“ des Tempels. A. Zgoll 2012, 52 f: „Der Tempel ist der eigentliche Ort, wo immer wieder der Schöpfung gedacht wird, ja von wo aus sie ihren Bestand überhaupt erst erhält .... Gerade in den Ritualen also trägt der Mensch zum Erhalt der Schöpfung bei, und insbesondere König und Priester sind mit dieser wichtigen Aufgabe betraut.“

24 Vgl. Cooper 1992, 112. Black et al. 2004, xlv geben als Ereignisse, zu denen Hymnen gesungen wurden, das Ritual der „Heiligen Hochzeit“, die Weihe von Kultgegenständen und evtl. die Renovierung von Tempeln sowie die Namensgebung eines neuen Jahres an.

25 Vgl. Gabbay 2007. Er gibt als Ritualorte z. B. Tempel, Palast, Fluss, Grab etc. an. Vgl. Gabbay 2014a und ders. 2015 sowie Maul 1988 ebenfalls zu den eršaḫuĝa.

26 Dass lange narrative Texte durchaus als Ritualtexte fungierten, zeigt beispielsweise *Enūma elîš*.

27 Vgl. A. Zgoll 2015 a. Eine neue Edition ist in Vorbereitung in A. Zgoll/C. Zgoll im Druck.

28 Vgl. Gerstenberger 2018 mit vielen Beispielen.

Eine neuere Entwicklung sind musikwissenschaftliche Untersuchungen, die eine Grundlage für Studien zur Performanz von sumerischen und akkadischen Texten bilden.[29] Der performative Charakter der mythischen Texte rückt generell stärker in das Blickfeld.[30] In diesen Bereich fallen richtungsweisende Beiträge zu den Eigenbezeichnungen der Texte am Textende, die auf eine Performanz und spezieller auf eine rituelle Verortung hinweisen.[31] Hierzu zählen ebenfalls Studien zu den Performanzangaben innerhalb der Texte.[32] Auch Analysen zu den textlich belegten Musikinstrumenten finden verstärkt Eingang in den Forschungsdiskurs.[33]

Damit einher gehen Beiträge zur gesellschaftlichen Verortung, die die Rolle der Ritualexperten (hauptsächlich nar und gala/*kalû*) im Umgang mit den sogenannten literarischen Texten beleuchten.[34] Eine Untersuchung zum Repertoire von Klagesängern von Shehata (2010) zeigt einen erweiterten situativen Kontext: Tafelabschriften wirkten im Tempel als Weihegaben.[35] Dieser Befund wurde bisher noch nicht systematisch in Bezug auf die verschrifteten Mythen ausgewertet.[36]

Erste überblicksartige methodische Ansätze für eine situative Verortung von mesopotamischen Texten liegen bereits vor. So bietet beispielsweise Selz die bisher umfangreichste methodische Annäherung an die Verortung von verschiedenen Textgenres.[37] Er untersucht exemplarisch verschiedene literarische

29 U. a. Hartmann 1960; Kilmer 1965; dies. 1992; dies. 2000; Schuol 2004; Ziegler 2007; Shehata 2009; Mirelman 2010; Mirelman/Sallaberger 2010; Gabbay/Mirelman 2011 und 2017. Eine exzellente Literaturzusammenstellung der neuesten Beiträge zur Musik Mesopotamiens (und dessen Nachbargebieten) bietet Schmidt 2011.

30 Vgl. Afanasjeva 1974; Vanstiphout 1986; Cooper 1992, 114 f; A. Zgoll 2012, 27 f (zur *Keš-Hymne*); dies. 2013 a (zu *Enlil und Ninlil*); dies. 2015 a (zu *Innana holt das Himmelshaus*); dies. 2015 b (zu *Nin-me-šara*); dies. 2015 c (zum *Lied auf Bazi*).

31 Vgl. Wilcke 1975; Rubio 2009 a; Rubio, 2009 b; Gabbay 2007 (zu balaĝ, iršema, eršaḫuĝa, šuila, sernamšuba, sernamgala).

32 Vgl. Mirelman 2010; Mirelman/Sallaberger 2010; Gabbay/Mirelman 2011 und 2017.

33 Vgl. Shehata 2006 (zu al-ĝar-sur$_9$); Gabbay 2010 (zu meze und šem); Shehata 2014 (zu ala, šem, tigi) u. a.

34 In diese Kategorie fällt eine immer größer werdende Zahl, weshalb hier nur einige rezente Arbeiten exemplarisch erwähnt werden: Löhnert 2008 (zu Schreibern und gala); Shehata 2009 (zu nar, gala, anderen Musikern); Gadotti 2010 (zu gala und nar); Pruszinsky 2010 (zu den königlichen nar in der Ur-III-Zeit); Shehata 2010 (zu gala).

35 Vgl. Shehata 2010, 176.

36 Unter „Mythos" wird in der vorliegenden Arbeit die Definition von C. Zgoll verstanden, der Mythos als Stoff klassifiziert und den verschrifteten Text als Konkretisierung des Stoffes, siehe C. Zgoll 2019; vgl. dazu ausführlicher die Einleitung der vorliegenden Arbeit.

37 Vgl. Selz 2007. Schöpfungstexte sind in dieser Studie allerdings kein Schwerpunkt.

Texte auf Indizien für gut bezeugte situative Ritualkontexte (beispielsweise rituelle Kämpfe, Götterprozessionen, rituelle Symposien).[38] Ausgehend von mesopotamischen Ritualen und Ritualkontexten verortet er Vegetationsmythen z. B. „im Rahmen sumerischer Erntefeste“.[39] Selz sieht einen Zusammenhang der Feste Mesopotamiens mit bestimmten ätiologischen Texten, die als „heortologische Riten“ Eingang in die „Fest- und Monatsnamen“ gefunden haben.[40] Jedoch trennt er teilweise die vorliegenden mythischen Texte von den konkreten Ritualtexten.[41] Selz sieht am Bsp. von *Gilgameš Tod* Indizien für die Spiegelung von Ritualen zu bestimmten Festen.[42] Rituale können ihm zufolge eine „mythologische Rückbindung“ durch die mythischen Texte erfahren.[43] Ähnliches bemerkt auch Wiggermann: „myth specifies the essentially ambiguous ritual order and thus may adapt traditional forms to a changing environment.“[44]

Cancik-Kirschbaum diskutiert anhand des Textzeugen VAT 17019 (*Mythos von der Erschaffung des Menschen und des Königs*)[45] die legitimierende Funktion eines Schöpfungsmythos für das neuassyrische Königtum und für den einzelnen Herrscher an sich („individuelle Vorherbestimmung“ durch die Götter in Kombination mit dem „Dynastiegedanken“).[46] Daneben gibt sie eine Übersicht zu „Formen der Verbindung von Mythos und Ritual“[47]: Sie unterscheidet zwischen „ritualfreien Mythen bzw. mythenfreien Ritualen“ (Gruppe A), der Verbindung von beidem (Gruppe B) und einer „interpretierenden Verknüpfung von Mythos und Ritual“ in den sogenannten „Kultkommentaren“[48].[49] Die Gruppe B ist in mehrere Untergruppen gegliedert: In Gruppe B1 klassifiziert sie Rituale als Teil der Erzählung (Unterweltsmythen mit Trauer- und Totenritualen wie beispielsweise *Innanas Gang zur Unterwelt*[50], Natur- und Schöpfungsmythen); zur Gruppe B2 gehören nach Cancik-Kirschbaum Mythen innerhalb von Ritualen,

---

38 Vgl. Selz 2007, 103–107.
39 Selz 2007, 95.
40 Selz 2007, 96.
41 Selz 2007, 99: 3.3.2 unterscheidet beispielsweise die zwei Texte *Gudea-Zylinder A* und *B* von den in ihnen beschriebenen Ritualen. Demzufolge wurden *Gudea-Zylinder A* und *B* nicht im Rahmen von Ritualen rezitiert, sondern sie verweisen lediglich auf Rituale.
42 Vgl. Selz 2007, 102 f: 3.4.3 und 3.4.3.1.
43 Selz 2007, 103: 3.4.3.1.
44 Wiggermann 2004, 396.
45 Vgl. Mayer 1987; Müller 1989.
46 Vgl. Cancik-Kirschbaum 1995 (Zitate auf S. 20).
47 Cancik-Kirschbaum 1995, 12.
48 Vgl. Livingstone 1986.
49 Vgl. Cancik-Kirschbaum 1995, 12–15.
50 Vgl. Sladek 1974.

die aufgrund einer Analogie des Rituals integriert wurden (B2a: z. B. *Kuh des Sîn*[51]) bzw. aufgrund einer Aitiologie (B2b: z. B. *Ritualtext für einen Zahnwurm*[52]) oder aufgrund von ihrer Rezitation (B2c: *Enūma eliš*[53] im Neujahrsfest).[54] Auch Averbeck beschreibt die Verbindung von Mythos und Ritual durch Analogie u. a. am Beispiel von *Enki und die Weltordnung*: „... religious *myth* is analogical *thinking* that reflects upon the human world by creating imaginative analogies between the circumstances and experiences of human beings in the world and beliefs about the world of the gods" und „... religious *ritual* is analogical *action* by means of which the performer engages with that which is perceived as reality in the world of the gods."[55] A. Zgoll zeigt, dass Mythen ins „Hier und Jetzt geholt"[56] werden konnten (u. a. im Ritual) und somit der Protagonist einer mythischen Erzählung als „mythischer Prototyp"[57] für Unternehmungen in der mesopotamischen Gegenwart den Erfolg garantieren konnte.[58]

Selz 2007 (siehe oben) geht von mythischen Texten aus, die in Ritualen rezitiert wurden (beispielsweise *Enūma eliš*) und solchen, die – obwohl Bezug nehmend auf spezifische Rituale – nicht zwangsläufig in einem Ritualkontext rezitiert wurden (z. B. die Texte, die Götterprozessionen zum Inhalt haben).[59] Auch andere Forscher unterscheiden teilweise explizit zwischen überlieferten Texten und den im Ritual rezitierten Texten. Black (1998) interpretiert z. B. *Lugalbanda and the Mountain Cave* als Allegorie für einen Prozess oder ein Ritual der Ur III-Dynastie und nicht als eigenständigen zu rezitierenden Ritualtext.[60]

Eine weitere methodische Pionierstudie zur situativen und gesellschaftlichen Verortung (inklusive Textedition) ist der Beitrag Wilckes (2012), der am Beispiel eines Einzeltextes (*Enmerkara und En-suḫkeš-ana*) sumerische mythische Texte auf performative Indizien überprüft. Seine Schlussfolgerungen zur Rolle der deiktischen Pronomen als Indizien für Performanz, das Fehlen eines zentralen Helden bzw. das Vorhandensein von mehreren Protagonisten sowie viele Szenenwechsel als Hinweise auf eine szenische Aufführung sind wichtige

---

51 Vgl. Veldhuis 1991.
52 Vgl. die Steckbriefe der „Kronzeugentexte" im Anhang.
53 Vgl. Kämmerer-Metzler 2012; vgl. A. Zgoll 2006a und Gabriel 2014.
54 Vgl. Cancik-Kirschbaum 1995, 12 f (Gruppe B1) und 13–15 (Gruppe B2).
55 Vgl. Averbeck 2003 (Zitate auf S. 767: Kursivschrift nach Averbeck).
56 A. Zgoll 2012, 39.
57 A. Zgoll 2013a, 99 (hier am Beispiel von Gilgameš für das Aufgraben der Erde z. B. im Rahmen von Kanalarbeiten).
58 Vgl. A. Zgoll 2012; dies. 2013a.
59 Vgl. Selz 2007, 103–106.
60 Vgl. Black 1998, 165.

methodische Beobachtungen, die vorbildhaft für die vorliegende Monographie geworden sind.[61] Wilcke verortet diesen Text als szenische Aufführung im Rahmen eines königlichen Trinkgelages im Haus des höchsten Offiziellen der neuen Provinz von Ḫamazi in Ur zur Zeit von Amar-Su'en und in einem zeitlich später anzusetzenden Kontext als szenische Aufführung in Schreib- und Gelehrtenkreisen.[62] Nach seiner Analyse ist die Rolle von Humor im Text ein Hinweis auf einen anderen Rahmen als einen kultisch-rituellen. Die Verbindung von möglichen situativen Kontexten und Bezügen auf einen Text in anderen Quellen wie z. B. Wirtschaftsurkunden, wie Wilcke sie für ein Bankett in Ur herstellt,[63] sind ebenfalls in die Methodik der vorliegenden Monographie als Rekonstruktion des zeitlichen Ritualrahmens übernommen worden. Wichtige Einzelbeobachtungen, die für Untersuchungen der Verortung von mesopotamischen Texten relevant sein können, hat Wilcke bereits 1975 veröffentlicht in einer literaturwissenschaftlichen Studie zu sumerischen Texten.[64] Für die Verortung spielt insbesondere eine Rolle, dass es Indizien für die Einordnung der sumerischen Texte in die drei literarischen Gattungen (Epik, Lyrik, Dramatik) gibt und dass das Textziel durch verschiedene Techniken sichtbar gemacht wird (Strukturelemente, Sprecher- und Erzählerhaltung etc.).[65]

Seit 2010 erforscht das Göttinger *Collegium Mythologicum*, eine Gruppe von Wissenschaftler(inne)n aus verschiedenen Fächern unter der Leitung von Annette Zgoll (Altorientalistik) und Christian Zgoll (Klassische Philologie und Komparatistik) antike Mythen.[66] Der Habilitationsschrift von Christian Zgoll (erschienen 2019) verdankt die antike Mythosforschung theoretische und methodische Grundlagen, z. B. eine basale Definition und Funktionsbestimmung von Mythen und zwei grundsätzliche methodische Zugriffe zur Bestimmung von Mythen als Stoff (Hylemanalyse) und zur historischen Stratifizierung von My-

---

61 Vgl. dazu Wilcke 2012, 29–32 (deiktische Pronomen), 32 f (Protagonisten), 33 (Szenenwechsel). Vgl. zu den Indizien sprachlicher Art Abschnitt 3.2.4 und 3.2.5 der vorliegenden Monographie.

62 Vgl. Wilcke 2012, 9. 36.

63 Vgl. Wilcke 2012, 7–9 (v. a. S. 9).

64 Obwohl Wilckes Untersuchung von 1975 nicht die Frage der Verortung zu beantworten sucht, ergeben sich interessante methodische Beobachtungen, die für die Beantwortung der Fragestellung der vorliegenden Monographie gewinnbringend sind. Wilcke selbst hat z. B. in seinem Beitrag (Wilcke 2012) einige der Einzelbeobachtungen seines Artikels (Wilcke 1975) aufgegriffen und auf die Untersuchung der Verortung angewendet.

65 Vgl. Wilcke 1975, 233–248 (Strukturelemente); ebd., 248–250.310–312 (Sprecher-, Erzählerhaltung).

66 Vgl. den Internetauftritt: https://www.uni-goettingen.de/de/collegium-mythologicum/410971.html.

then (Stratifikationsanalyse). Außerdem sind hier wichtige neue Begriffe für die Arbeit mit Mythen geprägt worden (beispielsweise Hylem als „kleinste handlungstragende Einheit"), die in der vorliegenden Monographie übernommen wurden. Eine weitere grundlegende Analyse der Arbeit mit Mythen haben verschiedene Autoren in einem von Zgoll und Kratz 2013 herausgegebenen Band vorgelegt, in dem interdisziplinäre[67] Mythosbeiträge zur „Leistung und Grenze von Mythen" gesammelt werden.[68]

Studien von A. Zgoll (2006a zu *Enūma elīš* im Neujahrsfest; 2012, 27 f zur *Keš-Hymne*; 2013 zu *Enlil und Ninlil*; 2015a zu *Innana holt das Himmelshaus*; 2015b zu *Nin-me-šara*; 2015c und 2019 zum *Lied auf Bazi*) sind weitere richtungsweisende Beiträge zur situativen Verortung von Texten und spezifisch von denjenigen mit mythischem Inhalt. Zgoll gelingt es, anhand detaillierter Textanalysen auf Basis neuer Übersetzungen und durch Anwendung der neuen Methoden der Mythosforschung (C. Zgoll 2019) die Verankerung von einigen „literarischen" Texten im Rahmen von konkreten Ritualen bzw. Festen nachzuweisen, beispielsweise *Enūma elīš* nicht nur im babylonischen Neujahrsfest, sondern zusätzlich in Ritualen am Monatsanfang.[69] Sie zeigt etliche Hinweise dafür, dass der Mythos von *Enlil und Ninlil* im Rahmen von Ritualen während Kanalarbeiten eine wichtige Rolle gespielt haben mag. Zgoll arbeitet Indizien für eine rituelle szenische Aufführung des akkadischen *Lied auf Bazi* innerhalb eines Tempelweihfestes heraus inklusive begleitender Ritualhandlungen, auf die eine Anweisung für Ritualhandlungen innerhalb des mythischen Textes zur Erschlagung von Feinden (vermutlich vorgestellt in Gestalt von Ersatzfiguren) hinweist.[70] Außerdem stellt sie Indizien zur Verankerung des Mythos in Ritualen der mesopotamischen Wirklichkeit (dem „kultischen ‚Heute'") in *Innana holt das Himmelshaus* heraus.[71]

Studien von Daliah Bawanypeck als Fellow des Göttinger Lichtenberg-Kollegs (2010/2011) und Mitglied des Collegium Mythologicum zur Verortung von hethitischen Mythen sind – obwohl hethitische Texte in der vorliegenden Monographie nicht berücksichtigt werden – methodisch äußerst interessant für

67 Die Beiträge kommen aus den Fächern Ägyptologie, Altorientalistik, Arabistik, Iranistik, Klassische Philologie, Kulturanthropologie, Religionswissenschaft, Theologie.

68 Vgl. den Titel des Sammelbandes: „Arbeit am Mythos. Leistung und Grenze des Mythos in Antike und Gegenwart" (Zgoll/Kratz 2013).

69 Vgl. A. Zgoll 2006 a auf Basis von Çağirgan/Lambert 1991–93.

70 Vgl. A. Zgoll 2015 c.

71 Vgl. A. Zgoll 2015 a, 54.

die Verbindung von mythischen Texten im Ritual eines Festes.[72] Diese Verbindung wird in der vorliegenden Arbeit für mesopotamische Schöpfungstexte (auf Sumerisch, Akkadisch) geprüft. Auch die Forschungen von Sallaberger (2019) geben Hinweise zur situativen Verortung von Schöpfungstexten innerhalb von Ritualen auf „kultische[n] Festen".[73]

Neben diesen umfassenden methodischen Ansätzen existieren vereinzelte Analysen von sumerischen und akkadischen mythischen Texten mit und ohne Schöpfungsbezug, in denen die situative Verortung als Randthema vorkommt. Die Texte aus dem Umfeld von Innana und Dumuzi werden fast als einziges Korpus weitgehend im Rahmen von Ritualen verortet.[74] Weitere situative Verortungen werden eher ohne religiöse[75] Verankerung als Darbietungen zur Unterhaltung bzw. Herrschaftslegitimierung gesehen. Vanstiphout (2003) deutet z. B. die sumerischen Werke um Uruk und Aratta[76] als szenische Aufführungen entweder auf königlichen Festen oder (evtl. sekundär) in kleinerem Rahmen, beispielsweise in der Schreiberschule; allerdings untersucht er sie nicht systematisch auf Performanzindizien.[77]

Auch dort, wo einzelne mythische Texte mit Schöpfungshylemen aufgrund von Einzelbeobachtungen situativ verortet werden – wie z. B. die *Keš-Hymne* als „Wallfahrts- oder Prozessionshymne"[78] (und damit als Ritualtext) oder *Enki und Ninmaḫ* als humoristischer Schultext[79] –, steht die Frage nach der situativen Verortung in der Regel nicht im Vordergrund.

72 Zu nennen sind hier ihre auf Vorträgen des Collegium Mythologicum vorgestellten Ergebnisse sowie der von ihr organisierte Workshop „Die Verortung von Mythen und Ritualen in Hattusa" vom 23.05.2011 in Göttingen.

73 Vgl. Sallaberger 2019 (Zitat auf S. 102).

74 Jacobsen 1976 (innerhalb von Tempelritualen der „Heiligen Hochzeit"); Komoróczy 1982 (auch als Rituale des Palastes); Sefati 1998 („Heilige Hochzeit", weitere Tempelrituale, Rituale der Königskrönung).

75 Nach dem in der Forschung vorherrschenden Ritualverständnis gelten Handlungen, die u. a. zur Unterhaltung dienen (auf Banketten etc.) nicht als religiöse Handlungen und damit nicht als Rituale (siehe Sallaberger 2007 b, 421). Im Folgenden wird von mir argumentiert, dass diese Handlungen auch religiöse Komponenten im weiteren Sinn haben können, weil die numinose Teilnahme stets vorauszusetzen ist.

76 *Enmerkara und der Herr von Aratta*, *Enmerkara und En-suḫkeš-ana*, *Lugalbanda I*, *Lugalban-da und der Anzu-Vogel*.

77 Vgl. Vanstiphout 2003, 14.

78 Vgl. Wilcke 2006 a, 220. Wilcke sieht in der Art der Beschreibungen des Tempels (von Äußerungen aus der Ferne zu nahen Details im Tempelbereich) ein Näherkommen des Sängers im Rahmen einer Wallfahrt.

79 Vgl. Ceccarelli 2016, 54.

Abschließend bleibt anzumerken, dass die vorliegende Monographie auf den vorhandenen Erkenntnissen aufbaut und diese um eine systematische Methodik zur Erforschung der situativen Verortung von mesopotamischen Schöpfungstexten im Rahmen von Ritualen erweitert. Die weitere Forschung mag prüfen, inwiefern diese Methode fruchtbringend für die Suche nach der Verortung weiterer Texte auch außerhalb von Ritualen sein kann.

3 Allgemeine Indizien für die situative Verortung von mesopotamischen (Schöpfungs-)Texten: Methodische Annäherung I

In diesem Kapitel werden allgemeine Indizien für die situative Verortung von Schöpfungstexten und anderen mythischen Texten vorgestellt. Hierbei sind insbesondere die Realbezüge im Text wichtig, also alles, was eine Entsprechung in der mesopotamischen „Real"-Welt hat. In Abschnitt 3.1 werden im Text erwähnte Situationen und Handlungen auf ihre Aussagekraft für die situative Verortung beleuchtet. Das geschieht in engem Zusammenspiel mit einer Analyse der Angaben zu Zeit und Performanz. Die Diskussion der Performanzangaben erfolgt in Abschnitt 3.2. Anschließend werden Anweisungen für Ritualhandlungen im Text beleuchtet (Abschnitt 3.3). Zeitangaben im mythischen Text mit Bezug zur Gegenwart sind eindeutige Indizien für die situative Verortung eines Textes als Vortrag oder Aufführung (Abschnitt 3.4). Eine Fallbeispielstudie zur Verortung von Preisliedern (za₃-mim) erfolgt in Abschnitt 3.5, weil diese Eigenbezeichnung für die meisten mythischen Texte (inklusive Schöpfungstexte) verwendet wurde, und sie ein wichtiges Indiz für die situative Verortung darstellt. Als letztes Indiz für die Rekonstruktion der situativen Verortung von Schöpfungstexten und als Ausblick auf deren gesellschaftliche Verortung werden die Fundkontexte und Kolophone in Abschnitt 3.6 vorgestellt.

3.1 Situationen/Handlungen im mythischen Text mit Bezug zur Gegenwart als Indiz für die Verortung: „Das Lied hören" etc.

In Texten mit und ohne Schöpfungshylem sind teilweise Situationen oder Handlungen genannt, die einen außertextlichen Bezug aufweisen. D. h. sie beziehen sich nicht nur auf die Textebene und den darin verarbeiteten mythischen Erzählstoff (vgl. C. Zgoll 2019), sondern spiegeln Situationen und Handlungen außerhalb des (Schöpfungs-)Textes aus der mesopotamischen „Real"-Welt wider. Diese verschiedenen Handlungen bzw. Situationen im (Schöpfungs-)Text können Indizien für die situative Verortung sein. Sie können entweder Indizien für den Text sein, in dem sie erwähnt werden (eigene situative Verortung), oder können generelle Einblicke in die situative Verortung anderer Texte oder Textarten geben.

https://doi.org/10.1515/9783110719222-003

3.1.1 Vorgehen bei der Analyse

In einem ersten Schritt (Abschnitt 3.1.3) werden direkte Indizien der Texte vorgestellt, die einen Einblick in die Entstehung und Tradierung der Texte geben (gesellschaftliche Verortung). Danach werden die Indizien für die Anwendung der Texte vorgestellt (situative Verortung; Abschnitt 3.1.4). Dabei ist häufig besonders das Textende aufschlussreich.[1] Direkte Indizien für die Entstehung, Tradierung oder Anwendung der Texte müssen nicht Teil des zu rezitierenden Textes sein; oftmals befinden sie sich in einer Textunterschrift, die mit einer Anweisung für Ritualhandlungen vergleichbar ist. Danach werden die indirekten Indizien für die situative Verortung spezifischer Texte diskutiert. Dazu gehören z. B. rituelle Handlungen von Ritualexperten oder vom König (innerhalb des jeweiligen Textes), die auf eine situative Einbettung des Textes innerhalb spezifischer Ritualabläufe schließen lassen (Abschnitt 3.1.5).

3.1.2 Materialbasis: „Kronzeugentexte" und weitere Texte

Als Materialbasis fungieren bei jedem Schritt zuerst die Texte mit gesicherter Verortung („Kronzeugentexte"). Die im Folgenden als „Kronzeugentexte" bezeichneten zwölf Texte sind durch eine Markierung (ein ritueller Vermerk wie ka-enim-ma etc.) als Ritualtexte ausgewiesen und waren daher sicher im Ritual verankert. Es handelt sich hierbei um den *Ritualtext für ein Gerstenkorn I*, den *Ritualtext für ein Gerstenkorn II*, den *Ritualtext für einen Wurm* (= YOS 11,5), den *Ritualtext für einen Zahnwurm*, den Ritualtext *Doppelschöpfung von Anu und Ea*, den *Ritualtext für den Schöpfungsstrom*, einen *Geburtsritualtext*, das Tempelbauritual *Tonmännchen und Puppen*, den Ritualtext *Als An/Anu, Enlil, Enki/Ea Himmel und Erde schufen*, die *Kosmologie des kalû*, den Ritualtext *Erschaffung von Eridu-Babylon* und den *Ritualtext für Šamaš* aus der Serie *bīt*

---

1 Dies steht im Kontext von Ergebnissen der Göttinger Mythosforschung um A. Zgoll und C. Zgoll und das Collegium Mythologicum (http://www.uni-goettingen.de/de/collegium-mythologicum/410971.html), die herausgearbeitet haben, dass die Verschriftlichungen mythischer Erzählstoffe häufig an ihrem Ende eine besondere Funktionalisierung erkennen lassen. Zum Begriff der Funktionalisierung vgl. C. Zgoll 2019, 418–428. Die Rolle des Textendes oder Mythenendes für die Bestimmung der Funktionalisierung eines Textes bzw. Mythos wird in einer geplanten Publikation des Collegium Mythologicum dargelegt werden; Basis dafür sind Arbeiten zur Hermeneutik von Mythen, vgl. http://www.uni-goettingen.de/de/601516.html.

rimki.[2] Anders als die „Kronzeugentexte“ tragen die restlichen Schöpfungstexte, von denen zehn in der vorliegenden Arbeit in den Kapiteln 7–16 verortet werden, keinen rituellen Vermerk. Sie werden zusätzlich zu den „Kronzeugentexten“ auf Indizien für die situative Verortung untersucht, ebenso weitere Texte außerhalb des Schöpfungskorpus. Im Folgenden wird gezeigt, dass nicht nur eine rituelle Markierung (wie wie ka-enim-ma) anzeigt, dass ein Text auch außerhalb der Schreiberausbildung verankert gewesen war.

3.1.3 Entstehung der Texte durch einen Gott und Tradierung der Texte durch Sänger (auswendig) und Schreiber (schriftlich)

Da die „Kronzeugentexte“ außerhalb des Ritualvermerks keine direkten Indizien für die Entstehung und Tradierung allgemein von Texten oder spezifisch von dem jeweiligen Einzeltext aufweisen, werden gleich die Texte mit mindestens einem Schöpfungshylem untersucht. *Rulers of Lagaš* gibt einen Hinweis auf die eigene Entstehung an:

200	e_2-dub-ba sar-[r]a ^{d}Nissaba z[a_3-mim]	Nissaba, die (den Text) für das „Haus, das die Tafeln ausgeteilt hat“ geschrieben hat, sei das Preislied!

Rulers of Lagaš Z. 200[3]

Dieser Text enthält ein Indiz für die eigene Entstehung: Er ist von der Göttin Nissaba aufgeschrieben worden. Hier ist klar eine Tradierung im Kontext der Schreiberausbildung angegeben: Der Text ist für das „Haus, das die Tafeln ausgeteilt hat“ von der Göttin Nissaba geschrieben worden (gesellschaftliche Verortung). Ein Verweis auf eine weitere außerschulische Anwendung liegt nicht vor, jedoch auf eine Anwendung innerhalb der Schreiberausbildung: Im Kontext der Schreiberausbildung soll das Preislied auf Nissaba verkündet werden (situative

2 Im Anhang sind die „Kronzeugentexte“ mit Steckbriefen aufgelistet. *Enūma eliš* wurde in der vorliegenden Monographie nicht als „Kronzeugentext“ aufgenommen, obwohl seine Zuordnung als Ritualtext des Neujahrsfestes zumindest für das 1. Jt. v. Chr. gesichert ist. „Kronzeugentext“ wird vorliegend in einem sehr engen Sinn verstanden, nur wenn eine eindeutige Selbstklassifizierung als Ritualtext vorliegt. Somit sind alle Texte mit Schöpfungshylem, die ausschließlich durch andere Texte (Ritualkommentare etc.) als Ritualtext „fremdklassifiziert“ werden, nicht berücksichtigt. Weil *Enūma eliš* keine Anweisung für Ritualhandlungen oder Klassifizierung als Beschwörungstext (EN_2, *šiptum*) enthält, gilt er hier nicht als „Kronzeugentext“.

3 Die Umschrift basiert auf Sollberger 1967, 282; Übersetzung KM.

Verortung). Es ist ihr Preislied, d. h. ein Preislied an sie adressiert. Solch ein Indiz für eine Tradierung explizit innerhalb der Schreiberausbildung ist singulär, wie sich zeigen wird. Auch die folgenden Belege enthalten Indizien für die Entstehung des Textes durch einen Gott und die Weitergabe an die Menschen, damit sie ihn anwenden können (situative Verortung), z. B. als Preislied.[4]

So zeigt auch *Šulgi E* (ein Text außerhalb des Schöpfungskorpus) das Zusammenspiel von göttlicher (bzw. mythischer) und menschlicher Ebene in Bezug auf Lieder auf Šulgi (Z. 240: en₃-du-ĝu₁₀, Z. 241: ser₃-ĝu₁₀). Šulgi beschreibt hier das Komponieren (Z. 243: enim--ĝa₂-ĝa₂) von Liedern durch den Gott Enki, das Sprechen bzw. Singen (Z. 244: du₁₁) dieser Lieder durch die Göttin Ĝeštin-ana, das Aufschreiben (Z. 246: sar) der fertigen Lieder im himmlischen Haus der Weisheit und die Weitergabe (Z. 249: tum₂) dieser Lieder durch irdischen Sänger (nar) an den irdischen Schreiber (dub-sar).[5]

Entstehung der Königshymnen:
243 enim ᵈEn-ki-ke₄ mu-ši-ĝa₂-ĝa₂-a-am₃   Es sind Worte, die Enki (für mich) einsetzt.
244 ḫul₂-ḫul₂-e ša₃-ta du₁₁ tal₂-tal₂ ᵈĜeštin-an-na-ka-kam   Das freudige Aus-dem-Herzen-Sprechen und (sie) Bekanntmachen ist (Sache) von Ĝeštin-ana,
245 u₄ ul-le₂-a-aš nu-ḫa-lam-e-de₃   damit sie für alle Zeiten nicht vergessen werden.

Situative Verortung und Tradierung der Königshymnen:
249 nar-e dub-sar ḫe₂-en-ši-tum₂-mu igi ḫe₂-en-ni-[i]n-bar-re   Möge der Sänger sie (= die Worte) dem Schreiber nahebringen,[6] möge der seine Augen darauf richten;
250 ĝeštug₂ ĝizzal ᵈNissaba-ka-kam   – das ist (ja) der weite Verstand (= die hohe Kunst), (den) Nissaba (gewährt) –
251 dub za-gin₃-gen₇ gu₃ ḫe₂-na?-ta?-de₂-e   möge er es (= das Lied) wie von einer Lapislazuli-Tafel (= von einer sehr kostba-

---

4 Zur mündlichen Performativität von Preisliedern vgl. Abschnitt 3.5.
5 Vgl. zur Verortung der Šulgi-Hymnen (Indizien aus *Šulgi E* etc.) u. a. als vorzutragende Texte Vacín 2013, 235 (siehe auch Anm. 10); vgl. auch Ludwig 1990, 41–65 („Zum ‚Sitz im Leben' sumerischer Königshymen", v. a. im Götter-, Königskult, auf Festen, dort auch weitere umfangreiche Literaturangaben) und Klein 1981.
6 Anders ETCSL 2.4.2.05: „The scribe should bring it to the singer …". Da tum₂ („bringen") hier offensichtlich transitiv konstruiert ist und dub-sar („Schreiber") ohne Ergativmarkierung geschrieben ist, kann er nicht das Subjekt des Satzes sein.

ren Tafel) für ihn (= für den Schreiber)[7] ausrufen.

Šulgi E Z. 243–245 und Z. 249–251 (ausgewählte Zeilen)[8]

Für die situative Verortung ist die Entstehung von Texten durch die Götter (vgl. Enlil als Verkünder der *Keš-Hymne* und Nissaba als Schreiberin derselben) bedeutend: Es handelt sich um „Heilige Texte"[9]. Diese werden an ausgewählte Menschen weitergegeben. Die Priester und der König konnten als Vermittler zwischen Göttern und Menschen in dieser Art und Weise fungieren; nur sie besaßen das umfangreiche Wissen und Repertoire, das für die Kommunikation mit der göttlichen Sphäre unabdingbar war. Interessanterweise wird hier in *Šulgi E* die Weitergabe an den Sänger beschrieben; damit werden die Texte als mündliche performative Texte gekennzeichnet. Außerdem wird in *Šulgi E* die Verbindung des Sängers (und damit die performative Verkündigung der Lieder) zum Schreiber (dub-sar) ersichtlich: Die Lieder, die vom Sänger verkündet wurden, sollten im Kontext der Schreiberausbildung weiter tradiert werden.

Der bisherige Befund lässt sich wie folgt zusammenfassen: Mythische Texte (inklusive Schöpfungstexte) können Indizien für ihre Entstehung, situative Verortung und Tradierung liefern. Hierbei sind Lexeme performativer Art (sprechen, Mund etc.) sowie nicht-performativer Art (schreiben etc.) zu beachten. Daneben sind Lexeme unklarer Art einzubeziehen, die mit anderen Indizien auf ihre eventuelle Performativität abgeglichen werden müssen (Worte, geben etc.). Texte mit mythischem Inhalt können Indizien enthalten, die auf eine Entstehung durch einen Gott hinweisen, auf eine performative Verankerung (situative Verortung) bzw. auf eine Tradierung durch verschiedene gesellschaftliche Institutionen, wie beispielsweise Schreiberschule, Palast oder Tempel (gesellschaftliche Verortung).

---

7 Möglich wäre hier auch als Dativobjekt Enki oder Nissaba, die in Zeile 243 bzw. 250 im Zusammenhang mit dem Verkünden der Worte erwähnt werden.

8 Die Umschrift basiert auf Klein/Sefati 2014, 89 f; vgl. ETCSL 4.14.3 und Ludwig 1990, 43; Übersetzungen von Klein/Sefati 2014, 90 f mit Modifikationen von KM.

9 Zitat von Annette Zgoll aus ihrem Vortrag „Heilige Texte des antiken Mesopotamien – neue Entdeckungen zu frühesten religiösen Schriftquellen der Menschheit" im Rahmen der öffentlichen Ringvorlesung „Verstehst du auch, was du liest? Debatten über Heilige Texte in Orient und Okzident" an der Universität Göttingen, gehalten am 23. Oktober 2018 in der Historischen Staats- und Universitätsbibliothek Göttingen, vgl. https://youtu.be/JgwMuwCgIVo (abgerufen am 20.11.2019).

3.1.4 Anwendung der Texte: Vortrag, Aufführung, wirkmächtige Verschriftung

Die „Kronzeugentexte" weisen außerhalb des Ritualvermerks keine direkten Indizien auf, wie sie selbst angewendet werden sollen bzw. geben keine direkte Auskunft über die Anwendung von anderen Texten, weshalb im Folgenden unmittelbar die anderen Schöpfungstexte untersucht werden.

Die Textunterschrift des *Liedes auf Bazi* enthält ein Indiz zur situativen Verortung (vgl. die Textstelle in Abschnitt 3.4.3):

58	*⸢ši*$^{?}$*⸣-[i*$^{?}$*]-⸢ir*$^{?}$*⸣ [*^{d}*B]a-⸢zi⸣ ša i-nu-u*$_2$*-ma* ERIN$_2^{ḫa}{}_2$	⸢Lied⸣ auf [B]a⸢zi⸣, das, wenn die arbeitsfähigen Leute[10]
59	[*i-na*] U$_4$ [x (x) x] *i-il-lu-<u*$_2$*> iz-za-am-ma-ru*	[am] Tag [...] heraufkommen, gesungen wird.

Lied auf Bazi Z. 58 f[11]

Hier ist eindeutig der gesamte Text, in dem der Mythos von Bazi erzählt wird, als Einheit (⸢Lied⸣ des [B]a⸢zi⸣) klassifiziert, die an einem bestimmten Tag im Jahr gesungen wird. Auch dieser Text verweist auf eine rituelle Anwendung. Um den genauen spezifischen Rahmen des Rituals (Thema, Ritualadressat, Ritualobjekt etc.) zu bestimmen, muss der Text des Liedes genau untersucht werden (vgl. Kapitel 4).

Der Epilog von *Atram-ḫasīs* enthält ein direktes Indiz zur Anwendung: Dieser Text wurde in der Öffentlichkeit gesungen. Ein altbabylonischer Textzeuge von *Atram-ḫasīs* aus Ninive (BM 78942+, Textzeuge C$_1$ bei Lambert/Millard 1999) enthält am Ende der drei Tafeln des Textes einen Hinweis auf diese situative Anwendung:

14	*ša-ni-it-ti-iš-[ka]*	Zu [deinem] (= Enlils) Preis
15	*an-ni-a-am za-ma-[ra]*	mögen dieses Lie[d]
16	*li-iš-mu-ma* ^{d}*I-gi-g[u]*	die Igig[i] hören und
17	*li-iṣ-ṣi*$_2$*-ru na-ar-bi-ka*	mögen deine Größe bewahren!
18	*a-bu-ba a-na ku-ul-la-at ni-ši*	Von der Flut habe ich für alle Menschen
19	*u*$_2$*-za-am-me-er ši-me-a*	gesungen. Hört!

Atram-ḫasīs 3,8,14–19[12]

10 Die Übersetzung von *ṣābū* folgt A. Zgoll 2015 c, 72; vgl. A. Zgoll 2019, 1211.1216.1232 und 1239 („Leute") und George 2009, 9 („people"); vgl. dazu George 2009, 14.

11 Die Umschrift basiert auf A. Zgoll 2019, 1239 und George 2009, 8; Übersetzung A. Zgoll 2019, 1239, mit geringfügigen Modifikationen durch KM; vgl. auch A. Zgoll 2015 c, 73.

12 Die Umschrift basiert auf Lambert/Millard 1999, 104; Übersetzung KM.

Die Zeile 18 f enthält einen direkten Hinweis für die rituelle Anwendung: Das Lied wurde von einer Person gesungen.[13] Dieses Indiz ist mit weiteren Indizien des Textes abzuklären (Sprecherhaltungen, Rede-Einleitungen etc.). Die Zeilen 16 und 19 bestätigen die Darbietung des Textes, indem sie angeben, dass das Lied gehört werden soll. Die Igigi-Götter sind als erste Adressaten genannt; vgl. *Enki und Ninmaḫ* Abschnitt B Z. 111, wo ebenfalls die Götter das Lied hören sollen. Daher ist dieses Lied für den Gebrauch in einem religiösen Kontext und nicht in erster Linie zu Unterhaltungszwecken gedacht. Dieses Lied zielt in erster Linie auf die Bewahrung der Größe eines Gottes durch andere Götter! Darüber hinaus sollen auch die Menschen erreicht werden.

Auch *Enki und Ninmaḫ* enthält in Zeile 111 (Abschnitt B) eine Angabe zum Hören des Liedes.

B110	ser$_3$ ⌜nam$^?$⌝-⌜x⌝ (⌜x⌝) ⌜dugud$^?$⌝ ⌜x⌝ [...] ⌜nam⌝-⌜dub$^?$⌝-[sar$^?$ ...]	„Das [...]-Lied, gewichtig/e$^?$ [...] Schreib$^?$[kunst ...],
B111	diĝir ĝeš tuku-a-bi u$_4$-ĝu$_{10}$-ul du$_3$-⌜a$^?$⌝(-)[x x x] e$_2$-ĝu$_{10}$ ḫe$_2$-AK-[e]	nachdem die Götter (das) gehört haben, wird der erschaffene Uĝu'ul [...] Er möge meinen Haushalt führen."[14]
B112	^{d}Nin-maḫ-⌜e⌝ en gal ^{d}En-ki-ke$_4$ za$_3$ nu-mu-ni-in-ša$_4$	Ninmaḫ war dem großen Herrn Enki nicht ebenbürtig.
B113	aia ^{d}En-ki za$_3$-mim-zu du$_{10}$-ga	Vater Enki, dein Preislied ist ausgezeichnet.

Enki und Ninmaḫ Abschnitt B Z. 110–113[15]

Auch hier verweist das Indiz auf eine Anwendung des Gesamttextes im Ritual. Da die Götter das Lied hören sollen, ist hier ein ritueller Rahmen mit göttlicher Beteiligung gegeben. Das Indiz für die situative Verortung befindet sich hier ebenfalls am Textende: Es folgen zwei weitere Zeilen mit der Doxologie (Z. 112 f). Weil sich das Indiz innerhalb der Rede des Enki befindet, ist es Teil des zu rezitierenden Ritualtextes (und des Schöpfungstextes) und nicht mit einer abgetrennten Anweisung für Ritualhandlungen zu verwechseln.

Die *Theogonie von Dunnu* enthält ebenfalls ein Indiz für dessen Anwendung im Ritual:

13 Zur Performanz des Textes vgl. Shehata 2001, 237 f mit Anm. 1372.

14 Die Übersetzung von e$_2$--AK mit „Haushalt führen" folgt Ceccarelli 2016, 131; vgl. den Kommentar in ebd., 197. Hier ist das Führen des Tempelhaushalts durch den zukünftigen Menschen gemeint, zu dem der Uĝu'ul heranwächst; vgl. dazu die Abschnitte 15.1 und 15.3 zu *Enki und Ninmaḫ* im vorliegenden Buch.

15 Die Umschrift basiert auf Ceccarelli 2016, 130; Übersetzung Ceccarelli 2016, 131, mit geringfügigen Modifikationen durch KM.

20’	[*ši-si-i*]*t* ^{d}*A-la-*[*la i-na ma-ti li-iš-ši*] *ṭa-*[*b*]*iš*	[Das Arbeits]lied (wörtlich: das Rufen des Alāla) [möge er[16]] schö[n im Land ausrufen.]

Theogonie von Dunnu Z. 20’[17]

Wie beim *Lied auf Bazi*, *Atram-ḫasīs* und *Enki und Ninmaḫ* ist der gesamte Text als Einheit durch die Eigenbezeichnung (hier: *ši-si-it* ^{d}*A-la-la*) markiert; diese soll im Ritual angewendet werden. Auch hier ist das entscheidende Indiz am Textende bzw. der Textunterschrift zu finden.

Nun werden weitere Texte außerhalb der Schöpfungstexte in die Untersuchung miteinbezogen. Da die sumerischen und akkadischen Quellen so zahlreich vorliegen, wurde eine für die Schöpfungstexte relevante Auswahl an Indizien für die Anwendung der Texte (situative Verortung) getroffen, die nachfolgend vorgestellt wird.

Šulgi E enthält verschiedene Indizien für die Anwendung der Königshymnen des Šulgi. Die Lieder auf Šulgi (Z. 240: en$_3$-du-ĝu$_{10}$, Z. 241: ser$_3$-ĝu$_{10}$) sollen „in den Mündern vorhanden sein“ (Z. 240), womit eine mündliche Performanz angestrebt wird. Sie sollen also nicht nur verschriftet vorliegen. Außerdem sollen sie längerfristig dargeboten werden (Z. 241) und nicht nur ein Mal. Diese Passage enthält direkte Indizien über die situative Verortung der Königshymnen des Šulgi im Rahmen des Palastes (königliche Schreiber) und des Tempels (Sänger).[18] So sollen die Lieder von den Sängern in verschiedenen Heiligtümern für verschiedene Götter dargeboten werden: während des Neumondfestes, im „Bezirk der tigi-Trommeln“ oder zu den täglichen Morgen- und Abendopfermählern. Die Lieder sollen demnach rituell verkündet werden. Diese situative Verortung der Königshymnen auf Šulgi hatte sicherlich Parallelen zur situativen Verortung anderer Königshymnen.

Indizien für die Anwendung: Mündliche mehrmalige Darbietung:

240	en$_3$-du-ĝu$_{10}$ ka-ga$_{14}$ ḫe$_2$-ĝal$_2$	Meine Lieder mögen in den Mündern vorhanden sein.
241	ser$_3$-ĝu$_{10}$ ĝeštug$_2$-ge na-an-dib-be$_2$	Der Verstand darf meine Lieder dort nicht vergessen (wörtlich: nicht an ihnen vorübergehen)!

16 Denkbar wäre meines Erachtens auch: „mögen sie“ (3. Pers. Pl.: *li-iš-su* = *liššū*).

17 Die Umschrift folgt Jacobsen 1984, 8; Übersetzung Jacobsen 1984, 9, mit geringfügigen Modifikationen durch KM.

18 Vgl. zur situativen Verortung der Šulgi-Hymnen Ludwig 1990, 41–65 (zusammenfassend auf S. 54: vorgetragen im Götter-, Königskult, auf Festen) und Vacín 2013, 235 (mit Anm. 10, Performanz der Hymnen).

Indizien für die Anwendung: Darbietung durch den nar:

249	nar-e dub-sar ḫe$_2$-en-ši-tum$_2$-mu igi ḫe$_2$-en-ni-[i]n-bar-re	Möge der Sänger sie (= die Worte) dem Schreiber nahebringen,[19] damit der seine Augen darauf richte;
250	ĝeštug$_2$ ĝizzal ^{d}Nissaba-ka-kam	– das ist (ja) der weite Verstand (= die hohe Kunst), (den) Nissaba (gewährt) –
251	dub za-gin$_3$-gen$_7$ gu$_3$ ḫe$_2$-na$^?$-ta$^?$-de$_2$-e	möge er es (= das Lied) wie von einer Lapislazuli-Tafel (= von einer sehr kostbaren Tafel) für ihn (= für den Schreiber) ausrufen.

Indizien für die Anwendung: Darbietung als Tempelrituale:

253	ki-šu-ki-šu-ke$_4$ ḫe$_2$-em-ma-an-du$_{12}$	Bei den Kultorten, dort mögen sie erklingen.
254	eš$_3$ u$_4$-sakar-ra na-me na-an-taka$_4$-taka$_4$	In den Heiligtümern sollen sie gesagt werden an Neumond (und daraus wird Wichtiges entstehen)[20]! Sie dürfen dort nicht (zurückgelassen =) übergangen werden!
255	ĝa$_2$ tigi ^{d}En-lil$_2$ ^{d}Nin-lil$_2$-la$_2$-ke$_4$	Übersetzungsmöglichkeit 1: Beim Bezirk „tigi-Trommeln von Enlil und Ninlil“ Übersetzungsmöglichkeit 2: Im (heiligen) Bezirk, zu den tigi-Trommeln von Enlil und Ninlil,
256	kiĝ$_2$-sig kiĝ$_2$-nim ^{d}Nanna-ka	zur Morgen- und Abendspeisung des Nanna
257	Šul-gi-me-en za$_3$-mim-ĝu$_{10}$ du$_{10}$-ga muš$_3$ nam-ba-an-tum$_2$-mu	ist das Preislied auf mich – Šulgi bin ich – ausgezeichnet![21] Es darf dafür währenddessen dort nicht aufhören!

Šulgi E Z. 240 f, Z. 249–251, Z. 253–257 (ausgewählte Zeilen)[22]

19 Anders ETCSL 2.4.2.05: „The scribe should bring it to the singer …“. Da tum$_2$ („bringen“) ein transitives Verb ist und dub-sar („Schreiber“) ohne Ergativmarkierung geschrieben ist, kann er nicht das Subjekt des Satzes sein.

20 Das na-Präfix zur Markierung eines Effektiv geht auf A. Zgoll zurück (unpublizierter Vortrag von 1993), vgl. A. Zgoll zitiert in Wilcke 2010 b, 59: Das na-Präfix ist ein „pointer to upcoming events“. Vgl. Wilcke ebd. zur Verwendung dieses Präfixes im finiten Verb bei epistemischen Aussagen (als Teil von „Slot 10“ von S. 58–61). Wilcke 2010 b, 59: „In Old and Neo Sumerian Texts, /na-/ directs the listener to a verbatim related direct speech, e.g., an oath or the message of a letter. In OB—mostly narrative—texts it may also direct the audience to events resulting from those marked by /na-/ in the story told. It seems to be the counterpart to /ši-/.“

21 Hier kann sich du$_{10}$-ga („ausgezeichnet“) aufgrund der Wortstellung nicht auf za$_3$-mim („Preislied“) beziehen. Es handelt sich daher um eine defektive Kopula (oder um einen Imperativ: „mach das Preislied auf mich – Šulgi bin ich – ausgezeichnet!“).

Nach diesem Zeugnis sind die Königshymnen des Šulgi in einem rituell-religiösen Rahmen im Tempel zu verorten. Bestimmt sind die Hymnen auf andere Könige in einem ähnlichen situativen Kontext verankert gewesen. Hierbei sind Indizien für spezifische religiöse Festzeiten zu beachten (Neumond, Morgen- und Abendspeisungen etc.). Als Ritualadressat ist mindestens ein Gott ausgewiesen; der Ritualabsender ist der jeweilige König; ein Sänger (nar etc.) brachte das Lied dar und lehrte es einen (königlichen) Schreiber. Der Text beschreibt die Weitergabe der Lieder, die im Ritual bereits angewendet werden, an die Schreiber. Ausdrücklich ist die Verschriftlichung als sekundäres Ziel genannt. Die Lieder sollen „erklingen" (Z. 253: du$_{12}$) und nicht nur verschriftet vorliegen. Die schriftliche Fassung macht sie allerdings unsterblich.[23]

Auch das *Erra-Epos* beschreibt die Entstehung des Werkes als Weitergabe aus der göttlichen Sphäre an den Schreiber im Traum (5,41–44) und die Anwendung im rituellen Rahmen (5,53–58).

53	^{lu2}NAR *ša*$_2$ *i-ṣar-ra-ḫu ul i-mat ina šip-ṭi*	Der Sänger, der (es) singt, stirbt nicht an der Pest.
54	*eli* LUGAL *u* NUN *da-mi*$_3$*-iq at-mu-šu*$_2$	Vor dem König und Fürsten ist sein Vortrag gut.
55	^{lu2}DUB.SAR *ša*$_2$ *iḫ-ḫa-zu i-šet ina* KALAM ^{lu2}KUR$_2$ *i-kab-bit ina* KALAM-*šu*$_2$	Der Schreiber, der (es) lernt, flieht aus dem Fremdland, ist geehrt in seinem Land.
56	*ina a-šir*$_3$*-ti um-ma-a-ni a-šar ka-a-an šu-mi*$_3$ *i-zak-ka-ru u*$_2$*-zu-un-šu*$_2$*-nu a-pet-ti*	Im Heiligtum der Meister, wo sie dauerhaft meinen Namen (= von Erra) nennen, öffne ich ihre Ohren.
57	*ina* E$_2$ *a-šar ṭup-pu ša*$_2$*-a-šu*$_2$ *šak-nu* ^{d}*Er*$_3$*-ra li-gug-ma liš-gi-šu*$_2$ ^{d}*Si-bi-it-t*[*i*]	Im Haus, wo diese Tafel liegt – (selbst wenn) Erra zürnen möge und die Sibitti morden mögen –
58	*pa-tar šip-ṭi ul i-ṭe-ḫi-šu-ma ša*$_2$*-lim-tu šak-na-as-su*	(da) naht sich ihm das Schwert der Pest nicht und Wohlergehen ist auf ihn gelegt.

Erra-Epos 5,53–58[24]

Dieser Text soll von einem Sänger (*nāru*) gesungen werden (5,53), von einem Schreiber auswendig gelernt werden (5,55), und in den Häusern soll eine Tafel des Textes als Schutz aufbewahrt werden (5,57 f). Hier ist angedeutet, dass die verschriftete Form des Werks ebenfalls wirkmächtig aufgeladen ist und ein Ritualziel (Wohlergehen) durch den Ritualadressaten (Erra) herbeigeführt wird.

22 Die Umschrift basiert auf Klein/Sefati 2014, 90 (bis auf Zeile 240 f.) und ETCSL 4.14.3; Übersetzung KM.

23 Vgl. dieses Konzept der Unsterblichkeit z. B. in den neuassyrischen „Astroglyphen" (Sternenbilder mit „Inschrift"): Zgoll/Roaf 2001.

24 Die Umschrift basiert auf Cagni 1977, 128; Übersetzung KM.

Durch die bisherigen Analysen wird ersichtlich, dass es drei Wege gibt, wie mythische Texte wirken sollten: Sie sollten von Sängern gesungen werden, von Schreibern auswendig gelernt bzw. geschrieben werden und/oder auf einer Tafel lange im Besitz sein und verschriftet wirken (vgl. Abschnitt 3.5).

Eine weitere Anwendung der Texte liefern Texte über Reisen von Königen zu Göttern anderer Städte: Diese fanden beispielsweise an der Jahresgrenze (za$_3$-mu) statt und waren mit der Darbringung der Erstlingsgaben (nisaĝ) verbunden, wie *Sîniddinams Reise mit Nanna nach Nippur* zeigt:

Textzeuge BM 14016:

10’	ḫe$_2$-ĝal$_2$ sikil nisaĝ za$_3$-mu-ka šu-gal mu-un-du$_7$-du$_7$	Reiner Überfluss, Erstlingsgaben der Jahresgrenze hat er (= Sîniddinam) vollkommen gemacht.

Textzeuge U 16869:

10’	ḫe$_2$-ĝal$_2$ nisaĝ sikil nisaĝ za$_3$-mu-[ka] šu-gal mu-u[n]-ni$^?$-i[n$^?$]-du$_7$-du$_7$	Überfluss, reine Erstlingsgaben, Erstlingsgaben [der] Jahresgrenze hat er (= Sîniddinam) vollkommen gemacht,
10’a	kar nam-ti-la kar Uri$_5$^{ki}-ma-še$_3$ gu$_2$-bi ⸢im⸣-mi-ni-u$_5$$^!$	indem er (= Sîniddinam) zum Hafen des Lebens, den Hafen von Ur, diese Last fahren ließ.

Sîniddinams Reise mit Nanna nach Nippur Z. 10’ (Textzeuge BM 14016), Z. 10’ und Z. 10’a (Textzeuge U 16869)[25]

Dieses Indiz zeigt die Darbringung von Erstlingsgaben nach Ur an Neujahr nicht nur während der 3. Dynastie von Ur, sondern auch zur Zeit der 1. Dynastie von Larsa. Die Verbindung von mythischer Götterreise, der Reise eines historischen Königs und Neujahr wird besonders für die Texte interessant, die Schöpfung und eine Götterreise zum Inhalt haben (beispielsweise *Enkis Fahrt nach Nippur*).

Auch andere verortungsrelevante Indizien weisen auf eine Verankerung des Textes im Kult hin, wie eine Stelle aus *Nin-me-šara* zeigt:[26]

139	niĝ$_2$ ĝi$_6$ u$_3$-na ma-ra-an-du$_{11}$-ga-am$_3$	Was ich dir in der Nacht gesagt habe,
140	gala-e an-bar$_7$-ka šu ḫu-mu-ra-ab-ge$_4$-ge$_4$	möge der Kultsänger dir mittags wiederholen.

Nin-me-šara Z. 139 f[27]

25 Die Umschrift folgt Wagensonner 2007, 547; Übersetzung KM.

26 Zur Deutung vgl. A. Zgoll 2015 c und A. Zgoll 1997 a.

27 Die Umschrift folgt A. Zgoll 1997 a, 14 (Kompositumschrift) und 285 f (Partitur); Übersetzung A. Zgoll 1997 a, 15 und A. Zgoll 2015 b, 66, mit geringfügigen Modifikationen durch KM.

Diese Passage gibt Hinweise auf die Entstehung und situative Verortung des Liedes: Dieses Lied entstand durch eine Hohepriesterin an einem Kultort (vgl. Z. 137 im e$_2$-eš$_2$-dam in Ĝirsu) und sollte dann später im Kult verkündet werden durch einen Sänger.

Die Indizien für die Anwendung von mesopotamischen Texten sind eng verbunden mit den direkten oder indirekten Performanzangaben mit außertextlichem Bezug, die im Text vorkommen können (vgl. dazu Abschnitt 3.2). Diese sind bei der Analyse der Einzeltexte unbedingt zu beachten.

Nach der Analyse der direkten Indizien lässt sich festhalten, dass mythische Texte (inklusive Schöpfungstexte) verschiedene Indizien für die situative Verortung, resp. ihre Anwendung, beinhalten können. Es gibt Merkmale, dass sie auswendig gelernt (vgl. *Erra-Epos* 5,55) und geschrieben werden sollen (vgl. *Erra-Epos* 5,57) sowie verkündet werden sollen (vgl. *Atram-ḫasīs* 3,8,14–19, *Lied auf Bazi* Z. 58 f, *Enki und Ninmaḫ* Abschnitt B Z. 111). Hierbei ist interessanterweise eine Wirkmacht sowohl der mündlichen Anwendung des Textes als auch dessen verschrifteter Form zugeschrieben (siehe *Erra-Epos*). Rituell wirkt nicht nur die Aussprache des Textes durch den Ritualexperten (bzw. Sänger) in einem bestimmten Rahmen (Zeit, Ort), sondern auch die schriftliche Fixierung und damit dauerhafte Form des Textes. Rituelle Performanz zeigte sich in Mesopotamien demnach auch durch das verschriftete Werk (vgl. hierzu besonders Abschnitt 3.5).

3.1.5 Rituelle Handlungen als Spiegelung des Rituals im mythischen Text: Tempelbau, Geburt, Tanz, Tempelweihe, Prozession, Opfer etc.

Interessanterweise spiegeln einige der zu rezitierenden Ritualtexte der „Kronzeugentexte“ das Ritual im mythischen Text. Der Inhalt des zu rezitierenden Ritualtextes (die sogenannte „Beschwörung“ inklusive Schöpfungspassage) korrespondiert mit einer Ausgestaltung der Ritualhandlungen, in deren Rahmen die Rezitation stattfinden sollten.[28] Eine genaue Analyse der Texte – und insbesondere der Schöpfungspassagen – kann Aufschluss über die situative rituelle Verortung geben, wie im Folgenden gezeigt wird.

Die vier Tempelbauritualtexte (*Tonmännchen und Puppen, Kosmologie des kalû, Als An/Anu, Enlil, Enki/Ea Himmel und Erde schufen, Erschaffung von Eridu-*

28 Vgl. Sallaberger 2019, 102–106 zur situativen Verortung von einzelnen Schöpfungstexten innerhalb von Festritualen.

Babylon) haben den Bau eines Tempels zum Inhalt.[29] Die Anweisungen für Ritualhandlungen klassifizieren sie als zu rezitierende Texte während des Tempelbaus. Der Text spiegelt den rituellen Bau eines Tempels: Die situative Verortung des Textes innerhalb eines Rituals ist hier im Schöpfungstext direkt greifbar. Der Tempelbau ist in der Schöpfungspassage mythisch ausgestaltet: So bildet nicht die genaue historische Zeit des Rituals den zeitlichen Rahmen für das Geschehen, sondern der Uranfang des Schöpfungsmythos. Auch sind die Handelnden nicht die mesopotamischen Ritualexperten, sondern die Götter. Die Ritualteilnehmer des Schöpfungstextes (göttliche Baumeister) haben allerdings dieselbe Funktion wie die irdischen Ritualteilnehmer. Und obwohl nicht jedes Detail des Rituals, in dem der Gesamttext verankert war, eine Entsprechung im Schöpfungstext (d. h. der Schöpfungspassage) aufweist, gibt es dennoch bei genauer Analyse Parallelen zum Ritual. In *Als An/Anu, Enlil, Enki/Ea Himmel und Erde schufen* wird der König (Z. 9 f: sipa, *re'û*; „Hirte") erschaffen; die kosmologische Passage endet mit einer Schicksalsentscheidung für ihn. Hier ist ein ganz spezifischer Aspekt eines Tempelbaurituals greifbar: Der König als Bittsteller vor den Göttern, der wegen des verfallenen Tempels Buße tut. Das Ritualziel einer günstigen Schicksalsentscheidung für ihn ist in der kosmologischen Passage aufgenommen und in den Rahmen des Tempelbaus eingebettet.

Es gibt weitere Beispiele für kultische Ritualhandlungen im Text, die auf eine rituelle Einbettung schließen lassen. Mit der Rezitation des *Geburtsritualtextes* wird im Ritual das Schöpfungsgeschehen nachvollzogen: Asalluḫi öffnet den Weg für den Embryo (Z. 11–15), damit dieser hinausgehen kann (Z. 16 f). Ihm zur Seite steht die Muttergöttin (Z. 18). Das entspricht dem rituellen Ablauf. Durch die Rezitation des Textes soll eine komplikationsfreie Geburt des Säuglings sichergestellt werden. Die mythische Ebene beschreibt die komplikationsfreie Geburt als Entknotung der Fesseln des Embryos durch Asalluḫi im Ozean. Auch in diesem Fall ist das Ritual im Text mythisch ausgestaltet.[30] Das Ritualziel (komplikationsfreie Geburt), der Ritualadressat (Asalluḫi, Muttergöttin) und das Ritualobjekt (Embryo) bleiben dabei offensichtlich.

In dem *Ritualtext für Šamaš* wird Šamaš das Recht zur Rechtsentscheidung übertragen (1,1,44 f), womit das Ritual gespiegelt wird. *Ritualtext für Šamaš* ist ein Ritualtext, durch den für den Menschen ein günstiger Rechtsentscheid durch Šamaš herbeigeführt werden soll (1,4,15 f).

---

29 Die beiden zuletzt genannten Texte beschreiben die Erschaffung mehrerer Tempel.

30 Selz 2007, 90 spricht von einer „Ritualisierung des Geburtsvorgangs" durch den Mythos und der parallel verlaufenden „Erfahrungsmatrix der Gebärenden und wohl auch der Geburtshelferin".

Sumerische Version:

44	nam-nam-ma du$_3$-a-bi tar-e-de$_3$ dinĝir-gal-gal-e-ne kilib$_3$-ba-bi šu-zu-a	Alle Schicksale zu entscheiden haben alle großen Götter, diese insgesamt, in deine Hand (gelegt).

Akkadische Version:

45	*ši-mat ka-la-ma ša-a-mu* DINĜIR^{MEŠ} GAL^{MEŠ} *ina nap-ḫa-ri-šu$_2$-nu ana qa-ti-ka*	Die Schicksale von allem zu bestimmen (legten) die großen Götter in ihrer Gesamtheit in deine Hände.

Ritualtext für Šamaš 1,1,44 f[31]

Šamaš ist hier als Rechtsentscheider für die gesamte Schöpfung eingesetzt, womit mythisch seine rituelle Rolle als Ritualadressat begründet wird.

Auch in dem *Ritualtext für den Schöpfungsstrom* wird dem Fluss mythisch die Rolle des Rechtsentscheiders zugeteilt, die er rituell ausübt:

8	*di-in te-ne$_2$-še-e-tum ta-din-ni at-ti*	Den Rechtsspruch der Menschen fällst du (= der Fluss).

Ritualtext für den Schöpfungsstrom Z. 8[32]

Es ist bisher gezeigt worden, dass der mythische Inhalt der „Kronzeugentexte" das Ritual spiegeln kann: Das Ritual vollzieht das Schöpfungsgeschehen nach mit einem spezifischen Ritualziel.

Dieses Phänomen findet sich bei weiteren Texten mit Schöpfungshylem, wie nun gezeigt wird. An dieser Stelle werden rituelle Handlungen, die in Texten mit Schöpfungshylem vorkommen, auf einen außertextlichen Bezug und damit eine mögliche situative Verortung diskutiert. Auch bei Schöpfungstexten außerhalb der „Kronzeugentexte" ist eine Spiegelung des Rituals im mythischen Text erkennbar.

In *Atram-ḫasīs* 3,8,19, das als Teil der Rede eines nicht-erhaltenen Sprechers (möglicherweise Enki) zum mythischen Text gehört, gibt es eine Aufforderung, das Lied zu hören (*šimea*). Hören sollen das Lied sowohl die Igigi (Z. 16) als auch die Menschen (Z. 19). Das Lied wird hier in diesen Zeilen eingesetzt als performatives mündliches Ritual zum Ruhm des Gottes Enki. Hierbei verschmelzen die mythische und die rituelle Ebene, und es zeigt sich eine Spiegelung des Rituals (Rezitation des Liedes) im zu rezitierenden Text (Handlung des Hörens der Igigi und Menschen).

31 Die Umschrift folgt von Weiher 1988, 52; Übersetzung KM.

32 Die Umschrift folgt Lambert 2013, 397; Übersetzung KM.

Ein weiteres Indiz der Schöpfungstexte weist das *Agušaja-Lied B* auf. Auch hier wird ausdrücklich ein Ritual eingesetzt, ein kultischer Tanz, der zu einem Fest gehört:

Einsetzung des Kulttanzes:		
15	*li-ib-ši ša at ti*$^?$ *ša*	Es möge jährlich[33] sein:
16	*li*$^?$*-iš-ša-ki-in gu-uš-tu-u*$_2$	Es möge eingesetzt werden der Wirbeltanz
17	*i-pa-ar-ṣi*$_2$*-im ša-at-ti*	unter den Kultordnungen des Jahres.
Durchführung des Kulttanzes:		
19	*li-me-el-lu i-su*$_2$*-qi*$_2$*-im*	Sie mögen spielen in den Straßen.
20	*ši-me-e ri-gi-im-ši-in*	Höre ihre Stimme!

Agušaja-Lied B 1,5,15–17 und 1,5,19 f[34]

Auch hier wird das Ritual im zu rezitierenden Text, dem Lied (*Agušaja-Lied B* 1,5,23 und 1,5,26: *zamārum*), gespiegelt und eingesetzt.

Das *Lied auf Bazi* enthält dasselbe Phänomen. Er ist durch die von Zgoll identifizierte Glosse in Zeile 33 (*sa*$_3$*-da-ru*)[35], die auf das rituelle Hinstellen von Ersatzfiguren der Unheilsverursacher (Hexer, Bluttäter und Zauberer) zeitgleich zum Sprechakt verweist, eindeutig als Ritualtext identifiziert.[36] Durch diese Anweisung für Ritualhandlungen wird ersichtlich, dass das *Lied auf Bazi* nicht nur gesungen wurde (vgl. Textende), sondern auch von Ritualhandlungen begleitet wurde. Der Text des *Liedes auf Bazi* beschreibt mehrere Ritualhandlungen, die zu einem Tempelweihfest passen können:[37]

Erhöhung des Bazi zum Götterkönig:		
6	*šar-ru-ti-iš* DINGIR$^{i\text{-}li}$ ^{d}*En-ki iš-ši-i-šu*	Zum König der Götter hat Ea ihn erhoben.
Fest zur Tempelweihe:		
30	*bi-i-tum ma-li ta-še-la-a-tim*	Das Haus war gefüllt mit Festlichkeit.
Bestätigung der Herrschaft über die Menschen:		
34	*el-le-e-tim ni-ši i-be*$_2$*-e-el*	Über die reinen Menschen herrscht er (= Bazi) (jetzt).

---

33 Vgl. AHW III, 1200 Eintrag zu *šattišam(ma)*, *šattiša*: „Jahr für Jahr, jährlich"; vgl. CAD Š/II, 196 Eintrag zu *šattišam* (*šattišam(ma)*, *šattiša*): „yearly, every year".

34 Die Umschrift basiert auf Groneberg 1997, 86; Übersetzung KM.

35 *sadāru* G Inf., vgl. hierzu A. Zgoll 2015 c, 4 mit Anm. 21: „heischender Infinitiv".

36 So bereits A. Zgoll 2015 c, 72 mit Anm. 16. Möglicherweise ist hier ebenfalls ein Erschlagen dieser Ersatzfiguren impliziert, um das Unheil zu beseitigen.

37 Vgl. A. Zgoll 2015 c.

Anbetung:

38a *ši-na-ma i-ka-an-nu-ša še-e-pi-šu* — Sie (= die Menschen) werfen sich nieder zu seinen Füßen.

Lied auf Bazi Z. 6, Z. 30, Z. 34, Z. 38a (ausgewählte Zeilen)[38]

Die Zeilen 55 f sind leider nur fragmentarisch erhalten; lesbar ist das Wort *šīm-tum* im Akkusativ in beiden Zeilen.[39] Im Kontext einer Tempelweihe wäre eine Schicksalsentscheidung des Bazi oder für Bazi (Z. 55: *a-na be-el* x x x; „für den Herrn ...") durchaus denkbar. So wird Bazi in Zeile 8 als „Herr über den Rechtsentscheid des Landes, oben und unten" (*be-el di-i-in ma-a-tim e-li-iš* u_3 *ša-ap-li-iš*) bezeichnet.[40] Auch dieser Text beschreibt Ritualhandlungen, die sowohl in der mythischen als auch in der mesopotamischen Realwelt verankert sind.

Weitere Phänomene dieser Art werden in den Abschnitten zu den Einzeltexten diskutiert. So findet sich beispielsweise ein Indiz für die Spiegelung des Rituals in *Enki und Ninmaḫ* (vgl. Abschnitt 15.1). Hier wird ein Festmahl der Götter (Abschnitt B Z. 9: ĝešbun) geschildert, in dessen Rahmen eine Art Streitgespräch der beiden Götter stattfindet. Aus anderen Texten ist ersichtlich, dass Streitgespräche zur Unterhaltung beim Mahl dienten.[41] Auch in *Enkis Fahrt nach Nippur* wird ein Göttermahl, zu dem ein Streitgespräch (Z. 109: a-da-min_3) aufgeführt wurde, beschrieben (vgl. Abschnitt 9.1).

Eine Spiegelung des Rituals im Text weist möglicherweise auch die neubabylonische *Hymne an Nabû* (BM 55469) auf.[42] Sie beschreibt die Königskrönung von Nebukadnezar (II.) in der letzten Strophe (Z. 36–40). Der Text rühmt Nabû für seine Taten und endet mit der Königskrönung dieses spezifischen neubabylonischen Königs durch Nabû und dessen Vater Marduk. Es ist daher nicht auszuschließen, dass die Hymne im Kontext dieser Königskrönung verankert war. Auch in der aktuellsten Bearbeitung wird die Vermutung geäußert, dass die *Hymne an Nabû* anlässlich der Königskrönung von Nebukadnezar II. im Nabû-

38 Die Umschrift basiert auf A. Zgoll 2019, 1233 (= Z. 6), 1237 (= Z. 30), 1238 (= Z. 34 und 38a) sowie George 2009, 6; Übersetzung A. Zgoll 2015 c, 70 und 72 f sowie A. Zgoll 2019, 1233 (= Z. 6), 1237 (= Z. 30), 1238 (= Z. 34 und 38a), mit Modifikationen durch KM.

39 Siehe die Umschrift in A. Zgoll 2019, 1239 und George 2009, 8.

40 Vgl. die Umschrift in A. Zgoll 2019, 1233.

41 So sind etliche Wirtschaftsurkunden überliefert, die Ausgaben für ein Streitgespräch belegen, siehe die Belege im Abschnitt 15.1 (zu *Enki und Ninmaḫ*). Außerdem wird diese Situation (Streitgespräch beim Festmahl im Palast) in zwei Streitgesprächen geschildert: *Vogel und Fisch* und *Dattelpalme und Tamariske*.

42 Vgl. Strong 1898, 154–162 (Erstedition); Oshima 2014 (neueste Edition).

Tempel in Babylon für Nabû gesungen wurde.[43] Am Textende sind oftmals wichtige Hinweise zur Verortung gegeben, wie bereits gezeigt werden konnte.

Auch Texte außerhalb des Schöpfungskorpus weisen dasselbe Phänomen der Spiegelung des Rituals im Text auf, beispielsweise *Iddin-Dagān A*:[44]

16	in-nin₉-ra šer₃-re-eš ga-na-ab-be₂-en	Für die Herrin will ich (dies) als Lied singen.

Iddin-Dagān A Z. 16[45]

Diese Zeile ist als Teil des mythischen Textes Bestandteil der Rezitation. Sie verweist auf eine rituelle Handlung: Der Ritualexperte singt hier über seine Tat des Singens und reflektiert so das Ritual während des Rituals. Außerdem sind in diesem Lied weitere rituelle Handlungen beschrieben, wie eine Prozession der Menschen vor Innana (Z. 106–110, Z. 122–126, Z. 163–167) und ein Götterfestmahl (Z. 153–162). Die situative Verortung des Liedes ist im Lied direkt gespiegelt.

Überblicksartig wurde in diesem Abschnitt ein für die situative Verortung von mythischen Texten, zu denen die Schöpfungstexte gehören, wichtiges Phänomen vorgestellt: die Spiegelung des Rituals (situative Verortung) im mythischen Text. Hierbei kann im Text der Ritualablauf angegeben werden bzw. der Ritualadressat, der zeitliche situative Rahmen des Rituals oder die göttlichen und menschlichen Ritualteilnehmer bzw. Ritualexperten. Oft ist das Ritualziel im gespiegelten Ritual ersichtlich. Gibt ein Text eine Ritualhandlung an, die Bezüge zur mesopotamischen Realwelt aufweist (beispielsweise ein Ritual, das historisch belegt ist), ist zu prüfen, ob es sich hierbei um ein Indiz der situativen Verortung handeln kann. Dabei ist das Textziel des Gesamttextes entscheidend: Worauf zielt der Text? Und ist dieses Textziel mit der rekonstruierten situativen Verortung des gespiegelten Rituals im Text identisch? Abzuklären ist diese Synthese mit dem Textende, das – wie bereits mehrfach gezeigt werden konnte – oft wichtige Hinweise für die situative Verortung enthält. Zur Untermauerung der Indizienargumentation müssen die Performanzangaben im Text geprüft werden, die im nächsten Abschnitt diskutiert werden.

---

43 Vgl. Oshima 2014, 474.

44 Eine Neuinterpretation des Rituals, das im Text gespiegelt wird, bietet Böck 2004.

45 Die Umschrift basiert auf Attinger 2014, 18; Übersetzung KM.

3.2 Performanzangaben im mythischen Text zur Art und Weise der Aufführung oder des Vortrags: „Gegengesang" etc.

Unter Performanzangaben werden hier Angaben zur Performanz des Textes, d. h. Angaben, wie der Text dargeboten werden soll, verstanden. Darunter fallen beispielsweise Angaben zur musikalischen Vortragspraxis (Gegengesang, Stimmhöhe etc.). Wenn diese Angaben einen außertextlichen Bezug haben, der über die Textebene hinausgeht,[46] markieren sie damit den (Schöpfungs-)Text als zu rezitierenden Text, z. B. im Rahmen eines Rituals oder einer gesellschaftlichen Aufführung. Hier wird davon ausgegangen, dass die Performanzhinweise auf eine praktische Anwendung (z. B. im Ritual) schließen lassen und nicht rein literarischer Art sind bzw. pädagogischen Übungen zur Schrifterlernung dienen.[47] Es gibt solche Performanzhinweise im mythischen (Schöpfungs-)Text oder am Textende.

3.2.1 Vorgehen bei der Analyse

Hier werden die Performanzangaben in einem engen Sinn verstanden. Offensichtliche Anweisungen, dass eine mündliche oder schriftliche Darbietung des Textes erfolgen sollte, werden gesondert dargestellt.[48] Hier sind nur diejenigen Indizien aufgenommen, die eine spezifische Vortragspraxis bzw. eine bestimmte Art und Weise der Darbietung klassifizieren. Hierunter fallen ebenfalls alle Hinweise auf die Art bzw. Anzahl der Sprecher, ob es sich beispielsweise um einen Solisten oder einen Chor handelt.

Zusätzlich werden im Folgenden indirekte Angaben zur Struktur des mythischen (Schöpfungs-)Textes berücksichtigt, wenn sie Indizien für eine Vortragspraxis sind. Hierunter fällt beispielsweise die Einteilung des mythischen (Schöpfungs-)Textes in Refrain und Strophen, womit ein Lied markiert ist, das

---

46 Eine Performanzanweisung ohne außertextlichen Bezug ist z. B., wenn ein Protagonist des Textes einen anderen Handelnden mit den Worten adressiert: „Sage Folgendes dem Gott N. N. weiter!". Eine Performanzanweisung mit außertextlichem Bezug muss die Textebene verlassen und in die real-mesopotamische historische Wirklichkeit eingreifen. Beispiele werden in den nächsten Abschnitten vorgestellt.

47 Vgl. u. a. Gabbay 2007; ders. 2010; ders. 2013; ders. 2014; Shehata 2006; dies. 2007; dies. 2010; dies. 2014.

48 Diese Indizien für eine mündliche Anwendung des Textes („Hört!" etc.) oder eine schriftliche Wirkmächtigkeit („Die Tontafeln verkünden dein Preislied!") werden in den Abschnitten 3.1.4 und 3.5 diskutiert.

von mehreren Parteien (beispielsweise Chor und Solist/en) gesungen werden konnte.

Zu beachten ist, dass die zwölf „Kronzeugentexte“ hier nicht aufgeführt sind. Sie weisen keine Performanzanweisungen innerhalb des zu rezitierenden Textes (= Ritualtext) auf, sondern nennen sie exklusiv in den abgetrennten Anweisungen für Ritualhandlungen.

3.2.2 Strukturelle und optische Markierungen als Indiz für Performanz: musikalische Rubrik, Refrain, Trennstrich

Direkte Indizien weist das *Agušaja-Lied B* auf, das an Ištar gerichtet ist. Es ist durch verschiedene deutliche Performanzangaben in mehrere Abschnitte geteilt. Das Lexem ki-ru-gu$_2$ ZAHL-kam-ma[49] unterteilt die so abgetrennten Zeilen in acht Rubriken.[50] Eine Einteilung in Rubriken weist auf eine mündliche Performanz des mythischen Textes. Damit stimmt ein weiteres Lexem überein: ĝeš-ge$_4$-ĝal$_2$-bi[51], der sumerische Terminus für Antiphon/Gegengesang von mindestens zwei Parteien, der das Thema der vorangegangenen Rubrik zusammenfasst.[52] Hiermit wird klar eine mündliche Performanz angestrebt. Des Weiteren wird *Agušaja-Lied B* als Lied (1,5,23: *zamārum*) bezeichnet, das vom König Hammurapi (1,5,26) gehört werden sollte (1,5,25: *išmuni*).

Neben diesen direkten mündlichen Performanzangaben existieren indirekte Performanzangaben, die im Folgenden vorgestellt werden. Solch eine indirekte Performanzangabe erscheint in der neubabylonischen *Hymne an Nabû* (BM 55469).[53] Der Text ist ein Akrostichon auf den Gott Nabû. Diese Hymne ist in vier zehnzeilige Strophen unterteilt, die jeweils mit derselben Silbe bzw. demselben Wort anfangen. Die ersten zehn Zeilen sind beispielsweise mit dem Wort DINGIR („Gott“) eingeleitet, also der Anrufung dieses Gottes. Nach jeder Strophe gibt es einen Trennungsstrich, der diese Einheit zusätzlich optisch markiert. In der letzten Strophe wird die Königskrönung von Nebukadnezar (II.) durch Nabû und dessen Vater Marduk beschrieben (Z. 36–40). Diese Indizien

---

49 *Agušaja-Lied A*: 1,2,3; 1,3,3; 1,4,22; 1,5,29; 1,7,1; 1,8,33; *Agušaja-Lied B*: 1,1,6; 1,6,21; die Zeilenzählung folgt Groneberg 1997.

50 Vgl. Shehata 2001, 348 f.

51 *Agušaja-Lied A*: 1,2,6; 1,3,6; 1,4,26 (rekonstruiert); 1,5,34; 1,7,5; *Agušaja-Lied B*: 1,1,10; 1,6,25; die Zeilenzählung folgt Groneberg 1997.

52 Vgl. Shehata 2001, 344–347.

53 Vgl. Strong 1898, 154–162 (Erstedition); Oshima 2014 (neueste Edition).

lassen eine mündliche Performanz des Textes im Rahmen der Königskrönung vermuten.

Die *Keš-Hymne* weist einen wiederkehrenden Refrain auf. Obwohl keine explizite Performanzangabe vorliegt, ist der Refrain sicherlich ein indirektes Indiz für Performanz. Daneben ist der seit altbabylonischer Zeit hinzugekommene „Häuservermerk" (e$_2$-ZAHL-kam-ma) ebenfalls ein strukturierendes Merkmal mit möglicherweise performativem Charakter. Der „Häuservermerk" ist ausführlich Gegenstand des Abschnitts 8.1 über die *Keš-Hymne*.

Für eine Rekonstruktion der situativen Verortung eines Textes muss in jedem Fall der mythische Text auf eine eventuelle Strukturierung in verschiedene Abschnitte sowie auf direkte Performanzangaben untersucht werden. Hierbei sind sowohl offensichtliche Angaben zu berücksichtigen (wie beispielsweise ĝeš-ge$_4$-ĝal$_2$-bi) als auch weniger offensichtliche (wie beispielsweise das Vorhandensein eines Refrains). Die Performanzangaben sind mit der Eigenbezeichnung des Textes abzugleichen.

Außerhalb des Schöpfungskorpus sind vielfältige direkte Performanzangaben in den mythischen Texten zu finden, weshalb ich mich hier auf einige signifikante Angaben beschränke. Ein altbabylonisches Hochzeitslied (BM 85206/CT 58,12) über Innana und Dumuzi enthält beispielsweise verschiedene direkte Performanzangaben, die auf die Darbietung von Wechselgesängen schließen lassen. Der Text ist optisch durch jeweils einen Trennstrich in Einheiten von drei bis vier Zeilen markiert, die jeweils mündliche Performanzangaben enthalten: mu-la a-la-lu in-gur, sowie das bereits weiter oben vorgestellte Lexem ĝeš-ge$_4$-ĝal$_2$[54]. Die erste Einheit mu-la a-la-lu in-gur kann mit „der das *alāla* anhebt"[55] übersetzt werden. Diese direkte Performanzangabe verweist auf das Anstimmen des *alāla*-Liedes, womit mindestens ein Teil der drei- bis vierzeiligen Einheit gemeint sein dürfte. Das zweite Lexem ĝeš-ge$_4$-ĝal$_2$ wurde bereits weiter oben als Wechselgesang bzw. Antiphon diskutiert.[56] Innerhalb dieser Einheiten gibt es Zeilen im Hauptdialekt des Sumerischen und solche im Emesaldialekt. Daher schlagen die Bearbeiter des Textes vor, dass es sich um einen Dialoggesang von Männern und Frauen handeln könne.[57] Außerdem enthält jede Einheit verschiedene, heute unverständliche Silben, die aus verschie-

---

54 Z. 1a, 2a, 3a, 4a, 7a, 8a, 11a, 12a, 15a, 16a, 19a (jeweils Vorderseite); Z. 1a', 4a', 5a', 8a', 9'a, 12a', 13a', 16a', 17a', 20a' (jeweils Rückseite).

55 Shehata 2009, 357 und Anm. 2036.

56 Zum Lexem in diesem Text sowie generellen Beobachtungen siehe Mirelman/Sallaberger 2010, 188–191.

57 Vgl. Mirelman/Sallaberger 2010, 177 und 187.

denen Vokalen und teilweise aus zusätzlichen wenigen Konsonanten bestehen: *e-(e)-ia-a el-lu*, *ia-a-am-ma-mu*, *e-(e)-ia-a*, *a-a-a*. Die Vokale stellen wahrscheinlich Stimmhöhen von mittlerer (*a*), mittel-hoher (*e*) und niedriger Stimmhöhe (*u*) dar.[58] Die Performanzangabe *e-(e)-ia-a el-lu* („hohes *eia*") verweist möglicherweise auf einen „'hohen' Jubelgesang".[59] Das Lexem *ia-a-am-ma-mu* steht am Ende von sumerischen Zeilen im Hauptdialekt und markiert damit eventuell den männlichen Gesangspart.[60] In der unteren Ecke ist eine singuläre Performanzangabe geschrieben: *u*$_3$*-li-li-a*.[61] Aufgrund der Entsprechung von munus u$_3$-li-li mit *zammirtu* („Sängerin") in Lu III handelt es sich hier möglicherweise um eine Performanzangabe für den weiblichen Gesangspart.[62] Diese Performanzangaben weisen auf einen Wechselgesang von einem Sänger und einer Sängerin und einem männlichen Chor hin.[63] Die Existenz von Glossen im Text muss aufgrund der Analyse dieses Liedes unbedingt für die situative Verortung beachtet werden.

Ein weiterer Text sei hier exemplarisch vorgestellt: *Iddin-Dagān A*. Er enthält ebenfalls mehrere Performanzangaben.[64] Zehnmal ist ki-ru-gu$_2$-ZAHL-kam-ma geschrieben, jeweils mit einer aufsteigenden Zahl angefangen bei 1. Diese Liedrubrik bedeutet übersetzt „Ort des Gegenübertretens".[65] Die genaue Bedeutung dieser Performanzangabe ist unklar. Nach der ersten ki-ru-gu$_2$-Rubrik ist eine Zeile mit ĝeš-ge$_4$-ĝal$_2$-bi-im unterschrieben sowie vier Zeilen nach der achten ki-ru-gu$_2$-Rubrik und zwei Zeilen nach der zehnten ki-ru-gu$_2$-Rubrik, die Gegengesänge bzw. Antiphone bezeichnen (siehe oben). Nach dem Gegengesang in der neunten ki-ru-gu$_2$-Rubrik ist eine Zeile mit ša$_3$-ba-TUKU-am$_3$ („ist in seiner Mitte gespielt")[66] unterschrieben. Shehata schlägt eine Lesung von TUKU als du$_{12}$ vor und interpretiert diesen Performanzhinweis somit als musikalisches (Zwischen-)Stück.[67] Auch hier sind die einzelnen Rubriken wieder mit Trennstrichen optisch markiert.

58 Vgl. Mirelman/Sallaberger 2010, 185 nach Mirelman 2010, 244; Shehata 2009, 359.

59 Shehata 2009, 359.

60 Vgl. Mirelman/Sallaberger 2010, 180.

61 Vgl. Mirelman/Sallaberger 2010, 181; diese Umschrift der Zeilen auf der Ecke findet sich nicht bei Shehata 2009.

62 Vgl. Mirelman/Sallaberger 2010, 180.

63 Vgl. Mirelman/Sallaberger 2010, 193.

64 Vgl. Attinger 2014, 12–14.

65 Shehata 2009, 349.

66 Shehata 2009, 342.

67 Vgl. Shehata 2009, 342.

An dieser Stelle kann als Zwischenergebnis festgehalten werden, dass der zu verortende mythische Text Glossen enthalten kann, die auf eine mündliche Performanz des Textes schließen lassen können. Hierbei sind offensichtliche Performanzangaben ebenso zu berücksichtigen wie für uns heute unverständliche Silben, die möglicherweise auf rein stimmlich-lautliche Darbietungen abzielen. Eine moderne Entsprechung wären beispielsweise die heutigen „Lalala“-Gesangsparts in der Pop- und Rockmusik.[68]

Das Vorhandensein von Trennstrichen ist ebenfalls zu untersuchen. Sie sind optische Hilfen für den Spezialisten (beispielsweise einen Ritualexperten), um den Text zu gliedern. Solche Trennstriche können beispielsweise ein indirektes Indiz für eine Stropheneinteilung des Textes sein oder auch Gegengesänge markieren. Um eine Aussage über die Performanz eines Textes zu treffen, müssen – v. a. im Fall von rein indirekten Indizien – weitere Indizien hinzugezogen werden.

3.2.3 Konkrete Angaben zum Singen des Textes

Eine Analyse von Performanzangaben von Preisliedern bietet Abschnitt 3.5; daher sind diese Belege nicht an dieser Stelle aufgeführt. Auch die *Theogonie von Dunnu* enthält in der Textunterschrift eine direkte Performanzangabe, die bereits in einem Abschnitt über die Anwendung der Texte (Abschnitt 3.1.4) vorgestellt wurde:

20’	[*ši-si-i*]*t* ^{d}*A-la-*[*la i-na ma-ti li-iš-ši*] *ṭa-*[*b*]*iš*	[Das Arbeits]lied (wörtlich: das Rufen des Alāla) [möge er[69]] schö[n im Land ausrufen.]

Theogonie von Dunnu Z. 20’[70]

Auch wenn diese Stelle sehr fragmentarisch vorliegt, kann zumindest „[Rufen des] Alāla“ und „schön“ sicher rekonstruiert werden, womit ein Sprechakt angedeutet ist. Dieses Arbeitslied ist als Jubellied und im Kontext von rituellen Feierlichkeiten während der Pflugsaison belegt.[71] Wie bei *Atram-ḫasīs* weist

68 Vgl. Mirelman/Sallaberger 2010.

69 Denkbar wäre meines Erachtens auch: „mögen sie“ (3. Pers. Pl.: *li-iš-su* = *liššū*).

70 Die Umschrift folgt Jacobsen 1984, 8; Übersetzung Jacobsen 1984, 9, mit geringfügigen Modifikationen durch KM.

71 Shehata 2001, 237 versteht das sumerische Lexem alala neben der Bedeutung als Jubellied auch als „konkrete Form des aufforderndes Arbeitsrufes“; vgl. *KAR 158* 1,8,20: 11 *za-ma-ar a-la-*

auch hier das Textende das entscheidende Indiz für einen performativen rituellen Rahmen auf.

Ein altbabylonischer Textzeuge von *Atram-ḫasīs* aus Ninive (BM 78942+) enthält im Epilog ebenfalls ein Indiz für die Rezitationspraxis innerhalb eines gesanglichen Vortrags:[72]

18	*a-bu-ba a-na ku-ul-la-at ni-ši*	Von der Flut habe ich für alle Menschen
19	*u*$_2$*-za-am-me-er ši-me-a*	gesungen. Hört!

Atram-ḫasīs 3,8,14–19[73]

Auch die Textunterschrift des *Liedes auf Bazi* enthält ein solches Indiz für die situative Verortung:

58	⸢*ši*?⸣-[*i*?]-⸢*ir*?⸣ [^{d}*B*]*a*-⸢*zi*⸣ *ša i-nu-u*$_2$*-ma* ERIN$_2^{ḫa}{}_2$	⸢Lied⸣ auf [B]a⸢zi⸣, das, wenn die arbeitsfähigen Leute[74]
59	[*i-na*] U$_4$ [x (x) x] *i-il-lu-*<*u*$_2$> *iz-za-am-ma-ru*	[am] Tag [...] heraufkommen, gesungen wird.

Lied auf Bazi Z. 58 f[75]

Hier ist eindeutig eine Aufforderung zum Singen des Liedes an einem bestimmten Tag im Jahr erkennbar. Solche eindeutigen Angaben zum Singen des Textes in einem konkreten Rahmen müssen in die Untersuchung der situativen Verortung berücksichtigt werden.

3.2.4 Sprachliche Angaben als Indiz für Aufführung oder Vortrag mit weiterer Anwesenheit oder Beteiligung: deiktische Pronomen

Deiktische Angaben können auf eine Aufführung oder einen Vortrag des Textes unter Anwesenheit von Dritten hinweisen (vgl. Wilcke 2012). Das nahdeiktische Pronomen (/-e/) verweist auf eine räumliche und/oder zeitliche Nähe zum

li URI^{ki} („elf *alāla*-Lieder aus Ur"); vgl. die Einträge in AHW A zu *alālu* I, 34 („Arbeitsruf; Arbeitslied"); in AHW Š zu *šisītu*, 1249 f („Geschrei; Ruf(en)"); im CAD A zu *alāla*, 328 f („an exclamation of joy, refrain of a work song"); im CAD Š zu *šisītu* A, 122–124 („1. shout, cry, loud noise; 2. summons, proclamation").

72 Vgl. diese Stelle in ihrem unmittelbaren Kontext in Abschnitt 3.1.4.

73 Die Umschrift basiert auf Lambert/Millard 1999, 104; Übersetzung KM.

74 Die Übersetzung von *ṣābū* folgt A. Zgoll 2015 c, 72; vgl. A. Zgoll 2019, 1211.1216.1232 und 1239 („Leute") und George 2009, 9 („people"); vgl. dazu George 2009, 14.

75 Die Umschrift basiert auf A. Zgoll 2019, 1239 und George 2009, 8; Übersetzung A. Zgoll 2019, 1239, mit geringfügigen Modifikationen durch KM; vgl. auch A. Zgoll 2015 c, 73.

Sprecher und kann mit „dieses/diese/dieser bekannte hier“ übersetzt werden.[76] Daneben sind weitere deiktische Pronomen identifiziert (/-ne/, /-be/ bzw. /-bi/), deren deiktische Funktion bisher noch nicht sicher von der nahdeiktischen Funktion des /-e/ abgegrenzt werden kann.[77] Das ferndeiktische Pronomen (/-ri/) kann mit „jenes/jene/jener, dort, weit entfernt“ übersetzt werden. Generell ist die Deixis ein Indiz für eine räumliche Bewegung bzw. Ausrichtung des Sprechers in Richtung auf weitere Vortragende oder Anwesende.[78]

Die „Kronzeugentexte“ weisen keine deiktischen Pronomina auf; jedoch gibt es solche Pronomen in anderen Schöpfungstexten und weiteren mythischen Texten, von denen zwei Passagen im Folgenden exemplarisch vorgestellt werden. In *Innana holt das Himmelshaus* geben deiktische Pronomen Hinweise auf eine Aufführung des Textes:

159	e$_2$-an-na an-da im-da-an-kar [ki][79]-ta im-mi-in-ge-en	Weil sie (= Innana) das E-ana aus dem Bereich des Himmel herbeigeholt hat, weil sie es auf der [Erde] festgemacht hat,
160	u$_4$-da ^{d}Innana-ke$_4$ e$_2$-an-na e$_2$ ki-[du$_{10}$-<ga>][80]-am$_3$ im-me	weil Innana heute sagt: „Das E-ana ist das Haus, das die Erde [gut gemacht hat]!“,
161	in-nin-**e** ki u$_3$-ma gub-bu-ba šu-sa$_2$-du$_{11}$-ga-am$_3$	ist sie, **die bekannte** Herrin **hier**, nachdem sie den Sieg für die Erde errungen hat, diejenige, die das Ziel erreicht hat,
162	^{d}Innana-k**e**$_4$ ki u$_3$-ma gub-bu-ba šu-sa$_2$-du$_{11}$-ga-am$_3$	ist sie, **die bekannte** Innana **hier**, nachdem sie den Sieg für die Erde errungen hat, die, die das Ziel erreicht hat!

Innana holt das Himmelshaus Z. 159–162[81]

Die „bekannte Herrin bzw. Innana hier“ (*Innana holt das Himmelshaus* Z. 161 f) meint demzufolge, dass Innana hier vor den Augen des Publikums ganz nah durch eine singende Priesterin oder durch ihre Statue sichtbar anwesend war.

76 Für die Einordnung der Deixis als räumliche bzw. zeitliche Nähe zum Sprecher vgl. Woods 2000, 303 f.

77 Vgl. Woods 2000, 312–314 (ursprünglich Nahdeixis, wo die Ferndeixis durch die Art des Angesprochenen [Person, Nichtperson] zustande kommt: /-ne/ für Personen und /-be/, /-bi/ für Nichtpersonen), Yoshikawa 1993, 187 (/-bi/ als Nahdeixis).

78 Vgl. Wilcke 2012, 20.

79 Die Ergänzung folgt A. Zgoll 2015 a, 54, die (anders als van Dijk 1998, 20) nach Zeile 163 ergänzt.

80 Die Ergänzung folgt A. Zgoll 2015 a, 54 (Anm. 186), die (anders als van Dijk 1998, 20) nach Zeile 163 ergänzt.

81 Die Umschrift basiert auf van Dijk 1998, 20 (Textzeuge B: YBC 4665); Übersetzung A. Zgoll 2015 a, 54 (inklusive Ergänzungen des Textes), mit geringfügigen Modifikationen durch KM.

Auch ein weiterer Schöpfungstext weist ein Pronomen der Nahdeixis auf:

107	^{ĝeš}al-**e** ĝeš nam-tar-ra a-a ^{d}En-lil$_2$-la$_2$	Die **der besagten** Hacke **hier**, dem Holz, dem Vater Enlil das Schicksal entschieden hat,
108	^{ĝeš}al-e za$_3$-mim du$_{11}$-ga	die der Hacke das Preislied verkündet hat,
109	^{d}Nissaba za$_3$-mim	Nissaba sei das Preislied!

Lied auf die Hacke Z. 107–109[82]

Hiermit liegt ein deutliches Indiz für eine Aufführung vor: „Die besagte Hacke hier" meint die Hacke, auf die der Sprecher gerade deutlich zeigt.

Dieses Phänomen der Deixis als klares Indiz für eine Aufführung des Textes ist auch außerhalb der Schöpfungstexte zu finden. So interpretiert Wilcke eine kurze Passage der Einleitung von *Enmerkara und En-suḫkeš-ana* mit ferndeiktischen Pronomen (/-ri/) als Bewegung des Sprechers hin zu den weiter vom Sprecher entfernt stehenden beiden Protagonisten des Stücks:

17	en iri e-ne nun iri e-ne	Der Herr der Stadt – er! Und der Fürst der Stadt – er!
18	en ĝi$_6$-**ri**-ne nun ĝi$_6$-**ri**-ne	Dieser schwarze Herr **dort weit entfernt**![83] Und dieser schwarze Fürst **dort weit entfernt**!
19	en kukku$_2$-**ri**-ne nun kukku$_2$-**ri**-ne	Dieser dunkle Herr **dort weit entfernt**! Und dieser dunkle Fürst **dort weit entfernt**!
20	lu$_2$ an-še$_3$ du$_2$-ud e-ne	Ein Mann zum Himmel hin geboren – er!
21	lu$_2$ an-še$_3$ pa-e$_3$ e-ne	Und ein Mann zum Himmel hin strahlend herausgekommen – er!
22	en Unu^{ki}-ga en Kul-aba$_4$^{ki}-ka ur$_5$-bi a-da-min$_3$ na-e-ne	Sie begannen miteinander das Streitgespräch *bei*[84] dem Herrn von Uruk und *bei*

82 Die Umschrift basiert auf Delnero 2006, 2018–2020; Übersetzung KM nach einem aktuell noch nicht publizierten Übersetzungsvorschlag von Annette Zgoll (Zusammenhang der drei Zeilen und deiktisches Pronomen in Z. 107); vgl. Wilcke 1972, 37 („der Hacke, der der Vater Enlil das Schicksal entschieden hat, und der, die die Hacke gepriesen hat, Nisaba sei Preis"); vgl. die Übersetzung von ETCSL 5.5.4: „The hoe, the implement whose destiny was fixed by Father Enlil -- the renowned hoe! Nissaba be praised!" Hacke ist in Z. 107 Leitwort, „Holz ..." ist Apposition. Daher kann /e/ nicht Postposition sein (wie in Z. 108), sondern ist deiktisches Pronomen.

83 Zwei verschiedene Deixisebenen (Fern- und Nahdeixis bzw. Mitteldeixis) in einer Nominalphrase wären sehr ungewöhnlich. Solange die konkrete Identifizierung der beiden deiktischen Pronomen (/-ri/ und /-ne/) noch nicht vorliegt, wird hier mit Wilcke 2012, 20 das Suffix /-ne/ als Demonstrativsuffix („dieser") interpretiert.

dem Herrn von Kulaba zu sprechen (und daraus folgt Wichtiges)[85]!
Enmerkara und En-suḫkeš-ana Z. 17–22[86]

Nach Wilcke werden in diesem sumerischen Text deiktische Pronomina als Stilmittel verwendet, mit denen der Sprecher auf eine anwesende sichtbare Person verweist.[87]

Diese Analysen zeigen, dass deiktische Pronomina ein deutliches Indiz für eine Aufführung des Textes durch mehrere Sänger(innen) bzw. Vortragende sind und auf die Anwesenheit von Personen verweisen können. Sie sind daher wichtig, um die Frage nach der situativen Verortung eines mythischen Textes (Schöpfungstext u. a.) zu beantworten.

3.2.5 Sprachliche Angaben als Indiz für Aufführung oder Vortrag an Jemanden gerichtet: Personalpronomen, Possessivpronomen

Personalpronomina und Possessivsuffixe können ein Indiz für eine direkte mündliche Ansprache bzw. einen Vortrag oder eine Aufführung für jemanden sein, wenn sie nicht innerhalb von wörtlicher Rede eines Protagonisten auftauchen. Sind sie innerhalb einer Passage des Erzählers, stellt sich der Sprecher so selbst in Bezug zu demjenigen, der angeredet wird. Diesem Phänomen wird nun nachgegangen.

In dem *Ritualtext für den Schöpfungsstrom* wird der Fluss durchweg mit der 2. Person Singular angeredet, wie hier am Beispiel der Stichzeile zu zeigen ist:

1	EN_2 ***atti*** ID_2 *ba-na-at ka-la-mu*	Ritualtext: **Du**, Fluss, der alles erschafft!

Ritualtext für den Schöpfungsstrom Z. 1[88]

---

84 Der Lokativ nach den beiden Genitivverbindungen ist nach Wilcke 2012, 19 f (mit Anm. 59) wörtlich zu verstehen („at the Lord of Uruk's, the Lord of Kulaba's"): Er weist auf die Bühnenseite des Protagonisten von Uruk und auf die des Protagonisten aus Kulaba. Statt des Lokativs schreibt Textzeuge D einen Dativ („für den Herrn von Uruk und den Herrn von Kulaba"); vgl. die Partitur bei Wilcke (2012, 42).

85 Die Interpretation des na-Präfixes als Effektiv geht auf A. Zgoll zurück (unpublizierter Vortrag von 1993), vgl. Zgoll zitiert in Wilcke 2010b, 59: „Pointer to upcoming events"; vgl. Wilcke 2012, 20 (Anm. 59): „The prefix /na-/ directs the audience to the ensuing story" und Wilcke 2012, 19: „contest *now* [Hervorhebung: KM] told".

86 Die Umschrift basiert auf Wilcke 2012, 19 und 41 f; Übersetzung Wilcke (2012, 19 und 75) mit Modifikationen durch KM.

87 Vgl. Wilcke 2012, 30.

Ein Schöpfungstext, der – ersichtlich durch die Verwendung der 2. Person Singular („du") – an eine spezifische Entität gerichtet ist, wurde mündlich gesprochen. Daneben sollten die Tontafeln als Schriftträger dieses Textes an den Adressaten des Textes performativ „sprechen" (vgl. Abschnitt 3.1.4). Das Personalpronomen verweist in solch einem Fall auf den Textadressaten und im Falle eines Ritualtextes auf den Ritualadressaten.

Neben diesem Phänomen der direkten Anrede mittels Personalpronomen weisen die „Kronzeugentexte" Possessivsuffixe der 1. und 2. Person Singular auf („mein", „dein"), die auf eine Aufführung bzw. einen Vortrag des Textes hinweisen. Das wird nun zu zeigen sein.

44	nam-nam-ma du$_3$-a-bi tar-e-de$_3$ dinĝir-gal-gal-e-ne kilib$_3$-ba-bi šu-**zu**-a	Alle Schicksale zu entscheiden haben alle großen Götter, diese insgesamt, in **deine** (= die von Šamaš) Hand (gelegt).
45	*ši-mat ka-la-ma ša-a-mu* DINĜIR^{MEŠ} GAL^{MEŠ} *ina nap-ḫa-ri-šu*$_2$*-nu ana qa-ti-**ka***	Die Schicksale von allem zu bestimmen (legten) die großen Götter in ihrer Gesamtheit in **deine** (= die von Šamaš) Hände.

Ritualtext für Šamaš 1,1,44 f[89]

Durch die gehäufte Verwendung von Personalsuffixen wird deutlich, dass der Text an den Sonnengott Šamaš adressiert ist. Mit dieser einfachen sprachlichen Angabe wird der Ritualadressat klar erkenntlich gemacht, ohne dass dabei die Anweisung für Ritualhandlungen herangezogen werden muss. Auch ist die durchgehende Verwendung des Personalsuffixes der 2. Person Singular ein deutliches Zeichen für einen Vortrag des Textes, der an eine Entität (hier: Šamaš) gerichtet ist. Eine Aufführung mit verteilten Rollen würde neben dem Erzähler, der sich mittels des Personalsuffixes an den Adressaten wendet, unterschiedliche Protagonisten zu Wort kommen lassen.

Das Tempelbauritual *Kosmologie des kalû* hat ebenfalls Personalsuffixe. Sie beziehen sich in diesem Fall auf das Ritualobjekt, den Tempel:

31	(...) *ana ep-še-t*[*i-**ki**?*] *u*$_3$ *ḫi-ṣib-šu-nu du-uš-ša*$_2$*-a ana nin-da-be*$_2$*-**ki** ra-bu-ti š*[*u*? ...]	(...) für [**deine**? (= des Ziegels)[90]] Arbeiten und deren üppig reichen Ertrag, für **deine** (= des Ziegels) großen Brotopfer [...] (...)

Kosmologie des kalû Z. 31[91]

---

88 Die Umschrift basiert auf Lambert 2013, 397; Übersetzung KM.

89 Die Umschrift folgt Von Weiher 1983, 52; Übersetzung KM.

90 Hier ist vermutlich der erste Ziegel gemeint: *libittu maḫrītu*; vgl. Ambos 2004, 181: Anm. zu Zeile 27.

91 Die Umschrift und Übersetzung basieren auf Ambos 2004, 182 f.

In Zeile 31 werden zuerst verschiedene Handwerksgötter von Ea exklusiv für die Tempelschöpfung erschaffen (vgl. „deine Arbeiten“ und „deine großen Brotopfer“).[92] Auch hier befinden sich die Personalsuffixe innerhalb der Rede des Erzählers.

Außerhalb der „Kronzeugentexte“ weisen andere Schöpfungstexte und auch Texte ohne Schöpfungshylem dieses Phänomen der Personalsuffixe, die als deutliches Indiz für einen Vortrag gelten, auf. In *Nin-me-šara* formuliert die Hohepriesterin En-ḫedu-Ana z. B. in den ersten 34 Zeilen häufig nin-ĝu$_{10}$ („Meine Herrin!“)[93] sowie am Ende[94] des Liedes. Nach A. Zgoll hat die gehäufte Verwendung dieses Personalsuffixes hier eine legitimierende Funktion.[95] In den ersten 43 Zeilen und in den Zeilen 121 bis 133 kommt häufig -zu bzw. -za vor,[96] das Personalpronomen der 2. Person Singular (-za mit Lokativ), beispielsweise in Zeile 7 f:

7	me mu-e-il$_2$ me šu-**zu**-še$_3$ mu-e-la$_2$	Die me hast du hochgehoben, die me hast du in **deiner** Hand gehalten.
8	me mu-e-ur$_4$ me gaba-**za** bi$_2$-tab	Die me hast du gesammelt, die me hast du an **deine** Brust gedrückt.

Nin-me-šara Z. 7 f[97]

Nach A. Zgoll soll diese häufige Verwendung der 2. Person Singular in den beiden Abschnitten die Macht Innanas hervorheben, auch „in Abgrenzung zu anderen Machtansprüchen“.[98] Deutlich wird auch hier, dass die Wahl von Personalsuffixen mit der direkten Ansprache der Ritualadressatin einhergeht und ein bewusstes Stilmittel der Kommunikation mit der Gottheit ist.

Als Ergebnis dieser Untersuchung kann festgehalten werden, dass Personalpronomina und Personalsuffixe im Erzählerteil ein deutliches Indiz für einen Vortrag sind bzw. für eine Aufführung, wenn Indizien für mehrere Protagonisten vorliegen. Das Bezugsobjekt des Pronomens bzw. Suffixes ist häufig der Ritualadressat oder weniger häufig das Ritualobjekt.

---

92 Vgl. dazu A. Zgoll 2012, 59; Ambos 2004, 27.

93 Vgl. die Zeilen 6, 20, 27, 34.

94 Vgl. die Zeilen 134, 135, 153.

95 Vgl. A. Zgoll 1997 a, 174.

96 Vgl. A. Zgoll 1997 a, 174; vgl. die Zeilen 10, 16, 27, 32, 37–39, 42 f.

97 Die Umschrift folgt A. Zgoll 1997 a, 2 (Komposittext) und 208 (Partitur); Übersetzung A. Zgoll 1997 a, 3, mit geringfügigen Modifikationen durch KM.

98 A. Zgoll 1997 a, 171.

3.3 Eingeschobene Anweisungen für Ritualhandlungen im mythischen Text mit Bezug zur Gegenwart als Indiz für eine rituelle Verortung: „Erschlage den Hexer“ etc.

Anweisungen für Ritualhandlungen können nicht nur außerhalb des zu rezitierenden mythischen (Schöpfungs-)Textes vorkommen, sondern auch in diesen eingebettet sein. Wenn eine solche Anweisung für Ritualhandlungen über die Textebene hinaus in die mesopotamische historische Wirklichkeit weist und nicht nur Teil des Stoffes ist, den der mythische (Schöpfungs-)Text konkretisiert, handelt es sich um ein eindeutiges Merkmal für die situative Verortung im Ritual, wie im Folgenden vorgestellt wird.

3.3.1 Vorgehen bei der Analyse

Eingeschobene Anweisungen für Ritualhandlungen im Sinne von rituellen Handlungsanweisungen im zu rezitierenden (Schöpfungs-)Text sind selten. In den „Kronzeugentexten“ gibt es eine Anweisung für Ritualhandlungen am Ende des mythischen Textes nach der Schöpfungspassage (*Ritualtext für einen Zahnwurm* Z. 20). In einem weiteren Schöpfungstext gibt es ebenfalls dieses Phänomen der eingeschobenen Anweisung für Ritualhandlungen, dieses Mal am Ende der Schöpfungspassage (*Lied auf Bazi* Z. 33). Durch diese beiden Anweisungen für Ritualhandlungen sind beide Schöpfungstexte eindeutig als Ritualtexte klassifiziert. Das ist insbesondere wichtig, weil das *Lied auf Bazi* keine begleitende Anweisung für Ritualhandlungen oder einen Ritualvermerk aufweist.

3.3.2 Aufforderungen zu begleitenden Ritualhandlungen als Indiz für eine rituelle Verortung: Unheil rituell beseitigen etc.

Der *Ritualtext für einen Zahnwurm*, ein „Kronzeugentext“, weist innerhalb des zu rezitierenden Textes eine rituelle Handlungsanweisung in Zeile 20 auf:

20	*sik-ka-ta ri-te-ma* ĜIR$_3$ *ṣa-ba-at*	Setzte den Pflock, packe die Wurzel!
		Ritualtext für einen Zahnwurm Z. 20[99]

99 Die Umschrift basiert auf Dietrich 2000, 212; Übersetzung Dietrich (ebd.), mit geringfügigen Modifikationen durch KM.

Diese Handlungsanweisung ist auf den ersten Blick nicht als solche zu erkennen, da sie in den Text eingebettet ist und keine optische Markierung (Einrückung, Trennstrich etc.) aufweist. Danach folgen drei Zeilen, die direkt an den Wurm gerichtet sind und einen Fluch an ihn zum Inhalt haben. Dass solche Glossen mit rituellen Handlungsanweisungen keine Ausnahme sind, zeigen weitere Schöpfungstexte.

Ein Ritual inklusive Anweisung für Ritualhandlungen findet sich in Zeile 32 f des *Liedes auf Bazi*, womit der gesamte Text als Ritualtext gedeutet werden kann.[100]

32	*ne*$_2$*-e-er-ma* ^{d}ŠAKKAN$_2$ *ša ru-še-e*	Erschlage, o Šakkan, den mit Hexerei,
33	^{d}UTU *ša da-mi* ^{d}ID$_2$ GAL *ša ki-iš-pi* {Rasur} *sa*$_3$*-da-ru*	(erschlage), o Šamaš, den mit Blut(taten), (erschlage), o Großer Ordalfluss, den mit Zauberei! In die Reihe stellen!

Lied auf Bazi Z. 32 f[101]

Die drei Numina (Šakkan, Šamaš, Großer Ordalfluss) werden hier aufgefordert, die Hexer, die Bluttäter und die Zauberer zu erschlagen. Vermutlich ist damit ebenfalls ein Erschlagen dieser Ersatzfiguren impliziert. Die Glosse in Zeile 33 (*sa*$_3$*-da-ru*)[102] verweist auf das rituelle Hinstellen von Ersatzfiguren der Hexer, Bluttäter und Zauberer zeitgleich zum Sprechakt.[103] Durch diese Anweisung für Ritualhandlungen wird ersichtlich, dass das *Lied auf Bazi* mit begleitenden Ritualhandlungen gesungen wurde. Es wurde also nicht nur das Lied vorgetragen, sondern es gab begleitende rituelle Aufführungen.

Es konnte gezeigt werden, dass Anweisungen für begleitende Rituale in Form von Befehlen oder Aufforderungen in den Schöpfungstext (resp. den mythischen Text) eingefügt sein konnten. Sie sind jedoch eher selten belegt; häufiger sind Anweisungen oder Angaben zur generellen Vortragspraxis bzw. Aufführungspraxis des gesamten Textes („singen", „hören" etc.), d. h. Angaben zur Anwendung des Textes, die andernorts vorgestellt wurden.[104] Bei den Anweisungen für Ritualhandlungen aus diesem Abschnitt sind v. a. Aufforderungen wichtig, die über den Erzählstoff, der im Text verarbeitet ist, hinausreichen und

100 Diese Anweisung für Ritualhandlungen ist durch A. Zgoll als solche identifiziert: vgl. A. Zgoll 2015 c und dies. 2019, 1238.

101 Die Umschrift basiert auf A. Zgoll 2019, 1238 und George 2009, 6; Übersetzung A. Zgoll 2015 c, 72 und A. Zgoll 2019, 1238, mit geringfügigen Modifikationen durch KM.

102 *sadāru* G Inf., vgl. hierzu A. Zgoll 2015 c, 4 mit Anm. 21: „heischender Infinitiv".

103 So bereits A. Zgoll 2015 c, 72 mit Anm. 16.

104 Vgl. dazu ausführlich die Abschnitte 3.1.4 („Anwendung der Texte: Vortrag, Aufführung, verschriftet wirkmächtig") und 3.2.3 („Konkrete Angaben zum Singen des Textes").

auf eine rituelle Verortung des Textes hinweisen. Bei diesen Anweisungen für Ritualhandlungen ist das unmittelbare textliche Umfeld zu berücksichtigen, damit der Ritualteil rekonstruiert werden kann. Der Mythos liefert in der Regel die Legitimation für das zeitgleiche Ritual. So verweist der *Ritualtext für einen Zahnwurm* mit der Beschreibung der widerrechtlichen Aneignung eines neuen Lebensraumes des Wurmes auf den mythischen Hintergrund für die Anweisung für Ritualhandlungen (= den kranken Zahn ziehen). Das *Lied auf Bazi* gibt als mythische Legitimation für das Ritual mit den Ersatzfiguren die Errichtung des reinen Tempels ohne Unheil.

3.4 Zeitangaben im mythischen Text mit Bezug zur Gegenwart als Indiz für die Verortung

In diesem Abschnitt interessieren mich – ausgehend von den Phänomenen der „Kronzeugentexte" – angegebene Zeitpunkte, die eine Aussage über die situative Verortung zulassen, in meinem Gesamtkorpus der Schöpfungstexte sowie – zur Verifizierung – in weiteren mythischen Texten ohne Schöpfungshylem.

Eine Zeitangabe kann auf den Sitz im Leben von (Schöpfungs-)Texten verweisen, wenn sie sich auf die Lebenswirklichkeit außerhalb der Textebene (d. h. außerhalb des konkret vorliegenden Textes) bezieht. Diese Bezugnahme verknüpft den (Schöpfungs-)Text mit der Anwendung durch den Rezipienten. Die entsprechenden Zeitangaben können im mythischen[105] bzw. religiösen oder kultischen[106] Textteil enthalten sein.

---

105 Der zu rezitierende Ritualtext kann mythische Textteile enthalten (z. B. Schöpfungspassagen), in denen ein für ein Kollektiv wichtiger Stoff (Mythos) von Handlungen numinoser Protagonisten erzählt wird; vgl. die Definition von C. Zgoll 2019, 562.

106 Der zu rezitierende Ritualtext kann religiöse bzw. kultische Textteile enthalten, die zwar einen Bezug zum Numinosen aufweisen, jedoch keine weiteren Merkmale des mythischen Stoffes enthalten; solche mythischen Merkmale sind beispielsweise dass „das aktive Eingreifen numinoser Mächte eine für die Gesamthandlung wesentliche Rolle spielen" (C. Zgoll 2019, 562) und dass der Erzählstoff „implizit einen Anspruch auf Relevanz für die Deutung und Bewältigung menschlicher Existenz" (C. Zgoll 2019, 562) enthält; daher sind sie nicht mythisch nach C. Zgoll (2019).

3.4.1 Vorgehen bei der Analyse der Zeitangaben

Zeitangaben, die auf die Anwendung des (Schöpfungs-)Textes zielen, kommen beispielsweise in den Anweisungen für Ritualhandlungen (traditionell: Ritualanweisungen) vor:

Tonmännchen und Puppen Z. 3: *la-am* UŠ$_8$ ŠUB-*u*$_2$ GEN$_7$ U$_4$.3.KAM	Wenn es vor dem Anlegen der Fundamente (noch) drei Tage sind (...)
Tonmännchen und Puppen Z. 32: *ina* U$_4$.3.KAM	am dritten Tag

Tonmännchen und Puppen Z. 3 und Z. 32[107]

Kosmologie des kalû Z. 2: *ina* ITI *šal-me ina* U$_4$ ŠE.GA *ina* ĜE$_6$	in einem günstigen Monat, an einem sehr günstigen Tag in der Nacht
Kosmologie des kalû Z. 7: *ina še-rim*	am Morgen

Kosmologie des kalû Z. 2 und Z. 7[108]

Ritualtext für den Schöpfungsstrom Rs. Z. 14 (KAR 64):

[a-me-ru]-u-⌜a!⌝ ana! da-ru-a-ti [da$_3$-li$_2$-li$_2$]-ki lid-lu-lu	Der mich [sieht], möge deinen [Lobpreis] in Ewigkeit darbringen!

Ritualtext für den Schöpfungsstrom Rs. Z. 14 (Textzeuge KAR 64)[109]

Phänomene der Anweisung für Ritualhandlungen können durchaus Eingang in den zu rezitierenden Ritualtext (Beschwörung) finden. So überrascht es nicht, dass solche Zeitangaben auch in den zu rezitierenden Ritualteilen (dem mythischen bzw. religiösen/kultischen Text) vorkommen, entweder in der Schöpfungspassage selbst oder außerhalb von ihr.

Eine solche Zeitangabe ist entweder aus heutiger Perspektive allgemeiner Natur (beispielsweise „heute", „jetzt") oder sehr konkreter Art (z. B. „in der Nacht", „am Morgen"). Von diesen Zeitpunkten sind Zeitperioden zu unterscheiden, die in den Schöpfungspassagen der „Kronzeugentexte" (und der an-

107 Die Umschrift basiert auf Ambos 2004, 156 (Z. 3). 158 (Z. 32); Übersetzung Ambos 2004, 157 (Z. 3). 159 (Z. 32).

108 Die Umschrift basiert auf Ambos 2004, 178 (Z. 2 und 7); Übersetzung Ambos 2004, 179.

109 Die Umschrift sowie die Rekonstruktionen basieren auf Maul 1994, 318; Übersetzung Maul 1994, 321, mit geringfügigen Modifikationen durch KM.

deren Schöpfungstexte) erschaffen werden: Nacht, Tag, Monat, Neumond, Jahr etc. In diesem Abschnitt werden solche Zeitperioden nicht behandelt.[110] Im Folgenden sind ausschließlich Zeit*punkte* („am Tag" etc.) und nicht Zeit*perioden* („ein Tag" etc.) Gegenstand der Untersuchung.

Generell kann festgestellt werden, dass in den zu rezitierenden „Kronzeugentexten" kaum Zeitpunkte erwähnt werden. Wenn sie vorhanden sind, weisen sie in der Regel eine Funktion für die Textebene (d. h. für die Konkretisierung des Schöpfungsmythos) auf, indem sie den Text zeitlich verorten. Allgemeine Zeitangaben, die nur eine Funktion auf der Textebene haben, jedoch keinen direkten Bezug zur mesopotamischen Lebenswirklichkeit aufweisen und deshalb keine Hinweise für die situative Verortung liefern, werden im Folgenden der Vollständigkeit halber kurz erwähnt: *Ritualtext für Šamaš* weist innerhalb der Schöpfungspassage des zu rezitierenden Ritualtextes konkrete, jedoch nicht genau vorstellbare Zeitangaben der Urzeit auf:

1	u$_4$ ri-a-ta u$_4$ su$_3$-ra$_2$ ri-a-ta	An diesen Tagen, an diesen weit entfernten Tagen,
3	ĝi$_6$ ri-a-ta ĝi$_6$ bad-ra$_2$ ri-a-ta	in diesen Nächten, in diesen weit entfernten Nächten,
5	mu ri-a-ta mu sud-ra$_2$ ri-a-ta	in diesen Jahren, in diesen weit entfernten Jahren.
2	*ina u$_4$-mu ul-lu-ti ina u$_4$-mu ru-qu-ti ul-lu-ti*	An den fernen Tagen, an den sehr fernen[112] Tagen,
4	*ina mu-ši ul-lu-ti ina* ĜI$_6$ *ne$_2$-su-ti ul-lu-ti*	in den fernen Nächten, in den sehr fernen[113] Nächten,
6	*ina ša-na-ti ul-lu-ti ina ša-na-ti ru-<qa>-tu$_2$ ul-la-tu$_2$*[111]	in den fernen Jahren, in den sehr fernen Jahren.

Ritualtext für Šamaš 1,1,1–6[114]

Durch diese spezifischen Zeitangaben wird das Schöpfungsgeschehen zeitlich an den Uranfang verortet.[115] Die Funktion dieser Zeitangaben liegt rein auf der Textebene. Der *Ritualtext für ein Gerstenkorn II* enthält eine Zeitangabe, die in

110 Sie sind Gegenstand des Abschnitts 4.4.7.

111 Hier ist bei beiden Wörtern (*rūqatū, ullatū*) kein Genitiv geschrieben.

112 Das Lexem *rūqu(m)* bedeutet „fern", *ullu(m)* „ferne Zeit"; daher sind beide Lexeme zusammen hier als „sehr fern" wiedergegeben.

113 Das Lexem *nesû(m)* bedeutet „fern", *ullu(m)* „ferne Zeit"; daher sind beide Lexeme zusammen hier als „sehr fern" wiedergegeben.

114 Die Umschrift basiert auf von Weiher 1988, 51; Übersetzung KM.

115 Vgl. Dietrich 1995.

dem zu rezitierenden Ritualtext enthalten ist und außerhalb der eigentlichen Schöpfungspassage liegt:

51	EN$_2$ *ina šur-ri-i la-am ba-ša$_2$-mu a-la-lu ur-da ana ma-ti*	Ritualtext: Im Anfang vor der Schöpfung stieg das *alāla*-Arbeitslied hinab zum Land.

Ritualtext für ein Gerstenkorn II Z. 51[116]

Diese spezifische Zeitangabe („im Anfang vor der Schöpfung") verortet den Text – wie oben bereits dargelegt – ebenfalls zeitlich an den Uranfang. Sie gibt jedoch keine Auskunft über die situative Verortung des Textes.

Darüber hinaus gibt es eine Zeitangabe in den „Kronzeugentexten" (*Ritualtext für Šamaš* 1,4,15 f), die auf die Gegenwart des Textrezipienten verweist. Sie ist Gegenstand des nächsten Abschnitts. Aufgrund des begrenzten Textkorpus der „Kronzeugentexte" werden im Folgenden weitere Schöpfungstexte und Texte außerhalb des Schöpfungskorpus herangezogen, um das Phänomen der Aussagekraft von Zeitangaben für die situative Verortung weitgehender zu beleuchten.

3.4.2 Zeitangaben mit Bezug auf die Durchführung des Rituals in den „Kronzeugentexten": „heute (am Tag des Rituals)" etc.

Schöpfungspassagen oder andere Textteile außerhalb von Anweisungen für Ritualhandlungen können Zeitangaben mit Bezug auf die Durchführung des Rituals enthalten. Diese sind z. B. „heute", „an diesem Tag" oder „jetzt". Solche Zeitangaben weisen über die Textebene hinaus auf die mesopotamische Gegenwart und somit auf die Situation, in welcher der Text zu verorten ist. Dazu gibt es bereits grundlegende Forschungen von A. Zgoll.[117]

Zeitangaben mit Bezug auf die Durchführung des Rituals sind für heutige Rezipienten oftmals nicht genau zeitlich festgelegt, wenn sie nicht ganz spezifische Angaben enthalten, wie beispielsweise Verweise auf konkrete Feste. Welcher Tag denn genau „heute" ist, bleibt für den modernen Leser unklar. Aus emischer Sicht, also für den Ritualteilnehmer, ist dieses „Heute" jedoch sehr genau definiert: Es ist genau der Tag, an dem dieser Ritualtext rezitiert wird. Diese allgemeinen Zeitangaben können somit über die Textebene auf die Ge-

116 Die Umschrift folgt Lambert 2013, 399; Übersetzung KM; vgl. Lambert 2013, 399, der „Alālu" als Eigenname belässt: „In the beginning, before creation, Alalu came down to the land".
117 Vgl. A. Zgoll 2015 a zu *Innana holt das Himmelshaus.*

genwart desjenigen verweisen, der mit dem Text in Kontakt kam, ihn anwendete. Das „Heute" bzw. „Jetzt" ist nicht auf der Ebene des Mythos zu verorten, sondern in der Gegenwart des Rezipienten des Textes.

Eine solche für die situative Verortung wichtige Zeitangabe befindet sich in dem zu rezitierenden Ritualteil von *Ritualtext für Šamaš*, jedoch außerhalb der eigentlichen Schöpfungspassage:

15	^{d}Utu **u$_{4}$-da-ne-e** lu$_{2}$-u$_{18}$-lu dumu dingir-ra-na u$_{3}$-me-ni-sikil u$_{3}$-me-ni-dadag	Utu, nachdem er **an diesem Tag** den Menschen, Sohn seines Gottes, gereinigt hat, strahlend gemacht hat,
17	gal ku$_{3}$-si$_{22}$-ga-gen$_{7}$ u$_{3}$-me-ni-dadag	nachdem er ihn wie etwas Großes aus Gold strahlend gemacht hat,
19	gal ku$_{3}$-babbar-ra-gen$_{7}$ šu u$_{3}$-me-ni-su-ub-su-ub	nachdem er ihn wie etwas Großes aus Silber glänzend gemacht hat,
21	šu sa$_{6}$-ga dingir-ra-na-še$_{3}$ silim-ma-bi ḫe$_{2}$-bi$_{2}$-ib$_{2}$	möge er sein Wohlergehen zusprechen für die guten Hände seines Gottes!
16	*^{d}Šamaš* ***ina u$_{4}$-mi an-ni-i*** *a-mi-la* DUMU DINGIR-*šu$_{2}$ ul-lil-šu$_{2}$ ub-bi-ib-šu$_{2}$-ma*	Šamaš, **an diesem Tag**, reinige den Menschen, den Sohn seines Gottes, erkläre ihn rein und
18	*ki-ma qe$_{2}$-e ḫu-ra-ṣu nu-um-mir-šu$_{2}$-ma*	wie ein Gefäß aus Gold mache ihn strahlend und
20	*ki-ma qe$_{2}$-e kas$_{3}$-pi šu-kil-šu$_{2}$-ma*	wie ein Gefäß aus Silber reinige ihn und
22	*ana qa-tu$_{2}$ dam-qa-ti ša$_{2}$* DINGIR-*šu$_{2}$ šal-mu-us-su pi-qid-su*	übergib ihn den guten Händen seines Gottes wohlbehalten!

Ritualtext für Šamaš 1,4,15–22[118]

Die Zeilen mit dieser Zeitangabe mit Bezug auf die Durchführung des Rituals („an diesem Tag") sind, obwohl nicht Teil der eigentlichen Schöpfungspassage, noch Teil des zu rezitierenden Ritualtextes: Erst 1,4,30 ist mit einem Trennstrich abgetrennt und gibt die Beschwörungsformel an.[119] Diese Zeitangabe verweist auf die Gegenwart des Textrezipienten: auf das Ritual, die Anwendung des Textes. „An diesem Tag", dem Tag der Rezitation des Textes als Gebet, soll das Ritualziel der Reinheit erreicht werden. Das zeigt, dass Ritualtexte („Beschwörungen") und andere zu rezitierende Ritualteile durchaus Merkmale aufweisen können, die etwas über die situative Verortung aussagen und die man eher in den Anweisungen für Ritualhandlungen vermuten würde.

Dieses Phänomen der Zeitangaben mit Bezug auf die Durchführung des Rituals findet sich auch außerhalb der „Kronzeugentexte" im Korpus der Schöp-

---

118 Die Umschrift basiert auf von Weiher 1988, 56; Übersetzung KM.

119 Nach von Weiher 1988, 56 lautet die Beschwörungsformel in 1,4,30: ka-enim-ma ki-^{d}Utu e$_{2}$-a$^{!}$-[t]u$_{5}$-a-kam.

fungstexte. In *Innana holt das Himmelshaus* erscheinen zwei verortungsrelevante Zeitangaben, die auf die Zeit des Rituals verweisen:

158	**e-ne-eš$_2$** ^{d}Utu **u$_4$-ne-<en>-a** ur$_5$ ḫe$_2$-en-na-nam-ma-am$_3$	**Jetzt**, o Utu, **am heutigen Tag**[120], ist es fürwahr für sie (= die Menschheit) so!

Innana holt das Himmelshaus Z. 158[121]

A. Zgoll (2015 a) zeigt, dass es sich hierbei um das „kultische Heute" der mesopotamischen Realzeit, d. h. um einen Verweis auf die Zeit des Rituals, handelt.[122] Die Ritualzeit kann demnach im mythischen Text in Form von Zeitangaben erscheinen, die einen Bezug zur Durchführung des Rituals aufweisen. Dieses von A. Zgoll herausgearbeitete Phänomen wird nachfolgend weiter beleuchtet.

Das *Enūma elîš*, das Lied auf Marduk, enthält ebenfalls solche Zeitangaben. Kurz vor der Schöpfungspassage in 4,25 f, in der das Sternbild durch Marduk vernichtet und erschaffen wird, gibt es folgende Zeitangabe:

7	***iš-tu u$_4$-mi-im-ma*** *la in-nen-na-a qi$_2$-bit-ka*	**Von heute an** soll dein Wort nicht geändert werden.

Enūma elîš 4,7[123]

Dieses „Heute" bezieht sich nicht ausschließlich auf das „Heute" der mythischen Textebene, sondern auch auf das präsentische „Heute" der mesopotamischen Textadressaten. Marduks Wort, das im mythischen Text gesprochen wird, ist in der Lebenswirklichkeit der Menschen außerhalb der Textebene genauso gültig wie für die Beteiligten innerhalb der Textebene.

Ein Unikat stellt folgende unspezifische Zeitangabe dar, weil sie sich in der Schöpfungspassage befindet:

75	*ib-ni-ma ṣal-m[i-šu-nu* KA$_2$*] ap-si-i u$_2$-ša$_2$-a[ṣ-bit]*	Er erschuf [ihre] Statu[en, das Tor] des Apsû ließ er (sie) ergrei[fen]:
76	**[*aḫ*]*-ra-taš*** *la im-ma-ša$_2$-⌜a⌝ [š]i-i lu it-tu*	**[Kü]nftig** soll es nicht vergessen werden, dies ist fürwahr das Zeichen.

Enūma elîš 5,75 f[124]

120 Wörtlich: „an diesem Tag" (= „heute").

121 Die Umschrift basiert auf van Dijk 1998, 20 (Textzeuge B: YBC 4665).

122 A. Zgoll 2015 a, 54: Anm. 184.

123 Die Umschrift basiert auf Kämmerer-Metzler 2012, 201; Übersetzung ebd. Kämmerer-Metzler 2012, 201, mit geringfügigen Modifikationen durch KM.

124 Die Umschrift basiert auf Kämmerer-Metzler 2012, 237; Übersetzung ebd., mit geringfügigen Modifikationen durch KM.

Zeitangaben direkt innerhalb der Schöpfungspassagen sind sehr rar. Sie sind meistens in anderen mythischen bzw. religiösen/kultischen Textteilen enthalten. Es werden zwar in der Schöpfungspassage Zeiten erschaffen; diese stellen jedoch keine Zeitpunkte dar, sondern Zeitperioden. Der Beleg in 5,75 f innerhalb der Schöpfungspassage von *Enūma elîš* ist ein wichtiges Indiz für die Ritualzeit. In künftigen Zeiten soll das Zeichen am Tor des Apsû durch die bewachenden Numina nicht vergessen werden. Dieses „Künftig" umfasst damit nicht nur die mythische Textebene, sondern ebenfalls die präsentische mesopotamische Zeit. Diese mythische Schöpfung hat Auswirkungen auf die mesopotamische Realwelt. Die Schöpfung erklärt und begründet, was den Mesopotamiern in ihrer Lebenswirklichkeit begegnet.

In den 50 Namen, mit welchen die Gottheiten des Himmels und der Erde Marduk benennen, ist eine weitere verortungsrelevante Zeitangabe enthalten:

136	*ša*$_2$*-šu-ma lit-ta-ʾi-i-da-šu* UG$_3^{MEŠ}$ ***aḫ-ra-taš***	Ihn, ihn mögen die Menschen immer wieder **künftig** preisen.

Enūma elîš 6,136[125]

Hier ist die Verbindung von Mythos und Ritual besonders greifbar. Das Preisen des Marduk durch die Menschen geschieht im Ritual. Diese Zeile verweist über die Textebene hinaus auf die Lebenswirklichkeit der Mesopotamier. „Künftig" meint nicht nur die mythische Zukunft, sondern auch die mesopotamische Zukunft.

Auf diese präsentische Zukunft spielen die letzten Zeitangaben des Textes kurz vor dem Beginn des Epilogs, der ab 7,145 beginnt, an:

133	***aḫ-ra-taš*** **UG$_3^{MEŠ}$** ***la-ba-riš u*$_4$*-mi***	**Für die Zukunft der Menschen, für das Altwerden der Tage,**
134	*li-is-se-e-ma la uk-ta-li li-ri-iq* ***ana ṣa-a-ti***	möge sie (= Tiamtu) sich entfernen, soll sie nicht zurückgehalten werden, möge sie **für immer** verschwinden.

Enūma elîš 7,133 f[126]

Diese Zeilen zeigen sehr deutlich die Verbindung zwischen Mythos und mesopotamischer Lebenswirklichkeit. Dass Marduk im Mythos Tiamtu besiegte, hat

---

125 Die Umschrift basiert auf Kämmerer-Metzler 2012, 201; Übersetzung ebd., mit geringfügigen Modifikationen durch KM.

126 Die Umschrift basiert auf Kämmerer-Metzler 2012, 308; Übersetzung ebd., mit geringfügigen Modifikationen durch KM.

Auswirkungen auf die Realzeit der Menschen. Sie sollen alt werden ohne das Einwirken von Tiamtu, ohne Unheil, das von dieser Gottheit verursacht wird.

Dieses zeitliche Phänomen findet sich außerdem in weiteren Texten mit Schöpfungshylem, deren situative Verortung noch weitgehend unklar ist. Auch die Zeitangaben mit Bezug auf die Durchführung des Rituals in solchen Texten sind, wenn sie einen Bezug außerhalb der Textebene herstellen, ein Indiz für ein mögliches situatives Verortungsszenario, wie im Folgenden gezeigt wird. Zuerst werden exemplarische Zeitangaben der Schöpfungstexte vorgestellt, im Anschluss Zeitangaben von weiteren Texten.

360	**i$_3$-ne-eš$_2$ u$_4$-da** niĝ$_2$ ki-šar$_2$-ra-ke$_4$	**Jetzt**, **heute**, hat sich die Gesamtheit des Erdkreises
361	lugal kalam-ma en ^{d}Nin-urta-ra su$_3$-ud-bi-še$_3$ mu-un-ḫul$_2$-e-eš	über den König des Landes (= Sumer), den Herrn Ninurta, für ferne (Zeiten) gefreut.

Lugal-e Z. 360 f[127]

Weil Ninurta für die Bewässerung des Landes sorgte (mythische Textebene), kann der Erdkreis sich „heute" (mesopotamische Realität) freuen: Das Handeln auf mythischer Ebene hat Auswirkungen auf das „Jetzt" und „Heute", einem historischen Zeitpunkt der mesopotamischen Wirklichkeit.

Auch ein weiterer sumerischer Schöpfungstext, *Enki und die Weltordnung*, enthält diese Zeitangabe:

451	**i$_3$-ne-eš$_2$** ša$_3$ gu$_2$-be$_2$ nam-ge$_4$ kalam ki-be$_2$ ḫe$_2$-em-ge$_4$	**Heute** ist das Herz zu seinem Rand zurückgekehrt und daher[128] ist das Land wahrlich wiederhergestellt (wörtlich: zu seiner Erde zurückgekehrt).
452	ša$_3$ [^{d}]En-lil$_2$-la$_2$ gu$_2$-be$_2$ nam-ge$_4$ kalam ki-be$_2$ ḫe$_2$-em-ge$_4$	Das Herz des Enlil ist zu seinem Rand zurückgekehrt und daher ist das Land wahrlich wiederhergestellt.

Enki und die Weltordnung Z. 451 f[129]

Die allgemeine Zeitangabe „heute" bezieht sich auf eine historisch wahrnehmbare Situation, die im Kult neu realisiert wird: die Wiederherstellung des Landes. Somit weist diese Zeitangabe auf die mesopotamische Wirklichkeit hin und

---

127 Die Umschrift folgt ETCSL 1.6.2; Übersetzung KM.

128 Das Präfix nam- wird hier als na- (effektiv) und -mu- (Ventiv) verstanden, so auch in Zeile 452; zur Bedeutung des na-Präfixes siehe A. Zgoll (unpublizierter Vortrag von 1993), zitiert in Wilcke 2010 b, 59.

129 Die Umschrift folgt ETCSL 1.1.3; Übersetzung KM.

ist deswegen ein Indiz für die Situation, in welcher der Text situativ verortet werden kann.

Außerhalb der Schöpfungstexte findet sich ebenfalls dieses Phänomen der Zeitangaben mit Bezug auf die Durchführung des Rituals im mythischen bzw. religiösen/kultischen Text. Im Folgenden werden weitere verortungsrelevante Zeitangaben aus Texten exemplarisch vorgestellt, die kein Schöpfungshylem aufweisen und somit nicht zu den Schöpfungstexten gehören.

Der sicher zu verortende Ritualtext der Sammeltafel VAT 13657 weist in 1,3,32–51 einen *Ritualtext an die Totengeister der Familie* auf. Innerhalb des Rituals soll eine Ansprache an die Totengeister der Familie erfolgen:

40	***ina u$_4$-mi an-ni-e*** UGU ^{d}*Šam*[*aš*] ^{d}*Gilgameš i-ziz-za-nim-ma*	**An diesem Tag** steht (= die Totengeister der Familie) für mich vor Šamaš (und) Gilgameš und
41	*di-ni di-na purus-a-a pursa*^{sa}	führt meinen Prozess, entscheidet meine Entscheidung.

Ritualtext an die Totengeister der Familie 1,3,40 f (VAT 13657)[130]

In diesem zu rezitierenden Ritualtext ist eine Zeitangabe enthalten, die über die Textebene selbst hinausgeht und auf den Tag des Rituals verweist: *ina ūmi annî* („an diesem Tag"). Wann immer dieses spezifische Ritual durchgeführt wird, sollen dadurch genau an diesem Tag die Totengeister der Familie zum Handeln zugunsten des Ritualabsenders bewegt werden; d. h. die Totengeister sollen einen positiven Schicksalsentscheid herbeiführen (1,3,40) und diesen zugunsten des Ritualabsenders (1,3,40: *izizzānimma* / „steht für mich") vor den Göttern (1,3,40: Šamaš und Gilgameš) verantworten.[131] Hier weist der zu rezitierende Ritualteil und eben nicht nur die Anweisung für Ritualhandlungen auf die situative Verortung, auf die „Gegenwart des Rituals, das kultische Heute, in welchem der Mythos verortet ist"[132] hin.

In der Königshymne *Šulgi B* erscheint in Zeile 358 eine allgemeine Zeitangabe mit Bezug zum Textrezipienten:

---

130 Die Umschrift basiert auf Ebeling 1931, 131; Übersetzung A. Zgoll 2009, 572 (Anm. 23), mit geringfügigen Modifikationen durch KM; vgl. auch Scurlock 1988, 351–354 (Umschrift und Übersetzung des zu rezitierenden Ritualtextes).

131 Vgl. A. Zgoll 2009, 572 mit Anm. 23; vgl. ebd., 575 (Totengeister als Richter); vgl. ebd., 573–576 (Überblick über die Richter bei Schicksalsentscheidungen nach Unheil durch Dämonen bzw. Totengeister).

132 A. Zgoll 2015 a, Anm. 184 (hier als Phänomen des Mythos *Innana holt das Himmelshaus*).

358	**i$_3$-ne-eš$_2$** ^{d}Utu **u$_4$-ne-a-a**	**Jetzt,** o Utu, **an diesem Tag...**

Šulgi B Z. 358[133]

Dieses „Jetzt" bzw. „an diesem Tag" bezieht sich nicht auf etwas im Text selbst, sondern auf die Anwendung durch den Rezipienten des Textes. Wann immer dieses Preislied[134] rezitiert wurde, fand dieses „Jetzt" statt.

3.4.3 Konkrete Zeitangaben im mythischen Text als spezifisches Indiz für die Verortung: „Erntefest des Gottes NN" etc.

Die eindeutig sicher zu verortenden Texte („Kronzeugentexte") enthalten außer den erschaffenen Zeiten (Tag und Nacht) in *Ritualtext für Šamaš* und den Hinweisen auf die Zeit der Geburt[135] keine spezifischen Zeitangaben im jeweiligen zu rezitierenden Ritualtext, die spezifische Rückschlüsse auf die situative Verortung zulassen. Im Folgenden wird daher das Phänomen der für die situative Verortung wichtigen spezifischen Zeitangaben zuerst anhand der bisher nicht als sicher zu verortenden Schöpfungstexte und im Anschluss von weiteren Texten mythischen bzw. religiösen/kultischen Inhalts vorgestellt.[136]

Dass spezifische Zeitangaben, die für die situative Verortung von mythischen Texten wichtig sind, aufgeschrieben wurden, zeigt folgender Beleg. Allerdings weist er die Zeitangabe außerhalb des mythischen Textes auf. Sie befindet sich in der Textunterschrift, die auf die situative Verortung hinweist:

58	⸢*ši*?⸣-[*i*?]-⸢*ir*?⸣ [^{d}*B*]*a*-⸢*zi*$_2$⸣ ***ša i-nu-u$_2$-ma*** **ERIN$_2^{ḫa}_2$**	⸢Lied⸣ des [B]a⸢zi⸣, das, **wenn die arbeitsfähigen Leute**[137]
59	**[*i-na*] U$_4$ [x (x) x] *i-il-lu-*<*u$_2$*>** *iz-za-am-ma-ru*	**[am] Tag [...] heraufkommen**, gesungen wird.

Lied auf Bazi Z. 58 f[138]

133 Die Umschrift folgt ETCSL 2.4.2.02; Übersetzung KM.

134 Die letzten beiden Zeilen (Z. 384 f) weisen den Text als Preislied aus: Preislied auf Šulgi (za$_3$-mim-ĝu$_{10}$ du$_{10}$-ga-am$_3$: „Mein Preislied ist ausgezeichnet"), Preislied auf Nissaba (^{d}Nissaba za$_3$-mim).

135 Vgl. Abschnitt 5.7.2.

136 Vgl. Sallaberger 2019, 102–106 zur Spiegelung von Festen in einzelnen Schöpfungstexten als Hinweise für die situative Verortung.

137 Übersetzung von *ṣābū* nach A. Zgoll 2015c, 72. George 2009, 9 übersetzt „people" und meint inhaltlich dasselbe wie A. Zgoll: siehe George 2009, 14.

138 Die Umschrift basiert auf A. Zgoll 2019, 1239 und George 2009, 8; Übersetzung A. Zgoll 2019, 1239, mit geringfügigen Modifikationen durch KM; vgl. auch A. Zgoll 2015 c, 73.

Die Zeitangabe ist ein Indiz für die situative Verortung: An einem bestimmten Tag im Jahr, wenn die arbeitsfähigen Leute heraufkommen (d. h. mit ihren Viehherden), wird dieses Lied gesungen. Bei dieser Zeitangabe handelt es sich laut Analyse des Liedinhalts um ein religiöses Fest in Bezug auf den Tempel des Bazi, das zeitlich im Rahmen des agrarischen Jahres angesetzt war, zum Zeitpunkt, als sich die Viehzüchter mit ihren Herden versammelten.

In der Schöpfungspassage von Schöpfungstexten liegen kaum spezifische Zeitangaben vor, die auf eine situative Verortung schließen lassen; wenn sie erscheinen, geben sie möglicherweise Indizien für die Ritualzeit an. Im *Lied auf die Hacke* findet z. B. die erste Schicksalsbestimmung für die Hacke bei Sonnenaufgang statt (Z. 8 f):

8	^{ĝeš}al-e mu-un-ĝar **u$_4$ al-e$_3$-e**	Zur Hacke setzte er (= Enlil) es (= den Schaft) ein und **der (erste) Tag war herausgekommen.**
9	eš$_2$-gar$_3$ mu-un-du$_3$ nam al-tar-re	Er hat das Arbeitspensum errichtet und das Schicksal war entschieden.

Lied auf die Hacke Z. 8 f[139]

Diese zeitliche Verortung dieses innertextlichen Ritualteils ist Bestandteil der Schöpfungspassage. Möglicherweise ist hier die Ritualzeit gespiegelt, da Schicksalsbestimmungen neben anderen Zeiten auch am frühen Morgen stattfanden.[140] Enlils Hacke (Z. 11) wird fokussiert und daher ist diese Schicksalsbestimmung am Textanfang ein äußerst wichtiges Indiz für die situative Verortung.

Einige Schöpfungstexte enthalten im übrigen mythischen Textteil außerhalb der Schöpfungspassage solche spezifischen Zeitangaben, die im Folgenden vorgestellt werden.

Die *Theogonie von Dunnu* weist etliche spezifische Zeitangaben auf, die sicherlich etwas mit der situativen Verortung zu tun haben:

20	⸢*i-na*⸣ ITI.GAN.GAN.E$_3$ U$_4$ 16.KAM EN-*ta u$_3$* LUGAL-*ta il-qe$_2$*[-*e*]	Am 16. Kislīmu (= 9. babylonischer Monat) nahm er (= Gaju) die Herrschaft und das Königtum.
24	[*i-na* ITI.AB] U$_4$ 1.KAM LUGAL-*ta u$_3$* EN-*ta a-na ra-ma-ni-šu$_2$* [*iṣ-ba*]*t*	[Am] 1. [Ṭebētu (= 10. babylonischer Monat) ergr]iff er (= Gaju) das Königtum

139 Die Umschrift folgt ETCSL 5.5.4; Übersetzung KM, basierend auf den Forschungen von A. Zgoll, die sie in einem Lektüreseminar zum *Lied auf die Hacke* an der Georg-August-Universität Göttingen im Sommersemester 2012 vorstellte.
140 Vgl. Polonsky 2002, 1017.

		und die Herrschaft für sich selbst.
32	[*i-na* ITI.ZIZ$_{3}$.A U$_{4}$ X.KAM] EN-*ta u*$_{3}$ LUGAL-*ta a-na ra-ma-ni-šu i*[*l-qe*$_{2}$*-e*]	[Am x. Šabaṭu (= 11. babylonischer Monat)] n[ahm] er (= Kuš) die Herrschaft und das Königtum für sich selbst.
36	[i-na ITI.ŠE.KIN.K]UR$_{5}$ U$_{4}$ 16.KAM (Variante: 29.KAM) LUGAL-*ta u*$_{3}$ EN-*ta* [*il-qe*$_{2}$*-e*]	Am 16. [Adda]r (Variante: 29.) (= 12. babylonischer Monat) [nahm er] das Königtum und die Herrschaft.
39	[*i-na* ZA$_{3}$.MU] EN-*ut a-bi-šu il-qe*$_{2}$-⌜*e*⌝-[*ma*]	[An der Jahresgrenze] nahm er die Herrschaft seines Vaters [und]
40	[*ul*$^{?}$[141] *i-*]*duk-šu*$_{2}$*-ma b*[*al-ṭu-us-su*]	tötete ihn [nicht$^{?}$] und l[ebendig
41	[*iṣ-ba-as-su*] ⌜*a*⌝*-na* URU-*šu pa-ad* [*a-bi-šu iq-bi-i-ma*]	ergriff er ihn, sprach] zu seiner Stadt, [seinen Vater] gefangen zu nehmen [und]
42	[*in-na-a*]*d-*⌜*di*⌝ *ḫa-a*[*r-ḫa-re*]	und in Ke[tten wurde er geworf]en.
19'	[... *a-k*]*i-it* ⌜ITI⌝ [PARA$_{10}$.ZA$_{3}$.GAR/ŠU. NUĜUN ...]	[... *ak*]*īti*-Fest des ⌜Monats⌝ [Nisannu/Dūzu ...] (= 1./4. babylonischer Monat)

Theogonie von Dunnu Z. 20, Z. 24, Z. 32, Z. 36, Z. 39–42, 19'[142] (ausgewählte Zeilen)[143]

Zu jeder der spezifischen Zeitangaben wird ein Ereignis im Text erwähnt: die Übernahme des Königtums durch jeweils eine Gottheit.

Im Folgenden wird ein Versuch einer Einordnung der spezifischen Zeiten im Text und ihrer Verankerung im südmesopotamischen Festkalender unternommen. Wenn man sich die erwähnten Tage in den Zeilen 20, 24, 32 und 36 anschaut, erkennt man schnell ein Muster: 16. des neunten Monats, 1. des [zehnten] Monats, X. des [elften] Monats, 16. (bzw. 29.) des [zwölften] Monats. Es handelt sich hierbei mehrheitlich um den Monatsanfang bzw. einen Tag nach der Monatsmitte. Für den 1. (Neulicht), 7. (erstes Viertel) und 15. Tag (Vollmond) eines jeden Monats sind spezifische Mondfeiern während der Ur-III-Zeit bezeugt.[144] Die Variante mit der Lesung „29. Tag des 12. Monats" bezieht sich auf die Schwarzmondzeit, die am 28. oder 29. stattfand.[145] Am Neulicht-, Vollmond- und Schwarzmondtag erhielten die verstorbenen Herrscher der Ur-III-Dynastie besondere Opfergaben in ihren Kultstätten.[146] In Mari gab es Totenopfer für die

---

141 Lambert 2013, 394 rekonstruiert (im Gegensatz zu Jacobsen 1984) kein *ul* und übersetzt in ebd., 395: „[... he] killed him]".

142 Unmittelbar vor der Textunterschrift in Rs. Z. 20.

143 Die Umschrift basiert auf Jacobsen 1984, 7 f, mit geringfügigen Modifikationen durch KM; vgl. auch Lambert 2013, 392. 394 (sehr abweichend zu Jacobsen 1984, ohne Rekonstruktionsvorschläge der fragmentarischen Zeitangaben); Übersetzung KM.

144 Vgl. Sallaberger 1993, 38.

145 Vgl. Sallaberger 1993, 61.

146 Vgl. Sallaberger 1993, 64 f. Vgl. auch Lambert 2013, 390, der sich auf Sallaberger 1993, Index Totenkult bezieht.

verstorbenen Herrscher am jeweils 1. und 15. eines Monats, selten am 7. und noch seltener am 4. bzw. 9.[147] Diese toten Herrscher konnten nach mesopotamischem Verständnis Unheil über das Land bringen, wenn sie nicht mit Totenopfern beruhigt wurden.[148] Ebenso erhielten andere numinose Mächte am 1. Tag eines jeden Monats, seltener am 8., 16. und 30. Tag Totengaben in Mari.[149] Dass diese Zeitangaben sicherlich mit den Opfern an Verstorbene zusammenhängen, zeigt der Inhalt des Textes: An diesen Tagen wird im Text der jeweilige Götterkönig getötet und in ein buchstäbliches „Haus der Erde"[150] gelegt, sodass der Usurpator die Herrschaft übernehmen kann. Diese Götterkönige weisen Bezüge zu Vegetationsgottheiten auf, die sterben und wiederauferstehen.[151] Darum ist es passend, dass die im Text enthaltenen Zeiten durchaus mit den Ritualzeiten für Totenopfer im Zusammenhang stehen können (vgl. das Fallbeispiel der *Theogonie von Dunnu* in Kapitel 16). Dieser Umstand zeigt sehr deutlich, wie wichtig es ist, mehrere Indizien eines Textes anzuschauen.

Im Folgenden werden die letzten beiden Zeiten in der *Theogonie von Dunnu* untersucht. Falls die Ergänzung der Zeitangabe in Zeile 39 richtig ist, handelt es sich bei der „Jahresgrenze" um den Beginn des neuen Jahres. Das Jahr war nach Cohen im 3. bis 1. Jt. v. Chr. zweigeteilt durch die halbjährliche Tagundnachtgleiche im Frühling und im Herbst.[152] Die „Jahresgrenze" bildete dabei den Beginn des kalendarischen Jahres in der Regel im Frühling.[153] Für das 3. und beginnende 2. Jt. v. Chr. bezeichnet za$_3$-mu nach Sallaberger jedoch eher das lokale Hauptfest einer Gottheit, das zeitlich nicht unbedingt am kalendarischen Jahresanfang stattfand.[154] Da die Zeitangaben im Text chronologisch aufgebaut zu sein scheinen, kann hier allerdings der Beginn des Kalenderjahres im Frühling gemeint sein.

147 Vgl. Lambert 2013, 391.

148 Siehe im Zusammenhang mit der *Theogonie von Dunnu*: Lambert 2013, 391.

149 Vgl. Lambert 2013, 391.

150 Zeile 16 f gibt an, wo sich dieses Grab befindet: in *dunnu*, das mit einem Stadtdeterminativ geschrieben ist. Das CAD D, 184 (Art. zu *dunnu* A) übersetzt unter Punkt 4 „fort, fortified house and area"; vgl. auch Wiggermann 2011, 672: Anm. 1; Wiggermann 2000 und A. Zgoll 2012, 35 f, die *dunnu* als eine Art Bauernhof deuten.

151 Vgl. Lambert 2013, 389 f.

152 Vgl. Cohen 1993, 6 f. Die Idee von einem halbjährlichen Jahresanfang findet sich auch bei Sallaberger 1993, 175.

153 Vgl. Cohen 1993, 14–20.

154 Vgl. Sallaberger 1993, 142 f.

Die Rekonstruktion von za₃-mu („Jahresgrenze“) ist jedoch nicht zwingend. Es könnte inhaltlich auch der 1. Tag des Nisannu, des ersten Monats, ergänzt werden: *i-na* ITI.BARA₃.ZA₃.GAR.RA U₄ 1.KAM.

Hilft der Inhalt dieser Zeilen bei der Entscheidung weiter, um welche spezifische Zeit es sich konkret handelt? An diesem Tag wurde der Götterkönig von dem Usurpator Hajašum[155] „nur“ gefangen genommen, nicht aber getötet. Somit würde die Tagundnachtgleiche, die den Beginn des Frühlings und somit der Erntezeit und den Anfang des kalendarischen Jahres markiert, inhaltlich gut passen: Die Vegetationsgottheit stirbt nicht, weil jetzt die Tage länger werden und die Vegetation sichtbar auf ihrem höchsten Stand ist.

Die letzte Zeitangabe des Textes direkt vor der Textunterschrift betrifft das *akīti*-Fest (Z. 19’), womit zwei verschiedene gemeint sein können. Das erste im Frühling[156] markierte den Beginn der Ernte. Das zweite im Sommer/Herbst[157] gab den Beginn der Aussaat an mit der Pflugsaison; danach fing der gesamte Erntezyklus wieder von vorn an. Nicht verwunderlich ist daher gleich im Anschluss die fragmentarische Textbeischrift in Zeile 20’, die Jacobsen mit [*ši-si-i*]*t* ᵈ*A-la-*[*la i-na ma-ti li-iš-ši*] *ṭa-*[*b*]*iš* rekonstruiert. Meine Übersetzung dazu lautet: „[Das Arbeits]lied (wörtlich: das Rufen des Alāla) [möge er[158] sch]ön [im Land ausrufen].“[159] Dieses Arbeitslied ist häufig mit dem Arbeitsschritt des Pflügens verbunden gewesen,[160] weswegen Jacobsen[161] und Wiggerman[162] es als „Arbeitslied der Pflüger“ übersetzen.

In Zeile 19’ kann das *akīti*-Fest zur Aussaat[163] gemeint sein, weil es gut zur Textunterschrift passt: Der Pflug wurde während dieser Zeit in der Ur-III-Zeit besonders kultisch verehrt und die Pflüger erhielten Bier auf dem Feld.[164] Dieser Beginn der Pflugsaison war eine ganz besonders freudige festliche Zeit mit „Volksfestcharakter“[165], zu der verschiedene Texte rezitiert wurden, z. B. Streit-

---

155 Vgl. Jacobsen 1984, 7; vgl. auch Lambert 2013, 394 ohne Rekonstruktionsvorschlag.

156 Im 3. und 2. Jt. v. Chr. fand es nach Sallaberger in Nippur im zweiten Monat statt, aber das variierte lokal (beispielsweise in Ur und Umma im ersten Monat), siehe dazu Sallaberger 1993, 308–310.

157 In der Regel im siebten Monat, vgl. dazu Cohen 1993, 325–330.

158 Denkbar wäre meines Erachtens auch: „mögen sie“ (3. Person Plural: *li-iš-su* = *liššū*).

159 Wiggermann 2011, 672 gibt die Textunterschrift mit „‘ploughman’s work[song]’“ wieder.

160 Siehe die Literaturliste bei CAD 1, 329 (Art. *alālu* unter Punkt c).

161 Siehe dazu Jacobsen 1984, 9: „(ploughman’s) [work-s]ong“.

162 Siehe dazu Wiggermann 2011, 672: „ploughman’s works[ong]“.

163 Vgl. Abschnitt 16.8: Ein Aussaat-*akīti* ist für Nippur im vierten Monat belegt.

164 Vgl. Wiggermann 2011, 680.

165 Sallaberger 1993, 187.

gespräche im *akīti*-Festhaus in Nippur.[166] In den Analysen zur *Theogonie von Dunnu* (Abschnitt 16.8) wird die Frage nach dem Ernte- oder Aussaatfest ausführlich diskutiert und dargelegt, dass es sich wahrscheinlich um das *akīti* zur Aussaat handelt. Es konnte gezeigt werden, dass die Zeitangaben im Text keine zufällig gewählten narrativen Ausschmückungen sind, sondern in engem Zusammenhang mit den Festlichkeiten des landwirtschaftlichen Jahres stehen.

Wie hängen die Zeiten des gesamten Textes zusammen? Warum wurden sie gerade auf diese Art zusammengestellt? Der Text zeigt die Verbindung von Mythos und Ritual laut Lambert.[167] Zu spezifischen Tagen im 9., 10., 11 und 12. sowie im 1. oder 2. Monat bekamen verschiedene Vegetationsgottheiten Totenopfer. Der Mythos gibt mit den konkreten Sterbetagen der Vegetationsgottheiten die theologische Begründung, warum sich gerade diese speziellen Tage für Totenopfer anbieten. Der Text selbst ist nicht in diesem Umfeld des Totenopfers zu verorten, sondern hat lediglich Bezüge zu diesen situativen Kontexten. Der Text ist sicherlich mit dem *akīti*-Fest kontextuell in Verbindung zu bringen, das am Textende genannt wird. Nicht alle der angegebenen spezifischen Zeiten sind spezifische Hinweise auf die konkrete situative Verortung (dem Singen des Arbeitsliedes), dennoch stehen alle Zeitangaben im Zusammenhang mit der Beseitigung von Unheil. Die letzte Zeitangabe weist auf die spezielle situative Verortung des Textes im Rahmen eines landwirtschaftlichen *akīti*-Festes hin, das den Sieg über die Mächte des Unheils markierte.

Eine Zeitangabe über ein konkretes Fest der Ištar enthält der Schöpfungstext *Agušaja-Lied A*:

7	***i-si-in-ša*** *ta-am-ḫa-ru*	**Ihr Fest** ist der Kampf.
11	*Ištar*$_2$ ***i-si-in-ša*** *ta-am-ḫa-ru*	O Ištar! **Ihr Fest** ist der Kampf.

Agušaja-Lied A 1,3,7.11[168]

Aus dem *Agušaja-Lied B* ist ersichtlich, um welche Art Fest es sich hierbei handelt und dass es jährlich stattfand:

11	*ki-ma [i]n*$^{?}$*-ne*$_2$*-ep-šu-u*$_2$	Wie [sie] erschaffen wurde,
12	*ib-ba-nu-u*$_2$ ^{d}*ṣa-al-tum*	Ṣaltum erschaffen wurde,
13	*ṭe*$^{?}$*-me*$_2$*-ni li*$^{?}$*-il-ma-da*	mögen sie als unseren Plan lernen,
14	*ni-šu ar-ki-a-tum*	die späteren Menschen.

---

166 Vgl. Sallaberger 1993, 187 mit Anm. 577. Vielleicht handelt es sich hierbei um das *Streitgespräch zwischen Hacke und Pflug*.

167 Vgl. Lambert 2013, 390.

168 Die Umschrift basiert auf Groneberg 1997, 76; Übersetzung Groneberg (ebd.), mit geringfügigen Modifikationen durch KM.

15	*li-ib-ši* ***ša-at-ti***$^{?}$***-ša***	Es möge **jährlich** sein.
16	*li*$^{?}$*-iš-ša-ki-in* ***gu-uš-tu-u***$_{2}$	Es möge eingesetzt werden der **Wirbel(tanz)**
17	***i-pa-ar-ṣi***$_{2}$***-im ša-at-ti***	**unter den Kultordnungen des Jahres.**

Agušaja-Lied B 1,5,11–17[169]

Das *Agušaja-Lied* verweist in diesen Zeilen auf die Verankerung des Textes in einem jährlichen Fest der Ištar, das einen Wirbeltanz umfasst. Es wird explizit gesagt, dass die späteren Menschen, d. h. die Mesopotamier der späteren Generationen (resp. die Textrezipienten), jährlich diesen Plan (in diesem Lied) kennenlernen sollen. Um welches konkrete Fest es sich dabei handelte, kann leider hier nicht bestimmt werden. Nach *Agušaja-Lied B* 1,5,26–28 wurde zumindest *Agušaja-Lied B* unter der Regierungszeit Ḫammurapis angefertigt. Wenn man weitere Indizien für die situative Verortung hinzunimmt, wie beispielsweise die performativen Merkmale der Einteilung des Liedes in Abschnitte und Gegengesänge sowie andere performative Hinweise,[170] kann sicher davon ausgegangen werden, dass dieses Lied von mehreren Sängern in altbabylonischer Zeit gesungen wurde.

Ein ähnlicher Beleg findet sich in *Enūma elîš*:

129	*lu-ub-bi-ma šum-šu*$_{2}$ KA$_{2}$.DINGIR.RA^{KI} E$_{2}$^{MEŠ} DINGIR^{MEŠ} GAL^{MEŠ}	Ich möchte seinen Namen „Babylon“[171] nennen, die „Häuser der großen Götter“.
130	*ni-i-ni qer-bu-uš-šu*$_{2}$ *ni-ip-pu-uš* ***i-sin-na-tum***	Lasst uns in dessen Mitte ein Fest abhalten!

Enūma elîš 5,129 f[172]

Interessanterweise ist *Enūma elîš* u. a. in einem Fest (dem Neujahrsfest von Babylon) verankert, was hier im mythischen Text gespiegelt wird.

Ein weiterer Beleg mit einer spezifischen Zeitangabe im Korpus der Schöpfungstexte weist eventuell ebenfalls über die mythische Ebene hinaus in die mesopotamische Wirklichkeit. Die Zeile 85 von *Enkis Fahrt nach Nippur* enthält möglicherweise einen Hinweis auf eine Götterreise von Enki, die im Zusammenhang mit der jährlichen Ernte steht:

85	^{d}En-ki u$_{5}$-a-ni **mu ḫe$_{2}$-ĝal$_{2}$ su$_{3}$-ga**	Als Enki fuhr, war **ein Jahr, in das Über-**

169 Die Umschrift basiert auf Groneberg 1997, 86; Übersetzung Groneberg (ebd.), mit geringfügigen Modifikationen durch KM.

170 Für eine detaillierte Analyse der Performanzangaben vgl. Abschnitt 3.2.

171 Das ist eine freie Übersetzung von Babylon („Tor Gottes“); vgl. Lambert 1994, 591.

172 Die Umschrift basiert auf Kämmerer/Metzler 2012, 243; Übersetzung Kämmerer/Metzler (ebd.), mit geringfügigen Modifikationen durch KM.

fluss gefüllt war.

Enkis Fahrt nach Nippur Z. 85[173]

Mit Wagensonner 2005, 25 lässt sich erwägen, dass hiermit eine Anspielung auf eine Götterprozession vorliegen könnte, die zeitlich nach der Ernte angesetzt war.

Klare Verweise auf die situative Verortung im Rahmen von spezifischen Festen kommen auch außerhalb des Korpus der Schöpfungstexte in Texten mit mythischem oder religiösem/kultischem Inhalt vor. Von denen werden im Folgenden einige Beispiele exemplarisch vorgestellt. Die Königshymne *Šulgi E* enthält mehrere spezifische Zeitangaben in deren Rahmen die Königshymnen des Šulgi vorgetragen werden sollten:

59	e$_2$-kur za-gin$_3$-na muš nam-ba-an-tum$_2$-mu	Im scheinenden E-kur dürfen sie (= Šulgis Lieder) nicht aufhören.
60	^{d}En-lil$_2$-ra eš$_3$ **u$_4$-sakar-ra-ka-na** he$_2$-na-du$_{12}$	Für Enlil mögen sie in seinem Heiligtum **des Neulichts** erklingen.
61	**eš$_3$-eš$_3$** kaš gi-rin a-gen$_7$ sud-sud-u$_3$-da-bi	Wenn beim **eš$_3$-eš$_3$-Fest** klares Bier wie Wasser vergossen wird,
62	^{d}En-lil$_2$ ^{d}Nin-lil$_2$-da tuš-a-ra he$_2$-en-ne-ĝa$_2$-ĝa$_2$-ĝa$_2$	mögen sie gesetzt (= vorgetragen) werden dem Enlil, der sich mit Ninlil gesetzt hat.

Šulgi E Z. 59–62[174]

Auch die folgenden Zeilen[175] enthalten spezifische Zeitangaben, die auf eine konkrete situative Verortung hinweisen:

252	en$_3$-du-ĝu$_{10}$ ku$_3$ ki-dar-ra-gen$_7$ pa ḫe$_2$-em-ta-e$_3$-e$_3$	Meine Lieder mögen wie Silber in einer Erdspalte strahlend hervorkommen.
253	ki-šu-ki-šu-ke$_4$ ḫe$_2$-em-ma-an-du$_{12}$	Bei den Kultorten, dort mögen sie erklingen.
254	eš$_3$ u$_4$-sakar-ra na-me na-an-taka$_4$-taka$_4$	In den Heiligtümern sollen sie gesagt werden an Neumond (und daraus wird Wichtiges entstehen)[176]! Sie dürfen dort

173 Die Umschrift basiert auf Ceccarelli 2012, 95; Übersetzung KM; vgl. demnächst die Neuedition von Anja Merk.

174 Die Umschrift folgt ETCSL 2.4.2.05; Übersetzung KM; vgl. zur Verortung der Königshymnen im Kult (täglich, Feste etc.) Ludwig 1990, 45 f und 53 f.

175 Ich danke Annette Zgoll herzlichst dafür, dass sie mich auf die Zeilen 252–257 aufmerksam gemacht hat.

176 Das na-Präfix zur Markierung eines Effektiv geht auf A. Zgoll zurück (unpublizierter Vortrag von 1993), vgl. A. Zgoll zitiert in Wilcke 2010 b, 59: „pointer to upcoming events". Vgl. Wilcke ebd. zur Verwendung dieses Präfixes im finiten Verb bei epistemischen Aussagen (als Teil von „Slot 10" von S. 58–61). Wilcke 2010 b, 59: „In Old and Neo Sumerian Texts, /na-/ directs the listener to a verbatim related direct speech, e.g., an oath or the message of a letter.

		nicht (zurückgelassen =) übergangen werden!
255	ĝa$_2$ tigi ^{d}En-lil$_2$ ^{d}Nin-lil$_2$-la$_2$-ke$_4$	Übersetzungsmöglichkeit 1: Beim Bezirk „tigi-Trommeln von Enlil und Ninlil" Übersetzungsmöglichkeit 2: Im (heiligen) Bezirk, zu den tigi-Trommeln von Enlil und Ninlil,
256	kiĝ$_2$-sig kiĝ$_2$-nim ^{d}Nanna-ka	zur Morgen- und Abendspeisung des Nanna
257	Šul-gi-me-en za$_3$-mim-ĝu$_{10}$ du$_{10}$-ga muš$_3$ nam-ba-an-tum$_2$-mu	ist das Preislied auf mich – Šulgi bin ich – ausgezeichnet![177] Es darf dafür währenddessen dort nicht aufhören!

Šulgi E Z. 252–257[178]

Šulgis Königshymnen sollen im Rahmen von spezifischen Mondfesten vorgetragen werden: während des Neulichtfestes, auf dem eš$_3$-eš$_3$-Fest, im Rahmen der Kulthandlungen mit den tigi-Instrumenten für die Gottheiten Enlil und Ninlil, während der Morgen- und Abendmahlzeit des Gottes Nanna.[179]

Der mesopotamische Festkalender im 3. und 2. Jt. v. Chr. basiert auf den Mondphasen. Das eš$_3$-eš$_3$-Fest ist in Nippur im Rahmen der monatlichen Mondfeierlichkeiten gut belegt.[180] Es fiel auf den zweiten Tag des Monats, d. h. auf den Tag nach dem Erscheinen der Mondsichel, den eigentlichen Neulichttag.[181] Weil der Mondgott Nanna am Neulichtabend als Mondsichel sichtbar wurde, wird in diesem Zusammenhang die Morgen- und Abendmahlzeit von Nanna erwähnt (Z. 256). Dass das höchste Götterpaar des E-kur, Enlil und Ninlil, ein eigenes Gebäude der tigi-Instrumente besaß, in dem die Königshymnen gesungen werden sollten (Z. 255), ist im Rahmen der wichtigen Neumondfeierlichkeiten nicht verwunderlich. Diese Hinweise zielen auf die situative Verortung des Textes (und weiterer Königshymnen von Šulgi) im Rahmen von Kult-

---

In OB—mostly narrative—texts it may also direct the audience to events resulting from those marked by /na-/ in the story told. It seems to be the counterpart to /ši-/."

177 Hier kann sich du$_{10}$-ga („ausgezeichnet") aufgrund der Wortstellung nicht auf za$_3$-mim („Preislied") beziehen. Es handelt sich daher um eine defektive Kopula (oder um einen Imperativ: „mach das Preislied auf mich – Šulgi bin ich – ausgezeichnet!").

178 Die Umschrift basiert auf ETCSL 4.14.3; Übersetzung KM.

179 Vgl. zur Verortung der Königshymnen im täglichen Kult (z. B. beim Göttermahl von Nanna) Ludwig 1990, 45 f. Brisch 2010, 162 und Michalowski 2010 a nehmen die Performanzangaben der Hymnen nicht wörtlich und sehen hier keine Hinweise auf eine situative performative Verortung im Rahmen des Kults.

180 Vgl. Sallaberger 1993, 56–58.

181 Vgl. Sallaberger 1993, 55.

handlungen am Abend des Neulichtes (dem ersten Tag des Monats) sowie am zweiten Tag des Monats (dem eš$_3$-eš$_3$-Fest).[182]

Auch eine Königshymne des Iddin-Dagān (*Iddin-Dagān A*) enthält spezifische lunare Zeitangaben, die Indizien für die situative Verortung sind:

27	**iti-da u$_4$-šakar-ra** me šu du$_7$-du$_7$-da[183]	**Monatlich, an Neulicht**, um die me (= göttliche Machtmittel) vollkommen zu machen,
28	diĝir kalam-ma-ke$_4$ gu$_2$ mu-na-an-si-si-⸢iš⸣	versammeln sich die Götter des Landes vor ihr (= Innana).

Iddin-Dagān A Z. 27 f[184]

Das Textende fokussiert jedoch nicht mehr das monatliche Neulicht, sondern das Neulicht im Rahmen eines jährlichen Festes („an der Jahresgrenze"):

167	e$_2$-gal e$_2$ na de$_5$ kalam-ma-ka ^{ĝeš}rab kur-kur-ra-kam	Als sich im Palast, dem Haus, das dem Land Rat gibt – es ist die Fessel der Fremdländer,
168	e$_2$ I$_7$-lu$_2$-ru-gu$_2$ saĝ gegge-ga uĝ$_3$/kalam gu$_2$ si-a-ba	im Haus „Idlurugu" (= der göttliche Ordalfluss) die Schwarzköpfigen, die Bevölkerung/das Land (Sumer) versammelte/n,
169	^{d}Nin-e$_2$-gal-la-ra para$_{10}$ mu-na-an-ri	tiefte man einen Thron für Ninegala ein.
170	lugal diĝir-am$_3$ ša$_3$-ba mu-un-da-an-til$_3$	Der König – er ist ein Gott – lebte dort mit ihr in dessen Innerem (= im Haus).
171	nam kur-kur-ra tar-re-da-ni	Als sie (= die Göttin) dabei war, das Schicksal für die Fremdländer zu entscheiden,
172	**u$_4$** saĝ zi-de$_3$ igi KARA$_2$.KARA$_2$-de$_3$	**(am) Tag**, um die rechten Köpfe zu inspizieren,
173	**u$_4$ nu$_2$-a** me šu du$_7$-du$_7$-da[185]	**(am) Tag des (rituellen) Niederlegens** (=von Innana), um die me (= göttliche Machtmittel) vollkommen zu machen,
174	**za$_3$-mu u$_4$ ĝarza-ka**	**an der Jahresgrenze, an (diesem) Tag der Kultbräuche**
175	nin-ĝu$_{10}$-ra ki-nu$_2$ ba-an-da$^{!?}$-ĝar	stellte er (= der König) für meine Herrin ein Bett auf.

Iddin-Dagān A Z. 167–175[186]

182 Vgl. zur Verortung der Königshymnen u. a. im Kult Ludwig 1990, 41–65.

183 Variantenschreibung: -de$_3$; vgl. Attinger 2014, 26.

184 Die Umschrift folgt Attinger 2014, 18; Übersetzung KM.

185 Variantenschreibung: -de$_3$; vgl. Attinger 2014, 28.

186 Die Umschrift folgt Attinger 2014, 23; Übersetzung KM.

Hier wird der „Tag des Niederlegens" erwähnt (Z. 173). Hier ist nicht der Schwarzmond gemeint, der „Tag, (an dem der Mond) sich hingelegt hat" am 28./29. eines Monats.[187] Weil der Kontext des Liedes fröhlich ist, kann hier nicht auf die Zeit des unsichtbaren Mondes angespielt sein. Der Mond wurde erst durch die Mondsichel an Neulicht, dem Beginn eines neuen Monats, wieder sichtbar. Dass der Mond nicht sichtbar war, veranlasste die Menschen nicht zu großen fröhlichen Feierlichkeiten, sondern zu Ritualen, die das drohende Unheil abwenden sollten.[188] Zeile 173 ist eine Vorwegnahme der Zeile 175 (Aufstellen des rituellen Bettes) und des damit verbundenen Rituals, das rituelle Niederlegen der Göttin Innana im Rahmen der Heiligen Hochzeit.[189] Dieser Text verweist nicht nur auf die monatlichen Mondfeste (Z. 27), sondern auch auf die Feiern im Rahmen einer Jahresgrenze (za₃-mu) inklusive der gut belegten Heiligen Hochzeit (hier laut Z. 192 von Innana mit dem König Iddin-Dagān).[190] Laut Sallaberger ist für die Ur-III-Zeit kein Neujahrsfest zum Jahresbeginn belegt.[191] Er sieht im Terminus za₃-mu für die Ur-III-Zeit den „Zeitpunkt des Hauptfestes einer Gottheit"[192]. Weil erst für das spätere 2. Jt. und das 1. Jt. v. Chr. ein Neujahrsfest am Jahresbeginn belegt ist, wurde in der vorliegenden Monographie auch für den gerade besprochenen Text *Iddin-Dagān A* aus der Isin-Larsa-Zeit erwogen, „Jahresgrenze" statt „Neujahr" zu formulieren. Um welches hohe Fest es sich dabei handelt, muss hier offenbleiben.[193]

Dass zu diesem Fest Lieder für die Gottheit gesungen und musikalisch begleitet wurden, zeigen die Zeilen 203–207: Die Schwarzköpfigen stellten sich vor Innana am Morgen nach der Heiligen Hochzeit auf und boten ihr verschiedene Lieder musikalisch dar.[194] Im Refrain wird auf eine Art Prozession vor Innana angespielt,[195] die z. B. am Anfang und am Ende des späteren Neujahrsfestes gut belegt ist. Solche Neujahrsprozessionen wurden mit musikalischen Darbietun-

---

187 Zum Schwarzmond vgl. Sallaberger 1993, 61. ETCSL übersetzt hingegen „the day of the disappearance of the moon".

188 Vgl. Sallaberger 1993, 306.

189 Diesen Hinweis verdanke ich einer persönlichen Mitteilung von Annette Zgoll.

190 Vgl. die Neuinterpretation des Rituals in Böck 2004.

191 Vgl. Sallaberger 1993, 142; vgl. ders. 1999 b, 291 f.

192 Sallaberger 1993, 142 f.

193 Sallaberger 1999 b, 293 erwägt das Fest der Innana im 10. Monat in Uruk. Dieses Fest wurde nach Sallaberger 1993, 214 in der zweiten Hälfte des 10. Monats gefeiert, wahrscheinlich nach dem 20. Tag.

194 Vgl. Attinger 2014, 25 (Umschrift) und 39 (Übersetzung); vgl. auch Shehata 2009, 283.

195 ku₃ ^{d}Innana-ra igi-ni-še₃ i₃-dib-be₂ („Vor der heiligen Innana gingen sie vorüber an ihrem Auge").

gen an die Gottheit begleitet.[196] Die Zeile 16 des Textes zeigt, dass dieses Lied gesungen werden sollte.[197]

Da es sich aufgrund der textlichen Performanzangaben bei diesem Text um ein Lied handelt, stellt sich die Frage, wann es gesungen wurde: am monatlichen Neulichttag (siehe Z. 27) oder im Rahmen eines Jahresfestes von Innana in Uruk (siehe Z. 172–174) oder gar zu beiden Anlässen? Wenn man den Inhalt des Gesamttextes einbezieht, ist eine Rezitation des Liedes im Rahmen eines jährlichen Festes anzunehmen (siehe oben). Weil die morgendlichen Feierlichkeiten nach der Heiligen Hochzeit, respektive am Morgen nach dem Neulicht, im Text erwähnt werden, ist es wahrscheinlich erst an diesem Tag rezitiert worden. *Iddin-Dagān A* gibt an, dass die göttlichen Machtmittel (me) monatlich vollkommen gemacht wurden und sie jährlich vervollkommnet wurden. Darüber hinaus mag es monatliche Rezitationen zu Neulicht gegeben haben. So etwas ist auch in anderen rituellen Kontexten belegt, wie beispielsweise für das Neujahrsfest: Der spätbabylonische Textzeuge BM 32206+ zeigt, dass ein Schöpfungstext (*Enūma elîš*) nicht nur zu den Neujahrsfeierlichkeiten, sondern am vierten Tag des Kislīmu (9. Monat) in Babylon rezitiert wurde (1,2,55.62–64).[198] Exemplarisch wurde an *Iddin-Dagān A* am Zusammenspiel mehrerer Indizien gezeigt, dass sich die situative Verortung relativ gut rekonstruieren lässt.

Einen weiteren zeitlichen Beleg liefert eine fragmentarische Götterreise des Ninurta nach Eridu und nennt den Zeitpunkt dieser Reise:

20	iti u$_4$-sakar u$_4$ nam-[tar-ra-ba$^?$]	In einem Monat, am Neulichttag, am Tag, als das Schick[sal entschieden wurde],
21	^{d}Nin-urta Eridu^{ki}-še$_3$ na-ĝen	ging Ninurta nach Eridu (und daraus ergab sich Wichtiges)[199].

Ninurtas Reise nach Eridu Z. 20 f[200]

Mit Wagensonner 2005 wird erwogen, dass solche mythischen Götterreisen tatsächlich rituell durchgeführt wurden. Durch den Hinweis dieses Textes ist eine zeitliche Einordnung dieser Reise möglich: Sie fand am Neulichttag statt, dem ersten Tag eines Monats.

---

196 Vgl. A. Zgoll 2006 a.

197 Zur Zeile 16 vgl. Abschnitt 3.1.5.

198 Vgl. Çağirgan/Lambert 1991–93, 95 f (Umschrift, Übersetzung); siehe auch Linssen 2004, 81 (Anm. 425) und Gabriel 2014, 88; vgl. auch A. Zgoll 2006 a, 50 f.

199 Hier wird das na-Präfix nach A. Zgoll als Effektiv verstanden (unpublizierter Vortrag von A. Zgoll von 1993), vgl. A. Zgoll zitiert in Wilcke 2010 b, 59: „Pointer to upcoming events“.

200 Die beiden Fragmente N 1363 + UM 29-16-785 und TMH NF 4 49+88 Rs. wurde von Wagensonner 2005, 103–128 bearbeitet; Übersetzung KM.

Eine weitere spezifische Zeitangabe ist in *Sîniddinams Reise mit Nanna nach Nippur* (CT 42, 45 und UET 6, 98) enthalten:

4’	še saĝ-bi gu$_2$-sa bi$_2$-in-la$_2^!$-la$_2^!$ e$_2^!$-kur-za-gin$_3$(-)[(x)]	All dessen erste Gerste band er zusammen auf die Nackenmuskeln für$^?$ das E-kur-zagin[201]. (...)
10’	ḫe$_2$-ĝal$_2$ nisaĝ sikil **nisaĝ za$_3$-mu-ka** šu-gal mu-un-du$_7$-du$_7$	Überfluss, die reinen Erstlingsgaben, **die Erstlingsgaben der Jahresgrenze**, hat er vollkommen gemacht.

Sîniddinams Reise mit Nanna(r) nach Nippur Z. 4’, Z. 10’[202]

Der König Sîniddinam brachte die Erstlingsgaben des Festes der Jahresgrenze[203] nach Ur, von dort wurden sie von (oder mit?) dem Gott Su’en weiter nach Nippur ins E-kur zu Enlil gebracht. Es handelt sich hierbei um Erstlingsgaben, die etwa zehn Prozent umfassten.[204] Die Zeile 4’ verbindet den Reisezeitpunkt mit der Ernte.

Es gibt in den Texten außerhalb des Korpus der Schöpfungstexte eine weitere spezifische Zeitangabe, die Rückschlüsse auf eine regelmäßige situative Anwendung eines Textes zulässt. Der Text *Ninlils Reise zum/nach Tummal I*[205] enthält am Textende direkt vor dem Kolophon eine spezifische Zeitangabe, die auf eine Regelmäßigkeit der Götterreise schließen lässt:[206]

27	**mu-amar-^{d}su’en-ka-ta**	**Vom Jahr des Amar-Su’ena**
28	**en-na mu ^{d}I-bi$_2$-^{d}Su’en lugal-e**	**bis zum Jahr, als Ibbi-Sîn zum König (gemacht) wurde,**
29	en-am-gal-an-na en ^{d}Innana Uru-^{ki}-ga maš$_2$-e in-pa$_3$-de$_3$	bestimmte die Eingeweideschau Enamgalanna, den en-Priester der Innana von Uruk,
30	^{d}Nin-lil$_2$ Tum-ma-al^{ki}-še$_3$ i$_3$-ĝen-ĝen^{en}	als Ninlil (in dieser Zeit) immer wieder nach Tummal ging.

Ninlils Reise zum/nach Tummal I Z. 27–30[207]

201 Das e$_2$-kur-za-gin$_3$ war ein Tempel Enlils in Nippur nach George 1993, 118.

202 Die Umschrift folgt Wagensonner 2007, 547 (vgl. ders. 2005, 57–79); Übersetzung KM.

203 Zur Bedeutung von za$_3$-mu als Hauptfest einer Lokalgottheit im Gegensatz zum ausgehenden 2. Jt. v. Chr. gut bezeugten Neujahrsfest vgl. meine Erläuterungen weiter oben zu den spezifischen Zeitangaben in der *Theogonie von Dunnu.*

204 Vgl. Sallaberger 1993, 155.

205 Vgl. dazu die aktuellste Bearbeitung: Wagensonner 2005, 227–232.

206 So vermutet bereits Wagensommer 2005, 25.

207 Die Umschrift basiert auf Wagensonner 2005, 231 f; Übersetzung Wagensonner, mit geringfügigen Modifikationen durch KM.

3.4.4 Die Aussagekraft von Zeitangaben im mythischen bzw. religiösen/kultischen Text

Es konnte beobachtet werden, dass nicht nur die Anweisungen für Ritualhandlungen und Textunterschriften, sondern auch der mythische bzw. religiöse/kultische Text selbst unspezifische oder spezifische Zeitangaben enthalten kann, die auf die präsentische Gegenwart des Textrezipienten hinweisen und somit ein Indiz für die situative Verortung in der mesopotamischen Lebenswirklichkeit sein können. Die folgende Tabelle gibt an, welche zeitlichen Angaben der Texte, die in diesen Abschnitten untersucht wurden, Verortungshinweise liefern. In den Textunterschriften, Textbeischriften und v. a. im mythischen bzw. religiösen/kultischen Text sind folgende *unspezifische Zeitangaben* unbedingt auf ihre Verortungsrelevanz zu untersuchen:

Tab. 1: Auswahl von unspezifischen verortungsrelevanten Zeitangaben

Unspezifische Zeitangaben	Vorkommen
Gruppe A (prozesshafte Zeitangaben):	
von heute an	*iš-tu u*$_4$*-mi-im-ma (Enūma elîš)*
künftig	*aḫ-ra-taš (Enūma elîš: 2 Mal),* *aḫ-ra-taš* UG$_3^{MEŠ}$ *la-ba-riš u*$_4$*-mi (Enūma elîš)*
Gruppe B (keine prozesshaften Zeitangaben):	
an diesem Tag	u$_4$-da-ne-ne, *ina u*$_4$*-mi an-ni-i (Ritualtext für Šamaš,* nur Akk.: *Ritualtext an die Totengeister der Familie)*
jetzt, heute	i$_3$-ne-eš$_2$ u$_4$-da *(Lugal-e, Šulgi B),* e-ne-eš$_2$ u$_4$-ne-a *(Innana holt das Himmelshaus)*
jetzt	i$_3$-ne-eš$_2$ *(Enki und die Weltordnung)*

Die folgende Tabelle gibt an, welche *spezifischen* Zeiten in den Texten dieses Abschnitts vorkommen, die unbedingt in weiteren Texten auf ihre Verortungsrelevanz zu untersuchen sind:

Tab. 2: Auswahl von spezifischen verortungsrelevanten Zeitangaben

Spezifische Zeitangaben	Vorkommen
Spezifische jährliche Mondfeiertage:	
an der Jahresgrenze	[*i-na* ZA$_3$.MU] *(Theogonie von Dunnu)*
am Tag des (kultischen) Niederlegens, an der Jahresgrenze, am Tag der Kultbräuche	u$_4$ nu$_2$-a, za$_3$-mu u$_4$ ĝarza-ka *(Iddin-Dagān A)*
am 16. Kislīmu	*i-na* ITI.GAN.GAN.E$_3$ U$_4$ 16.KAM *(Theogonie von Dunnu)*
am 1. Tebētu	*i-na* ITI.AB U$_4$ 1.KAM *(Theogonie von Dunnu)*
am x. Šabaṭu	*i-na* ITI.ZIZ$_3$.A U$_4$ X.KAM *(Theogonie von Dunnu)*
am 16. Addar	i-na ITI.ŠE.KIN.KUR$_5$ U$_4$ 16.KAM *(Theogonie von Dunnu)*
Spezifische monatliche Mondfeiertage:	
Neulichttag, eš$_3$-eš$_3$-Fest	u$_4$-sakar-ra-ka-na, eš$_3$-eš$_3$ *(Šulgi E)*, iti-da u$_4$-sakar-ra *(Iddin-Dagān A)*
in einem Monat am Neulichttag, am Tag, als die Schicksale entschieden wurden	iti u$_4$-sakar u$_4$-nam-tar-ra-ba *(Ninurtas Reise nach Eridu)*
Spezifische tägliche Kulthandlungen:	
Abend-, Morgenmahlzeit des Nanna	kiĝ$_2$-sig kiĝ$_2$-nim ^{d}Nanna-ka *(Šulgi E)*
Spezifisches jährliches Erntefest:	
akīti-Fest des Monats ...	*a-ki-it* ITI [PARA$_{10}$.ZA$_3$.GAR/ŠU.NUĜUN ...] *(Theogonie von Dunnu)*
Spezifische jährliche Feiertage einer Gottheit:	
ihr Fest (= Ištars), jährlich, Wirbel(-Tanz) bei den Kultordnungen des Jahres	*i-si-in-ša, ša-at-ti-ša, gu-uš-tu-u$_2$ i-pa-ar-ṣi$_2$-im ša-at-ti (Agušaja-Lied)*
Spezifische jährliche Götterreise:	
Jahr, in das Überfluss gefüllt war	mu ḫe$_2$-ĝal$_2$ su$_3$-ga *(Enkis Fahrt nach Nippur)*
in einem Monat am Neulichttag, am Tag, als die Schicksale entschieden wurden (vgl. oben Eintrag zu „spezifische monatliche Mondfeiertage")	iti u$_4$-sakar u$_4$-nam-tar-ra-ba *(Ninurtas Reise nach Eridu)*
Erstlingsgaben der Jahresgrenze	nisaĝ za$_3$-mu-ka *(Sîniddinams Reise mit Nanna nach Nippur)*
vom Jahr des Amar-Su'ena bis zum Jahr, als Ibbi-Sîn zum König (gemacht) wurde	mu Amar-^{d}Su'en-ka-ta en-na mu ^{d}I-bi$_2$-^{d}Su'en lugal-e *(Ninlils Reise zum/nach Tummal I)*

Spezifische Zeitangaben	Vorkommen
Spezifisches lokales Fest eines Tempels:	
Fest	*i-sin-na-tum (Enūma elîš)*
Spezifische Tage in Bezug auf den Tempel:	
wenn die arbeitsfähigen Leute am Tag … heraufkommen	*i-nu-u*$_2$*-ma* ERIN$_2^{ba2}$ *i-na* u$_4$ [x (x) x] *i-il-lu-*<*u*$_2$> *(Lied auf Bazi)*
Spezifische Tageszeit:	
Sonnenaufgang	u$_4$ al-e$_3$-e (*Lied auf die Hacke*)

Für die methodische Untersuchung der Verortung ist zu analysieren, ob eine spezifische Zeitangabe im Text (ein konkretes Fest etc.) nicht nur auf der Textebene eine Funktion aufweist, sondern gleichzeitig ein Indiz für die situative Anwendung des Textes darstellt. Hierbei spielen auch andere Indizien des Textes eine Rolle. Die Indizienargumentation wird verstärkt, wenn neben der verortungsrelevanten Zeitangabe ein weiteres Indiz im Text enthalten ist, z. B. eine Beschreibung einer Situation, die Hinweise auf die Anwendung des Textes gibt (vgl. Abschnitt 3.1). Die verortungsrelevante Zeitangabe hängt indirekt bzw. direkt mit dieser Situation zusammen: Die Situation findet zu dem verortungsrelevanten Zeitpunkt statt bzw. bereitet ihn vor. Beispiele hierfür sind bereits in diesem Abschnitt dargelegt: Dass Šamaš das Recht im heutigen Ritual entscheidet, bringt heute Reinheit für den Ritualteilnehmer *(Ritualtext für Šamaš)*. Bazi erschafft seinen Tempel, woraufhin das Lied des Bazi für ihn an einem bestimmten Tag im Jahr gesungen werden kann, wenn die arbeitsfähigen Männer mit ihren Herden hinaufziehen *(Lied auf Bazi)*.[208] Findet sich zusätzlich das eindeutige Merkmal der Performanzangaben im Text (vgl. Abschnitt 3.2), ist die Bestimmung des Textes für eine Aufführung an einem bestimmten Datum gesichert.

Alle in diesem Abschnitt besprochenen Texte (Schöpfungstexte und weitere) sind in Tab. 3 in Bezug auf ihre Aussagekraft der in ihnen enthaltenen Zeitangaben dargestellt:

208 Zur Inthronisation des Bazi, der Einweihung seines Tempels und der Reinigung der Kultgemeinschaft an einem bestimmten Tag (dem Tag, an dem das *Lied des Bazi* [= traditionell: der *Bazi-Mythos*] gesungen wird) siehe A. Zgoll 2015 c und A. Zgoll 2019.

Tab. 3: Indizienargumentation: Auswahl an Zeitangaben, Situationen, Performanzangaben mit außertextlichem Bezug

Text mit verortungsrelevanter Zeitangabe	unspezifische Zeitangabe	spezifische Zeitangabe	Situation mit außertextlichem Bezug, die mit Zeitangabe indirekt/direkt zusammenhängt	Performanzanweisung
Ritualt. f. Šamaš	ja	–	im Textteil	in Ritualhandlung
Enūma elîš	ja	ja	im Textteil + Epilog	–
Lied auf die Hacke	–	ja	im Textteil	–
EWO[209]	ja	–	im Textteil	–
Šulgi B	ja	–	im Textteil	–
Ritualtext an die Totengeister der Familie[210]	ja	–	im Textteil + Ritualhandlung	in Ritualhandlung
Innana holt das Himmelshaus	ja	–	im Textteil	–
Lied auf Bazi	–	ja	in Textunterschrift	–
Theogonie von Dunnu	–	ja	in Textunterschrift	–
Agušaja-Lied	–	ja	im Textteil	im Textteil
Enkis Fahrt nach Nippur	–	ja	im Textteil	–
Šulgi E	–	ja	im Textteil	–
Iddin-Dagān A	–	ja	im Textteil	–
Ninurtas Reise n. Eridu	–	ja	im Textteil	–
Sîniddinams Reise m. Nanna n. Nippur	–	ja	im Textteil	–
Ninlils Reise z./n. Tummal I	–	ja	im Textteil	–

209 *Enki und die Weltordnung.*
210 VAT 13657.

Im nächsten Abschnitt werden allgemeine Indizien vorgestellt, die zur Identifizierung der situativen Verortung beitragen.

3.5 Indizien für die situative Verortung von Preisliedern (za$_3$-mim)

Ein Großteil der sumerischen Schöpfungstexte weist als Eigenbezeichnung za$_3$-mim („Preislied“) am Textende auf.[211] Diese Eigenbezeichnung ist formal genau an der Stelle platziert, wo andere Eigenbezeichnungen stehen, die Textgruppen und gleichzeitig bestimmte Musikinstrumente bezeichnen (a-da-ab[212], balaĝ[213], gi-gid$_2$[214], tigi[215], za-am-za-am[216]). Mit ^{ĝeš}za$_3$-mim wurde auch ein Musikinstrument klassifiziert.[217] Die gerade genannten Eigenbezeichnungen werden in der Forschung zumeist als mündlich performativ angesehen aufgrund ihrer Doppelbedeutung als Musinstrumente. Im Gegensatz zu diesen als mündlich performativ klassifizierten Eigenbezeichnungen ist das za$_3$-mim keine inhaltlich einheitliche Textgruppe, sondern umfasst vielfältige Themen, Motive, Textarten und inhaltliche Kontexte.[218] Diese gehören funktional zusammen: Mit diesen Texten (narrativ, hymnisch oder kombiniert) soll im Ritual ein Preis einer Gottheit dargebracht werden. Die anderen Eigenbezeichnungen, die auch Musikinstrumente bezeichnen, lassen ähnliche Schlüsse zu: Solch ein

---

211 Eine detaillierte Analyse der Schreibung, Übersetzung und akkadischen Entsprechung dieser Zeichenkombination bietet Gerstenberger 2018, 46–65. Vgl. auch Wilcke 1975, 246–248; Attinger 1993, 755–761.

212 Dieses Lexem bezeichnet ein Schlaginstrument (Pauke oder Ähnliches) sowie eine Textgruppe (a-da-ab-Lied), die zur Gruppe der Hymnen gehört; siehe Shehata 2009, 251–257.

213 Hiermit ist ein Saiteninstrument (Harfe oder Ähnliches) bezeichnet sowie eine Textgruppe (balaĝ-Lied), die eine Art Klagelied darstellt: vgl. Shehata 2009, 247–251. Im 1. Jt. v. Chr. meint es eine Art Trommel: vgl. Gabbay 2014 a und ders. 2014 b.

214 Dieses Blasinstrument (wörtlich: langes Rohr) bezeichnet ebenfalls eine Textgruppe (gi-gid$_2$-Lied), die eine Art Hymne auf Könige bzw. Götter darstellt und mit den a-da-ab- und tigi-Liedern verwandt zu sein scheint: vgl. Shehata 2009, 259–262.

215 Dieses Lexem bezeichnet sowohl eine Art Trommel als auch eine Textgruppe (tigi-Lied), die zur Gruppe der Hymnen gehört und wohl speziell mit diesem Instrument musikalisch begleitet wurde: vgl. Shehata 2009, 251–257.

216 Hiermit ist ein Schlaginstrument (Pauke oder Ähnliches) bezeichnet sowie eine Textgruppe (za-am-za-am-Lied), die mit dem a-da-ab- und tigi-Lied verwandt zu sein scheint und zusammen genannt wird: vgl. Shehata 2009, 257–259 mit Belegen.

217 Vgl. Michalowski 2010 a: Appendix. Nach Michalowski scheint es etymologisch nicht mit der Eigenbezeichnung der Doxologie verwandt zu sein; vgl. auch Shehata 2009, 239.

218 Vgl. Shehata 2009, 238 f; vgl. auch Gerstenberger 2018.

Bezug auf ein Instrument hat nicht unbedingt etwas mit der formalen Ausgestaltung von Texten zu tun, sondern bezieht sich auf die mündliche Performanz der Schriftstücke.[219]

Da dieses sumerische Lexem als Klassifizierung von Texten fungiert und es wie die mündlichen performativen Eigenbezeichnungen formal am Textende geschrieben ist, ist im Folgenden nach einer möglichen Performanz dieser Textgruppe zu fragen, resp. der situativen Verortung. Im Folgenden werden die Indizien für die situative Verortung solcher Preislieder anhand der Texte mit und ohne Schöpfungshylem vorgestellt. Hierzu sind die Situationen und Handlungen, die mit solchen Preisliedern angegeben werden, maßgeblich.

Die frühesten za$_3$-mim-Werke stammen aus der Mitte des 3. Jt. v. Chr. aus Abū Ṣalābīḫ. Die Eigenbezeichnung za$_3$-mim ist innerhalb der Doxologie bis ins 1. Jt. v. Chr. überliefert. Solche Preislieder wurden zu verschiedenen Anlässen mündlich performativ dargeboten. Einige Indizien für diese situative Verortung von Preisliedern finden sich am Textende in der Doxologie. Daneben sind Indizien für die Anwendung von Preisliedern innerhalb der Texte in solchen Zeilen zu finden, die Preislieder im Rahmen der mesopotamischen Gesellschaft erwähnen. Mit der folgenden Auflistung wird keine Vollständigkeit der Belege angestrebt, sondern eine Zusammenstellung verortungsrelevanter Indizien vorgenommen.[220]

In der folgenden Übersicht werden die Indizien in Preisliedvermerken untersucht, die sich *innerhalb* des Textes befinden (und somit nicht die Schlussdoxologie bilden) und allgemeine Aussagen über Preislieder im Rahmen von Ritualen tätigen.

Situative Verortung: Gesang als Teil von Ritualen für die Gottheit (Ritualadressat)

Innana und Gudam Segment C:

36	^{d}Innana nam-ur-saĝ ga-am$_3$-du$_{11}$	Innana! (Dein) Heldentum will ich verkünden.
37	za$_3$-mim-zu du$_{10}$-ga-am$_3$	Das Preislied auf dich ist ausgezeichnet.

Ninĝešzida C:

13	en ^{d}Nin-ĝeš-zi-da za$_3$-mim-zu du$_{10}$-ga ser$_3$-re-eš am$_3$-mi-ni-in-ne	Herr Nin-ĝeš-zida! Das Preislied auf dich ist ausgezeichnet, wenn sie es dort als Lied verkündigen.

219 Siehe dazu ausführlich die Studie von Gerstenberger 2018.

220 Belege ohne Angaben zur situativen Verortung von Preisliedern sind hier nicht aufgeführt. Eine vollständige Belegsammlung bietet Gerstenberger 2018.

Nuska B:

4	sukkal zi me-teš$_2$-e ga-i	Den tatkräftigen[221] Wesir will ich preisen.
5	^{d}Nuska sukkal-mah ^{d}En-lil$_2$-la$_2$ za$_3$-mim-zu du$_{10}$-ga-am$_3$ ku$_7$-ku$_7$-da	Nuska, erhabener Wesir des Enlil! Das Preislied auf dich ist ausgezeichnet (und) süß gemacht.
6	lugal-ĝu$_{10}$ ser$_3$-re-eš$_2$ ga-am$_3$-du$_{11}$	Meinen König will ich im Lied verkündigen.

Innana und Gudam Segment C Z. 36 f,[222] *Ninĝešzida C* Z. 13 (// Z. 22 // Z. 29 f // Z. 38 f),[223]
Nuska B Z. 4–6[224]

Diese Belege zeigen, dass Preislieder im Ritual mündlich performativ geäußert wurden. Ein za$_3$-mim konnte gesungen werden (za$_3$-mim du$_{11}$-ga); weil du$_{11}$ eigentlich „sprechen" heißt, ist hier za$_3$-mim du$_{11}$-ga neutraler, nämlich als „Preislied, das verkündigt ist", übersetzt.

Die Belege (za$_3$-mim du$_{10}$-ga) zeigen außerdem, dass ein Preislied „ausgezeichnet gemacht" werden konnte. Das Adjektiv „ausgezeichnet" (bzw. „gut") bewertet das ihm zugeordnete Nomen mit einer Qualitätsaussage. Durch diese Qualitätsaussage („ausgezeichnetes Preislied") sollte die damit adressierte Gottheit (Ritualadressat) in Bezug auf das Ritualziel positiv gestimmt werden. Die folgenden Belege bieten einen Einblick in die Ritualziele, die mit den Preisliedern angestrebt werden sollten.[225]

Situative Verortung: Gesang für den König (Ritualobjekt)[226] in Ritualen am Tempel

255	ĝa$_2$ tigi ^{d}En-lil$_2$ ^{d}Nin-lil$_2$-la$_2$-ke$_4$	Übersetzungsmöglichkeit 1: Beim Bezirk „tigi-Trommeln von Enlil und Ninlil" Übersetzungsmöglichkeit 2: Im (heiligen) Bezirk, zu den tigi-Trommeln von Enlil und Ninlil,
256	kiĝ$_2$-sig kiĝ$_2$-nim ^{d}Nanna-ka	zur Morgen- und Abendspeisung des Nanna
257	Šul-gi-me-en za$_3$-mim-ĝu$_{10}$ du$_{10}$-	ist das Preislied auf mich – Šulgi bin ich –

---

221 Vgl. A. Zgoll 1997 a, 177 zu munus zi(d) („tatkräftige Frau"). Vgl. auch Lämmerhirt 2010.
222 Die Umschrift folgt ETCSL 1.3.4; Übersetzung KM.
223 Die Umschrift basiert auf ETCSL 4.9.13; Übersetzung KM.
224 Die Umschrift folgt ETCSL 4.29.2; Übersetzung KM.
225 Zur Funktion von Elementen eines Preisliedes auf Innana und eine ausführliche Funktionsbestimmung des Gesamttextes inklusive situativer Verortung vgl. A. Zgoll 1997 a.
226 Zum Begriff des Ritualobjekts vgl. die Definition in Abschnitt 4.4.2: „Als *Ritualobjekt* wird in dieser Arbeit ein(e) Sache bzw. ein Ort oder eine Person (menschlich oder göttlich) verstanden, welche im Ritual mit kultischer Macht ausgestattet wird, damit das Ritualziel erreicht wird".

ga muš$_3$ nam-ba-an-tum$_2$-mu	ausgezeichnet![227] Es darf dafür währenddessen dort nicht aufhören!

Šulgi E Z. 255–257 (ausgewählte Zeilen)[228]

Preislieder können an verschiedene Adressaten gerichtet werden: Götter, Menschen (hier: den König) oder Gegenstände (vgl. z. B. *Keš-Hymne* Z. 9).[229] Nach *Šulgi E* Zeile 257 sollen Preislieder beispielsweise den König rühmen und damit seine Größe dauerhaft machen. Preislieder auf einen König können auch mit einer Bitte an die Gottheit verbunden werden, die durch dieses „ausgezeichnete Preislied" auf den König zum Eingreifen für ihn bewegt werden soll. So schließt sich nach der Qualitätsaussage über das Preislied (Z. 7) in *Samsu-iluna F Segment B* (ETCSL 2.8.3.6) unmittelbar die Bitte für den König an (Z. 8 f):

7	^{d}En-lil$_2$-la$_2$ za-am-me-en-zu du$_{10}$-ga	Der des Enlil (= Samsu-iluna):[230] Dein Preislied ist ausgezeichnet.
8	^{d}En-lil$_2$ lugal-ĝu$_{10}$ nam zal-ga mu nam-til$_3$-la šu-mu	Enlil: Meinem König gib ein strahlend gemachtes Schicksal (und) Jahre des Lebens!
9	zi u$_2$ su-ud-ĝa$_2$-al niĝ$_2$-ba-aš-ši-i ba-am-ma	(Enlil:) Schenke ihm ein Leben der langen Tage als Geschenk!

Samsu-iluna F Segment B Z. 7–9[231]

Ein Text, der als „ausgezeichnetes Preislied" (za$_3$-mim du$_{10}$-ga) markiert ist, konnte mit verschiedenen Eigenbezeichnungen am Textende (beispielsweise bal-bal-e, ser$_3$ gid$_2$-da, tigi, ser$_3$ nam-gala) abgeschlossen werden. Damit ist ersichtlich, dass das Preislied in unterschiedlichen rituellen Formen dargeboten werden konnte: als bal-bal-e (*Dumuzi und Enkimdu*[232] Z. 89 f, *Ninĝešzida B*[233] Z. 24 f), als ser$_3$ gid$_2$-da (*Ninurtas Rückkehr nach Nippur*[234] Z. 207 f, *Ninurta A Segment B*[235] Z. 22 f), als tigi (*Urninurta B*[236] Z. 47 f) oder als

227 Hier kann sich du$_{10}$-ga („ausgezeichnet") aufgrund der Wortstellung nicht auf za$_3$-mim („Preislied") beziehen. Es handelt sich daher um eine defektive Kopula (oder um einen Imperativ: „mach das Preislied auf mich – Šulgi bin ich – ausgezeichnet!").

228 Die Umschrift basiert auf Klein/Sefati 2014, 90 und ETCSL 4.14.3; Übersetzung KM.

229 Gerstenberger 2018 bietet eine ausführliche Belegdiskussion.

230 Anders lautet die Übersetzung von ETCSL 2.8.3.6, die das a-Suffix als Kopula versteht: „Enlil, it is sweet to praise you." Da der Text Samsu-iluna fokussiert, liegt meines Erachtens hier ein vorangestellter Genitiv („der des Enlil") vor.

231 Die Umschrift basiert auf ETCSL 2.8.3.6; Übersetzung KM.

232 Vgl. Sefati 1998, 324–343; ETCSL 4.08.33.

233 Vgl. Sjöberg 1975, 301–305; ETCSL 4.19.2.

234 Cooper 1978; ETCSL 1.6.1.

235 Vgl. ETCSL 4.27.01.

236 Vgl. ETCSL 2.5.6.2.

ser$_3$ nam-gala (*Ibbi-Sîn B*[237] Z. 11–13). Preislieder wurden von Sängern (nar) oder selten (vgl. den Einzelbeleg *Ibbi-Sîn B*) vom Klagesänger (gala) dargeboten bzw. von einer en-Priesterin (vgl. *Nin-me-šara* Z. 67 und Z. 153). Ein „ausgezeichnetes Preislied" (za$_3$-mim du$_{10}$-ga) ist keine eigenständige Gattung an sich, sondern verweist auf eine rituelle Darbietung in verschiedenen Formen.[238]

Die Darbietung von Preisliedern geschah nicht nur in unterschiedlichen Formen (tigi, bal-bal-e etc.), sondern fand auch zu den verschiedensten Anlässen statt. Dass Preislieder mündlich performativ dargeboten werden sollten, wurde bereits diskutiert. Im Folgenden werden einige Situationen vorgestellt, in denen Preislieder verortet waren.

Preislieder wurden beispielsweise am Ende einer Götterreise für die reisende Gottheit gesungen, wie *Ninisinas Reise nach Nippur* (Z. 51–56) zeigt. Im Folgenden ist Zeile 53 zu beachten:[239]

Sumerische Version:

53 ser$_3$ ku$_3$ za$_3$-mim la-la ĝa$_2$-la-ni gu$_3$ nun mi-ni-[(ib$_2$-)be$_2$]

Ein strahlendes Lied,[240] ein Preislied auf sie, das Entzücken erregt haben wird, das [verkündet man] dort laut (wörtlich: fürstlich).

Akkadische Version:

53 *za-ma-ri* KU$_3$^{MEŠ} *ta-ni-ta ša la-la-a ma-la-a-at i-š[a-as$^?$-su$^?$]*

Strahlende Lieder, einen Preis, der voll ist von Entzücken ru[fen sie aus].

Ninisinas Reise nach Nippur Z. 53[241]

Preislieder spielten nach der Tempelschöpfung eine Rolle im Zusammenhang mit den Riten zur Einweihung des Tempels, wie die *Keš-Hymne* verdeutlicht.[242] Hier ist ein solches rituelles Preislied von Enlil nach der Tempelschöpfung erwähnt, das die konzeptuelle Grundlage für Rituale der Ritualexperten bietet:

Version aus dem 3. Jt. v. Chr.:

8 e$_2$ Keš$_3$ kur-kur-r[e$_2$$^?$ ...]

Als der Tempel Keš [über/auf] die Berge [...]

---

237 Vgl. ETCSL 2.4.5.2.

238 Vgl. Gerstenberger 2018: Nach Gerstenberger war ein za$_3$-mim ursprünglich ein kurzer Ausruf: „Gott GN Preis!" Dieser konnte zu einem Lied ausgebaut werden.

239 Die vollständige Textstelle (Z. 51–56) wird in Abschnitt 9.1 (zu *Enkis Fahrt nach Nippur*) übersetzt und diskutiert.

240 Solche Lieder waren schicksalsbestimmend nach A. Zgoll 1997 a.

241 Umschrift und Rekonstruktionen basieren auf Wagensonner 2005, 165 f; Übersetzung KM.

242 Vgl. A. Zgoll 2012, 27 f.

Version aus dem 2. Jt. v. Chr.:

8	Keš$_3^{ki}$ kur-kur-ra saĝ il$_2$-bi	Als (Stadt und Tempel)[243] Keš über/auf die Berge den Kopf erhob,

Version nur aus dem 2. Jt. v. Chr:

9	^{d}En-lil$_2$-le Keš$_3^{ki}$-a za$_3$-mim am$_3$-ma-ab-be$_2$	verkündete Enlil auf Keš ein Preislied.

Version nur aus dem 2. Jt. v. Chr.:

38	e$_2$ an-ne$_2$ ki ĝar-ra ^{d}En-lil$_2$-le za$_3$-mim du$_{11}$-ga	Haus, das An gegründet hat, auf das Enlil ein Preislied verkündet hat (...)

Keš-Hymne Z. 8 f und Z. 38[244]

Auch das *Lied auf die Hacke* erwähnt nach A. Zgoll als Funktion eines Preisliedes die Weihe von etwas Numinosem.[245] Hier ist nicht der Tempel das Ritualobjekt, sondern die Hacke als Kultgegenstand:

11	^{d}En-lil$_2$-le ^{ĝeš}al-a-ne$_2$ za$_3$-mim ba-an-du$_{11}$	Enlil verkündete auf seine Hacke ein Preislied.

Lied auf die Hacke Z. 11[246]

Die Weihe bzw. Absonderung der Hacke für ihre Aufgaben erfolgt in diesem Text in mehreren Schritten:[247] Nach dem Verkünden des Preisliedes bestimmt Enlil ihr das Schicksal (Z. 16) und krönt sie mit der reinen men-Krone (Z. 17). Danach kann sie ihre Aufgaben angehen (Z. 18: du$_3$).

Die mythischen Texte liefern weitere Indizien für die Verortung von Preisliedern. Die Sänger bringen z. B. der Gottheit während der Neujahrsfeierlichkeiten Preislieder dar:

215	nin-ĝu$_{10}$ za$_3$-mim an ki-ke$_4$-ne za$_3$-mim ma-ni-in-du$_{11}$	Meine Herrin! Die Preislied(-Sänger)[248] von Himmel (und) Erde – jeder von ihnen[249] hat das Preislied dort gesungen:

243 Vgl. A. Zgoll 2012, 27 f.

244 Die Umschrift basiert auf Wilcke 2006 a, 228 (Z. 8 f) und 230 (Z. 38); Übersetzung KM.

245 Vgl. die Neuinterpretation von A. Zgoll 2012, 37 f.

246 Die Umschrift basiert auf ETCSL 5.5.4; Übersetzung KM.

247 Vgl. A. Zgoll 2012, 37 f.

248 Die personale Endung Plural (-ene) weist auf die Personenklasse hin, womit hier nicht die Preislieder gemeint sein können (Hinweis Annette Zgoll).

249 Die Preislied(-Sänger) haben eine Pluralendung; das Prädikat weist allerdings ein Subjekt im Singular aus (-n-). Damit kann jeder einzelne der Sänger gemeint sein.

216	nu-u$_8$-ge$_{17}$ an ki-da du$_2$-da-me-en	„Du bist die Himmelsherrscherin[250], die mit Himmel (und) Erde geboren wurde.“
217	nu-u$_8$-ge$_{17}$-ge ⌜ki⌝ ku$_3$ ki sikil-la ser$_3$-ra mu-ni-in-ĝal$_2$	Jeder von ihnen (= von den Sängern) hat in Richtung der Himmelsherrscherin am reinen Ort, am gereinigten Ort in Liedern zum Ausdruck gebracht (wörtlich: vorhanden sein lassen):
218	ḫi-li saĝ gegge me-te unken-na	„Freude (der) Schwarzköpfigen, Zierde der Versammlung,
219	^{d}Innana dumu gal ^{d}Suen-na	Innana, ältestes (wörtlich: großes) Kind des Su’en,
220	nin $^{an/d}$usan[251] za$_3$-mim-zu du$_{10}$-ga-am$_3$	Herrin des Abends, dein Preislied ist ausgezeichnet.“

Iddin-Dagān A Z. 215–220[252]

In diesen Zeilen sind ganze Lieder mit ihrer Stichzeile abgekürzt. Gerstenberger rekonstruiert die Schlussdoxologie GN za$_3$-mim als ursprünglich einfachen Ruf („Heil der/dem GN“).[253] Dieser wurde zu einem Preislied ausgebaut. Er verortet die za$_3$-mim als Gotteslob und somit als Teil der „religiösen Riten“ (ĝarza).[254]

Im Rahmen der Heilkunst kommen Preislieder ebenfalls zum Tragen; dies geschieht offenbar als Dank für eine Orakelentscheidung, die ein Heilverfahren entscheidend positiv beeinflusst hat bzw. die entscheidende Wendung erst herbeiführen sollte:

27	dumu-ĝu$_{10}$ niĝ$_2$ nam-a-zu-ka ĝizzal ḫe$_2$-em-ma-ak	Mein Sohn, mögest du Acht geben (wörtlich: das Ohr richten) auf die Sache der Heilkunst (wörtlich: Ärzteschaft)!
28	^{d}Da-mu niĝ$_2$ nam-a-zu-ka ĝizzal ḫe$_2$-em-ma-ak	Damu, mögest du Acht geben (wörtlich: das Ohr richten) auf die Sache der Heilkunst (wörtlich: Ärzteschaft)!
29	eš-bar kiĝ$_2$-ĝa$_2$ za$_3$-mim mi-ri$_2$-in-du$_{11}$	Für die Orakelentscheidung hat dir jemand ein Preislied verkündet.

Ninisina A Z. 27–29[255]

Auch als Teil von Reinigungsriten spielten Preislieder eine Rolle:

250 Vgl. A. Zgoll 1997 b; so auch in Zeile 217.

251 Varianten: $^{an/d}$usan-an-na; vgl. Attinger 2014, 29.

252 Die Umschrift basiert auf Attinger 2014, 25; Übersetzung KM.

253 Vgl. Gerstenberger 2018 (besonders S. 66 und S. 305).

254 Gerstenberger 2018, 305.

255 Die Umschrift basiert auf ETCSL 4.22.1; Übersetzung KM; vgl. auch die Diskussion der Textstelle in Gerstenberger 2018 (Kap. 6.2.2.2).

39	sa$_6$$^?$-ga e$_2$-a ḫe$_2$-em-ta$^?$-⸢dadag⸣ ḫe$_2$-em-<ta-dadag>	Das Schöne möge dadurch (= durch das Reinigungswasser)[256] im Haus/Tempel rein gemacht sein! Es möge dadurch rein sein!
40	nun abzu ⸢ku$_3$⸣-ga e$_2$-sila ku$_3$-ga	(O) Fürst des ⸢reinen⸣ Abzu, des reinen E-sila
41	Eridu$^{?\ ki\ ?}$-ta en ^{d}Ku$_3$-su$_{13}$ za$_3$-mim	aus Eridu$^?$ heraus – (o) Herr(in) Kusu – sei das Preislied![257]

Kusu A Z. 39–41[258]

Das Preislied aus Eridu gehört zu den Ritualen des Ritualgottes Enki und hat damit eine besondere Wirkmacht.

Dass aus dem Abzu (mit Ablativkasusmarkierung) Preislieder von einem Herrscher verkündet werden konnten, zeigt *Enmerkara und der Herr von Aratta* Zeile 57:

57	ĝe$_{26}$-e abzu-ta za$_3$-mim du$_{11}$-ga-ĝu$_{10}$-ne	Als ich (= Enmerkara), ich selbst, aus dem Abzu heraus ein Preislied verkündete (…)

Enmerkara und der Herr von Aratta Z. 57[259]

Preislieder wurden ebenfalls performativ in der Schreiberschule durch die Tontafeln „gesprochen“, was *Lipit-Eštar B* verdeutlicht:

57	^{d}Li-pi$_2$-it-eš$_4$-tar$_2$ dumu ^{d}En-lil$_2$-la$_2$-me-en	Lipit-Eštar, Sohn des Enlil bist du.
58	niĝ$_2$-gen$_6$-na-zu ka-ga$_{14}$ mi-ni-in-ĝal$_2$	Deine Treue hat er (= Enlil) in den Mündern vorhanden sein lassen.
59	za$_3$-mim-zu e$_2$-dub-ba-a-ka im mu-e-ni-du$_{11}$-du$_{11}$	Dein Preislied werden alle Tontafeln im „Haus, das die Tafeln ausgeteilt hat“ verkündet haben.[260]
60	dub-sar-re a-le ḫe$_2$-em-ši-ak-e gal-le-eš ḫe$_2$-i-i	Die Schreiber mögen einen a-le-Ruf tätigen. Sie mögen Großes sagen.
61	ar$_2$-zu e$_2$-dub-ba-a-ka muš$_3$ nam-ba-an-tum$_2$-mu	Dein Lob dürfen sie dort im „Haus, das die Tafeln ausgeteilt hat“ nicht aufhören lassen!

256 Nach Zeile 34 handelt es sich hier um das Reinigungswasser.

257 Es ist eine Göttin Ezina-Kusu belegt in *Gudea-Zylinder B* Z. 1074 (gu$_2$-edin-na-ka ^{d}Ezina$_2$-ku$_3$-su$_3$ pa sikil-e), allerdings mit der Schreibung /su$_3$/ statt /su$_{13}$/.

258 Die Umschrift basiert auf ETCSL 4.33.2; Übersetzung KM.

259 Die Umschrift basiert auf Mittermayer 2009, 158; Übersetzung Mittermayer (ebd., 117; „*im Abzu*“ [Kursive nach Mittermayer]), mit geringfügigen Modifikationen durch KM.

260 Ein Textzeuge schreibt im-e nam-da$_{13}$-da$_{13}$: „Dein Preislied dürfen die Tontafeln nicht aufgeben (zu verkündigen)“.

62	sipad gu$_2$-tuku šul dumu ^{d}En-lil$_2$-la$_2$	Starker Hirte, junger Mann des Enlil,
63	^{d}Li-pi$_2$-it-eš$_4$-tar$_2$ za$_3$-mim	Lipit-Eštar sei das Preislied!

Lipit-Eštar B Z. 57–63[261]

Hier ist klar ersichtlich, dass im e$_2$-dub-ba-a („Haus, das die Tafeln austeilt") der niedergeschriebene Text den Preis des Königs verkündet (Z. 59). Es geht hier nicht nur um das Schreibtraining, sondern tatsächlich auch um etwas mit den Ritualen Vergleichbares: Der Preis des Königs soll niedergeschrieben und damit unsterblich gemacht werden. Daneben geht es um eine rituelle Komponente, die durch die Verschriftlichung entsteht: Der Preis ist verschriftet ebenso wirkmächtig, jedoch nur in einer anderen Form als die mündliche Preisung.[262] Darüber hinaus soll die Tradierung von Texten offensichtlich mit mündlichen Preisrufen durch die Schreiber einhergehen (Z. 60 f) und mit auswendig gelernten Texten (Z. 61: „dein Lob"). Schriftlichkeit und Mündlichkeit ergänzen sich im Alten Orient. Mit diesem Umstand können möglicherweise einige Doxologien auf Nissaba, die in der bisherigen Forschung oft als Schreibervermerke ohne speziellen Textbezug angesehen wurden, erklärt werden: Der Preis wurde mündlich im Ritual dargebracht sowie schriftlich durch die existierenden Tafeln, die im „Haus, das die Tafeln ausgeteilt hat" vorhanden waren, das unter dem Patronat von Nissaba stand.[263] Daneben mag es zusätzliche Preisungen durch die Schreiber gegeben haben.[264]

261 Die Umschrift basiert auf ETCSL 2.5.5.2; Übersetzung KM.

262 Vgl. Bottéro 2001, 177 f. „In his own way the scribe *made*, or *produced* what he wrote down." (Zitat in ebd., 178; Kursive nach Bottéro).

263 Vgl. *Rulers of Lagaš* 200 (siehe dazu Abschnitt 3.1.3); vgl. den Vortrag von A. Zgoll („Heilige Texte des antiken Mesopotamien – neue Entdeckungen zu frühesten religiösen Schriftquellen der Menschheit") im Rahmen der öffentlichen Ringvorlesung „Verstehst du auch, was du liest? Debatten über Heilige Texte in Orient und Okzident" an der Universität Göttingen, am 23. Oktober 2018 in der Historischen Staats- und Universitätsbibliothek Göttingen, abrufbar unter https://www.youtube.com/watch?v=79g_bEITSog (abgerufen am 19.11.2019) und ausführlich demnächst A. Zgoll i. V. („Religion in Mesopotamien") zur Rolle der Preislieder auf Nissaba.

264 Vgl. den Abschnitt 6.2.1 („Exkurs: é-dub-ba-a im alten Sumer") in Gerstenberger 2018.

3.6 Exkurs: Kolophone und Fundkontexte als Indizien für die gesellschaftliche Verortung

In diesem Abschnitt wird ein Ausblick auf die Verankerung von Texten in bestimmten gesellschaftlichen Institutionen (z. B. Tempel oder Palast) gegeben (gesellschaftliche Verortung). Hierbei können Kolophone sehr aufschlussreich sein. Kolophone sind Textunterschriften von Schreibern, die sich am Schluss eines Textes befinden.[265] Interessanterweise enthalten manche Kolophone Angaben zur situativen Verortung des Werks. Eine Tontafelsammlung aus einem Wohnhaus in Assur, das 614 v. Chr. zerstört wurde, ist teilweise mit solchen verortungsrelevanten Kolophonen versehen.[266] Die Sammlung gehörte assyrischen Gelehrten, die sich in den Kolophonen hauptsächlich als Ritualexperten bzw. „Beschwörer" (*āšipu, mašmaššu*) bezeichneten und für den Assur-Tempel arbeiteten.[267] Dass die Tafelsammlung für den praktischen Gebrauch eines Tempelbeschwörers bestimmt war und innerhalb des Assur-Tempels gesellschaftlich verortet werden kann, zeigt der folgende Kolophon:

1	*a-na ṣa-bat e-pe-ši*	Für die Vorbereitung der Durchführung (des Rituals)
2	^{m}*Ki-ṣir-*^{d}*Aš-šur* MAŠ.MAŠ E$_2$ *Aš-šur*	von Kiṣir-Assur, dem *mašmaššu* des Assur-Tempels,
3	D[UMU ^{md}PA-*be-sun*] MAŠ.MAŠ E$_2$ [*Aš-šur*]	dem S[ohn von Nabû-bēssun(u)] dem *mašmaššu* des [Assur]-Tempels,
4	*ḫa-an-ṭiš na-as-ḫa*	eilig exzerpiert.
5	[... *ša*$_3$*-ṭ*]*ir-ma b*[*a*$_3$*-ri*]	[... geschrieb]en und k[ollationiert.]

Kolophon aus der Tontafelsammlung der Beschwörungspriester in Assur Z. 1–5 (Hunger 1968, Nr. 201)[268]

Ein anderer Kolophon enthält Details zur Verbindung von gesellschaftlicher und situativer Verortung. So wurde auch in diesem Fall die Tafel schnell von einer anderen Tafel abgeschrieben, damit der Ritualtext (die „Beschwörung")

---

265 Die Pionierarbeit zur Auflistung der babylonischen und assyrischen Kolophone leistet Hunger 1968.

266 Eine Analyse der Sammlung bietet Maul 2010.

267 Maul 2010, 196. 200 f. Nach Maul 2010, 200 mit Anm. 40 lautete der Titel aller Beschwörer, die in den Kolophonen der Tafelsammlung auftauchen, am Ende ihrer Laufbahn *mašmaš bīt Aššur* (*mašmaššu* des Assur-Tempels) bzw. von einer Person *mašmaš Ešara* (*mašmaššu* des Hauses des „Alls"); Ešara war der sumerische Prunkname des Assur-Tempels.

268 Die Umschrift basiert auf Hunger 1968, 70 f: Nr. 201; Übersetzung Maul (2012, 212 mit Anm. 79), mit geringfügigen Modifikationen durch KM.

und die damit verbundenen Ritualhandlungen zeitnah vom Ritualexperten durchgeführt werden konnten:

1	*a-na ṣa-bat e-pe-ši ḫa-an-ṭiš na-as-ḫa*	Für die Vorbereitung der Durchführung (des Rituals) eilig exzerpiert.
2	ṭup-pi ^{m}*Ki-ṣir-Aš-šur* MAŠ.MAŠ E$_{2}$ *Aš-šur*	Tafel von Kiṣir-Assur, dem *mašmaššu* des Assur-Tempels,
3	DUMU ^{md}PA-*be-sun* $^{lu}{}_{2}$MAŠ.MAŠ E$_{2}$ ^{d}*Aš-šur*	dem Sohn von Nabû-bēssunu, dem *mašmaššu* des Assur-Tempels.

Kolophon aus der Tontafelsammlung der Beschwörungspriester in Assur Z. 1–3 (Hunger 1968, Nr. 198)[269]

Auch der dritte hier vorgestellte Kolophon enthält verortungsrelevante Informationen zur gesellschaftlichen Verortung. Diese Tafel wurde ebenfalls für die praktische Anwendung durch Ritualexperten des Tempels eilig abgeschrieben:

1	[7] *nis-ḫu liq-ti bul-ṭi ki-i pi-i* [*le-'i Ak-ka-di*]	[7.] Auszug. Gesammeltes zur Heilung. Nach dem Wortlaut [einer akkadischen Wachstafel.]
2	[*gaba*]-*ri* Uruk^{ki} AB.SAR [*ba*$_{3}$-*ri*]	Exemplar aus Uruk, geschrieben (und) [kollationiert].
3	x x ^{m}*Ki-ṣir-*^{d}PA *ša* ^{d}PA *tuk-*[*lat-su*]	... von Kiṣir-Nabû, der (auf) Nabû sein Vertrauen (setzt),
4	DUMU ^{md}UTU-*ibni* ^{lu2}MAŠ.MAŠ DUMU ^{md}PA-*be-sun*$_{2}$ ^{lu2}MAŠ.[MAŠ]	Sohn von Šamaš-ibni, *mašmaššu*, Sohn von Nabû-bēssunu, *mašmaššu*,
5	DUMU ^{md}*Ba-ba*$_{6}$-*šum-ibni* ^{lu2}ZABAR.DAB.BI [E$_{2}$.ŠAR$_{2}$.RA]	Sohn von Bāba-šuma-ibni, *zabardabbu*-Priesters des [Ešara].
6	*a-na mal-su-ti-šu*$_{2}$ *za-mar n*[*a-as-ḫa*^{ba}]	Für ihren (= der Tafel) Vortrag (wörtlich: Ruf) schnell e[xzerpiert.]
7	x x *e-rib* E[$_{2}$ *ar-ḫ*]*i-iš li-ṣa-am-ma* [...]	... die den T[empel] betreten (= die Priester) mögen [eil]ig hinausgehen und [...].

Kolophon aus der Tontafelsammlung der Beschwörungspriester in Assur Z. 1–7 (Hunger 1968, Nr. 211)[270]

Auch hier, im dritten vorgestellten Kolophon, ist eine verortungsrelevante Information enthalten. Die Tafel wurde schnell exzerpiert, damit sie gründlich für die Anwendung studiert werden konnte. Auch hier liegen Hinweise auf die gesellschaftliche Verortung in der Institution des Tempels und der situativen Verortung im Ritual vor. Aufgrund dieser Indizien sollten die Kolophone in die

269 Die Umschrift basiert auf Hunger 1968, 69: Nr. 198; Übersetzung Maul (2010, 212 mit Anm. 80), mit geringfügigen Modifikationen durch KM.

270 Die Umschrift basiert auf Hunger 1968, 73 f: Nr. 211; Übersetzung Maul (2010, 213 mit Anm. 81), mit geringfügigen Modifikationen durch KM.

Analyse von Schöpfungstexten und anderen mythischen Texten miteinbezogen werden. Sie müssen auf solche verortungsrelevanten Informationen hin untersucht werden.

In die Analyse der Kolophone ist außerdem der Fundkontext der Tafeln einzubeziehen, sofern die Grabungsberichte dies zulassen. Die gerade vorgestellte Sammlung aus Assur ist in einem Wohnhaus gefunden worden. Aufgrund der Kolophone kann sie einer Beschwörerfamilie des Assur-Tempels zugeordnet werden. Die Angaben der Texte können weitere verortungsrelevante Indizien aufweisen: Nicht in jedem Fall muss ein spezifisches Ritual im oder am Tempel bzw. für den Tempel durchgeführt werden; die Heilkunst (siehe oben: dritter Kolophon Z. 1) galt wahrscheinlich „Privatpersonen" ebenso wie viele andere Rituale, z. B. die akkadischen Handerhebungsgebete[271]. Der Tempel als Garant des Wohlergehens des Landes wurde sicherlich als Auftraggeber solcher Rituale angesehen.[272]

3.7 Zusammenfassung: Allgemeine Indizien für die situative Verortung von mesopotamischen (Schöpfungs-)Texten

In den vorangegangenen Abschnitten zur Methodik konnte gezeigt werden, dass sich die situative Verortung (z. B. in einem Ritual) auf vielfältige Art und Weise im Mythos spiegeln kann. Hierbei können im mythischen Text verschiedene Indizien erkennbar sein. Es werden z. B. Situationen oder Handlungen im Text beschrieben, die auf die situative Verortung des Textes hinweisen. Um einen Text situativ zu verorten, sind Angaben zur Entstehung von Texten durch einen Gott und die Weitergabe an Sänger wichtig. Solche Angaben können z. B. auf eine rituelle Verankerung des Textes hinweisen; falls der Text an einen Sänger gegeben werden sollte, ist hier ein Indiz für eine mündliche performative Anwendung des Textes zu erkennen. Daneben liegen weitere Hinweise auf die Anwendung der mythischen Texte vor: Sie konnten als Lieder vorgetragen oder aufgeführt werden. Interessanterweise sollten mythische Texte auch verschriftet wirken, um dauerhafte Wirkmacht zu entfalten, analog zur permanenten Durchführung performativer Rituale. Angaben, dass Schreiber einen Text tradieren sollen, können demnach (auch) auf eine kultische Verortung des Textes verweisen.

271 Zu den Handerhebungsgebeten vgl. Mayer 1976; A. Zgoll 2003 a; Frechette 2012.
272 Vgl. Maul 2010, 200 f.

Eindeutige Indizien für einen mythischen Text, der als Lied vorgetragen wurde, sind z. B. Aufforderungen zum Sprechen bzw. Singen des Textes. Diese Indizien befinden sich oft am Textende, wie z. B. *Lied auf Bazi* Z. 59 (*iz-za-am-ma-ru*: „(Lied), das gesungen wird"). Oder es gibt – ebenfalls oft am Textende – Angaben zum Hören des Textes (vgl. *Atram-ḫasīs* 3,8,19[273] *ši-me-a*: „Hört!"). Die Bezeichnung des Textes als Preislied (z a₃ - m i m) verweist ebenfalls klar auf eine Performanz des Textes, entweder als rituelles Lied im Kult oder als politisch-religiöses Lied auf den König. Weitere eindeutige Indizien sind Aufforderungen zu begleitenden Ritualhandlungen als Einschübe im mythischen Text, wie die von Zgoll identifizierte Aufforderung „in die Reihe zu stellen" (*sa₃-da-ru*)[274] in Zeile 33 des *Liedes auf Bazi* (nach A. Zgoll 2015c, 72 und A. Zgoll 2019, 1238), womit das Aufstellen von Figuren gemeint sein dürfte. Musikalische Notierungen (beispielsweise ĝ e š - g e₄ - ĝ a l₂: „Antiphon, Wechselgesang") sind ebenfalls eindeutige Indizien, dass der Text vorgetragen oder aufgeführt wurde. Auch im Kolophon können klare Indizien für die situative Verortung vorliegen, dass z. B. die Tafel für eine anschließende Durchführung (eines Rituals) eilig exzerpiert wurde (*a-na ṣa-bat e-pe-ši ḫa-an-ṭiš na-as-ḫa*)[275].

Andere Indizien weisen nicht zwingend auf eine bestimmte situative Verortung. Je mehr Indizien vorliegen, desto eindeutiger können Aussagen über die situative Verortung gemacht werden. Als nicht-eindeutige Indizien können beispielsweise wiederkehrende Zeilen eines Refrains gelten, wie z. B. in der *Keš-Hymne*. Wenn neben diesem Indiz weitere Indizien vorliegen, kann der Text eindeutiger verortet werden. Gibt es also beispielsweise neben dem nicht-eindeutigen Indiz (Refrain) ein eindeutiges (die Eigenbezeichnung des Textes als z a₃ - m i m: „Preislied"), dann verstärkt das nicht-eindeutige Indiz das eindeutige Indiz („Preislied"). Der Text kann somit detaillierter verortet werden: Ein Refrain kann möglicherweise darauf hindeuten, dass kein Solist, sondern – gerade beim Refrain – mehrere Personen bei der Aufführung des Liedes beteiligt waren.

---

273 Siehe dazu die Umschrift in Lambert/Millard 1999, 104.

274 A. Zgoll identifiziert das ungenannte Objekt der Glosse als „Übeltäter, die man parallel zu diesen Worten im Ritual vernichtet. Wahrscheinlich sind sie in Form von Figuren anwesend zu denken" (A. Zgoll 2015c, 72: Anm. 16). Somit ist die Glosse eine Anweisung für begleitende Ritualhandlungen: das Aufstellen von Figuren.

275 Der Kolophon ist erstmalig publiziert in Hunger 1968, 198; vgl. Maul 2010, 212 mit Anm. 80.

4 Bezüge zwischen mythischem Schöpfungstext und Ritual: Methodische Annäherung II

Wie in Kapitel 3 eingeführt, enthalten zwölf Schöpfungstexte („Kronzeugentexte“) einen rituellen Vermerk (ka enim-ma etc.) und sind damit sicher im Ritual verankert gewesen.[1] Diese „Kronzeugentexte“ unterscheiden sich von den restlichen Schöpfungstexten, die keine solche Markierung für die situative Verortung tragen. Zehn unmarkierte Schöpfungstexte werden in der vorliegenden Arbeit in den Kapiteln 7–16 situativ verortet. Im vorliegenden Kapitel wird eine Methodik erarbeitet werden, mit der man erkennen kann, ob und wie sich die situative Verortung im mythischen Schöpfungstext spiegelt, ganz unabhängig von einer Anweisung für Ritualhandlungen oder einem Ritualvermerk. Ausgehend von den „Kronzeugentexten“ wird in Kapitel 4 als einer Art Handbuch zu zeigen sein, wann mythische Schöpfungstexte ohne Markierung als Ritualtexte erkennbar werden. Hier geht es um Indizien, die sie – auch außerhalb einer rituellen Anweisung – als Ritualtexte identifizieren. So enthalten die Schöpfungspassagen (und die restlichen Textpassagen) der „Kronzeugentexte“ bereits Elemente eines Rituals, wie beispielsweise den Ort des Rituals, das Ritualobjekt, die Ritualadressaten oder das Ziel des Rituals in Form eines Rechtsentscheids oder Ähnliches.

Um diese Indizien zu erarbeiten, werden nach grundlegenden Vorüberlegungen (Abschnitt 4.1) und Definitionen (Abschnitt 4.2–4.3) die „Kronzeugentexte“ in einem ersten Schritt (Abschnitt 4.4) inhaltlich auf ihre Schöpfungsobjekte (wer oder was erschaffen wird) und deren Funktionalisierung im Ritual untersucht. Es wird zu zeigen sein, dass die Schöpfungsobjekte in der Regel

1 Es handelt sich hierbei um den *Ritualtext für ein Gerstenkorn I*, den *Ritualtext für ein Gerstenkorn II*, *Ritualtext für einen Wurm*, *Ritualtext für einen Zahnwurm*, den Ritualtext *Doppelschöpfung von Anu und Ea*, *Ritualtext für den Schöpfungsstrom*, einen *Geburtsritualtext*, das Tempelbauritual *Tonmännchen und Puppen*, die Beschwörung *Als An/Anu, Enlil, Enki/Ea Himmel und Erde schufen*, die *Kosmologie des kalû*, die *Erschaffung von Eridu-Babylon* und *Ritualtext für Šamaš* aus der Serie *bīt rimki*. Im Anhang sind die „Kronzeugentexte“ mit Steckbriefen aufgelistet. *Enūma eliš* wurde in der vorliegenden Monographie nicht als „Kronzeugentext“ aufgenommen, obwohl seine Zuordnung als Ritualtext des Neujahrsfestes zumindest für das 1. Jt. v. Chr. gesichert ist. „Kronzeugentext“ wird vorliegend in einem sehr engen Sinn verstanden, nur wenn eine eindeutige Selbstklassifizierung als Ritualtext vorliegt. Somit sind alle Texte mit Schöpfungshylem, die ausschließlich durch andere Texte (Ritualkommentare etc.) als Ritualtext „fremdklassifiziert“ werden, nicht berücksichtigt. Weil *Enūma eliš* keine Anweisung für Ritualhandlungen oder Klassifizierung als Beschwörungstext (EN_2, *šiptum*) enthält, gilt er hier nicht als „Kronzeugentext“.

https://doi.org/10.1515/9783110719222-004

eine Funktionalisierung im Ritual haben: Der mythische Textinhalt spiegelt die situative Verortung. In dem sich anschließenden Abschnitt (Abschnitt 4.5) stehen die Ritualziele der „Kronzeugentexte" im Mittelpunkt. Es geht in diesem Zusammenhang um die Frage, wozu ein Schöpfungstext im Ritual verkündet wurde, d. h. was er rituell bezwecken sollte. Dabei wird deutlich werden, dass durch die rituelle Rezitation von Schöpfungstexten aus emischer Perspektive entweder Wirkmacht übertragen wurde oder Unheil abgewehrt wurde. Die Verbindung von bestimmten Schöpfungsobjekten (Hauptziele der Schöpfung) und Unheil wird in Abschnitt 4.6 untersucht. Diese inhaltliche Analyse des Verhältnisses von Schöpfung (Textinhalt) und rituell zu beseitigendem Unheil (Ebene der situativen Verortung) hilft, das Ritualobjekt bzw. den Ritualadressaten zu identifizieren.

4.1 Rituell markierte Schöpfungstexte (en$_2$, *šiptum*, ka enim-ma) vs. rituell nicht markierte Schöpfungstexte

Die „Kronzeugentexte" lassen sich in zwei Textgruppen kategorisieren: akkadische Rituale für Einzelpersonen aus dem Repertoire des Ritualexperten (Akk. *āšipu*) und akkadische bzw. bilinguale Rituale während des Tempelbaus, die der Klagesänger (Sum. gala, Akk. *kalû*) durchführte. Beide Gruppen weisen eine rituelle Markierung auf, die den jeweiligen Text eindeutig als Ritualtext klassifiziert.

Daneben gibt es Schöpfungstexte (hauptsächlich sumerische, auch akkadische), die keine solche rituelle Markierung als Textüberschrift bzw. Textunterschrift aufweisen. In der vorliegenden Arbeit wird sich zeigen, dass diese Schöpfungstexte häufig innerhalb von Ritualen des Tempel*kultes* (nicht des Tempel*baus*) situativ zu verorten sind. Solche Rituale des Tempelkultes zielen auf einen spezifischen Tempel, wohingegen die Tempelbaurituale der „Kronzeugentexte" inhaltlich nicht auf spezifische Tempel abgestimmt sind, sondern allgemein für viele Tempel durchgeführt wurden. Ebenso wurde die andere Gruppe der „Kronzeugentexte" (Rituale für Einzelpersonen) nicht für spezifische Einzelpersonen angewandt, sondern konnte für verschiedene Einzelpersonen eingesetzt werden. Die rituelle Angabe (en$_2$/*šiptum* „Ritualtext, Beschwörung" bzw. ka enim-ma „zu rezitierender [Ritual]-Text") verbindet diese Texte. Die „Kronzeugentexte" sind *Mustertexte* für Rituale für verschiedene Tempel bzw. Einzelpersonen.

Die nicht markierten Texte, häufig aus dem Tempelkult, unterscheiden sich deutlich inhaltlich und strukturell sowie durch das Fehlen der rituellen Markierung en$_2$/*šiptum* bzw. ka enim-ma von den „Kronzeugentexten": Sie sind inhaltlich spezifisch auf die Erschaffung von etwas sehr Konkretem festgelegt, oft auf die Erschaffung eines bestimmten Tempels. Strukturell betrachtet, sind sie deutlich länger als die „Kronzeugentexte“. Dass sumerische Texte aus dem Tempelkult nicht mit rituellen Handlungsanweisungen (en$_2$/*šiptum*, ka enim-ma) versehen sein mussten, zeigen die Textgruppen ir$_2$-šem$_3$-ma und balaĝ. Beide Gruppen gehören in das Repertoire des Klagesängers (gala, *kalû*) im Tempelkult.[2] Die Textunterschrift ir$_2$-šem$_3$-ma GN steht strukturell an derselben Stelle am Textende wie der Preisliedvermerk,[3] den viele in dieser Arbeit untersuchten Texte mit unklarer Verortung aufweisen (za$_3$-mim GN: „Preislied für Gott NN“). Die Eigenbezeichnung (ir$_2$-šem$_3$-ma, za$_3$-mim) kann hier demnach als rituelle Markierung verstanden werden. Eine rituelle Handlungsanweisung ist darüber hinaus nicht nötig, ebenso keine weitere rituelle Markierung (en$_2$/*šiptum* bzw. ka enim-ma).

Handlungsanweisungen (= Ritualhandlungen) konnten getrennt vom zu rezitierenden Ritualtext (inklusive Schöpfungspassage) tradiert werden, wie der spätbabylonische Textzeuge BM 32206+ von *Enūma elîš* zeigt. Nach diesem wurde das Lied nicht nur zu den Neujahrsfeierlichkeiten, sondern ebenfalls am vierten Tag des Kislīmu (9. Monat) in Babylon gesungen (2:55,62–64).[4] Auch die Handlungsanweisungen für Statuenbelebungsrituale („Mundöffnung“: *mīs pî*) wurden gesondert von den Tafeln mit den zu rezitierenden Texten verschriftet.[5] Handlungsanweisungen für mehrtägige Ritualabfolgen im Tempelkult und die jeweils zu rezitierenden Texte zusammen zu verschriften, war sicherlich nicht praktikabel; auf diese Weise wurde es auch einfach möglich, einen bestimmten Ritualtext, z. B. ein Lied auf die Gottheit des Tempels, mit verschiedenen Ritualhandlungen zu kombinieren, d. h. in verschiedenen Ritualen einzusetzen.[6] Das kann das Fehlen einer rituellen Markierung neben der Eigenbezeichnung (oft za$_3$-mim) bei den Schöpfungstexten, die in den Kapiteln 7–16 situativ verortet werden, erklären.

Als Zwischenergebnis der bisherigen Überlegungen kann Folgendes festgehalten werden: Ob ein Schöpfungstext im Ritual rezitiert wurde, lässt sich nicht allein aus einer rituellen Handlungsanweisung für diesen Text oder aus der

---

2 Zur situativen Verortung beider Textgruppen im Tempelkult des 1. Jt. v. Chr. vgl. insbesondere Gabbay 2013 und ders. 2014 a.

3 Zur Angabe ir$_2$-šem$_3$-ma GN vgl. Gabbay 2007, ders. 2014 a und ders. 2015; vgl. auch Gabbay 2007 und ders. 2015 zu balaĝ innerhalb von ir$_2$-šem$_3$-ma.

4 Vgl. Çağirgan/Lambert 1991–1993, 95 f (Umschrift, Übersetzung); siehe auch Linssen 2004, 81 (Anm. 425) und Gabriel 2014, 88; vgl. auch A. Zgoll 2006 a, 50 f.

5 Vgl. Walker/Dick 2001; Berlejung 1998, 178–283.

6 Diese Überlegungen verdanke ich Annette Zgoll.

rituellen Markierung (en$_2$/*šiptum* bzw. ka enim-ma) belegen. Eine Eigenbezeichnung als Textunterschrift (z. B. za$_3$-mim) kann darauf schließen lassen, dass der Text vorgetragen wurde. Sie kann darüber hinaus ein Indiz für den rituellen Charakter des Textes sein. Um zu entscheiden, in welchem Rahmen (Ritual oder anderer Vortrag/Aufführung) der Text dargeboten wurde, sollte er inhaltlich untersucht werden. Eine solche inhaltliche Analyse wird in den folgenden Abschnitten zu den Bezügen des Rituals im mythischen Text gezeigt.

4.2 Definitionen: Schöpfungsobjekt, Schöpfungssubjekt, Schöpfungshandlung

Jegliche inhaltliche Analyse der Schöpfungspassage von Schöpfungstexten bedarf einer genauen Terminologie. Ein Schöpfungsmythos ist dann gegeben, wenn ein mythischer Erzählstoff (mindestens) ein zentrales Hylemschema enthält:[7]

A (= Schöpfungssubjekt) erschafft (= Schöpfungshandlung) B (= Schöpfungsobjekt).

Die schriftliche Konkretion eines solchen mythischen Erzählstoffs als Text ist ein *Schöpfungstext*. Als *Schöpfungsobjekt* wird hier eine Person (Gott oder Mensch) oder etwas Nicht-Personales (eine Sache bzw. ein Ort, eine bestimmte Zeit oder Sonstiges, d. h. nicht zu Klassifizierendes) verstanden, das durch den Schöpfungsvorgang entsteht. Entscheidend hierbei ist die emische Perspektive der Sumerer, die zwischen Personen und Nicht-Personen (Sachklasse) unterschieden.[8] Die Gottheit bzw. Gottheiten, die das Schöpfungsobjekt erschaffen, werden in dieser Arbeit als *Schöpfungssubjekt(e)* definiert. Der Schöpfungsvorgang an sich, im Text selbst in der Regel durch ein Prädikat ausgedrückt, wird hier als *Schöpfungshandlung* bezeichnet. Generell gilt für die mesopotamischen Schöpfungsvorgänge (*Schöpfung*): Ein oder mehrere *Schöpfungssubjekt(e)* erschafft/erschaffen durch eine spezifische *Schöpfungshandlung* ein oder mehrere *Schöpfungsobjekt(e)*.

7 Vgl. C. Zgoll 2019, 144–149.

8 Anzumerken ist, dass nicht alle „Kronzeugentexte" in sumerischer Sprache verfasst sind. Die sumerische Einteilung in Personenklasse und Nicht-Personenklasse hilft dennoch, sich an eine emisch-antike Perspektive anzunähern.

4.3 Definitionen: Hauptziel und Teilziel der Schöpfung

Eine inhaltliche Analyse der Schöpfungspassagen der „Kronzeugentexte“ zeigt, dass die Schöpfungsobjekte zwei Gruppen umfassen: Hauptziele der Schöpfung und Teilziele der Schöpfung. Als *Hauptziel der Schöpfung* wird das Schöpfungsobjekt verstanden, auf welches das Schöpfungsgeschehen zuläuft. Die Schöpfung kulminiert in diesem Schöpfungsobjekt. So ist es beispielsweise bei einer Kette[9] von mehreren Schöpfungsobjekten, die wiederum weitere Schöpfungsobjekte erschaffen, in der Regel das letzte Schöpfungsobjekt, das entsteht.

Als *Teilziel der Schöpfung* wird das Schöpfungsobjekt verstanden, das funktional in Bezug auf ein anderes Schöpfungsobjekt erschaffen wird. So werden beispielsweise in der *Kosmologie des kalû* verschiedenste Schöpfungsobjekte (= Röhricht, verschiedene Götter etc.) mit dem Ziel geschaffen, die Erschaffung des Hauptziels der Schöpfung (= Tempel) zu garantieren.

Diese beiden Arten von Schöpfungsobjekten auseinanderzuhalten, ist wichtig für die Analyse der rituellen Bezüge im mythischen Text, wie sie in den folgenden Abschnitten vorgenommen wird. Es wird gezeigt werden, dass die *Teilziele der Schöpfung* selten ein Ritualteilnehmer oder ein Bestandteil des Ritualrahmens (Ritualzeit, Ritualort) sind, wohingegen die *Hauptziele der Schöpfung* oft zugleich ein Ritualteilnehmer sind. Demnach spiegelt sich das Ritual im Inhalt des mythischen Textes.

4.4 Schöpfungsobjekte der „Kronzeugentexte“ und deren Funktionalisierung im Ritual

Warum können die Schöpfungsobjekte des mythischen Textes eine Funktion im Ritual haben, in dem der Text verankert ist? Wie hängen mythischer Schöpfungstext und Ritual zusammen? Warum kam ein Schöpfungstext im Ritual zur Anwendung?

Zunächst ist eine begriffliche Differenzierung vorzunehmen[10] zwischen dem „unscharfen Begriff der ‚Funktion‘“: stattdessen ist von drei Begriffen, nämlich „‚Grundfunktion‘, ‚Funktionalisierung‘ und ‚Metafunktion‘“ (C. Zgoll 2019, 419) auszugehen:

> Eine Grundfunktion ist eine spezifische Leistung, die etwas oder jemand erbringt. ... Funktionalisierung bezeichnet den Einsatz der spezifischen oder unspezifischen Leistung, die

9 Der Begriff „chain incantations“ (Kettenbeschwörungen) ist bei Veldhuis 1993 zu finden.
10 Vgl. das Kapitel über „Funktionen“ von Mythen bei C. Zgoll 2019, 418–428.

> etwas oder jemand erbringt, für einen bestimmten Zweck. Eine Metafunktion ist eine Auswirkung, die der Einsatz von etwas oder jemandem auf den Einsetzenden hat. .... Die *Grundfunktion* [Anm. KM: Kursive im Original] mythischer Stoffe besteht darin, daß sie als äußerst flexible und komplexe Instrumente dazu dienen können, transzendierende Auseinandersetzungen mit Erfahrungsgegenständen zum Ausdruck zu bringen und kommunizierbar zu machen.[11]

Schöpfungsmythen haben die Grundfunktion, derartige Auseinandersetzungen mit wesentlichen Entitäten des menschlichen Lebens in Sprache zu fassen. Die Affinität von Schöpfungsmythen zu Ritualen wird schon in einer Funktionalisierung deutlich, die C. Zgoll 2019, 424 als „Reaktualisierung von Uranfänglich-Altem und Sicherung der Lebensgrundlagen durch Einsatz bzw. Rezitation im Kult“ bezeichnet.[12] Auch Schöpfungsmythen haben, wie andere

> mythische Stoffe in der Regel eine doppelte Metafunktion. Sie besteht ganz grundsätzlich in einer *sowohl kognitiven als auch affektiven Stabilisierung* [Anm. KM: Kursive im Original]. Eine kognitive Stabilisierung wird durch die epistemische Komponente gewonnen, die hauptsächlich in einer orientierungsstiftenden Strukturierung der Erfahrungsgegenstände besteht. Eine affektive Stabilisierung wird vor allem erreicht durch die aufgrund des prinzipiellen Unterhaltungswertes mythischer Stoffe gesteigerte Lebensfreude, durch die Stiftung von Identität und Solidarität, und durch ein wesentlich auf den kognitiven Bewältigungen beruhendes Gefühl der Sicherheit bzw. Freiheit von Angst.[13]

Bottéro argumentiert – auf der Ebene der Funktionalisierungen – , dass Schöpfungserzählungen zumeist keine unabhängigen Welterklärungen sind, sondern in einen größeren Zusammenhang gestellt sind und daher einem umfassenderen Ziel dienen (beispielsweise Schöpfung als Teil eines Gebetes für ein spezifisches Anliegen, Schöpfung als Legitimierung und Bestätigung eines Prototypen

---

11 C. Zgoll 2019, 419 f.

12 Funktionalisieren lassen sich Schöpfungsmythen aber auch für viele andere Zwecke; sämtliche für Mythen im Allgemeinen benannte Funktionalisierungen passen auch gut zu Schöpfungsmythen: „Klassifizierung von Erfahrungsgegenständen, Herstellung von Zusammenhängen, Setzung oder Veränderung von Ordnungen, Grenzen oder Werten, Verleihung oder Entzug der Legitimation für Ämter, Riten, Privilegien o. a., Zuweisung oder Absprechung von Aufgaben, Rechten und Pflichten, Liefern von Erklärungen für Gegebenheiten oder Vorgänge (‚Aitiologien‘), Profilierung von Gruppen- und Feindbildern, Bereitstellung paradigmatischer Vorbilder für bestimmte Haltungen und Handlungen durch prototypische Figuren, Propagierung von Aufstieg und Macht einer bestimmten Gottheit“ (C. Zgoll 2019, 423 f).

13 C. Zgoll 2019, 424 f.

am Uranfang).[14] A. Zgoll beschreibt den Mythos generell, ebenfalls funktionalisierend, als „Modell, welches Menschen reaktivieren können“.[15]

Schöpfungstexte bieten sich für eine rituelle Reaktualisierung der mesopotamischen Gegenwart besonders an: Das, was erschaffen wurde, ist der rechtmäßige, funktionsfähige Prototyp für das, was ihm in der mesopotamischen Gegenwart entspricht.[16] Im Ritual wird dieser Uranfang ins „Hier und Jetzt geholt“ und hat daher Auswirkungen auf die mesopotamische Gegenwart.[17] Daher können auch die Schöpfungsobjekte der Texte (= Elemente des Erzählstoffes) im Ritual eine spezifische Funktionalisierung haben.

4.4.1 Vorgehen bei der Analyse der Schöpfungsobjekte

In einem ersten Schritt werden alle Schöpfungsobjekte der zwölf sicher zu verortenden „Kronzeugentexte“ untersucht. Sie werden nach ihrer Art klassifiziert: Person (= Gott oder Mensch) oder Nicht-Person (= Sache/Ort, Zeit, Sonstiges). Hierbei ist die emische Perspektive maßgeblich.[18] Es wird gezeigt werden, dass die Schöpfungsobjekte jeder Kategorie (besonders die Hauptziele der Schöpfung) eine spezifische Funktionalisierung für das Ritual haben. Diese besteht nicht nur rein auf der Textebene, sondern reicht über diese hinaus bis zur Verortungsebene. Es wird deutlich werden, dass die Schöpfungsobjekte jeder Kategorie die Hinweise für die Rekonstruktion des Rituals ergänzen, die aus den Anweisungen für Ritualhandlungen entnommen werden können; anders ausgedrückt: Was oder wer im Schöpfungsmythos erschaffen wird, ist bedeutsam für das Ritual, in dem dieser Schöpfungsmythos verankert ist.

4.4.2 Ritualteilnehmer, Ritualrahmen

Hier wird der Ritualbegriff von Sallaberger übernommen, der unter „Ritual“ in Mesopotamien „eine in ihrem Ablauf festgelegte religiöse Handlung“ versteht, „deren Durchführung an einen bestimmten Anlaß gebunden ist“.[19] Nach diesem

14 Vgl. Bottéro 2001, 83.
15 Vgl. A. Zgoll 2013 a, 100.
16 Vgl. Cancik-Kirschbaum 2007, 176 für das Königtum als Prototyp seit dem Uranfang.
17 Vgl. A. Zgoll 2012, 39; Zitat ebd. Vgl. C. Zgoll 2019.
18 Die Einteilung wird meinerseits näher in Abschnitt 4.4.3 begründet.
19 Meine Ausführungen sind eine Weiterentwicklung von Sallaberger 2007 b, 421 (§ 3.3); vgl. Kapitel 2 im vorliegenden Buch.

Verständnis muss eine „religiöse Handlung" mindestens auf ein Numen ausgerichtet sein.[20]

In der vorliegenden Arbeit wird von Ritualteilnehmern ausgegangen.[21] Die primäre Aufgabe eines Ritualteilnehmers ist es, eine direkte Funktionalisierung für ein bestimmtes Ritualziel auszuüben („Makrofunktionalisierung" des Rituals).[22] Solche Ritualteilnehmer sind folgende Handlungsträger: Ritualabsender, Ritualexperte, ggf. weitere menschliche Ritualteilnehmer, Ritualadressat, ggf. göttliche Ritualgaranten und Ritualobjekt, wie Abbildung 1 (ohne separates Ritualobjekt) und Abbildung 2 (mit separatem Ritualobjekt) verdeutlichen.

Als *Ritualobjekt* wird in dieser Arbeit ein(e) Sache bzw. ein Ort oder eine Person (menschlich oder göttlich) verstanden, welche im Ritual mit kultischer Macht ausgestattet wird, damit das Ritualziel erreicht wird (siehe Abb. 2). Es ist damit ein Handlungsträger im weiteren Sinn. Es gibt entweder ein separates Ritualobjekt, das im Ritual mit Wirkmacht aufgeladen wird, so beispielsweise bei dem *Ritualtext für einen Zahnwurm*, wo die Heilmischung als Ritualobjekt rituell mit dem Ritualtext besprochen wird, um das Ritualziel (Heilung der Wunde, Entfernung des Wurms) zu erreichen. Oder der Ritualabsender selbst kann als Ritualobjekt zu verstehen sein (siehe Abb. 1), wie beispielsweise im *Ritualtext für Šamaš*, wo der König als Ritualabsender selbst im Ritual mit Wirkmacht ausgestattet und gereinigt wird.

---

20 Auch das *Handbuch religionswissenschaftlicher Grundbegriffe* definiert „Ritual" als „Oberbegriff für religiöse Handlungen, die zu bestimmten Gelegenheiten in gleicher Weise vollzogen werden, deren Ablauf durch Tradition oder Vorschrift festgelegt ist, und die aus Gesten, Worten und den Gebrauch von Gegenständen bestehen mögen. .... Als Ritual bezeichnet man sowohl die wirklich stattfindende Handlung als auch die für sie maßgebenden Regeln." (Lang 1998, 442 f).

21 Diese Begriffe sind „ritualrechtlicher" Natur. Der Begriff „ritualrechtlich" dient hier als Arbeitsbegriff und soll nicht mit einem modernen Rechtsverständnis gleichgesetzt werden. Ritualteilnehmer sind im Ritual festgelegte handelnde Subjekte bzw. Objekte, die wirkmächtig für das Ritual werden sollten. Für die Wirksamkeit des Rituals ist ein Ritualrahmen (festgelegte Zeit und Ort) unabdingbar; vgl. Sallaberger 2007 b, 424 f und A. Zgoll 2007, 327.

22 Zur Definition von „Makrofunktionen" von Ritualen – auf der Ebene der Funktionalisierung, allerdings ohne den Begriff der Funktionalisierung zu verwenden – siehe A. Zgoll 2003 b, 40 f, dies. 2007, 325 f und ausführlich in Kürze dies. („Religion in Mesopotamien"). Zum Begriff der Funktionalisierung von Mythen vgl. C. Zgoll 2019, 418–428.

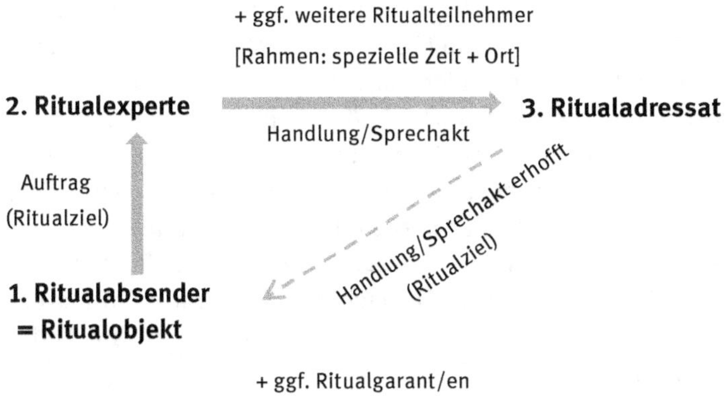

Abb. 1: Ritualteilnehmer, Ritualrahmen – Ritual ohne separates Ritualobjekt

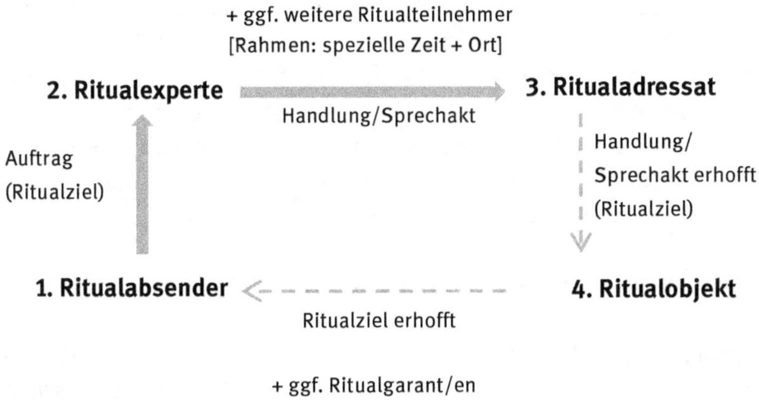

Abb. 2: Ritualteilnehmer, Ritualrahmen – Ritual mit separatem Ritualobjekt

Die Funktionalisierung des *Ritualabsenders* ist, einen oder mehrere Ritualexperte(n) mit der Durchführung eines Rituals zu beauftragen, um ein spezifisches Ritualziel für sich oder jemanden anderen bzw. etwas anderes zu erreichen.[23]

---

23 Vgl. im Folgenden: A. Zgoll arbeitet zur Zeit an einer Monographie („Religion in Mesopotamien“) u. a. mit einer ausführlichen Neubestimmung von Ritualtypen und Ritualfunktionen

Mindestens ein *Ritualexperte* führt das Ritual durch, indem er bestimmte Handlungen und/oder einen oder mehrere Sprechakte an mindestens einen numinosen Ritualadressaten richtet. Das geschieht in einem dafür festgelegten Rahmen, der in der Regel einen spezifischen Ort dafür vorsieht (beispielsweise das Dach eines Hauses oder vor dem ersten Ziegel eines Tempels) und eine spezifische Zeit (beispielsweise bei Sonnenaufgang).[24] Ggf. sind *weitere menschliche Ritualteilnehmer* bei der Durchführung anwesend. Der oder die *Ritualadressaten* sind numinose Wesen, die im Ritual dazu bewegt werden sollen, für das Ritualziel zu handeln. Der Ritualadressat handelt nach eigenem Ermessen, um das Ritualziel herbeizuführen, indem er Handlungen und/oder wirkmächtige Sprechakte vornimmt und so das *Ritualobjekt* mit Wirkmacht in Bezug auf das Ritualziel ausstattet. Gleiches gilt, wenn es mehrere Ritualadressaten gibt, wie beispielsweise eine Gruppe von Göttern. Das Ritualobjekt ist entweder der Ritualabsender selbst oder etwas/jemand anderes/-er. Ggf. sind *weitere numinose Ritualgaranten* anwesend, d. h. Numina, die das Ritual begleiteten.

Demgegenüber sollen die Mikrofunktionalisierungen des Rituals, die ein Ritualteilnehmer anstrebt, die hauptsächlichen Funktionalisierungen (= Ritualziel, „Makrofunktionalisierung") unterstützen.[25] Beispielsweise wird mit der Erhöhung des Ritualadressaten solch eine Mikrofunktionalisierung angestrebt, weil dieser dadurch in Bezug auf das Ritualziel (= Makrofunktionalisierung des Rituals) positiv gestimmt werden soll.[26] In dieser Arbeit sind die ritualrechtlichen Makrofunktionalisierungen, die ein Ritualteilnehmer im Ritual ausübt, Gegenstand der Analyse, weil sie maßgeblich für die Rekonstruktion des Ritualrahmens und somit für die situative Verortung relevant sind. Die Mikrofunktionen werden hier größtenteils nicht berücksichtigt.

4.4.3 Klassifizierung der Schöpfungsobjekte der „Kronzeugentexte"

Die Gruppeneinteilung in Person (= Gott, Mensch) oder Nicht-Person (= Sache/Ort, Zeit, Sonstiges) basiert, wie bereits dargestellt, auf der antik-emischen Perspektive: Die sumerische Sprache unterscheidet zwischen Personenklasse

bzw. Ritualfunktionalisierungen (A. Zgoll i. V.), von der ich einige Erkenntnisse für meine eigenen Forschungen vorab einsehen durfte; vgl. auch A. Zgoll 2003b.

24 Vgl. Sallaberger 2007b, 424 f.

25 Vgl. die theoretischen Grundlagen von Ritualfunktionen – auf der Ebene von Funktionalisierungen – in A. Zgoll 2003b.

26 Zu den beiden Begrifflichkeiten und Definitionen siehe A. Zgoll 2003b, 41 f („Mirofunktionen" auf der Ebene der Funktionalisierungen) und 40 f („Makrofunktionen" auf der Ebene der Funktionalisierungen).

und Nichtpersonenklasse/Sachklasse. Sichtbar wird das z. B. in der Verbform oder in der Verwendung von Possessivsuffixen. Die Wahrnehmung durch das Sumerische hat die zweisprachige Kultur Mesopotamiens stark geprägt; während der über 3000 Jahre ihrer Geschichte war und blieb das Sumerische die Sprache der religiösen Praxis und damit auch vieler sogenannter „literarischer“ Texte. Mit dieser emischen Einteilung kommt man der Sichtweise der antiken Menschen möglichst nahe. In der vorliegenden Arbeit wird dieser emischen Perspektive nachgegangen; die situative Verortung der mesopotamischen Schöpfungstexte in der antiken Welt soll geklärt werden.

Die Schöpfungsobjekte der Gruppe „Personen“ sind Götter und Menschen. Götter kommen in dieser Kategorie in den Schöpfungstexten in ihren verschiedenen Manifestationen vor, anthropomorpher oder nicht anthropomorpher Art, z. B. als Statuen[27] oder als Manifestationen in der Natur (Himmel, Fluss im Sinne eines Ordalflusses etc.). Ein spezifischer Fluss, der Schöpfungsstrom in dem *Ritualtext für den Schöpfungsstrom*, wurde beispielsweise direkt angesprochen und handelte als Rechtsentscheider und als Schöpfer von allem; er ist an dieser Stelle also nicht als Schöpfungsobjekt, sondern als Schöpfungssubjekt vorgestellt. Dennoch wird er im Text erschaffen und ist somit auch als Schöpfungsobjekt eingeordnet. Hier ist ersichtlich, dass es sich um eine Manifestation einer Gottheit handelt. In Mesopotamien und den Nachbarkulturen hatten Flüsse und Gebirge häufig numinose Wesenszüge, wurden aber nicht unbedingt als Verkörperung einer Gottheit vorgestellt.[28] Im Einzelfall muss entschieden werden, ob ein Schöpfungsobjekt emisch personal oder nicht personal verstanden wurde. Wenn keine generelle Personalität belegt ist, wie z. B. bei Bergen, muss im Einzeltext geprüft werden, ob textintern Hinweise auf Personalität, z. B. durch ein Gottesdeterminativ, vorliegen. Menschen („Personen“) sind in den Schöpfungstexten entweder einzelne Amtsträger oder die gesamte Menschheit.

Die Schöpfungsobjekte der Gruppe „Nicht-Personen“ beinhalten Entitäten wie z. B. Tempel, Orte und Bereiche von Orten (Morast, Saatfurche, Wald etc.), Pflanzen, Tiere, Zeit und Sonstiges. Ein Tempel kann auch personalen Charakter haben, wenn er z. B. singt (vgl. *Enkis Fahrt nach Nippur* Z. 17). Im Sumeri-

---

27 Vgl. die Statuenbelebungsrituale, in denen Statuen belebt werden, damit sie zu Manifestationen von Göttern werden können; siehe Walker/Dick 2001 und Berlejung 1998.

28 Vgl. Keel/Schroer 2008, 44–47. Mit Groneberg 2009, 139 wird angemerkt, dass einige Götter zwar als Gebirge und Flüsse verehrt wurden, diese Lokalitäten jedoch nicht zwangsläufig als Manifestation eines spezifischen Gottes verstanden wurden; siehe dazu in Bälde das Religionsbuch von A. Zgoll (besonders das Kapitel über Tempel und andere numinose Orte).

schen wird er jedoch in der Regel nicht als Personenklasse aufgefasst und ist deshalb nicht der Gruppe der Götter zugeordnet.

In dieser Arbeit wird nicht zwischen Sachen und Orten unterschieden. Sie sind in einer Kategorie zusammengefasst. Es ist schwer aus der emischen Perspektive zu unterscheiden, ob ein Ort rein als Ort oder auch als Sache verstanden wurde. Orte sind aus der mesopotamischen Eigenperspektive gleichzeitig Sachen, weil sie aus solchen bestehen. So trägt ein Fluss (= Ort) Wasser (= Sache). Sachen wiederum müssen keine Orte sein. So sind aus emischer Sicht (und bis heute) die Knochen des Embryos keine Örtlichkeit, sondern eine Sache. In der vorliegenden Arbeit gilt: Ein Ort ist gleichzeitig eine Sache oder mehrere Sachen (bzw. besteht aus diesen), aber eine Sache ist nicht gleichzeitig ein Ort. Weil diese beiden Kategorien schwer voneinander trennbar sind, wurden sie hier in einer zusammengefasst (nicht-personale Schöpfungsobjekte: Sache/Ort).

Folgendes ist noch zu beachten: Obwohl die *Doppelschöpfung von Anu und Ea* stark fragmentarisch vorliegt, ist das Schöpfungsobjekt „Himmel" dem Text zu entnehmen, das entsprechend klassifiziert wurde. Weitere Schöpfungsobjekte sind zu vermuten, können jedoch leider nicht rekonstruiert werden.

Am häufigsten werden in den „Kronzeugentexten" nicht-personale Sachen/Orte erschaffen, gefolgt von Göttern und Menschen; am wenigsten Zeiten und die beiden nicht-personalen Schöpfungsobjekte der Kategorie „Sonstiges".

Tab. 4: Prozentuale Klassifizierung der Schöpfungsobjekte der „Kronzeugentexte"

Schöpfungsobjekt	Beispiele	Anzahl	Prozent
Person		28	29 %
davon: Gott[29]	Šamaš, Kulla etc.	20	21 %
davon: Mensch[30]	Embryo, König, Menscheit	8	8 %
Nicht-Person		68	71 %
davon: Sache/Ort	Tempel, Gerstenkorn etc.	64	67 %
davon: Zeit	Tag, Nacht	2	2 %
davon: Sonstiges[31]	alles, Gutes	2	2 %
gesamt		**96**	**100 %**

29 Hier sind auch die Anuna als Göttergruppe einmal eingeordnet.

30 Hierzu zählt auch ein einzelner Amtsträger (König) und die Menschheit, die wie eine Einzelperson gezählt wird.

31 In dem *Ritualtext für den Schöpfungsstrom* wird „alles" (*kalû*) und das „Gute" (*dumqu(m)*) erschaffen. Da beides hier nicht spezifisch Personen meint, wird es in dieser Extrakategorie unter „Nicht-Personen" gebucht.

Es wird zu zeigen sein, dass die Schöpfungsobjekte jeder Kategorie in zwei Gruppen geteilt werden können: in das Hauptziel und die Teilziele der Schöpfung. In den folgenden Abschnitten wird die Relevanz der Schöpfungsobjekte für die situative Verortung beleuchtet.

4.4.4 Schöpfungsobjekt „Gott“ und dessen Funktionalisierung im Ritual

In den folgenden Abschnitten wird gezeigt, dass die Textebene der „Kronzeugentexte“ das Ritual spiegelt. Ist beispielsweise ein Gott das *Hauptziel der Schöpfung* (Abschnitt 4.4.1), kann es sich bei ihm zugleich um den Ritualadressaten handeln (vgl. *Ritualtext für Šamaš* und *Ritualtext für den Schöpfungsstrom*). Werden Götter im Text als *Teilziele* mit Hinblick auf ein anderes Schöpfungsziel erschaffen (Abschnitt 4.4.2), kann es sich bei ihnen dennoch um den Ritualadressaten (vgl. *Kosmologie des kalû*) oder um weitere Ritualteilnehmer handeln, die grundlegende Voraussetzungen schaffen für die Existenz des Ritualobjektes (vgl. die restlichen Götter in der *Kosmologie des kalû* oder die Anuna in der *Erschaffung von Eridu-Babylon*).

4.4.4.1 Ein spezifischer Gott als Hauptziel der Schöpfung ist zugleich Ritualadressat

In dem *Ritualtext für Šamaš* ist der Sonnengott das hauptsächliche Schöpfungsobjekt, wie Zeilen 1,31–36 zeigen:

Sumerische Version:

31	[An] ^{d}En-lil$_2$ ^{d}En-ki dingir gal-gal-e-ne	Anu, Enlil, Enki, die großen Götter, haben
33	[^{d}UT]U en gal an-ki-bi-da-ke$_4$ [m]u-zu mu-ni-in-sa$_4$-eš	(dich) benannt mit deinem (neuen) Namen „Utu, bekannter großer Herr von Himmel und Erde“
35	[za]-e an-na saĝ-us$_2$ gub-bu-da ša-mu-ra-da-an-gi-na-eš	und daraus folgend[32] haben sie für [dich] bestimmt, erhobenen Hauptes am Himmel zu stehen.

32 Das Verbalpräfix /ša-/, /ši-/ bezeichnet einen „Resultativ“, der anzeigt, dass die entsprechend markierte Verbalform das Resultat vorausgehender Handlungen ist, und damit ist es Gegenstück zum Verbalpräfix /na-/, welches als „Effektiv“ anzeigt, dass sich aus einer so markierten Verbalform weitere „Effekte“ bzw. Konsequenzen ergeben werden; dies ist Ergebnis einer Untersuchung von A. Zgoll, vorgetragen im Rahmen der *Sumerian Grammar Discussion Group* in Oxford 1993 (vgl. die Verweise bei Edzard 2003, 120 und Wilcke 2010 b, 59).

Akkadische Version:

32	^{d}*A-nu* ^{d}*En-lil*$_2$ *u* ^{d}*E*$_2$*-a i-lu*$_4$ *ra-bu-tu*$_4$	Anu, Enlil und Ea, die großen Götter, haben
34	^{d}UTU *be-lu ra-bu-u*$_2$ *ina* AN-*e u* KI-*tim šum*$_3$*-ka ib-bu-u*$_2$	(dich) benannt mit deinem (neuen) Namen „Šamaš, großer Herr im Himmel und auf der Erde“
36	*ka-a-ša ka-a-a-ma-nu-tu*$_2$ *ina* AN-*e u*$_2$*-zu*$^{?}$*-za u*$_2$*-kin-nu-ka*	und bestimmten dir, dauerhaft am Himmel zu stehen.

Ritualtext für Šamaš 1,1,31–36[33]

Namengebung ist ein Ausdruck von Schöpfung, und zwar von Erschaffung in einem besonderen Seinszustand.[34] Das Schöpfungsgeschehen dieses Textes zielt damit auf Bestandteile des Rituals: Das Schöpfungsgeschehen kulminiert in der Erschaffung und Wesensbestimmung des Sonnengottes (= Hauptziel der Schöpfung). So ist der erschaffene Šamaš in dem *Ritualtext für Šamaš* gleichzeitig der Ritualadressat. So etwas lässt sich auch in anderen „Kronzeugentexten“ beobachten, dass der Gott bzw. ein Numen, der bzw. das als Schöpfungsobjekt vorkommt, zugleich Ritualadressat ist (vgl. *Ritualtext für den Schöpfungsstrom*). Der Text führt anschließend aus, warum gerade dieses Schöpfungsobjekt als Ritualadressat fungieren kann. Die großen Götter Anu, Enlil, Ea schenkten dem Šamaš „[...] (des) Land(es)“:

37	[... kalam-m]a sag̃-e-eš mu-un-ši-in-rig$_7$-eš	[...] des [Landes] schenkten sie ihm.
38	[...] *ma-tu*$_2$ *ana ši-rik-ti iš-ru-ku-ka*	[...] Land/des Landes schenkten sie dir als Geschenk.

Ritualtext für Šamaš 1,1,37 f[35]

Ab diesem Zeitpunkt war er verantwortlich für die Bewohner des Landes:

41	nam-ulu$_3$ lu$_2$-ti lu$_2$-uš šu-zu-a	Die Menschheit, den Lebenden und Toten, (füllten sie: Z. 39) in deine Hände (...)
42	*a-wi-lu-ti bal-ṭa mi-ti ana qa-ti-ka*	Die Menschheit, den Lebenden und Toten (legten sie: Z. 40) in deine Hände (...)

Ritualtext für Šamaš 1,1,41 f[36]

33 Die Umschrift folgt von Weiher 1988, 51; Übersetzung ebd., 56, mit Modifikationen von KM.

34 Vgl. Radner 2005; A. Zgoll 2012, 59; Gabriel 2014 (Abschnitt 5.2 „Name(nsgebung)“ und 5.3 „Ontologie von Festsprechung(sakt) und Name(nsgebung)“).

35 Die Umschrift folgt von Weiher 1988, 52; Übersetzung KM (anders: von Weiher 1988, 57: „machten sie dir das Land zum Geschenk“).

36 Die Umschrift folgt von Weiher 1988, 52; Übersetzung KM.

Dies war verbunden mit dem Recht, das Schicksal für alles zu entscheiden (Z. 44 f):

44	nam nam-ma du$_{3}$-a-bi tar-e-de$_{3}$ dingir-gal-gal-e-ne kilib$_{3}$-ba-bi šu-zu-a	Alle Schicksale zu entscheiden haben alle großen Götter, diese insgesamt, in deine Hand (Z. 39: gelegt).
45	*ši-mat ka-la-ma ša*$_{2}$*-a-mu* DINGIR^{MEŠ} GAL-^{MEŠ} *ina nap-ḫa-ri-šu*$_{2}$*-nu ana qa-ti-ka*	Die Schicksale von allem zu bestimmen (Z. 40: legten) die großen Götter in ihrer Gesamtheit in deine Hände.

Ritualtext für Šamaš 1,1,44 f[37]

Als Adressaten des Schicksalsentscheids werden explizit die Lebenden und die Toten verstanden (Z. 41); der Schicksalsentscheid bezieht sich auf die Eigenschaft des Šamaš, als „kosmischer Transporteur“ bzw. „Psychopompos“ zu handeln.[38] Hiermit liegt die Gabe des Rechtsentscheides für die Bewohner des Landes und sogar darüber hinaus („alles“) vor: Šamaš wurde ermächtigt, Rechtsentscheide für die Sumerer bzw. Babylonier vorzunehmen. Damit wurde eine funktionierende Schöpfungsordnung eingesetzt, an welcher der Sonnengott maßgeblich beteiligt war. Es verwundert daher nicht, dass dieses Ritual an Šamaš adressiert war. Das wichtigste Schöpfungsobjekt ist der maßgebliche Akteur der Schöpfungsordnung und als solcher ist er als Ritualadressat ein Ritualteilnehmer. Textebene und Ritual greifen hier ineinander.

In dem *Ritualtext für den Schöpfungsstrom* wird ein spezifischer Fluss, der Schöpfungsstrom[39], erschaffen. Aus dem Inhalt der Schöpfungspassage ist ersichtlich, dass es sich hier um eine Manifestierung einer Gottheit handelt, ohne dass ein Gottesdeterminativ verwendet wird. Lambert spricht gar von einer „major cosmic power“.[40] Nach Maul wurde dieser Fluss als „eine Erscheinungsform des Ea“ angesehen.[41] Alternativ kann man ihn als einen numinosen Nachkommen des Ea/Enki oder des Abzu angesehen haben.[42] Die großen Götter haben ihn gegraben (Z. 2: *ḫerû*). Er ist in diesem Text das Hauptziel der Schöpfung, weil die gesamte Schöpfungspassage ausschließlich auf ihn fokussiert ist. Hier sind zwei verschiedene Vorstellungen miteinander kombiniert: Der Fluss ist das Schöpfungsobjekt (Z. 2) und gleichzeitig das Schöpfungssubjekt (Z. 1), weil er alles Weitere erschafft. Hier zeigen sich zwei verschiedene mythische Überliefe-

37 Die Umschrift folgt von Weiher 1988, 52; Übersetzung KM.

38 Vgl. A. Zgoll 2015.

39 Er wird als „Fluss, der alles erschuf“ bezeichnet (Z. 1: *nāru banât kalâmu*).

40 Lambert 2013, 397.

41 Maul 1994, 86. Vgl ebd., 85: „eigenständiges göttliches Wesen“.

42 Vgl. dazu J. Dietrich 2010, 254 (Anm. 429).

rungen miteinander verbunden.[43] Er selbst wird angeredet in der 2. Person Sing. und ist das Schöpfungssubjekt für „alles“ (Z. 1). Der Fluss soll jetzt das Recht entscheiden für die Menschen:

8	*di-in te-ne$_2$-še-e-tum ta-din-ni at-ti*	Den Rechtsspruch der Menschen fällst du.

Ritualtext für den Schöpfungsstrom Z. 8[44]

Seine Aufgabe im Ritual ist die des Ritualadressaten. Die Rezitation dieser Schöpfungspassage ist an den Adressaten (Fluss) gerichtet. Er wird als Schöpfer angerufen (Z. 1: *nāru banât kalâmu*); er ist selbst göttlich legitimiert, weil er von den großen Göttern geschaffen wurde (Z. 2); er wurde mit Gutem ausgestattet (Z. 3). Die Verbindung von Mythos und Ritual ist auch an anderer Stelle greifbar: Ea erschuf im Fluss eine Wohnung (Z. 4); dies ist genau der Ort, wohin das Unheil im Ritual in Form einer Ersatzfigur getragen wird (vgl. die begleitenden Anweisungen für Ritualhandlungen).

Der Fluss ist nicht nur der Adressat des Rituals, sondern auch der Ort des Rituals. Weil er laut mythischer Passage als Rechtsentscheider für die Menschheit fungiert (Textebene), ist er selbst der Ort, an dem das Unheil rückgängig gemacht wird (Ebene der Verortung). Der Schöpfungstext liefert die mythische Begründung für den Fluss als Ritualadressaten und Ritualort, wie es die jeweilige Anweisung für Ritualhandlungen angibt. Die Anweisungen für Ritualhandlungen weisen verschiedene Kontexte für dieses Löseritual auf; es konnte nach Bedarf abgewandelt werden.[45] Alle diese Rituale haben gemeinsam, dass der Fluss das entstandene Unheil in Gestalt einer eine Ersatzfigur davonträgt,[46] und

---

43 Diesen Hinweis verdanke ich Annette Zgoll. Antike Mythen sind geprägt durch die Verbindung verschiedener Stoff(versionen) und sind daher nur als geschichtete bzw. stratifizierte Gebilde zu verstehen. Diese Erkenntnis ist Bestandteil einer Rahmentheorie und Methodik zur Mythosforschung, die im Kontext der DFG-Forschergruppe 2064 STRATA „Stratifikationsanalysen mythischer Stoffe und Texte in der Antike“ (vgl. http://www.uni-goettingen.de/en/556429.html) an der Georg-August-Universität Göttingen erarbeitet wurde. Das Grundlagenwerk dazu bietet C. Zgoll 2019 mit Kapitel 13 „Mythen und der Tod des Autors: Stratifikationstheorie I“, Kapitel 14 „Indizien und Beispiele für Stoff-Stoff-Interferenzen (Stratifikationsmethodik I und Stratifikationsbeispiele I)“, Kapitel 15 „Die Merkwürdigkeit der Mythen: Stratifikationstheorie II“, Kapitel 16 „Formale und logische Indizien für Stratifikationsprozesse in Mythen: Inkonsistenzen (Stratifikationsmethodik II)“ und Kapitel 17 „Mythen als mehrfach überbaute Gebäude: Inkonsistenzen in einzelnen mythischen Stoffvarianten (Stratifikationsbeispiele II)“, jeweils auch mit Beispielen aus der altorientalischen Überlieferung.

44 Die Umschrift basiert auf Lambert 2013, 397; Übersetzung KM.

45 Vgl. Maul 1994, 86 und Anm. 21 und 22 (mit vielen Beispielen: bei Begegnung mit Schlangen etc.).

46 Vgl. Maul 1994, 88–91.

zwar entweder zum Abzu oder möglicherweise spezifischer zu Ea, der im Abzu wohnt. Nur der Rechtsentscheider kann das Unheil wieder rückgängig machen, indem er es selbst beseitigt, wie in diesem Ritualtext, oder jemanden damit beauftragt. Die Schöpfungspassage zeigt deutlich, dass hier der Fluss nicht nur den Rechtsentscheid abgibt, sondern ihn auch selbst durchführt. Kein anderer wird mit der Durchführung beauftragt. Er ist der Ritualadressat und auch der Ritualort.

Fazit: Ist in den „Kronzeugentexten" ein Gott das wichtigste Schöpfungsobjekt (= Hauptziel der Schöpfung), so ist er in den beiden vorgestellten Schöpfungstexten der maßgebliche Akteur der Schöpfungsordnung und als solcher der Ritualadressat.

4.4.4.2 Ein spezifischer Gott als Teilziel der Schöpfung ist Ritualteilnehmer, Ritualadressat oder Voraussetzung für die Existenz des Ritualobjektes

Ist ein spezifischer Gott ein Schöpfungsobjekt, aber nicht Hauptziel der Schöpfung, also dasjenige, auf das die Schöpfung zuläuft, kann es sich bei ihm um den Ritualadressaten handeln. So ist der erschaffene Ziegelgott Kulla in der *Kosmologie des kalû* (Z. 27) der Adressat des Rituals. Alle göttlichen Schöpfungsobjekte dieses Textes (und ebenso alle Schöpfungsobjekte anderer Kategorien) haben ihre Aufgabe, wie der Text explizit angibt, allein für den Tempel: für dessen Funktionieren in Hinblick auf die Götterversorgung und damit für das Ritualziel. Auch Kulla ist nicht das Endziel der Schöpfung, handelt aber auf Textebene[47] und im Ritual für den Tempel als Hauptziel der Schöpfung. Kulla ist als „göttlicher Architekt"[48] die Voraussetzung für die Erneuerung des ersten Ziegels. Die restlichen Götter, die in der *Kosmologie des kalû* erschaffen werden, sind keine Ritualadressaten, sondern göttliche Garanten für das Ritualziel und (wahrscheinlich) Ritualteilnehmer. In Zeile 29 werden Nin-duluma (Nin-NAĜAR.BU: „Herr(in) Zimmermann")[49], Nin-simug („Herr(in) Schmied")[50] und Arazu (a-ra-zu: „Gebet")[51] geschaffen. Sie schaffen die Voraussetzung für den

47 Er wird erschaffen, um den Tempel bzw. dessen ersten Ziegel zu erneuern laut Z. 27 (Ambos 2004, 180: *ana te-diš-ti-*[*ki*?]).

48 Ambos 2004, 28.

49 Nach Cavigneaux/Krebernik 2001b, 340 handelt es sich hierbei um einen „Zimmermannsgott".

50 Cavigneaux/Krebernik 2001d zeigen, dass hier eine logographische Schreibung des Schmiedegottes Nin-agala vorliegt.

51 Hecker 1994, 605 (Anm. 29a) vermutet bereits eine Verbindung dieser „sonst unbekannten Gottheit" zum „Gebet"; vgl. Ambos 2004, 27.

handwerklichen Tempelbau.[52] Sie werden exklusiv für die Tempelschöpfung erschaffen:

29	(...) *ana mu-šak-lil ši-pir na*[*b-ni-ti-ki*$^?$]	(...) um zu vollenden die Arbeit [deiner$^?$ (= des Ziegels)[53]] Er[schaffung] (...)

Kosmologie des kalû Z. 29[54]

In Zeile 31 bringt Ea weitere Götter, die zuständig sind für das Handwerk, hervor: den Goldschmiedegott Kusibanda (^{d}Ku$_3$-si$_{22}$-ban$_3$-da: „Kleines Gold“), den Schmiedegott Nin-agala („Herr des großen Arms“)[55], die Handwerks- und Geburtsgöttin Nin-zadim („Herrin Juwelier“)[56] und die Handwerkergottheit Ninkura („Herr(in) des Berges“)[57].[58] Auch sie werden exklusiv für die Tempelschöpfung erschaffen:

31	(...) *ana ep-še-t*[*i-ki*] *u*$_3$ *ḫi-ṣib-šu-nu du-uš-ša*$_2$*-a ana nin-da-be*$_2$*-ki ra-bu-ti š*[*u*$^?$ ...]	(...) für [deine (= des Ziegels)] Arbeiten und deren üppig reichen Ertrag, für deine großen Brotopfer [...]

Kosmologie des kalû Z. 31[59]

In Zeile 32 werden Götter erschaffen, die zuständig sind für die Opfer der Götter: die Getreidegöttin Ašnan („Getreide“), den Herdengott Laḫar (*laḫru*: „Mutterschaf“), die Gottheit des Bier- und Brauwesens Siriš (šim = kaš: „Bier“)[60], den Vegetationsgott Nin-ĝešzida (Herr des rechten Baumes“)[61], die Metzgergöttin Nin-nisig (nisig = si$_{12}$, „Herrin des Ergrünens“)[62] und eine weitere Gottheit A-

52 Vgl. dazu A. Zgoll 2012, 59; Ambos 2004, 27.

53 Hier ist vermutlich der erste Ziegel gemeint: *libittu maḫrītu*; vgl. Ambos 2004, 181: Anm. zu Zeile 27.

54 Die Umschrift basiert auf Ambos 2004, 180; Übersetzung Ambos 2004, 181, mit geringfügigen Modifikationen durch KM.

55 Vgl. Cavigneaux/Krebernik 2001a für Details zu dieser männlichen Gottheit.

56 Vgl. Cavigneaux/Krebernik 2001f für Details zu dieser weiblichen „Handwerks- und Geburtsgottheit“ (ebd., 471).

57 Cavigneaux/Krebernik 2001c zeigen, dass hierunter verschiedene männliche und weibliche Handwerkergottheiten verstanden wurden.

58 Vgl. dazu A. Zgoll 2012, 59; Ambos 2004, 27.

59 Die Umschrift und Übersetzung stammen von Ambos 2004, 182 f.

60 Nach Krebernik 2001, 442 wird Siris bzw. ŠIM „metonymisch für Bier gebraucht“; vgl. Krebernik 2001 für Details zu dieser zuerst weiblichen und im 1. Jt. v. Chr. männlichen Gottheit.

61 Nach Wiggermann 2001, 370 ist er zuständig für Vieh; vgl. Wiggermann 2001 mit detaillierten Ausführungen zu diesem Gott.

62 Cavigneaux/Krebernik 2001d, 484 bezeichnen sie als „Göttliche Metzgerin und Schaffnerin“.

[...][63].[64] Alle diese Schöpfungsobjekte sind wieder exklusiv für die Tempelschöpfung erschaffen:

32	(...) *a-na mu-diš-šu-u*$_2$ *sa-at-*[*tuk-ki-ki*$^?$]	(...) um darzubringen [deine$^?$ (= des Ziegels)] reichlichen [Opfer] (...)

Kosmologie des kalû Z. 32[65]

In Zeile 33 werden zwei weitere Gottheiten als „vergöttlichtes Ess- und Trinkgeschirr“[66] als Voraussetzung für die Götterversorgung erschaffen: Umunĝutamgu (^{d}Umun-ĝu$_{10}$-ta-am$_3$-gu$_7$: „Mein Herr! Was (gibt es) zu essen?“) und Umun-ĝutamnag (^{d}Umun- ĝu$_{10}$-ta-am$_3$-naĝ „Mein Herr! Was (gibt es) zu trinken“).[67] Auch sie sind ausschließlich in ihrer Funktion für den Tempel erschaffen:

33	(...) *ana mu-kil nin-da-*[*be*$_2$*-e-ki*$^?$]	(...) um [deine$^?$] Brot[opfer] zu halten (...)

Kosmologie des kalû Z. 33[68]

Als letzte Gottheit wird in Zeile 34 Kusu als erste Oberpriesterin und prototypische Inhaberin dieses wichtigen Amtes für das Funktionieren des Tempels erschaffen:[69]

34	(...) *ana mu-šak-lil par-ṣi-ki* [*du-de-e-ki*]	(...) um zu vollenden deine Kultriten und [deine Riten] (...)

Kosmologie des kalû Z. 34[70]

Auch in der *Erschaffung von Eridu-Babylon* werden Götter als Teilziel der Schöpfung erschaffen, die Anuna (Z. 15). Auch hier ist das Erschaffen der Götter kein

63 Vgl. Ambos 2004, 182 (Kommentar zu Z. 31) mit Diskussionen zur Rekonstruktion dieser Gottheit, die er selbst nicht identifiziert.

64 Vgl. dazu A. Zgoll 2012, 59 f: Diese Gottheiten sind „Patrone der Opfergaben am Tempel“; vgl. auch Ambos 2004, 27.

65 Die Umschrift basiert auf Ambos 2004, 182; Übersetzung Ambos 2004, 183, mit geringfügigen Modifikationen durch KM.

66 Ambos 2004, 27.

67 Ambos 2004, 27. Beide Gottheiten stehen mit Marduk in Verbindung (Koch und Bierbrauer des Esagil): vgl. ebd.

68 Die Umschrift basiert auf Ambos 2004, 182; Übersetzung Ambos 2004, 183, mit geringfügigen Modifikationen durch KM.

69 Vgl. Ambos 2004, 28.

70 Die Umschrift basiert auf Ambos 2004, 182; Übersetzung Ambos 2004, 183, mit geringfügigen Modifikationen durch KM.

Endziel an sich, sondern sie sollen das Hauptziel der Schöpfung (Tempel) benennen, wie die nachfolgende Zeile zeigt:

Sumerische Version:

16	[iri] ku$_3$-ga ki-tuš ša$_3$ du$_{10}$-ga-ke$_4$-e-ne mu maḫ-a mi-ni-in-sa$_4$-a	Die strahlende [Stadt], Wohnsitz derjenigen mit gutem Herzen, haben sie (= die Anuna) dort mit einem erhabenen Namen genannt.

Akkadische Version:

16	URU *el-lum šu-bat ṭu-ub lib$_3$-bi-šu$_2$-nu ṣi-riš im-bu-u$_2$*	Die strahlende Stadt, Wohnsitz der Güte ihrer Herzen, benannten sie (= die Anunnakū) ausgezeichnet.

Erschaffung von Eridu-Babylon Z. 16[71]

Die Erschaffung der Anuna in dieser Schöpfungspassage ist wichtig für das Ritual: Diese Göttergruppe ist maßgeblich an der Tempelschöpfung (= Ritualobjekt) beteiligt, weil sie den Namen gibt. Sie wird den Tempel anschließend bewohnen. Auch hier ist die Erschaffung von Göttern als Teilziel der Schöpfung grundlegend für das Ritualobjekt im Ritual. Ohne die Anuna gäbe es den Tempel mit seinem Namen so nicht.

Zusammenfassend kann gesagt werden, dass das Schöpfungsgeschehen, wenn es sich um Götter handelt, die als Teilziel mit Hinblick auf ein anderes Ziel erschaffen werden, auf das Ritual selbst zielt: Sie sind entweder der Ritualadressat (Kulla in der *Kosmologie des kalû*), Ritualgaranten oder Ritualteilnehmer (restliche Götter in der *Kosmologie des kalû*) oder sie sind eine grundlegende Voraussetzung, damit das Ritualobjekt überhaupt in der Form vorhanden ist (Anuna in der *Erschaffung von Eridu-Babylon*).

4.4.5 Personales Schöpfungsobjekt „Mensch" und dessen Funktionalisierung im Ritual

Alle Menschen, die geschaffen werden, sind durch ihr Handeln für das Funktionieren der Schöpfungsordnung unentbehrlich, wie nun gezeigt wird. Es ist auffällig, dass die Menschen nicht um ihrer selbst willen erschaffen werden, sondern immer einem umfassenderen Ziel dienen, nämlich der Götterversorgung aufgrund der „Gottähnlichkeit" und dem Ziel der „Mitarbeit an der Schöp-

71 Die Umschrift basiert auf Ambos 2004, 202 und Lambert 2013, 372; die Übersetzung von KM analysiert die grammatikalische Konstruktion des Epithetons als {ki-tuš ša$_3$ du$_{10}$.g=ak=ene=ak==Ø}.

fung".[72] Entsprechend sollte auch das Einzelritual einem umfassenderen Ziel nützen. Die Bewahrung oder Wiederherstellung dieser Schöpfungsordnung ist laut jedem Beleg das Ritualziel. Somit korrespondieren Schöpfungsgeschehen und Ritualziel auch in Bezug auf die menschlichen Schöpfungsobjekte.

In diesen Abschnitten wird anhand der „Kronzeugentexte" gezeigt werden, dass Menschen als Schöpfungsobjekte zugleich wichtige Ritualteilnehmer sein können. Ist ein Mensch das Hauptziel der Schöpfung im Schöpfungstext (Abschnitt 4.4.5.1), kann es sich um das Ritualobjekt handeln (vgl. den Embryo im *Geburtsritualtext*). Auch wenn der König nur ein Teilziel der Schöpfung in bestimmten „Kronzeugentexten" ist (Abschnitt 4.4.5.2), kann er dennoch ein wichtiger Ritualteilnehmer sein (vgl. *Tonmännchen und Puppen*, *Als An/Anu, Enlil, Enki/Ea Himmel und Erde schufen*). Daneben kann er auch eine Funktion für das Ritualobjekt innehaben, die außerhalb des eigentlichen Rituals liegt (vgl. den König als Versorger des Tempels in der *Kosmologie des kalû*). Es gibt Texte, in denen die ganze Menschheit erschaffen wird (Abschnitt 4.4.5.3). In diesen Fällen ist zu prüfen, ob der Text Indizien enthält, die auf eine spezifische Rolle von Vertretern der Menschen im Ritual oder für einen Ritualteilnehmer (Erhöhung oder Versorgung etc.) schließen lassen. Ist im Schöpfungstext ersichtlich, ob die Erschaffung der Menschheit Folgen für das jeweilige Ritual oder einen Ritualteilnehmer hat? Beispielsweise ist die Menschheit in *Tonmännchen und Puppen* und in der *Kosmologie des kalû* der Versorger der Tempel. Solch eine Fokussierung des Textes auf ein Themenfeld (hier: Tempel) ist ein starkes Indiz für die situative Verortung im Rahmen des Tempels.

4.4.5.1 Ein Embryo als Hauptziel der Schöpfung ist zugleich Ritualobjekt

Das Schöpfungsobjekt (Z. 4: *lillidum*, „Nachkomme") im *Geburtsritualtext* hat eine direkte Aufgabe als Ritualteilnehmer, weil es das Ritualobjekt dieses Rituals darstellt. Obwohl das Ritual auf das Hauptziel der Schöpfung abzielt, belegt der Schöpfungstext, dass alle Menschen (und damit ist *lillidum* eingeschlossen) nicht für sich selbst erschaffen werden, sondern für das Joch (der Götter).[73] Das geschlechtsreife Lebewesen am Uranfang ist der prototypische Mensch, dem alle Menschen folgen. Sie sind für das Joch geschaffen. Das Tragen des Jochs stellt die rechtmäßige Schöpfungsordnung dar. Im Ritual werden daher A-

72 Vgl. dazu A. Zgoll 2012, 40–49 (Ziel der Götterversorgung aufgrund der „Gottähnlichkeit"; Begriff von S. 43) und 51–57 (Ziel der „Mitarbeit an der Schöpfung"; Zitat von S. 51).

73 Die Zeile 20 f zeigt das Ziel der Schöpfungshandlungen: *baniat kalîni ana šigarim* („Sie erschafft uns alle/Die Erschaffende (von) uns alle(n) für das Joch": Übersetzung KM; Umschrift von van Dijk: 1963, 503).

salluḫi und die Muttergöttin adressiert, den Weg für den Embryo im Mutterleib zu öffnen. Nur eine reibungsfreie Geburt stellt das Ziel des Schöpfungsgeschehens und damit der Schöpfungsordnung auf der Erde sicher.

4.4.5.2 Der König als Teilziel der Schöpfung ist zugleich Ritualteilnehmer und versorgt den Tempel

Es gibt in den „Kronzeugentexten“ drei Belege für die Erschaffung des Königs als Teilziel der Schöpfung. In allen drei Fällen besteht die ritualrechtliche Funktionalisierung des erschaffenen Königs, der im Prototyp des Uranfangs bereits angelegt ist, im Einsatz als Ritualteilnehmer. In *Tonmännchen und Puppen* (Ritualtext 1) wird der König durch eine Schicksalsentscheidung erschaffen (Z. 57–62) und mit verschiedenen Lexemen bezeichnet: u₂-a [kal]am-⌜ma⌝/ *zānin* [*māti*] (Z. 57 f: „Versorger des [Lan]des“), sipa / *re-'u* (Z. 59 f: „Hirte“), *šarru*(*m*) (Z. 58: „König“).[74] Er wird für sein Amt als Versorger und Hirte des Landes erschaffen. Dazu gehören insbesondere die neu erschaffenen Tempel (Z. 47–50 und Z. 61 f). Somit beschreibt die Schöpfungspassage die Erschaffung des prototypischen Königs, dessen mesopotamischer „Nachkomme“ zugleich ein Ritualteilnehmer war (vgl. die Anweisungen für Ritualhandlungen).

Auch der in *Als An/Anu, Enlil, Enki/Ea Himmel und Erde schufen* erschaffene König (Z. 9: sipa, Z. 10: *re-'u*) ist ein Teilnehmer dieses Rituals, der bei dem ersten Ritualteil anwesend ist, als der Ritualexperte den Ritualtext inklusive Schöpfungspassage rezitiert, und der während des zweiten Ritualteils das Handerhebungsgebet spricht. Seine Funktionalisierung für das Ritualziel ist deutlich in der Ritualtextpassage formuliert: Er wird als Hirte im Land berufen, um die Heiligtümer der Götter (= Hauptziel der Schöpfung, Ritualort, Ritualobjekt) zu versorgen (Z. 9 f). Der König ist somit nicht das eigentliche Ziel der Schöpfungshandlungen, sondern wird für die Tempel, das Hauptziel der Schöpfung, erschaffen.

Auch in der *Kosmologie des kalû* wird der König (Z. 35) als Teilziel der Schöpfung (wie die Menschheit) im Hinblick auf die Tempelversorgung geschaffen:

35	[*i*]*b-ni* LUGAL *ana za-ni-nu-[ti-ki*?]	Er erschuf den König für [deine? (= des Ziegels)] Versorgu[ng].

Kosmologie des kalû Z. 35[75]

74 Die Umschriften basieren auf Ambos 2004, 160 f.

75 Umschrift und Übersetzung folgen Ambos 2004, 182 f.

Somit hat der König ebenfalls eine direkte Funktion für einen Ritualteilnehmer bzw. den Ritualrahmen: Er ist für das Ritualobjekt und den Ort des Rituals (Tempel) als Bewahrer und Erhalter erschaffen.

4.4.5.3 Die Menschheit als Teilziel der Schöpfung ist mittels Stellvertreter zugleich Ritualteilnehmer oder versorgt den Ritualort

Neben dem Embryo wird in dem *Geburtsritualtext* ein weiteres Schöpfungsobjekt genannt: „uns alle" (Z. 20: *kalîni*).[76] Der Ritualexperte, der diese Schöpfungspassage rezitiert, integriert sich selbst in diese Gruppe, indem er die 1. Person Plural wählt. Die Menschheit ist hier nur das Teilziel des Textes; es kommt hier vielmehr auf die Erschaffung des einzelnen Embryos an (siehe Abschnitt 4.4.5.1). Alle Menschen sind ein Teilziel der Schöpfung. Die Funktionalisierung der Menschheit für das Ritual besteht darin, die menschlichen Ritualteilnehmer zu stellen. Im Ritual waren neben den göttlichen Adressaten die Vertreter der Menschheit anwesend: der Ritualexperte, die Mutter des Babys (= Ritualabsender) und der Embryo im Mutterleib (= Ritualobjekt).

Auch in dem ersten Ritualtext von *Tonmännchen und Puppen* ist die Menschheit als Schöpfungsobjekt vorhanden (Z. 42: nam-lu$_2$-u$_{18}$-lu; Z. 43: UN^{MEŠ} = *nišī*). Das Schöpfungsgeschehen fokussiert einen Ort (den Ur-Tempel) und dessen Umgebung: das Land (vgl. Abschnitt 4.4.6.1). Mit diesem Ur-Tempel hängen verschiedene Schicksalsentscheidungen zusammen, u. a. für die erschaffene Menschheit in Zeile 46:

Sumerische Version:

46	enim mu-un-gi-na [...]	Das Wort, das dort festgemacht wurde [...]

Akkadische Version:

46	*kit-tu*$_2$ *ana* UN^{MEŠ} [...]	Das Recht für die Menschen [...]

Tonmännchen und Puppen Z. 46[77]

Die Menschheit ist an der Tempelversorgung und damit an der Götterversorgung maßgeblich beteiligt. Zu diesem Zweck wird sie geschaffen. Bereits in der Stichzeile (Z. 42 f) und den danach folgenden Zeilen (Z. 44 f) des Ritualtextes wird dieser Zusammenhang fokussiert:

76 Zeile 20 f: *baniat kalîni ana šigarim* („Sie erschafft uns alle/Die Erschaffende (von) uns alle(n) für das Joch").

77 Die Umschrift folgt Ambos 2004, 160; Übersetzung Ambos 2004, 161, mit geringfügigen Modifikationen durch KM.

Sumerische Version:

42	en$_2$ u$_4$ nam-lu$_2$-u$_{18}$-lu [...] dim$_2$-ma	Ritualtext: Als die Menschheit [...] erschaffen wurde,
43	u$_4$ ki-šu-peš$_5$ kalam-⸢ma⸣ [... ḫu]r-ḫu[r-ra$^?$]	als die Kultorte des Landes [... gezeichnet] wur[den]

Akkadische Version:

44	*e-nu-ma* UN^{MEŠ} [... *i*]*b-ba-*[*na-a*]	Als die Menschen [...e]rschaffen wur[den,]
45	*e-nu-ma m*[*a-ḫa-zu* KALAM ...]	als die K[ultorte des Landes ...]

Tonmännchen und Puppen Z. 42–45[78]

Wieder ist die Menschheit nur ein Teilziel der Schöpfung und stellt nicht das Hauptschöpfungsobjekt dar. Sie ist maßgeblich für die Erreichung des Rituals beteiligt: Ohne sie gäbe es keine Rituale für den Wiederaufbau des Tempels und die Sicherung der Götterversorgung. Ihre Funktionalisierung für den Ritualrahmen ist es, den Ort des Rituals (= Tempel) durch ihre vielfältigen Tätigkeiten an ihm zu rühmen.

Auch in der *Kosmologie des kalû* wird die Menschheit (Z. 36: *amēlūtu*) als Ganzes erschaffen und ist nicht das Hauptziel der Schöpfung. Sie wird mit Hinblick auf die Versorgung des Tempels geschaffen:

36	[*ib-n*]*i a-me-lu-ti ana i-tab-bu-l*[*u* ...]	Er erschuf die Menschheit für das Diene[n]/ Aufrechterhalte[n ...]

Kosmologie des kalû Z. 36[79]

In diesem Text besteht die Funktionalisierung der Menschen ebenfalls in Hinblick auf einen Ritualteilnehmer bzw. den Ritualrahmen: Sie sind für die Pflege des Ritualobjektes (= Tempel), der auch der Ort des Rituals ist, zuständig.

Einen weiteren Beleg für die Menschheit als Teilziel der Schöpfung gibt es in der *Erschaffung von Eridu-Babylon*:

Sumerische Version:

19	dingir-re-e-ne ki-tuš ša$_3$ du$_{10}$-ga-ne in-dur$_2$-ru-ne-eš-a-ba	Nachdem die Götter sich <am>[80] Wohnsitz derer des guten Herzens gesetzt hatten,
20	nam-lu$_2$-u$_{18}$-lu ba-du$_3^!$	erschuf er die Menschheit.

78 Die Umschrift folgt Ambos 2004, 160; Übersetzung Ambos 2004, 161 (aber Z. 43: „vorgezeichnet wurden"), mit geringfügigen Modifikationen durch KM.

79 Die Umschrift folgt Ambos 2004, 182; Übersetzung KM; vgl. Ambos 2004, 183 („zum Versorgen (?)").

80 Hier liegt eine Defektivschreibung vor: {ki.tuš ša(g) du(g)=ak=ene=ak==a}. Falls „an seinen Wohnsitz des guten Herzens" gemeint wäre, müsste ša$_3$ du$_{10}$-ga-ka-ne$_2$ geschrieben sein.

21	^{d}A-ru-ru nuĝun KI.MIN an-da bi$_2$-in-mu$_2$	Aruru ließ mit ihm (= Marduk) den Samen der Menschheit dafür (= für das Kollektiv der Götter) wachsen./ Aruru ließ mit ihm (= Marduk) den Samen *in Richtung auf zwei Orte*[81] (= Eridu und Babylon?) wachsen.

Akkadische Version:

19	DINGIR.MEŠ *ina šu-bat ṭu-ub lib$_3$-bi ana šu-šu-bi*	Um die Götter im Wohnsitz der Herzensfreude wohnen zu lassen,
20	*a-me-lu-ti ib-ta-ni*	erschuf er (= Marduk) die Menschheit.
21	^{d}MIN *ze-er a-me-lu-ti it-ti-šu$_2$ ib-ta-ni*$^{!}$	Aruru hat den Samen der Menschheit mit ihm (= Marduk) erschaffen.

Erschaffung von Eridu-Babylon Z. 19–21[82]

Auch in diesem Text sind die Menschen explizit für den Tempel (= Hauptziel der Schöpfung) erschaffen: Sie sind für das Ritualobjekt (= Tempel), der auch der Ort des Rituals ist, als Versorger der Götter (= Tempelherren) zuständig.

4.4.6 Nicht-Personales Schöpfungsobjekt „Sache/Ort“ und dessen Funktionalisierung im Ritual

Auch die Erschaffung von – emisch betrachtet – nicht-personalen Schöpfungsobjekten wird nicht ohne Grund erzählt: Diese Schöpfungsobjekte haben ebenfalls Funktionalisierungen in den Ritualen der „Kronzeugentexte“. Für die Verortung von weiteren Schöpfungstexten, wie sie z. B. in den Kapiteln 7–16 vorgenommen wird, sind diese Texte auf ihre nicht-personalen Schöpfungsobjekte zu untersuchen.

Ist der Tempel das Hauptziel der Schöpfung, kann es sich bei ihm um das Ritualobjekt handeln, welches im Ritual mit Wirkmacht ausgestattet wird bzw.

---

81 Falls hier KI.MIN nicht als Wiederholung gemeint ist, sondern wörtlich gemeint ist, käme eine alternative Übersetzung in Frage. Das Lexem min ist mit dem akkadischen *šina* geglichen (Zahlwort „zwei“). Wenn ki-min („zwei Orte“) einen nicht geschriebenen Direktiv aufweist, ist dieser in der Verbalphrase durch das angezeigte oblique Objekt (bi$_2$) aufgenommen. Der Text weist Indizien für eine Kombination von ursprünglich zwei Mythen (Eridu bzw. Babylon als Hauptziel der Schöpfung) auf; vgl. Lambert 2013, 368 f.

82 Die Umschrift folgt Ambos 2004, 202 und Lambert 2013, 372; Übersetzung Ambos 2004, 203 (Akkadisch) und KM (Sumerisch); Ambos 2004, 203 und Lambert 2013, 373 geben die Übersetzung nicht gesondert nach Sumerisch und Akkadisch an.

von dem Unheil abgewehrt werden soll (Abschnitt 4.4.6.1).[83] In solchen „Kronzeugentexten" ist der Tempel auch der Ort, an dem das Ritual durchgeführt wird.

Wenn eine Schöpfungspassage eines Ritualtextes erwähnt, dass eine Pflanze bzw. ein Pflanzenbestandteil Unheil verursacht und diese(s) zugleich das Hauptziel der Schöpfung ist, ist das ein starkes Indiz für das Ritualobjekt (Abschnitt 4.4.6.2).[84] Entsprechendes gilt für ein Tier als Hauptziel der Schöpfung (Abschnitt 4.4.6.3).[85]

Nach den Analysen der Hauptziele der Schöpfung in den „Kronzeugentexten" zeigen die Auswertungen von Teilzielen der Schöpfung, dass auch sie wichtig für einen bestimmten Ritualteilnehmer (Ritualadressat, Ritualgarant, Ritualobjekt) bzw. Ritualrahmen (Ritualort) sind (Abschnitt 4.4.6.4–4.4.6.9): Sie sind die Lebensgrundlage des Tempels (dem Ritualobjekt, Ritualort), gehören zum Einflussbereich eines bestimmten Gottes (dem Ritualadressaten) oder gehören zum Lebensraum eines bestimmten Tieres bzw. einer bestimmten Pflanze bzw. eines bestimmten Pflanzenbestandteil (dem Ritualobjekt). Die mythische Schöpfungspassage von Ritualtexten erzählt Details über einen Ritualteilnehmer oder den Ritualrahmen. Die situative Verortung eines Schöpfungstextes muss diese Phänomene berücksichtigen.

4.4.6.1 Tempel als Hauptziel der Schöpfung ist Ritualobjekt und Ritualort

Der Tempel nimmt eine Sonderstellung unter den nicht-personalen Schöpfungsobjekten ein: Er ist zwar nicht die Gottheit selbst, wird aber enger mit ihr verbunden gedacht als andere nicht-personale Sachen/Orte. Es wird zu zeigen sein, dass Schöpfungstexte, die in der Erschaffung von Tempeln kulminieren, häufig in Tempelritualen verankert gewesen waren.

In vier Texten ist der Tempel das Hauptziel der Schöpfungshandlungen: in den Bauritualen *Tonmännchen und Puppen*, *Als An/Anu, Enlil, Enki/Ea Himmel und Erde schufen*, *Kosmologie des kalû* und *Erschaffung von Eridu-Babylon*.[86] Die

83 Vgl. die Baurituale *Tonmännchen und Puppen* und *Als An/Anu, Enlil, Enki/Ea Himmel und Erde schufen* sowie das Tempelritual *Erschaffung von Eridu-Babylon*.

84 Vgl. den *Ritualtext für ein Gerstenkorn I* und *II*.

85 Vgl. den *Ritualtext für einen Zahnwurm* und *Ritualtext für einen Wurm*.

86 *Tonmännchen und Puppen*: Z. 49 f para$_{10}$ *parrakku* (Heiligtümer bzw. Postamente), Z. 63 f para$_{10}$ ša$_{3}$ ḫul$_{2}$-la *parak ḫud libbi* (Heiligtümer bzw. Postamente der Herzensfreude), Z. 67 f para$_{10}$ ša$_{3}$ ḫuĝ-ĝa$_{2}$ para$_{10}$ ku$_{3}$ *parak tānēḫta elleta* (Heiligtum der Herzberuhigung, reines Heiligtum), Z. 72 *šubat lalêšunu* (Wohnsitz ihrer Fülle, d. h. der Götter), Z. 73 *bīt qudmî ilānī* (Haus der Ur-Zeit der Götter), Z. 76 *šubtu* (ihre Wohnung, d. h. der Götter).

Kosmologie des kalû liegt leider an den entscheidenden Stellen nur fragmentarisch vor. Es kann jedoch der Tempel als Hauptziel der Schöpfung im nicht mehr erhaltenen Teil des Textes sicher vermutet werden, weil alle davor erschaffenen Teilziele der Schöpfung funktional für ihn erschaffen werden. Dafür spricht auch, dass Ea seine Wohnung (den Abzu) erschafft, von wo aus er weiter schöpferisch handelt. Er bringt zuerst das Material hervor, aus dem er das Schöpfungsmaterial für die restlichen Schöpfungsvorgänge nimmt (Z. 26: *ṭīṭu(m)* / „Lehm“). In der *Erschaffung von Eridu-Babylon* ist das Hauptziel der Schöpfung ebenfalls der Tempel, hier e$_2$-saĝ-il$_2$-la, der in Zeile 12 Eridu zugeordnet wird und in Zeile 14 Babylon.[87] Nach Lambert ist ein ursprünglich sumerischer Schöpfungstext über die Erschaffung von Eridu in diesen Text über die Erschaffung von Babylon und seinem Tempel verändert worden, wobei Spuren des ursprünglichen Mythos noch sichtbar sind.[88] Daneben werden weitere Tempel und ihre Städte erschaffen (Z. 39 Nippur, Z. 40 Uruk). Der Text kulminiert in der Erschaffung vom Tempel in Eridu bzw. Babylon.[89]

Als An/Anu, Enlil, Enki/Ea Himmel und Erde schufen: Z. 3f para$_{10}$ ša$_3$ ḫuĝ-ĝa$_2$-⸢e-ne⸣ *parak nûḫ libbīšunu* (Heiligtümer bzw. Postamente der Herzberuhigung).

Kosmologie des kalû: fragmentarisch.

Erschaffung von Eridu-Babylon: Z. 12 Eridu und Esaĝil, Z. 14 Babylon und Esaĝil, Z. 16 [iri] ku$_3$-ga ki-tuš ša$_3$ du$_{10}$-ga-ke$_4$-e-ne *ālum ellum šubat ṭūb libbīšunu* (die reine Stadt, Wohnsitz ihrer guten Herzen bzw. der Güte ihrer Herzen).

87 Vgl. die Transliteration: Lambert 2013, 370 und 372 und Ambos 2004, 202. Zur Verbindung bzw. Austauschbarkeit von Stadt und Tempel siehe A. Zgoll 2012, 23–28 und Löhnert 2013, 264 f.

88 Vgl. Lambert 2013, 367–369. Zu Stratifikationsanalysen von antiken Stoffen und Texten siehe C. Zgoll 2019 und die Ergebnisse der DFG-Forschergruppe 2064 STRATA „Stratifikationsanalysen mythischer Stoffe und Texte in der Antike“ an der Georg-August-Universität Göttingen bei A. Zgoll/C. Zgoll (2019b) und unter http://www.uni-goettingen.de/en/556429.html.

89 Die Zeilen 1–11 sind Negativ-Aussagen, d. h. sie beschrieben, was alles noch nicht erschaffen wurde und das heißt zugleich: was erschaffen werden soll. Die Zeile 1 gibt gleich zu Anfang den Fokus an: es geht um den Tempel, der noch nicht erbaut wurde. Nachdem Nippur und der dortige Tempel (Z. 6) und Uruk und der dortige Tempel (Z. 7) genannt werden, kulminieren die Negativ-Aussagen in Eridu und dem dortigen Tempel (Z. 8 f). Die erste Positiv-Aussage zur Schöpfung ist über Eridu und den dortigen Tempel (Z. 12). Die fragmentarisch vorliegenden Zeilen am Ende der Beschwörung enthalten nach den aktuellsten Bearbeitungen die Erschaffung von Eridu: vgl. Lambert 2013, 374 (Z. 41) und Ambos 2004, 204 (Z. 41 f). Der Text beginnt und endet demnach mit dem Tempel.

Die „Kronzeugentexte", die im Schöpfungsgeschehen für Tempel kulminieren, sind alle Tempelbaurituale.[90] Die erschaffenen Tempel sind die uranfänglichen Tempel bzw. die ersten prototypischen Tempel am Uranfang. Unheil von mesopotamischen Tempeln bei ihrem Wiederaufbau abzuwehren ist das erklärte Ritualziel der Tempelbaurituale. Hier sind Schöpfungsobjekt und Ritualobjekt identisch.

Alle vier Texte, die im Tempel als Schöpfungsobjekt in der nicht-personalen Kategorie „Sache/Ort" kulminieren (*Tonmännchen und Puppen, Als An/Anu, Enlil, Enki/Ea Himmel und Erde schufen, Kosmologie des kalû, Erschaffung von Eridu-Babylon*), wurden laut der jeweiligen Anweisung für Ritualhandlungen an genau diesem Ort, dem Tempel, rezitiert. *Tonmännchen und Puppen* sollte vor der Tongrube gesprochen werden, *Als An/Anu, Enlil, Enki/Ea Himmel und Erde schufen* vor den Fundamenten und die *Kosmologie des kalû* vor dem Ziegel. Die *Erschaffung von Eridu-Babylon* wurde ebenfalls vor dem Tempel rezitiert (Z. 8' und Ritualvermerk) sowie in einem weiteren Kontext beim Einzug ins *akītu*-Festhaus in Uruk zum Neujahrsfest gesprochen.[91]

Es ist auffällig, dass der Tempel, der nach unserem heutigen Verständnis ein Ort ist und im Text geschaffen wird, genau der Ort ist, an dem dieser Ritualteil durchgeführt wurde. In drei Texten wird jeweils kein einzelner Tempel namentlich genannt; so konnten diese Rituale für jeden Tempel, der wiederaufgebaut wurde, rezitiert werden. Der vierte Text (*Erschaffung von Eridu-Babylon*) nennt zwar Tempel mit Namen (Z. 6 und Z. 39: Nippur mit E-kur, Z. 7 und Z. 40: Uruk mit Eanna, Z. 8 und Z. 12 f und Z. 41: Eridu mit Abzu bzw. Esaĝil, Z. 14: Babylon mit Esaĝil), aber auch hier sind Tempellexeme unspezifischer Art neben diesen spezifischen Tempeln genannt (Z. 1 + Z. 9 + Z. 16)[92]. Dieser Text wurde in verschiedenen Ritualkontexten für Tempel verwendet.

Zusammenfassend kann gesagt werden: Kulminiert das Schöpfungsgeschehen in der Erschaffung eines Tempels, so bildet der Tempel bei allen sicher zu verortenden Texten („Kronzeugentexte") zugleich auch das Ritualobjekt, welches im Ritual mit Wirkmacht ausgestattet wird und von dem Unheil abgewehrt werden soll. Gleichzeitig ist der Tempel auch der Ort, an dem das Ritual durch-

---

90 Die *Erschaffung von Eridu-Babylon* ist ein Tempelbauritual, das darüber hinaus in weiteren Tempelkontexten verankert war, z. B. im spätbabylonischen Neujahrsfest in Uruk beim Einzug von Anu ins *akītu*-Festhaus (vgl. Lambert 2013, 367; Ambos 2004, 199; Linssen 2004, 210).

91 Vgl. Lambert 2013, 367; Ambos 2004, 199; Linssen 2004, 210.

92 Z. 1+9: e$_2$ ku3-ga e$_2$ dingir-e-ne *bītum ellim bīt ilī* („ein reines Haus, Haus der Götter"), Z. 16: [iri] ku$_3$-ga ki-tuš ša$_3$ du$_{10}$-ga-ke$_4$-e-ne *ālum ellum šubat ṭūb libbīšunu* („eine reine Stadt, Wohnsitz ihrer guten Herzen"), Z. 19: ki-tuš ša$_3$ du$_{10}$-ga-ne *šubat ṭūb libbī* („Wohnung ihrer guten Herzen" bzw. „des Gutens der Herzen").

geführt wird. Für Schöpfungstexte, die keine Anweisung für Ritualhandlungen aufweisen, ist demzufolge zu untersuchen, ob ein Tempel das Hauptziel der Schöpfung ist. Wenn für diesen Text weitere Indizien vorliegen, die Hinweise für die Einordnung als Ritualtext geben (siehe Kapitel 3), kann es sich um einen Ritualtext für den Tempel handeln.

4.4.6.2 Pflanze als Hauptziel der Schöpfung ist Ritualobjekt

Bei Ritualen für Einzelpersonen innerhalb der „Kronzeugentexte“ ist nicht der Tempel das Hauptziel der Schöpfung, sondern eine Pflanze bzw. ein Pflanzenbestandteil und ein Tier (siehe nächster Abschnitt).

In zwei „Kronzeugentexten“ (*Ritualtext für ein Gerstenkorn I:* Z. 8, *Ritualtext für ein Gerstenkorn II*: Z. 54) ist ein Pflanzenbestandteil das Hauptziel der Schöpfung: das Gerstenkorn (*me/irḫu*(*m*)). Auf der Textebene verursacht das Gerstenkorn Unheil, weil es seine legitime Schöpfungsumgebung (Feld) zugunsten des Auges eines Menschen verlässt.

Das Schöpfungsobjekt Gerstenkorn wird in beiden Fällen für das Ritual funktionalisiert: Es ist das Ritualobjekt, das mit Wirkmacht ausgestattet wird, um seine ursprüngliche lokale Umgebung auf dem kultivierten Feld wieder einzunehmen. In dem *Ritualtext für ein Gerstenkorn I* gibt das Ritualziel einen Hinweis auf das Gerstenkorn als Ritualobjekt:

25	*me-er-ḫa*	Das Gerstenkorn
26	[*l*]*i-še*[!]*-li-*[*a*]	mögen sie herausgehen lassen
27	[*i*]*-na* IGI GURUŠ	aus dem Auge des (arbeitsfähigen) Mannes.

Ritualtext für ein Gerstenkorn I Z. 25–27[93]

Auch der *Ritualtext für ein Gerstenkorn II* liefert dafür Hinweise in Zeile 55:

55	*mi-ir-ḫu li-la-a*	Das Gerstenkorn möge heraufsteigen.

Ritualtext für ein Gerstenkorn II Z. 55[94]

Bei einem Schöpfungstext ohne gesicherte situative Verortung ist nach der Prüfung, ob es sich um einen Ritualtext handeln kann (vgl. Kapitel 3), eine Analyse der Schöpfungsobjekte vorzunehmen: Was ist das Hauptziel der Schöpfung? Handelt es sich um eine Pflanze bzw. einen Pflanzenbestandteil, kann es sich – vorausgesetzt hier liegt ein Ritualtext vor – um ein Ritual für eine Einzelperson

---

93 Die Umschrift basiert auf Dietrich/Loretz 2000, 498; Übersetzung KM.

94 Die Umschrift basiert auf Landsberger 1958, 56; Übersetzung KM.

handeln, in dem diese Pflanze bzw. dieser Pflanzenbestandteil das Ritualobjekt ist. Wenn der Text erwähnt, dass diese Pflanze bzw. der Pflanzenbestandteil Unheil verursacht, ist das ein starkes Indiz, dass es sich dabei um das Ritualobjekt handelt (vgl. Abschnitt 4.6.2).

4.4.6.3 Tier als Hauptziel der Schöpfung ist Ritualobjekt

Zwei „Kronzeugentexte" (*Ritualtext für einen Zahnwurm*, *Ritualtext für einen Wurm*), die Rituale für Einzelpersonen sind, haben dasselbe Schöpfungsobjekt als Hauptziel der Schöpfung: den Wurm. In beiden Fällen wird er für das Ritual funktionalisiert: Er ist der Verursacher des Unheils und als solcher hier das Ritualobjekt, bzw. beim Zahnwurm *ein* Ritualobjekt. Der *Ritualtext für einen Zahnwurm* ist besonders, weil hier zwei Ritualobjekte vorkommen: der Wurm und die Heilmischung für den kranken Zahn. Der Ritualtext wird drei Mal über der Heilmischung rezitiert und diese wird dann anschließend auf den kranken Zahn gelegt (vgl. Z. 25–28). Der Wurm ist ein zweites Ritualobjekt des Ritualtextes:

21	*aš-šum an-na-a taq-bi-i tu-ul-tu*	Weil du das gesprochen hast, Wurm,
22	*lim-ḫa-aṣ-ki* ^{d}*E*$_{2}$*-a i-na dan-na-ti*	soll dich Ea schlagen mit seiner (Z. 23) mächtigen
23	*ri-it-ti-šu*	Hand.

Ritualtext für einen Zahnwurm Z. 21–23[95]

Der Wurm sollte durch das Ritual in seine natürliche Lebensumgebung rituell übergesiedelt werden, um die Schöpfungsordnung wiederherzustellen. Der Schöpfungsmythos am Anfang des Rituals erklärt die Ursache für die Krankheit; die Rezitation des Ritualtextes und die Ritualhandlungen beseitigen diese Ursache.[96] In dem *Ritualtext für einen Zahnwurm* waren Obstbäume die natürliche lokale Umgebung des Wurmes, in dem *Ritualtext für einen Wurm* war es die Wasserumgebung an Flüssen. Wasserman 2008 legt dar, dass es sich bei dem Wurm in diesem Ritualtext möglicherweise um einen im Fluss lebenden Blutegel handelt. Im Text ist er nicht näher klassifiziert, sondern lediglich mit dem Oberbegriff für Wurm *(tūltum)* bezeichnet. Lexikalische Listen gleichen *tūltum* allerdings z. B. mit zu$_2$-muš („Zahnschlange").[97]

95 Die Umschrift basiert auf Dietrich 2000, 212 f; Übersetzung KM.

96 Vgl. Dietrich/Loretz 2000, 491.

97 Vgl. MSL 4, 116 15; 9, 78, 52 (vgl. AHW T zu „*tūltu*(*m*)", 1369: ka-muš). Nach Bottéro 2001, 84 handelt es sich bei dem Wurm in dem *Ritualtext für einen Zahnwurm* um den Dentalnerv, der sich unter dem Zahn befindet.

Für einen Schöpfungstext ohne gesicherte situative Verortung ist in einem ersten Schritt zu prüfen, ob es sich um einen Ritualtext handeln kann (siehe Kapitel 3). Danach ist eine Analyse der Schöpfungsobjekte vorzunehmen. Kommt ein Tier als Hauptziel der Schöpfung vor, kann es sich – vorausgesetzt hier liegt ein Ritualtext vor – um ein Ritual für eine Einzelperson handeln, in dem dieses Tier das Ritualobjekt ist. Erwähnungen im Text, dass dieses Tier Unheil verursacht, sind ein starkes Indiz für das Ritualobjekt (vgl. Abschnitt 4.6.2).

4.4.6.4 Teilziele der Schöpfung sind Grundlage für Ritualobjekt TEMPEL: Gewässer, Berg, Wald, Rohr, Erde, Ziegelform, Siedlung, Stadt, Tier, Arbeit(szubehör)

Bestimmte Teilziele der Schöpfung sind erschaffen in Beziehung zum Hauptziel der Schöpfung: Abzu, Meer, Fluss, Fluss, Berg, Wald, Rohr, Erde, Ziegelform, Siedlung, Stadt, Arbeit bzw. Arbeitszubehör. Dieses Hauptziel der Schöpfung ist in den „Kronzeugentexten“ ein wichtiger Ritualteilnehmer. Wenn es sich beim hauptsächlichen Schöpfungsobjekt um den Tempel handelt, fokussieren die „Kronzeugentexte“ die Erschaffung von weiteren Schöpfungsobjekten (= Teilziele) in der Regel für ihn. Diese Teilziele sind entweder direkt im Text als Rohstofflieferanten für den Tempel erkennbar oder definieren die Welt mit dem Tempel als Zentrum. Sie zeigen die Wichtigkeit des Tempels: Viele Teilschöpfungen sind als Grundlage für das Funktionieren des Tempels notwendig. „Kronzeugentexte“, die den Tempel als Hauptziel der Schöpfung ausweisen, sind Rituale mit dem Tempel als Ritualobjekt bzw. Ritualort.

Die Funktionalisierung der Teilziele der Schöpfung (Abzu, Meer, Fluss, Berg, Wald, Rohr, Erde, Ziegelform, Siedlung, Stadt, Arbeits[zubehör]) für den Tempel (= Ritualobjekt bzw. Ritualort) wird nun im Fokus stehen.

In der *Kosmologie des kalû* wird der Abzu (Eas unterirdische Wohnung im Meer, ein riesiger Ozean aus Süßwasser) zwar geschaffen, aber er ist nicht das Schöpfungsobjekt, auf welches das Schöpfungsgeschehen hinausläuft. Er ist nicht das Endziel der Schöpfung, sondern laut Text funktional der Rohstofflieferant für das weitere Schöpfungsgeschehen. Er liefert den Lehm (Z. 26) als Rohmaterial für alle weiteren Schöpfungsobjekte: z. B. den Ziegelgott Kulla (Z. 27), Rohr und Wald (Z. 28) und andere Teilziele, die auf den irdischen Tempel als Hauptziel der Schöpfung hinauslaufen.

In diesem Text (*Kosmologie des kalû*) werden die Meere (*tâmātī*) zusammen mit den Bergen erschaffen (Z. 30). Ihre Funktion ist nach dieser Zeile ausschließlich die von Rohstofflieferanten für das Baumaterial des neuen Tempels:

30	*ana mim-ma šum-šu*[!] (Kopie anders) *du-u*[*š-še-e*]	(...) um alles Mögliche (?!) [reichlich darzubringen (?)] (...)

Kosmologie des kalû Z. 30[98]

Der Tempel wird für diesen Ritualteil funktionalisiert als Ritualort. Der Ritualtext inklusive Schöpfungspassage wird an den ersten Ziegel und somit an den Ziegelgott Kulla gerichtet. Die Meere sind ausdrücklich im Hinblick auf das Ritualobjekt erschaffen.[99]

Ein weiteres Tempelbauritual, *Tonmännchen und Puppen*, weist in dem ersten Ritualtext (Z. 51 f) das Teilschöpfungsobjekt Flüsse (i$_{7}^{\text{didli}}$, *nārāti*) auf. Wieder werden die Flüsse zusammen mit den Bergen erschaffen. Und wieder sind Flüsse (und Berge) die Voraussetzung für die Lebensgrundlage des Tempels, der zugleich Hauptziel der Schöpfung und Ritualobjekt ist. Weil die Zeilen fragmentarischer Art sind, fehlen die Zeilenenden. So sind mögliche direkte Hinweise für die Erschaffung der Flüsse (und Berge), wie sie die *Kosmologie des kalû* (siehe oben) aufweist, nicht erhalten. Aus dem Kontext ist jedoch ersichtlich, dass die Flüsse (und Berge) lediglich Teilziele der Schöpfung mit dem Hauptziel des Tempels darstellen (Z. 44 f und Z. 47–50: Tempelschöpfung, Z. 61 f: Schicksalsentscheidung für den Tempel). Die Erschaffung der Flüsse (und Berge) ist Teil der Tempelschöpfung als Hauptziel der Schöpfung in diesem Text. Die Flüsse werden im Hinblick auf den Tempel als Ritualort erschaffen. Vor der Tongrube wurde der erste Ritualtext im Beisein von 17 apotropäischen Statuen der Cella rezitiert. Somit wurden die Flüsse (Textebene) im Hinblick auf den Ritualort erschaffen (= Ebene der Verortung). Die Statuen als Bestandteile des Tempels sind ebenfalls Teil des Ritualortes.

Auch die *Erschaffung von Eridu-Babylon* weist Flüsse (hier zwei spezifische: Euphrat und Tigris), als Teilziele der Schöpfung auf (Z. 23 f). Sie gehören zur ausgestalteten Welt mit dem Tempel als Zentrum der Stadt. Somit erfüllen auch sie die wichtige Aufgabe, den Herrschaftsbereich des Ritualortes und Ritualobjektes (Tempel) festzulegen und ihn damit zu rühmen.

Berge (Z. 51 f sumerisch: kur ḫur-saĝ,[100] akkadisch: *šadī*)) sind in dem ersten Ritualtext von *Tonmännchen und Puppen* als Teilziel der Schöpfung (zusammen mit den Flüssen) die Voraussetzung für die Lebensgrundlage des Tempels. So sind die Schöpfungshandlungen in den vorherigen Zeilen (Z. 44 f und

98 Umschrift und Übersetzung: Ambos 2004, 181; vgl. das Schaubild in Ambos 2004, 28.

99 Vgl. Ambos 2004, 27.

100 Da kur ḫur-saĝ im Akkadischen mit *šadī* („Berge") übersetzt ist und in dieser Zeile ebenfalls die Flüsse erschaffen werden, ist kur hier nicht als Unterwelt gebucht, sondern als Berge und ḫur-saĝ als Gebirge.

Z. 47–50) auf den Tempel konzentriert. Die Zeilen 61 f beschreiben eine Schicksalsentscheidung für den Tempel. Die Erschaffung der Berge ist eingebettet in die Tempelschöpfung als Hauptziel der Schöpfung in diesem Text.

Die sumerischen Lexeme kur und ḫur-saĝ sind oft Epitheta des mesopotamischen Tempels und Bestandteil des Tempelnamens.[101] In den „Kronzeugentexten“ werden die Berge jedoch nicht als Tempel direkt erschaffen, sondern als Rohstofflieferanten von Tempeln. So werden sie in *Tonmännchen und Puppen* (Z. 51 f) und *Kosmologie des kalû* (Z. 30) zusammen mit Wasser erschaffen (Flüsse bzw. Meere). Für mesopotamische Tempel mussten Rohstoffe (Lapislazuli und andere wertvolle Steine) aus teils weit entfernten Bergregionen importiert werden, weil sie vor Ort nicht verfügbar waren.[102] Nur Röhricht und Lehm konnten aus Mesopotamien direkt geborgen werden.[103] Die Berge als Teilziel der Schöpfung sichern in diesen beiden Texten letztlich die Erschaffung des Hauptziels der Schöpfung, des Tempels. Der Tempel ist im Ritual das Ritualobjekt und der Ort, an dem dieser Ritualteil durchgeführt wurde. Die Berge liefern die Bestandteile des Ritualobjektes (= Tempel). Anders ausgedrückt: Die Teilschöpfung der Berge zielt auch hier auf das Ritualobjekt und den Ritualort.

Wald (^{ĝeš}tir, *qištu*) und Röhricht (^{ĝeš}gi, *apu*) werden zusammen erschaffen in der *Kosmologie des kalû* (Z. 28). Sie sind explizit als reine Rohstofflieferanten für das Hauptziel der Schöpfung, den Tempel, erschaffen worden, wie Zeile 28 zeigt: *ana ši-pir nab-ni-t*[*i-ki*$^{?}$] („für die Arbeit [deiner$^{?}$] Erschaffung“).[104] Nicht nur kostbare Steine mussten nach Mesopotamien importiert werden (siehe oben), sondern sogar bestimmte kostbare Hölzer (z. B. für Dachkonstruktionen).[105] Wie die Berge sind auch hier der Wald und das Röhricht im Hinblick auf den Tempel erschaffen worden. Der Tempel ist in diesem Ritualteil das Ritualobjekt und der Ort des Rituals (vgl. die Anweisung für Ritualhandlungen). Somit haben Röhricht und Wald hier eine Funktion für das Ritualobjekt.

Röhricht (^{ĝeš}gi, hier: *qanû*) sowie verschiedene Rohrhölzer sind in der *Erschaffung von Eridu-Babylon* Teilziele der Schöpfung (Z. 25 und Z. 34): abgestorbenes Rohr (gi-uš$_2$, *uššu(m)*), Schilfsumpf (gi-ḫenbur$_2$, *udittu(m)*), Sumpfröhricht (ambar, *appāru(m)*), Dickicht (^{ĝeš}tir-su$_3$-ĝa$_2$, *qīšu(m)*), Gras und Kräuter der Steppe (u$_2$-šim edin-na, *urqīt ṣērim*), Holz (ĝeš, *iṣu*). Auch sie

101 Vgl. Ragavan 2010, 228–231. Vgl. auch A. Zgoll 2000: Tempel (= Städte) = Berge.
102 Vgl. Ragavan 2010, 237.
103 Vgl. Ragavan 2010, 237.
104 Umschrift nach Ambos 2004, 180; Übersetzung Ambos 2004, 181, mit geringfügigen Modifikationen durch KM; vgl. auch das Schaubild in Ambos 2004, 28.
105 Vgl. Ragavan 2010, 237.

sind Teil der ausgestalteten Welt mit dem Tempel als Zentrum. So wird die Welt mit dem Tempel als Zentrum in diesem Text noch weiter ausgestaltet durch die Erschaffung von Erde (Z. 18: saḫar, *eperu(m)*) durch Gilima/Marduk sowie Ziegelform (Z. 36: ^{ĝeš}u$_3$-šub, *nalbantu*), Stadt (Z. 37: iri) und Siedlung (Z. 38: a$_2$-dam) durch Ea/Enki. Alle Teilziele des Schöpfungstextes zeigen die Wichtigkeit von Ritualort und Ritualobjekt (Tempel). Ohne diese Dinge gäbe es keinen Ritualort und damit auch kein Ritual.

In der *Erschaffung von Eridu-Babylon* werden ebenfalls Tiere als Teilziele der Schöpfung erschaffen (Z. 22) : Herdenvieh (maš$_2$-anše, *būl* ^{d}*Šakan*), die als Steppentiere (niĝ$_2$ zi ĝal$_2$ edin-na, *šikin napišti ina ṣēri*) bezeichnet werden. Sie sind als Abgrenzung zum Ritualobjekt Tempel zu verstehen: Ihr Lebensraum in der Steppe galt als potentieller Raum für Unheil, wohingegen der Tempel als reiner Raum angesehen wurde.

In *Als An/Anu, Enlil, Enki/Ea Himmel und Erde schufen* gibt es ein weiteres nicht-personales Schöpfungsobjekt, das ein Teilziel der Schöpfung darstellt: den Tragkorb (Z. 7: dusu) bzw. das Arbeitspensum (Z. 8). Die vorsichtige Übersetzung „Arbeitspensum" liefert Ambos 2004, 195 und transliteriert „*a*-[(x)]-⌜*di*?-*i*⌝". Nach AHW I, 14 ist *adû(m)* III bzw. *addû* ein sumerisches Lehnwort und bedeutet „(tägl.) Arbeitspensum". Das CAD A, 135 gibt für *adû* C (*addû*) „work quota per man-day, work assignment, assigned task of menial work" an. Das Hauptziel der Schöpfung ist der uranfängliche Tempel als Wohnung und Versorgungsort für die Götter. Der Tragkorb bzw. das Arbeitspensum der Menschen steht metaphorisch für die Götterversorgung im Tempel.[106] Somit hat der Tragkorb bzw. das Arbeitspensum eine direkte Funktionalisierung für das Ritual und einen Ritualteilnehmer bzw. den Ritualrahmen: Er definiert die Wichtigkeit des Ritualobjektes und den Ort des Rituals (Tempel). Menschen müssen für diesen Ritualteilnehmer bzw. -rahmen schwer körperlich arbeiten. Nach der Erschaffung von Arbeit bzw. Arbeitszubehör ist das Ritualobjekt, das zugleich der Ort des Rituals ist, mit seinen wichtigen Aufgaben (Tragkorb, Arbeitspensum) ausgestattet.

Nach der Diskussion dieser Belege kann Folgendes als Zwischenergebnis festgehalten werden: Schöpfungstexte, die keine gesicherte situative Verortung aufweisen, sind in einem ersten Schritt auf Indizien zu überprüfen, ob es sich hierbei um Rituale handeln kann (vgl. Kapitel 3). In einem zweiten Schritt ist das Hauptziel der Schöpfung zu bestimmen. Handelt es sich hierbei um einen

106 Vgl. *Atram-ḫasīs*, wo ursprünglich die Götter den Tragkorb (*tupšikku*) tragen (1,1–6) und die Menschen geschaffen werden, das zu übernehmen (1,191), d. h. die Götter zu versorgen; vgl. auch A. Zgoll 2012, 42 f; Wilcke 2006 b, 243 f.

Tempel, ist danach zu analysieren, ob Teilziele der Schöpfung erkennbar sind und mit welchen spezifischen Funktionalisierungen sie im Text für das Hauptziel (Tempel) beschrieben werden. Sie sind entweder im Text direkt als Rohstofflieferanten für den Tempel beschrieben. Oder sie definieren die Welt mit dem Tempel als Zentrum. Sie können in einem dritten Fall die Wichtigkeit des Ritualobjektes bzw. Ritualortes zeigen. In solch einem Fall kann es sich um ein Ritual handeln mit dem Tempel als Ritualobjekt bzw. Ritualort. Die Teilziele der Schöpfung für den Ritualort Tempel sind alle grundlegend für seine Existenz; ohne diese Teilziele gäbe es keinen Ritualort und damit auch kein Ritual.

4.4.6.5 Teilziel der Schöpfung ist Lebensgrundlage für Ritualobjekt EMBRYO: Knochen

In dem *Geburtsritualtext* ist ein nicht-personales Schöpfungsobjekt genannt: die Knochen (Z. 2: *eṣemtum*) des personalen Schöpfungsobjektes Embryo. Die Knochen werden im Ritual für das Ritualobjekt (= Embryo) funktionalisiert: Sie definieren seine äußere Gestalt, wie sie im Ritual bewahrt wird. Das Teilziel der Schöpfung (= Knochen) ist gleichzeitig eine Lebensgrundlage für das Hauptziel der Schöpfung, das zugleich Ritualobjekt ist (= Embryo). Auch hier zeigt sich, wie für die Teilziele mit dem Ritualobjekt TEMPEL, dass das Teilziel der Schöpfung im Schöpfungstext eine grundlegende Voraussetzung für das Ritualobjekt ist und damit für das Ritual.

4.4.6.6 Teilziele der Schöpfung gehören zum Einflussbereich des Ritualadressaten GOTT: Tempel, Fluss, Berg

In diesem Abschnitt wird zu zeigen sein, dass Teilziele der Schöpfung auch für einen spezifischen Gott erschaffen werden können, der das Hauptziel der Schöpfung ist. Wenn ein Gott in den „Kronzeugentexten“ das Hauptziel der Schöpfung ist, dann sind die Teilziele der Schöpfung ebenfalls für ihn funktionalisiert: Sie sind für seinen Herrschaftsbereich erschaffen. Die Teilziele im Schöpfungstext tragen demnach zur Ausstattung des erschaffenen Gottes bei, der auch der Ritualadressat ist; zugleich verdeutlichen sie seine Wichtigkeit und zeigen seine Machtbereiche.

Ein weiterer Beleg für den Tempel als Teilziel der Schöpfung ist in 1,1,15 f in dem *Ritualtext für Šamaš* zu finden:

Sumerische Version:		
15	^{d}Utu u$_4$ ki-tuš kalam-ma x [x] saĝ$^?$ tab$^?$-ba-a-ba	O Utu, als die Wohnung des/im Land(es) ... hat (...)[107]
Akkadische Version:		
16	*e-nu-ma šub-tum ana* [KUR$^?$] ⌜*it-te*⌝-*ru-u*$_2$	Als die Wohnung[108] für [das Land$^?$] hochgehoben[109] wurde (...)
		Ritualtext für Šamaš 1,1,15 f[110]

Das Hauptziel der Schöpfung ist in dem *Ritualtext für Šamaš* nicht der uranfängliche Tempel, sondern Šamaš (siehe Abschnitt 4.4.4.1). Falls Dietrichs Rekonstruktion von 1,1,16 korrekt ist (Dietrich 1995, 67), steht der Tempel in diesem Text funktional in Beziehung zum Land: Für das Land wurde er geschaffen (akkadische Zeile); in der sumerischen Zeile wird er eventuell sogar als „Wohnung im Land“ bezeichnet. Die Zeile 1,1,37 f (vgl. Abschnitt 4.4.4.1) beschreibt, dass dem Ritualadressaten Šamaš etwas „vom Land“ geschenkt wird durch die großen Götter, die ihn erschufen. Der Tempel als als Teilziel der Schöpfung ist Teil des Herrschaftsbereiches des Ritualadressaten und gestaltet diesen weiter aus. Der Text führt aus, warum gerade Šamaš als Ritualadressat fungieren kann. Er ist nach 1,1,41–45 verantwortlich für die Bewohner des Landes, resp. als Rechtsentscheider für sie.

In dem Text (*Ritualtext für Šamaš*) werden in 1,1,17 f weitere Teilziele erschaffen: Flüsse und Berge. Sie stehen in Bezug zu Šamaš als Hauptziel der Schöpfung, der zugleich Ritualadressat ist. Im Text entscheidet er das Schicksal des Landes (1,1,44 f). Zur Ausgestaltung des Landes, resp. zu seinem Machtbereich, gehören sowohl Flüsse als auch Berge. In der *Keš-Hymne* Zeile 4–8 stehen Berge metaphorisch für Städte; so wird der Tempel bzw. die Stadt Keš während ihres Entstehens als kur („Berg“) und in der Fassung aus dem 3. Jt. v. Chr. als ḫur-saĝ („Gebirge“) bezeichnet.[111] Auch in dem *Ritualtext für Šamaš* ist es

---

107 Die sumerische Zeile ist nicht nur aufgrund der nicht eindeutigen Zeichen, sondern auch aus lexematischen Gründen schwer zu übersetzen. Das ePSD listet ein Lexem saĝ-tab(-ba) („helper, ally, protection“) auf. Aufgrund des vorangestellten u$_4$ und der Endung tab-ba-a-ba kann das Zeilenende jedoch nicht mit „der/die Helfer(in)“ übersetzt werden. saĝ kann „Kopf“ heißen und tab „verdoppeln“. Hier liegt sicherlich eine idiomatische Wendung vor.

108 Dietrich vermutet bei der „Wohnung“ ein Kollektiv für die „Wohnstätten und/oder Heiligtümer“ (Dietrich 1995, 68 Anm. 44).

109 AHW III, 1336: Art. zu „*tarû*(*m*) II“ mit der Bedeutung „hochheben“. Hier ist das Verb im N-Stamm Präteritum.

110 Die Umschrift basiert auf Dietrich 1995, 67; Übersetzung KM.

111 Vgl. A. Zgoll 2012, 27 f.

wahrscheinlich, dass Berge zugleich Städte meinen. Die Funktion der Berge und Flüsse im Text ist, den Machtbereich des Hauptziels der Schöpfung exakt zu definieren und es damit zu rühmen bzw. seine Wichtigkeit aufzuzeigen. Da das Hauptziel der Schöpfung im Ritual die Funktion des Ritualadressaten innehat, wird durch das Rezitieren der Schöpfungspassage der Machtbereich des Ritualadressaten aktualisiert. Die Funktion der Berge und Flüsse im Ritual ist dieselbe wie diejenige des Teilzieles Tempel, nämlich den Machtbereich des Ritualadressaten (erneut) zu definieren und damit seine Wichtigkeit zu verdeutlichen. Zugleich soll der Gott hier an seine Verantwortung gegenüber den ihm anvertrauten Bereichen der Schöpfung erinnert werden.

4.4.6.7 Teilziele der Schöpfung sind Lebensraum des Ritualobjektes PFLANZE/TIER und wahrscheinlich Ritualort: Morast, Saatfurche, Schlamm, Gestank

In den „Kronzeugentexten“ gibt es Teilziele der Schöpfung, die u. a. für den Ritualort erschaffen sind und dessen natürliche lokale Umgebung darstellen. Interessanterweise findet sich dieses Phänomen in den Schöpfungstexten mit Kettenschöpfung.[112] Eine Kettenschöpfung beinhaltet mehrere Schöpfungshandlungen, d. h. mehrere Schöpfungsobjekte entstehen, die wiederum jeweils ein weiteres Schöpfungsobjekt erschaffen. Das letzte Schöpfungsobjekt ist dann das Hauptziel der Schöpfung. Bei den Kettenschöpfungen (*Ritualtext für ein Gerstenkorn I* und *II*, *Ritualtext für einen Zahnwurm*, *Ritualtext für einen Wurm*) zeigt sich, dass die nicht-personalen Teilziele der Schöpfung den legitimen örtlichen Lebensraum des letzten Schöpfungsobjektes einer Kettenschöpfung darstellen (Textebene); gleichzeitig sind sie möglicherweise der Ort des Rituals. Das wird in diesem Abschnitt im Einzelnen ausgeführt.

Es sind zwei Ritualorte sichtbar: Feld und Fluss. Zuerst werden die Belege für das Feld als Ritualort vorgestellt. Die Texte *Ritualtext für ein Gerstenkorn I* und *Ritualtext für ein Gerstenkorn II* haben als Teilziel der Schöpfung die örtliche Umgebung eines Feldes: den Morast (Z. 2: *luḫummû*(*m*)) bzw. die Saatfurche (Z. 2: *šer'u*, *šerḫu*). Bei den beiden Ritualtexten für ein Gerstenkorn ist das letzte Schöpfungsobjekt nicht-personaler Art: das Gerstenkorn (*merḫu*(*m*)). Die Schöpfungsobjekte vor dem Entstehen des Gerstenkorns sind alle Bestandteile der örtlichen uranfänglichen Umgebung dieses letzten Schöpfungsobjektes: des bewässerten Feldes.

112 Der Begriff „chain incantations“ (Kettenbeschwörungen) findet sich bei Veldhuis 1993.

Gerstenkorn I: Erde → Morast → Halm → Ähre → Gerstenkorn
Gerstenkorn II: Saattrichter am Saatpflug → Saatfurche → Spross → Halm → Knoten → Ähre → Gerstenkorn

Der Morast und die Saatfurche (akkadische Lexeme siehe oben), in deren Kontext die restlichen Schöpfungsobjekte lokal situiert sind, sind die örtliche Umgebung eines Gerstenkorns in der uranfänglichen Schöpfungsordnung. Diese Lokalität ist der spezifische Lebensraum innerhalb der uranfänglichen Schöpfungsordnung, der eigens für das letzte Schöpfungsobjekt geschaffen wurde. Dort entstand das Unheil in dem Moment, als das letzte Schöpfungsobjekt der Kettenschöpfung seinen lokalen, ihm zugewiesenen Platz innerhalb der Schöpfungsordnung zugunsten eines anderen Lebensraumes verließ.[113]

Es ist vor dem Hintergrund der oben vorgestellten Texte (z. B. *Ritualtext für den Schöpfungsstrom* mit dem uranfänglichen Fluss) sehr wahrscheinlich, dass diese örtliche Umgebung des letzten und fokussierten Schöpfungsobjektes (= Hauptziel der Schöpfung) gleichzeitig der Ort des Rituals ist, an dem das Unheil beseitigt wird und die Schöpfungsordnung wieder ihren uranfänglichen Gang nimmt / nehmen soll. Denkbar wäre auch, dass als Ritualort der Ort fungiert, an dem das Unheil beseitigt werden muss (Auge des Menschen). Oder beide Orte fungieren als Ritualort (Auge des Menschen als spezifischer Ritualort und gleichzeitig Feld als Ritualort für das herauskommende Gerstenkorn). Zeile 55 des *Ritualtext für ein Gerstenkorn II* sagt aus, dass Šamaš und Sîn (während des Rituals) dabeistehen sollen und das Gerstenkorn herausgehen möge: ^{d}UTU *u* ^{d}*Sîn i-ši-za-nim-ma mi-ir-ḫu li-la-a* („Šamaš und Sîn sollen (dabei) stehen und das Gerstenkorn möge aufsteigen").[114]

Dieselben numinosen Personen, die während der Schöpfung anwesend waren, sollen jetzt im Ritual anwesend sein und garantieren, dass das Ritualziel erreicht wird. Dies zeigt, dass die Beseitigung des Unheils durch die Wiederherstellung des uranfänglichen Schöpfungszustandes im Ritual herbeigeführt werden konnte. Dabei spielten die beteiligten Personen der Schöpfung eine wichtige Rolle. Die beiden Gottheiten müssen ebenso anwesend sein wie der Patient mit dem Gerstenkorn im Auge. Es ist demzufolge sicher anzunehmen, dass durch das Ritual das Gerstenkorn mit einer positiven Wirkmacht beeinflusst werden soll, zum Ort der legitimen Schöpfungsordnung umzukehren. Die Übertragung des Unheils musste wieder rückgängig gemacht werden. Dieselbe Idee steht hinter dem Phänomen der Erschaffung des Tempels in den Bauritualen:

---

113 Vgl. Abschnitt 4.6.

114 Die Umschrift basiert auf Landsberger 1958, 56; Übersetzung KM. Lambert 2013 bietet keine Umschrift dieser Zeile (vgl. Lambert 2013, 399 f).

Die drei Ritualteile innerhalb von Bauritualen mussten genau vor dem erschaffenen Tempel rezitiert werden, um die Wirkmacht des gesprochenen Wortes direkt auf ihn zu legen und ihn somit vom Unheil zu befreien.[115]

Welche weiteren Indizien gibt es für das Feld, und zwar nicht nur als Zielort für das herauskommende Gerstenkorn, sondern auch als Ritualort? Im Text weist die Erwähnung des *alāla*-Liedes auf das Feld als Ritualort.[116] Zeile 51 der Tafel gibt an, dass dieses Lied „am Anfang“, noch vor der Schöpfung, für das Land herabkam: *ina šur-ri-i la-am ba-ša*$_2$*-mu a-la-lu ur-da ana ma-ti.*[117] Hiermit ist klar ein landwirtschaftlicher Feldkontext gegeben. Dieser landwirtschaftliche Kontext ist auch in einer parallelen lexematischen Verwendung in einem Abwehrritual gegeben:

49	[EN$_2$] ⌜*la*⌝*-am* ^{d}*Nin-ĝir*$_2$*-su ina* KUR *il-su-u*$_2$ ^{d}*a-la-la*	[Ritualtext:] Bevor Ninĝirsu in den Bergen das Arbeitslied[118] herausrief,
50	[*la-am* Ĝ]URUŠ *i-lu-u a-na na-kas*$_2$ ^{ĝeš}ŠINIG	[bevor der j]unge Mann hinaufstieg, um die Tamariske abzuschneiden (...)

Abwehrzauber-Ritualserie *Maqlû* 4,45 f[119]

Eine weitere landwirtschaftliche Parallele ist ebenfalls in dieser Ritualserie zu finden:

53	EN$_2$ TA ^{d}⌜URU$_4$⌝ *i[na]* KUR [GU$_3$-*u*$_2$] [^{d}]⌜*a*⌝*-la-la*	Ritualtext: Nachdem der göttliche Pflüger in den Bergen das Arbeitslied[120] herausrief,
54	TA GURUŠ *i-lu-u*$_2$ [*ana na-kas*$_2$ ^{ĝeš}]ŠINIG	nachdem der (arbeitsfähige) Mann hinaufstieg, um die Tamariske [abzuschneiden] (...)

Abwehrzauber-Ritualserie *Maqlû* 8,53 f[121]

---

115 Vgl. den an und vor dem Wurm rezitierten *Ritualtext für einen Zahnwurm* und *Ritualtext für einen Wurm*; siehe Abschnitt 4.4.6.3.

116 Lambert 2013, 399 (vgl. ebd., 424) sieht hier den Gott Alāla, jedoch weist auch er auf eine enge Verbindung zwischen diesem Gott und dem gleichnamigen Arbeitslied hin (ebd., 424 f).

117 Die Umschrift findet sich bei Lambert 2013, 399 (vgl. ebd., 424).

118 Wörtlich ist hier durch das Gottesdeterminativ der Gott Alāla geschrieben. Lambert 2013, 425 weist auf die enge Verbindung zwischen diesem Gott und dem Arbeitslied hin.

119 Die Umschrift basiert auf Abusch 2016, 157; vgl. dazu Landsberger/Jacobsen 1955, 20 (*Maqlû* 6,49 f = 9,102); Übersetzung KM; vgl. die Übersetzung des „Arbeitsliedes“ bei Abusch 2016, 341: „*‘alāla’* work-song in the land“.

120 Vgl. den Kommentar zu Zeile 49.

121 Die Umschrift basiert auf Abusch 2016 (S. 198: Partitur, S. 270: Komposit-Transliteration, S. 363: Komposit-Transkription; vgl. S. 363: Übersetzung); vgl. dazu Landsberger/Jacobsen 1955, 20; Übersetzung KM.

Die *Theogonie von Dunnu* wird in der Textunterschrift in Z. 20' als [*ši-si-i*]*t* ^{d}*a-la-*[*la*] („[Rufe]n des Gottes Alāla") mündlich performativ verortet und weist etliche inhaltliche Fokussierungen auf Landwirtschaft auf (siehe Abschnitt 6.7).

Bei diesen beiden Kettenschöpfungen zeigt sich, dass die nicht-personalen Teilziele der Schöpfung den legitimen örtlichen Lebensraum des letzten Schöpfungsobjektes einer Kettenschöpfung darstellen (= Textebene) und gleichzeitig möglicherweise der Ort des Rituals sind. Morast und Saatfurche als Teil des kultivierten Feldes haben hier möglicherweise die Funktion des Ritualortes.

Bei zwei weiteren „Kronzeugentexten" sind die Teilziele der Schöpfung in Verbindung mit der lokalen Umgebung des Ritualobjektes zu sehen. Hier ist eine Kettenschöpfung beschrieben mit einem Wurm als letztem Schöpfungsobjekt und somit Hauptziel der Schöpfung. Die morastige, schlammige Gegend der Fluss- und Kanalufer ist der lokale Lebensraum des Wurmes. Die Funktionalisierung des Wurmes im Ritual ist die des Ritualobjekts; bzw. in dem *Ritualtext für einen Zahnwurm* ist er neben der Heilmischung das zweite Ritualobjekt. Die Teilziele in diesen Texten sind im Hinblick auf das Hauptziel der Schöpfung (= Textebene) erschaffen, das im Ritual die Funktionalisierung als Ritualobjekt aufweist (= rituelle Ebene der Verortung).

Bei den folgenden zwei Ritualtexten mit Kettenschöpfungen (*Ritualtext für einen Zahnwurm*, *Ritualtext für einen Wurm*) sind die Schöpfungsobjekte, die zeitlich vor dem Wurm erschaffen wurden, Teil der örtlichen Umgebung dieses letzten Schöpfungsobjektes am Uranfang: das morastige bzw. schlammige Flussufer.

Zahnwurm: → Himmel → Erde → Flüsse → Kanäle → Schlamm → Wurm
Wurm: → Erde → Gestank → Morast → Fliege → Wurm

Bei diesen Kettenschöpfungen spezifizieren die nicht-personalen Schöpfungsobjekte (= Teilziele der Schöpfung) die örtliche Umgebung des letzten nicht-personalen Schöpfungsobjektes, auf welches das Schöpfungsgeschehen zuläuft (= Hauptziel der Schöpfung). Die Flüsse, Kanäle und spezifischer die schlammige Erde (*rušumtu*) bzw. der Morast (*luḫummû(m)*) sind die örtliche Umgebung des Wurmes am Uranfang. Diese Umgebung ist der spezifische Ort und Lebensraum innerhalb der legitimen Schöpfungsordnung am Uranfang, in dem speziell das letzte Schöpfungsobjekt erschaffen wurde. An diesem Ort entstand das

Unheil, als das letzte Schöpfungsobjekt der Kettenschöpfung diesen lokalen Platz innerhalb der Schöpfungsordnung verließ.[122]

Ritualtext für einen Wurm nennt als Schöpfungsobjekt und Teilziel der Schöpfung Gestank (Z. 2: *bu'šu*(*m*), *būšu*(*m*)). Der Wurm ist das Hauptziel der Schöpfung. Gestank gehört ebenso wie die anderen Teilziele der Schöpfung in diesem Text (Morast, Fliege) zur natürlichen lokalen Umgebung eines Wurmes. Gestank hat in diesem mythischen Schöpfungstext eine direkte Funktion für einen Ritualteilnehmer: Er gehört zur Einflusssphäre des lokalen, natürlichen Lebensraumes des Ritualobjektes und Verursacher des Unheils (Wurm), wie er im Ritual wiederhergestellt wird. Durch das Ritual wird das Ritualobjekt (und zugleich Hauptziel der Schöpfung) stark lokal begrenzt auf die morastige, schlammige und stinkende Gegend des Flussufers.

Für den *Ritualtext für einen Zahnwurm* gilt dieselbe Beobachtung wie für den *Ritualtext für ein Gerstenkorn II*: Die Anweisung für Ritualhandlungen verdeutlicht, dass der von Unheil (hier spezifisch: Zahnschmerzen) geplagte Mensch am Ritual teilnehmen musste. Sein Zahnfleisch war jetzt der neue örtliche Lebensraum für den Wurm.

Es ist denkbar, aber nicht zwingend zu schlussfolgern, dass das Ritual in der Umgebung von Obstbäumen stattfand, um den Wurm in seine natürliche Lebensumgebung rituell überzusiedeln und die Schöpfungsordnung wiederherzustellen. Die Übertragung des Unheils musste möglicherweise auf demselben Weg wieder rückgängig gemacht werden. Die Teilziele der Schöpfung sind lokal mit dem Hauptziel der Schöpfung verbunden. Morast und Saatfurche sind der natürliche Ort für das Ritualobjekt (Wurm), den Unheilverursacher. Die Ebene des Schöpfungstextes liefert möglicherweise die mythische Erklärung für den Ritualort.[123]

Die Kettenschöpfungen der „Kronzeugentexte“ *Ritualtext für ein Gerstenkorn I* und *II*, *Ritualtext für einen Zahnwurm*, *Ritualtext für einen Wurm* zeigen, dass die nicht-personalen Teilziele der Schöpfung (Morast und Saatfurche bzw. Morast und Schlamm) den legitimen örtlichen Lebensraum des letzten Schöpfungsobjektes einer Kettenschöpfung darstellen (= Textebene) und dass sie gleichzeitig möglicherweise der Ort des Rituals sind.

---

122 Für nähere Erläuterungen vgl. den Abschnitt 4.6.2 („Schöpfungsobjekt verursacht Unheil“).

123 Vgl. Abschnitt 5.6 („Rahmen des Rituals: Ort des Rituals“).

4.4.6.8 Teilziele der Schöpfung sind Teil des Lebensraumes des Ritualobjektes PFLANZE/TIER: Pflanzenbestandteil und Tier

Zwei „Kronzeugentexte" weisen Pflanzenbestandteile als Teilziel der Schöpfung auf: *Ritualtext für ein Gerstenkorn I*, *Ritualtext für ein Gerstenkorn II*. Der *Ritualtext für ein Gerstenkorn I* nennt die Schöpfungsobjekte Halm (Z. 4: *išīnu*(*m*)) und Ähre (Z. 6: *šubultu*(*m*)), der *Ritualtext für ein Gerstenkorn II* Spross (Z. 52: *ḫabbūru*(*m*)), Halm (Z. 53: *lillânu*), Knoten (Z. 53: *kiṣru*(*m*)) und Ähre (Z. 53: *šubultu*(*m*)). In beiden Fällen ist das Hauptziel der Schöpfung das Gerstenkorn einer Ähre. Die Pflanzenbestandteile als Teilziel der Schöpfung stellen die lokale Umgebung des Gerstenkorns auf einem kultivierten Feld am Uranfang dar. Sie haben somit eine Funktionalisierung für das Ritualobjekt (= Gerstenkorn), indem sie dessen natürlichen Lebensraum definieren – wie er im Ritual wiederhergestellt wird – und es somit auf das Feld als Lebensraum begrenzen.

Ritualtext für einen Wurm weist die Fliege (Z. 3: *zubbu*(*m*)) als Schöpfungsobjekt und Teilziel der Schöpfung aus. Hauptziel der Schöpfung ist der Wurm, möglicherweise ein Blutegel. Die Fliege gehört ebenso wie die anderen Teilziele der Schöpfung in diesem Schöpfungstext (Gestank, Morast) zur natürlichen lokalen Umgebung eines Wurmes (wahrscheinlich eines Blutegels) seit dem Uranfang. Die Fliege wird hier (ebenso wie die anderen Teilziele der Schöpfung in diesem Text) für einen Ritualteilnehmer funktionalisiert: Sie definiert die lokale Umgebung des Verursachers des Unheils (Wurm), der hier gleichzeitig das Ritualobjekt ist, wie sie im Ritual wiederhergestellt wird und begrenzt diese Umgebung stark lokal auf das morastige schlammige Flussufer.

An dieser Stelle kann als Zwischenergebnis Folgendes festgehalten werden: Schöpfungstexte ohne gesicherte situative Verortung, die sich durch eine Analyse nach Kapitel 3 als Ritualtexte einordnen lassen, sind in einem nächsten Schritt auf Pflanzenbestandteile und Tiere als Teilziel der Schöpfung zu untersuchen. Diese können nämlich Hinweise auf den lokalen Lebensraum des Ritualobjektes geben. Es ist nach dem Ritualobjekt zu fragen, z. B. wer im Text Unheil verursacht oder seine lokale Umgebung, wie sie ihm am Uranfang zugedacht war, verlässt. Eine Untersuchung der Verbindung von Unheil und Hauptziel der Schöpfung (Abschnitt 4.6) kann helfen, das Ritualobjekt genauer zu identifizieren. Die Teilziele Pflanzenbestanteil und Tier können Teil des Lebensraumes dieses Ritualobjektes sein oder sich in Abgrenzung zu diesem befinden (vgl. das Herdenvieh der Steppe als Abgrenzung zum Tempel in der *Erschaffung von Eridu-Babylon* in Abschnitt 4.4.6.4). Sie stehen also im Kontext des Rituals.

4.4.6.9 Teilziele der Schöpfung gehören zum Einflussbereich des Ritualadressaten, des Ritualgaranten oder sind Lebensraum des Ritualobjektes: Himmel und Erde

Die Erschaffung von Himmel und Erde in den „Kronzeugentexten" verdeutlicht ebenfalls eine Verbindung von Schöpfungsmythos und Ritual, wie dieser Abschnitt zeigen wird. Einleitend kann hier angemerkt werden, dass diese nichtpersonalen Schöpfungsobjekte (= Teilziele der Schöpfung) entweder für den Ritualadressaten oder den Ritualgaranten eine Funktion (im Sinne von Funktionalisierung) aufweisen oder für das Ritualobjekt bzw. den Ritualort.

Folgende „Kronzeugentexte" belegen die Erschaffung von Himmel und/oder Erde: *Ritualtext für einen Zahnwurm, Ritualtext für einen Wurm, Doppelschöpfung von Anu und Ea, Ritualtext für Šamaš, Tonmännchen und Puppen* (zweite „Beschwörung"), *Als An/Anu, Enlil, Enki/Ea Himmel und Erde schufen, Kosmologie des kalû*. Die einzelnen Belege werden im Folgenden analysiert.

Im *Ritualtext für Šamaš* werden Himmel und Erde erschaffen. Damit sind die zwei Machtbereiche des Šamaš definiert. Er ist nach 1,1,33 f der „große Herr im Himmel und auf Erden" (en gal an-ki-bi-da-ke$_4$, *be-lu ra-bu-u*$_2$ *ina* AN-*e u* KI-*tim*), steht ständig am Himmel (1,1,35 f), erhält das Land und somit die Erde als Geschenk (1,1,37 f), inspiziert die Anuna (1,1,39 f), die in 1,1,27 f „Anuna von Himmel und Erde" ([^{d}A]-⸢nun⸣-na an-ki-a bzw. Akkadisch: [^{d}MIN$^{?}$] AN-*e u* KI-*tim*) genannt werden, und entscheidet (1,1,44 f) letztlich seit dem Uranfang das Recht für „alles" (du$_3$-a-bi = *kalâmu*). Weil er über den gesamten Himmel und dessen Bewohner sowie über die gesamte Erde und ihre Bewohner plus alles Geschaffene Recht spricht, wird er durch diese breite Definition seines Machtbereichs erhöht. Diese beiden Schöpfungsobjekte haben eine direkte Funktion für das Ritual: Sie verdeutlichen die Wichtigkeit des Ritualadressaten anhand seines Machtbereiches, womit er indirekt gerühmt wird.[124] Und sie sollen ihm seine Verantwortung für diesen ihm anvertrauten Machtbereich präsent machen.

In dem *Ritualtext für einen Zahnwurm* werden in Zeile 1 f Himmel und Erde als erste Teilziele der Schöpfung erschaffen. Šamaš entscheidet das Recht für Himmel und Erde und wird gemeinsam mit Ea in diesem Ritualtext vom Wurm um eine Veränderung seiner natürlichen Lebensgrundlage (weg von den Früchten der Obstbäume, hin zum Zahnfleisch) ersucht. Himmel und Erde kennzeichnen hier den Herrschaftsbereich von Šamaš. Der Sonnengott ist jedoch nicht der Adressat des Rituals, sondern Ea, wie die abschließende Bitte in Zeile 21–23 zeigt:

124 Zu Ritualen siehe in Bälde A. Zgoll i. V. („Religion in Mesopotamien"); vgl. A. Zgoll 2003b.

21	*aš-šum an-na-a taq-bi-i tu-ul-tu*	Weil du dies gesagt hast, Wurm,
22	*lim-ḫa-aṣ-ki* ^{d}*E*$_2$*-a i-na dan-na-ti*	möge dich Ea schlagen mit seiner starken
23	*ri-it-ti-šu*	Hand.

Ritualtext für einen Zahnwurm Z. 21–23[125]

Als Richter ist Šamaš verantwortlich für den Rechtsentscheid im Himmel und auf der Erde und ist wahrscheinlich als Garant für das Ritual anwesend. Himmel und Erde sind wichtig für die Wiederherstellung der Schöpfungsordnung, weil sie am Anfang der Schöpfung geschaffen wurden und im Ritual darauf zurückgegriffen wird. Beide, Himmel und Erde, geben den Herrschaftsbereich des göttlichen Ritualgaranten (Šamaš) an.[126]

In *Ritualtext für einen Wurm* wird in Zeile 1 die Erde als erstes Teilziel der Schöpfung erschaffen. Das Hauptziel der Schöpfung ist in dieser Kettenschöpfung der Wurm. Die Erde ist funktionalisiert für einen Ritualteilnehmer: Sie definiert den Lebensraum des Ritualobjektes, des Wurmes, der gleichzeitig der Verursacher des Unheils ist.

Über die Funktion der Schöpfung in der *Doppelschöpfung von Anu und Ea* kann nicht sehr viel ausgesagt werden, da der Text stark fragmentarisch vorliegt. Die erste Zeile gibt die Zeugung des Himmels durch Anu an:

1	EN$_2$ *šu-un-du* ^{d}*A-num ir-ḫu-u* AN^{u}	Ritualtext: Als Anu den Himmel zeugte[127].

Doppelschöpfung von Anu und Ea Z. 1[128]

125 Die Umschrift basiert auf Dietrich 2000, 212 f; Übersetzung KM.

126 Zu den Ritualfunktionen (auf der Ebene von Funktionalisierungen) vgl. A. Zgoll 2003 b.

127 Das Verb *reḫû* hat nach CAD R, 252 folgendes Bedeutungsspektrum: „1. to sire, to beget, 2. to inseminate, 3. to pour over, to overcome, 4. II to impregnate, 5. IV (passive to mng. 1)". Dass der Himmel hier nicht begattet wird, sondern das Schöpfungsobjekt ist, verdeutlichen die ersten beiden Zeilen zusammen (vgl. für die Umschrift Lambert 2013, 401): **1** EN$_2$ *šu-un-du* ^{d}*A-num ir-ḫu-u* AN^{u} **2**^{d}*E*$_2$*-a ina* KI^{tim} *u*$_2$*-kin-nu šam-mu* („Ritualtext: Als Anu den Himmel zeugte, [als] Ea auf der Erde Gras festmachte"). Der Text erwähnt die Ausgestaltung der Erde in Zeile 2, aber sie ist nicht das Ergebnis der Zeugung. Auch die Zeilen 3 f, die letzten beiden erhaltenen Zeilen, erwähnen kein Erzeugtes (vgl. für die Umschrift ebd.): **3** *i-ḫi-iz-ka* ^{d}30 *qu-ra-du* **4**^{d}*Šamaš napḫar te-re-e-ti qa-tuš-[k]a paq-du* („hat dich Sîn, der Krieger, ... Šamaš! Die Gesamtheit der Instruktionen sind in [d]eine Hand gelegt"). Es scheint mir daher plausibel, dass der Himmel gezeugt wurde. Vgl. Westenholz 2010, 303 f, die nicht von einem Schöpfungsvorgang in Zeile 1, sondern von einer sexuellen Vereinigung ausgeht und wörtlich übersetzt (ebd., 303: „when Anu inseminated heaven"). Ein Begattungsvorgang, bei dem gesagt wird, dass An den Himmel begattet, aber nicht erwähnt wird, was bzw. wer gezeugt wird, wäre eigentümlich. Daher gehe ich davon aus, dass der Text hier erklärt, wie es dazu gekommen ist, dass der Himmelsgott An und der Himmel nicht dasselbe sind, wie also aus An der Himmel entstand.

128 Die Umschrift folgt Lambert 2013, 401; Übersetzung KM.

Ob hier das Haupt- oder Teilziel der Schöpfung vorliegt, kann aufgrund des Tafelzustands nicht abschließend entschieden werden.

In dem zweiten Ritualtext von *Tonmännchen und Puppen* werden Himmel und Erde erschaffen, ebenso in *Als An/Anu, Enlil, Enki/Ea Himmel und Erde schufen*. In *Tonmännchen und Puppen* übernehmen (*aḫāzum*) Anu, Enlil und Ea Himmel und Erde (Z. 70). Im Himmel waren ursprünglich die Götter beherbergt; mit der Ausgestaltung der Erde erschaffen die drei Götter die Tempel auf der Erde (Z. 72: *ina māti*, wörtlich: „im Land"). Himmel und Erde werden durch die Tempel in diesem Text als Götterwohnung und -versorgungsort funktional verbunden. Der Tempel ist das Hauptziel der Schöpfung und Bestandteil der Teilziele Himmel und Erde.[129] Wichtig ist in diesem Text die Götterwohnung; wo genau sie sich befindet, ist fast nebensächlich. Der Tempel stellt hier den Ort des Rituals dar. Himmel und Erde sind direkt auf den Ritualort ausgerichtet, indem sie seinen funktionalen Bereich sehr weit definieren. Der Tempel (= Ritualort) ist Bestandteil von Himmel und Erde und verbindet diese miteinander.[130]

In *Als An/Anu, Enlil, Enki/Ea Himmel und Erde schufen* werden ebenfalls als Teilziele der Schöpfung Himmel und Erde erschaffen (Stichzeile, hier mit dim_2 bzw. *banû*). Das Hauptziel ist die Tempelschöpfung, um den Göttern einen Wohnort und eine gesicherte Götterversorgung zu gewährleisten. Auch hier verbindet der Tempel den Himmel und die Erde. Er ist in diesem Ritualteil gleichzeitig der Ort des Rituals und Bestandteil bzw. Verbindung von Himmel und Erde.

In der *Kosmologie des kalû* wird nur der Himmel erschaffen. Zusätzlich werden verschiedene Teilschöpfungsobjekte für den Tempel hervorgebracht. In Abgrenzung zum Himmel steht der Tempel am Uranfang im Text für die Tempelstadt[131] und damit auch für das Land und die Erde; vgl. dazu auch den Text *Innana holt das Himmelshaus* (Zgoll 2015a); auch dort stellt der Tempel den Beginn für die Erde dar, wie beispielsweise der Tempelname „Gesamtheit der Siedlungen des Landes"[132] (Z. 156: gu_2-ki$\hat{g}_2$ kalam-ma)[133] verdeutlicht. Die Erde ist in der *Kosmologie des kalû* an sich nicht wichtig, sondern nur aufgrund ihrer Tempel. Diese verbinden sowohl im Text den Abzu, indem sie aus dem Lehm des Abzu gestaltet werden (Z. 26), als auch den Himmel, weil er – obwohl

129 Zum Tempel als Ziel der Schöpfung vgl. A. Zgoll 2012, 23–28.

130 A. Zgoll 2012, 30 zeigt, dass die Stadt (und damit der Tempel) Himmel und Erde verbindet und trennt.

131 Vgl. A. Zgoll 2012, 27 f zur „Austauschbarkeit von Tempel und Stadt".

132 A. Zgoll 2015 a, 54.

133 Umschrift nach van Dijk 1998, 20.

nicht explizit ausgeführt – die Götter beherbergt, die für den Tempel erschaffen werden. Im Tempel, resp. vor dem ersten Ziegel, wurde das Ritual durchgeführt. Der Ritualort ist Bestandteil des Schöpfungsobjektes Tempel.

Die Analysen in diesem Abschnitt haben gezeigt, dass Himmel und Erde als Teilziele der Schöpfung funktionalisiert werden, entweder für den Ritualadressaten, für den Ritualgaranten oder für das Ritualobjekt bzw. den Ritualort. Sie definieren und verdeutlichen den Machtbereich des Ritualadressaten oder des Ritualgaranten bzw. den lokalen Lebensraum des Ritualobjektes bzw. Ritualortes. Liegt nun ein Schöpfungstext ohne gesicherte situative Verortung vor, ist zuerst zu klären, ob er Indizien für eine Einordnung als Ritualtext aufweist. Danach ist eine Untersuchung der Schöpfungsobjekte vorzunehmen. Falls als Teilziele Himmel und Erde identifiziert werden, können sie Hinweise auf den Ritualadressaten, den Ritualgaranten oder das Ritualobjekt bzw. den Ritualort liefern. Zu welchem Machtbereich gehören sie? Ist ein Gott oder ein Tempel das Hauptziel der Schöpfung, können der Himmel bzw. die Erde dessen Rolle im Text und im Ritual spezifizieren.

4.4.7 Nicht-personales Schöpfungsobjekt „Zeit“ (Tag, Nacht) ist Ritualzeit

Bestimmte Zeiten bzw. Zeitphänomene sind als Schöpfungsobjekt in den „Kronzeugentexten“ zweimal belegt (Nacht, Tag). Beide Schöpfungsobjekte finden sich in dem *Ritualtext für Šamaš* und sind Teilziele der Schöpfung.

In Abschnitt 3.4.3 wird ausführlich dargelegt, dass Schöpfungstexte u. a. zu verschiedenen monatlichen und jährlichen Feiern rezitiert wurden. Interessanterweise werden jedoch diese Festzeiten in den „Kronzeugentexten“ nicht erschaffen. Das Schöpfungsgeschehen fokussiert andere Schöpfungsobjekte. Es scheinen eher keine spezifischen Zeiten (ein spezifischer Tag als Festtag etc.) geschaffen zu werden, sondern allgemeine Zeitperioden und damit auch allgemeine kultische Zeiten von Ritualen; vgl. die Erschaffung eines allgemeinen Tages und einer allgemeinen Nacht in *Innana holt das Himmelshaus* (Z. 146–148), deren Abfolge zur Bestimmung der kultischen Zeiten Voraussetzung sind.[134]

Ritualtext für Šamaš beschreibt die Erschaffung von Tag und Nacht. Der sumerische Text fokussiert ihren Zeichencharakter, der akkadische ihren Namen, ihr Wesen:

134 Vgl. in diesem Sinne A. Zgoll 2015 a, 52 f.

Sumerische Version:

11	^{d}Utu u$_{4}$ ĝi$_{6}$-ba ĝiškim [b]a$^{?}$-na$^{?}$-an-du$_{11}$-ga-eš-a-ba	O Utu! Als sie von Tag und Nacht die Zeichen festsetzten (wörtlich: sprachen) (...)

Akkadische Version:

12	*e-nu-ma u$_{4}$-mu mu-šu u$_{2}$-ta-ad-du-u$_{2}$*	Als Tag [und] Nacht ernannt wurden (...)

Ritualtext für Šamaš 1,1,11 f[135]

Die sumerische und die akkadische Sichtweise ergänzen sich: Tag und Nacht sind Zeichen, die beobachtet werden sollen, weil sie Informationen der Götter sichtbar machen; sie haben jeweils einen eigenständigen Charakter. Tag und Nacht beschreiben in diesem Schöpfungstext die zeitliche Ordnung für das wichtigste Schöpfungsobjekt des Textes, den Sonnengott (zugleich Ritualadressat). Während des Tages ist er für die Lebenden am Himmel zu beobachten; während der Nacht zieht er auf dem kosmischen Weg in die Unterwelt, wo ihn die Toten sehen können. Und damit sind Aufgaben verbunden, die der Schöpfungstext (1,1,41) klar benennt: die Schicksalsentscheidung für Lebende und Tote durch Šamaš.[136] Die Zeiten sind eng verbunden mit den verschiedenen Aufgaben und damit einhergehenden örtlichen Lebensräumen des Šamaš: bei Tag am Himmel mit dem Fokus auf die Lebenden, bei Nacht in der Unterwelt mit dem Fokus auf die Toten. Die Erschaffung der Zeiten in diesem Schöpfungstext weist auf die zwei verschiedenen Aufgabenbereiche des wichtigsten Schöpfungsobjektes, des Sonnengottes, an unterschiedlichen lokalen Lebensräumen im Rahmen des idealen Urzustandes hin. Diese Zeiten (Tag, Nacht) zeigen ebenfalls eine Verbindung zur situativen Verortung des Textes: Der *Ritualtext für Šamaš* ist eingebettet in Rituale der Serie *bīt rimki* des dritten Hauses. Diesen Ritualteil spricht der *āšipu* bei Sonnenaufgang, wenn die Nacht dem Tag weicht. Somit wird die Erschaffung der Zeit und damit die Einteilung in Tag und Nacht (= Textebene des Mythos) auch für die Zeit der Verortung wichtig. Genau an dieser Schnittstelle ist dieser Ritualtext angesetzt; genau an diesem zeitlichen Übergang wurde sie gesprochen.

Aus diesen Analysen kann geschlussfolgert werden: Wenn ein zeitliches Schöpfungsobjekt in einem Schöpfungstext vorkommt, ist unbedingt dessen Funktionalisierung für den Gesamttext zu untersuchen. Diese erschaffene Zeit stellt den legitimen Regelfall der zeitlichen Schöpfungsordnung in diesem Text dar, so wie es am Uranfang sein sollte. Allerdings gehören Zeiten mit zwei Belegen in den „Kronzeugentexten“ nicht zu den häufigen Schöpfungsobjekten.

135 Die Umschrift folgt von Weiher 1988, 51; Übersetzung KM.

136 Vgl. die Umschrift und Übersetzung dieser Zeilen in Kap. 4.4.4.1.

Wenn sie in weiteren Schöpfungstexten als Schöpfungsobjekte vorkommen, ist nach ihrer Funktionalisierung für die Schöpfungspassage und darüber hinaus für das Ritual, falls es sich um einen Ritualtext handeln sollte, zu fragen. Wenn Zeiten in Ritualtexten erschaffen werden, dann aus einem bestimmten, für den Gesamttext, das Gesamtritual bzw. die situative Verortung wichtigen Grund. So konnte am Beispiel von Tag und Nacht in dem *Ritualtext für Šamaš* gezeigt werden, dass die mythische Schöpfungspassage von der Erschaffung einer Zeitperiode erzählt, die im Ritual genau die Ritualzeit ist. Für eine Untersuchung der situativen Verortung eines Schöpfungstextes, sollte neben der Analyse der Indizien für eine Einordnung als Ritualtext (nach Kapitel 3 im vorliegenden Buch) weitere nicht-personale Schöpfungsobjekte der Kategorie „Zeit" auf dieses Phänomen hin untersucht werden.

4.4.8 Nicht-personales Schöpfungsobjekt „Sonstiges" (alles, das Gute) ist Grundlage und Ziel des Rituals

Weitere Schöpfungsobjekte in dem *Ritualtext für den Schöpfungsstrom* lassen sich in einer Kategorie „Sonstiges" zusammenfassen: das Schöpfungsobjekt „alles" (*kalâmu*) und Gutes (dumqu(*m*)). Beides findet sich im mythischen Text. Hier liegen eventuell zwei verschiedene Mythen kombiniert vor: Der Fluss wird selbst erschaffen (Z. 2) und erschafft „alles" (Z. 1: *banât kalâmu*), außerdem „setzen die Götter Gutes an sein Ufer" (vgl. unten).[137] In der uns vorliegenden Fassung ist „alles" ein Teilziel der Schöpfung mit dem Fluss als Hauptziel der Schöpfung. Was genau mit diesem „alles" gemeint ist, wird in der Schöpfungspassage nicht weiter ausgeführt. Dass der Fluss alles erschafft, hängt sicherlich mit seiner Wichtigkeit zusammen; so ist er beispielsweise der Schicksalsentscheider (Z. 9). Die Funktionalisierung dieses Schöpfungsobjektes („alles") hängt grundlegend mit dem Ritual zusammen: Dass der Fluss alles erschaffen hat, ist die Grundlage für das Ritual. Er kann daher auch das Übel wegtragen und seine eigene Schöpfung davon befreien.

In demselben Text gibt es ein weiteres abstraktes Schöpfungsobjekt, das „Gute" (Z. 3: *dumqu*(*m*)). Der Text spezifiziert nicht, was genau mit diesem Abs-

137 Diesen Hinweis verdanke ich Annette Zgoll. Zu Stratifikationsanalysen von Mythen vgl. C. Zgoll 2019 und die Ergebnisse der DFG-Forschergruppe 2064 STRATA „Stratifikationsanalysen mythischer Stoffe und Texte in der Antike" an der Georg-August-Universität Göttingen mit dem Ergebnisband (A. Zgoll/C. Zgoll 2019 b); vgl. auch den Internetauftritt http://www.uni-goettingen.de/en/556429.html.

traktum verbunden ist. Es wird von den großen Göttern auf das Flussufer gesetzt:

3	*ina a-ḫi-ki iš-ku-nu dum-qa*	An deine Ufer setzten sie das Gute.

Ritualtext für den Schöpfungsstrom Z. 3[138]

Damit wird Gutes am Flussufer geschaffen. Die Götter setzten das Gute am Uranfang am Flussufer fest. Wenn jetzt Unheil auftaucht, transportiert der Fluss dieses weg, damit das Gute wieder am Ufer realisiert werden kann. Das Gute ist Ziel des Rituals.

Beide Abstrakta (alles, Gutes) zeigen, dass der Ritualadressat in der Lage ist, etwas Großes zu tun. „Alles" ist durch ihn geschaffen und das „Gute" wird durch ihn wiederhergestellt, so wie es die Götter ursprünglich bestimmt haben. Dass er der Schöpfer von „allem" ist, ist Grundlage für das Ritual. Dass die Götter ihm das „Gute" an seine Ufer setzten, ist Ziel des Rituals. Die Schöpfung soll nach dem Aufkommen von Unheil wieder gut werden, wie es ihrem ursprünglichen Ziel entspricht.

4.4.9 Zusammenfassung: Funktionalisierung der Schöpfungsobjekte im Ritual

Es kann festgestellt werden, dass das *Hauptziel der Schöpfung* in den „Kronzeugentexten" in der Regel ein Ritualteilnehmer ist. Von den zwölf „Kronzeugentexten" lassen sich elf auswerten; sie weisen jeweils ein Hauptziel der Schöpfung auf. Es ist in zwei Texten der Ritualadressat: Fluss (*Ritualtext für den Schöpfungsstrom*) und Šamaš (*Ritualtext für Šamaš*). In neun Texten ist es das Ritualobjekt: Tempel (*Kosmologie des kalû, Tonmännchen und Puppen, Als An/Anu, Enlil und Enki/Ea Himmel (und) Erde schufen, Erschaffung von Eridu-Babylon*), Gerstenkorn (*Ritualtext für ein Gerstenkorn I* und *II*), Wurm[139] (*Ritualtext für einen Zahnwurm, Ritualtext für einen Wurm*) und Embryo (*Geburtsritualtext*). Die *Doppelschöpfung von Anu und Ea* ist zu fragmentarisch, um Aussagen über ein Hauptziel der Schöpfung zuzulassen.

Das *Teilziel der Schöpfung* ist selten ein Ritualteilnehmer oder Bestandteil des Ritualrahmens. Zeiten als Teilziel der Schöpfung sind in einem Text („Tag" und „Nacht" in dem *Ritualtext für Šamaš*) zugleich der Ritualrahmen: Zeit des Rituals. Der König als Teilziel der Schöpfung ist in allen drei Fällen (*Tonmänn-*

138 Die Umschrift basiert auf Lambert 2013, 397; Übersetzung KM.

139 Neben dem Wurm ist die Heilmischung das Ritualobjekt für den kranken Zahn, vor der die Beschwörung rezitiert wurde (vgl. die Anweisung für Ritualhandlungen).

chen und Puppen, Als An/Anu, Enlil, Enki/Ea Himmel (und) Erde schufen, Kosmologie des kalû) ein Ritualteilnehmer und als Tempelversorger grundlegende Voraussetzung für das Ritualobjekt. Das Teilziel der Schöpfung hat sonst in den „Kronzeugentexten" eine Funktion für mindestens einen Ritualteilnehmer. Dieser ist in den „Kronzeugentexten" häufig das Ritualobjekt (teilweise identisch mit dem Ort des Rituals) oder der Ritualadressat. Entweder wird das Ritualobjekt durch das Teilziel der Schöpfung erst ins Leben gerufen und versorgt, es wird seine Wichtigkeit gezeigt, es wird lokal begrenzt (wenn es Unheil hervorrief) oder die Wichtigkeit des Ritualadressaten wird durch das Teilziel der Schöpfung gezeigt und er wird auch durch das Aussprechen dieser Machtfülle im Ritual positiv gestimmt. Auch können Teilziele der Schöpfung grundlegende Voraussetzungen für das Ritual sein.

Die rituelle Ebene der situativen Verortung ist somit direkt im Schöpfungsgeschehen greifbar. Schöpfung wird wahrlich ins „Hier und Jetzt geholt".[140] Für die Rekonstruktion der situativen Verortung spielt demzufolge die Analyse der Schöpfungsobjekte im Zusammenspiel mit weiteren Indizien eine wesentliche Rolle.

4.5 Zwei Ritualziele der Schöpfungstexte: Wirkmacht übertragen, Unheil beseitigen

Es gibt zwei Ritualziele der Rituale der „Kronzeugentexte": Die vier Tempelbaurituale[141] zielen darauf, das Ritualobjekt (= Tempel) mit Wirkmacht aufzuladen, damit es innerhalb der Schöpfungsordnung funktionieren kann (Ritualziel 1).[142] Der wiederaufgebaute Tempel musste durch einen rituellen Sprechakt und diverse Ritualhandlungen wieder in seinen schöpfungsgemäßen Zustand (analog zum prototypischen Tempel am Uranfang) versetzt werden, weil dessen Reinheit durch Verfall verlorenging.[143] Hierfür bedurfte es einer Festsprechung sei-

140 A. Zgoll 2012, 39.

141 *Tonmännchen und Puppen, Kosmologie des kalû, Als An/Anu, Enlil, Enki/Ea Himmel und Erde schufen* und *Erschaffung von Eridu-Babylon.*

142 Vgl. A. Zgoll 2012, 27 f für das Beispiel der *Keš-Hymne*. Vgl. das Forschungsprojekt an der Georg-August-Universität Göttingen (Annette Zgoll, Brit Kärger, Anja Merk) „Götter – Tempel – Preislieder: Konzepte zur Aktivierung von Tempeln im antiken Mesopotamien"; vgl. dazu die Projekt-Webseite: http://www.uni-goettingen.de/de/410999.html und in Kürze ausführlich A. Zgoll, Religion in Mesopotamien (i. V.).

143 Vgl. Ambos 2004 mit verschiedenen Beispielen. Vgl. auch Cancik-Kirschbaum 2007, 176 für das Beispiel des prototypischen Königtums.

ner seit dem Uranfang festgelegten Wesensart, wie sie mythisch beschrieben ist. Für dieses erste Ritualziel gibt es Indizien in weiteren mythischen Texten mit Schöpfungshylem(en).[144]

Das zweite Ritualziel der restlichen „Kronzeugentexte" und ebenfalls der Tempelbaurituale – letztere haben zwei Ritualziele – zielt auf die Abwehr von Unheil (in den „Kronzeugentexten": vom Menschen oder Tempel). Die Beseitigung dieses Unheils geschieht in den „Kronzeugentexten" im Ritual. Hier kommt neben verschiedenen Ritualhandlungen die Wirkmächtigkeit durch das Wort zum Tragen: Das rituelle Verkünden von mythischen Schöpfungstexten holt die rechtmäßige Schöpfungsordnung des Uranfangs „ins Hier und Jetzt" und „reaktiviert" diese.[145] Daran schließen sich in den „Kronzeugentexten" außerhalb der Tempelbaurituale keine weiteren rituellen Sprechakte mit begleitenden diversen Ritualhandlungen an: Ist das Unheil der „Kronzeugentexte" beseitigt, kann der „Normalsterbliche" wieder schöpfungsgemäß funktionieren. Er muss nicht zusätzlich mit einer besonderen Wirkmacht ausgestattet werden, die seine Wesensart in Abgrenzung zum profanen Bereich festspricht (Ritualziel 1). Für das zweite Ritualziel soll der Ritualadressat (= kann Hauptziel der Schöpfung sein) positiv gestimmt werden. Das Ritualobjekt (= ist oft Hauptziel der Schöpfung) steht in Beziehung zu diesem Unheil; das wird in den nächsten Abschnitten diskutiert.

Andere Schöpfungstexte (außerhalb der „Kronzeugentexte"), die in Ritualen verankert sind, können mehr als die vorgestellten zwei Ritualziele aufweisen; dies wird in den Kapiteln 7–16 für jeden Einzeltext geprüft.[146]

4.6 Hauptziel der Schöpfung im Verhältnis zum Unheil, das im Ritual beseitigt wird

Warum ist ein Schöpfungsmythos oft in Ritualen zur Beseitigung von Unheil eingebunden? Der Schöpfungsmythos hat zum Inhalt, dass Numina „Prototy-

144 Z. B. *Lied auf die Hacke*, *Keš-Hymne*, *Innana holt das Himmelshaus*, *Enkis Fahrt nach Nippur* und *Lied auf Bazi*; vgl. die situative Verortung von vier dieser Einzeltexte ohne Ritualvermerk in den Kapiteln zu den einzelnen Fallstudien in der vorliegenden Monographie.

145 A. Zgoll 2012, 39 f.

146 A. Zgoll beschreibt z. B. die Wirklichkeit des Mythos als „Modell, welches Menschen reaktivieren können" und als „Urbild, welches wiederholbar ist" (A. Zgoll 2013 a, 99 f). Es wird in den Kapiteln 7–16 anhand von Fallstudien geprüft, welche Schwerpunkte in der mythischen Erzählung (Protagonisten, Handlungsabläufe etc.) andere Schöpfungstexte setzen und auf welche rituellen Kontexte sie damit verweisen.

pen" mit ihrer seit dem Uranfang bestehenden und definierten „Daseinsberechtigung" erschaffen.[147] Die verschrifteten Mythen zeigen die rechtmäßige Schöpfungsordnung und den Handlungsspielraum des Erschaffenen. Verlässt ein Schöpfungsobjekt seinen – seit dem Uranfang festgelegten – Rechtsrahmen, verursacht es Unheil für die restliche Schöpfung. Das Aussprechen von konkretisierten Mythen bindet diese in Rituale ein, um z. B. die Rechtslage am Uranfang zu klären und den göttlichen Rechtsentscheid im Ritual zur Beseitigung von Unheil zu präsentieren.[148] Zusätzlich zu dieser Funktionalisierung des konkretisierten Mythos als Beweismittel im Ritual kommt die Wirkmächtigkeit durch das Wort: Das rituelle Verkünden von textlich ausgestalteten Schöpfungsmythen holt die rechtmäßige Schöpfungsordnung des Uranfangs „ins Hier und Jetzt" und „reaktiviert" diese.[149] Schöpfungsobjekte (als Teil einer spezifischen Ausgestaltung eines Schöpfungsmythos) können daher eine Verbindung zu Unheil aufweisen, was im Folgenden konkret thematisiert wird.

4.6.1 Schöpfungsobjekte vs. Unheil auf einen Blick

Die Schöpfungsobjekte der „Kronzeugentexte", zuletzt geschaffene wie zuerst geschaffene, stehen in Beziehung zum Unheil, das zumeist in der Schöpfungspassage erwähnt wird oder (im Fall der drei Tempelbaurituale) in der Anweisung für Ritualhandlungen. Hierbei sind zwei verschiedene Schöpfungsvorgänge zu unterscheiden: kettenartige Schöpfungen[150] und andere Schöpfungen.

Es gibt in den „Kronzeugentexten" eine Kette von Schöpfungsvorgängen, bei denen ein Schöpfungsobjekt (SO) zugleich ein weiteres SO schafft (*Ritualtext für ein Gerstenkorn I* und *II*, *Ritualtext für einen Zahnwurm*, *Ritualtext für einen Wurm*). In solchen Fällen verursacht das letzte SO das Unheil. Alle vorher geschaffenen SO sind Teil der in der Schöpfung angelegten örtlichen Umgebung des letzten SO: dieses letztes SO aber ist Verursacher von Unheil. Der Ritualadressat geht im Ritual gegen den Verursacher des Unheils vor, der im Mythos als Hauptziel der Schöpfung präsentiert wird.

147 Vgl. Cancik-Kirschbaum 2007, 176: hier am Beispiel des Amts des Königtums.

148 Vgl. A. Zgoll 2012, 39: hier am Beispiel des *Ritualtext für einen Zahnwurm*.

149 A. Zgoll 2012, 39 f.

150 Veldhuis 1993 verwendet den Begriff „chain incantations" (Kettenbeschwörungen). Vgl. zusätzlich zu den folgenden Erklärungen die Definition von „Kettenschöpfung" in Abschnitt 4.4.6.7.

Gibt es keine kettenartige Schöpfung, steht dasjenige Schöpfungsobjekt, welches das Hauptziel der Schöpfung ist, ebenfalls in Beziehung zum Unheil (Tab. 5): An ihm geschieht das Unheil (Embryo im *Geburtsritualtext*) und mit ihm in Verbindung stehende Gottheiten beseitigen das Unheil (vier Fälle: Tempel in den Tempelbauritualen) oder es beseitigt selbst das Unheil (Fluss in *Ritualtext für den Schöpfungsstrom*, Šamaš in *Ritualtext für Šamaš*).

Tab. 5: Verhältnis von Schöpfungsobjekt (SO), Ritualobjekt (RO) und Unheil in den „Kronzeugentexten"

Text	**SO ist Hauptziel der Schöpfung**	**SO als Hauptziel der Schöpfung vs. Unheil**	**RO**	**SO vs. RO**
Ritualtext für ein Gerstenkorn I	Gerstenkorn	verursacht Unheil (gegen SO Unheil beseitigen)	Gerstenkorn	SO = RO
Ritualtext für ein Gerstenkorn II	Gerstenkorn	verursacht Unheil (gegen SO Unheil beseitigen)	Gerstenkorn	SO = RO
Ritualtext für einen Wurm	Wurm	verursacht Unheil (gegen SO Unheil beseitigen)	Wurm	SO = RO
Ritualtext für einen Zahnwurm	Wurm	verursacht Unheil (gegen SO Unheil beseitigen mit RO)	Wurm (RO_1), Heilmischung (RO_2)	SO = RO_1 SO ≠ RO_2
Doppelschöpfung Anu-Ea	fragmentarisch	fragmentarisch	fragmentarisch	fragmentarisch
Ritualtext für den Schöpfungsstrom	Fluss	beendet Unheil (mit SO gegen Unheil, gegen/am RO)	König oder Ersatzfigur[151]	SO ≠ RO

151 Für diese Beschwörung sind zwei verschiedene Ritualkontexte bekannt. Das eine Ritual sollte den König von Unheil befreien, das andere Ritual einen Patienten, der durch Unheil in Form von Krankheiten etc. geschädigt war. Eine Ersatzfigur stand stellvertretend für einen solchen Patienten. Diese Ersatzfigur sollte im Ritual das Unheil wegtragen; vgl. Maul 1994.

Text	**SO ist Hauptziel der Schöpfung**	**SO als Hauptziel der Schöpfung vs. Unheil**	**RO**	**SO vs. RO**
Geburtsritualtext	Embryo	an ihm geschieht Unheil (für SO Unheil beseitigen)	Embryo	SO = RO
Tonmännchen & Puppen	Tempel	an ihm geschieht Unheil (für SO Unheil beseitigen)	Tempel	SO = RO
Als An/Anu, Enlil, Enki/Ea …	Tempel	an ihm geschieht Unheil (für SO Unheil beseitigen)	Tempel	SO = RO
Kosmologie des kalû	Tempel	an ihm geschieht Unheil (für SO Unheil beseitigen)	Ziegel	SO = Teil des RO
Erschaffung von Eridu-Babylon	Tempel	an ihm geschieht Unheil (für SO Unheil beseitigen)	Tempel	SO = RO
Ritualtext für Šamaš	Šamaš	beendet Unheil (mit SO Unheil beseitigen)	Mensch nach RT; König nach RH	SO ≠ RO

Legende: RT = Ritualtext, RH = Anweisung für Ritualhandlungen, RO = Ritualobjekt, SO = Schöpfungsobjekt

In acht von zwölf Fällen ist eindeutig erkennbar, dass die kosmologische Beschwörung mit dem Hauptziel der Schöpfung die Erschaffung des Ritualobjektes beschreibt. Ein Text (*Doppelschöpfung von Anu und Ea*) ist zu fragmentarisch, um eindeutige Aussagen in dieser Hinsicht zu treffen. Ein weiterer Beleg (*Ritualtext für einen Zahnwurm*) gibt zwei Ritualobjekte an: Das Hauptziel der Schöpfung (Wurm) ist gleichzeitig der Verursacher des Unheils und wird durch die Rezitation des Ritualtextes bestraft; das zweite Ritualobjekt (Heilmischung) wird im Ritual mit Wirkmacht aufgeladen und bewirkt die Heilung des kranken Zahns. Zwei Texte (*Ritualtext für den Schöpfungsstrom*, *Ritualtext für Šamaš*) beschreiben die Erschaffung des Ritualadressaten (Fluss, Šamaš), der das Unheil im Ritual beseitigt.

Dem Phänomen der Verbindung von Mythos und Ritual, konkret vom Hauptziel der Schöpfung im mythischen Text und dem Unheil, das im Ritual beseitigt wird, wird im Folgenden detailliert nachgegangen. Dabei wird gefragt werden, ob das im Ritual zu beseitigende Unheil bereits in dem Ritualtext (traditionell: „Beschwörung") oder erst in der Anweisung für Ritualhandlungen thematisiert wird. Es wird zu zeigen sein, dass der zu rezitierende Text (d. h. der mythische Ritualtext) der „Kronzeugentexte" entweder in der Schöpfungspassage oder im restlichen zu rezitierenden Text von Unheil erzählt. Thematisieren weitere Schöpfungstexte – solche ohne Ritualvermerk (vgl. die Fallstudien) – Unheil im mythischen Text, kann es sich bei diesem Unheil um das im Ritual zu beseitigende Unheil handeln. Damit liegt ein mögliches Indiz vor, das auch bei Schöpfungstexten ohne Ritualvermerk auf eine mögliche situative Verortung als Ritualtext weist. Für eine eindeutigere situative Verortung sind ergänzende Indizien heranzuziehen.

4.6.2 Schöpfungsobjekt verursacht Unheil

In den vier „Kronzeugentexten", in denen der Verursacher des Unheils das Hauptziel der Schöpfung ist (*Ritualtext für ein Gerstenkorn I* und *II*, *Ritualtext für einen Zahnwurm*, *Ritualtext für einen Wurm*), wird auch das Unheil selbst thematisiert (Übertragung, Art oder Resultat). Auffallend ist, dass dies zwar in dem mythischen Ritualtext geschieht, d. h. im zu rezitierenden Text, aber außerhalb der Schöpfungspassage.

In dem *Ritualtext für ein Gerstenkorn I* ist die Übertragung des Unheils, welches der legitimen Schöpfungsordnung entgegensteht, durch eine Handlung fokussiert: Das Gerstenkorn wechselt seine örtliche Umgebung in Richtung auf das Fleisch (eines Arbeiters; Z. 14–16). Dies geschieht bei der Ur-Ernte am Uranfang (Z. 9–13). Ebenso ist die Übertragung des Unheils in dem *Ritualtext für ein Gerstenkorn II* fokussiert: Das Gerstenkorn wechselt seine örtliche Umgebung in Richtung auf das Auge eines Arbeiters (Z. 55). Der genaue Zeitpunkt, an dem dieser Wechsel stattfindet, ist eindeutig gekennzeichnet: zur Zeit der Ernte und des Einsammelns der Ernte durch Šamaš und Sîn (Z. 54). Diese beiden Götter (Šamaš und Sîn) sollen in beiden Texten dazu veranlasst werden, das Unheil zu beseitigen, wie der mythische Text (d. h. der zu rezitierende Ritualtext) selbst zeigt (*Ritualtext für ein Gerstenkorn II*):

55 ^{d}UTU *u* ^{d}30 *i-ši-za-nim-ma mi-ir-ḫu li-la-a* Šamaš und Sîn, tretet herzu, damit das

	[tu$_6$-en$_2$]	Gerstenkorn herausgehen möge! [Ritualtext]
56	[ka-enim-ma] *mi-ir-ḫu ša* ŠA$_3$ IGI.II *š[u-li-i]*	[Zu rezitierender Wortlaut,] um das Gerstenkorn zu veranlassen, aus dem Inneren der Augen herauszugehen.

Ritualtext für ein Gerstenkorn II Z. 55 f[152]

Das Herausgehen des Gerstenkorns wird explizit bereits im mythischen zu rezitierenden Ritualtext genannt. In dem *Ritualtext für ein Gerstenkorn II* verweist auch die Beschwörungsformel (Z. 56) auf das Ritualziel der Beendigung des Unheils durch den Wechsel des örtlichen Lebensraums des Gerstenkorns.

Das Resultat der Übertragung des Unheils, welches der legitimen Schöpfungsordnung entgegensteht, ist auch in dem *Ritualtext für einen Zahnwurm* durch mehrere Handlungen im mythischen Text selbst fokussiert: Der Wurm besteht eigenmächtig innerhalb von wörtlichen Reden auf einem Wechsel seiner örtlichen Umgebung in Richtung auf das Zahnfleisch (Z. 9–19). Wie hängen Obst und Zahnfleisch zusammen? Wieso kommt er gerade auf die Idee für diesen Wechsel? Obwohl es nicht explizit im Text ausgedrückt ist, wird deutlich, dass sich beim Essen des Obstes der Wechsel des örtlichen Lebensraumes vollzieht: Der Wurm verlässt das Obst in Richtung Zahnfleisch eines Menschen. Der Text gibt dafür keinen göttlichen Rechtsentscheid an. Die Tat des Wurmes wurde von diesem eigenmächtig vorgenommen.[153] Der Ritualtext selbst benennt den Verursacher des Unheils (Wurm), erklärt dessen Tat und benennt Ea als Beseitigenden des Unheils und somit Ritualadressaten:

21	*aš-šum an-na-a taq-bi-i tu-ul-tu*	Weil du das gesprochen hast, Wurm,
22	*lim-ḫa-aṣ-ki* ^{d}*E*$_2$*-a i-na dan-na-ti*	soll dich Ea schlagen mit seiner (= Z. 23) mächtigen
23	*ri-it-ti-šu*	Hand.

Ritualtext für einen Zahnwurm Z. 21–23[154]

Auch in dem *Ritualtext für einen Wurm* sind die Art der Übertragung des Unheils und vor allem das Resultat stark fokussiert. Es gibt zwar keinen klaren Rechtsentscheid, der die natürliche Schöpfungsumgebung des Wurmes festlegt, aber viele textliche Hinweise zur Schöpfungsordnung: Aus dem mythischen Textteil

152 Da Lambert 2013, 399 f keine vollständige Umschrift des Textes liefert, sondern nur von der eigentlichen Schöpfungshandlung, basiert die Umschrift auf Landsberger 1958, 56; Übersetzung KM.

153 Vgl. A. Zgoll 2012, 38 f.

154 Die Umschrift basiert auf Dietrich 2000, 212 f; Übersetzung KM.

ist die schlammige Gegend, wie sie am Flussufer zu finden ist, als die natürliche Umgebung des Wurmes zu erkennen (Z. 2 f), ebenso wie seine Eroberung der für ihn unnatürlichen Umgebung im Auge eines Babys (Z. 5). Der Wurm verlässt die in der Schöpfung für ihn vorgesehene Umgebung, um sich das Blut aus dem Auge des Babys zu holen. Das Verlassen der natürlichen Umgebung wird indirekt geschildert: Der Wurm ist bekleidet mit einem *lul(l)umtu*-Gewand (Z. 4). Es handelt sich dabei um ein Gewand des Königs, das er bei seinen Reisen und Feldzügen trug.[155] Somit ist hier indirekt ein Eroberungsverhalten des Wurmes am Uranfang beschrieben. Das Resultat dieser Eroberung ist das widerrechtliche Leben in der Umgebung im Auge eines Babys und eine damit einhergehende Augenkrankheit.[156] Dass sich der Wurm widerrechtlich verhält, zeigt die gleich auf die Zerstörung des Auges in Zeile 5 folgende Zeile 6: die Strafandrohung durch Damu und die Vollstreckung des Strafgerichts durch Gula. Neben der Art der Übertragung des Unheils (Eroberung) ist das Resultat fokussiert: die gewechselte Umgebung vom Flussufer zum Auge eines Babys. Da es sich bei dem Wurm, der am Flussufer lebt und Blut benötigt, möglicherweise um einen Blutegel handelt,[157] ist der Übertragungsweg des Unheils sicherlich das Wasser selbst. Bestandteil der Beschwörung und somit des mythischen Textes ist die Benennung der zwei Götter, die das Unheil beseitigen und den Verursacher bestrafen:

6	*iddi šiptam Damu u Gula unīra ⸢tūltam⸣*	Damu warf den Ritualtext und Gula tötete den ⸢Wurm.⸣

Ritualtext für einen Wurm Z. 6[158]

Damit gibt bereits der mythische Text (zu rezitierender Ritualtext) das Ritualobjekt (Wurm) als Verursacher des Unheils und die Ritualadressaten Damu und Gula als Beseitigende des Unheils an und nicht nur die Anweisung für Ritualhandlungen. Der mythische Text kann also Indizien für das Ritual (Ritualteilnehmer, Ritualziel) enthalten, was im nächsten Abschnitt weiter ausgeführt wird.

---

155 AHW Bd. 1, 563 Art. zu *lulum/ntu(m)*, *luluttu*: „ein Reise- u. Kampfgewand". CAD L, 244 Art. zu *lulumtu* A (*luluntu*): „a cloak worn on campaigns".

156 Veldhuis 1993, 46 gibt folgende Umschrift der Zeile 5: *a*-[...]-*lu dami seḫrim ubelliam īnīšu*. Übersetzt lautet sie: [...] das Blut des Babys; er/es zerstört seine Augen. Damit ist sicherlich eine Art Erblindung gemeint, wie van Dijk 1985, 19 bereits vermutet.

157 Vgl. Wasserman 2008.

158 Die Umschrift basiert auf Veldhuis 1993, 46; Übersetzung KM.

4.6.3 Schöpfungsobjekt beseitigt das Unheil

Es wird in diesem Abschnitt zu zeigen sein, dass in zwei „Kronzeugentexten“ das Hauptziel der Schöpfung im Ritual Unheil beseitigt. Obwohl zu sehen sein wird, dass die Entstehung von Unheil nicht direkt in dem zu rezitierenden Text erwähnt wird, gibt es dennoch indirekte Hinweise auf das im Ritual zu beseitigende Unheil.

In den beiden Texten, in denen das Hauptziel der Schöpfung nicht das Unheil verursacht, sondern es beseitigt (*Ritualtext für den Schöpfungsstrom*, *Ritualtext für Šamaš*), ist das hauptsächliche Schöpfungsobjekt ein Ritualteilnehmer: der Ritualadressat (Fluss, Šamaš). Die Übertragung des Unheils ist in dem *Ritualtext für den Schöpfungsstrom* nicht fokussiert. Der Ritualtext gibt keine Hinweise, wie das Unheil entstanden ist, das im Ritual beseitigt wird. Auf die Entstehung des Unheils gehen allerdings die Anweisungen für Ritualhandlungen ausführlich ein. Da jedoch die Erschaffung des Flusses wesentlich mit allem Guten zusammenhängt (Z. 2 f) und die numinose, weibliche Flussgottheit die Lebensspenderin ist, indem sie alles erschafft (Z. 1), und der Menschheit Recht entscheidet (Z. 8), wird hier in der Schöpfungspassage indirekt alles Zerstörerische, das nicht auf den Fluss selbst zurückgeht (wie beispielsweise die Flut: Z. 5), verurteilt. Deshalb konnte dieser Ritualtext in vielfältigen Ritualkontexten eingesetzt werden.[159] Im Gegensatz zu den *Ritualtexten für ein Gerstenkorn I und II* sowie *für den Zahnwurm* fokussiert der Text nicht die Entstehung von spezifischem Unheil, sondern die Autorität des Flusses, jegliches Recht für die Menschheit zu entscheiden. Weil der Text in verschiedenen Ritualkontexten eingesetzt werden sollte, fokussiert er das Unheil und dessen Träger nicht, sondern dessen Beseitigung in Form eines Rechtsentscheids des Flusses. Es wird die Erschaffung des Ritualadressaten beschrieben und dessen Aufgabe als Beseitiger von Unheil im Ritual hervorgehoben. Die Beseitigung des Unheils geschieht durch den bereits im mythischen Schöpfungstext erwähnten Rechtsentscheid des Flusses (möglicherweise z. B. für den König im Ritual *bīt šalā'mê*)[160], der oft ausgeführt wird durch das Übertragen des Unheils auf eine Ersatzfigur, was jedoch nicht mehr im mythischen Text berichtet wird.

Auch in der Ritualtextpassage von *Ritualtext für Šamaš* wird die Übertragung des Unheils nur indirekt angedeutet. Es werden die Steppe und deren

159 Z. B. Abusch/Schwemer 2016, 408 f.411.414 (*namburbî* gegen Hexerei: Mensch trägt Unheil in den Abzu) Maul 1994, 85–87 und 275 (verschiedene *namburbî*-Kontexte: Ersatzfigur trägt Unheil in den Abzu); Ambos 2013 b, 47. 51 (*bīt šalā'mê*: König wird vom Unheil befreit).
160 Vgl. Ambos 2013 b, 47.

Lebewesen erwähnt (1,1,42 f: maš$_2$-anše niĝ$_2$-zi-ĝal$_2$ edin-na / *būl* ^{d}*Šakkan* *šikin napišti ša edini*). Die Steppe ist kein kultiviertes Feld, sondern ein naturbelassener Ort, den die Mesopotamier damals mit Unheil und dessen Übertragung in Verbindung brachten. Genau an diesem Ort wurde das im Text erwähnte und im Ritual als Ritualort mit Wirkmacht ausgestattete *bīt rimki* aus Schilfrohr errichtet; Schilfrohr galt aufgrund seiner Verbindung zum Abzu als apotropäisches Material, das als Schutzraum vor dem entstandenen Unheil fungieren sollte.[161] Im Ritual ist statt der Übertragung des Unheils der Rechtsentscheid von Šamaš und somit die Beseitigung des Unheils durch Šamaš als Ritualadressat fokussiert; das spiegelt sich im mythischen Schöpfungstext wieder (1,1,37–45). Die mythische Passage inklusive Schöpfungshandlungen endet mit 1,1,44 f, in denen Šamaš als Schicksalsentscheider eingesetzt wird. Wie bei dem *Ritualtext für den Schöpfungsstrom* zeigt sich auch hier, dass ein „Kronzeugentext", wenn er die Erschaffung des Ritualadressaten beschreibt, auch dessen Funktion im Ritual als Beseitigender des Unheils thematisiert und nicht die Entstehung von Unheil.

In Mesopotamien lassen die Schöpfungstexte also zwei Vorgehen bei aufkommendem Unheil erkennen: ein Vorgehen mit einer kausalen Perspektive und ein weiteres mit einer teleologischen Perspektive.[162] In der *kausalen Perspektive* blicken die Texte auf den Verursacher von Unheil, der dann beseitigt wird, zurück. Diese Perspektive ist auf die Ursache hin ausgerichtet. Die Schöpfungstexte blicken jedoch auch voraus auf die Macht, die das Unheil abwenden wird. Diese *teleologische Perspektive* ist auf das Ziel hin ausgerichtet. Diese beiden Vorgehensweisen haben Ähnlichkeiten mit heutigen psychotherapeutischen Verfahren. Oftmals wird dabei zurückgeschaut in die Vergangenheit und gesucht, was eine Störung verursacht haben könnte (z. B. bei der Psychoanalyse); das ist die kausale Perspektive. Es gibt aber auch moderne Methoden, die auf die Zukunft blicken und nach einem Sinn suchen (z. B. Logotherapie); das ist die teleologische Perspektive.

4.6.4 Am Schöpfungsobjekt geschieht das Unheil

Vier „Kronzeugentexte" beschreiben, dass am hauptsächlichen Schöpfungsobjekt das Unheil geschieht (*Geburtsritualtext*, alle vier Tempelbaurituale: nur in

161 Vgl. Ambos 2013 c, 44.

162 Beide Begriffe habe ich von Annette Zgoll (schriftliche Mitteilung vom 16.09.2019) übernommen.

der Anweisung für Ritualhandlungen). Im Ritual soll das Unheil an diesem Schöpfungsobjekt, das hier die Funktionalisierung als Ritualobjekt aufweist, beseitigt werden.

In dem *Geburtsritualtext* wird das Resultat des Unheils sowie dessen Beseitigung gleichermaßen fokussiert. Das Unheil wird in Form von Fesseln im Mutterleib verdeutlicht (Z. 12 f). Durch wen das geschieht, wird in der Schöpfungspassage nicht thematisiert. Es wird das Ergebnis präsentiert: der gefesselte Embryo. Die Fesseln verhindern das Herauskommen des Embryos und damit die natürliche Schöpfungsordnung für Menschen. Er kann, ohne dass er geboren wird, nicht das ihm auferlegte Joch tragen (Z. 20 f). Asalluḫi soll aktiv eingreifen und die Fesseln des Embryos lösen (Z. 11–15). Eine Muttergöttin? leistet Beistand, überwacht und erteilt (Z. 22: *taqtabî* / „sie hat gesagt“) den Rechtsentscheid (Z. 22: *wuššur*[*a*]*t* / „du bist freigelassen“). Beide Götter, Asalluḫi und eine nicht näher genannte Muttergöttin?, sind bereits im mythischen Text der „Beschwörung“ mit ihrer Aufgabe für das Ritual beschrieben: als Ritualadressaten. Auch hier zeigt sich, dass der mythische Text und das Ritual dieselben Phänomene beinhalten.

Im Gegensatz zu diesem Ritual für eine Person fokussieren die Tempelbaurituale das Hauptziel der Schöpfung: den perfekten Tempel am Uranfang. Er ist gleichzeitig ein Ritualteilnehmer: das Ritualobjekt. *Tonmännchen und Puppen*, *Als An/Anu, Enlil, Enki/Ea Himmel und Erde schufen* und *Erschaffung von Eridu-Babylon* erwähnen das Unheil nicht im Ritualtext, sondern erst in der Anweisung für Ritualhandlungen.

Die Ritualtexte 1 und 2 von *Tonmännchen und Puppen* fokussieren das Unheil nicht: Sie beschreiben einen Idealzustand des von den Göttern geliebten Ur-Tempels am Uranfang. Obwohl die Ritualtexte die Wendung vom Idealzustand in die mesopotamische Gegenwart nicht beschreiben, ist diese Wende aus der Anweisung für Ritualhandlungen ersichtlich. Zeile 13 (Anweisung für Ritualhandlungen) erwähnt die Reinigung der Tongrube. Dahinter steht die Vorstellung einer im Laufe der Zeit erfolgten Verunreinigung. Da sich die Ritualteilnehmer nicht mehr am Uranfang befinden, ist der Idealzustand nicht mehr erhalten. Die in der Anweisung für Ritualhandlungen in Zeile 13 erwähnte Reinigung der Tongrube lässt Rückschlüsse auf die Übertragung des Unheils zu. Der in der Schöpfungspassage mehrfach erwähnte Tempel am Uranfang als Prototyp aller Tempel ist demnach verunreinigt worden.[163] Die im Ritual hergestellten und mit Wirkmacht ausgestatteten Statuen (resp. die in ihnen manifes-

163 Ambos spricht von einem „Schadensfall“ an Tempeln (Ambos 2004, 45), woraufhin die Tempelgottheit aus dem Tempel auszieht; vgl. Ambos 2004, 45–61.

tierten Gottheiten) sind Teil des Schutzes für den Tempel. Der Ritualadressat ist wahrscheinlich Anu und mit ihm Enlil und Ea, die in den Schöpfungspassagen als Schöpfungssubjekte des Tempels erwähnt werden. Das Hauptziel der Schöpfung (= Tempel) ist in diesem Ritual das Ritualobjekt.

Der Ritualtext aus *Als An/Anu, Enlil, Enki/Ea Himmel und Erde schufen* fokussiert ebenfalls das Unheil nicht: Sie beschreibt einen Idealzustand der Urtempel am Uranfang. So betraten die großen Götter z. B. freudig das Ubšu-kkina (Z. 11 f). Obwohl die Schöpfungspassage die Veränderung des Idealzustands in der mesopotamischen Gegenwart nicht beschreibt, ist diese Wende aus dem Kontext des ganzen Rituals ersichtlich. Das ganze Ritual ist Teil einer Serie für das Anlegen der Tempelfundamente.[164] Der Ritualtext wurde an die Götter Anu, Enlil und Ea, die demnach die Ritualadressaten waren, gerichtet.[165] Ein Trennstrich trennt die Zeilen 14–16 von der vorangegangenen Schöpfungspassage. Dieser abgetrennte Ritualteil ist ein Handerhebungsgebet (Z. 2': ŠU.⸢IL$_2$.LA$_2$⸣). In diesem zu rezitierenden Ritualteil ist die Veränderung des Zustands im Gegensatz zu dem des Uranfangs greifbar: Der König demütigt sich vor den Göttern (Z. 15–17) und erbittet von ihnen eine Schicksalsentscheidung (Z. 19 f) für das erneute Ausüben seiner Funktion als Hirte der Tempelversorgung:

Sumerische Version:

15	ĝa$_2$-e sipa-ba e-re im-še$_8$-[še$_8$]	Während ich (= der König) – es ist dieser Hirte – weine,
17	i-bi$_2$ mu-un-gam-e e-ne-ne ki-za mu-un-kin-kin-e <e>-n[e-ne]	beuge ich <meine> Augen vor ihnen (= den Göttern des Tempels),[166] suche ich s[ie] häufig an deinem Ort[167].
19	na-aĝ$_2$$^!$ ka-aš-(?)[b]ar-ra x[x x x]-e-ne-n[e]	Das Geschick und die Schicksalsentscheidung [...] ihnen/sie(?).

Akkadische Version:

16	*ana-ku re-'u-u$_2$ aš-⸢ru⸣$^?$ pa-liḫ-ku[n]*	Ich, der demütige Hirte, der euc[h] verehrt,
18	*ma-ḫar-ku-nu ⸢ak-mis⸣ a-š[e-e' a]š$_2$-⸢ri⸣-ku-un*	kniete vor euch (und) s[uchte] eure Stätten.
20	*aš$_2$-šu$_2$ pur-si-ja p[a-ra-su aš-t]e-ne$_2$-⸢'i-ku-nu⸣-[ši]*	Damit ihr eine Entscheidung für mich f[ällt, su]che ich euch immer wieder auf.

Als An/Anu, Enlil, Enki/Ea Himmel und Erde schufen Z. 15–20[168]

164 Vgl. Ambos 2004, 193.

165 Vgl. Ambos 2004, 193.

166 Die Grammatikanalyse lautet: {i-bi$_2$==∅$^{Abs.:TO}$ mu^{Ventiv}-n^{Lokal}-gam^{Basis}-en$^{1.Ps.Sing.Erg.:TS}$ ene-ne$^{3.Ps.Pl.}$==e$^{Dir.}$}.

167 Die Grammatikanalyse lautet: {ki-zu$^{2.Ps.Sing.Poss.}$==a$^{Lok.}$ mu^{Ventiv}-n^{Lokal}-kin-kin^{Basis}-en$^{1.Ps.Sing.Erg.:TS}$ enene$^{3.Ps.Pl.}$==∅}.

Die Schöpfungspassage fokussiert den Idealzustand der Tempel am Uranfang, der folgende Ritualteil den Zustand des Tempels in der mesopotamischen Gegenwart und somit die Folgen der Übertragung von Unheil auf den Tempel. Infolge von Unheil ist dieser jetzt verfallen.[169] Deswegen ersucht der König in seinem Amt als Hirte der Tempel die großen Götter An/Anu, Enlil, Enki/Ea um eine Götterentscheidung, damit der Tempel wiederaufgebaut werden kann und er erneut seiner Aufgabe als Versorger der Tempel nachkommen kann.

Auch die *Erschaffung von Eridu-Babylon* beschreibt die Schöpfung eines reinen Tempels am Uranfang (Z. 1 und Z. 16). Im weiteren zu rezitierenden Ritualtext wird allerdings deutlich, dass der Tempel, vor dem der Ritualtext gesprochen wurde, verunreinigt wurde:

Sumerische Version:

14’	^{dug}a-gub$_2$-ba k[u$_3$-ga abzu-ke$_4$] ki ĝir$_3$ ĝen-na-zu u$_3$-mu-un-na-ku$_3$	Nachdem er für ihn / sie (= eine Gottheit?) den Ort, an den du die Füße gesetzt hast, gereinigt hat mit dem [reinen] Weihwassergefäß des [Abzu]
15’	tu$_6$ du$_{11}$-ga ^{d}Asal-lu$_2$-ḫi lugal an ki šar$_2$-ra-ke$_4$	und mit dem zu rezitierenden Ritualtext des Asalluḫi, des Königs der Gesamtheit von Himmel und Erde (…)

Akkadische Version:

14’	*ina* MIN-*e el-la ša*$_2$ *ap-si-i a-šar tal-lak-ti-ka ul-lil*$^!$	Reinige den Ort deines Wandels mit dem reinen *Weihwassergefäß*[170] des Abzu,
15’	*ina* MIN-*e* ^{d}AMAR.UTU *šar kiš-šat* AN-*e u* KI-*tim*	und mit dem *zu rezitierenden Ritualtext*[171] des Marduk, des Königs der Gesamtheit von Himmel und Erde!

Erschaffung von Eridu-Babylon Z. 14’ f[172]

Hier wird das Unheil des Ritualobjektes bereits indirekt im zu rezitierenden Text erwähnt, jedoch außerhalb der Schöpfungspassage.

---

168 Die Umschriften basieren auf Ambos 2004, 194 mit leichten Abweichungen (statt enklitischem Possessivpronomen nach Ambos: hier sumerische selbständige Possessivpronomen); Übersetzung KM.

169 Für eine Übersicht solcher Tempelzustände und ihrer Wiederherstellung vgl. Ambos 2004, 45–61.

170 Das Zeichen MIN ist an dieser Stelle kein Zahlzeichen, sondern ein Wiederholungszeichen der entsprechenden Phrase aus dem Sumerischen, das hier ergänzt werden muss.

171 Das Zeichen MIN ist hier ein Wiederholungszeichen, das auf eine Wiederholung der entsprechenden Phrase aus dem Sumerischen verweist.

172 Die Umschrift folgt Ambos 2004, 206; Übersetzung KM.

Anders lautet die Fokussierung der Schöpfungspassage der *Kosmologie des kalû*: Dass es Unheil am Tempel geben wird und dieser infolge dessen verfallen wird, wird schon am Uranfang vorausgesehen und entsprechende Maßnahmen werden eingeleitet. Der Übertragungsweg des Unheils auf den Tempel wird im erhaltenen Text nicht thematisiert, wohl aber Maßnahmen für den Umgang mit Unheil am Tempel in der Zukunft: In Zeile 27 wird der Ziegelgott Kulla zur Erneuerung des Tempels erschaffen:

27	*ib-ni* ^{d}ŠEG$_{12}$ *ana te-diš-ti-[ki$^{?}$]*	Er (= Ea) schuf (den Ziegelgott) Kulla zu [deiner$^{?}$] Erneuerung (= des Ziegels).

Kosmologie des kalû Z. 27[173]

Somit wird Unheil direkt auf den Bestandteilen des Tempels, den Ziegeln, vorausgesehen. Ohne Verfall ist Erneuerung nicht nötig. Kulla hat eine Aufgabe im Ritual: Er ist der Ritualadressat. Die Schöpfung dient dazu, den uranfänglichen Idealzustand eines Tempels wieder neu zu erreichen bzw. zu erhalten. Die Übertragung des Unheils ist im erhaltenen Text nicht fokussiert, wohl aber dessen Beseitigung. Der Ritualtext ist allerdings fragmentarisch. Es gibt eine Lücke unbekannten Ausmaßes ab Zeile 38. Ob der Übertragungsweg des Unheils auf den Tempel in diesen Zeilen angedeutet war, kann nicht mehr rekonstruiert werden. In Zeile 37 sind lediglich die Namen der drei großen Götter Anu, Enlil und Ea vollständig erhalten.

4.6.5 Konsequenzen für die Analyse der situativen Verortung von weiteren Schöpfungstexten

Weitere Schöpfungstexte, die Ritualtexte sind, müssen nicht zwangsläufig auf die Beseitigung von Unheil im Ritual abzielen, da es Belege für ein weiteres Ritualziel zur Festsprechung von Wirkmacht auf das Ritualobjekt gibt (vgl. Abschnitt 4.5). Anstelle der Beseitigung von Unheil führen solche Rituale in erster Linie eine Festsprechung von positiven Wesensmerkmalen auf ein Ritualobjekt herbei; damit wird dieses reaktiviert, damit es wie der Prototyp am Uranfang funktionieren kann.[174]

Sollte es in Schöpfungstexten außerhalb der „Kronzeugentexte" jedoch entsprechende Hinweise auf Unheil im mythischen Text geben, müssen sie nach

---

173 Die Umschrift basiert auf Ambos 2004, 180; Übersetzung Ambos 2004, 181, mit geringfügigen Modifikationen durch KM.

174 Vgl. A. Zgoll 2012, 39 f.

den eben (vgl. Abschnitt 4.6.1–4.6.4) diskutierten Phänomenen auf das Verhältnis des Hauptziels der Schöpfung (hauptsächliches Schöpfungsobjekt) und Unheil untersucht werden. Verursacht das Hauptziel der Schöpfung das Unheil, handelt es sich hierbei möglicherweise um das Ritualobjekt, das im Ritual abgewehrt oder bestraft werden soll bzw. den Unheilverursacher, der im Ritual seiner Strafe zugeführt werden soll. Erwähnen die Texte das Unheil gar nicht, sondern fokussieren mit dem Hauptziel der Schöpfung einen perfekten Zustand, handelt es sich bei diesem hauptsächlichen Schöpfungsobjekt möglicherweise um das Ritualobjekt, für welches im Ritual das Unheil beseitigt werden soll. Beseitigt hingegen das hauptsächliche Schöpfungsobjekt das Unheil, übernimmt es möglicherweise im Ritual die direkte Aufgabe des Ritualadressaten.

5 Identifizierung von Teilnehmern und Rahmen des Rituals im (mythischen) Ritualtext: Methodische Annäherung III

In den folgenden Abschnitten ist begrifflich zwischen dem *Ritualtext* und der *Ritualhandlung* zu unterscheiden: Der *Ritualtext* eines Schöpfungstextes soll in einem rituellen Sprechakt rezitiert werden und besteht aus der mythischen Schöpfungspassage und ggf. weiteren Passagen (mythischer Art, religiöser Art etc.). Die *Ritualhandlung* ist die schriftliche Anweisung für begleitende Ritualhandlungen. Beides ergänzt sich.

Die folgenden Abschnitte stellen anhand von Indizien vor, wie sich Ritualteilnehmer und Ritualrahmen im zu rezitierenden Ritualtext widerspiegeln können. Das ist insbesondere wichtig, wenn Ritualhandlungen nicht überliefert sind und das Ritual *allein aus dem Ritualtext* rekonstruiert werden soll. Die Spiegelung von Ritualteilnehmern und Ritualrahmen im Ritualtext sind entweder in der mythischen Schöpfungspassage oder im restlichen zu rezitierenden Text zu finden. Der restliche Ritualtext, der über die Schöpfungspassage hinausgeht, ist entweder auch mythisch als Teil der Erzählung (z. B. Götter handeln zeitlich nach der Schöpfung) oder nicht-mythisch (z. B. Ritualexperte wendet sich in direkter Rede an den Ritualadressaten). Es wird zu zeigen sein, dass konkrete Indizien für Ritualteilnehmer und Ritualrahmen nicht nur in der Anweisung für Ritualhandlungen (traditionell: „Ritualanweisung"), sondern im zu rezitierenden Ritualtext (traditionell: „Beschwörung") selbst vorhanden sein können. Dieses Phänomen sollte bei der situativen Verortung von Schöpfungstexten beachtet werden.

5.1 Vorgehen bei der Analyse der „Kronzeugentexte"

In den folgenden Abschnitten werden die einzelnen Ritualteilnehmer beleuchtet, die im mythischen Text bzw. im restlichen zu rezitierenden Ritualtext oder in der Anweisung für Ritualhandlungen der „Kronzeugentexte" erscheinen: Ritualadressat (Abschnitt 5.2), göttliche Garanten (Abschnitt 5.3), menschliche Ritualteilnehmer (Abschnitt 5.4), Ritualobjekt (Abschnitt 5.5). Anschließend wird die Spiegelung des rituellen Rahmens geprüft: Ort des Rituals (Abschnitt 5.6) und Zeit des Rituals (Abschnitt 5.7). Hierbei wird von den „Kronzeugentexten" ausgegangen. In einem weiteren Schritt werden die Erkenntnisse aus den Texten mit gesicherter situativer Verortung auf zehn Schöpfungstexte ohne

https://doi.org/10.1515/9783110719222-005

gesicherte situative Verortung angewendet: In den Kapiteln 7–16 wird jeder Einzeltext auf seine Verankerung in einem Ritual geprüft.

Schöpfungstexte müssen nicht per se Ritualtexte sein; dass die hier vorgestellten Texte rituell verankert sind, mag dem Fundzufall geschuldet sein. Allerdings bieten sich Schöpfungstexte für eine Reaktualisierung im Ritual besonders an.

5.2 Ritualadressat

Nennen die „Kronzeugentexte" den Ritualadressaten nur in der Schöpfungspassage, wenn er das Hauptziel der Schöpfung ist? Erscheint er auch im zu rezitierenden Text, wenn er nicht Teil der Schöpfungshandlungen ist? Weisen bestimmte Indizien in der Schöpfungspassage und im restlichen zu rezitierenden Ritualtext auf ihn? Diesen Fragen wird in den folgenden Abschnitten nachgegangen werden.

5.2.1 Überblick über Ritualadressaten in den „Kronzeugentexten"

Die folgenden Ritualadressaten und ihre Beziehung zum Hauptziel der Schöpfung sind hier tabellarisch aufgelistet (Tab. 6).

Tab. 6: Verhältnis des Ritualadressaten (RAd) zum Hauptziel der Schöpfung (SO) in den „Kronzeugentexten"

Text	**Ritualadressat (RAd)**	**Hauptziel der Schöpfung (SO)**	**RAd vs. SO**
Ritualtext für ein Gerstenkorn I	Šamaš, Sîn	Gerstenkorn	Rad ≠ SO
Ritualtext für ein Gerstenkorn II	Šamaš, Sîn	Gerstenkorn	Rad ≠ SO
Ritualtext für einen Wurm	Damu, Gula	Wurm	Rad ≠ SO
Ritualtext für einen Zahnwurm	Ea	Wurm	Rad ≠ SO
Doppelschöpfung Anu-Ea	Fragment	Fragment	Fragment

Text	Ritualadressat (RAd)	Hauptziel der Schöpfung (SO)	RAd vs. SO
Ritualtext für den Schöpfungsstrom	Fluss	zwei verschiedene Phänomene:[1] Fluss bzw. „alles“	Rad = SO (Fluss) Rad ≠ SO („alles“)
Geburtsritualtext	Asalluḫi, Muttergöttin	Embryo	Rad ≠ SO
Tonmännchen & Puppen	Anu (+ Enlil, Ea)	Tempel	Rad ≠ SO
Als An/Anu, Enlil, Enki/Ea...	Anu, Enlil, Ea	Tempel	RAd ≠ SO
Kosmologie des kalû	Kulla	Tempel	RAd ≠ SO
Erschaffung von Eridu-Babylon	Ea? Marduk?[2]	Tempel	RAd ≠ SO
Ritualtext für Šamaš	Šamaš	Šamaš	RAd = SO

5.2.2 Ritualadressat erscheint in der Schöpfungspassage als Hauptziel der Schöpfung

In zwei „Kronzeugentexten“ ist der Ritualadressat zugleich das Hauptziel der Schöpfung: in dem *Ritualtext für den Schöpfungsstrom* und in dem *Ritualtext für Šamaš.*

In dem *Ritualtext für den Schöpfungsstrom* wird der Fluss als hauptsächliches Schöpfungsobjekt erschaffen, der zugleich der Ritualadressat ist (vgl. Abschnitt 4.4.4.1). Dass der Fluss zugleich der Ritualadressat ist, wird deutlich aus den einzelnen Anweisungen für Ritualhandlungen, so z. B. in einem Ritual zur Beseitigung von Unheil durch Hunde:

Rs. 5	*ana* IGI I[D$_7$ *te-re*]-*qam-ma ki-a-am* DU$_{11}$.GA	Zum Angesicht des Flusses entfernst du (= der Ritualexperte) dich und er (= der

1 Einerseits wird der Fluss von den Göttern geschaffen, andererseits erschafft er selbst wieder alles. Zu den scheinbar widersprüchlichen Schöpfungsvorstellungen in diesem Text vgl. Abschnitt 4.4.8.

2 Der Schöpfungstext beschreibt die Erschaffung von Eridu bzw. Babylon. Demnach ist Enki als ursprünglicher Ritualadressat und Marduk als sekundärer Ritualadressat möglich; vgl. Lambert 2013, 366–375. Dieser Text wurde in weiteren situativen Kontexten an Anu gerichtet; vgl. Ambos 2004, 199.

von Unheil Geplagte) spricht folgendermaßen!

KAR 64: Ritual zur Beseitigung von Unheil durch Urin eines Hundes Rs. Z. 5[3]

Der Ritualexperte soll an dieser Stelle den *Ritualtext für den Schöpfungsstrom* sprechen. Das Ritual soll den Fluss dazu bewegen, einen Rechtsspruch für den Menschen herbeizuführen; es handelt sich in diesem Fall um einen Prozess des Menschen gegen dämonische Mächte, die Unheil herbeiführten durch den Urin eines Hundes. Dies geschieht, indem ein Ersatzbild, welches das Unheil trägt, in den Fluss geworfen wird, wie die verschiedenen Ritualkontexte bezeugten, so z. B. in einem Ritual gegen Unheil am Haus eines Menschen:

21	IM GAR TI-*qe*$_2$-*ma* NU *an-du-na-nu* DU$_3$-*uš*	Du nimmst Ton und stellst eine Figur als Ersatz her.

KAR 2777+: Ritual gegen Unheil am Haus eines Menschen Z. 21[4]

Da der Fluss „alles" erschafft, ist darin auch das Ritualobjekt, d. h. die Ersatzfigur,[5] enthalten. Emisch gesehen ist der Fluss weiblich und hat als Schöpferin (*Ritualtext für den Schöpfungsstrom* Z. 1) und Rechtsprecherin (Z. 8) Macht auch über das Ritualobjekt. Lässt der Fluss die Ersatzfigur, die das Unheil trägt, davonfließen, ist das Übel beseitigt.[6] Wird die Ersatzfigur nicht vom Fluss weggetragen, so interpretiert man dies als Anzeichen dafür, dass der Mensch den Prozess gegen seinen Prozessgegner, den Unheil anzeigenden Omenträger, verloren hat.[7] Das Ritualobjekt (Ersatzfigur) wird nur in den einzelnen Anweisungen für Ritualhandlungen erwähnt, nicht jedoch in dem zu rezitierenden Ritualteil, der „Beschwörung" (Ritualtext). Dass der Fluss der Ritualadressat ist, wird im Gegensatz dazu nicht nur durch die Anweisungen für Ritualhandlungen deutlich. Es gibt auch eindeutige Hinweise im Ritualtext und sogar im mythischen Text der Schöpfungspassage. So wird der Fluss in der 2. Person Singular direkt angesprochen: „du" (Z. 1 u. Z. 9: *atti*), „dich" (Z. 2 f: *-ki*), „du" (Z. 4: *kāši*), „dir" (Z. 7: *-kim*) sowie als „großer Fluss" (Z. 9: *nāru rabīti*), „erhabener

3 Die Umschrift basiert auf Maul 1994, 318; Übersetzung KM; die Übersetzung berücksichtigt die unterschiedlichen Ritualhandlungen des Ritualexperten und des Verunreinigten nach Maul 1994, 321.

4 Die Umschrift basiert auf Maul 1994, 486; Übersetzung von Maul 1994, 491, mit geringfügigen Modifikationen durch KM.

5 Vgl. Abschnitt 5.5.4, in dem der König bzw. ein Mensch als alternatives Ritualobjekt dieses Rituals diskutiert wird.

6 Vgl. Maul 1994, 85–91.

7 Vgl. Maul 1994, 85 f.

Fluss“ (Z. 9: *nāru ṣīrti*), „rechtschaffener Fluss“ (Z. 10: *nāru ešrēti*).[8] Aus dem mythischen Text selbst ist ersichtlich, dass er an den Fluss gerichtet ist und an ihn gesprochen werden soll. Der Ritualtext liefert auch die Begründung für diesen Adressaten:

8	*di-in te-ne$_2$-še-e-tum ta-din-ni*	Den Rechtsspruch der Menschen fällst du.
		Ritualtext für den Schöpfungsstrom Z. 8[9]

Der zweite Text (*Ritualtext für Šamaš*), in dem das Hauptziel der Schöpfung zugleich der Ritualadressat ist, soll im Folgenden untersucht werden. Auch hier zeigt die Beschwörungsformel, an wen der Text adressiert ist:

30	ka-enim-ma ki-^{d}Utu e$_2^{!}$ [t]u$_5$-a-kam	Zu rezitierender Wortlaut: ki-Utu-Gebet im Haus des Reinigungswassers.
		Ritualtext für Šamaš 1,4,30[10]

Der Sonnengott ist außerdem im Ritualtext adressiert. So wird er in 1,4,3–29 direkt angesprochen (1,4,3 f und 1,4,13 f und 1,4,15 f: ^{d}UTU / Šamaš); er soll das Recht für den Bittsteller entscheiden:

Sumerische Version:

9	di-da-a-ni ku$_5$-da-ab ka-aš-bar-a-ni bar-ra-ab	Entscheide seinen Fall, triff seine Entscheidung.

Akkadische Version:

10	*di-in-šu$_2$ di-in pu-ru-sa$_3$-šu$_2$ pu-ru-us*	Richte seinen Prozess, triff seine Entscheidung.
		Ritualtext für Šamaš 1,4,9 f[11]

Šamaš soll aktiv für den Ritualabsender wirken, indem er ihn reinigt:

Sumerische Version:

15	^{d}Utu u$_4$-da-ne-e lu$_2$-ulu$_3$ dumu-diĝir-ra-na u$_3$-me-ni-sikil u$_3$-me-ni-dadag	Utu, reinige dort für uns an diesem Tag den Menschen, den Sohn seines Gottes und mache ihn dort für uns strahlend.

---

8 Die Umschriften basieren auf Lambert 2013, 397; Übersetzung KM.

9 Die Umschrift basiert auf Lambert 2013, 397; Übersetzung KM.

10 Die Umschrift basiert auf von Weiher 1988, 56; Übersetzung KM.

11 Die Umschrift basiert auf von Weiher 1988, 55; Übersetzung KM.

Akkadische Version:

16	^{d}*Šamaš ina u*$_4$*-mi an-ni-i a-mi-la mar* DIĜIR-*šu*$_2$ *ul-lil-šu*$_2$ *ub-bi-ib-šu*$_2$*-ma*	Šamaš, reinige an diesem Tag den Menschen, den Sohn seines Gottes und mache ihn strahlend.

Ritualtext für Šamaš 1,4,15 f[12]

Aber nicht nur der restliche Ritualtext, sondern bereits die vorgeschaltete Schöpfungspassage ist an den Sonnengott adressiert. So wird er in der gesamten Schöpfungspassage (1,1,1–45) direkt angesprochen; vgl. hierbei z. B.: „dein Name“ (1,1,33 f: mu-zu / *šumka*), „dir“ (1,1,35: za-e / *kāša*), „in deine Hand“ (1,1,39–45: šu-zu-a / *ana qātīka*). Die Zeilen 1,1,1–29 adressieren ihn außerdem mit Namen im Vokativ („O Utu/Šamaš!“). Die Schöpfungspassage, der restliche Ritualtext und der Ritualvermerk zeigen deutlich, dass der Sonnengott der Ritualadressat ist. Und wie beim Fluss im *Ritualtext für den Schöpfungsstrom* (vgl. Abschnitt 4.4.4.1) ist auch hier das Hauptziel der Schöpfung der Rechtsentscheider. Anders als beim Fluss wird er erst bei der Schöpfung zu dieser Funktion beauftragt:

Sumerische Version:

44	nam nam-ma du$_3$-a-bi tar-e-de$_3$ dingir-gal-gal-e-ne kilib$_3$-ba-bi šu-zu-a	Alle Schicksale zu entscheiden haben alle großen Götter, diese insgesamt, in deine Hand (Z. 39: gelegt).

Akkadische Version:

45	*ši-mat ka-la-ma ša*$_2$*-a-mu* DINGIR^{MEŠ} GAL-^{MEŠ} *ina nap-ḫa-ri-šu*$_2$*-nu ana qa-ti-ka*	Die Schicksale von allem zu bestimmen (Z. 40: legten) die großen Götter in ihrer Gesamtheit in deine Hände.

Ritualtext für Šamaš 1,1,44 f[13]

Beide Texte zeigen, dass derjenige, der das Recht entscheidet und gleichzeitig Hauptziel der Schöpfung ist, im Ritual die Aufgabe des Ritualadressaten innehat. Er wird in der Schöpfungspassage und in dem restlichen Ritualtext direkt angesprochen. Dieses Phänomen der „Kronzeugentexte“ wird in den weiteren Texten ohne gesicherte Verortung für die Einzeltexte zu untersuchen sein.

12 Die Umschrift basiert auf von Weiher 1988, 56; Übersetzung KM.
13 Die Umschrift basiert auf von Weiher 1988, 52; Übersetzung KM.

5.2.3 Ritualadressat erscheint aus anderen Gründen in der Schöpfungspassage oder im restlichen mythischen Text

Die neun „Kronzeugentexte", in denen der Ritualadressat nicht das Hauptziel der Schöpfung ist, erwähnen den Ritualadressaten in der Schöpfungspassage oder im restlichen zu rezitierenden Ritualtext.

In vier Texten (*Ritualtext für ein Gerstenkorn I* und *II*, *Ritualtext für einen Wurm*, *Ritualtext für einen Zahnwurm*) kann der Ritualadressat nicht das Hauptziel der Schöpfung sein, weil dieser das Unheil verursacht und deswegen nicht um Hilfe ersucht werden kann. Es muss sich demzufolge um jemand anderen handeln. Dieser wird bereits im Text und nicht erst in der Anweisung für Ritualhandlungen erwähnt. Bei den *Ritualtexten für ein Gerstenkorn I* und *II* werden die beiden Ritualadressaten Šamaš und Sîn bereits am Uranfang bei der Aufrichtung der Schöpfungsordnung erwähnt. Sie sind am Ort der Schöpfung anwesend: Sîn erntet und Šamaš sammelt die Ähren ein (*Ritualtext für ein Gerstenkorn I* Z. 12 f, *II* Z. 54). Erst nach dieser funktionierenden Schöpfungsordnung kommt das Unheil auf.

Die Ritualadressaten Gula und Damu werden ebenfalls im mythischen Text von *Ritualtext für einen Wurm* erwähnt: So ist der Wurm, der das Unheil verursacht und Hauptziel der Schöpfung ist, als „Tochter der Gula" (*mārat Gula*) klassifiziert (Z. 4). Die Gottheit Damu wird indirekt erwähnt, indem „das Blut" (Z. 4 f: *damu*) genannt wird.[14] Direkt werden beide Gottheiten in Zeile 6 im mythischen Text genannt.[15] In Zeile 8 erscheinen sie ebenfalls in ihrer Funktionalisierung als Ritualadressaten:

8	*šiptum ul jâtum šipat Damu u Gula Damu iddima anāku elqe*	Der Ritualtext ist nicht meiner; es ist der Ritualtext von Damu und Gula. Damu hat [ihn] (wörtl. geworfen =) gerufen und ich habe [ihn] angenommen.

Ritualtext für einen Wurm Z. 8[16]

Auch in dem *Ritualtext für einen Zahnwurm* wird der Ritualadressat Ea bereits in dem Ritualtext (Z. 8), direkt nach der Schöpfung genannt, als der Wurm einen neuen Lebensraum beansprucht und somit Unheil in die Schöpfungsordnung bringt:

14 Vgl. Veldhuis 1993, 46.

15 Vgl. die Übersetzung dieser Zeile in Abschnitt 4.6.2.

16 Die Umschrift basiert auf Veldhuis 1993, 46; Übersetzung KM.

8	DIŠ IGI ^{d}*E*$_{2}$*-a il-la-ka di-ma-a-ša*	Vor Ea flossen seine (= des Wurmes) Tränen.

Ritualtext für einen Zahnwurm Z. 8[17]

Dass hier Ea als Adressat genannt ist, ist ungewöhnlich, weil eine Zeile vorher das explizite Ziel des Wurmes der Sonnengott war:

7	*il-lik tu-ul-tu* DIŠ IGI ^{d}UTU *i-bak-ki*	Der Wurm ging hin und begann, vor Šamaš zu weinen.

Ritualtext für einen Zahnwurm Z. 7[18]

Jetzt aber ergibt sich ein Gespräch mit Ea (Z. 9–17), der verantwortlich für die Aufrichtung der Schöpfung zeichnet. In den Zeilen 21–23 des restlichen Ritualtextes wird Ea als Richter des Wurmes klassifiziert.[19] Hier gibt der Text einen Einblick in die Ebene der Verortung: Der Wurm wird (in der 2. Person Singular) direkt vom Ritualexperten angeredet und die Funktionalisierung Eas als Ritualadressat, der bewegt werden soll, das Unheil zu beseitigen, wird aufgezeigt. Diese Zeilen sind immer noch Bestandteil des zu rezitierenden Ritualtextes.

In den anderen fünf Texten, in denen der Ritualadressat nicht das Hauptziel der Schöpfung ist, wird der Ritualadressat in der Schöpfungspassage genannt und nicht erst in der Anweisung für Ritualhandlungen (*Geburtsritualtext, Als An/Anu, Enlil, Enki/Ea Himmel und Erde schufen, Kosmologie des kalû, Erschaffung von Eridu-Babylon, Tonmännchen und Puppen*). In dem *Geburtsritualtext* wird Asalluḫi erwähnt, als die Schöpfung bereits stattgefunden hat und Unheil entstanden ist:

11	*i-mu-ur-šu-u*$_{2}$*-ma* ^{d}ASAL.LU$_{2}$.ḪI *ma-ri* ^{d}EN.KI	Es sah ihn Asalluḫi, der Sohn des Enki.

Geburtsritualtext Z. 11[20]

Der zweite Ritualadressat, eine nicht namentlich genannte Muttergöttin, wird in den Zeilen 18–27 als Akteurin beschrieben, so z. B. in Zeile 22, in der sie mündlich verkündet, dass der Embryo nun frei sei (*wu-uš-šu-r*[*a-a*]*t* / „du bist frei").[21] Den Zielpunkt des Schöpfungsgeschehens findet man im letzten Drittel des Textes in Zeile 20 f:

17 Die Umschrift basiert auf Dietrich 2000, 211 (Text A). Text B und C mit Varianten in der Verbschreibung; Übersetzung KM.

18 Die Umschrift basiert auf Dietrich 2000, 211; Übersetzung KM.

19 Vgl. die Umschrift und Übersetzung dieser Zeilen in Abschnitt 4.6.2.

20 Die Umschrift basiert auf van Dijk 1973, 503; Übersetzung KM.

21 Die Umschrift basiert auf van Dijk 1973, 503; Übersetzung KM.

20	*ba-ni-a-at ka-li-i-ni*	Sie erschafft uns alle
21	*a-na ši-ga-ri-im*	für das Joch.

Geburtsritualtext Z. 20 f[22]

Um dieses Ziel der Schöpfung zu sichern, greift Asalluḫi aktiv in den Schöpfungsvorgang ein und die nicht namentlich erhaltene Muttergottheit verhängt einen mündlichen Rechtsentscheid für den Nachkommen (Z. 22 siehe oben). Auch wenn hier nicht die übliche Formulierung für einen Rechtsentscheid gebraucht wird,[23] zielt die Rede der Muttergottheit auf einen solchen. So verwendet sie den Imperativ *šūṣi ramanka* (Z. 27: „veranlasse dich selbst herauszugehen") als Aufforderung an den Embryo, aus dem Mutterleib herauszukommen. Dafür hat Asalluḫi bereits alles in Form von geöffneten Wegen etc. vorbereitet. Dass die Muttergöttin bei dem Embryo steht bzw. für ihn anwesend ist (Z. 18: *wašbatkum*), spricht ebenfalls für einen Rechtsentscheid. Somit ist in dem restlichen mythischen Ritualtext nach der einleitenden Schöpfungspassage das Ritual bereits angelegt: Der Rechtsentscheid, der durch das Ritual herbeigeführt werden soll, ist schon hier Thema.

Dieses Phänomen ist ebenfalls in *Als An/Anu, Enlil, Enki/Ea Himmel und Erde schufen* zu beobachten. Die drei Götter Anu, Enlil und Ea sind bereits in der Stichzeile des Ritualtextes als Schöpfungssubjekte genannt und somit Teil der Schöpfungspassage. Ein paralleler Ritualtext dieser Serie zum Anlegen der Tempelfundamente (O.174) weist in Zeile 8'–10' auf die Adressaten des Ritualtextes (inklusive Schöpfungspassage) hin: Vor drei Ritualarrangements für Anu, Enlil und Ea (letzter Name abgebrochen) sollen drei spezifische Lieder gesungen werden (ein balaĝ, ein iršema und der hier behandelte Ritualtext).[24] Somit ist klar, dass die in der Stichzeile der Schöpfungspassage genannten drei Götter wirklich die Adressaten dieses Ritualteils sind. Entsprechend sieht es mit dem folgenden Ritualteil des Handerhebungsgebets aus: Die Zeilen 11–14 lassen meines Erachtens vermuten, dass Anu, Enlil und Ea, die großen Götter, ebenfalls in diesem Ritualteil adressiert wurden. Die großen Götter bestimmen dem König in diesen Zeilen das Schicksal. Der König adressiert im Handerhebungsgebet eine nicht näher bestimmte Gruppe von Göttern durch die Verwendung der Personalsuffixe der 2. Person Plural. Weil hier dieselben Lexeme verwendet werden wie in Zeilen 13 f, wo die großen Götter Anu, Enlil und Ea die Handeln-

22 Die Umschrift basiert auf van Dijk 1973, 503; Übersetzung KM.

23 Eine Schicksalsentscheidung ist durch das Wort *šīmtu* („Schicksal") in Kombination mit mehreren möglichen Verben belegt, so z. B. *zakārum* („sprechen") oder *nabû* („nennen").

24 Vgl. Ambos 2004, 188 f (Komposittext Z. 27'–29' bzw. Textzeuge A Z. 8'–10').

den sind,[25] ist davon auszugehen, dass es sich bei der nicht näher bestimmten Gruppe von Göttern ebenfalls um diese Triade handelt. Somit sind sicherlich in beiden Ritualteilen (zu rezitierender Ritualtext inklusive Schöpfungspassage und Handerhebungsgebet) die großen Götter Anu, Enlil und Ea adressiert.[26] Sie sind in dem Ritualtext diejenigen, die das Schicksal (für den König) entscheiden:

Sumerische Version:		
13	<nam/na-aĝ$_{2}$> an-ne tar-tar-ra mu-un-maḫ-am$_{3}$	Es ist so, dass sie die <Schicksale>, die An festgelegt hatte, großartig machten.
Akkadische Version:		
14	*šim-tum ra-biš i-ši-mu-šu$_{2}$*	Das Schicksal bestimmten sie ihm (= dem König) großartig.

Als An/Anu, Enlil, Enki/Ea Himmel und Erde schufen Z. 13 f[27]

Der König hat im Ritual die Funktionalisierung eines Ritualteilnehmers und ist zugleich der Ritualabsender des Rituals für das Anlegen der Tempelfundamente. So zeigt sich diese situative Verortung im zweiten Ritualteil, dem Handerhebungsgebet in Zeile 19 f:

Sumerische Version:		
19	[n]a-aĝ$_{2}$! ka-aš-[b]ar-ra x[x x x]-e-ne-n[e]	Das Schicksal und die Schicksalsentscheidung [...] ihnen/sie(?).
Akkadische Version:		
20	*aš$_{2}$-šu$_{2}$ pur-si-ja p[a-ra-su aš-t]e-ne$_{2}$-⸢'i-ku-nu⸣-[ši]*	Um die Entscheidungen für mich zu entscheiden, suche ich euch immer wieder auf.

Als An/Anu, Enlil, Enki/Ea Himmel und Erde schufen Z. 19 f[28]

Die drei Götter sind auch hier ganz eindeutig die Ritualadressaten, die für den König das Recht entscheiden.

Auch die *Erschaffung von Eridu-Babylon* nennt den Ritualadressaten in der Schöpfungspassage: Bis zur Zeile 31 ist Marduk der Schöpfer (Z. 17 Gilim/*Marduk*, Z. 31 *bēlum Marduk*, en ^{d}Asalluḫi) bzw. er agiert in einer Art „Team" mit

25 Hier stehen dieselben Lexeme wie in Zeile 13 f: Sumerisch na-aĝ$_{2}$(--tar) / „Geschick (festsetzen, entscheiden)" und das in Zeile 13 f fehlende sumerische Synonym ka-aš--bar / „Entscheidung fällen" sowie (akkadisch) *pursa parāsum* / „Entscheidung fällen".

26 So positioniert sich ebenfalls Ambos 2004, 193.

27 Die Umschrift basiert auf Ambos 2004, 194; Übersetzung KM.

28 Die Umschrift basiert auf Ambos 2004, 194; Übersetzung KM.

der Muttergöttin Aruru bei der Menschenschöpfung (Z. 21). In Zeile 32 ist das Schöpfungssubjekt Enki/Ea:

Sumerische Version:

32	^{d}En-ki a-ab-ba-ke$_4$ ^{ĝeš}gi pa-rim$_4$ bi$_2$-[in-ĝar]	Enki [setzte] in <der Nähe> des Meeres Rohr und trockenes Land ein.

Akkadische Version:

32	⸢^{d}IDIM *<ina> tam-tim a-pu u na-ba-lu*⸣ [...]	Ea [...] <am> Meer Rohr und trockenes Land.

Erschaffung von Eridu-Babylon Z. 32[29]

Der Text ist sicherlich zuerst als Erschaffung von Eridu konzipiert worden und erst sekundär zum vorliegenden Text mit der Fokussierung auf Babylon und Marduk ausgestaltet.[30] Das ursprüngliche Tempelbauritual war an Enki adressiert gewesen. Der Text wurde in weitere situative Kontexte gestellt und damit auch an andere Ritualadressaten gerichtet; so wurde er laut einer Anweisung für Ritualhandlungen in spätbabylonischer Zeit auch an Anu adressiert.[31] Auf der Rückseite Zeile 8' und Z. 18', die von der Schöpfungspassage abgetrennt sind, aber noch zum zu rezitierenden Ritualtext gehören, wird Anu als Tempelherr erwähnt. Auch hier ist deutlich, dass der Ritualadressat im zu rezitierenden Text, konkret in der Schöpfungspassage, selbst erwähnt wird. Der Ritualadressat erscheint auch hier im mythischen Schöpfungstext.

Im dritten Text, der *Kosmologie des kalû*, wird der Ritualadressat (Kulla) ebenfalls direkt in dem zu rezitierenden Ritualtext, und zwar in der Schöpfungspassage, genannt. Er wird als Teilziel der Schöpfung erschaffen (Z. 27). In der Anweisung für Ritualhandlungen für die Ritualhandlung ist er indirekt als Ritualadressat zu erkennen:

23	⸢*u*$_3$ *e-nu-ma* ^{d}*A-nu ib-nu-u*$_2$ AN-*e* ANA IGI ŠEG$_{12}$ ŠID-*nu*	Und „Als Anu den Himmel erschuf" rezitiert er vor dem Ziegel.

Kosmologie des kalû Z. 23[32]

29 Die Umschrift basiert auf Ambos 2004, 204; Übersetzung KM.

30 Vgl. Lambert 2013, 367–369. Anpassungen mythischer Erzählstoffe, gerade aus Gründen hierarchischer Verschiebungen im Pantheon, sind häufig zu finden, vgl. C. Zgoll 2019, Kapitel 20 „Kampfspuren im Sand der Arena. Erzähltaktiken in Mythen als Umsetzungen von Wertungs- und Hierarchisierungsstrategien".

31 Vgl. Ambos 2004, 199.

32 Die Umschrift basiert auf Ambos 2004, 180; Übersetzung KM.

Der Ziegel ist hier sicherlich nicht selbst der Ritualadressat, sondern ist zu verstehen als Manifestation des Ziegelgottes Kulla. Der Ziegelgott Kulla galt als personifizierter Ziegel;[33] seine Schreibung ist ŠEG$_{12}$ („Ziegel") mit Gottesdeterminativ. Dass die Bauarbeiten letztlich durch Kulla ausgeführt wurden, zeigen Vermerke babylonischer und assyrischer Königsinschriften, welche die Bauarbeiten dem Ziegelgott zuschreiben („durch das Werk Kullas": *ina šipir* ^{d}ŠEG$_{12}$).[34] Eine Rezitation vor dem Ziegel war sicherlich an Kulla adressiert, um ihn für das Ritualziel (funktionstüchtiger Tempel) positiv zu stimmen.

Im nächsten „Kronzeugentext" (*Tonmännchen und Puppen*) wird der Ritualadressat nicht nur im Ritualtext, sondern auch in der Ritualhandlung erwähnt:

8	*a-šar* UŠ$_{8}$ E$_{2}$ DINGIR ŠUB-*u*$_{2}$ GUB-*ma ki-a-am* DU$_{11}$.GA	Dort, wo du die Fundamente des Tempels anlegst, stellst du dich hin und sprichst folgendermaßen:
9	*be-lum* SUKKAL-*ka a-ba-an-ni* (…)	„Herr, deinen Wesir will ich herstellen!" (…)

Tonmännchen und Puppen Z. 8 f[35]

Nach Ambos' Kommentar von Zeile 9 ist das Ritual an den Tempel selbst gerichtet.[36] Der Tempel könnte hier stellvertretend für seinen Besitzer bzw. seine Besitzer stehen.[37] Hier ist sicherlich in erster Linie Anu gemeint, da Ninsubur sein Wesir ist und da er an erster Stelle der Gruppe derjenigen genannt wird, die im Ritualtext 1 und 2 die Schöpfer des Tempels sind: Anu, Enlil, Ea (vgl. Ritualtext 1: Z. 53 f und Z. 65 f, Ritualtext 2: Z. 70–72).[38] Anu ist als oberster Gott und zuerst

33 Vgl. Ambos 2004, 21 mit Belegen der lexikalischen Listen (šeg$_{12}$ [alte Lesung: sig$_{4}$] = *kul*$_{3}$*-la*).

34 Vgl. Ambos 2004, 23; CAD Š/III, 83.

35 Die Umschrift basiert auf Ambos 2004, 156; Übersetzung Ambos 2004, 157, mit geringfügiger Modifikation durch KM.

36 Vgl. Ambos 2004, 157: „Angesprochen ist der Tempel selbst."

37 Ambos deutet Ninsubur als Wesir des Hofstaats der Tempelgottheit; vgl. Ambos 2013 a, 27: „Besonderes Augenmerk gilt dabei der Figurine des göttlichen Wesirs Ninšubur-Papsukkal, die in der Cella vergraben wurde, und zwar in oder unter dem Postament, auf dem nach dem Abschluß der Bauarbeiten das Kultbild des Gottes, der den Tempel bewohnte, aufgestellt werden würde. Als Wesir stand Ninšubur dem Hofstaat dieser Gottheit vor und würde die Gebete und Anliegen der Menschen an seinen Herrn weitertragen."

38 Ambos (2004, 9 f) diskutiert eine mögliche Einordnung des Rituals in die Serie *Kulla* aufgrund der inhaltlichen Beziehung. Dann stünde der Tempel hier stellvertretend für Kulla, den Ziegelgott. Die spezifische Äußerung über Ninsubur als „deinen" Wesir verweist jedoch meines Erachtens eher auf Anu.

genannter Erbauer des prototypischen Tempels am Uranfang sicherlich verantwortlich für den Schutz jedes mesopotamischen Tempels. Im Ritual wird der mesopotamische Tempel nach der Schöpfungsordnung des Uranfangs re-„aktiviert“[39], um Unheil abzuwehren. Daher ist Anu als eigentlicher Ritualadressat wahrscheinlicher als die Tempelgottheit.

Anu steht sicherlich stellvertretend auch für die zwei anderen Götter (Enlil, Ea), die in beiden Ritualtexten als Schöpfungssubjekte genannt sind. Die drei Götter erscheinen als Schöpfungssubjekte des Tempels, in Zeile 53 f, Zeile 65 f, Zeile 70–72. Auf ihre Rolle wird in der Anweisung für Ritualhandlungen nicht explizit eingegangen. Beim Tempelbau sind einige Ritualtexte an ähnliche Dreiergruppen gerichtet (u. a. Šamaš, Ea und Asalluḫi).[40] Aber auch die in *Tonmännchen und Puppen* genannte Dreiergruppe hatte eine prominente Rolle in den Tempelbauritualen: Am Morgen beim Anlegen der Fundamente z. B. sang der Klagesänger ein balaĝ-Lied (umun še-er-ma-al-la-še$_3$ an-ki-a) sowie ein iršema-Lied (Dilmun^{ki} niĝin-na) für An/Anu, Enlil und Enki/Ea.[41] Dass in *Tonmännchen und Puppen* Anu, Enlil und Ea in der Stichzeile (Z. 70) des akkadischen Ritualtextes (Ritualtext 2) erscheinen und der sumerisch-akkadische Ritualtext 1 mit der Nennung dieser drei Götter aufhört (Z. 65–68), könnte ein Indiz für ihre Rolle als Ritualadressaten sein.

Falls diese Rekonstruktion stimmt, soll Anu (und mit ihm Enlil und Ea) durch das Ritual bewegt werden, für den Schutz des Ritualobjekts (= Tempel) Sorge zu tragen. Eine Schutzfunktion sollen auch die Numina, die in den apotropäischen Statuen manifestiert sind und in der Cella des neuen Tempels vergraben sind, haben.[42] Sie werden nicht in den beiden zu rezitierenden Ritualtexten, sondern nur in der Anweisung für Ritualhandlungen (d. h. der Ritualhandlung) genannt.[43] Die Statue von Nin-subur, dem Götterboten, und die restlichen 16 Statuen von ungenannten Gottheiten sollen Teil des Schutzes für das Ritualobjekt (= Tempel) vor erneutem Unheil sein. Da sie in der Cella vergraben werden, sind sie Bestandteile des Ritualobjektes.

Zusammenfassend kann gesagt werden, dass die „Kronzeugentexte“, wenn der Ritualadressat nicht das Hauptziel der Schöpfung ist, diesen dennoch in der

39 A. Zgoll 2012, 39.

40 Vgl. Ambos 2004, 21.55 f.

41 Vgl. Ambos 2004, 55.

42 Vgl. Ambos 2013 a, 27: „Die übrigen 16 Statuetten wurden an den Durchgängen oder im Hof deponiert. Vermutlich handelt es sich bei ihnen um apotropäische Figuren von Schutzgenien, die Böses von dem Tempel fernhalten sollten.“

43 Eine ausführliche Beschreibung des Materials und des Deponierungsortes der Statuen mit weiterer Literatur bietet Ambos 2004, 76 f.

Regel in der Schöpfungspassage nennen oder im restlichen zu rezitierenden Ritualtext. Die weiteren Texte meines Korpus ohne sichere situative Verortung werden auf dieses Phänomen hin in den Einzelanalysen (Kapitel 7–16) untersucht.

5.2.4 Zusammenfassung: Indizien für den Ritualadressaten in der Schöpfungspassage und im restlichen mythischen Ritualtext

Die „Kronzeugentexte" liefern wertvolle Hinweise für die Identifizierung des Ritualadressaten in der Schöpfungspassage und im restlichen mythischen Ritualtext. Wenn der Rechtsentscheider in der Schöpfungspassage und im restlichen mythischen Ritualtext gleichzeitig Hauptziel der Schöpfung ist, handelt es sich sicher um den Ritualadressaten. Ein weiteres Indiz ist die direkte Ansprache des Ritualadressaten im mythischen Text (2. Person Singular etc.).

Verursacht das Hauptziel der Schöpfung das Unheil, kann es nicht um Hilfe gegen eben dieses Unheil im Ritual ersucht werden. In diesem Fall handelt es sich eindeutig nicht um den Ritualadressaten.

Erschafft ein Schöpfungssubjekt das Ritualobjekt Tempel, ist es höchstwahrscheinlich der Ritualadressat, ganz besonders, wenn das Schöpfungssubjekt zugleich das Recht entscheidet bzw. direkt im mythischen Text adressiert wird.

Der Ritualadressat kann am Ort der Schöpfung anwesend sein als Garant und Durchführender der legitimen Schöpfungsordnung, wie beispielsweise Sîn und Šamaš in dem *Ritualtext für ein Gerstenkorn I* und *II*.

Der Ritualadressat kann im Text alternativ identifiziert werden durch seine Verbindung zum Ritualobjekt. So wird der Wurm als Ritualobjekt in seiner Verbindung zu den beiden Ritualadressaten (Gula, Damu) beschrieben: „Tochter der Gula" (*Ritualtext für einen Wurm* Z. 4) und gierig nach „Blut" (*Ritualtext für einen Wurm* Z. 4 f: *da-mu*).[44]

Derjenige, der Unheil verursacht, kann sich im mythischen Ritualtext dem Ritualadressaten verantworten. Vor wem erscheint er, weint er, rechtfertigt er sich, wünscht oder verlangt er etwas (vgl. *Ritualtext für einen Zahnwurm*)? Hier können Indizien auf den Ritualadressaten vorliegen.

Auch das Handeln zugunsten des von Unheil Geplagten im mythischen Ritualtext kann ein Indiz für den Ritualadressaten sein (vgl. *Geburtsritualtext*).

44 Für die Verbindung von „Blut" (*da-mu*) und der Gottheit Damu vgl. Veldhuis 1993, 46.

5.3 Göttliche Ritualteilnehmer: Garanten

Bei einem Ritual konnten weitere Gottheiten als Ritualgaranten anwesend sein. Diese sollten das Ritual begleiten, die Durchführung sichern und somit das Ritualziel garantieren. Es wird zu zeigen sein, dass solche göttlichen Ritualgaranten in der Schöpfungspassage erscheinen; entweder werden sie als Teilziele der Schöpfung erschaffen oder aber sie handeln selbst als Schöpfungssubjekte. Im mythischen Text, konkret in der Schöpfungspassage, werden also diese Ritualteilnehmer gespiegelt.

5.3.1 Überblick über die göttlichen Garanten des Rituals in den „Kronzeugentexten"

In zwei „Kronzeugentexten" gibt es Indizien für Götter als Ritualgaranten. Die *Kosmologie des kalû* nennt mehrere Götter als Teilziel der Schöpfung, die nach Analyse des Kontextes sicherlich als Ritualgaranten anzusehen sind. In anderen Text ist der Ritualgarant kein Schöpfungsobjekt, erscheint aber ebenfalls im mythischen Text: Šamaš (*Ritualtext für einen Zahnwurm*).

5.3.2 Göttliche Garanten des Rituals erscheinen in der Schöpfungspassage als Teilziele der Schöpfung

In der *Kosmologie des kalû* werden etliche Götter als Teilziele der Schöpfung mit Bezug zum Hauptziel der Schöpfung (= Tempel), das im Ritual als Ritualobjekt funktionalisiert ist, erschaffen.[45] Weil einer dieser Götter (= Kulla) zugleich der Ritualadressat ist, ist sicherlich anzunehmen, dass die restlichen Götter als göttliche Garanten für das Hauptziel der Schöpfung und damit auch für das Ritualziel ebenfalls Teilnehmer des Rituals sind. Werden Götter als Teilziele der Schöpfung erschaffen, ist in weiteren Texten zu untersuchen, ob es sich hierbei ebenfalls um göttliche Ritualteilnehmer, die als Garanten für das Ritualziel anwesend sind, handelt.

45 Für den Tempel als Hauptziel der Schöpfung und zugleich als Ritualobjekt vgl. Abschnitt 4.4.6.1. Für Götter als Teilziele der Schöpfung vgl. Abschnitt 4.4.4.2.

5.3.3 Göttlicher Garant erscheint aus anderen Gründen in der Schöpfungspassage oder im restlichen mythischen Text

In dem *Ritualtext für einen Zahnwurm* erscheint Šamaš (neben dem Ritualadressaten Ea)[46] als Gesprächspartner des unheilverursachenden Wurms, der sich eine Veränderung der Schöpfungsordnung wünscht, im mythischen Text (Z. 7). Das ist sicherlich auf dessen Rolle als Richtergott zurückzuführen.[47] Šamaš als Ritualgarant ist daher sehr wahrscheinlich.

Erscheinen in weiteren Schöpfungstexten Richtergottheiten im mythischen Text bzw. direkt in der Schöpfungspassage als Schöpfungssubjekte, die in ähnlichen Ritualen eine Rolle als Ritualadressaten oder Ritualgaranten innehaben, ist zu untersuchen, ob es sich hierbei auch um Ritualgaranten handeln kann.

5.3.4 Zusammenfassung: Indizien für göttliche Garanten in der Schöpfungspassage und im restlichen mythischen Ritualtext

Nach einer Prüfung, ob ein Schöpfungstext ohne gesicherte situative Verortung ein Ritual ist, sind die Schöpfungspassage und der restliche mythische zu rezitierenden Ritualtext auf Indizien für göttliche Ritualgaranten zu untersuchen. Die „Kronzeugentexte" belegen, dass Götter, die als Teilziele der Schöpfung erschaffen werden, als göttliche Garanten für das Ritualziel galten. Ein weiteres Indiz für göttliche Garanten sind Richtergottheiten, die im mythischen Ritualtext erscheinen.

5.4 Menschliche Ritualteilnehmer: Ritualexperte, weitere

Menschen nahmen in verschiedenen Funktionalisierungen an Ritualen teil. Mindestens ein Ritualexperte führte verschiedene Handlungen und/oder einen oder mehrere Sprechakte an mindestens einen numinosen Ritualadressaten gerichtet durch. Dafür wurde er von einem menschlichen Ritualabsender beauftragt. Das spezifische Ritualziel sollte der Ritualexperte entweder für den Ritualabsender oder für jemanden anderen bzw. etwas anderes erreichen.[48] Gege-

46 Vgl. die Fluchformel in Zeile 21–23, die Ea als Ausführenden der Bestrafung nennt.

47 Vgl. Dietrich 2000, 215.

48 Zum Folgenden: A. Zgoll arbeitet zur Zeit an einer Monographie („Religion in Mesopotamien") u. a. mit einer ausführlichen Neubestimmung von Ritualtypen und Ritualfunktionen bzw. Ritualfunktionalisierungen (A. Zgoll i. V.), von der ich einige Erkenntnisse für meine eigenen

benenfalls waren weitere menschliche Ritualteilnehmer beim Ritual anwesend. In den folgenden Abschnitten ist zu untersuchen, ob und wie die menschlichen Ritualteilnehmer in der Schöpfungspassage bzw. im restlichen mythischen Text vorkommen. Das hat Konsequenzen für Schöpfungstexte ohne Anweisung für Ritualhandlungen und ohne gesicherte situative Verortung (vgl. die Kapitel zu den Fallstudien).

5.4.1 Ritualexperte erscheint nur in einem Fall indirekt durch eine eingeschobene Anweisung für Ritualhandlungen im mythischen Text

Die zwölf „Kronzeugentexte" sind Ritualtexte. Als solche wurden sie von einem Ritualexperten (*āšipu*) rezitiert. Dieser Ritualteilnehmer ist nicht nur oft in der jeweiligen Anweisung für Ritualhandlungen genannt, sondern auch im zu rezitierenden Ritualtext, der „Beschwörung". Allerdings ist in keinem Fall der Ritualexperte Gegenstand der Schöpfungspassage.

Auf Handlungen des Ritualexperten innerhalb des Rituals wird in dem *Ritualtext für einen Zahnwurm* durch eine eingeschobene Anweisung für Ritualhandlungen am Ende des mythischen Textes hingewiesen:

20	*sik-ka-ta ri-te-ma* ĜIR$_3$ *ṣa-ba-at*	Setze den Pflock fest und packe die Wurzel!

Ritualtext für einen Zahnwurm Z. 20[49]

Obwohl der *āšipu* hier nicht explizit genannt wird, ist er durch seine Tätigkeit direkt angesprochen. Dieser Einschub ist von seiner Position innerhalb des Textes her zwar Bestandteil des zu rezitierenden Ritualtexts, wurde jedoch wahrscheinlich bei der Rezitation weggelassen. Die Serie zu$_2$-gig-ga-kam („Es ist ein kranker Zahn"; vgl. Z. 24) ist Teil des Aufgabenbereiches der *āšipu*. Diese Beschwörer hatten wie die Klagesänger vielfältige Aufgaben auch außerhalb des Tempels (rituelle Heilkunde etc.) und waren neben den *kalû* die wichtigsten am Tempel beschäftigten Ritualexperten.[50]

Forschungen vorab einsehen durfte. Zu Ritualfunktionen (auf der Ebene von Funktionalisierungen) vgl. bereits A. Zgoll 2003 b.

49 Die Umschrift basiert auf Dietrich 2000, 214; Übersetzung KM.

50 Vgl. Linssen 2004, 16; vgl. Schwemer 2011 für eine detaillierte Beschreibung der rituellen Praxis dieses Gelehrten. Scurlock/Andersen 2004 sprechen daher von „physician" („Mediziner"). Etisch betrachtet fallen etliche seiner Aufgaben unter das, was wir heute als medizinischen Bereich kennen; emisch gesehen hat dieser Ritualexperte einen umfangreichen Aufga-

Weitere Ritualexperten innerhalb des untersuchten Korpus erscheinen nicht im mythischen Ritualtext, sondern im nicht-mythischen Ritualtext, der meistens Gebetscharakter hat. *Ritualtext für Šamaš* nennt einen Ritualexperten im direkt auf die Schöpfungspassage folgenden Abschnitt des zu rezitierenden Ritualtextes:

Sumerische Version:

46	ga$_2$-e ka-tu$_6$ gal šu si-sa$_2$ Eridu^{ki}-ga-ke$_4$	Ich, der große Beschwörer, der betet von/für Eridu.

Akkadische Version:

46	*ana-ku a-ši-pu ka-ri-bu ša$_2$ Eri-du$_{10}$*	Ich, der *āšipu*, der Segnende von Eridu.

Ritualtext für Šamaš 1,1,46[51]

Dieser Fürbittexperte ist somit als derjenige identifiziert, der den Ritualtext inklusive Schöpfungspassage an Šamaš richtet. In dem zu rezitierenden Text benennt er selbst klar seine Amtsbezeichnung.

In den Anweisungen für Ritualhandlungen der vier Tempelbauritualtexte werden ebenfalls zwei verschiedene Priester als Ritualexperten der Rituale genannt: *Tonmännchen und Puppen* gibt in Zeile 89 den *mašmaššu* (= *āšipu*, „Beschwörer") an.[52] Allerdings ist es unklar, ob er wirklich diese zwei Ritualtexte vorträgt oder ob dies durch den *kalû* („Klagesänger") geschieht, weil in den Anweisungen für Ritualhandlungen für diesen Ritualteil kein Ritualexperte genannt wird. Das Gesamtritual besteht aus verschiedenen Ritualteilen, wovon die zwei Ritualtexte nur ein Bestandteil sind. Dass der *kalû* solche Ritualtexte mit Schöpfungspassagen beim Tempelbau vortrug, zeigt der Kolophon bzw. die Anweisung für Ritualhandlungen der beiden anderen Baurituale. *Als An/Anu, Enlil, Enki/Ea Himmel und Erde schufen* nennt als Besitzer der Tafel den Sohn eines *kalû*:[53]

5	IM ^{Id}60-EN-⌜*šu-nu* A *šá*⌝ [^{I}*Nidintu-Anu mār* ^{I}*Sîn-leqe-unninnī*]	Tafel des Anu-bēlšunu, einem Sohn von [Nidintu-Anu, Sohn von Sîn-leqe-unninnī],
6	^{lu2}GALA ^{d}60 *u An-tum* TIR$^{!}$.AN.NA-[u]	Klagesänger von Anu und Antum in Uruk.

Als An/Anu, Enlil, Enki/Ea Himmel und Erde schufen Z. 5' f[54]

benbereich und muss viele Probleme mit Bezug auf Götter und Rituale bewältigen, die jedoch viel mehr als nur Krankheiten umfassen.

51 Die Umschrift basiert auf von Weiher 1988, 52; Übersetzung KM.

52 Vgl. Ambos 2004, 166.

53 Vgl. Gabbay 2014 a, 264; Linssen 2004, 4 f.

54 Die Umschrift basiert auf Ambos 2004, 194; Übersetzung Ambos 2004, 195, mit geringfügigen Modifikationen durch KM.

Auch die *Kosmologie des kalû* gibt als Ritualexperten für dieses Ritual in Zeile 20 einen *kalû* an; dieser sollte die Rezitation durchführen: ŠID-*nu* (Z. 23: „rezitiert er“).[55] Die Erwähnung des Ritualexperten geschieht auch hier wieder nicht in dem Ritualtext oder in der Schöpfungspassage, sondern in der Anweisung für Ritualhandlungen. Allerdings wird in der Schöpfungspassage göttliches Tempelpersonal erschaffen, jedoch kein *kalû*. Der *kalû* war Teil der Spezialisten am Tempel mit vielfältigen Aufgaben (Omenkunde etc.) und einer der wichtigsten Tempelkultfunktionäre.[56]

Auch andere Ritualexperten konnten Ritualtexte mit Schöpfungshylemen im Ritual rezitieren. Die *Erschaffung von Eridu-Babylon* nennt zwar keinen Ritualexperten, dennoch kann aus der Rückseite Zeilen 5’–21’ mit einer Kultmittelbeschwörung, die noch zum Ritualtext gehört, auf den „Beschwörer“ (*āšipu*) als einen Ritualexperten für die Durchführung des Rituals geschlossen werden. Unklar ist, ob er auch die Schöpfungspassage rezitierte.

Ausblickend lässt sich feststellen, dass es in der Schöpfungspassage der „Kronzeugentexte“ keine Indizien für einen Ritualexperten gibt, aber einige im restlichen Ritualtext (*Ritualtext für Šamaš*, *Ritualtext für einen Zahnwurm*). Sollte die Anweisung für Ritualhandlungen nicht vorhanden sein, kann der Ritualexperte aus diesen Hinweisen möglicherweise abgeleitet werden. Indizien im Schöpfungstext, die auf einen Ritualexperten (*āšipu / mašmaššu*) oder einen anderen mit Rezitationen beauftragten Experten (wie *kalû*) hinweisen, sollten auf ihre Bedeutung für das Ritual untersucht werden. In diesem Zusammenhang sind unbedingt die Kolophone der Textzeugen auf Hinweise über Ritualexperten zu untersuchen.

5.4.2 König erscheint häufig als Prototyp in der Schöpfungspassage und im restlichen mythischen Text

In allen vier Tempelbauritualen ist der König ein Ritualteilnehmer. Interessanterweise wird er in drei Texten (*Als An/Anu, Enlil, Enki/Ea Himmel und Erde schufen*, *Kosmologie des kalû*, *Tonmännchen und Puppen*) sogar eigens für den Tempel erschaffen (vgl. Abschnitt 4.4.5.2).

In *Als An/Anu, Enlil, Enki/Ea Himmel und Erde schufen* wird der König in Zeile 9 f erschaffen:

---

55 Die Umschrift basiert auf Ambos 2004, 180; Übersetzung Ambos 2004, 181.

56 Vgl. Gabbay 2014 a; Shehata 2009, 55–98 (für die altbabylonische Zeit); Sallaberger/Huber Vulliet 2005, 634 (Priester).

Sumerische Version:

9	sipa u$_2$-a za$_3$-e-ne [di]m$_3$-me-er-e-ne ⸢ma⸣-d[a-a...]	Den Hirten, Versorger der Heiligtümer und Götter [im] Land [....]

Akkadische Version:

10	*re-'u za-nin eš-⸢ret⸣* DINGIR^{MEŠ} *ina ma-a-⸢tu$_2$⸣ ⸢ib-bu⸣-[u$_2$]*Z.	Den Hirten, der die Heiligtümer der Götter versorgt, beriefen sie im Land.

Als An/Anu, Enlil, Enki/Ea Himmel und Erde schufen Z. 9 f[57]

Der König als Ritualteilnehmer ist somit Gegenstand der Schöpfungspassage und nicht nur der Anweisung für Ritualhandlungen. Auch im zweiten Ritualteil (dem Handerhebungsgebet) ist er ein aktiver Ritualteilnehmer, der das Gebet in der 1. Person Singular spricht:

Sumerische Version:

15	ĝa$_2$-e sipa-ba (...)	Ich – dieser Hirte (...)

Akkadische Version:

16	*ana-ku re-'u-u$_2$* (...)	Ich, der Hirte (...)

Als An/Anu, Enlil, Enki/Ea Himmel und Erde schufen Z. 15 f[58]

Der König benennt sich selbst im zu rezitierenden Ritualtext. Dies zeigt, dass der König als Ritualteilnehmer im zu rezitierenden Ritualtext – und spezifisch in der Schöpfungspassage selbst – erwähnt werden kann. Der zweite Text (*Kosmologie des kalû*) erwähnt ebenfalls die Erschaffung des Königs in der Schöpfungspassage, die Bestandteil des zu rezitierenden Ritualtextes ist:

35	*ib-ni* LUGAL *ana za-ni-nu-[ti-ki*$^{(?)}$]	Er erschuf den König für [deine$^{(?)}$ (= des Ziegels)] Versorgung.

Kosmologie des kalû Z. 35[59]

Obwohl die Anweisung für Ritualhandlungen nicht direkt angibt, dass der König im Ritual anwesend war, ist uns beispielsweise aus *Tonmännchen und Puppen* (siehe unten) sowie aus verschiedenen Königsinschriften seine Teilnahme

57 Die Umschrift basiert auf Ambos 2004, 194; Übersetzung Ambos 2004, 195, mit geringfügigen Modifikationen durch KM.

58 Die Umschrift basiert auf Ambos 2004, 194; Übersetzung Ambos 2004, 195, mit geringfügigen Modifikationen durch KM.

59 Die Umschrift basiert auf Ambos 2004, 182; Übersetzung Ambos 2004, 183, mit geringfügigen Modifikationen durch KM.

an Tempelbauritualen überliefert.[60] Es ist zu vermuten, dass er auch hier anwesend war.

In *Tonmännchen und Puppen* wird der König in beiden Schöpfungspassagen als Teilziel der Schöpfung erwähnt:

Ritualtext 1 in der Schöpfungspassage (Bilingue):
Sumerische Version:

57	nam-lugal-la u$_2$-a [kal]am-⸢ma⸣	(Für) den des Königtums, den Versorger des [Land]es.
59	sipa u$_2$-a [kalam]-ma su$^{?!}$ du$_{10}$-ga	Den Hirten, den Versorger des [Landes], der das Fleisch$^?$ gut macht (= der dafür sorgt, dass es den Menschen gut geht),

Akkadische Version:

58	*ana šar-ri za-ni-ni ma-a-ti*	Für den König, den Versorger des Landes.
60	*re-'a$_3$-am mu-ṭi-ib ši-*[*ir* KALAM$^{(?)}$]	Den Hirten, der es dem Fl[eisch des Landes$^{(?)}$] gut gehen lässt (= der dafür sorgt, dass es den Menschen gut geht).

Ritualtext 2 in der Schöpfungspassage (nur Akkadisch):

74	*iš-ruk ni-siq* SA$_2$.DUG$_4$ *ig-gu-la ana* LUGAL	Er schenkte die Auslese der Speiseopfer … dem König.

Tonmännchen und Puppen Z. 57–60, Z. 74[61]

Dass der König am Ritual teilnahm, zeigt die Anweisung für Ritualhandlungen:

90	[L]UGAL KI.ZA.ZA-*ma* (…)	Der König wirft sich nieder (…)

Tonmännchen und Puppen Z. 90[62]

Auch hier zeigt sich wieder, dass der König als Ritualteilnehmer durchaus in dem Ritualtext bzw. der Schöpfungspassage vorkommt.

Bei den auf den Tempelbau fokussierten „Kronzeugentexten“, den sogenannten Tempelbauritualen, bei denen ja ein Interesse für die gesamte Gesellschaft vorliegt, ist der König immer Ritualteilnehmer. Ohne den König in seiner Funktion als Hirte des Landes fand kein größerer Tempelbau statt. Es kann geschlussfolgert werden, dass der König, wenn er der Auftraggeber eines Rituals war, auch an demselben teilnahm.

---

60 Vgl. Ambos 2004, 193 mit Anm. 808 (mit Verweis auf die Publikation der relevanten Texte).

61 Die Umschrift basiert auf Ambos 2004, 160 und 162; Übersetzung Ambos 2004, 161 und 163, mit geringfügigen Modifikationen durch KM.

62 Die Umschrift basiert auf Ambos 2004, 166; Übersetzung ebd.

In dem *Ritualtext für Šamaš* gibt der Ritualtext (allerdings nicht die Schöpfungspassage) in 1,4,3–29 an, dass das Ritual für einen spezifischen Menschen, der anwesend war, durchgeführt wurde. Exemplarisch ist hier 1,4,5 f angeführt:

Sumerische Version:

5	lu_2-u_{11}-lu dumu dingir-ra-na	Der Mensch, Sohn seines Gottes (...)

Akkadische Version:

6	LU_2 DUMU DIGIR-*šu*$_2$	Der Mensch, Sohn seines Gottes (...)

Ritualtext für Šamaš 1,4,5 f[63]

Hier ist nicht ersichtlich, dass es sich um den König handelt, da er lediglich als Mensch betitelt wird. Dass es sich im Ritual um den König als Ritualabsender handelt, ist der Anweisung für Ritualhandlungen anderer Ritualteile der Serie *bīt rimki* zu entnehmen.

Zusammenfassend lässt sich nach Analyse der „Kronzeugentexte" sagen, dass der König als Ritualteilnehmer in vier von fünf Ritualen, in denen er als Ritualteilnehmer anwesend war, im zu rezitierenden Ritualtext genannt wird. In drei Fällen wird er davon sogar in der Schöpfungspassage als Schöpfungsobjekt erschaffen. Darüber hinaus wird er, wie zu erwarten war, in der Anweisung für Ritualhandlungen erwähnt. Wenn der König im Ritual ein Ritualteilnehmer ist (z. B. der Ritualabsender), ist er in der Regel im zu rezitierenden Ritualtext erwähnt als ein Teilziel der Schöpfung oder seltener nur außerhalb der Schöpfungspassage. Schöpfungstexte ohne gesicherte situative Verortung müssen auf dieses Phänomen hin untersucht werden.

5.4.3 Weitere menschliche Ritualteilnehmer erscheinen als Prototypen in der Schöpfungspassage oder im restlichen mythischen Text

Neben dem Ritualexperten und dem König werden weitere menschliche Ritualteilnehmer in den „Kronzeugentexten" erwähnt: in dem zu rezitierenden Ritualtext („Beschwörung") und nicht nur in der Anweisung für Ritualhandlungen, wie im Folgenden gezeigt wird.

Bei den Alltagsritualtexten ist der Patient während des Rituals anwesend. Er ist der Ritualabsender und damit ein weiterer Ritualteilnehmer. In dem *Ritu-*

63 Die Umschrift basiert auf von Weiher 1988, 55; Übersetzung von Weiher 1988, 59, mit geringfügigen Modifikationen durch KM.

altext für einen Zahnwurm ist ein Hinweis auf Ritualhandlungen mitten im zu rezitierenden mythischen Text enthalten:

20	*sik-ka-ta ri-te-ma* ĜIR$_3$ *ṣa-ba-at*	Setze den Pflock an und packe die Wurzel!

Ritualtext für einen Zahnwurm Z. 20[64]

Hier verlässt der Text die mythische Ebene, um gleich nach diesem Einschub mit einem Fluch an den Wurm inklusive Begründung fortzufahren. In den Zeilen, die sich direkt vor dem Einschub befinden (Z. 15–19) und Details zum Uranfang liefern, wünscht der Wurm einen Wechsel seines ihm zugedachten Lebensraums in den Obstbäumen zugunsten von Zahn und Zahnfleisch. Die eingeschobene Anweisung für Ritualhandlungen verbindet das Ritual mit dem Mythos durch die Erwähnung der Zahnwurzel. Hier liegt ein Hinweis auf das Ritual vor, obwohl der Patient nicht direkt erwähnt wird. Er wird als anwesend im Ritual vorausgesetzt, da seine Zahnwurzel direkt genannt wird. Die Teilnahme des Patienten bei medizinischen Ritualen, die auch medizinische Eingriffe beinhalteten, in diesem Fall mit Rezitation der Schöpfung, ist nicht nur aus der Anweisung für Ritualhandlungen ersichtlich, sondern auch im zu rezitierenden Ritualtext. Dieses Phänomen findet sich ebenfalls in dem *Ritualtext für ein Gerstenkorn I*:

14	*a-na-mi* IGI GURUŠ	Als in das Auge eines (arbeitsfähigen) Mannes
15	*i-te-ru-ub*	eintrat
16	*me-er-ḫu-um*	das Gerstenkorn (...)

Ritualtext für ein Gerstenkorn I Z. 14–16[65]

Diese Zeilen sind Bestandteil des mythischen Textes direkt nach der Schöpfungspassage und zeigen, dass bereits im mythischen Text Hinweise auf den Ritualabsender (= [arbeitsfähiger] Mann) vorliegen. Auf dem Feld, wo die natürliche Umgebung des Gerstenkorns laut der Schöpfungsordnung ist, wechselt das Gerstenkorn diese und zieht in das Auge eines (arbeitsfähigen) Mannes ein. Das Ritualziel gibt der Ritualtext ebenfalls an, wie die folgenden drei Zeilen zeigen:

25	*me-er-ḫa*	Das Gerstenkorn
26	[*l*]*i-še*$^!$*-li-*[*a*]	sollen sie herausgehen lassen

64 Die Umschrift basiert auf Dietrich 2000, 214; Übersetzung KM.

65 Die Umschrift basiert auf Dietrich/Loretz 2000, 498; Übersetzung KM.

27	[*i*]-*na* IGI GURUŠ	aus dem Auge eines (arbeitsfähigen) Mannes.

Ritualtext für ein Gerstenkorn I Z. 25–27[66]

Weil das Gerstenkorn aus dem Auge des (arbeitsfähigen) Mannes (GURUŠ = *eṭlum*)[67] wieder herausgehen soll, ist anzunehmen, dass der Mann im Ritual anwesend war. Der Ritualabsender erscheint hier bereits im mythischen Text und zusätzlich in der Anweisung für Ritualhandlungen.

Auch der *Ritualtext für ein Gerstenkorn II* beschreibt den Wechsel des Gerstenkorns in das Auge eines (arbeitsfähigen) Mannes am Uranfang und erwähnt das Herauskommen desselben als Ritualziel:

55	*ana* IGI GURUŠ *mi-ir-ḫu* TU-*ub* ^{d}UTU *u* ^{d}*Sîn* *i-ši-za-nim-ma*[68] *mi-ir-ḫu li-la-a* [tu$_6$-en$_2$]	Ins Auge des (arbeitsfähigen) Mannes trat das Gerstenkorn. Šamaš und Sîn, tretet hinzu, damit das Gerstenkorn herausgehen möge! [Ritualtext]

Ritualtext für ein Gerstenkorn II Z. 55[69]

Hier wird im mythischen Text, der Teil des zu rezitierenden Ritualtextes ist, der „Prototyp des betroffenen Menschen"[70] (hier: [arbeitsfähiger] Mann) explizit erwähnt. Emisch gesehen kann es sich bei dem Arbeiter am Uranfang nicht um den Patienten des zeitlich viel später durchzuführenden Rituals handeln, sondern um einen erschaffenen „Prototypen". In diesem sind der Patient und alle folgenden Klienten bereits „angelegt". Der Patient ist im Ritual anwesend, weil das Gerstenkorn aus seinem Auge herausgehen soll. Die bereits diskutierten Ritualtexte zeigen: Die Schöpfungsordnung muss – emisch gesehen – wieder in den ursprünglichen Zustand zurückkehren. Das Unheil, das an dem Prototypen und allen späteren Patienten geschehen ist, musste auch an ihnen wieder rückgängig gemacht werden.

Auch *Ritualtext für einen Wurm* zeigt dieses Phänomen, indem das kranke Baby in dem Ritualtext erwähnt wird:

---

66 Die Umschrift basiert auf Dietrich/Loretz 2000, 498; Übersetzung Dietrich/Loretz (ebd.), mit geringfügigen Modifikationen durch KM.

67 Vgl. Dietrich/Loretz 2000, 500.

68 Hier liegt nach GAG, 46* ein Imperativ Plural (*išizzā*) des G-Stamms mit Ventiv (-*nim*) und der enklitischen Partikel (-*ma*) vor, der in der mittel-/spätbabylonischen Sprachstufe auf die Wurzel √*šiz* des Verbums *izzuzum* („stehen") zurückgeht. Vgl. dazu auch die Formenübersicht und die Literaturangaben bei Streck 2011, 87 f.

69 Die Umschrift basiert auf Landsberger 1958, 56; Übersetzung KM.

70 Persönliche Anmerkung von Annette Zgoll vom 04.11.2017.

5	*a-[...]-lu dami ṣeḫrim ubelliam īnīšu*	[...] das Blut des Babys; seine Augen zerstörte er (= der Wurm).
		Ritualtext für einen Wurm Z. 5[71]

Das Baby (= der Patient) wird ebenfalls in der Anweisung für Ritualhandlungen erwähnt, und zwar wenn das Ritualziel, die Augen des Babys wiederherzustellen und den Wurm zu bestrafen, zum Abschluss gebracht wird:

7	*ipte pîšu iṣṣabat tulâm iššima īnīšu i-*[...]	Es öffnete seinen Mund, nahm dann die Brust und erhob seine Augen und [...].
		Ritualtext für einen Wurm Z. 7[72]

Das Baby (= Ritualteilnehmer) erscheint bereits als Prototyp im mythischen Text (Z. 5) und auch in der Anweisung für Ritualhandlungen (Z. 7).

Auch in dem *Geburtsritualtext* wird der Patient, hier der kranke Embryo, als Prototyp in der Schöpfungspassage als Objekt der Schöpfungshandlungen erwähnt (vgl. Abschnitt 4.4.5.1):

4	*ib-ba-ni* [*l*]*i-il-li-du-um*	Es wurde gebildet der Nachkomme (= als Prototyp).
		Geburtsritualtext Z. 4[73]

In dem weiteren zu rezitierenden Ritualtext taucht die konkrete Version des „Hier und Jetzt" ebenfalls auf und wird als „Kleiner" (Z. 8: *ṣeḫrum*) bezeichnet. Da es sich um ein Ritual bei Komplikationen während des Geburtsvorganges handelt, war die Mutter anwesend. So wird sie auch indirekt in der Schöpfungspassage genannt:

3	*i-na ši-i-ir* [*ši*]*-ir-ḫa-ni-im*	im Fleisch der Muskulatur
		Geburtsritualtext Z. 3[74]

Es ist ihr Fleisch, in dem sich der Embryo gebildet hat (Z. 4, siehe oben). Somit sind beide Prototypen (Mutter und Embryo) in der Schöpfungspassage und dem restlichen Ritualtext erwähnt. Die Mutter und indirekt auch der Embryo sind ebenfalls im Serienvermerk genannt: ka-enim-ma munus-u$_3$-du$_2$-da-kam („Es ist der zu rezitierende Wortlaut für eine gebärende Frau").[75] Die menschli-

71 Die Umschrift basiert auf Veldhuis 1993, 46; Übersetzung KM.
72 Die Umschrift basiert auf Veldhuis 1993, 46; Übersetzung KM.
73 Die Umschrift basiert auf van Dijk 1973, 503; Übersetzung KM.
74 Die Umschrift basiert auf van Dijk 1973, 503; Übersetzung KM.
75 Die Umschrift basiert auf van Dijk 1973, 503; Übersetzung KM.

chen Ritualteilnehmer können in all den bisher gezeigten „Kronzeugentexten" allein aufgrund ihrer Erwähnung im zu rezitierenden Ritualtext (entweder in der Schöpfungspassage oder kurz danach im mythischen Text) rekonstruiert werden, selbst dann wenn die Anweisungen für Ritualhandlungen nicht vorliegen.

Auch der *Ritualtext für Šamaš* enthält im zu rezitierenden Ritualtext (allerdings nicht in der Schöpfungspassage) in 1,4,3–29 offensichtliche Hinweise, dass das Ritual für einen spezifischen Menschen, der anwesend war, durchgeführt wurde, wie beispielsweise Zeile 5 f zeigt:

Sumerische Version:

5	lu₂-u₁₁-lu dumu dingir-ra-na	Der Mensch, Sohn seines Gottes (...)

Akkadische Version:

6	LU₂ DUMU DIGIR-*šu₂*	Der Mensch, Sohn seines Gottes (...)

Ritualtext für Šamaš 1,4,5 f[76]

Es handelt sich bei dem Ritualabsender um einen Menschen, der nicht näher beschrieben wird. Der Anweisung für Ritualhandlungen anderer Ritualteile der Serie *bīt rimki* ist zu entnehmen, dass es sich hierbei um den König handelt. Dass der Ritualtext ursprünglich einen anderen situativen Kontext in einem anderen Ritual mit einem anderen Auftraggeber als dem König hatte, ist möglich.

Es werden nicht immer alle Ritualteilnehmer in dem Ritualtext genannt. So ist der Baumeister in der *Kosmologie des kalû* anwesend, während der *kalû* Opfer darbringt und den Ritualtext vor dem Ziegel rezitiert (Z. 14–23). Auch ist unklar, wann der Sänger (*nāru*) seine Lieder vorträgt (Z. 19').

Neben den Hinweisen auf einen einzelnen menschlichen Ritualteilnehmer gibt es in den mythischen Passagen (Schöpfungspassage, restlicher zu rezitierenden Ritualtext) auch solche auf die Menschheit als Ganzes, so z. B. in dem *Ritualtext für den Schöpfungsstrom*. In Zeile 8 wird die Menschheit erwähnt, für die der erschaffene Fluss das Recht entscheidet:

8	*d[i]-ni te-ni-še-e-ti ta-din-ni at-ti*	Den Rechtsspruch der Menschheit fällst du.

Ritualtext für den Schöpfungsstrom Z. 8[77]

76 Die Umschrift basiert auf von Weiher 1988, 55; Übersetzung von Weiher 1988, 59, mit geringfügigen Modifikationen durch KM.

77 Die Umschrift basiert auf Lambert 2013, 397; Übersetzung KM.

Die Menschheit ist hier im mythischen Text erwähnt; im Ritual ist ein Mensch anwesend als Absender des Rituals und als Ritualteilnehmer, und zwar derjenige, dem spezifisches Unheil geschadet hat, das im Ritual beseitigt werden soll. Dass hier die Menschheit insgesamt erwähnt wird und nicht ein einzelner Mensch, hat mit der Erhöhung des Flusses zu tun: Er fungiert als Entscheider für die gesamte Menschheit (vgl. Abschnitt 4.4.4.1) und kann in dieser Funktion für jeden das Recht entscheiden. Hier zeigt sich, dass der menschliche Ritualteilnehmer durchaus im zu rezitierenden Ritualtext genannt werden kann.

In *Tonmännchen und Puppen* wird die Menschheit als Kollektiv erschaffen und ist somit Bestandteil der Schöpfungspassage (vgl. Abschnitt 4.4.5.3):

Sumerische Version:

42	u$_4$ nam-lu$_2$-u$_{18}$-lu [...] dim$_2$-ma	Als die Menschheit [...] erschaffen[78] wurde.

Akkadische Version:

43	*e-nu-ma* UN^{MEŠ} [... *i*]*b-ba-*[*na-a*]	Als die Menschen [...] erschaffen wurden.

Tonmännchen und Puppen Z. 42 f[79]

Der König als Vertreter dieser Menschheit bzw. als Hüter über sie im Sinne der Götter ist ein Ritualteilnehmer (vgl. Abschnitt 5.4.2).

Auch in der *Kosmologie des kalû* wird die Menschheit in Zeile 36 als Schöpfungsobjekt in der Schöpfungspassage genannt (vgl. Abschnitt 4.4.5.3). Wie im Tempelbauritual *Tonmännchen und Puppen* nimmt hier der König als Vertreter der Menschheit am Ritual teil (vgl. Abschnitt 5.4.2).

An dieser Stelle lässt sich nach Analyse der „Kronzeugentexte" zusammenfassend feststellen, dass der mythische Ritualtext, jedoch seltener die Schöpfungspassage, Hinweise auf die Anwesenheit eines Menschen bzw. der Menschheit am Uranfang enthalten kann. Wird ein spezifischer Mensch erwähnt, handelt es sich in den „Kronzeugentexten" immer um den prototypischen Ritualabsender (König oder der von Unheil Geplagte etc.) oder das prototypische Ritualobjekt (kranker Embryo etc.). Wird die Menschheit kollektiv genannt bzw. erschaffen, handelt es sich in den „Kronzeugentexten" immer um einen Hinweis, dass ein bestimmter Vertreter der Menschheit am Ritual teilnimmt. Bei offiziellen Ritualen wie dem Tempelbau ist es der König in seiner offiziellen Funktion als Hirte der Tempel und der Menschheit, bei nicht offiziel-

78 Wörtlich: „hergestellt wurde".

79 Die Umschrift basiert auf Ambos 2004, 160; Übersetzung Ambos 2004, 161, mit geringfügigen Modifikationen durch KM.

len Ritualen (z. B. bei Krankheit) ist es ein Vertreter der von Unheil geschädigten Gruppe, der für sich eine Änderung wünscht.

5.4.4 Zusammenfassung: Indizien für Ritualexperten und weitere Ritualteilnehmer in der Schöpfungspassage und im restlichen mythischen Ritualtext

Nach einer Prüfung, ob ein Schöpfungstext ohne gesicherte situative Verortung ein Ritual ist, sind die Schöpfungspassage und der restliche mythische zu rezitierenden Ritualtext auf Indizien für Ritualexperten und weitere menschliche Ritualteilnehmer (Ritualabsender etc.) zu untersuchen.

Die „Kronzeugentexte" nennen den Ritualexperten nicht in der Schöpfungspassage. Allerdings weist eine eingeschobene Anweisung für Ritualhandlungen am Ende des mythischen Ritualtextes (vgl. *Ritualtext für einen Zahnwurm*) auf den Ritualexperten und den von Unheil geplagten Ritualabsender hin.

Wenn der prototypische König eigens für das Ritualobjekt „Tempel" in der Schöpfungspassage erschaffen wird (Teilziel der Schöpfung), ist er im Ritual als Teilnehmer anwesend.

Erwähnen die Schöpfungspassage und der restliche mythische zu rezitierenden Ritualtext einen spezifischen Menschen, handelt es sich in den „Kronzeugentexten" immer um den prototypischen Ritualabsender (König oder den von Unheil Geplagten etc.) oder um das prototypische Ritualobjekt (kranker Embryo etc.).

5.5 Ritualobjekt

Das Ritualobjekt soll im Ritual durch Handlungen und/oder wirkmächtige Sprechakte mit Wirkmacht in Bezug auf das Ritualziel ausstattet werden. Im Folgenden wird zu untersuchen sein, welche Indizien in den „Kronzeugentexten" für das Ritualobjekt bereits in der Schöpfungspassage vorliegen.

5.5.1 Überblick über Ritualobjekte in den „Kronzeugentexten"

In der folgenden Tabelle sind die Ritualobjekte der „Kronzeugentexte" zusammengestellt; vgl. hierzu Abschnitt 4.6.1.

Tab. 7: Ritualobjekte (RO) der „Kronzeugentexte“: Art, Erscheinen im Text, Verhältnis zum Hauptziel der Schöpfung, dem hauptsächlichen Schöpfungsobjekt (SO)

Text	**Ritualobjekt (RO)**	**Art des RO**	**Nennung des RO: Schöpfungspassage (SP), restlicher Ritualtext (RT), Ritualhandlung (RH)**	**Schöpfungsobjekt ist Hauptziel der Schöpfung (SO)**
Gerstenkorn I	Gerstenkorn	nicht-personal	SP, RT	Gerstenkorn
Gerstenkorn II	Gerstenkorn	nicht-personal	SP, RT, RH	Gerstenkorn
Wurm	Wurm	nicht-personal	SP, RT	Wurm
Zahnwurm	Wurm (RO_1), Heilmischung (RO_2)	nicht-personal	SP, RT, RH (RO_1)/ RH (RO_2)	Wurm
Doppelschöpfung Anu-Ea	fragmentarisch	fragmentarisch	fragmentarisch	fragmentarisch
Schöpfungsstrom	Ersatzfigur oder König	nicht-personal oder personal	RH	Fluss und alles[80]
Geburtsritualtext	Embryo	personal	SP, RT	Embryo
Tonmännchen & Puppen	Tempel	nicht-personal	SP, RH	Tempel
Als An/Anu, Enlil, Enki/Ea …	Tempel	nicht-personal	SP, RT, RH	Tempel
Kosmologie des kalû	Ziegel (des Tempels)	nicht-personal	SP, RH	Tempel
Erschaffung von Eridu-Babylon	Tempel	nicht-personal	SP, RT	Tempel
RT für Šamaš	König (bzw. Mensch)	personal	SP, RT, RH	Šamaš

In den zwölf Schöpfungspassagen werden neun verschiedene Ritualobjekte genannt: sechs nicht-personale Sachen bzw. Orte (Gerstenkorn [2], Wurm [2], Heilmischung [1], Ersatzfigur [1], Tempel [3] bzw. Ziegel des Tempels [1]) und

80 Es liegen hier zwei Schöpfungsvorstellungen vor. Der Fluss wird von den Göttern geschaffen, andererseits erschafft er selbst alles. Zu den scheinbar widersprüchlichen Schöpfungsvorstellungen in diesem Text vgl. Abschnitt 4.4.8.

drei Personen (Embryo [1], König bzw. Mensch [2]). In neun von zwölf Schöpfungstexten ist das Ritualobjekt das Hauptziel der Schöpfung.

In den folgenden Abschnitten geht es um den Bezug zwischen der Schöpfungspassage (Teil des mythischen Textes), dem restlichen zu rezitierenden Ritualtext (mythisch oder nicht-mythisch) bzw. der Anweisung für Ritualhandlungen auf der einen Seite und dem Ritualobjekt auf der anderen Seite. Es wird zu untersuchen sein, in welchem Textteil das Ritualobjekt erscheint. Bis auf zwei Schöpfungstexte erscheint das Ritualobjekt bereits in der Schöpfungspassage als Hauptziel der Schöpfung. Die Wahrscheinlichkeit ist relativ hoch, dass rituelle Schöpfungstexte ohne Anweisung für Ritualhandlungen mit dem Hauptziel der Schöpfung das Ritualobjekt enthalten.[81]

5.5.2 Ritualobjekt erscheint häufig in der Schöpfungspassage als Prototyp und Hauptziel der Schöpfung

Das Ritualobjekt ist in neun von zwölf Fällen das Hauptziel der Schöpfung. Die Schöpfungspassagen der „Kronzeugentexte" geben nicht direkt an, dass das Hauptziel der Schöpfung zugleich das Ritualobjekt ist. Deswegen muss das Ritualobjekt aus dem Ritualkontext geschlossen werden. Hier sind die Anweisungen für Ritualhandlungen und Beschwörungsformeln heranzuziehen (vgl. Abschnitt 5.5.5). Liegen keine Anweisungen für Ritualhandlungen oder Beschwörungsformeln vor, müssen andere rituelle Hinweise im zu rezitierenden Text und die Zielpunkte des zu rezitierenden Textes, vor allem im Hinblick auf das Unheil, analysiert werden (siehe Abschnitt 5.5.4).

Aus der Analyse der zwölf „Kronzeugentexte" ergibt sich folgendes Bild: Das Ritualobjekt ist in drei Viertel der Texte das Hauptziel der Schöpfung. Deswegen ist für jeden Schöpfungstext, der weitere rituelle Indizien enthält, zu untersuchen, ob es sich bei dem Hauptziel der Schöpfung um das Ritualobjekt handeln kann.

Das Ritualobjekt wird im Ritual vom Ritualadressaten mit Wirkmacht aufgeladen, um das Ritualziel für sich oder eine andere Entität (Person oder Sache) zu bewirken. Es ist zu fragen, ob das Hauptziel der Schöpfung solch eine Funk-

81 Nach Bottéro (ders. 2001, 149 f) mussten die Worte eines Rituales genau nach der (schriftlichen oder mündlichen) Überlieferung gesprochen werden, um wirkmächtig zu sein. Die privaten Rituale (bei Bottéro „sacramental rituals") wirkten ursprünglich aus sich selbst heraus ohne göttlichen Ritualadressaten und wurden erst im Laufe des 3. Jt. v. Chr. an die Götter gerichtet (ebd., 194 f).

tionalisierung im Text direkt zugeschrieben bekommt. Ein Indiz in dieser Richtung kann sein, dass das Hauptziel der Schöpfung erneuert werden muss – wie der Ziegel des Tempels (Z. 27: *ana tēdišti[ki]* / „zu [deiner] Erneuerung") in der *Kosmologie des kalû*. In den „Kronzeugentexten" ist nur dieser eine Beleg vorhanden, der in der Schöpfungspassage bereits angibt, dass die Schöpfung nicht wie geplant sein wird. Viel wahrscheinlicher sind die Indizien aus dem restlichen zu rezitierenden Ritualtext zu eruieren, wie im folgenden Abschnitt dargestellt wird. Für die situative Verortung eines Schöpfungstextes müssen daher alle Indizien in der Schöpfungspassage und im restlichen mythischen Text (Abschnitt 5.5.2–5.5.4) beachtet werden.

5.5.3 Ritualobjekt erscheint in der Schöpfungspassage als Prototyp auch aus anderen Gründen

Eine Ausnahme stellt der erste Ziegel in der *Kosmologie des kalû* dar. Dieser wird nicht explizit erschaffen, ist aber Bestandteil des Hauptziels der Schöpfung (hier: des Tempels). Er dient als Zielpunkt für den Ziegelgott Kulla:

27	*ib-ni* ^{d}ŠEG$_{12}$ *ana te-diš-ti-[ki*$^{?}$]	Er (= Ea) schuf Kulla zu [deiner$^{?}$] (= des Ziegels) Erneuerung

Kosmologie des kalû Z. 27[82]

Kulla wird hier als göttlicher Patron aller Ziegel erschaffen. Auch hier gibt es also einen direkten Zusammenhang zwischen Schöpfungsobjekt (= Kulla) und Ritualobjekt (= Ziegel bzw. Tempel). Da die Schöpfungspassage direkt vor dem Ziegel rezitiert werden sollte (Z. 23), ist mit der rekonstruierten Anrede in der 2. Person Singular (fem.) der prototypische Ziegel gemeint.[83] Der Ziegel (= Ritualobjekt) ist direkt als Prototyp in der Schöpfungspassage erwähnt.

Eine zweite Ausnahme ist der prototypische König bzw. Mensch in dem *Ritualtext für Šamaš*. Der restliche zu rezitierende Ritualtext gibt Hinweise auf einen spezifischen prototypischen Menschen als Ritualobjekt (vgl. Abschnitt 5.5.4). In der Schöpfungspassage werden bereits lebende und tote Menschen dem Herrschaftsbereich von Šamaš als dem Hauptziel der Schöpfung zugeordnet (1,1,41). Die Anweisung für Ritualhandlungen verdeutlicht, dass es sich bei dem Ritualobjekt um den König handelt. Es ist möglich, dass das Ritualobjekt

82 Die Umschrift folgt Ambos 2004, 180; Übersetzung Ambos 2004, 181, mit geringfügigen Modifikationen durch KM.

83 So positioniert sich auch Ambos 2004, 181.

ursprünglich nicht der König, sondern ein anderer Mensch war und das Ritual somit eine andere situative Verortung hatte.

5.5.4 Ritualobjekt erscheint häufig auch im restlichen zu rezitierenden Ritualtext als Prototyp

Sieben „Kronzeugentexte“ liefern zusätzlich zur Schöpfungspassage Hinweise auf das Ritualobjekt im restlichen zu rezitierenden Ritualtext: *Ritualtext für ein Gerstenkorn I* und *II*, *Ritualtext für einen Wurm*, der *Geburtsritualtext*, die Tempelbaurituale Als *An/Anu, Enlil, Enki/Ea Himmel und Erde schufen*, *Erschaffung von Eridu-Babylon* und *Ritualtext für Šamaš*. Im Folgenden werden diese Hinweise untersucht.

In dem *Ritualtext für ein Gerstenkorn I* ist das Ritualziel bereits in der mythischen Passage in den Zeilen 25–27 nach der eigentlichen Schöpfungspassage angegeben:

25	*me-er-ḫa*	Das Gerstenkorn
26	[*l*]*i-še*$^{!}$*-li-*[*a*]	sollen sie herausgehen lassen
27	[*i*]-*na* IGI GURUŠ	aus dem Auge eines (arbeitsfähigen) Mannes.

Ritualtext für ein Gerstenkorn I Z. 25–27[84]

Auch der *Ritualtext für ein Gerstenkorn II* liefert dafür Hinweise in Zeile 55:

55	*mi-ir-ḫu li-la-a*	Das Gerstenkorn soll herausgehen.

Ritualtext für ein Gerstenkorn II Z. 55[85]

Der *Ritualtext für einen Wurm* zielt auf die Entfernung und Bestrafung durch den Tod des Wurmes in Zeile 6 des mythischen Ritualtextes:

6	*iddi šiptam Damu u Gula unīra* ⌜*tūltam*⌝	Damu warf den Ritualtext und Gula tötete den ⌜Wurm⌝.

Ritualtext für einen Wurm Z. 6[86]

Auch der *Geburtsritualtext* gibt Hinweise auf das Ritualziel in Zeile 26 f in Bezug auf den Embryo:

84 Die Umschrift basiert auf Dietrich/Loretz 2000, 498; Übersetzung Dietrich/Loretz 2000, 500, mit geringfügigen Modifikationen durch KM.

85 Die Umschrift basiert auf Landsberger 1958, 56; Übersetzung KM.

86 Die Umschrift basiert auf Veldhuis 1993, 46; Übersetzung KM.

26	*ki-ma da-di-*[*im*]	Wie einen Liebling
27	*šu-ṣi*$_{2}$ *ra-ma-an-ka*	lass dich (= Embryo) selbst heraus!

Geburtsritualtext Z. 26 f[87]

Ab Zeile 16 von insgesamt 27 Zeilen des Ritualtextes wird der Embryo direkt mit der zweiten Person Singular angesprochen. Mit diesen Zeilen wird er mit ritueller Macht ausgestattet, um den Weg aus dem Mutterleib zu finden. Er ist jetzt nicht mehr der prototypische Embryo, sondern wird als der Embryo im „Hier und Jetzt" adressiert.

Interessanterweise ergänzen sich die Schöpfungspassage und der restliche zu rezitierende Ritualtext von *Als An/Anu, Enlil, Enki/Ea Himmel und Erde schufen* in Bezug auf einen Götterentscheid zum Wiederaufbau eines Tempels. So gibt die Schöpfungspassage in Zeile 9 f das Ritualobjekt (= Tempel) an:

Sumerische Version:

9	sipa u$_{2}$-a za$_{3}$-e-ne [di]m$_{3}$-me-er-e-ne ⸢ma⸣-d[a-a...]	Den Hirten, Versorger der Heiligtümer und Götter [im] Land [....]

Akkadische Version:

10	*re-'u za-nin eš-*⸢*ret*⸣ DINGIR^{MEŠ} *ina ma-a-*⸢*tu*$_{2}$⸣ ⸢*ib-bu*⸣-[*u*$_{2}$]Z.	Den Hirten, der die Heiligtümer der Götter versorgt, beriefen sie im Land.

Als An/Anu, Enlil, Enki/Ea Himmel und Erde schufen Z. 9 f[88]

Auch in Zeile 19 f des Handerhebungsgebetes bittet der König um einen positiven Götterentscheid – für sich selbst in der Rolle als Tempelversorger:[89]

Sumerische Version:

19	[n]a-aĝ$_{2}^{!}$ ka-aš-[b]ar-ra x[x x x]-e-ne-n[e]	Das Schicksal und die Schicksalsentscheidung [...] ihnen/sie(?).

Akkadische Version:

20	*aš*$_{2}$*-šu*$_{2}$ *pur-si-ja p*[*a-ra-šu aš-t*]*e-ne*$_{2}$-⸢*'i-ku-nu*⸣-[*ši*]	Um den Prozess für mich zu entscheiden, suche ich euch immer wieder auf.

Als An/Anu, Enlil, Enki/Ea Himmel und Erde schufen Z. 19 f[90]

---

87 Die Umschrift folgt van Dijk 1973, 503; Übersetzung KM.

88 Die Umschrift basiert auf Ambos 2004, 194; Übersetzung Ambos 2004, 195, mit geringfügigen Modifikationen durch KM.

89 Siehe hierzu Zeile 15 f mit dem Motiv des Hirten, das auf die Hirtenfunktion bei der Tempelversorgung anspielt; vgl. dazu Zeile 9 f (Ambos 2004, 195: „den Hirten, der die Heiligtümer der Götter versorgt").

90 Die Umschrift basiert auf Ambos 2004, 194; Übersetzung KM.

Der *Ritualtext für Šamaš* gibt eindeutige Hinweise in 1,4,15–22 des zu rezitierenden Ritualtextes, dass ein Mensch bzw. der König durch den Ritualadressaten Šamaš mit ritueller Macht ausgestattet werden soll, damit Unheil an ihm beseitigt wird und er gereinigt wird:

Sumerische Version:

15	^{d}Utu u$_4$-da-ne-e lu$_2$-u$_{18}$-lu dumu dingir-ra-na u$_3$-me-ni-sikil u$_3$-me-ni-dadag	Utu, nachdem er an diesem Tag den Menschen, Sohn seines Gottes, gereinigt hat, strahlend gemacht hat,
17	gal-ku$_3$-si$_{22}$-ga-gen$_7$ u$_3$-me-ni-dadag	nachdem er ihn wie großes Gold strahlend gemacht hat,
19	gal-ku$_3$-babbar-ra-gen$_7$ šu u$_3$-me-ni-su-ub-su-ub	nachdem er ihn wie großes Silber glänzend gemacht hat,
21	šu sa$_6$-ga dingir-ra-na-še$_3$ silim-ma-bi ḫe$_2$-bi$_2$-ib$_2$	möge er dieses Wohlergehen zusprechen für die guten Hände seines Gottes!

Akkadische Version:

16	^{d}*Šamaš ina u*$_4$*-mi an-ni-i a-mi-la* DUMU DINGIR-*šu*$_2$ *ul-lil-šu*$_2$ *ub-bi-ib-šu*$_2$*-ma*	Šamaš, an diesem Tag, reinige den Menschen, den Sohn seines Gottes, erkläre ihn rein und
18	*ki-ma qe*$_2$*-e ḫu-ra-ṣu nu-um-mir-šu*$_2$*-ma*	wie ein Gefäß aus Gold mache ihn strahlend und
20	*ki-ma qe*$_2$*-e kas*$_3$*-pi šu-kil-šu*$_2$*-ma*	wie ein Gefäß aus Silber reinige ihn und
22	*ana qa-tu*$_2$ *dam-qa-ti ša*$_2$ DINGIR-*šu*$_2$ *šal-mu-us-su pi-qid-su*	übergib ihn den guten Händen seines Gottes wohlbehalten!

Ritualtext für Šamaš 1,4,15–22[91]

Diese Passage ist nicht mehr Teil des mythischen Ritualtextes, obwohl sie auch rezitiert wurde. Sie kann dennoch wichtige Lexeme liefern, die mit dem verunreinigten Ritualobjekt in Verbindung stehen. In anderen Schöpfungstexten können diese Lexeme bereits Bestandteil des mythischen zu rezitierenden Ritualtextes sein; so beispielsweise in der *Erschaffung von Eridu-Babylon.* In diesem Text wird das strahlende und reine Ritualobjekt (= Tempel) im mythischen Ritualtext erwähnt, der der Schöpfungspassage vorgeschaltet ist: In den Zeilen 1–11 werden verschiedene Noch-nicht-Schöpfungen genannt, die alle einen Bezug zu einem solchen strahlenden, funktionsfähigen Tempel haben: z. B. Haus der Götter (Z. 1 und 9), Ziegel (Z. 3), Haus (Z. 4), Stadt (Z. 5), Nippur und E-kur (Z. 6), Uruk und Eana (Z. 7), Abzu und Eridu (Z. 9). Es geht konkret um einen „strahlenden“ bzw. „reinen Tempel“ (Z. 1 und 9: e$_2$ ku$_3$-ga, E$_2$ *el-lim*).

91 Die Umschrift basiert auf von Weiher 1988, 56; Übersetzung KM.

Zusammenfassend lässt sich sagen, dass der restliche zu rezitierende mythische Ritualtext außerhalb der eigentlichen Schöpfungspassage Hinweise liefern kann, die zur Identifizierung des Ritualobjektes führen. Alle Hinweise, die auf Verunreinigung durch Unheil verweisen, müssen hierbei berücksichtigt werden. Wer soll im mythischen Ritualtext beseitigt, entfernt werden oder aus/von etwas herausgehen? Die Lexeme *elû* („aufsteigen") und e_3 („herausgehen") sind hier beispielsweise zu untersuchen. In solchen Fällen kann es sich um den Unheilverursacher handeln.

Geschieht an jemandem im mythischen Ritualtext Unheil ohne sein Zutun, kann es sich ebenfalls um das Ritualobjekt handeln, wie der *Geburtsritualtext* und (wie die nicht-mythischen Passagen von) *Ritualtext für Šamaš* zeigen. Hier sind dann z. B. *waṣû* („hinausgehen") oder Lexeme für „reinigen" (sikil, dadag, *elēlu*) zu untersuchen. In diesen Fällen kann es sich um das Ritualobjekt handeln, an dem Unheil geschieht. Alternativ kann im mythischen Text außerhalb der eigentlichen Schöpfungspassage das „reine" oder „strahlende" Ritualobjekt erwähnt sein als Teil von Noch-nicht-Aussagen zur Schöpfung (vgl. die *Erschaffung von Eridu-Babylon*).

Zu beachten ist auch, dass der gesamte zu rezitierende Ritualtext ausschließlich aus der Schöpfungspassage bestehen kann, v. a., wenn sie ohne viele narrative Elemente sehr kurz gehalten ist, wie es bei den Tempelbautexten der Fall ist. *Tonmännchen und Puppen* sowie die *Kosmologie des kalû* haben keinen weiteren (oder restlichen) Ritualtext, sondern nur eine bzw. zwei Schöpfungspassage(n). Die *Kosmologie des kalû* ist jedoch fragmentarisch, sodass nicht ausgeschlossen werden kann, dass sich im abgebrochenen Teil ein Zusatz zum Ritualtext oder eine Anweisung für Ritualhandlungen befunden haben kann. Das Tempelbauritual *Als An/Anu, Enlil, Enki/Ea Himmel und Erde schufen* enthält neben der kosmologischen Schöpfungspassage (Z. 1–14) noch ein Handerhebungsgebet (Z. 2': ŠU.⌜IL$_2$.LA$_2$⌝: „Handerhebungsgebet"). Es ist durch einen Trennstrich nach Zeile 14 optisch abgetrennt. Dieses Gebet (Z. 15–2') ist nicht ganz klar durch einen Sprecherwechsel gekennzeichnet; daher ist unklar, ob der Sprecher der Schöpfungspassage weiterspricht (in dem Fall der König) oder ob ab hier erst der König (Z. 15 f: sipa, *rē'û* / „ Hirte") zu reden anfängt. Dieses Gebet wird in dem vorliegenden Buch als restlicher (zu rezitierender) Ritualtext verstanden.

5.5.5 Ritualobjekt erscheint selten nur in der Anweisung für Ritualhandlungen

In dem *Ritualtext für einen Zahnwurm* gibt die Schöpfungspassage und der restliche zu rezitierende Ritualtext das erste Ritualobjekt an (RO_1), nämlich den Wurm; jedoch nicht das zweite (RO_2). Dieses erscheint nur in der Anweisung für Ritualhandlungen. Die Anweisung für Ritualhandlungen in *Ritualtext für einen Zahnwurm* (Z. 25 f) gibt an, dass über der Heilmischung der Ritualtext rezitiert werden soll und sie dann zur Anwendung auf den Zahn kommt:

25	AG.AG.BI KAŠ.U$_2$.SA LAGAB MUNU$_5$ *u*$_3$ I$_3$.GIŠ I-*niš* ḪI.ḪI	Ritual dafür: Mischbier, einen Klumpen Malz und Öl mischst du zusammen.
26	EN$_2$ III-*šu*$_2$ DIŠ UGU ŠID-*nu i-na* UGU ZU-*šu* GAR-*an*	Den Ritualtext rezitierst du drei Mal darüber; du legst (es) auf seinen Zahn.

Ritualtext für einen Zahnwurm Z. 25 f[92]

Die Heilmischung wird in diesem Ritual mit Wirkmacht ausgestattet, um den Wurm zu vertreiben und die Zahnwunde zu behandeln. Demzufolge ist die Heilmischung hier das zweite Ritualobjekt neben dem Wurm, der durch das Ritual bestraft werden soll. Oder anders ausgedrückt: Hier sind streng genommen zwei Rituale miteinander verbunden; ein Ritual zur Abwehr des Wurms und ein Ritual zur Aktivierung der Heilmischung.

In dem *Ritualtext für den Schöpfungsstrom* geben weder Schöpfungspassage noch restlicher Ritualtext Hinweise auf das Ritualobjekt. Hier kann das eigentliche Ritualobjekt nur aus der Anweisung für Ritualhandlungen geschlossen werden. Es ist entweder eine Ersatzfigur, die Unheil trägt und vom Fluss weggetragen werden soll, oder der König selbst beim Überqueren des Flusses im Ritual *bīt šalā' mê*, der damit das Unheil an den Fluss abgibt, damit es weggetragen wird.[93]

Die situative Verortung des Rituals (inklusive der Rezitation der Schöpfungspassage) kann in beiden eben diskutierten „Kronzeugentexten" auch ohne genaue Kenntnis des Ritualobjektes rekonstruiert werden, weil die Texte genug Hinweise auf das Ritualziel (= die Beseitigung von Unheil) liefern (vgl. Abschnitt 4.6): In dem *Ritualtext für einen Zahnwurm* verursacht der Wurm das Unheil und wird im Ritual beseitigt. In dem *Ritualtext für den Schöpfungsstrom* beseitigt der Fluss das Unheil nach einem Rechtsentscheid.

---

92 Die Umschrift folgt Dietrich/Loretz 2000, 493; Übersetzung Dietrich/Loretz 2000, 495 f, mit geringfügigen Modifikationen durch KM.

93 So rekonstruiert Ambos 2013b, 47 das Ritual.

5.5.6 Zusammenfassung: Indizien für das Ritualobjekt in der Schöpfungspassage und im restlichen mythischen Ritualtext

Nach einer Prüfung, ob ein Schöpfungstext ohne gesicherte situative Verortung ein Ritual ist, sind die Schöpfungspassage und der restliche mythische Ritualtext, der rezitiert werden soll, auf Indizien für das Ritualobjekt zu untersuchen. Die „Kronzeugentexte" belegen, dass das Hauptziel der Schöpfung meist das Ritualobjekt ist.

Das Ritualobjekt wird im Ritual vom Ritualadressaten mit Wirkmacht aufgeladen, um das Ritualziel für sich oder jemand anderen zu bewirken. Bekommt das Hauptziel der Schöpfung solch eine Funktionalisierung im Text direkt zugeschrieben? Muss es beispielsweise erneuert werden, wie der Ziegel des Tempels in der *Kosmologie des kalû*?

Auch der restliche zu rezitierende mythische Ritualtext außerhalb der eigentlichen Schöpfungspassage kann Hinweise für die Identifizierung des Ritualobjektes geben. Alle Indizien, die auf Verunreinigung durch Unheil hinweisen, müssen hierbei berücksichtigt werden. Soll im Ritualtext jemand beseitigt bzw. entfernt werden oder aus etwas herausgehen? Das kann ein Hinweis auf das Ritualobjekt sein, an dem Unheil geschieht. Der mythische Ritualtext kann alternativ außerhalb der eigentlichen Schöpfungspassage auf das „reine" oder „strahlende" Ritualobjekt eingehen, ohne Unheil zu erwähnen (z. B. als Teil von Noch-nicht-Aussagen zur Schöpfung; vgl. *Erschaffung von Eridu-Babylon*).

Schöpfungstexte liefern in der Regel eindeutige Hinweise auf das Ritualziel. Kann das Ritualziel rekonstruiert werden, ist eine genaue Identifizierung des Ritualobjektes für die situative Verortung nicht mehr notwendig. Die Beseitigung von Unheil ist eines von zwei Ritualzielen (vgl. Abschnitt 4.6), die im mythischen Ritualtext thematisiert werden. Derjenige, der das Unheil im mythischen Ritualtext auch außerhalb der Schöpfungspassage verursacht, wird in der Regel im Ritual beseitigt. Erwähnen die Schöpfungspassage und der restliche zu rezitierende Ritualtext das Unheil nicht, sondern fokussieren auf die Erschaffung eines Idealzustandes, kann es sich hierbei um ein Ritual für die Festsprechung einer seit dem Uranfang festgelegten (positiven) Wesensart handeln.

5.6 Rahmen des Rituals: Ort des Rituals

Erscheint der Ort des Rituals in den „Kronzeugentexten" in der Schöpfungspassage, im restlichen mythischen Text oder nur in der Ritualanweisung? Wird also der Rahmen des Rituals, konkret der Ritualort, im mythischen Text (= Schöpfungspassage und im restlichen zu rezitierenden Ritualtext) gespiegelt? Diesen

Fragen wird in den folgenden Abschnitten nachgegangen werden, weil die Antworten ausschlaggebend für die situative Verortung sind.

5.6.1 Überblick über Orte des Rituals in den „Kronzeugentexten"

Die folgende Tabelle gibt einen Überblick über die Ritualorte der Rituale der „Kronzeugentexte"; hierbei wird untersucht, ob sie bereits in der Schöpfungspassage genannt werden und eventuell sogar eine Verbindung zum Unheil aufweisen, das im Ritual beseitigt werden soll.

Tab. 8: Verhältnis von Ort des Rituals, Sache/Ort als Hauptziel der Schöpfung und Unheil in den „Kronzeugentexten"

Text	Sache/Ort: Hauptziel d. Schöpfung	Uranfang: Ort der Schöpfung	Unheil dort entstanden (laut SP, RT)	Unheil dort beseitigt (laut SP, RT, RH)	Ort des Rituals
Gerstenkorn I	Gerstenkorn: Teil d. Feldes	Feld	RT	---	Feld?
Gerstenkorn II	Gerstenkorn: Teil d. Feldes	Feld	RT	---	Feld?
Zahnwurm	Wurm: Teil d. Morastes am Flussufer	Morast am Flussufer	RT	---	Obstbäume am Flussufer? Morast?
Wurm	Wurm: Teil d. Schlamms	Schlamm	RT	---	Schlamm?
Doppelschöpfung	Fragment	Fragment	Fragment	Fragment	Fragment
Schöpfungsstrom	Fluss, Flussufer	Fluss, Flussufer	---	SP: Rechtsentscheid (Fluss)	Fluss, Flussufer
Geburtsritualtext	---	Mutterleib	SP, RT	RT: Hilfe (Asalluḫi) + Rechtsentscheid u. Beistand (Muttergöttin?)	beim Mutterleib (= vor gebärender Frau)
Ritualtext für Šamaš	---	Land	SP: Steppe erwähnt (Unheilsort)	SP: Rechtsentscheid (Šamaš) RT: Rechtsentscheid (Šamaš) + Reinigung	Steppe: Haus des reinigenden Bades

Text	Sache/Ort: Hauptziel d. Schöpfung	Uranfang: Ort der Schöpfung	Unheil dort entstanden (laut SP, RT)	Unheil dort beseitigt (laut SP, RT, RH)	Ort des Rituals
Tonmännchen und Puppen	Tempel	Tempel	(RH)	(RH)	Tempel: vor Statue(n)
Als An/Anu, Enlil, Enki/Ea …	Tempel	Tempel	RT	RT	Tempel: vor Fundamenten
Kosmologie des kalû	Tempel	Tempel	SP: Unheil am Ziegel angedeutet	SP: Unheil am Ziegel angedeutet + Maßnahme zur Beseitigung	Tempel: vor Ziegel
Erschaffung von Eridu-Babylon	Tempel	Tempel	SP: Steppe erwähnt (Unheilsort)	RH	Tempel

Legende: RT = zu rezitierender Ritualtext, SP = Schöpfungspassage (= Teil des RT), RH = Anweisung für Ritualhandlungen

5.6.2 Ort des Rituals erscheint in der Schöpfungspassage als Hauptziel der Schöpfung

In fünf „Kronzeugentexten" (*Ritualtext für den Schöpfungsstrom, Tonmännchen und Puppen, Als An/Anu, Enlil, Enki/Ea Himmel und Erde schufen, Kosmologie des kalû, Erschaffung von Eridu-Babylon*) ist der Ritualort in der Schöpfungspassage erwähnt und zwar als Hauptziel der Schöpfung. So wird in dem *Ritualtext für den Schöpfungsstrom* der Fluss erschaffen (Z. 2), der zugleich den Ort darstellt, wo das Ritual durchgeführt wurde. Auch in den vier Tempelbauritualen wird der Tempel als Hauptziel der Schöpfung erschaffen (vgl. Abschnitt 4.4.6.1), und dieser ist zugleich der Ritualort. Die Texte fokussieren den Ritualort: Er wird erschaffen und kann das Recht entscheiden und somit Unheil beseitigen (*Ritualtext für den Schöpfungsstrom* Z. 8) bzw. Unheil abwehren durch Erneuerung (*Kosmologie des kalû* Z. 27).

Aus diesem Phänomen kann geschlossen werden, dass etwas (= personal, nicht-personal), was als Hauptziel der Schöpfung erschaffen wird, auf seine Eignung als Ritualort untersucht werden muss. Bei diesen Hauptzielen der Schöpfung muss es sich um Orte handeln, die unter praktischen Gesichtspunkten als Ritualorte in Frage kommen können. Hinweise für eine Spiegelung des Ritualortes in der Schöpfungspassage sind z. B. die Fähigkeit, das Recht für jemanden zu entscheiden oder Hinweise auf eine Erneuerung von sich selbst. Kann die Sache bzw. der Ort das Recht für jemanden entscheiden, handelt es sich nicht um den Unheilverursacher, sondern um denjenigen, der das Unheil beseitigt, d. h. um den Ritualadressaten. Wenn ein solches Numen zugleich etisch gesehen ein Ort ist, fungiert dieser Ort zugleich als Ritualort. Muss jedoch die Sache bzw. der Ort als Hauptziel der Schöpfung erneuert werden, handelt es sich hierbei nicht um den Ritualadressaten, wohl aber um den Ritualort, wie im Falle des Ziegels und somit des Tempels in der *Kosmologie des kalû*, der zugleich das Ritualobjekt darstellt.

5.6.3 Ort des Rituals erscheint in der Schöpfungspassage als Teilziel der Schöpfung

Vier „Kronzeugentexte" liefern wichtige Hinweise auf den Ritualort, auch wenn dieser nicht explizit angegeben ist: *Ritualtext für ein Gerstenkorn I* und *II*, *Ritualtext für einen Wurm* und der *Ritualtext für einen Zahnwurm*. In allen vier Texten bilden die Teilziele der Schöpfung zugleich den in der Schöpfung angelegten lokalen Lebensraum für das Hauptziel der Schöpfung. So ist in dem *Ritualtext für ein Gerstenkorn I* das Gerstenkorn Bestandteil des Feldes, ebenso wie die Teilziele der Schöpfung (= Morast, Halm, Ähre).[94] Auch in dem *Ritualtext für ein Gerstenkorn II* sind Hauptziel der Schöpfung (= Gerstenkorn) und Teilziele (= Saatfurche, Spross, Halm, Knoten, Ähre) Bestandteil des kultivierten Feldes.

Bei dem *Ritualtext für einen Zahnwurm* wechselt der Schauplatz zum morastigen Flussufer, an dem das Hauptziel der Schöpfung (= Wurm) sowie die Teilziele (= Flüsse, Kanäle, Morast)[95] lokal zu verorten sind.[96] Auch in dem *Ritualtext für einen Wurm* werden Hauptziel der Schöpfung (= Wurm) und Teilziele der Schöpfung (= Erde, Gestank, Schlamm, Fliege) in der Gegend des schlammigen Flussufers verortet.

Dieses Phänomen, dass Hauptziel und Teilziel der Schöpfung Bestandteil einer bestimmten lokalen Gegend sind, wird im Folgenden weiter auf dessen

94 Vgl. hierzu und für *Ritualtext für ein Gerstenkorn II* den Abschnitt 4.4.6.7.

95 Himmel und Erde als Teilziele der Schöpfung werden hier durch die Erdbezüge eingegrenzt.

96 Vgl. zu diesem Text und *Ritualtext für einen Wurm* den Abschnitt 4.4.6.7.

Bezug zum Ritualort untersucht. Alle vier Texte geben in dem restlichen Ritualtext (traditionell: „Beschwörung“) außerhalb der Schöpfungspassage an, dass das Unheil an eben diesem Ort entstanden ist, als das Hauptziel der Schöpfung diesen lokalen Lebensraum zugunsten eines anderen verließ. Allerdings nennen die vier Ritualtextpassagen nicht direkt den Ort, an dem das Unheil beseitigt werden soll. Sie liefern aber Hinweise auf diesen. Der Ort, an dem das Unheil beseitigt werden soll, ist zugleich der Ort des Rituals, wie der *Ritualtext für den Schöpfungsstrom* und die Tempelbaurituale zeigen (siehe den vorherigen Abschnitt). An diesem Ort wird die Schöpfung in ihren rechtmäßigen Zustand versetzt. So gibt Zeile 54 des *Ritualtextes für ein Gerstenkorn II* an, dass Šamaš und Sîn (während des Rituals) dabeistehen sollen mit dem Ziel, dass das Gerstenkorn herausgehen möge:

54	^{d}UTU *ina e-ṣe-di-šu* ^{d}*Sîn ina pu-ḫ*[*u-ri-šu*]	Während Šamaš erntete, während Sîn samme[lte],
55	*ana* IGI GURUŠ *mi-ir-ḫu* TU-*ub* ^{d}UTU *u* ^{d}*Sîn i-ši-za-nim-ma*[97] *mi-ir-ḫu li-la-a* [tu$_6$-en$_2$]	trat ins Auge eines (arbeitsfähigen) Mannes das Gerstenkorn. Šamaš und Sîn, tretet hinzu, damit das Gerstenkorn herausgehen möge. [Ritualtext]

Ritualtext für ein Gerstenkorn II Z. 54 f[98]

Beide Götter sind bei der Verletzung der Schöpfungsordnung durch das Gerstenkorn anwesend (Z. 54 f). Sie müssen dem Ritual als Ritualadressaten beiwohnen, damit das Ritualziel erreicht wird. Es ist anzunehmen, dass auch andere Elemente Entsprechungen im Ritual haben mussten, damit die Schöpfung wieder rechtmäßig funktionieren konnte und das Gerstenkorn wieder seinen Platz auf dem Feld einnahm. Dazu gehört möglicherweise ebenfalls der Ort der Schöpfung: das Feld. Ein weiterer Hinweis auf das Feld als Ritualort der *Ritualtext für ein Gerstenkorn II* ist das *alāla*-Lied in Zeile 51, das gut bekannt ist im landwirtschaftlichen Kontext als Lied der Pflüger auf dem Feld (vgl. hierzu den Abschnitt 4.4.6.7). Der gesamte Text weist auf einen Feldkontext hin, weswegen hier auch höchstwahrscheinlich der Ritualort gemeint ist.

97 Nach GAG, 46* handelt es sich hier um einen Imperativ Plural (*išizzā*) des G-Stamms mit Ventivendung (-*nim*) und dem enklitischen Partikel (-*ma*), der in der mittel-/spätbabylonischen Sprachstufe auf die Wurzel √*šiz* des Verbums *izzuzum* („stehen“) zurückgeht.

98 Die Umschrift basiert auf Landsberger 1958, 56; Übersetzung KM.

5.6.4 Ort des Rituals erscheint nur im restlichen mythischen Text

Zwei „Kronzeugentexte" (*Geburtsritualtext, Ritualtext für Šamaš*) liefern Hinweise auf den Ritualort, der weder Haupt- noch Teilziel der Schöpfung ist. Die Hinweise sind in der Schöpfungspassage und dem restlichen zu rezitierenden Ritualtext bzw. der Anweisung für Ritualhandlungen zu finden.

In dem *Ritualtext für Šamaš* wird in der akkadischen Schöpfungspassage die Steppe indirekt erwähnt durch Lebewesen der Steppe in 1,1,43: *ši-kin napišti ša*$_2$ EDIN („Lebewesen der Steppe").[99] Auch taucht im Gegensatz zur unkultivierten Steppe das Land (1,1,37 f: [k a l a m], *ma-tu*$_2$)[100] als spezifischer Ort auf, der als Herrschaftsbereich des Šamaš definiert ist. Im restlichen zu rezitierenden Ritualtext außerhalb der Schöpfungspassage gibt es wiederholte Erwähnungen von einem unspezifischen Ort, der Stadt (1,1,57 f; 1,3,20 f; 1,3,43 f). Daneben beinhaltet der Herrschafts- bzw. Aufgabenbereich des Šamaš, des Ritualadressaten, die Herausführung aus dem Gefängnis (1,3,22) sowie Aufgaben auf dem Feld (1,3,31 f). Ein spezifischer Ort ist am häufigsten erwähnt (in 1,2,53–56 sowie in 1,3,7 f und 1,3,14–19): das Haus des Reinigungswassers (e$_2$-a-tu$_5$-a) bzw. das Haus des Bades (*bīt rimki*). Dass dieser Ort nicht nur eine Rolle auf textlicher Ebene spielt, sondern auch für die situative Verortung maßgebend ist, zeigt der Formelvermerk: k a - e n i m - m a k i - ^{d}U t u e$_2$ a$^{!}$ [t] u$_5$ - a - k a m („Zu rezitierender Wortlaut: ki-^{d}Utu-Gebet für das Haus des Reinigungswassers").[101] Hier weist dieser spezifische Ort auf die situative Verortung im Ritual: Er ist der Ort des Rituals. Dieses *bīt rimki* ist ein aus Rohr errichteter Ritualort in unkultiviertem Gebiet außerhalb der Stadt, d. h. in der „Steppe".[102] Die Steppe galt emisch betrachtet als Übergang zu unkultivierten Bereichen und als Unheilsort,[103] Rohr galt hingegen als lebensspendend.[104] Hinweise auf diesen Ritualort sind in der Schöpfungspassage (indirekte Erwähnung: Steppe), im restlichen zu rezitierenden Ritualtext (direkte Erwähnung) und im Formelvermerk (direkte Erwähnung) zu finden.

Auch der *Geburtsritualtext* enthält Hinweise auf den Mutterleib als Ritualort. Die Schöpfungspassage beschreibt den Ort, an dem die Schöpfung des Embryos stattfindet:

99 Die Umschrift basiert auf von Weiher 1988, 52.
100 Die Umschrift basiert auf von Weiher 1988, 52.
101 Die Umschrift basiert auf von Weiher 1988, 56; Übersetzung KM.
102 Vgl. Ambos 2013 c, 41 und ders. 2012, 95.
103 Vgl. Steinert 2012 a, 308 mit Anm. 47.
104 Vgl. Ambos 2012, 95: Anm. 14.

1	*i-na me-e na-a-ki-im*	im Wasser des Beischlafs
2	*i-na ši-i-ir [ši]-ir-ḫa-ni-im*	im Fleisch der Sehnen (...)
5	*i-na me-e* A.AB.BA *ša-am-ru-tim*	in den Meereswassern, den wilden,
6	*pa-al-ḫu-u*$_2$*-tim*	den furchtbaren (...)

Geburtsritualtext Z. 1 f und Z. 5 f (ausgewählte Lexeme)[105]

Dieser Schöpfungsort wird hier nicht geschaffen, sondern wird als existent vorausgesetzt. In dem restlichen Ritualtext wird der Mutterleib konkreter beschrieben mit Wegen, die der Embryo durchschreiten soll (Z. 14–17); dabei halten ihn Türen und Riegel zurück, die nach dem Eingreifen von Asalluḫi und der Muttergöttin geöffnet sind:

23	*[pa-a]ṭ*$^?$*-ru si*$_2$*-ik-ku-ru[-...]*	Gelöst sind die Riegel [...]
24	*[ru-um]-ma-a da-la-t[u-...]*	Gelockert sind die Türen [...]

Geburtsritualtext Z. 23 f[106]

Auch enthält der letzte Satz des Ritualtextes (Z. 26 f) eine Aufforderung an den Embryo, herauszukommen, sicherlich aus dem Mutterleib:

26	*ki-ma da-di-[im]*	Wie einen Lieb[ling]
27	*šu-ṣi ra-ma-an-ka*	lass dich (= Embryo) selbst heraus!

Geburtsritualtext Z. 26 f[107]

Und schließlich gibt die Anweisung für Ritualhandlungen einen sicheren Hinweis auf den Mutterleib als Ritualort, indem sie im Serienvermerk angibt, dass das Ritual für eine gebärende Frau vorgesehen ist: ka-enim-ma munus u$_3$-du$_2$-da-kam („Es ist der zu rezitierende Wortlaut für eine gebärende Frau"). In beiden Texten (*Geburtsritualtext*, *Ritualtext für Šamaš*) ist erkennbar, dass auf den Ritualort sowohl in der Schöpfungspassage als auch im restlichen zu rezitierenden Ritualtext und im Formelvermerk angespielt wird. In dem *Geburtsritualtext* ist er zugleich der Ort, an dem die Schöpfung stattfand und sie widerrechtlich behindert wurde.

Auch Schöpfungstexte ohne klare situative Verortung sind nach Hinweisen auf Orte zu untersuchen, die als Ritualort fungieren können. Besonders bieten sich dabei solche Orte an, die der Schöpfungsort sind und in der Schöpfungspassage sowie im restlichen zu rezitierenden Ritualtext wiederholt genannt sind. Hierfür sind die Abschnitte 5.6.2 und 5.6.3 heranzuziehen.

105 Die Umschrift basiert auf van Dijk 1973, 503; Übersetzung KM.

106 Die Umschrift basiert auf van Dijk 1973, 503; Übersetzung KM.

107 Die Umschrift basiert auf van Dijk 1973, 503; Übersetzung KM.

5.6.5 Zusammenfassung: Indizien für den Ort des Rituals in der Schöpfungspassage und im restlichen mythischen Ritualtext

Nach einer Prüfung, ob ein Schöpfungstext ohne klare situative Verortung ein Ritual ist (vgl. Kapitel 3), sind die Schöpfungspassage und der restliche mythische Ritualtext, der rezitiert werden sollte, auf Indizien für den Ort des Rituals zu untersuchen. Die „Kronzeugentexte" belegen, dass der Ritualort in der Schöpfungspassage erscheinen kann.

Der Ritualort kann in der Schöpfungspassage erschaffen werden als Hauptziel oder Teilziel der Schöpfung. Ein Hinweis für eine Spiegelung des Ritualortes in der Schöpfungspassage ist z. B., dass ein solcher erschaffener Ort personal gedacht ist und die Fähigkeit besitzt, das Recht für jemanden zu entscheiden. In solch einem Fall ist dieser Ort der Ritualadressat und gleichzeitig der Ritualort. Ein weiterer Hinweis auf eine Spiegelung des Ritualortes in der Schöpfungspassage ist z. B., dass sich ein solcher erschaffener Ort selbst erneuern soll. Ist dieser Ort auch etisch gesehen ein Ort, fungiert er zugleich als Ritualort.

Daneben gibt es weitere Hinweise auf eine Spiegelung des Ritualortes in der Schöpfungspassage. Der Ritualort kann z. B. der Ort sein, an dem das Unheil beseitigt werden soll. An diesem Ort wird die Schöpfung in ihren rechtmäßigen Zustand versetzt. Auf ihre Eignung als Ritualorte sind besonders solche Orte zu untersuchen, die wiederholt in der Schöpfungspassage und im restlichen Ritualtext erscheinen. Der Ort, an dem die Schöpfung stattfindet, kann ebenfalls der Ort des Rituals sein.

5.7 Rahmen des Rituals: Zeit des Rituals

Die Zeit des Rituals kann in den „Kronzeugentexten" in der Schöpfungspassage erscheinen und nicht nur in der Anweisung für Ritualhandlungen. In den folgenden Abschnitten wird diesem Phänomen nachgegangen werden.[108]

---

108 Für eine detaillierte Analyse, wie der mythische Text Zeitangaben enthalten kann, die nicht erschaffen werden und dennoch verortungsrelevant sind vgl. Abschnitt 3.4 und dazu eine kurze Zusammenfassung in Abschnitt 5.7.3.

5.7.1 Zeit des Rituals erscheint in der Schöpfungspassage als Teilziel der Schöpfung

Einige „Kronzeugentexte" geben an, zu welcher Zeit das Ritual durchgeführt werden sollte. Ganz besonders interessant ist in diesem Zusammenhang der *Ritualtext für Šamaš*, weil hier Tag und Nacht als Teilziele der Schöpfung erschaffen werden und sie somit in der Schöpfungspassage genannt sind. Gerade am frühen Morgen, am Übergang von Nacht zu Tag, sollte dieses Ritual durchgeführt werden (vgl. Abschnitt 4.4.7).

Sumerische Version:

11	^{d}Utu u$_4$ ĝi$_6$-ba ĝiškim [b]a$^?$-na$^?$-an-du$_{11}$-ga-eš-a-ba	O Utu! Nachdem sie von Tag und Nacht die Zeichen festsetzt hatten (wörtlich: sprachen) (...)

Akkadische Version:

12	*e-nu-ma u$_4$-mu mu-šu u$_2$-ta-ad-du-u$_2$*	Als Tag [und] Nacht ernannt wurden (...)

Ritualtext für Šamaš 1,1,11 f[109]

Nachfolgend wird für weitere Texte mit Schöpfungshylemen ohne klare situative Verortung untersucht, ob die Erschaffung von Zeit(en) auf die Zeit des Rituals verweist.

Weil das Schöpfungsobjekt „Zeit" als Teilziel der Schöpfung einen direkten Bezug zum Ritualrahmen (Zeit des Rituals) aufweist, wird hier ein weiterer wichtiger Schöpfungstext (außerhalb der „Kronzeugentexte") mit diesem Schöpfungsobjekt herangezogen: In *Enūma elîš* werden verschiedene Zeiten als Teilziele der Schöpfung erschaffen: Jahr (5,3, evtl. 5,40, evtl. 5,42), 12 Monate (5,4), Tage eines Jahres (5,5), Vollmond (5,14), Neulicht (5,15 f), siebenter Tag des Monats (5,17), 15. Tag des Monats (5,18), Neumond (5,21), Monatsende am 30. Tag (5,22), Tag (5,39, 5,45: Tage), Wechsel von Tag und Nacht (5,46), Nacht (5,12 f), Neujahr (5,40, Verb fehlt). Etliche dieser Zeiten sind Ritualzeiten für Kultfeierlichkeiten, so Neulicht, der 7. und 15. Tag eines Monats, Neujahr. *Enūma elîš* wurde an Neujahr rezitiert, das ein Teilziel der Schöpfung ist.[110] Da so viele Zeiten als Teilziele der Schöpfung genannt sind, was keine Parallele in den sonstigen mesopotamischen Schöpfungspassagen hat, ist zu überlegen, ob es sich von Anfang an um einen Ritualtext gehandelt hat, der zu vielen Gele-

---

109 Die Umschrift folgt von Weiher 1988, 51; Übersetzung KM.

110 Vgl. A. Zgoll 2006 a; Gabriel 2014.

genheiten rezitiert werden konnte.[111] Der spätbabylonische Textzeuge BM 32206+ belegt, dass dieser Schöpfungstext am vierten Tag des Kislīmu (9. Monat) in Babylon rezitiert wurde (1,2,55.62–64).[112] Daher ist für diesen Text ein größerer situativer Kontext auch außerhalb des Neujahrsfestes denkbar, vermutlich sogar zu Beginn jeden Monats, wie Zgoll (2006a, 50 f) zeigt und evtl. noch öfter.

5.7.2 Zeit des Rituals ist häufig kein Schöpfungsobjekt in den „Kronzeugentexten"

Der Vollständigkeit halber soll erwähnt werden, dass die anderen „Kronzeugentexte" (außer *Ritualtext für Šamaš*) die Ritualzeit nicht in dem Ritualtext inklusive Schöpfungspassage, sondern nur in den Anweisungen für Ritualhandlungen angeben: So soll das Ritual der *Kosmologie des kalû* am Morgen (Z. 5) nach verschiedenen anderen Ritualteilen durchgeführt werden, der Ritualtext *Als An/Anu, Enlil, Enki/Ea Himmel und Erde schufen* am Morgen vor den Fundamenten rezitiert werden (Z. 29)[113] und der Ritualtext von *Tonmännchen und Puppen* am dritten Tag gesungen werden (Z. 32).

Auch wenn nur der *Ritualtext für Šamaš* (und außerhalb der „Kronzeugentexte" *Enūma eliš*) in der Schöpfungspassage und in der Anweisung für Ritualhandlungen die Ritualzeit angeben, kann sie doch in dem *Geburtsritualtext* in der Schöpfungspassage und in dem restlichen Ritualtext rekonstruiert werden. Es ist genau die Zeit der Wehen, wenn die Probleme, die in dem Ritualtext angegeben sind, akut sind. Der Ritualtext beschreibt Komplikationen bei der Geburt und genau zu dieser Zeit soll das Ritual durchgeführt werden. Deshalb ist in weiteren Schöpfungstexten zu untersuchen, inwieweit die dort beschriebene Situation auf ein Ritual schließen lässt, was Gegenstand der Abschnitte 3.1 (über Situationen im mythischen Text mit Bezug zur Gegenwart) und 3.4 (über Zeitangaben im mythischen Text mit Bezug zur Gegenwart) ist.

Der Abschnitt 3.4 bietet einen ausführlichen Überblick, wie der mythische Ritualtext unspezifische oder spezifische Zeitangaben enthalten kann, die auf

---

111 Vgl. Gabriel 2014 (Abschnitt 2.2 „Die Verortung des Werkes" und 8.2.1 „Handlungsanweisungen an religiöse Experten"), der den Ritualtext im Kontext des Geheimwissens verortet, also in einem kultischen Umfeld.

112 Vgl. Çağirgan/Lambert 1991–1993, 95 f (Umschrift, Übersetzung); vgl. Linssen 2004, 81 (Anm. 425); Gabriel 2014, 88. Vgl. A. Zgoll 2006a, 50 f.

113 Die *Kosmologie des kalû* verweist in Zeile 27 auf die Rezitation von *Als An/Anu, Enlil, Enki/Ea Himmel und Erde schufen*, vgl. Ambos 2004, 189.

die präsentische Gegenwart des Textrezipienten hinweisen und die damit ein Indiz für die situative Verortung in der mesopotamischen Lebenswirklichkeit sein können. Weil sich dieses Phänomen nicht nur in den Schöpfungstexten, sondern auch in anderen mythischen Texten findet, ist diese Analyse Gegenstand des Kapitel 3 (= Methodische Annäherung I) zu den allgemeinen Indizien für die situative Verortung.

5.7.3 Zusammenfassung: Indizien für die Zeit des Rituals in der Schöpfungspassage

Die Zeit des Rituals kann in der Schöpfungspassage als Teilziel der Schöpfung erschaffen werden, wie im Falle der Ritualzeit am Übergang von Tag zu Nacht (*Ritualtext für Šamaš*). In den „Kronzeugentexten" existiert dafür jedoch nur dieser eine Beleg. Dieses Phänomen ist auch in Schöpfungstexten ohne klare situative Verortung belegt (vgl. *Enūma eliš*).

Werden Zeiten erschaffen, die zugleich Ritualzeiten für Kultfeierlichkeiten sind, ist zu analysieren, ob sie nicht nur auf der Textebene eine Funktion aufweisen, sondern gleichzeitig ein Indiz für die situative Anwendung des Textes darstellen, d. h. ob es sich hierbei um die Ritualzeit handeln kann. Der Abschnitt 3.4 bietet dafür einen Überblick und zeigt, wie der mythische Ritualtext (= Schöpfungstext und restlicher mythischer Text) unspezifische oder spezifische Zeitangaben enthalten kann, die auf die präsentische Gegenwart des Textrezipienten hinweisen und somit auf die situative Verortung des Textes. Eine Zeitangabe verweist dann auf die situative Verortung eines Textes, wenn sie sich auf die mesopotamische Lebenswirklichkeit außerhalb der Textebene (d. h. außerhalb des konkret vorliegenden Textes) bezieht. Solche verortungsrelevanten unspezifischen Zeitangaben können prozesshaft sein („künftig" etc.) oder nicht prozesshaft („heute" etc.). Sie können u. a. verschiedene Feste („Neujahrsfest" etc.) oder Tageszeiten („Sonnenaufgang" etc.) sein. An dieser Stelle ist für die situative Verortung Abschnitt 3.4 (3.4.1–3.4.4) zu beachten.

6 Die situative Verortung von einzelnen Schöpfungstexten ohne eindeutige rituelle Verankerung: Zehn Fallstudien

Wenn es so viele Texte mit Schöpfungsmythen gibt, die eindeutig in rituellem Kontext überliefert sind, wie steht es dann mit anderen Texten, in denen Schöpfungsmythen erzählt werden, in denen aber keine eindeutigen Angaben zur Kontextualisierung überliefert sind? In den folgenden Abschnitten geht es daher v. a. um die primäre Verortung, d. h. die ursprüngliche situative Verortung von solchen einzelnen Schöpfungstexten ohne bisher gesicherte situative Verortung.

6.1 Exemplarische Fallstudien

Neben den „Kronzeugentexten“, die in Ritualen verankert waren, gibt es mindestens 40 Schöpfungstexte, die keine eindeutige situative Verortung aufweisen (vgl. die Listen von mythischen Schöpfungstexten im Anhang). In den Kapiteln 7–16 stehen zehn dieser Schöpfungstexte im Fokus. Es geht um die Frage, ob sich genügend Indizien finden lassen, um diese Schöpfungstexte situativ zu verorten oder doch zumindest, um gewichtige Argumente für eine solche Verortung zu finden. In den vorangegangenen Kapiteln wurde dafür eine Methodik entwickelt, mit deren Hilfe die situative Verortung von Schöpfungstexten rekonstruiert werden kann. Im Folgenden werden die Analysen und Ergebnisse aus den Kapiteln 3, 4 und 5 angewendet.

Die „Kronzeugentexte“ waren in zwei verschiedenen Kontexten situativ verortet, in Ritualen für Einzelpersonen[1] zur Beseitigung von Unheil (Krankheit etc.) und in Tempelbauritualen[2] zur Übertragung von Wirkmacht auf den Tem-

1 Es handelt sich bei dieser Gruppe um folgende acht Schöpfungstexte: *Ritualtext für ein Gerstenkorn I* (Krankheit: Gerstenkorn am Auge), *Ritualtext für ein Gerstenkorn II* (Krankheit: Gerstenkorn am Auge), *Ritualtext für einen Wurm* (Krankheit: Augenleiden), *Ritualtext für einen Zahnwurm* (Krankheit: Zahnschmerz), Ritualtext *Doppelschöpfung von Anu und Ea* (Krankheit: Herzleiden), *Ritualtext für den Schöpfungsstrom* (Unheil: verschiedene Ursachen), einen *Geburtsritualtext* (Krankheit: Komplikationen bei Geburt), *Ritualtext für Šamaš* (Unheil: Einzelperson, König als Amtsträger).

2 Es handelt sich hierbei um folgende vier Schöpfungstexte: *Tonmännchen und Puppen, Als An/Anu, Enlil, Enki/Ea Himmel und Erde schufen, Kosmologie des kalû, Erschaffung von Eridu-Babylon.*

https://doi.org/10.1515/9783110719222-006

pel. Vorausgreifend lässt sich festhalten, dass die Schöpfungstexte, die nun als Fallstudien situativ verortet werden, ebenfalls in Ritualen verankert gewesen waren. Konkret wird zu zeigen sein, dass die zehn Schöpfungstexte, resp. die Fallstudien der folgenden Kapitel, in Ritualen des Tempelkultes[3], in einem Ritual[4] des Tempels oder Palastes und in landwirtschaftlichen Ritualen[5] situativ verortet werden können. Das schließt nicht aus, dass weitere Schöpfungstexte in anderem Kontext verortet waren.

6.2 Definition: Ritualtext

Es werden in den folgenden Fallstudien die Indizien für die Einordnung des jeweiligen Einzeltextes als Ritualtext dargelegt, die auf eine situative Verortung in einem Ritual hinweisen. Obwohl die „Kronzeugentexte" und zehn weitere Texte mit Schöpfungshylem als Ritualtexte eingeordnet werden können, was für die letztere Gruppe in den folgenden Abschnitten zu zeigen sein wird, kann nicht davon ausgegangen werden, dass alle Texte, die mindestens ein Schöpfungshylem aufweisen, immer Rituale sind. Das ist für jeden Einzeltext zu prüfen.

Im Folgenden werden zehn Texte meines Korpus mit mindestens einem Schöpfungshylem auf ihre situative Verortung geprüft. Das Ergebnis weist auch in diesen Fällen auf eine Verortung innerhalb von Ritualen. *Ritual* wird hier in einem engen Sinn verstanden: Können die direkten Ritualteilnehmer (Ritualabsender, Ritualexperte, numinoser Ritualadressat, Ritualobjekt, gegebenenfalls weitere menschliche Ritualteilnehmer, gegebenenfalls göttliche Ritualgaranten)[6] für den Einzeltext rekonstruiert werden und ebenso das Ritualziel, wird in der vorliegenden Arbeit von einer Einordnung als *Ritualtext* ausgegangen. Ein Ritual findet hier dementsprechend unter numinoser Beteiligung (numinoser Ritualadressat, gegebenenfalls weitere numinose Ritualteilnehmer) statt und ist

3 Als Rituale des Tempelkultes werden sich folgende Schöpfungsexte erweisen: *Innana holt das Himmelshaus, Keš-Hymne, Enkis Fahrt nach Nippur, Atram-ḫasīs, Lied auf die Hacke, KAR 4, Lugal-e, Gilgameš, Enkidu und die Unterwelt.*

4 Hier ist *Enki und Ninmaḫ* gemeint, für den Indizien für die Einordnung im Tempelkult und in einem Ritual im Palast vorliegen.

5 Es handelt sich hierbei um die *Theogonie von Dunnu.*

6 Vgl. Abschnitt 4.4.2 (zu Ritual, Ritualteilnehmern, zwei Ritualschemata); vgl. auch Abschnitt 4.5 (zu zwei Ritualzielen der „Kronzeugentexte").

immer an mindestens ein Numen adressiert, das zu einem entsprechenden Handeln im Sinne des Ritualziels bewegt werden soll.[7]

6.3 Indizienargumentation

Die „Kronzeugentexte“ sind durch ihre Eigenbezeichnungen (en₂/*šiptum*) bzw. ihre Formelvermerke (ka-enim-ma) als Ritualtexte eindeutig klassifiziert. Diese eindeutige Klassifizierung fehlt bei den nicht als Ritualtext markierten Schöpfungstexten der folgenden Fallstudien.

Man könnte nun fragen, warum es dennoch sinnvoll ist, sie auf Indizien für die Einordnung als Ritualtext zu untersuchen. Schließt eine fehlende rituelle Markierung nicht aus, dass es sich um einen Ritualtext handelt?[8] Die Textgruppen ir_2-$šem_3$-ma und balaĝ zeigen, dass sumerische Texte aus dem Tempelkult keine rituellen Handlungsanweisungen aufweisen müssen.[9] Die Textunterschrift ir_2-$šem_3$-ma GN steht am Textende, genau wie der Preisliedvermerk[10] von vielen der Schöpfungstexte der Fallstudien, die in diesem Kapitel untersucht werden (za_3-mim GN: „Preislied für Gott XY“). Beide Eigenbezeichnungen (ir_2-$šem_3$-ma, za_3-mim) können demnach als rituelle Markierung verstanden werden. Damit bedarf es keiner weiteren rituellen Handlungsanweisung oder anderen rituellen Markierung (en_2/*šiptum* bzw. ka-enim-ma), wie sie die „Kronzeugentexte“ aufweisen. Außerdem konnten Handlungsanweisungen getrennt vom zu rezitierenden mythischen Ritualtext aufbewahrt werden, wie auch akkadische Schöpfungstexte zeigen, so beispielsweise der spätbabylonische Textzeuge BM 32206+ von *Enūma elîš*. Das Lied wurde nach der Anweisung für Ritualhandlungen dieses Textzeugen nicht nur zu den Neujahrsfeierlichkeiten, sondern auch am vierten Tag des 9. Monats in Babylon gesungen (1,2,55.62–64).[11] Den gleichen Befund zeigen die Handlungsanweisungen

7 Rein emisch war im Alten Orient die Präsenz des Göttlichen allgegenwärtig. Auch die mündliche Darbietung von performativen mythischen Texten zu Unterhaltungszwecken konnte unter numinoser Anwesenheit vorgestellt werden; solche Aufführungen bzw. Rezitationen werden hier aber nicht als Rituale verstanden. Zu Ritualfunktionen (auf der Ebene von Funktionalisierungen) vgl. A. Zgoll 2003b.

8 Vgl. im Folgenden auch Abschnitt 4.1.

9 Dass beide Textgruppen im Tempelkult des 1. Jt. v. Chr. situativ verortet werden können, zeigt Gabbay 2013 und ders. 2014a.

10 Zu ir_2-$šem_3$-ma GN vgl. Gabbay 2007; ders. 2014a und 2015; vgl. ders. 2007 und 2015 zu balaĝ innerhalb von ir_2-$šem_3$-ma.

11 Vgl. Çağirgan/Lambert 1991–1993, 95 f (Umschrift, Übersetzung); vgl. Linssen 2004, 81 (Anm. 425) und Gabriel 2014, 88; vgl. A. Zgoll 2006a.

für Statuenbelebungsrituale, die ebenfalls gesondert von den Tafeln mit den zu rezitierenden Texten verschriftet werden konnten.[12]

In den folgenden Abschnitten wird nach den hauptsächlichen Indizienargumenten für die situative Verortung jedes Einzeltextes gesucht. Die Analyse der Einzeltexte richtet sich dabei nach den Ergebnissen der methodischen Untersuchungen aus Kapitel 3, 4 und 5 (Methodische Annäherungen I–III). In den folgenden Abschnitten geht es dabei v. a. um die primäre Verortung, d. h. die ursprüngliche situative Verortung des jeweiligen Einzeltextes (der ja immer auch sekundär verortet gewesen sein konnte).

Ein Indiz kann überzeugender und damit stärker oder weniger überzeugend und damit schwächer sein. Generell gilt für die vorliegende Arbeit: Keine Argumentation wird auf einem einzelnen Indiz aufgebaut; erst mehrere Indizien ergeben die Basis, um die situative Verortung eines Textes zu rekonstruieren.

6.4 Indizien für mesopotamische Schöpfungstexte im Rahmen der Tempelweihe

Es wird gezeigt werden, dass mindestens sechs Schöpfungstexte ohne eindeutige situative Verortung Indizien aufweisen, die eine Verankerung im Rahmen von Ritualen der Tempelweihe nahelegen.[13] Um eine solche Einordnung vorzunehmen, werden die Rituale im Rahmen der Tempelweihe im Folgenden mit ihren Hauptmerkmalen vorgestellt.

6.4.1 Tempelweihtexte als Preislieder zur Aktivierung von Tempeln

Aus Mesopotamien liegt keine Eigenbezeichnung „Tempelweihe" bzw. „Tempelweihtext" vor.[14] Es existieren jedoch Beschreibungen von Ritualen im Rahmen von Tempelweihen, ohne dass sie eine eigenständige Gattungsbezeich-

12 Vgl. Walker/Dick 2001; Berlejung 1998, 178–283.

13 Es handelt sich um: *Keš-Hymne* (vgl. Kapitel 8), *Enkis Fahrt nach Nippur* (vgl. Kapitel 9), *Enūma eliš*, *Innana holt das Himmelshaus* (vgl. Kapitel 7), *Lied auf Bazi*. Für eine Verankerung von Schöpfungstexten ohne bisher gesicherte situative Verortung und ohne Anweisungen für Ritualhandlungen im Rahmen von Ritualen vgl. Abschnitt 6.3.

14 Das sumerische Lexem a--ru bedeutet „weihen". Der Begünstigte steht in der Regel im Dativ. Eine Weihgabe an jemanden steht in keinem direkten Zusammenhang zu einer Tempelweihe. Um die Weihe eines Tempels zu auszudrücken, wird in den Texten dieses Lexem nicht verwendet.

nung oder anderweitige lexematische Gruppenklassifikation aufweisen.[15] Diese Rituale werden im Folgenden vorgestellt, und in einem nächsten Schritt wird – wie bereits einführend bemerkt – gezeigt, dass mindestens sechs Schöpfungstexte des untersuchten Korpus im Rahmen dieser Rituale situativ verortet werden können.[16]

Ritualtexte zur Tempelweihe haben also keine einheitlichen Eigenbezeichnungen, sondern verschiedene Eigenbezeichnungen, beispielsweise tigi (*Urnamma B*) oder za$_3$-mim (*Gudea-Zylinder B*).[17] Somit ist das Vorhandensein einer bestimmten Eigenbezeichnung kein Indiz für einen Tempelweihtext. Immerhin aber haben viele der in Frage stehenden sumerischen Texte eine Unterschrift, die ausgezeichnet in den Kontext einer Tempelweihe passt, wie sich durch neueste Forschungen zeigt: Sie sind nämlich als Preislieder (za$_3$-mim) bezeichnet. Die Funktion von Preisliedern in der Vorstellung der antiken Mesopotamier besteht gerade darin, die gepriesene Entität zu ihrer Wirkmacht zu verhelfen, wie Forschungen von A. Zgoll zeigen:

> Neben göttlicher Tempelerschaffung und irdischem Tempelbau lässt sich in einigen sumerischen Texten ein drittes, für das Funktionieren von Tempeln notwendiges Element erkennen: Das göttliche Preislied zur Aktivierung eines Tempels. Dieses Preislied … dient als wirkmächtiges Instrument, um dem Tempel seine spezifische Macht zu übereignen.[18]

15 Hurowitz ordnet zwei Lexeme der assyrischen Tempelweihe zu: *tašīltu*, womit auf ein freudiges Fest, u. a. eine Tempelweihe, verwiesen wird (Hurowitz 2014, 90 f), und *tērubtu* (von *erēbu* bzw. *šūrubu*), das er als „entry ceremony" (ebd., 92) bezeichnet. Da der erste Begriff nicht nur ein freudiges Fest im Rahmen der Tempelweihe bezeichnet, sondern umfassender ist, wird er in der hier vorliegenden Arbeit nicht explizit als Lexem für die Tempelweihe verstanden. Das zweite Lexem ist laut Hurowitz Kernbestandteil der assyrischen Tempelweihe (ebd., 93). Ob das für Mesopotamien generell zutrifft, wird im Folgenden untersucht, ebenso der Bezug eines Freudenfestes und das Eintreten der Tempelgottheit. Jedoch existieren auch *tērubtu*-Zeremonien des assyrischen Königs bei der Palastweihe (ebd.). Dieser Begriff kann demnach nicht die komplette Tempelweihe im Sinne eines abstrakten Konzepts („einen Tempel weihen") bezeichnen; es ist jedoch zu untersuchen, ob er das Kernritual einer Tempelweihe über mehrere mesopotamische Epochen bzw. Räume meint.

16 Eine Auflistung der Texte zur Tempelweihe findet sich bei Hurowitz 1992, 280–282.

17 Vgl. Hurowitz 1992, 57–59.

18 A. Zgoll, http://www.uni-goettingen.de/de/410999.html (abgerufen am 04.12.2019). Das dort vorgestellte Forschungsprojekt zur Aktivierung von Tempeln war 2013 beantragt worden. Ergebnisse werden in der Monographie von A. Zgoll zur Religion im antiken Mesopotamien (Kapitel: „Die Aktivierung von Tempel und Gottheit durch Schicksalsbestimmung, Namengebung und Preislied"; A. Zgoll i. V.) publiziert werden sowie in Studien von Brit Kärger zur *Keš-Hymne* und von Anja Merk zu *Enkis Fahrt nach Nippur*. Vgl. die Anknüpfungspunkte in Gerstenberger 2018.

Exemplarisch verdeutlich hat A. Zgoll dies anhand des Preisliedes auf den Tempel von Keš (A. Zgoll 2012, 27 f):

> „Haus, von An gegründet, von Enlil im Preislied besungen" (Z. 38). Das ist zu verstehen als Auffaltung der beiden zentralen Bestandteile eines Schöpfungsaktes, der Hervorbringung der Sache, hier durch An, und seiner Bestimmung für Gegenwart und Zukunft, d. h. der Festlegung seiner Fähigkeiten und Auswirkungen. .... Das Preislied überträgt auf den Tempel dessen eigene Macht. Diese fundamental wichtige Entscheidung wird parallel dazu auf einer Tontafel fixiert, die sich damit als eine Art „Schicksalstafel" zu erkennen gibt. Anders ausgedrückt: Erst der göttliche Sprechakt und seine Fest-Schreibung auf der Tafel lassen den Tempel als Wirkmacht kosmischen Ausmaßes funktionieren, so dass er z. B., wie es heißt, zwischen Himmel und unterirdischem Ozean verbinden ([Z.] 15–17), Leben für das Land hervorbringen und Menschen und König gebären kann. Die charakteristischen Eigenschaften und Machtbefugnisse des Tempels werden also laut diesem Text durch göttliche Festschreibung ins Sein gerufen.

Dieser Zusammenhang, dass Preislieder die Funktion der Aktivierung der gepriesenen Entität haben und diese in ihre Funktion einsetzen, erbringt für die Diskussion, ob bestimmte Texte innerhalb von Tempelweihfesten verwendet waren, einen wesentlichen Gewinn. Wenn ein Text einen klaren Bezug zu einem Tempel hat und Indizien für eine Einordnung im Kontext einer Tempelweihe aufweist, dann passt eine Eigenbezeichnung als „Preislied" hervorragend zu dieser Funktionsbestimmung. Denn jede Weihe stellt ja eine Art von kultisch-religiöser Aktivierung dar.

Auch das Handbuch religionswissenschaftlicher Grundbegriffe definiert Weihe im Sinne einer Einsetzung durch ein „magisches Wort":

> Durch den Akt der Weihe wird ein Gegenstand der profanen Sphäre entzogen und für den religiösen Gebrauch ausgesondert. Besonders gilt dies für Speise und Trank, in den Einsetzungsworten des christlichen Abendmahls ebenso wie in der germanischen Weiheformel ‚til ar ok frida' (auf ein gutes Jahr und Frieden).[19]

6.4.2 Historische Quellen für Tempelweihe und deren Ablauf

Eine Tempelweihe, an der ein historischer Herrscher teilnahm, beschreiben hauptsächlich zwei sumerische Quellen: *Gudea-Zylinder*[20] *A* und *B* (Ende 3. Jt. v. Chr.) und *Urnamma B*[21] (Ur III). Von etlichen assyrischen Herrschern existieren

19 Wonneberger 2001, 98 (Absatz zu „5. Das magische Wort. *Weihe*" [Kursiv im Original]).
20 Vgl. Averbeck 1987; Suter 2000; ETCSL 2.1.7.
21 Vgl. Klein 1989, 44–62.

Beschreibungen von Tempelweihen im Rahmen einer Tempelrekonstruktion, beispielsweise von Salmanassar I.[22] (mittelassyrisch), Tukulti-Ninurta I.[23] (mittelassyrisch), Tiglatpileser I.[24] (mittelassyrisch), Assurnaṣirpal II.[25] (mittelassyrisch) oder Asarhaddon[26] (neuassyrisch). Auch neubabylonische Herrscher berichten ebenfalls von Tempelweihen als Teil von Tempelwiederherstellungen, so z. B. Nabonid[27].

Der Ablauf der Tempelweihe kann aus den Ritualbeschreibungen wie folgt rekonstruiert werden: Nach der Fertigstellung des Tempels wurde der Schlussziegel eingebracht,[28] der Tempel bzw. dessen Schwellenbereiche wurde gereinigt[29] und Wohlgeruch wurde für die Gottheit durch Darbringung von Düften an den Schwellenbereichen dargebracht.[30] Danach wurde die Götterstatue begleitet von Rezitationen in den Tempel (teilweise an der Hand des Königs) gebracht und es folgte das Mundwaschungsritual.[31] Das Hauptziel der Tempelweihe war es, den Tempel für die Gottheit herzurichten, damit sie jetzt (wieder) in ihm residieren konnte.[32] Dies wird verdeutlicht durch das Hinsetzen der Götterstatue. Die Rituale der Tempelweihe waren verbunden mit einem Fest der Götter zur Schicksalsentscheidung für den Tempel.[33] So wurden an die versammelten Götter (rituell die Götterstatuen) Opfer und Geschenke gebracht, wie z. B. der

22 Vgl. Grayson 1987 (z. B. A.0.77.16).

23 Vgl. Grayson 1987 (z. B. A.0.78.17).

24 Vgl. Grayson 1991 (z. B. A.0.87.1).

25 Vgl. Grayson 1991 (z. B. A.0.101.52).

26 Vgl. Leichty 2011 (z. B. Esarhaddon 57).

27 Vgl. Schaudig 2001 (z. B. *P.4 Royal Chronicle*).

28 Vgl. Ambos 2004, 58.

29 Vgl. Ambos 2004, 57; vgl. *Gudea-Zylinder B* 1,3,13–17.

30 Vgl. Hurowitz 1992, 278 f. Hurowitz verweist hier u. a. auf verschiedene Bauinschriften, so beispielsweise auf eine Bauinschrift von Nabonid, die für das Ebabbar angefertigt wurde, auf die 11. Tf. des *Gilgameš-Epos* (11,155–161) und auf das altbabylonische *Diviner's Prayer*, die erwähnen, dass die Götter durch bestimmte Gerüche angezogen werden. Vgl. auch *Gudea-Zylinder B* 1,4,4 f (rituelles Darbringen von Rauchwaren).

31 Vgl. *Gudea-Zylinder B* 1,5,1–15 (Einzug); zu den anschließenden Ritualen an den Statuen vgl. Ambos 2004, 57–59; Walker/Dick 2001; Berlejung 1998.

32 Vgl. Hurowitz 1992, 272 f. Hurowitz stellt heraus, dass der wichtigste Unterschied zur Palastweihe das permanente Residieren der Gottheit im Tempel ist im Gegensatz zur Einladung zu einem Fest an die Götter bei der Palastweihe. Siehe auch Ambos 2004, 57 f.

33 Vgl. Hurowitz 1992, 271.56 (verweist auf *Gudea-Zylinder B*). Vgl. *Gudea-Zylinder B* 1,20,15–1,22,2 (Schicksalsentscheidungen für den Tempel; vgl. *B* 1,1,3), *B* 1,1,10 (Fest des Volkes), *B* 1,17,18–1,18,3 (siebentägiges Fest); vgl. das dreitägige Fest von Asarhaddon zur Einweihung des Assur-Tempels (siehe Leichty 2011, 128); vgl. Hurowitz 1992, 276.

Gudea-Zylinder B zeigt.[34] In diesem Zusammenhang wurde das Kultpersonal berufen.[35] Parallel dazu fand ein Fest an mehreren Tagen für das Volk statt, an dessen Ende das Volk offiziell entlassen wurde.[36] Ein Indiz für die Identifizierung eines solchen Ritualtextes ist die betonte Erwähnung von Freude, beispielsweise dass die Gottheit mit Freude im Tempel sitzt.[37]

6.4.3 Indizien für zyklische Tempelweihfeste

Hurowitz sieht in den gerade beschriebenen Merkmalen Indizien, die einige Schöpfungstexte des in dieser Arbeit untersuchten Korpus aufweisen. Er deutet an, dass die *Keš-Hymne* möglicherweise eine Tempelweihe beschreibt.[38] 6,70–76 von *Enūma elîš* identifiziert er als Stadtweihe Babylons, 1,78 als mögliche Weihe des Abzu durch Ea und Damkina.[39] Auch das Götterbankett in *Enkis Fahrt nach Nippur* verortet er im Zusammenhang mit einer Tempelweihe.[40]

Die Texte liefern einige Indizien für ein zyklisches Tempelweihfest, das mindestens jährlich stattfand und die erstmalige Weihe direkt nach der Fertigstellung des Baus aktualisiert. Dass im Rahmen einer rituellen Tempelweihe das Schicksal für das kommende Jahr entschieden wird, zeigt die Rezitation von *Enūma elîš* im Rahmen des jährlichen babylonischen Neujahrfestes im 1. Jt. v. Chr.[41] Diese Idee existierte bereits viel früher: Auch der *Gudea-Zylinder B* aus dem 3. Jt. v. Chr. beschreibt eine Schicksalsentscheidung für den Tempel und den Herrscher Gudea im Rahmen der Tempelweihe.[42] Hurowitz verknüpft demzufolge auch die Rituale der Tempelweihe mit der „overall idea" einer jährlichen Schicksalsentscheidung.[43] Es gibt Hinweise auf eine Schicksalsentschei-

34 Vgl. Hurowitz 1992, 56.
35 Vgl. Hurowitz 1992, 56.
36 Vgl. Hurowitz 1992, 275–277 (verweist unter anderem auf Ritualtexte des 2. und 1. Jt. v. Chr., beispielsweise die Weihe des Assur-Tempels durch Asarhaddon, und biblische Belege zur Tempelweihe).
37 Vgl. Hurowitz 1992, 271 und ders. 2014, 90 f.
38 Vgl. Hurowitz 1992, 280. Siehe dazu das Kapitel 8 zur *Keš-Hymne* in dieser Arbeit.
39 Vgl. Hurowitz 1992, 282.
40 Vgl. Hurowitz 1992, 282.
41 Zur Rekonstruktion des Ablaufs des babylonischen Neujahrsfestes auf Basis aller verfügbaren Quellen siehe ausführlich A. Zgoll 2006 a.
42 Vgl. Hurowitz 1992, 44 f. Auch diese Schicksalsentscheidung ist zeitlich in das kultische Neujahr zu verorten: Ninĝirsus Rückreise aus Eridu fand am dritten Tag des Neujahrsfestes statt (*Gudea-Zylinder B* 1,3,5–9).
43 Vgl. Hurowitz 1992, 44: Anm. 1 (Zitat).

dung für den Tempel im Rahmen der *akīti*-Feste, die in den großen babylonischen Städten im Frühjahr zur Ernte und im Herbst zur Aussaat gefeiert wurden. So werden im ausgehenden 3. und frühen 2. Jt. v. Chr. während des herbstlichen Festes zur Aussaat in Ur die Türen des Tempels des Nanna und deren Zubehör gesalbt.[44] Sallaberger deutet dieses Ritual als „Erneuerung des Tempels für die Rückkehr des Gottes".[45] Nach aufwendigen Prozessionen kehrt Nanna in seinen erneuerten Tempel zurück. Hier ist eine zyklische Wiederweihe des Tempels angedeutet; wie bei den anderen Texten auch wird kein Lexem für das „Weihen" des Tempels verwendet, dennoch sind dieselben Ideen der Wohlgerüche für die Gottheit und deren Einzug präsent.

Dass der Tempel während der großen landwirtschaftlichen Jahresfeste im 3. Jt. und dem beginnenden 2. Jt. v. Chr. eine bedeutende Rolle spielt, hängt mit der emischen Vorstellung von Tempel und Fruchtbarkeit eng zusammen,[46] was wiederum mit dem Thema der Aussaat des herbstlichen *akīti*-Festes und der Erwartung einer erfolgreich aufgehenden Saat korrespondiert bzw. mit der Ernte im Frühling.

Sallaberger deutet für die Ur-III-Zeit das Neujahrsfest (za$_3$-mu: „Jahresgrenze") als „Hauptfest der Gottheit" einer bestimmten Stadt, das vom ersten Tag des Kalenderjahres zeitlich unabhängig war.[47] Demnach konnte das Neujahrsfest im 3. Jt. v. Chr. entweder im Herbst oder Frühling oder später im 2. und 1. Jt. v. Chr. halbjährlich (im Herbst und im Frühling) in verschiedenen Städten stattfinden. A. Zgoll gibt an, dass sich das kultische Neujahr eines jeden mesopotamischen Tempels auch von den beiden „a$_2$-ki-ti" zur Ernte im Frühling und zur Aussaat im Herbst unterscheiden kann; erst im 1. Jt. v. Chr. fallen Neujahrsfest und *akīti*-Fest sicher zusammen.[48] Wie bereits gezeigt werden konnte, gibt es bereits für das 3. Jt. v. Chr. Indizien für eine Schicksalsentscheidung für den Tempel im Rahmen des herbstlichen Neujahrsfestes in Ur. Auch in *Iddin-Dagān A* ist während des Neujahrsfestes (Z. 174: za$_3$-mu) eine Schicksalsentscheidung (Z. 26: nam--tar) verzeichnet.

Die Verbindung von Neujahrsfestlichkeiten und Tempel beschreibt Sallaberger wie folgt: „Dieses jeweilige Hauptfest bildet den Höhepunkt im kultischen Jahr eines Tempels, in dessen Rahmen die Erneuerung der Macht der Gottheit und der Beziehungen zwischen Gottheit und dem durch seinen Herr-

44 Vgl. Sallaberger 1999 a, 382.
45 Sallaberger 1999 b, 293.
46 Vgl. Hurowitz 1992, 322 f.
47 Vgl. Sallaberger 1999 b, 291–293.
48 Vgl. A. Zgoll 2006 a, 14 (sumerisches Lexem auch auf S. 14).

scher vertretenen Land zu sehen sind.“[49] Zu diesem Fest wurden beispielsweise nisaĝ-Abgaben („Erstlingsabgaben“) von den einzelnen Teilen des Ur III-Reiches nach Nippur gesandt.[50] Hier ist klar ein zyklisches Tempelweihfest am kultischen Jahresanfang, der zeitlich vom kalendarischen Jahresanfang verschieden sein konnte, gegeben, ohne dass es einer Eigenbezeichnung dafür bedurfte. In *Iddin-Dagān A* werden nisaĝ-Gaben (Z. 149) während des Neujahrsfestes (Z. 174: za$_3$-mu) beschrieben. Und auch *Innana D* verzeichnet zum Neujahrsfest (Z. 66: za$_3$-mu) nisaĝ-Gaben (Z. 69) von Dumuzi und Innana.

Auch Hallo interpretiert jährliche Feste, die eine Prozession der Götterstatue umfassen, als erneute Weihe einer Götterstatue im Rahmen einer Tempelweihe.[51] Die bisher vorgestellten Indizien weisen auf ein jährlich, bzw. ab dem 2. Jt. v. Chr. (altbabylonische Zeit) halbjährlich, stattfindendes Fest hin, das neben dem konkreten landwirtschaftlichen Ziel (Segen der Gottheit für Ernte, Aussaat) u. a. die Tempelweihe für den jeweiligen Haupttempel der Stadt zum Ziel hat.

Neben den *Gudea-Zylindern* (*A* und *B*), die bereits in Abschnitt 6.4.2 vorgestellt wurden, gibt es Indizien für weitere Tempelweihtexte unter den Schöpfungstexten. In Tab. 9 werden Merkmale von fünf Schöpfungstexten vorgestellt, die deutlich auf eine Einordnung als Tempelweihtext hinweisen:

Tab. 9: Indizien in weiteren Schöpfungstexten für die Beschreibung einer Tempelweihe

Kategorie	***Keš-Hymne*** **(sumerisch)**	***Enkis Fahrt nach Nippur*** **(sumerisch)**	***Enūma elîš*** **(akkadisch)**	***Innana holt das Himmelshaus*** **(sumerisch)**	***Lied auf Bazi*** **(akkadisch)**
Eigenbezeichnung des Textes	Preislied auf Ašgi und Nintu: ^{daš}Aš$_7$-ge$_4$ za$_3$-mim ama ^{d}Nin-tu za$_3$-mim	Preislied auf Enki: ^{d}En-ki za$_3$-mim	Lied auf Marduk: *zamāru ša$_2$* ^{d}*Marduk*	überragendes Preislied auf Innana: ki-sikil ^{d}Innana za$_3$-mim-zu maḫ-am$_3$	Lied auf Bazi: ⌜*šir*⌝ [^{d}*B*]*azi*

49 Sallaberger 1999b, 291 f. Vgl. die nisaĝ-Abgaben an das frühaltbabylonische Ur in: ebd., 183.

50 Vgl. Sallaberger 1999b, 292.

51 Vgl. Hallo 1970, 120.

Kategorie	***Keš-Hymne*** **(sumerisch)**	***Enkis Fahrt nach Nippur*** **(sumerisch)**	***Enūma eliš*** **(akkadisch)**	***Innana holt das Himmelshaus*** **(sumerisch)**	***Lied auf Bazi*** **(akkadisch)**
Tempelweihe (chronologisch):[52]					
Schilderung Tempelbau	X (metaphorisch: Berge erheben sich)	X	X	----	X (nur Ergebnis)
Schwellen/Düfte (Salbung)	X (Beschreibung der Schwellen)	X (Beschreibung der Schwellen)	----	----	X (Beschreibung der Schwellen)
König führt Gott in Tempel/Gott betritt Tempel	? (Ritual mit König auf Feld)	----	----	----	X (indirekt: Z. 38 a)
Gott setzt sich im Tempel	X	X (indirekt Z. 7: Gott ist aufgestanden)	X	----	X (indirekt: Z. 38 a)
Fest der Götter zur Schicksalsentscheidung	X (Bankett, Wein, Bier)	X (Bankett, Bier)	X (Bankett, Bier)	X (Siegesfeier, indirekt: Z. 159–162)	X (Fest)
Opfer und Geschenke an Götter	X	X	----	----	----
paralleles Fest für das Volk	X	----	----	----	X (Z. 30, Unterschrift)

In den folgenden Kapiteln 7–9 werden die Indizien von drei dieser Einzeltexte[53] analysiert und es wird gezeigt, dass sie keine rein literarischen Beschreibungen einer Tempelweihe enthalten oder Ritualtexte im Rahmen des Tempelbaus sind,

52 Vgl. Ambos 2004, 57–61 und Hurowitz 1992, 271–282.
53 *Innana holt das Himmelshaus, Keš-Hymne, Enkis Fahrt nach Nippur.*

sondern zyklisch dargeboten wurden. Vorausschauend lässt sich hier anmerken, dass die *Keš-Hymne*, *Innana holt das Himmelshaus*, *Enkis Fahrt nach Nippur* (und darüber hinaus das *Lied auf Bazi* und die *Gudea-Zylinder A* und *B*) sehr wahrscheinlich ursprünglich Ritualtexte zur Tempelweihe sind. Durch die Anweisungen für Ritualhandlungen ist *Enūma eliš* sicher als Ritualtext im Rahmen des Neujahrsfestes und gleichzeitig als Tempelweihtext zu klassifizieren.

Um die Texte von den Bauritualen abzugrenzen, sind zuerst die zeitlichen Hinweise im Text zu analysieren. Die Rituale zum Tempelbau fanden während des Bauprozesses statt. Die Rituale zur Tempelweihe wurden erst nach der Fertigstellung des Baus durchgeführt.

Auch textimmanent gibt es auffallende Unterschiede dieser fünf Texte (und zusätzlich *Gudea-Zylinder A* und *B*) zu den Bauritualen mit Schöpfungsbezug: Sie sind eindeutig von den Tempelbauritualen abzugrenzen, weil sie bedeutend länger und komplexer sind als die zu rezitierenden Passagen der Tempelbaurituale.[54] Auch sind sie stärker narrativ ausgestaltet, oft mit wörtlicher Rede, die bei den drei Tempelbauritualen mit Schöpfungshylemen (siehe die „Kronzeugentexte") vollständig fehlt. Die Tempelweihtexte fokussieren auf einen spezifischen Tempel und geben eine mythische Begründung für dessen Bau bzw. dessen erneute Reinigung und Weihe. Die Baurituale beschreiben keinen bestimmten Tempel, weshalb sie für die Bau- bzw. Restaurationsrituale von verschiedenen Tempeln durchführbar sind. Die Tempelweihtexte sind narrativ ausgestaltete mythische Begründungen zur Legitimation eines bestimmten Tempels und mit ihm einer bestimmten Gottheit. Weil die Gottheit herausragende Taten für diesen spezifischen Tempel vollbringt, ist sie und damit ihr Tempel legitimiert: In der *Keš-Hymne* werden Ašgi als Bauherr sowie Nintu als Gebärende und Tempelherrin des Tempels (Z. 130 f), der wichtig ist für das Königtum (Z. 3), beschrieben. Nintu führt im Text wichtige Taten für diesen Tempel durch. So fängt mit ihr das Gebären an (Z. 78) und damit die Königsgeburt bzw. Königsschöpfung (Z. 3). In *Innana holt das Himmelshaus* bringt Innana, wie Zgoll 2015a zeigen kann, das erste „Himmelshaus", das E-ana, auf die Erde und schafft damit die Möglichkeit, dass überhaupt Himmelshäuser, d. h. Tempel, vom Himmel auf die Erde kommen.[55] In *Enkis Fahrt nach Nippur* erschafft Enki seinen Tempel als einen Offenbarungsort für die Menschen und herrscht als König (lugal), indem er Überfluss bringt, Kultinstrumente installiert, ein Festmahl für die Götter im E-kur in Nippur ausrichtet und schließlich von Enlil legi-

54 Für die Länge der zu rezitierenden Passagen vgl. die entsprechenden Abschnitte der Ritualtexte in Ambos 2004.

55 Eine neue Edition durch A. Zgoll ist in Vorbereitung (in: A. Zgoll/C. Zgoll im Druck).

timiert wird.[56] Der offenbar im Westen verehrte Gott Bazi[57] wird im *Lied auf Bazi* zu einem machtvollen Gott und zum König über die Götter eingesetzt.[58] Darauf erhält er von Enki eine eigene Stadt mit Kultsitz. In *Enūma elîš* besiegt Marduk die Feinde der Götter, erschafft die Welt und das Universum als Wohnstätte für die Götter mit Babylon als Zentrum sowie die Menschen als Verehrende und Versorgende der Götter und etabliert so eine „ewige und friedliche globale Weltordnung"[59] für die Götter und die Menschen.[60] Und die *Gudea-Zylinder A* und *B* rühmen Ninĝirsus Rolle als Spender von Flut und Leben für seinen erneuerten Tempel und das Land und als denjenigen, der das Schicksal für seinen erneuerten Tempel an Neujahr entscheidet.[61]

Ganz wichtig für die situative Verortung ist das Textende bzw. die Doxologie mit der Eigenbezeichnung. Das Ende der Tempelweihtexte weist in der Regel neben der Eigenbezeichnung einen Grund für den Preis der Gottheit aus. Oft wird die Gottheit mit dem spezifischen Tempel des Textes in Beziehung gesetzt, indem sie beispielsweise für eine den Tempel betreffende Großtat gerühmt wird (*Keš-Hymne, Innana holt das Himmelshaus, Enkis Fahrt nach Nippur, Gudea-Zylinder B*). Somit weist die Doxologie am Textende auf einen, mit dem Tempel in Verbindung stehenden, kultischen Preis der Gottheit hin. Obwohl die hier als Rituale der Tempelweihe vorgestellten Texte emisch-antik nicht direkt lexematisch als solche klassifiziert werden konnten (siehe oben), wurde in diesem Abschnitt schon deutlich, dass sie inhaltlich (durch die Beschreibung von Handlungen der Tempelweihe, die Art der Doxologie etc.) höchstwahrscheinlich als solche einzuordnen sind. In den sich anschließenden Abschnitten der jeweiligen Einzeltexte werden sich die Indizien im Rahmen von drei Fallstudie für drei der Texte (Kapitel 7–9) verstärken.

---

56 Anja Merk (Göttingen) bereitet zu diesem Text eine Neuedition als Dissertation vor.

57 Dazu van Dijk 1998.

58 Dazu ausführlich A. Zgoll 2015 c.

59 Gabriel 2014, 410 (Abschnitt 8.2.6: „Installation einer ewigen und friedlichen globalen Weltordnung"); vgl. auch A. Zgoll 2012, 23–26.

60 Dazu ausführlich Gabriel 2014 (besonders Abschnitt 8.2.6: „Installation einer ewigen und friedlichen globalen Weltordnung").

61 Vgl. *B* 1,3,6–8 (Neujahr). Vgl. auch Heimpel 2015.

7 Innana holt das Himmelshaus: Ritual im bzw. am Tempel

Hauptziel der Schöpfung:	Tempel der Innana
Erstedition:	van Dijk 1998
Aktuellste Edition:	siehe Erstedition; vgl. auch ETCSL 1.3.5 und Zgoll 2015 a[1] (völlig neue Übersetzung und Interpretation); eine neue Edition durch A. Zgoll ist in Vorbereitung und wird erscheinen in A. Zgoll / C. Zgoll im Druck
Sprache:	Sumerisch (altbabylonische Zeit, ein Textzeuge: mittel- oder neubabylonisch[2])
Anzahl der Textzeugen:	4[3]
Anzahl der Zeilen:	ca. 163 (nach van Dijk 1998, 2); ca. 110 erhalten von ca. 220 (nach Zgoll 2015 a)[4]
Fundorte:	möglicherweise Sippar (nach Zgoll 2015 a, 45), Uruk, Nippur, unbekannt (= stammt aus dem Kunsthandel)
Besonderheit:	u. a. Bilingue (Akkadisch, Sumerisch)

7.1 Indizien für die Einordnung als Ritualtext

In den Abschnitten 6.4.1–6.4.3 wurden Merkmale präsentiert, die auf einen Zusammenhang von *Innana holt das Himmelshaus* mit einem Ritual der Tempelweihe verweisen können. Diesen wird im Folgenden nachgegangen werden.

Es gibt eine Schicksalsentscheidung des Gottes An für das E-ana (Z. 153–156) und einen abschließenden Preis auf Innana (Z. 163–165) für das Herbeiho-

1 A. Zgoll (2015 a) schlägt den Titel *Innana holt das Himmelhaus* vor, der aufgrund ihrer Neuinterpretation des Schöpfungstextes sehr passend ist. Vgl. die bisherigen Titel im Anhang.

2 Bilingue CBS 3832. Van Dijk 1998, 12 datiert „mittelbabylonisch" aufgrund einer Einschätzung von de Jong-Ellis; A. Zgoll 2015 a, 45 Anm. 142 verweist außerdem auf die Cuneiform Digital Library Initiative, nach der die Tafel in die neubabylonische Zeit datiert (vgl. http://www.cdli.ucla.edu/cdlisearch/search/index.php?SearchMode=Browse&ResultCount=1&txtID_Txt=P260202, abgerufen am 09.09.2013).

3 A. Zgoll 2015 c, 45.

4 Nach A. Zgoll 2015 a, 45 lassen sich ca. 110 Zeilen rekonstruieren von dem „ursprünglich etwa doppelt so langen Text".

https://doi.org/10.1515/9783110719222-007

len des E-ana auf die Erde (vgl. Z. 163). Am Ende des Textes ist dieser spezifische Tempel, das E-ana in Uruk, auf die Erde geholt, der von diesem Zeitpunkt an auf der Erde seine Funktion erfüllen kann. Dass es sich um einen spezifischen Tempel handelt, ist einer der bedeutenden Unterschiede zu den kosmologischen „Beschwörungen" (Ritualtexte), die beim Tempelbau rezitiert wurden (vgl. Abschnitt 6.4.2). Auch die komplexe, lange, narrative Ausgestaltung ist konträr zu den kurzen kosmologischen Ritualtexten im Rahmen des Tempelbaus.

Die Forschungen von A. Zgoll legen eine Grundlage für die situative Verortung dieses Textes. In ihrer Studie zu diesem Text (Zgoll 2015 a) zeigt Zgoll, dass *Innana holt das Himmelshaus* „im Kult und für den Kult der Göttin Innana von Uruk entstanden" ist und erwägt ein jährliches „Tempelweihfest", z. B. als Neujahrsfest, für eine mögliche musikalisch begleitete Rezitation dieses Preisliedes.[5] Im Folgenden werden die Indizien für die Einordnung als Ritualtext vorgestellt und diskutiert sowie in den sich anschließenden Abschnitten (7.2–7.8) eine Verortung im Rahmen eines jährlichen Tempelweihfestes vorgeschlagen.

Der Text enthält einen Hinweis auf eine kultische Anwendung innerhalb einer unspezifischen Zeitangabe, dem „kultischen Heute"[6] in der mesopotamischen Realzeit (vgl. dazu Abschnitt 3.4.2):

158	e-ne-eš$_2$ ^{d}Utu u$_4$-ne-<en>-a ur$_5$ ḫe$_2$-en-na-nam-ma-am$_3$	Jetzt, o Utu, am heutigen Tag, ist es fürwahr für sie (= die Menschheit) so!

Innana holt das Himmelshaus Z. 158 (Textzeuge YBC 4665)[7]

Diese unspezifische Zeitangabe verweist über die Textebene hinaus; d. h. sie markiert zeitlich nicht nur die Großtat Innanas innerhalb der mythischen Erzählung an einem bestimmten Tag, der als „Heute" bezeichnet ist, sondern ordnet diese Großtat ebenso in das „Heute" des mesopotamischen Rituals ein (vgl. Abschnitt 7.8). Der „heutige Tag" ist ebenso der Tag des Sieges der Innana innerhalb des Mythos wie der Tag der Siegesfeier in der mesopotamischen Realzeit.[8] Dass sich in den sich anschließenden Zeilen (Z. 159–162) ein Preis auf den Sieg der Innana findet, passt gut in den Kontext einer Rezitation des Textes im Rahmen einer solchen Siegesfeier des mesopotamischen „Heute":

---

5 A. Zgoll 2015a, 46. Laut A. Zgoll war dieses Tempelweihfest verbunden mit einem „Hochzeitsfest von Innana und An, in dessen Verlauf sich Innana als Morgengabe das Himmelshaus wünschte".

6 A. Zgoll 2015 a, 54: Anm. 184.

7 Die Umschrift basiert auf van Dijk 1998, 20 (Textzeuge B: YBC 4665); Übersetzung A. Zgoll 2015 a, 54, mit geringfügigen Modifikationen durch KM.

8 Vgl. dazu A. Zgoll 2015 a, 54.

159	e$_2$-an-na an-da im-da-an-kar [ki][9]-ta im-mi-in-ge-en	Weil sie (= Innana) das E-ana aus dem Bereich des Himmels herbeigeholt hat, weil sie es auf der [Erde] festgemacht hat,
160	u$_4$-da ^{d}Innana-ke$_4$ e$_2$-an-na e$_2$ ki-[du$_{10}$-<ga>][10]-am$_3$ im-me	weil Innana heute sagt: „Das E-ana ist das Haus, das die Erde [gut gemacht hat]!“,
161	in-nin-e ki u$_3$-ma gub-bu-ba šu-sa$_2$-du$_{11}$-ga-am$_3$	ist sie, die bekannte Herrin hier, nachdem sie den Sieg für die Erde errungen hat, diejenige, die das Ziel erreicht hat,
162	^{d}Innana-ke$_4$ ki u$_3$-ma gub-bu-ba šu-sa$_2$-du$_{11}$-ga-am$_3$	ist sie, die bekannte Innana hier, nachdem sie den Sieg für die Erde errungen hat, die, die das Ziel erreicht hat!

Innana holt das Himmelshaus Z. 159–162[11]

In diesen Zeilen finden sich weitere Indizien für eine Einordnung im Rahmen eines Festes. Der Hinweis auf den Sieg der Innana und dass hier womöglich eine Siegesfeier impliziert ist, wurde bereits angesprochen (siehe oben). Dazu passt die deiktische Aussage über Innana in Zeile 161 f. Das Suffix (-e) in Zeile 161 f kann hier nur eine deiktische Bedeutung haben und verweist auf die Bekanntheit Innanas. Hier ist nicht in erster Linie die Bekanntheit unter den Göttern gemeint, sondern v. a. unter den Menschen. Dass hier die Menschen fokussiert sind, zeigt die Aussage, dass Innana „den Sieg für die Erde errungen hat“. In der mesopotamischen Realzeit wird an einem spezifischen „Heute“ die den Menschen „bekannte“ Innana wegen ihres Sieges für die Erde und damit für die Menschen gepriesen. Dass deiktische Suffixe als Indiz für eine szenische Aufführung fungieren können, zeigt Wilcke (2012) am Beispiel eines Einzeltextes (*Enmerkara und En-suḫkeš-ana*).[12] Die „bekannte Innana hier“ (*Innana holt das Himmelshaus* Z. 161 f) meint demzufolge, dass Innana für das Publikum ganz nah sichtbar ist, in welcher Form auch immer (z. B. durch eine Statue, ein Emblem, ihre astrale Erscheinungsform etc.).

Ein starkes Indiz für eine kultische Verortung befindet sich am Textende. Wie aus den bereits vorgestellten Texten ersichtlich ist, ist die situative Verortung häufig besonders am stärksten greifbar in den letzten Zeilen eines Textes. Dort sind die vorangehenden Zeilen der Eigenbezeichnung auf die situative Verortung zu untersuchen. In *Innana holt das Himmelshaus* ist die Eigenbe-

9 Die Ergänzung folgt A. Zgoll 2015a, 54, die (anders als van Dijk 1998, 20) nach Zeile 163 ergänzt.

10 Die Ergänzung folgt A. Zgoll 2015a, 54 (Anm. 186), die (anders als van Dijk 1998, 20) nach Zeile 163 ergänzt.

11 Die Umschrift basiert auf van Dijk 1998, 20 (Textzeuge B: YBC 4665); Übersetzung A. Zgoll 2015a, 54, mit geringfügigen Modifikationen durch KM.

12 Wilcke 2012, 29–32.

zeichnung (za$_3$-mim, „Preislied“) in eine direkte Anrede von Innana in der 2. Person Singular eingebettet:

163	e$_2$-an-na an-da im-da-kar-re-en ki-du$_{10}$-ga im-me	Weil du das E-ana aus dem Bereich des Himmels herholst, weil du sagst: „Es ist das, was die Erde gut gemacht hat!“,
164	^{d}nun-gal-e-ne diri-ga-ba	da du die großen Fürsten überragt hast,
165	ki-sikil ^{d}Innana za$_3$-mim-zu maḫ-am$_3$	Jungfrau Innana, ist dein Preislied überragend!

Innana holt das Himmelshaus Z. 163–165[13]

Diese Zeilen sind direkt an Innana adressiert. Genau das ist in einem Ritualtext zu erwarten, der an diese Gottheit gerichtet ist. Die sumerische Eigenbezeichnung weist den Text als überragendes oder erhabenes (maḫ) Preislied aus. Das überragende Preislied (za$_3$-mim maḫ) ist bedeutungsvoller als das normale Preislied (za$_3$-mim). Möglicherweise kann hieraus geschlussfolgert werden, dass es von höheren Priester(inne)n gesungen wurde. Das Textende weist in der Regel neben der Eigenbezeichnung des Textes einen Grund für den Preis der Gottheit aus (vgl. Abschnitt 6.4.3). Innana wird hier gepriesen für das Herbeiholen des E-ana auf die Erde. Der Kontext dieses kultischen Preisens ist das Vorhandensein des Tempels. Diese Indizien weisen stark auf ein Tempelfest des E-ana in Uruk hin (siehe dazu Abschnitt 7.8).

Dass der Stoff vom Herbeiholen des Himmelshauses auf die Erde schon um 2300 v. Chr. bekannt war, belegt die Verarbeitung dieses Stoffes im Text *Nin-me-šara* der Hohepriesterin En-ḫedu-Ana, einem rituellen Lied an Innana.[14] So ist es denkbar, dass auch der mythische Stoff, auf dem *Innana holt das Himmelshaus* basiert, in einem anderen Ritual an Innana in einer frühen Fassung dargeboten wurde.

7.2 Ritualadressat

Aufgrund der Indizien des vorausgehenden Abschnitts kann *Innana holt das Himmelshaus* als zu rezitierender Text, der in einem Ritual verankert ist, eingeordnet werden. Der Text endet mit einer direkten Anrede Innanas in der Doxologie (Z. 163–165) und enthält eine Klassifizierung als „überragendes Preislied“

13 Die Umschrift erfolgt nach van Dijk 1998, 20 f; Übersetzung A. Zgoll 2015 a, 54 f, mit geringfügigen Modifikationen durch KM.

14 Vgl. A. Zgoll 2015 b, 45 und 55 f; vgl. dies. 1997.

(za₃-mim maḫ) auf Innana; vgl. die Textstellen in Abschnitt 7.1. Damit ist Innana als Adressatin des Rituals ausgewiesen.

Der Grund für den Preis wird in der Doxologie ebenfalls genannt (Z. 163): Es ist die Großtat Innanas, die sich im Herbeiholen des E-ana auf die Erde und dem kultischen Sprechakt, der an das E-ana gerichtet ist (ki-du$_{10}$-ga im-me: „Es ist das, was die Erde gut gemacht hat!"; vgl. Z. 160), zeigt.

7.3 Ritualobjekt

Drei Viertel der „Kronzeugentexte" weisen als Ritualobjekt das Hauptziel der Schöpfung aus (vgl. Abschnitt 5.5.2). *Innana holt das Himmelshaus* beschreibt ausführlich das mythische Hylem der Tempelentstehung auf der Erde durch Innana: Innana „erschafft" das E-ana auf der Erde, indem sie es aus dem Himmel auf die Erde holt. Das E-ana ist damit das Hauptziel der Schöpfung in diesem Schöpfungstext.[15] Der Text fokussiert die Tempelschöpfung, die zudem das Ziel der Erzählung darstellt. Für diese Tat wird Innana gepriesen (Z. 163). Aus diesen Beobachtungen kann geschlussfolgert werden, dass das E-ana als Ritualobjekt des Rituals fungiert, in dessen Verlauf Innana gepriesen wird.

Der Tempel als Ziel der Schöpfungshandlungen und zugleich als Ritualobjekt hängt hier zusammen mit dem ersten Ritualziel, das in Abschnitt 4.5 vorgestellt wurde. Das Ritualobjekt wird in diesem Ritual mit Wirkmacht ausgestattet, um das Ritualziel herbeizuführen. Durch die Schicksalsbestimmung von An (Z. 155 f) wird „auf den Tempel dessen eigene Macht"[16] übertragen, damit er funktionstüchtig ist und seine Aufgaben ausführen kann. A. Zgoll identifiziert die Art dieser Schicksalsbestimmung, die aus einer Rede über Innana in der 3. Person Singular besteht, als formalen „Orakelspruch".[17] Die Zeilen 160 und 163 enthalten einen weiteren göttlichen Sprechakt für das E-ana, diesmal von Innana, die ihren Tempel annimmt und positiv bewertet. Diese beiden Sprechakte sind eingebettet in das Lied an Innana.

Dass die Ritualadressatin (siehe Abschnitt 7.2) das Schicksal für das Hauptziel der Schöpfung entscheidet, weist auf das Hauptziel der Schöpfung als Ritualobjekt hin. Die Aussage, dass das E-ana heute die Erde gut gemacht hat (Z. 160 und Z. 163), ist qualitativer Art. Es wurde bereits diskutiert, dass die Zeile 160 durch die Verwendung des „Heute" (u₄-da) auf die mesopotamische Realzeit

15 Dazu A. Zgoll 2015 a, 46; vgl. dies. 2012, 27 f für das Beispiel der *Keš-Hymne*.
16 A. Zgoll 2012, 28 (*Keš-Hymne*).
17 A. Zgoll 2015 a, 54: Anm. 182.

und das kultische Geschehen im Ritual verweist. Wenn der Tempel zur Zeit des Preislied-Rituals die Erde qualitativ verbessert („gut macht"), muss er dafür mit Wirkmacht aufgeladen sein. Dies geschieht durch eine Aktualisierung der im Preislied enthaltenen Schicksalsentscheidung des An für den Tempel (Z. 153–156). Die Ritualadressatin Innana wird für die Tempelschöpfung des E-ana gepriesen und im Gegenzug „macht sie die Erde gut" mittels des E-ana in einem Sprechakt, der die Wirkmacht des Ritualobjekts E-ana ebenfalls aktualisiert (vgl. Abschnitt 6.4.1).

Der Tempel machte die Erde bereits in der Vergangenheit gut (Z. 160 und Z. 163: ki du$_{10}$-ga) und wird es weiter tun, wenn diese Handlung durch einen Sprechakt aktualisiert wird. So bestätigt die Zeile 163 beide Handlungen (Tempelschöpfung, Sprechakt), für die Innana rituell gepriesen wird (vgl. den göttlichen Sprechakt in Z. 160):

Sprechakt durch Innana:

160	u$_4$-da ^{d}Innana-ke$_4$ e$_2$-an-na e$_2$ ki-[du$_{10}$-<ga>]-am$_3$ im-me	Weil Innana heute sagt: „Das E-ana ist das Haus, das die Erde [gut gemacht hat]!"

Tempelschöpfung und Sprechakt durch Innana:

163	e$_2$-an-na an-da im-da-kar-re-en ki-du$_{10}$-ga im-me	Weil du das E-ana vom Himmel herholst, weil du sagst: „Es ist das, was die Erde gut gemacht hat!"

Innana holt das Himmelshaus Z. 160 und Z. 163 (ausgewählte Zeilen)[18]

„Heute" (Z. 160) – d. h. im Ritual – wird Innana die Tempelschöpfung abschließen und durch einen Sprechakt die Erde mittels des E-ana „gut machen". Die Tempelschöpfung ist laut Zeile 159[19] abgeschlossen (*ḫamtu*-Aspekt). Die Zeilen 160 und 163 zeigen jedoch, dass sie – obwohl abgeschlossen – anscheinend doch nicht ganz vollständig ist (*marû*-Aspekt des Sprechaktes). Der Tempel muss noch funktionsfähig gemacht werden. Diese Spannung wird im Ritual aufgelöst: Die Schöpfung wird rituell reaktualisiert durch den Sprechakt des An und den Sprechakt der Innana; Innanas Annahme ihres Tempels wird mit diesem Ritual erbeten. Und weil Innana das im Ritual so ausführt, ist ihr Preis überragend (Z. 165). Zum Neujahrsfest, das den Beginn des kultischen neuen Jahres markierte, wurde die Legitimierung des Tempels erneuert und das Ver-

18 Die Umschrift folgt van Dijk 1998, 20 f; die Ergänzungen basieren auf A. Zgoll 2015 a, 54; Übersetzung A. Zgoll 2015 a, 54 f, mit geringfügigen Modifikationen durch KM.

19 e$_2$-an-na an-da im-da-an-kar [ki]-ta im-mi-in-ge-en.

hältnis von Gottheit und Land erneut geklärt.[20] Genau diesen Kontext beschreibt das Textende, das eben analysiert wurde.

7.4 Weitere göttliche Ritualteilnehmer

Das Lied *Innana holt das Himmelshaus* enthält neben Innanas Sprechakt (Z. 160 und Z. 163) einen zweiten, längeren Sprechakt: die Schicksalsbestimmung des An für das E-ana (Z. 153–156). Die Rede des An umfasst u. a. den Namen (= das Wesen) des E-ana (Z. 156: gu$_2$-KIN-kalam-ma / „Gesamtheit der Siedlungen des Landes“).[21] Diese Schicksalsbestimmung des An ist eingebettet in das Preislied, das an Innana gerichtet ist. An ist demnach nicht der Ritualadressat dieses Rituals, sondern göttlicher Garant der Tempelaktivierung und sicherlich Ritualteilnehmer. Mit seiner Schicksalsbestimmung ist – obwohl sie Teil der Aktivierung des E-ana ist – das Ritualziel nicht vollständig erreicht. Das Ritualziel wird erst durch Innanas finalen Sprechakt über ihren Tempel herbeigeführt (Z. 160 und Z. 163).

7.5 Ritualexperte

Das überragende Preislied (za$_3$-mim maḫ) ist qualitativ höher bewertet als das normale Preislied (za$_3$-mim). Möglicherweise kann hieraus geschlussfolgert werden, dass es von höheren Priester(inne)n gesungen wurde. Spätbabylonische Textzeugen berichten von der Rezitation von *Enūma elîš*, einem Text, der ebenfalls von Tempeln (und speziell vom Tempel Babylons bzw. der Stadt Babylon) als Hauptziel der Schöpfung erzählt,[22] erstens von dem Hohepriester Marduks (*šešgallu*) und zweitens von einem Sänger (*nāru*).[23] *Innana holt das Himmelshaus* könnte demnach durchaus u. a. von der/dem Hohepriester(in) des E-ana gesungen worden sein.

---

20 Vgl. Sallaberger 1999 b, 291 f.

21 Dazu ausführlich A. Zgoll 2015 a, 52: „Der Tempel wird tatsächlich der »Himmel auf Erden« sein, sowohl quantitativ, von ewiger Dauer, wie qualitativ, indem er einzigartig und überragend schön sein und das ganze Land Sumer umfassen wird (Z. 155 f, vgl. auch Textzeuge Si$^?$A).“

22 Vgl. A. Zgoll 2012, 23–26.

23 Vgl. Gabriel 2014, 87 f; vgl. A. Zgoll 2006 a, 50 f sowie Çağirgan/Lambert 1991–1993, 96 (zu den Zeilen 62–65).

A. Zgoll erwägt aufgrund von verschiedenen Sprechhaltungen eine mögliche Strukturierung des Liedes mit verschiedenen Sängern.[24] Es wären folgende Gesangsparts zu besetzen: Erzähler, Innana, An, Utu, Adagbir, eventuell ein Chor (für die Z. 159–162)[25]. Es kann sich hierbei um Sänger (*nāru*) oder Priester handeln.[26]

7.6 Weitere menschliche Ritualteilnehmer

In *Innana holt das Himmelshaus* wird die Menschheit als Teilziel der Schöpfung in der Schicksalsbestimmung des An (Z. 153–156) in Zeile 157 f erwähnt:

157	nam-lu$_2$-ulu$_3$ uĝ$_3$ šar$_2$-ra-ba ĝiri$_3$-ni-še$_3$ ḫe$_2$-en-na-ab-si$_3$-ge	Wenn die Menschheit, die Bevölkerung zahlreich geworden ist, wird sie (= Innana) sie (= die Menschheit) sich fürwahr unterwerfen!
158	e-ne-eš$_2$ ^{d}Utu u$_4$-ne-<en>-a ur$_5$ ḫe$_2$-en-na-nam-ma-am$_3$	Jetzt, o Utu, am heutigen Tag, ist es fürwahr so!

Innana holt das Himmelshaus Z. 157 f[27]

Der Gott An bestimmt, dass die Menschheit der Innana unterworfen ist; am Tag des Rituals (Z. 158: „am heutigen Tag“) ist das die mesopotamische Wirklichkeit. Die Menschheit war stellvertretend durch die Ritualexperten anwesend und sicherlich Teilnehmer des Tempelfestes im E-ana.[28] Inwieweit das Volk bei der Aufführung dieses Textes partizipierte, kann erst nach einer genauen zeitlichen Einordnung des Textes innerhalb des Festablaufes erwogen werden; das wird in der vorliegenden Monographie nicht abschließend beurteilt.

---

24 Vgl. A. Zgoll 2015 a.

25 Vgl. A. Zgoll 2015 a, 54.

26 Nach Sallaberger/Huber Vulliet 2005, 638 f ist vor allem der Quellenbestand des 1. Jt. v. Chr. für das E-ana in Uruk ausgewertet, der als Hohepriester den *aḫu râbu* ausweist; daneben sind Rituale mit *nāru* und Klagesängern (*kalû*) sowie dem Oberklagesänger (*galamāḫu*) belegt.

27 Die Umschrift folgt van Dijk 1998, 20; die Ergänzungen basieren auf A. Zgoll 2015 a, 54; Übersetzung A. Zgoll (ebd.), mit geringfügigen Modifikationen durch KM.

28 A. Zgoll hat eine Monographie („Religion in Mesopotamien“) in Vorbereitung, die u. a. auf die Frage der Zugänglichkeit von Tempeln eingeht. Vgl. auch Bottéro 2001, 118 f zur These einer größeren Zugänglichkeit von Tempeln als bisher angenommen.

7.7 Ort des Rituals

Es liegen bis heute vier Textzeugen aus mindestens drei Städten vor (Uruk, Nippur, möglicherweise Sippar und von einem unbekannten Fundort).[29] Da der Textinhalt das E-ana in Uruk fokussiert und in den vorangegangenen Abschnitten die Indizien für ein an Innana adressiertes Ritual mit dem E-ana als Ritualobjekt vorgestellt wurden, ist das E-ana in Uruk (= der Tempel der Innana) der wahrscheinlichste Ort für das ursprüngliche Ritual.[30]

7.8 Zeit des Rituals

Ohne Anweisungen für Ritualhandlungen kann die situative Verortung des Textes dennoch aufgrund von Indizien erwogen werden. Die Indizien weisen auf eine kultische Verortung während eines Tempelfestes im E-ana hin, wie bereits gezeigt werden konnte und nachfolgend spezifiziert wird. Laut A. Zgoll lässt sich der Mythos bereits im 23. Jh. v. Chr. schriftlich belegen und wurde von der Hohepriesterin En-ḫedu-Ana im Preislied *Nin-me-šara* weiterverarbeitet.[31]

Die Zeile 157 f enthält Indizien für eine kultische Verortung des Textes:

157	nam-lu$_2$-ulu$_3$ uĝ$_3$ šar$_2$-ra-ba ĝiri$_3$-ni-še$_3$ ḫe$_2$-en-na-ab-si$_3$-ge	Wenn die Menschheit, die Bevölkerung zahlreich geworden ist, wird sie (= Innana) sie (= die Menschheit) sich fürwahr unterwerfen!
158	e-ne-eš$_2$ ^{d}Utu u$_4$-ne-<en>-a ur$_5$ ḫe$_2$-en-na-nam-ma-am$_3$	Jetzt, o Utu, am heutigen Tag, ist es fürwahr so!

Innana holt das Himmelshaus Z. 157 f[32]

Das Textgeschehen (= Herbeiholen des ersten Tempels auf die Erde) spielt am Uranfang, an welchem es nach emischer Perspektive noch keine Menschen gibt.[33] So zeigt die Zeile 149, dass Innana die Menschheit erst erschaffen (wörtlich: herstellen) wird (nam-lu$_2$-ulu$_3$ mu-un-dim$_2$-e). Deshalb kann die Unterwerfung der Menschheit in Zeile 158 „jetzt" und „am heutigen Tag" nur auf das Heute der mesopotamischen Realzeit und damit auf den spezifischen Tag

29 Vgl. A. Zgoll 2015 a, 45 mit weiteren Literaturangaben.

30 Siehe dazu A. Zgoll 2015 a, 46.

31 Vgl. A. Zgoll 2015 a, 45; A. Zgoll 2015 b, 55 f.

32 Die Umschrift folgt van Dijk 1998, 20; die Ergänzungen basieren auf A. Zgoll 2015 a, 54; Übersetzung A. Zgoll (ebd.), mit geringfügigen Modifikationen durch KM.

33 So bereits A. Zgoll 2015 a, 54: Anm. 181.

der situativen Verortung des Textes verweisen. Erst wenn die Menschheit „zahlreich" (Z. 157) geworden ist, unterwirft Innana sie. Das ist gewiss zum Zeitpunkt des Rituals geschehen. Diese Zeilen zeigen kunstvoll die Verknüpfung von Mythos und Ritual. Die Zeile 157 f demonstriert die Einbettung des Liedes in die Götterverehrung: Die Menschen erkennen mit diesem Lied die Herrschaft Innanas an. Es handelt sich hierbei um eine situative Verortung als Siegesfeier der Innana im Rahmen eines Tempelweihfestes.

Voraussetzung für diese Unterwerfung der Menschen zu einer bestimmten Kultzeit (dem kultischen Heute) ist Zeile 146 f, in der Tag und Nacht als Kultzeiten durch eine Schicksalsentscheidung von An geschaffen werden. In Abschnitt 5.7.1 wurde erörtert, dass die Erschaffung von spezifischen oder unspezifischen Zeiten auf die Zeit des Rituals hinweisen kann. So werden beispielsweise in dem *Ritualtext für Šamaš* Tag und Nacht erschaffen, an deren Übergang – am frühen Morgen – das Ritual stattfand. Es ist denkbar, dass die Schöpfung von Tag und Nacht in *Innana holt das Himmelshaus* demnach ebenfalls ein Indiz für die situative Verortung im Rahmen eines Rituals am Abend oder am frühen Morgen ist. Eine andere, viel grundlegendere Interpretation dieser Stelle ist nach A. Zgoll, die Erschaffung von Tag und Nacht als Voraussetzung für allgemeine Kultzeiten anzusehen, damit der Kult erst möglich gemacht wird.[34] Die Schöpfung dieser kultischen Zeiten weist auf eine situative Verortung im Rahmen eines Kultfestes hin. Der genaue Zeitpunkt des Rituals während dieses Festes wäre damit nicht spezifiziert.

Ein Tempelfest zur Tempelweihe fand wahrscheinlich während des kultischen Neujahrs statt, wie in den Abschnitten 6.4.1 und 6.4.3 gezeigt wurde. Das kultische Neujahr konnte zeitlich unabhängig vom kalendarischen Neujahr stattfinden.[35] Um welches Fest es sich handeln könnte, das als mögliches Neujahrsfest gefeiert wurde, wird im Folgenden diskutiert.

Der früheste Textzeuge datiert altbabylonisch. Da der Mythos vom Herbeiholen des ersten Tempels bereits in sargonischer Zeit bekannt war,[36] ist von einem Ritual mindestens ab dieser Zeit auszugehen. Das E-ana ist seit der Uruk-IV-Zeit als Tempel der Innana belegt.[37] Der Mythos ist keine argumentative Reaktion auf ein spezifisches historisches Ereignis wie beispielsweise *Nin-me-*

34 Dazu ausführlich A. Zgoll 2015 a, 52 („heilige Zeiten").

35 Vgl. Sallaberger 1999 b, 292.

36 Vgl. A. Zgoll 2015 a, 45.

37 Van Dijk 1998, 10 (mit weiterer Literatur und Belegen im Text von Schreibungen aus einer frühen Zeit).

šara[38] und war daher vermutlich längere Zeit im Kult mit wenigen rituellen Veränderungen verankert.[39]

Es gibt mehrere Tempelfeste, in deren Rahmen *Innana holt das Himmelshaus* verankert gewesen sein könnte. Ein spezifisches Fest liefert möglicherweise den kultischen Hintergrund für die situative Verortung von *Innana holt das Himmelshaus*: In Uruk (und in anderen Städten) existierte im 3. Jt. v. Chr. im zehnten und im siebten Monat das izim ma$_2$-an-na, das „Fest des Himmelsbootes".[40] Am 23. Tag erhielt Innana ein Mitternachtsopfer und zwei Schafe als Opfer in der Morgendämmerung; dabei befand sich die Göttin (möglicherweise in Form ihrer Statue bei einem Kultboot auf Erden oder astral am Himmel) im Himmelsboot (^{d}Innana ša$_3$ ma$_2$-an-na).[41] Weshalb aber könnte dieses Fest möglicherweise ein passender Hintergrund für die kultische Einordnung des Textes sein? Ein rituelles Himmelsboot als Kultgegenstand ist in Uruk ab dem 3. Jt. v. Chr. belegt.[42] In *Innana holt das Himmelshaus* befindet sich das E-ana in einem Lastschiff (ma$_2$-gur$_8$) im Himmel (Z. 112). Dieses Lexem ist als rituelles Prozessionsboot für Götter auf der Erde gut bezeugt.[43] Dass sich ein Tempel nicht nur in einem Lastschiff (wie in *Innana holt das Himmelshaus*), sondern auch wie ein Lastschiff im Himmel bewegen konnte, bezeugen die Zeilen 24–26 der *Keš-Hymne*:

24	^{ĝeš}ma$_2$-gur$_8$ nun-gen$_7$ an-na diri-ga	(Keš): wie das fürstliche Lastschiff am Himmel dahingeglitten,
25	^{ĝeš}ma$_2$-gur$_8$ ku$_3$-gen$_7$ dag-si (Variante: ka$_2$-si)[44] ri-a	wie das reine Lastschiff, das einen Sattelhalter (Variante: ein eingetieftes Tor) platziert,
26	^{ĝeš}ma$_2$ an-na-gen$_7$ muš$_3$ kur-kur-ra	wie das Boot des Himmels, ein muš$_3$ der Berge/Länder."

Keš-Hymne Z. 24–26[45]

38 Vgl. dazu ausführlich A. Zgoll 2015 b.

39 Allerdings weisen die Textzeugen CBS 1531 und YBC 4665 einige Abweichungen auf, die van Dijk mit einer längeren Textüberlieferung erklärt: van Dijk 1998, 30. Nach A. Zgoll 2015 a, 45 stammt CBS 1531 möglicherweise aus Sippar und YBC 4665 von einem unbekannten Fundort. Eine leichte Abweichung von Texten aus anderen Städten ist nicht ungewöhnlich; vgl. die oft leicht abweichenden Textzeugen literarischer Werke aus Ur oder Isin.

40 Vgl. Cohen 1993, 213 und 219 mit Belegen für das Fest im siebten Monat.

41 Vgl. Cohen 1993, 220.

42 Vgl. Cohen 1993, 219.

43 Vgl. Salonen 1969, 463 f. Neben ma$_2$-gur$_8$ ist auch ma$_2$ als Boot für eine Götterprozession belegt. Diese Boote wurden in den Tempeln gelagert und genossen kultische Verehrung: ebd., 463.

44 Die Variante bezeugen die Textzeugen X1, X3 und X6 bei Delnero 2006, 2191.

Diese Zeilen zeigen die enge inhaltliche Verbindung von Lastschiff und Tempel im Himmel.

Sollte während dieses Opfers in der Morgendämmerung des 23. Tages der Text *Innana holt das Himmelshaus* an die Göttin rezitiert worden sein, so ist hier vielleicht eine Anspielung auf die Bitte der Innana um das E-ana als Morgengabe (Z. 41–43)[46] rituell wiedergegeben. Damit hätte die Erschaffung von Tag und Nacht im Text eine sehr wörtliche rituelle Entsprechung. Rezitationen während der kultischen Mahlzeiten sind in Uruk (und anderen Städten) aus Quellen der 1. Hälfte des 1. Jt. v. Chr. gut bekannt: Während der Opfermahlzeit wurden, nachdem der Vorhang zwischen Cella und Anticella zugezogen wurde (*šiddā šadādu*), damit die Gottheit von den Menschen ungestört essen konnte, hinter dem zugezogenen Vorhang Klagelieder für die Gottheit rezitiert; nach den Klagegesängen wurden dann die Vorhänge wieder aufgezogen (*šiddī nuḫḫu*) und es wurde abgeräumt.[47]

Wie bereits oben konstatiert, ist es auch denkbar, dass der Text nicht während des Opfers in der Morgendämmerung rezitiert wurde, sondern zu einem anderen Zeitpunkt des Festes, der nicht näher im Text spezifiziert ist. Dass dieses „Fest des Himmelsbootes“ Rezitationen mythischer Texte mit Innana als Protagonistin beinhaltete, zeigt *Innana und Enki*, der nicht nur eine (weitere) Ätiologie für ein solches Fest darstellt, sondern möglicherweise auf einem Fest rezitiert wurde.[48] In *Innana und Enki* Zeile 241 wird ein Fest nach dem Herbeiholen der me (= göttliche Kräfte) nach Uruk durch Innana erwähnt; das Himmelsboot (ma₂ an-na) erscheint als Transportschiff der Innana ebenfalls in dieser Zeile und darüber hinaus im gesamten Text:

241	X-ta ma₂ an-na izim X [...]	Aus X das Boot des Himmels Fest [...]

Innana und Enki Z. 241[49]

Wahrscheinlicher ist, dass *Innana holt das Himmelshaus* während eines ganz anderen Festes, das man als kultisches Neujahrsfest ansah, rezitiert wurde.[50] Andere Tempelweihtexte weisen starke Indizien für eine Einordnung im Rah-

45 Die Übersetzung basiert auf Wilcke 2006a, 229; Übersetzung Wilcke (ebd., 221), mit geringfügigen Modifikationen durch KM. Vgl. demnächst die Neuedition von Brit Kärger.

46 Vgl. A. Zgoll 2015a, 46. 48: Anm. 152.

47 Vgl. Linssen 2004, 139; vgl. auch Bottéro 2001, 130 f.

48 Vgl. Cohen 1993, 216 f.

49 Die Umschrift folgt ETCSL 1.3.1 (Segment H) und Farber-Flügge 1973 (Tf. 2); Übersetzung KM.

50 Vgl. A. Zgoll 2015a, 46.

men des tempelspezifischen Neujahrsfestes auf: vgl. *Gudea-Zylinder A* und *B*, *Enkis Fahrt nach Nippur*,[51] *Keš-Hymne*;[52] vgl. die gesicherten Belege für die Verortung von *Enūma eliš* im Rahmen des Neujahrsfestes[53]. Dieses tempelspezifische Neujahrsfest wäre für *Innana holt das Himmelshaus* sicherlich das a₂-ki-ti-Fest in Uruk, das während des ersten Vollmonds nach dem Frühjahrsäquinoktikum bzw. dem Herbstäquinoktikum stattfand (vgl. für die Verbindung von Vollmond und Neujahrsfest beispielsweise *Iddin-Dagān A*). Zwar datieren die frühesten textlichen Belege für ein a₂-ki-ti-Fest in Uruk erst in die Ur-III-Zeit,[54] jedoch ist dieses halbjährliche Fest möglicherweise bereits um 3000 v. Chr. in Uruk etabliert, wie die Uruk-Vase („Warka-Vase") zeigt.[55] McCaffrey interpretiert meiner Meinung nach überzeugend das unterste Register der Vase (Wasser, Getreide, Schafe/Rinder) als Darstellung der Bewässerung und der darauf folgenden Aussaat im Herbst und das mittlere Register als Abbildung der Ernte (Träger mit Körben) sowie das obere Register als Darbringung der Gaben.[56] Falls diese Deutung korrekt ist, wären hier zwei a₂-ki-ti-Feste (zur Aussaat im Herbst und zur Ernte im Frühjahr) auf der Uruk-Vase dargestellt. Weil auf der Vase ein Herrscher und eine Frau abgebildet sind, wurde sie oft als früheste erhaltene Abbildung der Heiligen Hochzeit der Innana während des a₂-ki-ti-Festes im Frühjahr gedeutet.[57] Die frühesten textlich eindeutig datierbaren Belege für eine solche Heilige Hochzeit zwischen der Innana und dem König stam-

51 Vgl. Kapitel 9 zur situativen Verortung von *Enkis Fahrt nach Nippur*.

52 Vgl. Kapitel 8 zur situativen Verortung der *Keš-Hymne*.

53 Vgl. z. B. grundlegend A. Zgoll 2006a; Gabriel 2014 (besonders Abschnitt 2.2 „Die Verortung des Werkes").

54 Vgl. Cohen 1993, 415.

55 Die Vase mit der Fundnummer W.14873 war aufgrund ihrer bildlichen Abbildung von Gaben an den Tempel sicherlich eine Gabe an das E-ana: vgl. Hockmann 2008, 327; Heinrich 1936, 16; vgl. auch die Darstellung auf dem oberen Register der Uruk-Vase von identischen Vasen im Tempel: dazu Hockmann 2008, 335 und Abb. 1 (S. 329).

56 Vgl. McCaffrey 2012, 237 f.

57 Zur Identifizierung der dargestellten Frau als Göttin Innana siehe Wiggermann 2011, 663 f; konträr dazu vgl. Suter 2014, 550–555 (mit weiterer Literatur), die sie als nicht göttliche Frau (möglicherweise als Königin) interpretiert, die jedoch in Bezug zu Innana steht. In der späten Uruk-Zeit fehlen nach ihrer Argumentation bildliche Darstellungen von Göttern fast vollständig; außerdem verweise die Größe des Herrschers auf denselben Rang der Frau und nicht auf eine Höherstellung ihrerseits; daneben diskutiert Suter das Gewand der Frau als untypisch für Gottheiten. Meiner Meinung nach ist die Deutung der Frau als Innana nicht zwingend notwendig für die Deutung der Vase als halbjährliche Ereignisse der Aussaat und der Ernte; vgl. dazu A. Zgoll 2013b.

men aus dem ausgehenden 3. Jt. v. Chr.[58] Ab dem Ende des 3. Jt. v. Chr. wurde in der Ur-III-Zeit die Heilige Hochzeit der Innana und des Herrschers als Dumuzi während des Vollmonds zur Zeit des Frühjahrsäquinoktikums durchgeführt (siehe beispielsweise *Šulgi X*); vgl. hierzu auch den aus der Isin-Larsa-Zeit stammenden Text *Iddin-Dagān A*. Die Forschungen von A. Zgoll zeigen: *Innana holt das Himmelshaus* hat eine Götterhochzeit der Innana mit An als Ausgangspunkt.[59] So beschreibt Innana die sexuelle Vereinigung mit An (Z. 41); sie wünscht sich das E-ana als Morgengabe (Z. 42 f); An nennt sie „Gemahlin" (Z. 149: dam-dam). Der Mythos liefert mit der Götterhochzeit und der ausbleibenden Morgengabe die Begründung für die Tat Innanas, die das Himmelshaus für die Menschen herbeiholt.[60]

Was hat aber dieser Mythos mit dem a_2-ki-ti-Fest im Frühjahr oder im Herbst zu tun? Zur Zeit des Erntefestes im Frühling wurden Erstlingsfrüchte in den Tempel gebracht. Innana als Göttin der Fruchtbarkeit war maßgeblich am Ernteerfolg beteiligt, weswegen es sinnvoll erscheint, dass ihr Tempel zu diesem Zeitpunkt mit einem guten Schicksalsspruch versehen werden soll, da er „die Erde gut gemacht hat" (Z. 160 und Z. 163). Ebenso ist es alternativ denkbar, dass die „gut" gemachte Erde auf die Aussaat im Herbst anspielt und damit in Verbindung mit dem herbstlichen a_2-ki-ti-Fest um die Zeit des Herbstäquinoktikums steht. Die Verbindung der rituellen Aufführung von *Innana holt das Himmelshaus* inklusive des Schicksalsspruches der Innana mit einem der beiden Feste (oder mit beiden) erscheint nach der gerade eben vorgenommenen Analyse wahrscheinlich.

Im Folgenden werden die bisherigen Überlegungen kurz zeitlich ausgewertet. *Innana holt das Himmelshaus* erzählt die Großtat der Innana im Herbeiholen des E-ana auf die Erde: Der Tempel ist bereits herbeigeholt (Z. 159), die Menschen sind „jetzt" Unterworfene der Innana (Z. 158) und der Sieg ist durch Innana bereits errungen (Z. 161 f). Daher kann die Aufführung des Liedes mit verschiedenen Sänger(inne)n als Höhepunkt eines solchen Siegesfestes angesetzt werden, möglicherweise im Rahmen des a_2-ki-ti-Festes im Frühjahr oder Herbst; dies muss nicht zwangsläufig am Ende des Festes stattfinden (vgl. den

58 Vgl. Bottéro 2001, 154; A. Zgoll 2006 b, 113. Für Götterhochzeiten vgl. A. Zgoll 2006 b, 113. Die älteste Textstelle, in der sich ein König als Ehemann von Innana bezeichnet, ist nach A. Zgoll UET 2 pl. 191: Mes-ane-pada von Kiš (A. Zgoll 2006 b, 113); vgl. auch ebd., 114 (weitere Belege für königliche Nennungen ohne zusätzliche narrative Erzählungen).

59 Vgl. A. Zgoll 2006 b und dies. 2015 a.

60 Vgl. A. Zgoll 2015 a, 48: Anm. 152.

dreifachen Segen über den Tempel und die Rezitation von *Enūma elîš* am vierten Tag des Neujahrsfestes in Babylon)[61].

61 Vgl. dazu ausführlich A. Zgoll 2006 a.

8 Keš-Hymne: Ritual im bzw. am Tempel

Hauptziel der Schöpfung:	Keš-Tempel
Erstedition:	Gragg 1969; Biggs 1971 (Fragmente des 3. Jt. v. Chr.)
Aktuellste Edition:	Wilcke 2006a; ETCSL 4.80.2; Delnero 2006, 2182–2238 (Partitur); Kärger i. V.[1]
Sprache:	Sumerisch (ca. 26. Jh. v. Chr. und altbabylonische Zeit)
Anzahl der Textzeugen:	90 (nach ETCSL 4.80.2)
Anzahl der Zeilen:	131 (nach Wilcke 2006a)
Fundorte:	Nippur, Abū Ṣalābīkh, Ur, Isin, Babylon, Kiš, Susa, unbekannt (= stammt aus dem Kunsthandel)
Besonderheit:	drei Prismen (Nippur, zwei von unbekanntem Fundort), Einteilung des Textes in 8 „Häuser" (e$_2$ ZAHL-kam), Refrain, Sonderstrophen aus Isin, Sammeltafel IB 1511 mit Text 6–10 der Dekade[2] (Isin), Text der Dekade

8.1 Indizienargumentation für die Einordnung als Ritualtext

Auffällig viele rituelle Indizien können für diesen Schöpfungstext beobachtet werden. Vor diesem Hintergrund stellt sich die Frage, ob die *Keš-Hymne* im Rahmen von Ritualen zur Tempelweihe eingeordnet werden kann. Die Einordnung dieses Schöpfungstextes als Ritualtext ist nicht neu. Wilcke verortet ihn als Ritualtext für ein „Tempelweihfest" und stellt ihn in einen ähnlichen rituellen Zusammenhang wie die *Gudea-Zylinder* und *Enkis Fahrt nach Nippur*, jedoch mit einem für Babylonien bisher sonst nicht belegten Schwerpunkt als „Wallfahrts- oder Prozessionshymne" mit den im Text erwähnten „Häusern" als „Wegstationen" auf der Pilgerfahrt zum Tempel.[3] Hallo interpretiert generell die

1 Eine Edition inklusive Interpretation der *Keš-Hymne* ist in Vorbereitung von B. Kärger. Ich danke ihr an dieser Stelle sehr herzlich für die Einblicke in ihre Forschungen, nicht zuletzt für das Bereitstellen ihrer Grammatikanalysen und Übersetzungen.

2 In der altbabylonischen Zeit wurden zehn sumerische Texte standardisiert in der Schreiberausbildung verwendet, u. a. die *Keš-Hymne*. Diese werden als Gruppe in literarischen Katalogen genannt. Vgl. dazu Delnero 2006 und ders. 2012.

3 Vgl. Wilcke 2006a, 220.

https://doi.org/10.1515/9783110719222-008

Hymnen auf Tempel, wozu auch die *Keš-Hymne* und die *Gudea-Zylinder A* und *B* gehören, kultisch mit einer ursprünglichen Verortung im Rahmen der Götterstatuenweihe und eventuell im Rahmen späterer Rezitationen auf Festen mit Prozessionen von Götterstatuen.[4] Zgoll erwägt ein „jährlich gefeiertes Tempelweihfest in Keš“ mit einer „Rezitation der urzeitlichen Schicksalsbestimmung“ (= der *Keš-Hymne*), um die Stadt- und Tempelschöpfung rituell „hic et nunc“ zu aktualisieren.[5]

Dass die *Keš-Hymne* eine Tempelweihe beschreibt, wurde andernorts bereits diskutiert.[6] Damit liegen starke Indizien für das von Zgoll erwogene Verortungsszenario im Rahmen eines jährlichen Tempelweihfestes (siehe oben) vor, was weiter gezeigt werden wird. Die Textzeugen stammen aus dem 26. Jh. v. Chr. (Fragmente aus Abū Salābikẖ) und aus der altbabylonischen Zeit (Nippur, Babylon, Isin, Kiš, Ur, Susa, unbekannte Fundorte). Weil der Text so frühe Vorläufer hat, die sich, wie noch gezeigt werden wird, von den späteren durchaus in Inhalt und Stil unterscheiden, wird eine rituelle Einordnung für beide Kontexte getrennt untersucht.

Auffällig ist die Form von drei Schriftträgern der *Keš-Hymne*: ein Prisma aus Nippur sowie zwei Prismen aus dem Kunsthandel, die von unbekannten Fundorten stammen. Prismen mit mythischem Inhalt wurden in der Ausbildung von besonderen Schrift-Experten („Schreibern“)[7] und wahrscheinlich teilweise im Kult verwendet (vgl. den *Barton-Zylinder*); Tonprismen mit Gründungsinschriften wurden im Gemäuer oder unter Fußböden im Rahmen von Ritualen vergraben,[8] beispielsweise verschiedene Bauinschriften von Asarhaddon (z. B. in Ninive);[9] oder sie wurden im Tempel verwahrt (vgl. babylonische Bauinschrif-

4 Vgl. Hallo 1970, 119 f.

5 Vgl. A. Zgoll 2012, 57.

6 Siehe dazu Abschnitte 6.4.1–6.4.3.

7 Ein Prisma mit sieben Seiten aus Kiš (Ashm 1931-0128) enthält eine frühdynastische Liste von Metallen und Metallobjekten und wurde sicherlich in der Schreiberausbildung verwendet; vgl. die CDLI-Nummer: P213492 (mit Umschrift). Zur Verwendung von Prismen in der Schreiberausbildung im altbabylonischen Nippur siehe Robson 2001, 46.

8 Vgl. Ellis 1968, 108–120. Eine intensive Analyse der Baurituale des 1. Jt. v. Chr. bietet Ambos 2004 und beschreibt darüber hinaus die Diskussion, ob Gründungsinschriften dem Volk vorgetragen wurden. Er diskutiert eine Bauinschrift (Assur 21506e), die im Haus von Sängern in Assur geborgen wurde und eine Hymne auf den König Asarhaddon für seine Bautätigkeit (ebd. 75 f); Ambos nimmt allerdings nicht an, dass Gründungsinschriften in jedem Fall vorgetragen wurden. Dass das Anlegen eines Gründungsdepots von Ritualen begleitet wurde, zeigt eine wiederaufgefundene Inschrift des Narām-Sîn durch Nabonid, die Ritualhandlungen (= Salbung mit Öl und Beopferung) zur Folge hatte (ebd., 75).

9 Vgl. Nevling Porter 1995, 63.

ten)[10]. Die Verschriftlichung auf einem Tonprisma deutet darauf hin, dass hier ein besonderer Text vorliegt, der mit diesem Schriftträger besonders kenntlich gemacht wurde.

Die Einteilung in acht Strophen mit sieben Refrains liefert einen Hinweis auf eine Vortragspraxis. Die Stropheneinteilung war im 3. Jt. v. Chr. anders als im 2. Jt. v. Chr.; sie kann jedoch aufgrund des fragmentarischen Charakters der Textzeugen aus der Fāra-Zeit nicht mehr genau rekonstruiert werden.[11]

Text aus der Mitte des 3. Jt. v. Chr.:

Keš$_3$-gen$_7$ rib-ba lu$_2$ an-ga-tum$_2$	Brachte (je) jemand etwas (so) Großartiges wie Keš?[12]
ur-saĝ ^{d}Aš$_7$-ge$_4$-gen$_7$ rib-ba ama an-ga-du$_2$	Gebar (je) eine Mutter einen (so) Großartigen wie den Helden Ašgi?

Text aus der 1. Hälfte des 2. Jt. v. Chr. (altbabylonisch):

Keš$_3^{ki}$-gen$_7$ rib-ba lu$_2$ ši-in-ga-an-tum$_2$-mu	Könnte jemand (je) etwas (so) Großartiges wie Keš dort hinbringen?
ur-saĝ-bi ^{d}Aš$_7$-ge$_4$-gen$_7$ rib-ba ama ši-in-ga-an-u$_3$-du$_2$	Hat (je) eine Mutter einen (so) Großartigen wie dessen (= von Keš) Held Ašgi geboren?
nin-bi ^{d}Nin-tu-gen$_7$ rib-ba-ra a-ba-a igi mu-ni-in-du$_8$	Wer hat (je) eine (so) Großartige wie dessen (= von Keš) Herrin Nintu dort gesehen?

Keš-Hymne Refrain[13]

Interessanterweise fehlt die dritte Refrainzeile in der frühesten überlieferten Version aus Abū Ṣalābīkh (Mitte des 3. Jt. v. Chr.).[14] Dieses Fehlen von allen dritten Refrainzeilen des gesamten Textes kann nicht mit den fragmentarischen Zuständen der Textzeugen des 3. Jt. v. Chr. erklärt werden. Wahrscheinlich wurde der Refrain erst im 2. Jt. v. Chr. um die dritte Zeile erweitert.[15] Dieses Indiz für die situative Verortung kann nicht außer Acht gelassen werden. Der Refrain

10 Vgl. Nevling Porter 1995, 64.

11 Vgl. Wilcke 2006 a, 214.

12 Den Stativ (a-) müsste man eigentlich mit einem Zustand übersetzen: „Befand sich (je) jemand im Zustand des Bringens von etwas Großartigem wie Keš?", ebenso die zweite Refrainzeile: „Befand sich (je) eine Mutter im Zustand des Gebärens von einem Großartigen wie den Helden Ašgi?". Da sich das im Deutschen sehr holprig anhört, wurde die Übersetzung vereinfacht.

13 Die Umschrift basiert auf Wilcke 2006 a, 229–234 (Refrainzeile 1 [aB]: 18.41.54.70.83.99.122; Refrainzeile 2 [aB]: 19.42.55.71.84.100.123; Refrainzeile 3 [aB]: 20.43.56.72.85.101.124); Übersetzung KM.

14 Vgl. Wilcke 2006 a, 207.

15 Vgl. Wilcke 2006 a, 207.

fokussiert im 3. Jt. v. Chr. nicht Nintu, sondern das Herbeibringen des großartigen Keš und die Geburt des großartigen Ašgi durch Nintu. Er kulminiert nicht in einer Zeile (= Refrainzeile 3), die Nintu rühmt und nur ihr vorbehalten ist, so, wie es im 2. Jt. v. Chr. der Fall ist. Keš und die Geburt von Ašgi durch Nintu stehen im 3. Jt. v. Chr. ursprünglich im Vordergrund des Refrains. Hier ist die ursprüngliche situative Verortung zu suchen. Beide sind mit demselben Adjektiv (rib: „großartig") gekennzeichnet. Ašgi ist darüber hinaus als „Held" (ur-saĝ) klassifiziert. Dass Nintu ebenfalls als „großartig" gedacht wurde, ergibt sich aus der engen Verbindung von ihr zu ihrem Tempel. Keš ist großartig, weil die Tempelgottheit großartig ist. Die Textzeugen aus dem Frühdynastikum geben das Wesen der Nintu („großartig") nicht explizit an, wie es die Texte aus altbabylonischer Zeit in Refrainzeile 3 tun; wahrscheinlich ist das mit Refrainzeile 1 (wie gerade diskutiert) bereits impliziert und musste nicht extra ausgeführt werden.

In altbabylonischer Zeit wird die Rolle Nintus im Refrain stärker durch eine ihr exklusiv vorbehaltene dritte Refrainzeile betont. Jetzt sind nicht mehr nur Keš und Ašgi direkt als „großartig" gekennzeichnet, sondern auch Nintu. Nintu ist des Weiteren als „Herrin" (nin) betitelt, womit sicherlich ihre Funktion als Tempelherrin von Keš gemeint sein dürfte.

Warum aber endet im 2. Jt. v. Chr. der Refrain nicht mit der Geburt Ašgis wie die früheren Fassungen? Was ist der Grund für die stärkere Herausstellung von Nintu? Welcher Zusammenhang besteht zur situativen Verortung in altbabylonischer Zeit? Die Rolle von Ašgi hat sich in der späteren Zeit nicht durchgesetzt, weder im allgemeinen Kult noch im spezifischen Tempel in Keš. Meines Erachtens könnte das der Grund für die verstärkte Positionierung von Nintu im Refrain sein. Nintu und ihre Funktion für die Menschen in Keš blieb weiterhin wichtig, wie weiter unten in diesem Abschnitt im Zusammenhang mit dem Königtum gezeigt wird.

Der Text ist nicht nur durch seinen wiederkehrenden Refrain gegliedert, sondern auch durch die Einteilung in acht (bzw. durch die Sonderstrophen in zehn) „Häuser". Dieser „Häuservermerk" findet sich jeweils in der Zeile, die unmittelbar auf den Refrain folgt:

e_2 X-kam-ma-am_3	Es ist das X. Haus.

Keš-Hymne Z. 21 (= Z. 44, Z. 57, Z. 73, Z. 86, Z. 102, Z. 125, Z. 132; nur Mitte des 2. Jt. v. Chr.)[16]

16 Die Umschrift basiert auf Wilcke 2006a, 229–234; Übersetzung KM (Wilcke 2006a, 221 übersetzt: „Erstes Haus" etc.).

Mit diesem „Häuservermerk" wird der Fokus des Textes auf den Keš-Tempel gelenkt. Die Einteilung in „Häuser" erinnert an die Ritualserie *bīt rimki*[17], die Anweisungen für Rituale des Königs in sieben Hausarrangements, die aus Rohr errichtet wurden, enthält.[18] Allerdings ist in der *Keš-Hymne* der „Häuservermerk" nicht in der Version aus dem 3. Jt. v. Chr. erhalten, sondern wahrscheinlich erst im 2. Jt. v. Chr. hinzugefügt worden,[19] wie beispielsweise dem „Häuservermerk" des siebenten Hauses zu entnehmen ist: Der Textzeuge des 3. Jt. v. Chr. schreibt die erste und zweite Refrainzeile (Komposittext Z. 122 f) und gleich im Anschluss die erste Zeile der achten Strophe (Komposittext Z. 126). Es gibt keine dritte Refrainzeile und keinen „Häuservermerk". Warum aber werden diese Erweiterungen um den jeweiligen „Häuservermerk" in altbabylonischer Zeit vorgenommen? Und resultiert dieser Umstand aus der situativen Verortung? Neben der Einführung des „Häuservermerks" hat sich in altbabylonischer Zeit die Stropheneinteilung verändert.[20] Dass in dieser Zeit zusätzlich eine Performanzangabe an dieser Stelle erwartet wurde, zeigt Textzeuge B, der g u $_2$ - 1 - a - k a m (Z. 21, Z. 44: „erste Verbeugung") statt des „Häuservermerks" schreibt. Aufgrund der Parallele zu den *bīt rimki*-Ritualen ist ein solcher Häuservermerk meines Erachtens nur im Kontext einer Konkretisierung spezifischer Rituale sinnvoll. Möglicherweise ist hier eine Neustrukturierung von Ritualen in Keš greifbar.

In altbabylonischer Zeit weisen zwei Textzeugen (Nippur und Isin) eine Sonderstrophe nach der dritten Strophe auf und zwei Textzeugen aus Isin eine Sonderstrope nach der sechsten Strophe.[21] In dieser Zeit fand der Text Eingang in die Schreiberausbildung als Teil der mit „Dekade" betitelten Texte.[22] Damit ein Text in die Ausbildung aufgenommen werden konnte, musste er eine weite Verbreitung erfahren haben und kanonisiert worden sein, wie dies mit der *Keš-Hymne* geschehen ist. Dieser Umstand unterstützt die Indizien für die Einteilung als Ritualtext, weil nur gesellschaftlich relevante Texte kanonisiert wurden und Eingang in das Schulcurriculum fanden, solche, die sich durch häufigen Gebrauch als wichtig erwiesen.

Das Textende gibt in der Doxologie ebenfalls Hinweise auf die Einordnung als Ritualtext:

---

17 Vgl. Læssøe 1955; Borger 1967; Farber 1997. Eine umfassende Edition steht noch aus.
18 Siehe mit weiterer Literatur Ambos 2013 c, 41.
19 Vgl. Wilcke 2006 a, 207 f.
20 Vgl. Wilcke 2006 a, 209.
21 Vgl. Wilcke 2006 a, 208. 231 (Umschrift) und 233 (Umschrift).
22 Zur Forschungsgeschichte und Interpretation der Dekade vgl. Delnero 2006, 22–34.

130	Keš$_3$^{ki} du$_3$-a ^{d} ^{aš}Aš$_7$-ge$_4$ za$_3$-mim	Keš – dem, der es erbaut hat – Ašgi! – sei das Preislied!
131	Keš$_3$^{ki} za$_3$-mim du$_{11}$-ga ama ^{d}Nin-tu za$_3$-mim	Keš – der, die dafür das Preislied verkündet hat – Mutter Nintu! – sei das Preislied!

Keš-Hymne Z. 130 f (nur altbabylonisch, fehlt im 3. Jt. v. Chr.)[23]

Beide Doxologien (= Preis auf Ašgi, Preis auf Nintu) fehlen in der Version des 3. Jt. v. Chr.[24] Der Textzeuge aus der frühdynastischen Zeit endet mit der unmittelbar vorangestellten Zeile über Nintu (Z. 129). Dieses Textende (Zeilen 126–129) ist ein weiteres Indiz für die Einordnung als Ritualtext. In diesen Zeilen wird eine Öffentlichkeit des Volkes am Tempel in Keš durch einen Aufruf hergestellt:

Text aus der Mitte des 3. Jt. v. Chr.:

126	iri-še$_3$ i[ri]-⌜še$_3$⌝ lu$_2$ ti-a nu-ti	Zur Stadt! Derjenige, der ⌜zur⌝ Sta[dt] herangekommen ist, ist der nicht (zum Fest)[25] herangekommen?[26]
127	iri-še$_3$ e$_2$ Keš-še$_3$ lu$_2$ ti-a nu-ti	Zur Stadt! Derjenige, der zum Tempel Keš herangekommen ist, ist der nicht (zum Fest)[27] herangekommen?
128	(fehlt)	(fehlt)
129	⌜^{d}⌝Tu-am$_6$ [...-t]i [...]	Es ist (Nin)tu, [... herangekom]men [...].

Text aus der 1. Hälfte des 2. Jt. v. Chr (altbabylonisch):

126	iri-še$_3$ iri-še$_3$ lu$_2$ te-a na-te	Zur Stadt! Wer in die Nähe zur Stadt gekommen ist, der ist nahe herangekommen (und das wird Folgen haben)![28]

23 Die Umschrift basiert auf Wilcke 2006 a, 234; Übersetzung Wilcke 2006 a, 228 („Dafür, daß Keš gebaut ist, sei Ašgi Preis! Dafür, daß Keš in einem Preislied besungen ist, sei Mutter Nintu Preis!"), mit Modifikationen durch KM.

24 So geben es die beiden zuletzt edierten Partituren an: Wilcke 2006 a, 234 und Delnero 2006, 2237.

25 Ergänzungsvorschlag von Annette Zgoll (persönliche Mitteilung vom 03.11.2017).

26 Satzfragen sind [vor allem in der Regel im 3. Jt. v. Chr.] im Sumerischen nicht als solche gekennzeichnet, wenn sie kein Fragepronomen aufweisen; hier ist entsprechend der altbabylonischen Version (keine Negation) übersetzt; Entsprechendes gilt für Zeile 127. Vgl. Wilckes Übersetzung der Zeilen 126–129: „Sollte, wer angekommen ist, nicht verweilen?" (Wilcke 2006 a, 228: Anm. 44).

27 Ergänzungsvorschlag von Annette Zgoll (persönliche Mitteilung vom 03.11.2017).

28 Das na-Präfix kann verschieden übersetzt werden. Zum Einen zeigt es den Prohibitiv an, der in der Regel mit der *marû*-Basis gebildet wird. Weil diese hier jedoch nicht vorliegt, ist eine andere Übersetzungsvariante zu bevorzugen. Nach Heimpel 1981, 98 weist das na-Präfix auf eine Frage mit Negierung („Ist es nicht so, dass...?") hin. Übersetzung KM des na-Präfixes (Z. 126–129) als Effektiv folgt A. Zgoll (persönliche E-Mail vom 24.04.2017 mit Verweis auf einen

127	e$_2$ Keš iri-še$_3$ lu$_2$ te-a na-te	Zum Tempel Keš! Wer in die Nähe zur Stadt gekommen ist, der ist nahe herangekommen (und das wird Folgen haben)!
128	ur-saĝ-bi $^{d\ aš}$Aš$_7$-ge$_4$-še$_3$ lu$_2$ te-a na-te	Wer zu dessen (= von Keš) Held Ašgi in die Nähe gekommen ist, der ist nahe herangekommen (und das wird Folgen haben)!
129	nin-bi ^{d}Nin-tu-še$_3$ lu$_2$ te-a na-te	Wer zu dessen (= von Keš) Herrin Nintu in die Nähe gekommen ist, der ist nahe herangekommen (und das wird Folgen haben)!
130	Keš$_3$^{ki} du$_3$-a $^{d\ aš}$Aš$_7$-ge$_4$ za$_3$-mim	Keš – dem, der es erbaut hat – Ašgi! – sei das Preislied!
131	Keš$_3$^{ki} za$_3$-mim du$_{11}$-ga ama ^{d}Nin-tu za$_3$-mim	Keš – der, die dafür das Preislied verkündet hat – Mutter Nintu! – sei das Preislied!
132	e$_2$ [8]-kam-ma-am$_3$	Es ist das [8.] Haus.

Keš-Hymne Z. 126–132[29]

Für die Einordnung als Ritualtext im Rahmen von Tempelritualen ist dieses Indiz bedeutend: Eine Öffentlichkeit des Volkes wurde am Tempel z. B. zu Festen hergestellt. In Bälde folgt von A. Zgoll eine Zusammenstellung und Diskussion der Belege, inwieweit der Tempel für die Bevölkerung zugänglich war.[30]

Die älteste Fassung endet mit Nintu (Z. 129). Da die Zeile stark fragmentarisch vorliegt, kann sie nicht detailliert wiedergegeben werden (siehe oben). Sicher ist das Textende mit der Fokussierung auf Nintu im Rahmen eines Festes der Nintu in Keš zu verorten (siehe Abschnitt 8.7).[31]

Der Text liefert weitere Indizien für die Einordnung im Rahmen eines solchen Festes. In der vorletzten Strophe sind verschiedene Priestergruppen erwähnt:

---

unpublizierten Vortrag von 1993), siehe A. Zgoll zitiert in Wilcke 2010b, 59: Das na-Präfix ist ein „Pointer to upcoming events"; vgl. entsprechend Zeile 127–129.

29 Die Umschrift basiert auf Wilcke 2006a, 234; Übersetzung KM (in Abgleich mit den Forschungen von A. Zgoll, siehe obige Anm. zu Z. 126). Andere übersetzen die Zeilen als Negationen bzw. Verbote: ETCSL 4.80.2 („Draw near, man, ... -- but do not draw near!"), Biggs 1971, 207 (altsumerisches Sumerisch: „...man approach, do not approach!") und Edzard 1974, 109 (altbabylonisches Sumerisch: „... ein Nahender naht nicht!", altsumerisch: „... ein Nahender soll nicht nahen!"). Vgl. demnächst dazu die Edition von B. Kärger.

30 Vgl. A. Zgoll i. V. („Religion in Mesopotamien").

31 Vgl. Wilcke 2006a, 219 (Anm. 36): „Das wäre eine Aufforderung an die in Keš Angekommenen, auch in den Tempel zum Kultfest zu kommen."

Text aus der Mitte des 3. Jt. v. Chr.:

106	nu-eš$_3$-bi ĝiri$_2$-la$_2$ e$_2$-an-na-me-eš	Dessen nu-eš$_3$-Priester sind die Dolchträger des Himmelshauses.
107	e$_2$ lugal Kiš^{ki} bur am$_6$-ma-gub	Übersetzungsmöglichkeit 1: Beim Haus hat der König von Kiš das bur-Gefäß (= eine riesige Masse) hingestellt. Übersetzungsmöglichkeit 2: Beim Haus hat sich der König von Kiš an das bur-Gefäß (= eine riesige Masse) gestellt.
108	en šar$_2$ ma$_5$ am$_6$-ma-la$_2$	Die zahlreichen en-Priester(innen) sind bekleidet mit ma$_5$-Gewändern.
109	a-tu tibir [x am$_6$]-ma-du	Der(/die) a-tu-Priester(in) hat [...] in die Hand genommen.

Zeilen 110–113 fehlen

Text aus der 1. Hälfte des 2. Jt. v. Chr. (altbabylonisch):

106	[nu-e]š$_3$-[bi] [... ^{d}I]nnana	[Dessen] (= des Tempels?) [nu-e]š$_3$-Priester: ... (der$^{?}$) [I]nnana.
107	e$_2$-e lugal bur-ra-am$_3$ mu-e-gub	Beim Haus stellte sich der König dort auf – es ist ein bur-Gefäß (= eine riesige Masse).
108	en šar$_2$ ša$_3$ tug$_2$-ma$_5$ am$_3$-mi-in-la$_2$	Nachdem die zahlreichen en-Priester(innen) bekleidet sind mit ma$_5$-Gewändern,
109	a-tu-e šibir šu bi$_2$-in-du$_8$	nahm der(/die) a-tu-Priester(in) den Krummstab in die Hand,
110	tu-e a kiĝ$_2$-a mu-e-de$_6$	brachte der(/die) tu-Priester(in) Wasser für das Orakel$^{?}$ dahin,
111	lal$_3$-e a-ša$_3$-ga ki ku$_3$-ga-am$_3$ mi-ni-in-tuš	ließ der(/die) Honigpriester(in) ihn (= den König?) auf dem Feld[32] hinsetzen – es ist ein reiner Ort.
112	enkum-ene tu$_6$ ki am$_3$-ma-ĝal$_2$-le-eš	Nachdem die enkum-Priester(innen) für den Ort einen Ritualtext vorhanden sein ließen,
113	pa$_4$-šeš-e-ne su mu-un-sig$_3$-ge-ne	schlagen die pa$_4$-šeš-Priester(innen) dort den Körper (= des Königs?).

Keš-Hymne Z. 106–113[33]

Diese gesamte Passage ist eine Spiegelung von verschiedenen Ritualteilen im Text (vgl. Abschnitt 3.1.5). Die bur-Gefäße (Z. 107) waren oft steinerne Weihe-

32 Einige Textzeugen erwähnen das Feld nicht, sondern nur den reinen Ort.
33 Die Umschrift basiert auf Wilcke 2006 a, 233 f; Übersetzung Wilcke 2006 a, 227, mit geringfügigen Modifikationen durch KM.

gaben vom König, die u. a. „im Freien im Tempelhof oder im ‚Speisesaal'" zur Libation von „vor allem Bier, Wein und Öl" aufgestellt wurden.[34] Genau dieser Kontext liegt hier vor: Der König stellt sich zu seinen Weihegefäßen am Tempel hin, vermutlich an einen zum Tempel gehörigen Bereich; vgl. das *akīti*-Fest im 1. Jt. v. Chr. in Babylon: Der König öffnet ein riesiges (bur?)-Gefäß während seines Schnelllaufes (vgl. Zgoll 2006a). Die Libation von Bier und Wein an Ninḫursaĝ wird in Zeile 120 f erwähnt. Wahrscheinlich wurden die flüssigen Opfer in den in Zeile 107 erwähnten bur-Gefäßen serviert. Die Rituale dieser Strophe sind zeitlich dem Tempelbau nachgeordnet, weil er bereits fertig dasteht (Z. 107 etc.).

Ähnliche Ritualbeschreibungen, in denen bur-Gefäße eine Rolle spielten, finden sich beispielsweise in *Gudea-Zylinder B*, *Tempelhymnen*, *Hacke und Pflug*:

20	bur an-na mu-gub	Er (= Gudea) stellte die bur-Gefäße in den Himmel (= an die frische Luft, nach draußen)
21	ten mu-ni-de$_2$-de$_2$	(und) goss Wein hinein.

Gudea-Zylinder B 1,18,20 f[35]

Wie in der *Keš-Hymne* ist hier der Tempel bereits fertiggestellt; kurz zuvor erfolgte die Darbringung eines Opfers (*Gudea-Zylinder B* 1,18,17: gu$_4$ du$_7$ maš$_2$ du$_7$--tag). Es gibt nur zwei weitere Belege im ePSD von bur mit der Kopula -am$_3$: Sie finden sich in den *Tempelhymnen* und in *Hacke und Pflug*:

204	nin-zu ^{d}Innana niĝ$_2$ bur-ra-am$_3$ BUL$^{?}$-BUL$^{?}$	Deine Herrin Innana, die die Sachen – es ist ein bur-Gefäß (= eine riesige Masse) – ... macht.

Tempelhymnen Z. 204[36]

In dieser *Tempelhymne* vollzieht Innana ein Ritual mit (einem) bur-Gefäß(en) nach der Errichtung des Eanna-Tempels. Die Rituale im Zusammenhang mit bur-Gefäßen sind in der *Keš-Hymne*, in *Gudea-Zylinder B* und in der Passage der *Tempelhymnen* Teile von Ritualen für den Tempel, die zeitlich nach dem Tempelbau stattfanden, d. h. als das Ziel (= Bau) bereits erreicht wurde.

In *Hacke und Pflug* werden flüssige Opfer in einem bur-Gefäß im Rahmen eines Erntefestrituals libiert, ebenfalls nach dem Erreichen des Ziels (= Ernte):

34 Sallaberger 1993, 73: Anm. 324.

35 Die Umschrift folgt ETCSL 2.1.7; Übersetzung KM (ähnlich zu ETCSL).

36 Die Umschrift basiert auf ETCS 4.80.1; Übersetzung KM; vgl. die Übersetzung von ETCSL: „your lady who ...".

24	izim-ĝu$_{10}$ iti šu-nuĝun-a a-ša$_3$-ga ak-da-bi	Während mein Fest im Monat šu-nuĝun auf den Feldern durchgeführt wird,
25	lugal-e gu$_4$ im-ma-ab-gaz-e udu im-ma-ab-šar$_2$-re	während der König dort Stiere schlachtet, dort Schafe opfert (literarisch: unzählig macht = in großer Menge opfert),
26	kaš bur-ra(-am$_3$) mu-e-de$_2$	libierte er dort Bier – (es ist) ein bur-Gefäß (= eine riesige Masse).
27	lugal(-e) a(-)KIN-a mu-e-de$_6$[37]	Der (bekannte) König – das *(aus)gesuchte* (?)[38] Wasser wurde dort hingebracht.

Hacke und Pflug Z. 24–27[39]

Dieses Darbringen des Bieres in einem bur-Gefäß (oder in der Quantität eines bur-Gefäßes oder von bur-Gefäßen) auf dem Feld fand während eines Erntefestes im Monat šu-nuĝun statt, womit sicherlich das frühjahrszeitliche a$_2$-ki-ti šu-nuĝun gemeint sein dürfte. Interessanterweise ist hier der König an einem Ritual auf dem Feld beteiligt, eine Parallele zu der Erwähnung des Ritualteils auf dem Feld in Zeile 111 von fünf Textzeugen der *Keš-Hymne*.[40] Die *Keš-Hymne* enthält neben den eben dargelegten Hinweisen auf Rituale für den Tempel, die dem eigentlichen Tempelbau zeitlich nachgeordnet waren, auch Indizien für eine situative Verortung während des Neujahrsfestes im Frühling zur Zeit der Ernte: die Darbringung von Erstlingsgaben (nisaĝ, siehe Abschnitt 8.8). Dass dieses Fest überregionalen Charakter hat, zeigt die eben dargelegte Erwähnung der großen Priester(innen) und des Königs als Teilnehmer des Festes (vgl. Abschnitt 8.6).

Die Tempelweihe im Rahmen des Hauptfestes des Gottes leitete das kultische Neujahr ein, wodurch die Gottheit erneut legitimiert wurde und ihre Beziehung zum Land in Vertretung durch den König (bzw. Herrscher) erneuert wurde (siehe Abschnitt 8.8).[41] Es gibt weitere Indizien in der *Keš-Hymne* für die Verbindung zwischen Keš und Königtum und damit zusammenhängenden Ritualen, wie im Folgenden gezeigt wird. Die ersten drei Zeilen der *Keš-Hymn*e geben als wichtigen Textzielpunkt das irdische Königtum (nam-lugal) an:

---

37 Mittermayer 2019, 302 liest DU.

38 Ein Textzeuge (Mittermayer 2019, 302: In Vs. 14') schreibt das ähnliche Zeichen ur$_4$ („sammeln") statt KIN. Das Lexem kiĝ$_2$ (KIN) ist geglichen mit *še'û* („suchen"). Beiden Lexemen liegt eine ähnliche Idee zugrunde: Wasser, das (aus)gesucht bzw. zusammengetragen wurde.

39 Die Umschrift folgt Mittermayer 2019, 301 f; Übersetzung KM.

40 Nach Delnero 2006, 2228 stammen drei Textzeugen aus Nippur, zwei aus dem Kunsthandel.

41 Vgl. Sallaberger 1999 b, 291 f.

Text aus der Mitte des 3. Jt. v. Chr.:

1	[na]m-[nun]-ne$_2$ [na]m-nun-ne$_2$ ⌜e$_2$⌝-ta nam-ta-e$_3$	Übersetzungsmöglichkeit 1: Die bekannte [Fürstlichkei]t, die bekannte Fürstlich[kei]t trat heraus aus dem ⌜Tempel⌝ (und das hatte Folgen).[42] Übersetzungsmöglichkeit 2: Die [Fürstlichkei]t, die Fürstlich[kei]t ließ ihn (= Enlil) aus dem ⌜Tempel⌝ herausgehen (und das hatte Folgen).[43]
2	[^{d}E]n-lil$_2$ [na]m-nun-ne$_2$ [e$_2$]-ta [nam-ta-e$_3$][44]	Übersetzungsmöglichkeit 1: [E]nlil, die Fürstlich[kei]t [trat heraus] aus dem [Tempel]. Übersetzungsmöglichkeit 2: Den [E]nlil ließ die Fürstlich[kei]t aus dem [Tempel heraustreten].
3	[...]	[...]

Text aus der 1. Hälfte des 2. Jt. v. Chr. (altbabylonisch):

1	nam$_2$-nun-e nam$_2$-nun-e e$_2$-ta nam-ta-ab-e$_3$	Übersetzungsmöglichkeit 1: Die bekannte Fürstlichkeit hier, die bekannte Fürstlichkeit hier trat heraus aus dem Tempel (und das hatte Folgen).[45] Übersetzungsmöglichkeit 2: Die Fürstlichkeit, die Fürstlichkeit ließ ihn aus dem Tempel herausgehen (und das hatte Folgen).[46]
2	^{d}En-lil$_2$ nam$_2$-nun-e e$_2$-ta nam-ta-ab-e$_3$	Übersetzungsmöglichkeit 1: Enlil, die bekannte Fürstlichkeit hier, trat heraus aus dem Tempel (und das hatte Folgen).[47]

42 Absolutivkonjugation *ḫamtû:* namnun=e^{deiktisch}==Ø$^{\text{Abs.:IS}}$ namnun=e^{deiktisch}==Ø$^{\text{Abs.:IS}}$ e$_2$==ta$^{\text{Abl.}}$ na^{effektiv}-m$^{\text{Vent.}}$-b.$^{\text{3.Sing.SKL}}$.ta$^{\text{Abl.}}$-b^{OO}-e$_3$-Ø^{IS}; vgl. A. Zgoll zitiert in Wilcke 2010 b, 59 für n a - mit effektiver Bedeutung (so auch in den folgenden Zeilen).

43 Kausativkonstruktion *ḫamtû*: namnun==e$^{\text{Erg.:TS}}$ namnun==e$^{\text{Erg.:TS}}$ e$_2$==ta$^{\text{Abl.}}$ na^{effektiv}-m$^{\text{Vent.}}$-b$^{\text{3.Sing.SKL}}$.ta$^{\text{Abl.}}$-b^{TS}-e$_3$-Ø^{TO}.

44 Eigene Ergänzung nach Zeile 1. Hier liegt das sumerische Stilmittel der Präzisionsklimax vor: Etwas Erwähntes wird klimaktisch spezifiziert.

45 Die Grammatikanalyse entspricht derjenigen in der Anm. zu Zeile 1 aus der Mitte des 3. Jt. v. Chr. (= Übersetzungsmöglichkeit 1).

46 Die Grammatikanalyse entspricht derjenigen in der Anm. zu Zeile 1 aus der Mitte des 3. Jt. v. Chr. (= Übersetzungsmöglichkeit 2).

47 Absolutivkonjugation *ḫamtû:* enlil namnun=e^{deiktisch}==Ø$^{\text{Abs.:IS}}$ e$_2$==ta$^{\text{Abl.}}$ na^{effektiv}-m$^{\text{Vent.}}$-b$^{\text{3.Sing.SKL}}$.ta$^{\text{Abl.}}$-b^{OO}-e$_3$-Ø^{IS}.

	Übersetzungsmöglichkeit 2: Den Enlil ließ die Fürstlichkeit aus dem Tempel heraustreten (und das hatte Folgen).[48]
3 nam$_2$-nun-e nam-lugal-la e$_2$-ta nam-ta-ab-e$_3$	Übersetzungsmöglichkeit 1: Die bekannte Fürstlichkeit hier trat heraus aus dem Tempel **für das Königtum** (und das hatte Folgen).[49] Übersetzungsmöglichkeit 2: Die Fürstlichkeit ließ ihn **für das Königtum**[50] aus dem Tempel heraustreten (und das hatte Folgen).[51]
	Keš-Hymne Z. 1–3[52]

48 Kausativkonstruktion *ḫamtû*: enlil==Ø$^{\text{Abs.:TO}}$ namnun==e$^{\text{Erg.:TS}}$ e$_2$==ta$^{\text{Abl.}}$ na^{effektiv}-m$^{\text{Vent.}}$-b$^{\text{3. Sing.SKL}}$.ta$^{\text{Abl.}}$-b^{TS}-e3-Ø^{TO}.

49 Absolutivkonjugation *ḫamtû*: namnun=e^{deiktisch}== Ø$^{\text{Abs.:IS}}$ namlugal==a$^{\text{Lok.}}$ e$_2$==ta$^{\text{Abl.}}$ na^{effektiv}-m$^{\text{Vent.}}$-b$^{\text{3. Sing.SKL}}$.ta$^{\text{Abl.}}$-b^{OO}-e$_3$-Ø^{IS}.

50 Grammatisch ist außerdem eine Analyse als elliptischer Genitiv („den/das des Königtums“) möglich: „Die Fürstlichkeit veranlasste den/das des Königtums aus dem Tempel herauszutreten“. Eine Person, die mit dem Königtum in Verbindung steht, ist hier eher wahrscheinlich als eine Sache, die aus dem Tempel heraustrat und im gesamten Text nicht mehr erwähnt wird. Keš als diese Sache steht zwar im Text in Verbindung mit dem Königtum, ist jedoch aufgrund des weiteren Verlaufs der Handlung als „das des Königtums“ nicht sinnvoll. Es wird erst später durch Enlils Präsenz erschaffen. Sachen, die in anderen Texten als nam-lugal-la bzeichnet werden sind beispielsweise die aga-Krone, das Emblem und der Thron (*Fluch über Agade* Z. 67 f), die me (*Klage über Sumer und Ur* Z. 28), ein Prozessionsschiff aus Lapislazuli (*Šulgi* D Z. 355), Szepter (*Ibbi-Sîn C* Z. 43), Zeichnungen (*Urninurta A* Z. 7). Alle diese Sachen kommen der *Keš-Hymne* nicht vor mit einer Ausnahme: Das Prozessionsschiff (ma$_2$-gur$_8$ mit Äquativ) steht in Zeile 24 f vergleichend für Keš. Dass Keš als „das des Königtums“ ausscheidet, wurde eben gezeigt. Es kann sich hier auch nicht um Enlil handeln aufgrund der Parallelität der Zeilenanfänge und wegen der sumerischen Präzisionsklimax. Enlil und nam-lugal-la stehen also nicht parallel zueinander. Für diesen Hinweis danke ich herzlich A. Zgoll. Somit muss die Analyse von nam-lugal-la in Zeile 3 als elliptischer Genitiv aufgrund von syntaktischen und inhaltlichen Überlegungen verworfen werden. Vgl. demnächst dazu die Edition von B. Kärger.

51 Kausativkonstruktion *ḫamtû*: namnun==e$^{\text{Erg.:TS}}$ namlugal==a$^{\text{Lok.}}$ e$_2$==ta$^{\text{Abl.}}$ na^{effektiv}-m$^{\text{Vent.}}$-b$^{\text{3. Sing. SKL}}$.ta$^{\text{Abl.}}$-b^{TS}-e$_3$-Ø^{TO}.

52 Die Umschrift folgt Wilcke 2006 a, 228; Übersetzung KM; meine Übersetzungsmöglichkeit 2 ist eine Modifikation von Wilckes Übersetzung: „Die Fürstlichkeit, die Fürstlichkeit, führte ihn aus dem Haus heraus, (den Gott) Enlil führte die Fürstlichkeit aus dem Haus heraus, die Fürstlichkeit führte ihn für das Königtum aus dem Haus heraus.“ (ebd., 220). Edzard 1974, 107 sieht das Königtum als Objekt, das herausgeführt wird: „Der hohe ..., der hohe ... hat es aus dem Haus herausgebracht; Enlil, der hohe ..., hat es aus dem Haus herausgebracht; der hohe ... hat

Ob die Fürstlichkeit mit Enlil gleichzusetzen ist, wie es die Absolutivkonjugation *ḫamtû* nahelegt, oder ob die Fürstlichkeit (das wäre dann die Tempelgottheit Nintu) den Enlil veranlasste herauszutreten, wenn man eine Kausativkonstruktion *ḫamtû* annimmt, kann hier nicht abschließend entschieden werden. Sicher ist, dass Enlil *für das Königtum* aus seinem Tempel heraustritt. Die Folgen, die durch das na-Präfix impliziert sind, werden direkt im Anschluss als Schöpfung der Berge (und damit der Tempelstädte)[53] und speziell der Schöpfung von Keš durch Enlil (Z. 4–9) sowie der Verschriftlichung der Schicksalsentscheidung durch Nissaba (Z. 10–12)[54] beschrieben.

Sollte die Übersetzungsmöglichkeit 1 der drei Zeilen mit dem deiktischen Pronomen am wahrscheinlichsten sein, läge hier eine sprachliche Angabe für eine Aufführung vor. Das Pronomen -ne (vgl. die Version aus dem 3. Jt. v. Chr.) ist bisher noch nicht einheitlich eingeordnet; das Pronomen -e (vgl. die Version aus dem 2. Jt. v. Chr.) ist eine sprachliche Angabe der Nahdeixis (vgl. Abschnitt 3.2.4 mit Literaturangaben). Die Fürstlichkeit bzw. Enlil wäre dann während der Rezitation sichtbar anwesend, entweder in Form der Götterstatue oder eines Emblems.

Eine genaue Textanalyse wird im Folgenden zeigen, was mit dem Lexem lugal in der *Keš-Hymne* gemeint ist. Das Lexem „fürstlich" (nun) ist textimmanent der Tempel, der mit einem fürstlichen Lastschiff (Z. 24: ma_2-gur_8 nun-gen_7) verglichen wird und eine fürstlich große Mauer (Z. 98: bad_3-gal-nun-na-bi) aufweist und selbst als fürstliches Haus (Z. 103 f: e_2 nun) charakterisiert wird. Der göttliche Bauherr wird im Text als „Fürst" bezeichnet (Z. 130: e_2 nun-e ĝar-ra: „Haus, das der Fürst hinsetzte"). Das Abstraktum „Fürstlichkeit" (nam-nun bzw. nam_2-nun) bezieht sich demzufolge auf ein Numen, wohingegen sich „Königtum" (nam-lugal) auf den irdischen König bezieht: Der einzige im Text erwähnte König (lugal) ist der König von Kiš (Textzeugen des 3. Jt. v. Chr. Z. 107: lugal $Kiš^{ki}$) bzw. nur der König (altbabylonische Textzeugen Z. 107: lugal).

Wie aus den ersten drei Zeilen abzuleiten ist, ist ein inhaltlicher Zielpunkt der *Keš-Hymne* das irdische Königtum. Es gibt eine Verbindung zwischen dem Tempel (von) Keš und dem irdischen Königtum (nam-lugal), wie im Folgenden gezeigt wird. Eine Tempelhymne auf den Tempel der Ninḫursaĝ verbindet das mythische Hylem der Königsgeburt mit Nintu:

---

das Königtum aus dem Haus herausgebracht." Damit ist allerdings der Lokativ bzw. das Suffix (-a) des Königtums nicht erklärt.

53 Vgl. A. Zgoll 2012, 27 f.

54 Vgl. Wilcke 2006 a, 206 f; A. Zgoll 2012, 27 f.

500	ama ^{d}Nin-tu nin-ulutim-ma	Mutter Nintu, Herrin der Schöpfung,
501	ša$_3$ ki gi$_6$-gi$_6$-ga kiĝ$_2$ AK-e	die Werke vollbringt im Inneren, an den dunklen Orten (= den Mutterleibern)!
502	lugal u$_3$-du$_2$ suḫ$_{10}$-zi keš$_2$-di	Den König zu gebären, (ihm) das tatkräftige Diadem umzubinden,
503	en u$_3$-du$_2$ saĝ men ga$_2$-ga$_2$ šu-na i$_3$-ĝal$_2$	den/die en-Priester/in zu gebären, (ihr/ihm) die men-Krone (auf den) Kopf zu setzen, während das in ihrer Hand vorhanden ist (...)

Tempelhymnen Z. 500–503 (Tempelhymne auf das E-Ninḫursaĝ)[55]

Als Zwischenergebnis ist festzuhalten, dass Nintu in den Tempelhymnen den König gebiert, und dass ihr Lied auf den Tempel (= *Keš-Hymne*) für das Königtum wichtig ist (*Keš-Hymne* Z. 3).

Ein tigi-Lied auf Nintu (= *Nintu A*) aus Nippur (altbabylonisch) beschreibt, dass sie den König (und Priester) gebiert und nennt den Ort, wo die/der en-Priester(in), der lagar-Priester und der König von ihr geboren werden (Z. 8 f):

8	en mu-un-u$_3$-du$_2$ lagar mu-un-u$_3$-du$_2$	Sie hat die/den en-Priester(in) geboren. Sie hat den lagar-Priester geboren.
9	lugal para$_{10}$-ku$_3$-ga mu-un-u$_3$-du$_2$	Sie hat den König auf dem reinen Postament geboren.

Nintu A (tigi-Lied) Z. 8 f[56]

Der Performanzhinweis in *Nintu A* Z. 44 sa-ĝar-ra-am$_3$ („gesetzte Saite") bezieht sich möglicherweise auf das Niederstimmen einer Saite oder einen Wechsel im Modus oder der Tonskala.[57] Hier liegt ein Ritualtext vor, der direkt für die Göttin Nintu gesungen wurde (*Nintu A* Z. 45: tigi [^{d}]Nin-tur$_5$-ra-kam, „Es ist ein tigi-Lied auf Nintu"). Die religiösen Aussagen in diesem Text haben deshalb sicherlich eine konkrete historische Entsprechung bzw. spielen auf eine solche an. Gerade in den Hymnen sind aktuelle rituelle Bezüge verarbeitet für das Ritualziel, das mit der Rezitation erreicht werden sollte (vgl. die aktuellen Bezüge zur Heiligen Hochzeit und dem Neujahrsfest in *Iddin-Dagān A*). Die Hymne sollte in die aktuelle Wirklichkeit hineinsprechen. Nintu gebiert in diesem Text die beiden Priester und den König demzufolge im Tempel an heiligster Stätte: auf dem reinen Götterpostament. Damit ist ihr Tempel (in) Keš gemeint, wie weitere Belege von Keš als Schöpfungsort zeigen:

55 Die Umschrift basiert auf Sjöberg/Bergmann 1969, 46; Übersetzung KM.

56 Die Umschrift basiert auf ETCSL 4.26.1; Übersetzung KM.

57 Vgl. Shehata 2009, 338–340.

87	Keš^{ki} uru$_{12}$ ulutum$_{2}$ an-ki	Keš, kunstvoll gestaltet, (Ort der) Schöpfung (von) Himmel und Erde.

Tempelhymnen Z. 87 (Tempelhymne Nr. 7 auf das E-Keš)[58]

11'	Keš^{ki} ulutim$_{2}$ kalam-ma-ke$_{4}$	Keš, (Ort der) Schöpfung des Landes (Sumer).

Eridu-Klage Z. 11' (ETCSL 2.2.6 Segment C)[59]

Was aber bedeutet das oben erwähnte mythische Hylem von der Priester- und Königsgeburt durch die Muttergöttin? Es kann sich um die einmalige Priester- und Königskrönung und/oder die zyklische Königsweihe im Rahmen eines kultischen Neujahrsfestes handeln, was im Folgenden untersucht wird. Am Anfang des 2. Jt. v. Chr. erwähnte Rīm-Sîn II. aus Larsa in seinem *Jahresdatum B*, dass er in Keš gekrönt wurde:

1	mu ^{d}*Ri-im-*^{d}*sin*$_{2}$ lugal ^{d}Nin-maḫ-e e$_{2}$ Keš$_{3}$^{ki} temen an-ki-bi-da-ta nam-lugal uĝ$_{3}$ kiš-ĝal$_{2}$-la-še$_{3}$$^{!}$[60] gal-bi-ta ba-an-il$_{2}$-la lu$_{2}$-kur$_{2}$ lu$_{2}$-ḫul-ĝal$_{2}$ kur-kur-še$_{3}$$^{!}$ gaba-bi nu-ge$_{4}$-a	Jahr, als Rīm-Sîn, der König – den Ninmaḫ aus dem Haus Keš heraus, dem Fundament von Himmel und Erde, zum Königtum über alle Menschen groß(artig) erhoben hat – den Feind und Übeltäter nicht in die Fremdländer zurückkehren[61] ließ.

Jahresdatum B des Rīm-Sîn II. aus Larsa[62]

Liegt hier eine rein literarische Wendung vor oder ließ sich Rīm-Sîn wirklich in Keš krönen, um sich in die Krönungstradition des 3. Jt. v. Chr. zu stellen? Eine Königskrönung in einer religiösen Aussage anzudeuten ohne konkrete historische Verankerung wäre sehr unwahrscheinlich für einen Jahresnamen.

Es ist zu erwarten, dass im Rahmen einer solchen Krönungszeremonie die Amtsinsignien übergeben wurden.[63] Das Krönungsritual der neubabylonischen Zeit umfasste nach Ben-Barak drei Teile: die Einberufung der Ältesten des Lan-

---

58 Die Umschrift basiert auf Sjöberg/Bergmann 1969, 22; Übersetzung KM.

59 Die Umschrift basiert auf ETCSL 2.2.6; Übersetzung KM.

60 Das Zeichen še$_{10}$ (KU) kann altbabylonisch še$_{3}$ gelesen werden: siehe Mittermayer 2006, Nr. 415.

61 Die Wortgruppe gaba--ge$_{4}$ kann nach dem Lexikon Sumerisch-Französisch von Pascal Attinger (abrufbar unter: http://doi.org/10.5281/zenodo.2585683) mit „reculer" („zurückkehren") übersetzt werden (abgerufen am 08.01.2020). Das Suffix -bi (Demonstrativpronomen: „dies/e/es") ist allerdings an dieser Stelle ungewöhnlich.

62 Die Umschrift basiert auf Fitzgerald 2002, 155, mit geringfügigen Modifikationen durch KM; Übersetzung KM.

63 Berlejung 1996, 17 argumentiert, dass dem König diese bereits vor der eigentlichen Krönung im Tempel übergeben wurden.

des inklusive einer Rede von Marduk, die Installationszeremonie mit der Übergabe der Herrschaftsinsignien im Palast oder im Tempel inklusive der Anwesenheit der Würdenträger und abschließend die Akklamation, die vermutlich in der Öffentlichkeit stattfand.[64] Sicherlich dürften die Abläufe im 3. und 2. Jt. v. Chr. nicht vollkommen identisch gewesen sein. Dennoch ist anzunehmen, dass die Übergabe der Amtsinsignien ein wichtiger Bestandteil jedes Krönungsrituals gewesen war: vgl. hierzu die *Krönung von Urnamma* (Z. 15, Z. 15a–17), wo der Thron, die Krone (Z. 15a), das Szepter, der Stab und der Krummstab erwähnt werden.[65] Auch im *Mittelassyrischen Krönungsritual* werden Amtsinsignien übergeben.[66] In der *Keš-Hymne* sind allerdings keine textinternen Hinweise auf ein solches Krönungsritual zu finden. Die Erwähnung der Übergabe der Herrschaftsinsignien fehlt völlig; stattdessen fokussiert der Text auf den Tempel. Keš wird gleich am Textanfang (*Keš-Hymne* Z. 1–3) noch vor der eigentlichen Tempelschöpfung für seine Aufgabe für das Königtum und seine Macht für das Königtum allgemein gerühmt. Das passt zu einem jährlichen Tempelweiheritual (vgl. *Gudea-Zylinder A* und *B*; vgl. Abschnitt 6.4) bzw. einem Weihefest, z. B. aus Anlass einer Renovierung. Ein solches Ritual stellt die Bedeutung des Tempels für Stadt und Land heraus; den mythischen Hintergrund dafür liefert die *Keš-Hymne*. Das grundlegende Weiheritual ist umfassender als ein spezifisches Inthronisationsritual. Durch ein solches Weiheritual wurde der Tempel für seine Aufgaben befähigt, machtvoll für das Königtum zu agieren (u. a. durch Inthronisationsrituale); die Inthronisationsrituale werden dadurch erst ermöglicht neben den vielfältigen anderen Tempelaufgaben.

8.2 Ritualadressat

Die Textfassung aus dem 3. Jt. v. Chr. endet mit einer Zeile über Nintu (*Keš-Hymne* Z. 129); die altbabylonischen Textzeugen erweitern das Textende um die Doxologie inklusive Eigenbezeichnung za$_3$-mim auf Ašgi und Nintu (*Keš-Hymne* Z. 130 f):

Textende aus der Mitte des 3. Jt. v. Chr.:

129	⌜d⌝Tu-am$_6$ [...-t]i [...]	Es ist (Nin)tu, [... herangekom]men [...].

64 Ben-Barak 1980, 56 f.

65 Der Text ist ediert in Hallo 1966, 133–141 und zitiert in Ben-Barak 1980, 60.

66 Vgl. die Edition bei Müller 1937, 4–9 (Text 1) und Ben-Barak 1980, 60 f.

Textende aus der 1. Hälfte des 2. Jt. v. Chr (altbabylonisch):

129	nin-bi ^{d}Nin-tu-še$_3$ lu$_2$ te-a na-te	Wer zu dessen (= von Keš) Herrin Nintu in die Nähe gekommen ist, der ist nahe herangekommen (und das wird Folgen haben)!
130	Keš$_3$^{ki} du$_3$-a $^{d\ aš}$Aš$_7$-ge$_4$ za$_3$-mim	Keš – dem, der es erbaut hat – Ašgi! – sei das Preislied!
131	Keš$_3$^{ki} za$_3$-mim du$_{11}$-ga ama ^{d}Nin-tu za$_3$-mim	Keš – der, die dafür das Preislied verkündet hat – Mutter Nintu! – sei das Preislied!

Keš-Hymne Z. 129–131[67]

Im 3. Jt. v. Chr. endet der Text mit Nintu: Es ist ihr Tempel und auf sie zielt der Text. In altbabylonischer Zeit (mit einer möglichen Wiederaufnahme des Rituals; vgl. dazu Abschnitt 8.8) endet die Doxologie mit einem Preis auf Nintu; die hinzugekommene dritte Refrainzeile fokussiert ebenfalls Nintu. Das Textende und der Refrain scheinen als Ritualadressatin Nintu anzudeuten. Interessanterweise bestätigen sich diese Indizien nicht ganz: Enlil ist der Schöpfer von Keš (Z. 4–7) und setzt dessen Schicksal durch einen göttlichen Sprechakt (= die *Keš-Hymne*) fest (Z. 8 f; vgl. Abschnitt 8.3).[68] Hier ist das erste Ritualziel aus dem Abschnitt 4.5 erkennbar: Das Ritualobjekt (und zugleich Hauptziel der Schöpfung) wird durch eine Festsprechung seines Wesens mit Wirkmacht aufgeladen, damit es innerhalb der Schöpfungsordnung funktionieren kann, ganz speziell für das Königtum (vgl. Z. 3). Diese Übertragung geschieht im Text durch Enlil; Nissaba schreibt die Schicksalsbestimmung des Enlil auf (Z. 10–12).[69]

Die *Keš-Hymne* weist also Indizien für zwei unterschiedliche Ritualkontexte und Ritualadressaten auf; das wird im Folgenden weiter untersucht. Im 2. Jt. v. Chr. schreibt der Text Nintu und Enlil dieselbe Rolle als Verkündiger des Preisliedes für Keš zu (nur altbabylonisch erhalten):

9	^{d}En-lil$_2$-le Keš$_3$^{ki}-a za$_3$-mim am$_3$-ma-ab-be$_2$	Während Enlil begonnen hatte, für Keš das Preislied zu verkünden (...)
131	Keš$_3$^{ki} za$_3$-mim du$_{11}$-ga ama ^{d}Nin-tu za$_3$-mim	Keš – der, die dafür das Preislied verkündet hat – Mutter Nintu! – sei das Preislied!

Keš-Hymne Z. 9, Z. 131 (ausgewählte Zeilen)[70]

---

67 Die Umschrift basiert auf Wilcke 2006 a, 234; Übersetzung KM (in Abgleich mit den Forschungen von A. Zgoll).

68 Vgl. A. Zgoll 2012, 27 f.

69 Vgl. A. Zgoll 2012, 27 f; Wilcke 2006 a, 206 f.

70 Die Umschrift basiert auf Wilcke 2006 a, 228 und 234; Übersetzung KM.

Möglicherweise spiegelt sich im Textende eine Vorform des Rituals im Rahmen eines lokalen Tempelweihfestes, in dem ein Mythos mit Nintu als Verkünderin des Preisliedes für ihren Tempel (in) Keš verankert ist. Enlil als Ritualadressat – mythisch ausgedrückt als Schöpfer und Schicksalsbestimmer von Keš – ist eventuell eine spätere Entwicklung.[71] Die Analyse der „Kronzeugentexte" in den beiden Abschnitten 5.2.3 und 5.2.4 hat ergeben, dass derjenige, der das Ritualobjekt Tempel erschafft höchstwahrscheinlich der Ritualadressat ist, ganz besonders, wenn er zugleich das Recht entscheidet. Damit kann Enlil als Ritualadressat identifiziert werden. Inhaltlich hat jedoch Nintu die entscheidende Rolle für den funktionstüchtigen Tempel inne. Mit ihr fängt beispielsweise das Gebären an (Z. 78) und damit die Königsgeburt bzw. Königsschöpfung (Z. 3; vgl. Abschnitt 8.1). Außerdem endet die Doxologie bereits in der Mitte des 3. Jt. v. Chr. mit ihr. Wegen dieses ambivalenten Befunds dürfte ab der Mitte des 3. Jt. v. Chr. mit den frühesten erhaltenen Textkonkretionen von zwei Ritualadressaten, Enlil und Nintu, auszugehen sein.

Die prominente Rolle von Ašgi im Text weist auf eine rituelle Beteiligung vom ihm hin (siehe Abschnitt 8.4). Eine doppelte Adressatenrolle von Nintu und Ašgi in einer möglichen Vorform des Rituals, wie eben diskutiert, ist sehr unwahrscheinlich, weil Nintu im Text klar eine Ašgi übergeordnete Funktion einnimmt. Sie ist die Herrin (nin-bi) des Tempels (*Keš-Hymne* Z. 120 f: hier als Ninḫursaĝ) und gebar Ašgi (vgl. zweite Refrainzeile). Die göttlichen Familienangehörigen wurden zu den Festen der Gottheit ebenfalls in deren Tempel beopfert und waren Teil von verschiedenen Ritualen; darauf ist die Erwähnung von Ašgi zurückzuführen.[72]

8.3 Ritualobjekt

Die *Keš-Hymne* gibt mehrere eindeutige Indizien für die Identifizierung von Keš als Ritualobjekt. So ist dieser Tempel das Hauptziel der Schöpfung (*Keš-Hymne* Z. 7–12). Der gesamte Schöpfungstext und sein Refrain fokussieren auf Keš und erhöhen somit diese numinose Sache. Wie beim *Lied auf die Hacke* ist auch hier

71 Schichtungen (Strata) von Mythen und Texten mit langer Überlieferung untersucht die Forschergruppe STRATA unter der Leitung von Annette Zgoll an der Georg-August-Universität Göttingen. Methodisches Fundament ist dafür das Grundlagenwerk von Christian Zgoll 2019: zu Theorie und Methodik von Stratifikationsanalysen vgl. dort Kapitel 13 bis 22; vgl. auch die in Kürze erscheinende Edition und Interpretation der *Keš-Hymne* von Brit Kärger.

72 Vgl. Cohen 1993 und Sallaberger 1993 jeweils mit vielen Beispielen für die einzelnen Opfer der Feste.

eine Schicksalsentscheidung festzustellen. Elemente einer solchen Schicksalsentscheidung sind oft die aktive Hinwendung des schicksalsbestimmenden Gottes (igi--bar) zum Ritualobjekt sowie die ebenfalls aktive Hinwendung des Ritualobjektes zum schicksalsbestimmenden Gott (saĝ--il$_2$), wie Polonsky gezeigt hat.[73] Beides ist in diesem Text vorhanden:

4	^{d}En-lil$_2$-le kur-kur-ra igi mi-ni-ib-il$_2$-il$_2$-i	Enlil begann die Augen zu den Bergen zu erheben.
8	Keš$_3^{ki}$ kur-kur-ra saĝ il$_2$-bi	Als Keš in den Bergen das Haupt erhoben hatte,
9	^{d}En-lil$_2$-le Keš$_3^{ki}$-a za$_3$-mim am$_3$-ma-ab-be$_2$	begann Enlil für Keš das Preislied zu verkünden.

Keš-Hymne Z. 4 und Z. 8 f (ausgewählte Zeilen)[74]

Durch diese mythischen Hyleme wird das Preislied des Enlil als Teil einer Schicksalsentscheidung konstruiert. Und wie in anderen Texten ist Nissaba diejenige, die es aufschreibt (Z. 10–12). Die Schicksalsentscheidung in Bezug auf den Tempel, der gleichzeitig das Hauptziel der Schöpfung ist, weist eindeutig auf ihn als Ritualobjekt. Nach A. Zgoll (2012) bringt An den Tempel hervor und Enlil spricht wirkmächtig über dessen „Fähigkeiten und Auswirkungen“ und legt sie somit fest (Z. 38); diese Worte – wie sie in der *Keš-Hymne* bewahrt sind – machen das „Schöpfungswerk erst vollständig“ als Drittes neben Himmel und Erde (vgl. Z. 53):[75]

38	e$_2$ An-ne$_2$ ki ĝar-ra ^{d}En-lil$_2$-le za$_3$-mim du$_{11}$-ga	Haus, das An gegründet hat, auf das Enlil das Preislied verkündet hat!

Keš-Hymne Z. 38[76]

Hier ist das Ritualziel erkennbar: Die Worte des Enlil (d. h. die *Keš-Hymne*) sollen auf den Tempel Wirkmacht mit dem Ziel übertragen, dessen Wesen festzusprechen (vgl. Abschnitt 4.5). Zgoll führt das weiter aus: „Das Preislied überträgt auf den Tempel dessen eigene Macht.“[77] Das Wesen des Tempels ist z. B., der Lebensspender für das Land zu sein: Nach Zeile 90 (nur altbabylonisch) ist

73 Vgl. Polonsky 2002, 90 und 170.

74 Die Umschrift folgt Wilcke 2006 a, 228; Übersetzungen Wilcke 2006 a, 220 f, mit geringfügigen Modifikationen durch KM; vgl. A. Zgoll 2012, 27 ebenfalls zu den Zeilen 8 f.

75 Vgl. A. Zgoll 2012, 27.

76 Die Umschrift folgt Wilcke 2006a, 230; Übersetzung A. Zgoll 2012, 27, mit geringfügigen Modifikationen durch KM; vgl. Wilcke (ebd., 222): „Haus, vom (Himmelsgott) An auf die Erde gestellt, von Enlil im Preislied besungen“.

77 A. Zgoll 2012, 28.

der Keš-Tempel das „Innerste des Landes“ (lipiš kalam-ma) und Zeile 91 benennt ihn als „Leben ins Herz (des Landes) gefüllt“ (zi ša$_3$-ge si-a).

8.4 Weitere göttliche Ritualteilnehmer

Ašgi wird sicherlich bereits im 3. Jt. v. Chr. eine Rolle im Ritual gespielt haben. In Zeile 80 wird beispielsweise gesagt, dass er die Erstlingsgaben verzehrt:

80	$^{\text{d aš}}$Aš$_7$-ge$_4$ ur-saĝ-ĝe$_{26}$ nisaĝ mu-un-ku$_2$-e	Ašgi, der Held begann dort (= in Keš) die Erstlingsgaben zu essen.
		Keš-Hymne Z. 80[78]

Diese Gaben sind v. a. mit dem Neujahrsfest verbunden.[79] Die zweite Refrainzeile, die bereits im 3. Jt. v. Chr. erhalten ist, fokussiert die Geburt des Ašgi. Nach diesem Text ist er neben Nintu die wichtigste Gottheit im Tempel.

Außerdem ist Šulpa’e, der Ehemann von Nintu, in einem Tempelritual zu erwarten. In Zeile 79 wird gesagt, dass er das en-Priestertum ausübt (nam-en mu-un-ak).[80] Auch die Anuna werden in Zeile 105 als en des Tempels (e$_2$-a en-bi) bezeichnet.[81] Im Rahmen eines großen Festes, wie beispielsweise dem Neujahrsfest, waren oft verschiedene Gottheiten im Tempel zusammen.[82]

8.5 Ritualexperte

Es ist im Folgenden zu diskutieren, wer das Lied auf den Tempel Keš gesungen haben könnte. Da es keine wörtlichen Reden von verschiedenen Personen gibt und der Text als ein Preislied des Enlil (Z. 9; vgl. Z. 38) charakterisiert ist, kommt eine männliche Einzelperson als Sänger des Liedes, der es rituell als oder anstelle von Enlil singt, am ehesten in Frage. Im mythischen Text (Z. 108)

---

78 Die Umschrift basiert auf Wilcke 2006 a, 232; Übersetzung Wilcke (ebd., 225), mit geringfügigen Modifikationen durch KM. Leider ist diese Zeile in der Fassung des 3. Jt. v. Chr. nicht mehr erhalten. Zu beachten ist der *marû*-Aspekt der Verbform, der auf eine nicht abgeschlossene Handlung hinweist. Liegt hier ein Hinweis auf zyklische Handlungen während des jährlichen Neujahrsfestes vor? Vgl. die Ausführungen in diesem Abschnitt zu nisaĝ im Rahmen des Neujahrsfestes.

79 Eine Belegdiskussion findet sich in Abschnitt 8.8.

80 Die Umschrift basiert auf Wilcke 2006 a, 232.

81 Die Umschrift basiert auf Wilcke 2006 a, 233.

82 Vgl. A. Zgoll 2006 a. Für die situative Verortung im Rahmen eines solchen Neujahrsfestes siehe Abschnitt 8.8.

erscheinen die en-Priester(innen); das waren die höchsten Priester(innen) der damaligen Tempel. Weil sie als „zahlreich" (šar₂) in dieser Zeile klassifiziert sind, handelt es sich hierbei um die en-Priester(innen) verschiedener Tempel. Möglicherweise kamen zu diesem Tempelfest aufgrund der Bedeutung von Keš für das Königtum (vgl. Z. 3) die höchsten Priester(innen) der großen Tempel zusammen. Dann hat sicherlich der en-Priester des E-kur von Nippur (bzw. der Hohepriester des E-kur) die *Keš-Hymne* gesungen.[83]

Falls es eine Vorform des Rituals ohne Fokussierung auf das Königtum und damit ohne Beteiligung des Königs (von Kiš) vor der Mitte des 3. Jt. v. Chr. gegeben hat (vgl. die Abschnitte 8.2 und 8.8), hat eventuell die/der Hohepriester(in) der Nintu die Rezitation des Preisliedes durchgeführt. So könnte eine Sängergruppe („Chor") den Refrain als Antwort gesungen haben. Dies muss jedoch zu diesem Zeitpunkt offenbleiben.

8.6 Weitere menschliche Ritualteilnehmer

Verschiedene Beobachtungen lassen auf weitere menschliche Ritualteilnehmer, die beim Ritual anwesend waren, schließen. Dies soll im Folgenden untersucht werden.

Die Zeilen 107–121 haben Ritualhandlungen zum Inhalt, die von menschlichen Ritualteilnehmern durchgeführt wurden (für die Z. 107–113 vgl. Abschnitt 8.1). Es handelt sich dabei um verschiedene Priester(innen) und den König. Die Zeile 107 beschreibt eine Ritualhandlung des Königs – in den ältesten Fragmenten des Königs von Kiš – womit klar der menschliche Herrscher gemeint ist. Der König von Kiš hatte zeitweilig in der Mitte des 3. Jt. v. Chr. die überregionale Herrschergewalt über die sumerischen Stadtstaaten inne. Weil hier der Fokus eindeutig auf dem irdischen König liegt und nicht auf den göttlichen Ritualteilnehmern, kann diese Zeile den Anfang von Ritualbeschreibungen menschlicher Teilnehmer bilden. Eine Ausnahme ist die Zeile 108 (en), weil Zeile 105 explizit angibt, dass die Anuna die en-Priester(innen) des Tempels sind. Der Text löst diese Spannung zwischen göttlichen und menschlichen Priestern nicht auf. Die ab Zeile 108 genannten Priester umfassen die höchsten leitenden Ämter: Die en-Priester(innen) sind die Hohepriester(innen) des Tempels; der(/die) atu-

83 Im 3. Jt. v. Chr. ist das Amt des en im E-kur in Nippur neben dem lagar als höchstes Priesteramt belegt: vgl. Sallaberger/Huber Vulliet 2005, 637.

und der(/die) tu-Priester(in) begleitete sie.[84] Über den(/die) Honigpriester(in) (lal_3) und die enkum-Priester(innen) ist in Bezug auf diese höchsten Priesterämter nichts bekannt. Die danach genannten pa_4-šeš gehören zu den Kultpriester(innen) eines Tempels.[85] Somit ergibt sich folgendes Bild der beschriebenen Ritualhandlungen in den Zeilen 105–121:

Tab. 10: Menschliche Teilnehmer des Rituals in der *Keš-Hymne*

Z.	Priester(innen)gruppe (P) bzw. Herrscher	Teilnahme an Ritualhandlungen
105	göttliche en (Anuna): höchste leitende P.	anwesend
106	menschliche nu_3-eš („Opferzubereiter" des Eanna): Kultpriester	anwesend
107	menschlicher König	tritt beim Tempel an das bur-Gefäß, wird veranlasst, sich auf ein Feld zu setzen
108	menschliche en: höchste leitende P. von verschiedenen Tempeln[86]	werden bekleidet mit Kultgewand
109	menschlicher atu: leitender P.	nimmt Krummstab
110	menschlicher tu: leitender P.	bringt Wasser
111	menschlicher lal_3: leitender P.?	platziert König auf Feld
112	menschliche enkum: leitende P.?	rezitieren Ritualtext
113 f	menschliche pa_4-šeš: Kultpriester	schlagen Körper (*marû*), Sprechakt (*marû*)
115–121	unklar, weil Subjekte nicht näher ausgeführt sind	spielen Instrumente, Sprechakt

Weil die *Keš-Hymne* Indizien für die Einordnung als Ritualtext aufweist, ist zu untersuchen, ob Indizien vorliegen für die mögliche situative Verortung dieser Ritualteile, oder ob es sich um rein literarische Beschreibungen von Ritualen handelt, die in dem Preislied erwähnt werden, aber keine rituelle Entsprechung haben im Sinne von begleitenden rituellen Handlungen während des Vortrags.

84 Vgl. Sallaberger/Huber Vulliet 2005, 636. Allerdings sind ab der altbabylonischen Zeit zuerst im Norden, später auch im Süden Mesopotamiens, keine Frauen mehr als Hohepriesterinnen belegt: ebd., 628.

85 Vgl. Sallaberger/Huber Vulliet 2005, 630.

86 In Zeile 108 (Textzeugen des 3. und 2. Jt. v. Chr.) werden sie mit $šar_2$ („zahlreich") charakterisiert. Dieser Umstand weist auf die Teilnahme von en-Priester(innen) verschiedener Tempel hin, so vermutet bereits Wilcke 2006a, 218 f.

Die leitenden Priester(innen) en, a-tu und tu sind als leitende Priester(innen) der Ninḫursaĝ an ihren Kultorten belegt.[87] Die nu$_3$-eš sind in Mittelbabylonien als Kultpriester bezeugt.[88] Ihre Aufgabe bestand wohl in der Opferzubereitung, wie der Zusatz ĝiri$_2$-la$_2$ e$_2$-an-na (3. Jt. v. Chr.: „Opferzubereiter des Eanna“) bzw. [… ^{d}I]nnana (2. Jt. v. Chr.: „[… von I]nnana“) der Zeile 106 der *Keš-Hymne*[89] und das Doppelamt des Ur-Nusku als nu-eš$_3$ und saĝi („Mundschenk“) des Enlil in Urkunde NATN 894 zeigt.[90] Die enkum sind als Kultpriester Enkis im Bereich von kultischen Reinigungen überliefert.[91] Die pa$_4$-šeš sind als Kultpriester großer Tempel belegt, denen vielfältige Aufgaben zufielen, wie beispielsweise die kultische Reinigung bei der Götterspeisung und andere Aufgaben der Götterversorgung.[92]

Alle im Text auftauchenden Priester(innen) lassen sich dem Kultpersonal der großen mittel- und südbabylonischen Tempel zuordnen. Da die Zeile 107 eindeutig den irdischen König meint[93] und alle nachfolgenden Priester(innen) keine Indizien auf göttliche Amtsinhaber aufweisen, aber als irdische Ämter belegt sind, ist davon auszugehen, dass dieser Teil des Liedes rituelle Handlungen beschreibt, die sich auf tatsächliche Ritualhandlungen beziehen. Es ist in einem nächsten Schritt zu klären, ob diese Ritualhandlungen mit der Rezitation der *Keš-Hymne* in Verbindung standen.

In den Abschnitten zur *Keš-Hymne* (8.1–8.8) wird argumentiert, dass dieser Text möglicherweise im Rahmen der Tempelweihe eines kultischen Neujahrsfestes rezitiert wurde. In diesem Ritualrahmen ist eine Teilnahme der höchsten leitenden Priester(innen) des Tempels sowie des Königs zu erwarten.

Dass das Tempelpersonal am Neujahrsfest teilgenommen hat, ist auch in einem weiteren an eine Gottheit gerichteten Text (*Nanše A*) beschrieben. In *Nanše A* inspiziert Nanše während des Neujahrsfestes (Z. 94: za$_3$-mu) die Menschen:

87 Vgl. Sallaberger/Huber Vulliet 2005, 635 f (lexikalisch: *Lu C* 1,9,66–68, aB *Proto-Lu* Z. 222–229; Urkunden: Adab 714 [sargonisch], Erm. 14738 [Ur III]).

88 Vgl. Sallaberger/Huber Vulliet 2005, 630.

89 Die Zeilenzählung und Umschrift basieren auf Wilcke 2006a, 233. Zur Bedeutung von giri$_2$-la$_2$ als „Metzger“ siehe Cavigneaux/Krebernik 2001d, 484.

90 Vgl. Sallaberger/Huber Vulliet 2005, 630 f mit weiteren Belegen.

91 Vgl. Ceccarelli 2016, 69; Charpin 1986, 389–391; Sallaberger/Huber Vulliet 2005, 638.

92 Vgl. Sallaberger/Huber Vulliet 2005, 630.

93 Der Textzeuge aus dem 3. Jt. v. Chr. schreibt lugal Kiš^{ki}.

97	^{d}Nanše-e saĝ-e gurum₂-ma igi ba-ni-ib-kar₂-kar₂	Nanše begann inspizierend auf die Menschen (wörtlich: Köpfe) zu blicken.
		Nanše A Z. 97[94]

Sicherlich ist hiermit zumindest ihr Tempelpersonal gemeint, wie die Zeilen 101–109 zeigen, wo Nanše Lederarbeiter inspiziert, die im Anschluss den Tempel betreten können.

Die verschiedenen Priester(innen) und der König[95], die in der *Keš-Hymne* in den Zeilen 107–121 erwähnt sind (siehe oben), gehören sicherlich zum Fest, auf dem die *Keš-Hymne* gesungen wurde, weil auf deren Ritualhandlungen im Lied der *Keš-Hymne* zurück- oder vorausgeblickt wird. In diesem Zusammenhang ist die sprachliche Angabe der Nahdeixis in den Zeilen 109–111 zu beachten, die eine Anwesenheit von mindestens drei der genannten Personen voraussetzt (vgl. Abschnitt 3.2.4). Die Ritualhandlungen der Zeilen 107–121 gehen dem Lied zeitlich voran oder sind zeitlich nachgeordnet. Šulpa'e wird als ensi₂ (= Stadtfürst; Z. 79) bezeichnet, der das en-Priestertum innehat.[96] Möglicherweise wird hier auf die Beteiligung des Stadtfürsten bei den Ritualhandlungen, die der Rezitation vorangehen, angespielt. Das muss jedoch spekulativ bleiben, da bisher kein Lokalherrscher für Keš belegt ist. Einzig in Šuruppak ist ein maškim für Adab, Keš und AN.IM bezeugt (Verwaltungsurkunde WF 103).[97]

Das Volk war sicherlich bei vielen der Ritualhandlungen zum Neujahrsfest anwesend, möglicherweise auch bei der Rezitation der *Keš-Hymne* (vgl. Abschnitt 8.7).[98] Die Göttin Nintu setzte sich nach der Durchführung von allen beschriebenen Ritualhandlungen zu einem Festmahl mit Wein und Bier, worauf die Zeilen 120 f Bezug nehmen. Die Tempelweihe war verbunden mit einem Fest der Götter zur Schicksalsentscheidung für den Tempel (vgl. Abschnitt 6.4 mit den Unterabschnitten).[99] Parallel dazu fand ein Fest an mehreren Tagen für das Volk statt.[100] Genau dieser Kontext eines Aufrufs an die Öffentlichkeit liegt nach den Schlusszeilen der *Keš-Hymne* vor (Z. 126–129): zur Stadt (Z. 126: iri-še₃),

94 Die Umschrift basiert auf Heimpel 1981, 88; Übersetzung ebd., 89, mit geringfügigen Modifikationen durch KM.

95 Der König lugal Kiš^{ki} bzw. lugal hatte überregionalen Charakter nach Sallaberger 1993, 219 mit Anm. 35.

96 Die Umschrift basiert auf Wilcke 2006a, 232: nam-en mu-un-ak (KM: „Er übte das en-Priestertum aus").

97 Vgl. Edzard 1976–1980a, 571.

98 Vgl. Sallaberger 1993, 177.

99 Vgl. Hurowitz 1992, 271. 56 (verweist auf *Gudea-Zylinder B*).

100 Vgl. Hurowitz 1992, 275–277 (verweist unter anderem auf Feste im 2. und 1. Jt. v. Chr., z. B. die Weihe des Assur-Tempels durch Esarhaddon, und biblische Belege zur Tempelweihe).

zum Tempel Keš, zur Stadt (Z. 127: e$_2$ keš iri-še$_3$), zu dessen Held Ašgi (Z. 128: ur-saĝ-bi ^{d} ^{aš}Aš$_7$-ge$_4$-še$_3$) sowie zu dessen Herrin Nintu (Z. 129: nin-bi ^{d}Nin-tu-še$_3$) sollen die Menschen kommen.

Inwieweit alle Priester(innen) und der König nach der Teilnahme an den beschriebenen Ritualhandlungen (*Keš-Hymne* Z. 107–121) oder auch das Volk bei der Rezitation des Liedes anwesend waren, kann nicht genau geklärt werden. Das hängt davon ab, wo genau die Rezitation stattfand. Wenn das Lied, genau wie *Enūma elîš* im 1. Jt. v. Chr., direkt an die Götterstatue in der Cella unter Ausschluss der Öffentlichkeit gesungen wurde,[101] ist ihre Beteiligung ausgeschlossen. Da jedoch die Öffentlichkeit im Tempel durch den Aufruf in der *Keš-Hymne* explizit hergestellt wird (Z. 126–129), ist eine Rezitation ohne das Volk eher unwahrscheinlich. Außerdem wird auch das Feld erwähnt (Z. 111; vgl. dazu den folgenden Abschnitt).

8.7 Ort des Rituals

Zwei Zeilen erwähnen, dass sich die Tempelherrin[102] zu Wein und Bier setzte:

Text aus der Mitte des 3. Jt. v. Chr.:

120	Nin-ḫ[ur]-s[aĝ] tin ka[š] mu-[tuš]	Ninḫ[ur]s[aĝ] hat sich zu Wein und Bie[r] [gesetzt].
121	⌜d?⌝ [...]	[...]

Text vom Anfang des 2. Jt. v. Chr. (altbabylonisch):

120	nin-bi tin kaš-a mu-un-tuš	Dessen (= vom Tempel)[103] Herrin hat sich dort zu Wein und Bier gesetzt.
121	Nin-ḫur-saĝ-ĝa$_2$ tin kaš-a mu-un-tuš	Ninḫursaĝa hat sich dort zu Wein und Bier gesetzt.

Keš-Hymne Z. 120 f[104]

Das Hinsetzen des Gottes bzw. der Götterstatue beim (Wieder-)Einzug in den Tempel während des Tempelweihfestes findet auf der Textebene, d. h. mythisch, zum ersten Mal statt; kultisch-rituell wurde es wiederholt, wie bei-

101 Vgl. Gabriel 2014 (besonders Abschnitt 2.2 „Die Verortung des Werkes“); vgl. auch A. Zgoll 2006 a, 23 f und 49 f.

102 Ninḫursaĝ ist mit Nintu, der Tempelherrin von Keš, synkretistisch verschmolzen; beide waren ursprünglich Tiergottheiten: Ninḫursaĝ von Wildtieren, Nintu von Haustieren (vgl. Heimpel 2000, 379; Jacobsen 1973 281–286).

103 Siehe die unmittelbar vorangestellte Z. 119 (bereits im 3. Jt. v. Chr. erhalten): e$_2$ Keš$_3$^{ki}.

104 Die Umschrift basiert auf Wilcke 2006 a, 234; Übersetzung KM.

spielsweise im Fall von *Enūma eliš* jährlich.[105] Die *Keš-Hymne* erwähnt den Einzug der Gottheit nicht, sondern nur das Hinsetzen.

Unmittelbar nach den Zeilen 120 f (= Hinsetzen der Tempelherrin zum Bankett) steht der Refrain und der siebente „Häuservermerk" (Z. 122–125); danach folgt der Aufruf an das Volk, zum Tempel zu kommen (Z. 126–129); abschließend ist die Doxologie sowie der achte „Häuservermerk" geschrieben (Z. 130–132). Aufgrund dieser Textstruktur ist ersichtlich, dass nach dem Hinsetzen der Tempelherrin ein Fest für das Volk im Tempel folgt.[106] Doch wo genau ist die Rezitation der *Keš-Hymne* rituell zu verorten? Das Neujahrsfest in Babylon weist eine Parallele auf: Am achten Tag des Neujahrsfestes im 1. Jt. v. Chr. in Babylon fand im Hof des Tempels E-saĝil eine Schicksalsentscheidung statt, die von einem rituellen Mahl begleitet wurde; im Anschluss folgte die Prozession zum *akītu*-Festhaus.[107] *Enūma eliš*, das Lied auf Marduk, wurde bereits vier Tage zuvor von dem Hohepriester an die Götterstatue rezitiert. Liegen auch für die *Keš-Hymne* Indizien für eine Verortung in der Cella oder eher in einem für die Öffentlichkeit zugänglicheren Bereich vor? Der Text blickt auf verschiedene Ritualhandlungen zurück (Z. 107–121); der Aufruf an das Volk (Z. 126–129) ist allerdings keine Rückschau: Eine Öffentlichkeit durch das Volk wird durch diese Zeilen erst hergestellt. Dieser Aufruf macht als Rezitation unter Ausschluss der Öffentlichkeit in der Cella wenig Sinn. Daher kann das Ritual im Rahmen des Volksfestes im Tempel (vermutlich in dessen Hof) verortet werden, nachdem die Götterstatue zu einem Festmahl im Rahmen einer Schicksalsentscheidung hingesetzt wurde.

8.8 Zeit des Rituals

Im Folgenden werden die Indizien für einen Zusammenhang der *Keš-Hymne* mit Feierlichkeiten des kultischen Neujahrs, die zeitlich unabhängig vom kalenda-

105 Vgl. Hurowitz 1992, 271. Vgl. einen ähnlichen Passus in *Enkis Fahrt nach Nippur* Zeilen 104–116 über ein Bankett im E-kur, wo die Götter von Enki veranlasst werden, sich zu setzen (Z. 106. 108: tuš) und u. a. Wein und Bier (Z. 110.114: kaš, kurun$_2$) getrunken werden. Gudea veranstaltet in *Gudea-Zylinder B* 1,19,16–21 ein Bankett für verschiedene Götter im E-ninnu, an das sich eine Schicksalsentscheidung für den Tempel anschließt (1,20,14–1,23,1).

106 Vgl. Pongratz-Leisten 1994 für die Diskussion um die Öffentlichkeit bei Götterfesten; in Kürze erscheint von A. Zgoll eine Monographie („Religion in Mesopotamien"), die u. a. auf die Frage der Zugänglichkeit von Tempeln eingeht; vgl. auch Bottéro 2001, 118 f für die These einer größeren Zugänglichkeit von Tempeln als bisher angenommen.

107 Vgl. A. Zgoll 2006 a, 30–37.

rischen Jahresanfang sein konnten, vorgestellt.[108] Der Text zielt nicht direkt auf eine Königskrönung, sondern auf die Erneuerung des Verhältnisses von Tempel/Gott und Land/König, wie sie im Rahmen des kultischen Neujahrsfestes gegeben ist. Ein Indiz für die situative Verortung zum Neujahr zeigt Zeile 80: Ašgi verzehrt hier die Erstlingsgaben (nisaĝ--ku$_2$), womit ein Bezug zum kultischen Neujahrsfest gegeben ist. So sind nisaĝ-Abgaben aus den Gebieten des Ur III-Reiches nach Nippur zum kultischen Neujahr belegt.[109] Im larsazeitlichen Ur wurden die Erstlingsgaben von Nanna im ersten kalendarischen Monat während des a$_2$-ki-ti-Festes verzehrt (nisaĝ--ku$_2$).[110] In Umma fiel das Essen der Erstlingsabgaben während des kultischen Neujahrs in den vierten Monat.[111]

Zunächst ist zu diskutieren, wann die *Keš-Hymne* zeitlich anzusetzen ist. Die frühesten erhaltenen Textzeugen stammen aus der Fāra-Zeit (FD IIIa: ca. 2600–2350 v. Chr.). Wilcke setzt diesen Text „an den Anfang des Aufschreibens von Literatur ... also in die Zeit kurz nach der Schrifterfindung" an.[112] In Abschnitt 8.1 wurde dargelegt, dass der ursprüngliche Text der *Keš-Hymne* in der Fāra-Zeit viel stärker als die altbabylonische Fassung auf die Erschaffung von Keš und Nintus Sohn Ašgi fokussiert; das ist auf das Fehlen der dritten Refrainzeile mit dem stärkeren Fokus auf Nintu in diesem frühen Stadium des Textes zurückzuführen.[113] Hier ist die ursprüngliche situative Verortung zu suchen: Keš als Haus für das Königtum und damit das gesamte Land, Nintu als Tempelherrin sowie Ašgi als mögliches göttliches Pendant des Königs (vgl. andernorts die Rolle des Königs in der Position des Dumuzi, z. B. bei der Heiligen Hochzeit). Mit der Zeit verlor Ašgi an Einfluss und der Text erweiterte den Refrain um die stärkere Fokussierung auf Nintu.

Vorformen des Rituals mögen eventuell in der FD-II-Zeit (ca. 2750–2600) existiert haben. In dieser Zeit bildete sich mit einer möglichen Vormachtstellung der 1. Dynastie von Kiš in Nordbabylonien das Königtum (nam-lugal) erstmalig heraus.[114] Anlässlich dieser neuen Entwicklung kann in dieser Periode mög-

108 Vgl. Sallaberger 1999 b, 291 f.

109 Vgl. Sallaberger 1999 b, 292.

110 Vgl. Salaberger 1993, 183.

111 Vgl. Sallaberger 1993, 229.

112 Wilcke 2006 a, 206.

113 Alle Zeilen des Refrains weisen im 3. Jt. v. Chr. keine dritte Zeile auf. Der Zeile 123 (= zweite Refrainzeile) folgt ohne Lücke die Zeile 126 (= erste Zeile des Aufrufs an das Volk). Der Text aus der Mitte des 3. Jt. v. Chr. endet mit den Zeilen 126, 127 und 129.

114 Vgl. die *Sumerische Königsliste* (ur-III-zeitlich), die Kiš als erste Stadt des Königtums nach der Flut nennt. Nach Edzard 1976–1980 b, 608 übernahmen in der sich zeitlich anschließenden Frühdynastisch-IIIa-Zeit einige Herscher außerhalb von Kiš den Titel „König von Kiš" (lugal

licherweise eine Vorform des Rituals entstanden sein. Erst mit der Herausbildung eines Königtums, das stärkeren überregionalen Charakter besitzt, ist die Fokussierung des Textanfangs auf das nam-lugal verständlich. Dass Keš damals bereits möglicherweise neben Uruk (Innana bzw. An) und Nippur (Enlil) als Ort der Königslegitimierung fungierte, wäre vorstellbar. Für die FD-I-Zeit (2900–2750 v. Chr.) könnte eine Vorform des Tempelweihrituals im Rahmen des Neujahrsfestes existiert haben mit einem anderen Schwerpunkt als dem Fokus auf das Königtum, da für diese frühe Zeitstufe das Königtum nicht belegt ist, jedoch im Text vorausgesetzt ist (Z.107: lugal Kiš^{ki}).[115] Außerdem ist die Prominenz Enlils (vgl. den Textanfang der *Keš-Hymne*) erst später belegt. So wird in der *Geschichte von Tummal* Zeile 1 f der erste Bau eines Heiligtums in Nippur En-me-barage-si von der 1. Dynastie von Kiš zugeschrieben.[116] Keš ist zuerst in FD I auf den Städtesiegeln aus Ur bezeugt.[117]

Die letzte Königskrönung in Keš fand möglicherweise in altbabylonischer Zeit statt, womit der zeitliche Endpunkt möglicher Nachfolgerituale markiert ist.[118] Dass Keš eine bedeutende Rolle bis in die altbabylonische Zeit spielte, zeigt die Verwendung von etlichen Personennamen mit diesem Toponym.[119] Ab dieser Zeit rückte Marduk als Götterherrscher in den Blickpunkt der Königsideologie. Es ist sicherlich ausgeschlossen, dass es eine ununterbrochene Abfolge von Neujahrsfesten mit dem Teilziel der königlichen Legitimierung in Keš bis in die altbabylonische Zeit gab. Die Könige der Ur III- und Isin-Dynastie ließen sich beispielsweise in Nippur krönen.[120] Keš spielte in dieser Zeit für das Königtum anscheinend kaum eine Rolle. Die Ur-Könige feierten das Neujahrsfest in mehreren Städten,[121] aber Keš ist in diesem Zusammenhang nicht erwähnt.

Kiš$^{\mathrm{(ki)}}$) oder bezeugten von sich, dass sie das „Königtum von Kiš" (nam-lugal kiš$^{\mathrm{(ki)}}$) besaßen, und zeigten damit, dass zu dieser Zeit „König von Kiš" eine Art etablierter Ehrentitel war und das Königtum von dieser Stadt möglicherweise eine Sonderstellung zumindest über Nordbabylonien einnahm. Vgl. Selz 1998, 313 f (mit weiterer Forschungsliteratur).

115 Die Zeilenzählung folgt Wilcke 2006 a. Die altbabylonischen Textzeugen schreiben nicht mehr lugal Kiš^{ki}, sondern lugal.

116 Inwieweit dieser ur-III-zeitliche Text zuverlässige Aussagen über die Historizität der Frühzeit Mesopotamiens macht, ist jedoch unklar.

117 Vgl. Edzard 1976–1980 a, 571.

118 Rīm-Sîn II. aus Larsa wurde nach eigenen Angaben in Keš gekrönt, siehe *Jahresdatum B* in Abschnitt 8.1. Es ist sehr unwahrscheinlich, dass in einem Jahresdatum ein mythisches Hylem ohne historische Verankerung vorkommen sollte. Zum Hylem-Begriff vgl. C. Zgoll 2019.

119 Vgl. Edzard 1976–1980 a, 571 (mit Belegen).

120 Vgl. Annus 2001, 15.

121 Vgl. Sallaberger 1993, 114 (Nippur). 175 (Ur); vgl. Klein 1981.

Dennoch kann ein lokales Neujahrsfest unter Beteiligung des lokalen Stadtfürsten auch in späteren Zeiten nach FD IIIa angenommen werden. So zeigt *Keš-Hymne* Z. 79 die Verbindung des Stadtfürsten (ensi$_2$) zum höchsten Priestertum des Tempels: Šulpa'e wird als ensi$_2$ bezeichnet, der das en-Priestertum ausübte (nam-en mu-un-ak).[122] Der en-Priester war für die Versorgung der Götter zuständig, was in der darauffolgenden Zeile (Z. 80) mit dem Verzehren der Erstlingsgaben durch Ašgi realisiert wird. In den Zeiten, wo der König möglicherweise nicht mehr in Keš am Neujahrsfest teilnahm, konnte das Neujahrsfest durchaus mit einem Nachfolgeritual der *Keš-Hymne* weiterbestanden haben.

Aufgrund des tigi-Liedes *Nintu A* aus altbabylonischer Zeit mit der religiösen Aussage über die Königsgeburt in Keš und das Jahresdatum von Rīm Sîn II. (= *Jahresdatum B*) über die Krönung in Keš kann eventuell davon ausgegangen werden, dass das Ritual der *Keš-Hymne* möglicherweise in der Isin-Larsa-Zeit wiederaufgenommen wurde. Ašgi wird in der *Keš-Hymne* von Nintu geboren (= zweite Refrainzeile) und in *Nintu A* der König:

Text aus der Mitte des 3. Jt. v. Chr.:

19	ur-saĝ ^{d}Aš$_8$-ge$_4$-gen$_7$ rib-ba ama an-ga-du$_2$	Gebar (je) eine Mutter einen (so) Großartigen wie den Helden Ašgi?

Text aus der 1. Hälfte des 2. Jt. v. Chr.:

19	ur-saĝ-bi ^{d} ^{aš}Aš$_7$-ge$_4$-gen$_7$ rib-ba ama ši-in-ga-an-u$_3$-du$_2$	Hat (je) eine Mutter einen (so) Großartigen wie dessen (= von Keš) Held Ašgi geboren?

Keš-Hymne Z. 19 (= Z. 42, Z. 54, Z. 71, Z. 84 Z. 100, Z. 123; zweite Refrainzeile)[123]

9	lugal para$_{10}$ ku$_3$-ga mu-un-u$_3$-du$_2$	Sie hat den König auf dem reinen Postament geboren.
12	<lugal> para$_{10}$ ku$_3$-ga ^{d}Nin-tu-re bi$_2$-in-u$_3$-du$_2$	Nintu hat den König für das reine Postament geboren.

Nintu A Z. 9 und Z. 12[124]

In der ersten Refrainzeile der *Keš-Hymne* wird der Tempel herbeigebracht (tum$_2$ bzw. tum$_3$), worauf gleich die Erwähnung der Geburt Ašgis folgt. In *Nintu A* ist das reine Postament und damit der Tempel ebenfalls vorhanden und es erfolgt die Geburt des Königs (und in Z. 8 des en und des lagar). Möglicherweise

122 Die Umschrift folgt Wilcke 2006 a, 232.

123 Die Umschrift folgt Wilcke 2006 a, 229 f.232–234; Übersetzung Wilcke 2006 a, 221–227, mit geringfügigen Modifikationen durch KM.

124 Die Umschrift folgt ETCSL 4.26.1; Übersetzung KM.

spielt diese religiöse Aussage auf die rituelle Wiederaufnahme eines Neujahrsfestes mit überregionalem Charakter in Keš in der Isin-Larsa-Zeit an.

In der nachfolgenden Tabelle wird eine Synthese aller Indizien für die situative Verortung des Rituals vorgeschlagen:

Tab. 11: Hypothesen zur rituellen Verortung der *Keš-Hymne*

möglicher Zeitrahmen	***Keš-Hymne***
FD I	mögliche Vorform des Tempelweihrituals im Rahmen des Neujahrsfestes mit einem anderen Schwerpunkt, d. h. ohne Fokus und Beteiligung auf das Königtum, nur mit lokalen Priester(inne)n
FD II	mögliche Vorform des Rituals im Rahmen des kultischen Neujahrsfestes in Keš mit königlicher und priesterlicher Beteiligung (König von Kiš repräsentiert möglicherweise Ašgi)
FD IIIa (Fāra-Zeit)	Ritual im Rahmen eines kultischen Neujahrsfestes in Keš mit königlicher und priesterlicher Beteiligung (König mit Ehrentitel l u g a l K i š^{ki} repräsentiert möglicherweise Ašgi); Verschriftung des Rituals
FD IIIb–Ur-III-Zeit	unklar; mögliches Nachfolgeritual mit mythischen Hylemen der *Keš-Hymne* im Rahmen eines rein lokalen kultischen Neujahrsfestes (lokaler e n s i$_2$ repräsentiert möglicherweise Šulpa'e)
Isin-Larsa-Zeit	Umgestaltung (dritte Refrainzeile, „Häuservermerk", Doxologie mit Eigenbezeichnung)[125] und Kanonisierung des Textes; mögliche Wiederaufnahme des Rituals im Rahmen eines kultischen Neujahrsfestes in Keš mit königlicher Beteiligung (König repräsentiert möglicherweise Ašgi, lokaler e n s i$_2$ repräsentiert möglicherweise Šulpa'e)
altbabylonische Zeit	mögliche Königskrönung (Rīm-Sîn II., eventuell weitere) in einem Nachfolgeritual mit mythischen Hylemen der *Keš-Hymne*

Da der Kalender für Keš nicht vorliegt, kann die Frage, zu welchem konkreten kultischen Neujahrsfest die *Keš-Hymne* im 3. Jt. v. Chr. rezitiert wurde, nur ansatzweise beantwortet werden. In diesem Abschnitt wurde bereits die Zeile 80 angesprochen, die Erstlingsgaben an Ašgi erwähnt. Damit ist eine zeitliche Verortung zur Zeit der Ernte vorstellbar. Die frühesten Monatsnamen des 3. Jt. v. Chr. lassen sich für Ebla und Mari rekonstruieren. Der neunte Monat MAxGANA$_2$*tenû*sag (in beiden Städten belegt) spielt möglicherweise auf die

125 Vgl. Wilcke 2006 a, 207.

ersten Früchte der Ernte an, der zehnte Monat MAxGANA$_2$*tenû*ugur$_2$ möglicherweise auf die späteren.[126] Der zwölfte Monat hieß še-KIN-ku$_5$ im sargonischen Adab und markierte den Beginn der Getreideernte; er war ebenfalls im präsargonischen Nippur der zwölfte Monat und der erste in Ur.[127] In diese Jahreszeit könnte ein Neujahrsfest in Keš eingeordnet werden.

Der Text liefert Indizien für eine zeitliche Einordnung innerhalb des Neujahrsfestes. Der Aufruf an das Volk (Z. 126–129) hat zum Ziel, dass dieses zum Tempel kommt. Im Rahmen des Volksfestes ist das Ritual im Tempel zu verorten, nachdem die Götterstatue zu einem Festmahl im Rahmen einer Schicksalsentscheidung hingesetzt wurde (vgl. Abschnitt 8.7).

---

126 Vgl. Cohen 1993, 28 (sag „früh", ugur$_2$ als Variante von egir „später", vgl. die Belege in ebd.).

127 Vgl. Cohen 1993, 119.

9 Enkis Fahrt nach Nippur: Ritual im bzw. am Tempel

Hauptziel der Schöpfung:	Tempel des Enki
Erstedition:	Al-Fouadi 1969
Aktuellste Edition:	Ceccarelli 2012; ETCSL 1.1.4; Delnero 2006, 2244–2290 (Partitur); Bauer 2015 (Übersetzung); Merk i. V.[1]
Sprache:	Sumerisch (altbabylonische Zeit)
Anzahl der Textzeugen:	71 (nach Ceccarelli 2012, 91–93)
Anzahl der Zeilen:	126 (nach Ceccareli 2012)[2]
Fundorte:	Nippur, Ur, Isin, Sippar, Larsa, unbekannt (= aus dem Kunsthandel)
Besonderheit:	Text der Dekade[3]

9.1 Indizien für die Einordnung als Ritualtext

Zuerst ist zu skizzieren, warum *Enkis Fahrt nach Nippur* zwar inhaltliche Parallelen zu den Bauritualen aufweist, aber trotzdem kein Bauritual ist, wie das Abschnitt 6.4.3 bereits zeigt. Der Text ist viel umfassender als die Baurituale, weil er erstens bedeutend länger ist als die zu rezitierenden Passagen der Tempelbaurituale und zweitens im Gegensatz zu den knapp gehaltenen Passagen der Baurituale eine narrative mythische Begründung für den spezifischen Tempelbau des E-engur durch Enki liefert.[4] Die Baurituale erwähnen in der Regel keinen spezifischen lokalen Tempel und sind somit auf mehrere Tempel anwendbar. Enkis Großtat in *Enkis Fahrt nach Nippur* liegt in der Erschaffung eines spezifischen lokalen Offenbarungsortes für die Menschen in Eridu (vgl. Z. 14: Ratgeben des Tempels, Z. 15 f: Brüllen des Tempels) und der damit verbundenen

1 A. Merk bereitet aktuell eine Neuedition inklusive Interpretation von *Enkis Fahrt nach Nippur* als Dissertationsprojekt vor (Merk i. V.); von den Einblicken in ihre Forschungen habe ich (und damit Kapitel 9) sehr profitiert, weshalb ich ihr an dieser Stelle sehr herzlich danken möchte, nicht zuletzt für viele spannende Diskussionen inhaltlicher und grammatischer Art.

2 Anders Al-Fouadi 1969 und ETCSL 1.1.4, die die Zeilen 68 a–c nicht als Varianten von Zeile 68 zählen, sondern einzeln (Z. 69–71) und so auf 129 Zeilen kommen.

3 Vgl. den Eintrag im Steckbrief der *Keš-Hymne* am Anfang von Kapitel 8.

4 Für die Länge der zu rezitierenden Passagen vgl. die entsprechenden Abschnitte der Ritualtexte in Ambos 2004.

https://doi.org/10.1515/9783110719222-009

Festigung von Enkis Stellung als König. Es handelt sich deshalb bei *Enkis Fahrt nach Nippur* sicher nicht um einen Ritualtext im Rahmen von Bauritualen.

Im einem früheren Abschnitt (6.4.3) werden die Merkmale vorgestellt, die auf eine Beschreibung einer Tempelweihe in *Enkis Fahrt nach Nippur* hindeuten. Diese werden hier kurz zusammengefasst: Beschreibung des Tempelbaus (Z. 1–13, Rückblick in Z. 69 f), Schilderung der Schwellen (Z. 26–32, Z. 43), indirekte Erwähnung des Hinsetzens der Tempelgottheit (Z. 77),[5] Schilderung des Götterfestes mit Enlil und anderen Göttern in Nippur zur Schicksalsentscheidung (Z. 101–110, Schicksalsentscheidung ab Z. 114 [= Rede-Einleitung]), Erwähnung der Opfer und Geschenke an die Götter (Z. 90–92, Z. 95–100). Verschiedene Sänger singen (Z. 67), womit hier – weil Enkis Tempel erst geschaffen wird – eine erste Kulthandlung gemeint ist.[6] Es wird allerdings kein Fest für das Volk und dessen offizielle Entlassung von diesem Fest beschrieben. In dem Zusammenhang der Fertigstellung des Tempels ist die mehrfache Erwähnung von Freude, wie sie bei Tempelweihtexten auftaucht (vgl. dazu Abschnitt 6.4.3), erwähnenswert (vgl. Z. 8, Z. 25, Z. 82). Diese Merkmale zusammengenommen zeigen, dass es sich bei *Enkis Fahrt nach Nippur* sicher um die Beschreibung einer Tempelweihe handelt.

Es wird im Folgenden diskutiert, ob es sich um rein literarische Beschreibungen der spezifischen Tempelweihe des E-engur oder um einen Ritualtext, der im Rahmen der Tempelweihe rezitiert wurde, handeln könnte. Wilcke erwägt bereits die Einordnung als Text der „Festliturgie" eines zyklischen „Tempelweihfestes".[7] Der Text ist zweigeteilt: Der erste Abschnitt (Z. 1–68, alternativ: Z. 1–79) beschreibt die Tempelweihe, der zweite Abschnitt (Z. 69–126, alternativ: Z. 80–126) eine Götterreise von Enki nach Nippur zur Legitimierung von Enki als Tempelgottheit und dessen Tempel durch Enlil. Beide Abschnitte werden auf Indizien für die situative Verortung untersucht.

Der erste Abschnitt (= Tempelweihe) besteht im Wesentlichen aus der Rede des Isimud. Diese Rede (Z. 18–20: Rede-Einleitung, Z. 20–68: Rede) ist eine Hymne an Enki und an den fertigen Tempel (Z. 18–20; vgl. Z. 13).

5 Dass sich Enki in Zeile 77 erhob (^{d}En-ki zi-ga-ni ku_6 i-zi-$eš_2$ na-zi), impliziert, dass er vorher gesessen hat. Wichtig ist hier der erste Teil des Satzes („als Enki sich erhoben hatte") mit dem Verb zi.g („sich erheben").

6 Z. 67: nar $umun_7$-e ad $ḫe_2$-em-mi-ib-$ša_4$.

7 Wilcke 2006 a, 220. Er nennt explizit neben *Enkis Fahrt nach Nippur* die *Gudea-Zylinder*.

18	lugal ^{d}En-ki-ra sugal$_7$ ^{d}Isimu$_x$-de$_3$ mim du$_{10}$-ge-eš im-me	Während der Wesir Isimud begann, auf den König Enki Folgendes ausgezeichnet preisend-aktivierend zu sprechen,[8]
19	e(-e)[9] im-ma-gub gu$_3$ im-ma-de$_2$-e	während er sich beim Tempel hingestellt hatte und begann, zu ihm zu rufen,
20	šeg$_{12}$(-e)[10] im-ma-gub gu$_3$ im-ma-ab-šum$_2$-mu	während er sich beim Ziegel hingestellt hatte und begann, zu ihm zu sprechen (...)
		Enkis Fahrt nach Nippur Z. 18–20[11]

Die Rede-Einleitung weist Parallelen zur Handlungsanweisung ritueller Sprechakte auf (besonders Z. 18), die funktional ähnlich zu einer Anweisung für Ritualhandlungen ist: Die folgende Rede ist als preisend-aktivierendes Lied (mim) klassifiziert, das ausgezeichnet verkündet wird. Das mim(-Lied) fungiert hier als preisend-aktivierender Sprechakt auf Enki (vgl. Z. 18) und dessen Tempel (vgl. Z. 19 f).[12] So wird in Zeile 37 innerhalb der Rede des Isimud berichtet, dass ein preisend-aktivierender Sprechakt Teil der Ritualhandlungen sein kann:

37	tu$_6$-tu$_6$ za-gin$_3$-na mim im-ma-ri-in-du$_{11}$	während er (= Enki) Ritualtexte aus Lapislazuli zu dir preisend-aktivierend sprach[13]
		Enkis Fahrt nach Nippur Z. 37[14]

Ein Ritualtext spricht in die Realität hinein und verändert diese rituell damit. Hier ist das erste Ritualziel aus dem Abschnitt 4.5 erkennbar. Die Rezitation dieses Abschnitts in *Enkis Fahrt nach Nippur* stellt möglicherweise eine Spiege-

8 Vgl. Attinger 1993, 608–610 über den relationalen Adverbiativ bei diesem Verb. Vgl. Wilcke 2010, 56 f zur atelischen Bedeutung des i-Präfixes. Vgl. zur Bedeutung von mim in dieser Textstelle demnächst die Dissertation von A. Merk (Merk i. V.). Nach A. Zgoll und A. Merk (unpubliziert) ist mit mim--du$_{11}$.g ein aktivierendes Preisen gemeint; vgl. auch Gerstenberger 2018.

9 Nach Cecarelli 2012, 97 schreiben fünf Textzeugen e$_2$-e und fünf Textzeugen keinen Direktiv.

10 Nach Ceccarelli 2012, 97 schreiben sechs Textzeugen šeg$_{12}$-e und vier keinen Direktiv.

11 Die Umschrift folgt Ceccarelli 2012, 93; Übersetzung Ceccarelli 2012, 103, mit geringfügigen Modifikationen durch KM.

12 Aufgrund der akkadischen Entsprechung mit *kunnû* („sich kümmern; pflegen" etc.) übersetzt Shehata 2009, 266 das Lexem mim du$_{11}$-ga mit „Fürsorgewort". Nach A. Zgoll und A. Merk (unpubliziert) handelt es sich hierbei um ein aktivierendes Preisen; vgl. auch Gerstenberger 2018.

13 Zur atelischen Bedeutung des i-Präfixes siehe Wilcke 2010 b, 56–58.

14 Die Umschrift folgt Ceccarelli 2012, 94; Übersetzung Ceccarelli 2012, 103 (dort wörtlich: „dich hegt"), mit geringfügigen Modifikationen durch KM.

lung von Ritualen mit dem Ritualziel der Aktivierung des bereits erschaffenen Tempels im Text dar. Weitere Indizien weisen in diese Richtung.

So hat auch die Passage mit dem abgal-Priester Bezüge zu Ritualen, die zeitlich den Bauritualen nachgeordnet sind:

48	abgal-zu siki bar-ra bi$_2$-in-du$_8$	Dein (= des Tempels) abgal-Priester hat das Haar am Körper heruntergelassen (wörtlich: öffnete das Haar).

Enkis Fahrt nach Nippur Z. 48[15]

Diese Phrase hat eine Parallelstelle in *Nissaba A*:

44	abgal siki bar-ra du$_8$-a-ni	Nachdem der abgal-Priester das Haar herunterließ (wörtlich: öffnete) auf dem Körper (...)

Nissaba A Z. 44[16]

Diese Zeile in *Nissaba A* findet sich in einem Abschnitt (Z. 36–50), der Rituale im Zusammenhang mit dem Bau des Abzu-Tempels in Eridu beschreibt, dem Tempel aus *Enkis Fahrt nach Nippur. Nissaba A* ist als za$_3$-mim auf Enki klassifiziert, das ein von Enki gesprochenes mim (eine preisende-Aktivierung) auf Nissaba enthält:

56	nun-e ^{d}Nissaba-ra mim du$_{11}$-ga	Besagter Fürst hier, der für Nissaba preisend-aktivierend gesprochen hat,
57	a-a ^{d}En-ki za$_3$-mim-zu du$_{10}$-ga-am$_3$	Vater Enki – dein Preislied ist ausgezeichnet.

Nissaba A Z. 56 f[17]

Die genauen Ritualabläufe im Zusammenhang mit den abgal sind uns jedoch nicht überliefert. Diese Priestergruppe der abgal gehört zu den Reinigungspriestern.[18] Da die Passage in *Nissaba A* ein von abgal-Priestern durchgeführtes Ritual am Uranfang zum Abschluss des Tempelbaus beschreibt, ist zu vermuten, dass in *Enkis Fahrt nach Nippur* auch ein solches Ritual vorliegt. Der Kontext in *Nissaba A* legt eine Übertragung von Weisheit durch diese Priester na-

15 Die Umschrift folgt Ceccarelli 2012, 94; Übersetzung Ceccarelli 2012, 103, mit geringfügigen Modifikationen durch KM.

16 Die Umschrift basiert auf Feliu 2010, 33; vgl. ETCSL 4.16.1; Übersetzung KM.

17 Die Umschrift basiert auf ETCSL 4.16.1; Übersetzung KM.

18 Vgl. Wiggermann 1994, 224 f; Feliu 2010, 33: Anm. 19 (zu Zeile 44).

he.[19] Wie bereits in Abschnitt 6.4.3 gezeigt werden konnte, gibt es Hinweise, dass das zyklische Hauptfest eines Gottes bzw. das Neujahrsfest u. a. zum Ziel hatte, den Tempel erneut für den Einzug des Gottes zu weihen. Dazu gehörte sicherlich ebenfalls die Weitergabe von Weisheit, wie sie am Uranfang vorhanden war.

Der zweite Teil von *Enkis Fahrt nach Nippur* beschreibt eine Götterprozession des Enki nach Nippur und ein dortiges Götterfest inklusive Bankettszene. Zuerst reist Enki mit einem Schiff (Z. 86: ^{ĝeš}ma$_{2}$)[20] auf dem Fluss Euphrat (Z. 88: i$_{7}$; Z. 82: ^{i7}burana^{na}) und geht dann allein zu Fuß nach Nippur weiter (Z. 93[21]).[22] Gibt es Hinweise, dass auch hier eine Anspielung auf ein Ritual vorliegen könnte? Die Zeile 85 gibt möglicherweise einen Hinweis auf eine jährliche Götterreise des Enki zum E-kur in Nippur (vgl. dazu ausführlich Abschnitt 9.7):

85	^{d}En-ki u$_{5}$-a-ni mu ḫe$_{2}$-ĝal$_{2}$ su$_{3}$-ga	Als Enki fuhr, (war) ein Jahr, in das Überfluss gefüllt war.

Enkis Fahrt nach Nippur Z. 85[23]

Enkis Abzu ist verbunden mit allen Tempeln; Enki ist auch aktiv an der Tempelschöpfung in Nippur beteiligt, wie *Urnamma B* zeigt:

19	nam-šub galam-ma-na ^{d}En-ki-ke$_{4}$ e$_{2}$-e ul ba-ni-in-si$_{12}$-ga	Der bekannte Enki hier (ist der), der durch seinen kunstvollen Ritualtext den Tempel gedeihen ließ (...)

Urnamma B Z. 19[24]

19 Diesen Hinweis verdanke ich Anja Merk.

20 Die Götterreise auf dem Schiff ist gut bezeugt, vgl. dazu die Belege bei Wagensonner 2005, 12 f und 15–17.

21 Sumerisch: Nibru^{ki}-še$_{3}$ ĝiri$_{3}$-ni aš mu-un-gub; Übersetzung: Nach Nippur setzte er seinen Fuß allein. Wagensonner 2005, 11 f behandelt alle Belege für zu Fuß (ĝiri$_{3}$--gub) reisende Gottheiten und weist darauf hin, dass dieses Lexem bedeutet, dass die Gottheit im Unterschied zum eher unspezifischen ĝen real „geht“: Belegt ist ĝiri$_{3}$--gub in *An-gen$_{7}$-dim$_{3}$-ma* Z. 64, *Lugal-e* Z. 648, *Innanas Reise nach Eridu* Z. 6–8, *Innanas Gang zur Unterwelt* Z. 322–325.

22 Eine ausführliche Darstellung der Forschungsliteratur zum Thema „Götterreisen“ findet sich bei Wagensonner 2005, 3 f; vgl. auch Sauren 1969.

23 Die Umschrift folgt Ceccarelli 2012, 95; Übersetzung KM.

24 Die Umschrift basiert auf Flückiger-Hawker 1999, 191 (vgl. ETCSL 2.4.1.2); Übersetzung KM; vgl. Flückiger-Hawkers Übersetzung (ebd.) ohne deiktisches Pronomen: „Enki having made the temple(-building) flourish with his cunning spell.“ Wegen des Nominalsatzes kann hier jedoch kein Ergativ vorliegen.

Urnamma B ist ein tigi-Lied auf Enlil und somit ein zu singender Ritualtext. Dieser Beleg weist auf das im Enlil-Kult während der Ur-III-Zeit in Nippur vorhandene Hylem von einer Götterreise des Enki nach Nippur hin. Auch die Krönung des Enki durch Enlil in *Enki und die Weltordnung* Zeilen 261–264 geschieht in Nippur.[25]

Dass solche Götterreisen tatsächlich jährlich, halbjährlich oder einmalig dem Anlass entsprechend rituell stattfanden, belegen die frühdynastischen und Ur-III-zeitlichen Wirtschafts- und Verwaltungsurkunden.[26] Das Vorliegen von mythischen Texten über Götterreisen gleichzeitig mit Wirtschafts- und Verwaltungsurkunden, die solche Reisen belegen, ist ein starkes Indiz dafür, dass diese Mythen in konkreten Ritualen aktualisiert wurden.[27] Möglicherweise spiegeln auch die literarischen Beschreibungen der Götterreisen zwischen Eridu und Nippur (*Ninurtas Reise nach Eridu*, *Enkis Fahrt nach Nippur*) eine jährliche Prozessionsreise zwischen beiden Städten wider.[28]

In anderen literarischen Texten sind ebenfalls Hinweise auf zyklische Götterreisen zu finden: So werden z. B. in *Ninisinas Reise nach Nippur* „Erstlingsgaben des Neujahres" (Z. 10': nisaĝ-zag-mu-a)[29] dargebracht, was diese Reise in kultische Neujahrsfestlichkeiten verortet. Dass Götterreisen an den Tagen der Neujahrsfeierlichkeiten stattfanden, zeigt *Gudea-Zylinder B* 1,3,5–11, wo Ninĝirsu aus Eridu am Anfang des neuen Jahres zurückkommt.[30] In Umma sind halbjährliche Götterreisen zur Zeit der *akīti*-Feste bezeugt.[31] Quellen über solche Götterreisen sind noch im 1. Jt. v. Chr. erhalten.[32]

Möglicherweise weist Zeile 85 von *Enkis Fahrt nach Nippur* auf den Reisezeitpunkt nach der Frühjahrsflut hin, die Fruchtbarkeit brachte und eine reiche Ernte (siehe oben), was auf ein Neujahrsfest bzw. das *akīti*-Fest am Jahresan-

---

25 Wagensonner 2005, 79.

26 Sauren 1969, 219–234 (Wirtschaftsbelege); Sallaberger 1993, 152–154 (Belege von jährlichen Fahrten und einmaligen Fahrten, dem Anlass entsprechend); vgl. Wagensonner 2007, 541. Vgl. auch Selz 1995, 295 für die Verbindung der Götterkreise von Ĝirsu, Lagaš und NINA mit den Kultzentren Nippur, Uruk und Eridu sowie einen entsprechenden Austausch.

27 Sauren 1969, 233: „Man wird annehmen dürfen, dass mehr als ein mythologisches Geschehen in den Kultfahrten gegenwärtig gesetzt wurde."

28 Diese Vermutung findet sich bereits bei Sjöberg 1966, 481 f.

29 Wagensonner 2007, 551.

30 Sjöberg 1966, 482 mit Übersetzung.

31 Sauren 1969, 222.

32 Belege finden sich in Cohen 1993.

fang im Frühjahr hinweisen könnte.[33] Aufgrund der Fundlage fehlt bisher jedoch größtenteils die Rekonstruktion des kultischen Kalenders von Eridu.

Auch der Reisegrund hat Parallelen in anderen Texten. Dass ein Gott durch eine Götterreise in seiner eigenen Heimatstadt erhöht bzw. sein Thron gefestigt wird, zeigt *Gudea-Zylinder B* 1,8,13–15: Durch die Reise nach Eridu wird der Thron von Ninĝirsu gefestigt.[34] Damit verbunden war eine Schicksalsentscheidung für das neu anbrechende Jahr.[35] In *Enkis Fahrt nach Nippur* entscheidet Enlil für Enki in Nippur das Schicksal (Rede-Einleitung: Z. 114, Schicksalsentscheidung: Z. 115–120/124).[36] Die Zeilen direkt vor der zweizeiliegen Doxologie (Z. 125 f) sind ein durch Nominalsätze hymnisch gestalteter Abschnitt auf Enkis neu gebauten Tempel (Z. 120–124).

Im Text ist – abgesehen vom Textende – Enki derjenige, der die Schicksale im fertig erschaffenen Tempel entscheidet (Z. 5: ^{d}En-ki en nam tar-tar-re-de$_{3}$); eine Zeile vorher wird er als „Herr des Abzu" gepriesen (Z. 4: en abzu). Der Text beschreibt demnach die Funktion des Enki als Schicksalsentscheider in seinem Tempel. In den abschließenden Zeilen des Textes (Z. 114–124) bestimmt ein anderer Gott (= Enlil), zu dem Enki gereist ist, ein gutes Schicksal für Enki und seinen Tempel in Eridu. Diese abschließende Schicksalsentscheidung für Enki und dessen Tempel ist der Zielpunkt des Textes und somit ein Anhaltspunkt für das Ritualziel.

Ein weiteres Indiz, dass *Enkis Fahrt nach Nippur* rituell rezitiert wurde, ist die Eigenbezeichnung am Ende des Textes:

125	Eridu^{ki} e$_{2}$ ku$_{3}$-ga du$_{3}$-a-ba	Nachdem er Eridu, das strahlend gemachte Haus, gebaut hat,
126	^{d}En-ki za$_{3}$-mim	sei Enki das Preislied!

Enkis Fahrt nach Nippur Z. 125 f[37]

Die Doxologie verortet den Text als Preislied auf Enki und gibt als Grund dessen Tempelbau an. Dieser Preis steht unmittelbar in Zusammenhang mit dem von

---

33 Nach Sallaberger 1999 a, 383 f ist das „Akiti-Fest des Gersteschnitts" für Nippur im ersten Monat spärlich belegt; vgl. auch die Belege in Cohen 1993, 98 f.

34 Sjöberg 1966, 482 mit Übersetzung.

35 Sjöberg 1966, 482.

36 Ceccarelli 2012, 106 lässt die Rede mit Zeile 120 enden. Die folgenden vier Zeilen sind explizit an das Haus (e$_{2}$) gerichtet und nach Ceccarelli 2012, 112 ein Lobpreis des „Erzählers". In ETCSL 1.1.4 erstreckt sich die Rede Enlils über das gesamte Textende einschließlich der Doxologie auf Enki.

37 Die Umschrift basiert auf Ceccarelli 2012, 96; Übersetzung KM, leicht abweichend zu ebd., 106.

Enki gebauten Tempel. Die Rede des Isimud hat im Text (siehe oben) rituellen Charakter. Auch hier ist der Tempel das Thema.

Sind Preislieder im Rahmen von Götterreisen rituell bezeugt? Dass Preislieder am Ende einer Götterreise für die reisende Gottheit gesungen wurden, zeigt *Ninisinas Reise nach Nippur* (Z. 51–56):

Sumerische Version:

51	para$_{10}$ gal maḫ-ba dur$_{2}$(Text: SI) mi-ni-in-ĝar-re-eš ninda m[i-ni-gu$_{7}^{?}$-uš$^{?}$]	Auf dessen (= des Tempels) großen und erhabenen Thronen begannen sie, Platz zu nehmen und Brot zu [essen].
52	balaĝ ku$_{3}$ ki-aĝ$_{2}$-ĝa$_{2}$-ni ^{d}Nin-ḫi-nun ⌜x⌝ [...]	Die reine Harfe, die sie liebt, Nin-ḫinun- [...].
53	ser$_{3}$ ku$_{3}$ za$_{3}$-mim la-la ĝa$_{2}$-la-ni gu$_{3}$-nun mi-ni-[(ib$_{2}$-)be$_{2}$]	Ein reines Lied, ein Preislied auf sie, das Freude erzeugt, begann man dort zu [rufen].
54	^{kuš}ub ku$_{3}$ balaĝ ku$_{3}$-ge šu mu-un-tag-t[ag-(ge)]	Die reine Trommel und die reine Harfe begann man zu s[pielen].
55	gala-ri-a mu-un-na-zi-zi e-ne-ra ^{d}Nin-isin$_{2}^{si-[na]}$	Jene Klagesänger begannen, sich zu erheben für sie: Nin-Isina.
56	An ^{d}En-lil$_{2}$ ^{d}En-ki ^{d}Nin-maḫ-e mu-un-ḫuĝ$_{2}$-ĝa$_{2}$-e-n[e$^{??}$(Text: -d[a])]	Sie begannen An, Enlil, Enki und die besagte Ninmaḫ (dadurch) zu beruhigen.

Akkadische Version:

51	*i-na pa-rak-ki ṣi-ri ra-biš uš-bu-ma* [...]	Auf den erhabenen Thronen nahmen sie auf großartige Weise Platz [...]
52	*ba-lam-ga el-la ša i-ra-am-mu* ^{d}NIN-ḪI.NUN ⌜x⌝ [...]	Die reine Harfe, die sie liebt, Nin-ḫinun- [...].
53	*za-ma-ri* KU$_{3}^{MEŠ}$ *ta-ni-ta ša la-la-a ma-la-a-at i-š[a-as$^{?}$-su$^{?}$]*	Ein reines Lied, einen Preis, der voller Schönheit ist, [rufen s]ie aus.
54	*i-na up-pi eb-bi ba-lam-gi el-li u$_{2}$-la-pa-tu-ši*	Auf der reinen Trommel und der reinen Harfe spielen sie für sie.
55	GALA^{MEŠ} *i-na taq-rib-ti šu-a-ti ša* ^{d}*Nin-kar-ra-a*[*k* (...)]	Die Klagesänger bei diesem Fürbittritus[38] der Nin-karra[k ...]
56	^{d}*a-nu* ^{d}EN.LIL$_{2}$ ^{d}*E$_{2}$-a u$_{3}$* ^{d}NIN-DINGIR^{MEŠ} *nu-uḫ-ḫ*[*u-*(*u*)]	Anu, Enlil, Ea und Ninmaḫ sind beruh[igt].

Ninisinas Reise nach Nippur Z. 51–56[39]

Preislieder auf die reisende Gottheit sind als Abschluss einer Götterreise beim Festmahl laut diesem Beleg Bestandteil von Ritualen. *Enkis Fahrt nach Nippur*

38 Vgl. Ambos 2004, 181 (Zeile 4): „Fürbittritus".

39 Die Umschrift basiert auf Wagensonner 2005, 165 f; Übersetzung Wagensonner 2005, 166 f, mit Modifikationen durch KM.

beschreibt im zweiten Abschnitt eine solche Götterreise und verortet sich selbst als Preislied auf den reisenden Enki. Die Zeile 85 (siehe oben) ist ein Indiz auf eine jährliche Götterreise des Enki. Ein solches Preislied kann als Abschluss einer Prozessionsfahrt für den Gott verkündet werden (vgl. das Rufen eines „reinen Liedes, eines Preisliedes" in *Ninisinas Reise nach Nippur* Z. 53). Diese Indizien verweisen stark auf einen rituellen Bezug von *Enkis Fahrt nach Nippur* im Anschluss an eine Götterreise nach Nippur.

9.2 Ritualadressat

Der Text ist laut Eigenbezeichnung ein Preislied auf Enki (vgl. Abschnitt 9.1). Es gibt weitere Indizien, die für Enki als Ritualadressaten sprechen. Diesem Phänomen wird im Folgenden nachgegangen. Wäre der Ritualtext hauptsächlich an Enlil gerichtet worden, würde zu erwarten sein, dass auf ihn viele Epitheta bzw. hymnisch gestaltete Preisungen oder Bitten an ihn entfallen, so, wie in anderen Götterreisen.[40] Das einzige Epitheton Enlils ist „sein Vater" (Z. 102: a-a-ni), welches seine Beziehung zu Enki beschreibt. Ganz anders sieht die Situation für Enki aus. Die meisten Epitheta Enkis entfallen auf seine Rolle als König, daneben als Herr im Zusammenhang mit Schicksalsentscheidungen und Weisheit. So wird er als „König" bezeichnet (Z. 4, Z. 18, Z. 45, Z. 60, Z. 117: lugal), als „König des Abzu" (Z. 35: lugal abzu), als „Herr, der die Schicksale entscheidet" (Z. 5: en nam tar-re-de$_3$) und als „Herr der Weisheit" (Z. 45: en ĝeštu-ga). Enki wird ebenfalls mit seinem Namen Nudimmud betitelt und ist in diesem Zusammenhang der „Herr" (Z. 10: en) sowie der „Herr von Eridu" (Z. 46: en Eridu^{ki}-ga).

Die Analyse der „Kronzeugentexte" im vorliegenden Buch hat ergeben, dass der Ritualadressat innerhalb des Schöpfungstextes genannt wird und zwar am Uranfang.[41] Er wird durch Rezitation des Textes ersucht, entweder auf das Ritualobjekt dessen eigene Macht zu übertragen (= Ritualziel 1) oder Unheil abzuwenden (= Ritualziel 2) oder auch beides (vgl. Abschnitt 4.5). Wenn Enki im vorliegenden Text als Ritualadressat fungiert, sind Indizien zu suchen, die darauf hinweisen, dass er gebeten wird, Wirkmacht auf den Tempel zu übertragen und/oder Unheil abzuwenden. Das können sehr offensichtliche, aber auch indirekte Indizien sein. Jedoch erwähnt *Enkis Fahrt nach Nippur* eine Verunreini-

40 Vgl. in Abschnitt 9.6 die Darstellung der Abschnitte an die besuchte Gottheit in den Texten mit Götterreisen.
41 Vgl. dazu Abschnitt 5.2.3 und 5.2.4.

gung des Tempels und somit eine Abwehr von Unheil nicht. Aus der Analyse der „Kronzeugentexte" ist ersichtlich, dass, wenn Unheil im Text nicht betont wird, stattdessen Reinheit und Glanz in den Vordergrund rücken können ohne die Verunreinigung bzw. das Unheil zu erwähnen.[42] Ein Indiz für den Ritualadressaten kann sein, dass er Reinheit und Glanz des Ritualobjektes herbeiführt (vgl. Ritualziel 1).[43] *Enkis Fahrt nach Nippur* ist ein Preislied auf Enki für dessen Tempelschöpfung. Hier ist Enki der Erbauer des reinen Tempels. So wird Enki in der Doxologie für den Bau des strahlend-reinen Hauses (e_2 ku_3-ga) mit einem Preislied gelobt. Dass der Tempel im Laufe eines Jahres verunreinigt wurde, wird nicht extra in den Texten betont. Dass es dennoch im Bewusstsein der damaligen Menschen eine solche Vorstellung gab, zeigt beispielsweise die Phrase aus der *Kosmologie des kalû*, wo der Ziegelgott zur Erneuerung des ersten Ziegels und damit des Tempels geschaffen wird (Z. 27: *ana te-diš-ti-*[*ki*?]).[44] Unheil zu beseitigen, steht bei *Enkis Fahrt nach Nippur* nicht im Fokus; durch Rezitation des Werks soll Ritualziel 1 (= Wirkmacht übertragen) erreicht werden. Der urzeitliche Tempel wird mit Wirkmacht aufgeladen und ist dadurch qualitativ rein; während eines Tempelweihfestes wird dieser urspünglich reine Zustand durch Rituale wieder erreicht.

Somit ergibt sich folgendes Bild: Enki wird als Adressat des Preisliedes genannt. Seine Rolle als Tempelerbauer und Tempelherr (vgl. die Analyse der Epitheta oben) stimmt mit der Rolle des Ritualadressaten überein, der Wirkmacht auf den Tempel übertragen soll. Die Begründung für das Preislied (= Tempelschöpfung) ist mit der Analyse der Rolle Enkis als Ritualadressat stimmig.

Im Text sind dennoch Schichten klar erkennbar:[45] Es scheint eine starke Beteiligung und eine theologische Verschiebung zugunsten einer stärkeren Position von Enlil im mythischen Text durch. Für die situative Verortung ist aber die

---

42 Vgl. die Tempelbaurituale, in denen die Reinheit des Tempels gerühmt wird, der erst im Ritual durch rituelle Sprechakte und Handlungen gereinigt und geweiht wird.

43 Vgl. auch hier die Tempelbaurituale, wo die angerufenen Gottheiten den Tempel reinigen und weihen sollen.

44 Die Umschrift basiert auf Ambos 2004, 180.

45 Die DFG-Forschungsgruppe 2064 STRATA an der Georg-August-Universität untersucht solche Schichten von Erzählstoffen und Texten; vgl. die Homepage der FOR STRATA: http://www.uni-goettingen.de/en/556429.html. Erste Ergebnisse dieser Forschungsgruppe sind in A. Zgoll/C. Zgoll 2019b publiziert. Der umfassende theoretisch-methodische Band von C. Zgoll (2019) stellt dafür die theoretischen Grundlagen bereit: Mythen haben als länger überlieferte Stoffe Strata, sind also polystrat – und er liefert die methodischen Werkzeuge für die Analyse solcher Strata (vgl. dort Kapitel 12–22).

vorliegende Doxologie entscheidend. Und die ist bei *Enkis Fahrt* auf Enki und nicht auf Enlil. Enlil ist damit nicht als Ritualadressat des gewachsenen Textes anzusehen.[46] Darüber hinaus hat die Analyse der „Kronzeugentexte" in Abschnitt 5.2.3–5.2.4 ergeben, dass derjenige, der das Ritualobjekt Tempel erschafft höchstwahrscheinlich der Ritualadressat ist, ganz besonders, wenn er zugleich das Recht entscheidet. Enki als Schöpfer des Tempels und auch als derjenige, der für den Tempel das Recht entscheidet, ist demnach Ritualadressat. Die bestätigende Schicksalsentscheidung für den Tempel durch Enlil am Ende des Textes (vgl. Abschnitt 9.3) weist gut auf Enlil als eine Art Garanten für das Ritual. Ohne eine rituelle Beteiligung des Enlil ergäbe der vorliegende Endtext mit seiner prominenten Rolle weniger Sinn.

9.3 Ritualobjekt

In *Enkis Fahrt nach Nippur* sind etliche Hinweise auf Enkis Tempel, den E-Abzu, als Ritualobjekt enthalten. Der Tempel ist das Hauptziel der Schöpfung, wie der gesamte Text und besonders die Zeilen 69–71 zeigen:

69	mu-un-du$_3$-a-ba mu-un-du$_3$-a-ba	Nachdem er (Eridu) gebaut hatte, nachdem er (Eridu) gebaut hatte,
70	Eridu^{ki} ^{d}En-ki-ke$_4$ im-ma-an-il$_2$-la-ba	nachdem Enki Eridu erhoben hatte,
71	ḫur-saĝ galam kad$_4$-dam a-e ba-diri	ragte das Gebirge (= die Stadt, der Tempel)[47] – es ist kunstvoll verwoben – über das Wasser hinaus.

Enkis Fahrt nach Nippur Z. 69–71[48]

So wird Enki explizit als Tempelschöpfer in der Doxologie (Z. 124 f) gepriesen. Außerdem liefert der Text Hinweise auf eine rituelle Schicksalsentscheidung für diesen Tempel. So beschreiben die Zeilen 101–110 ein Götterbankett in Nippur, welches nach Polonsky 2002 Bestandteil einer Schicksalsentscheidung sein kann. Diese schließt sich auch direkt an mit der Götterversammlung im Ub-

46 Bei einer Veränderung des Rituals mit Enlil als neuem Ritualadressaten hätten sie meines Erachtens *unter* die alte Doxologie die neue auf Enlil geschrieben. Damit wäre die alte Doxologie als traditionsreiche, von den Göttern überlieferte Fassung erhalten geblieben, und mit der neuen schlösse der Text ab.

47 Dass Tempel und Stadt als zwei Seiten derselben Einheit angesehen wurden, zeigt A. Zgoll 2012, 23–28; vgl. auch Löhnert 2013, 264 f.

48 Die Umschrift basiert auf Ceccarelli 2012, 96; Übersetzung Ceccarelli 2012, 104, mit geringfügigen Modifikationen durch KM.

šu'ukenna in Nippur (Z. 111–113) und der Rede Enlils (Z. 114: Redeinleitung, Z. 115–120/124: Rede). Dass Enlils Rede wirklich eine Schicksalsentscheidung ist, zeigen sowohl die gerade erwähnten rituellen Bestandteile als auch die Erwähnung der Reinheit des Tempels (Z. 120: ki sikil). Am Uranfang werden die Wesensbestandteile auf den Tempel in Ritualen festgeschrieben; diese uranfängliche Schicksalsbestimmung bildet den Anfang von weiteren aktualisierenden Schicksalsbestimmungen für den Tempel, da er seine Reinheit und damit einhergehend sein Wesen im Laufe der Zeit durch Kontakt mit Unreinem verlieren konnte.[49] Die Schicksalsentscheidung durch Enlil ist bestätigender Art: Er spricht damit das Wesen des von Enki erschaffenen Tempels für alle Zeiten fest.[50]

Dass der Tempel erhoben wurde (siehe oben, Z. 70), deutet ebenfalls auf eine Schicksalsentscheidung von Enki hin, nachdem er ihn gebaut hatte: Der göttliche Schicksalsentscheid erfolgt oft für denjenigen, der seinen Kopf zum Schicksalsentscheider hebt (saĝ--il$_2$), der ihn anblickt (igi--bar).[51] Die Rede Enlils ratifiziert diese Entscheidung. Außerdem wird dem Tempel am Textende (Z. 124) ein „ausgezeichnetes Schicksal" bescheinigt:

124	eš$_3$ Abzu nam du$_{10}$ ^{d}En-ki-ke$_4$ me galam-ma tum$_2$-ma	Heiligtum Abzu, dem der bekannte Enki hier ein ausgezeichnetes Schicksal in kunstvoll hergestellten me gebracht hat!

Enkis Fahrt nach Nippur Z. 124[52]

Wichtig für die situative Verortung ist hier die sprachliche Angabe der Nahdeixis (vgl. Abschnitt 3.2.4 zur Nahdeixis).[53] Das deiktische Pronomen (-e) drückt aus, dass Enki vor den Augen des Publikums sichtbar ist („der bekannte Enki hier"). Das ist ein starkes Indiz für eine Vorführung des Schöpfungstextes unter

---

49 Zum Konzept der ersten Schicksalsentscheidung am Uranfang und weiteren, die folgen, vgl. Polonsky 2002, 120.131.

50 A. Zgoll (2012, 27) beschreibt die Schicksalsentscheidung des Enlil für den Tempel Keš in der *Keš-Hymne* ähnlich: „Der Hymnus zitiert die gewaltigen göttlichen Worte, die das Schöpfungswerk erst vollständig machen, nämlich die Schicksalsentscheidung des höchsten Gottes Enlil." – Zum Begriff der „Festsprechung" vgl. auch Gabriel 2014 (hier besonders die Abschnitte 5.1 „šīmtu – ‚Schicksal' als Festsprechung" und 5.3 „Ontologie von Festsprechung(sakt) und Name(nsgebung)").

51 Vgl. Polonsky 2002, 90. 170.

52 Die Umschrift basiert auf Ceccarelli 2012, 95; Übersetzung Ceccarelli 2012, 106 (ohne die Übersetzung der Deixis), mit Modifikationen durch KM.

53 Zur Nahdeixis vgl. Wilcke 2012, 30.

Anwesenheit des Gottes, vermutlich in Form seiner Götterstatue oder seines Emblems.

Mit diesem Text liegen klare Indizien für eine Schicksalsentscheidung für den Tempel des Enki vor. Die Zeile 87 gibt einen weiteren Hinweis auf den Tempel von Eridu als Ritualobjekt:

87	e_2 Eridu^{ki}-ga-$še_3$/a/e[54] im-ma-kar-ra	Er, der für das Haus von Eridu (etwas) entfernte (...)

Enkis Fahrt nach Nippur Z. 87[55]

Das Ziel der Fahrt nach Nippur, mit der der Text endet, ist der Tempel von Eridu. Hierin liegt das Textziel. Dieses ist kongruent mit dem Ritualziel. Aus den bisher diskutierten Indizien ergibt sich, dass im Text der E-Abzu von Enki als Ritualobjekt fungiert.

9.4 Ritualexperte

12 der 57 Textzeugen aus Nippur können einem Fundkontext zugeordnet werden: neun wurden in Haus F, einem Haus im Wohnviertel von Nippur, gefunden: davon sieben aus locus 205,[56] in welchem die Schreibausbildung stattfand, und zwei aus locus 191.[57] Ein Textzeuge stammt aus dem Abschnitt TA aus dem Haus G/H.[58] Im Abschnitt TA ist möglicherweise ein zweiter Textzeuge gefunden worden.[59] Ein weiterer stammt aus TB, dem sogenannten „Business-Viertel".[60] In Ur kann einer der vier Textzeugen mit einem Fundkontext in Verbindung gebracht werden: mit dem Wohnhaus Nr. 1 Broad Street[61]. Die insgesamt 382

54 Nach Ceccarelli 2012, 100 schreiben sechs Textzeugen Terminativ, L1 Lokativ, X6 Direktiv.

55 Die Umschrift folgt Ceccarelli 2012, 95; Übersetzung KM. Ceccarelli 2012, 111 erwägt eine Übersetzung des Terminativs als Benefaktiv. ETCSL 1.1.4 übersetzt absolutivisch („As he leaves the temple of Eridug"); Al-Fouadi 1969, 82 übersetzt ablativisch („From within the house of Eridu he left"). Vgl. demnächst eine Neuinterpretation dieser Stelle in der Neuedition des Textes durch A. Merk (Merk i. V.).

56 Vgl. Delnero 2006, 39. Es handelt sich um 3 N-T 370, 3 N-T 901,49, 3 N-T 901,59, 3 N-T 249, 3 N-T 489, 3 N-T 532 und 3 N-T 900,7.

57 Vgl. Delnero 2006, 41. Es handelt sich um 3 N-T 919,471 und 3 N-T 919,389. Dieser Raum könnte als Küche fungiert haben, in der möglicherweise die Tafeln gebrannt wurden.

58 Vgl. Delnero 2006, 43.

59 Vgl. Delnero 2006, 43 Anm. 75 (persönliche Kommunikation Delneros mit E. Robson): 3 N-T 927,519.

60 Vgl. Delnero 2006, 44. Es handelt sich um 3 N-T 406.

61 Vgl. Delnero 2006, 46 Anm. 91. Es handelt sich um U.16863.

Tafeln wurden in den Fußböden eingebaut gefunden.[62] Beide Isin-Textzeugen können speziellen Fundkontexten in Wohnvierteln zugeordnet werden: dem Raum 4 eines Hauses im Nordost-Abschnitt, der viele altbabylonische Tafeln aufweist und möglicherweise als Ort der Schreibausbildung fungierte,[63] und einem Haus im Südost-Abschnitt, in dem mehrere Schülertafeln und ein Textzeuge von *Proto-Ea* gefunden wurden.[64] Der Textzeuge aus Sippar hat keinen überlieferten Fundkontext. Ein Textzeuge stammt aus Larsa, vermutlich aus dem „maison du scribe", dessen Interpretation des archäologischen Befunds auf der Art der dort ergrabenen 70 Tafeln (Schülertafeln, lexikalische Listen, mathematische Texte etc.) basiert.[65] Sechs Textzeugen stammen von unbekannten Fundorten.

Zusammenfassend lässt sich sagen, dass die Textzeugen in der Regel aus altbabylonischen Wohnhäusern stammen und einer aus einem Geschäftshaus. Teilweise fand in diesen Wohnhäusern die Schreibausbildung statt.[66] Als Text der sogenannten „Dekade"[67] war *Enkis Fahrt nach Nippur* Bestandteil der babylonischen Schreiberausbildung in altbabylonischer Zeit. Dass die meisten Texte in Nippur ergraben wurden, mag einerseits dem Fundzufall geschuldet sein und andererseits auf die wichtige Rolle Enlils im Text zurückzuführen sein.

Der Text könnte gerade für die Ausbildung von Ritualexperten und/oder Sängern wichtig gewesen sein, da beispielsweise in Sippar Amnānum die Schreiberausbildung in einem Haus von Ritualexperten (einer Familie von Oberklagesängern, den gala-maḫ) stattfand.[68] An diesem Ort wurden die Lehrlinge von praktizierenden Ritualexperten ausgebildet. Über die Lehrenden in den anderen Städten, in denen Textzeugen von *Enkis Fahrt nach Nippur* gefunden wurden, kann bislang kaum Konkretes gesagt werden.

Im Folgenden werden die Indizien für mögliche Ritualexperten vorgestellt, die mit der Rezitation dieses Textes betraut waren. In Abschnitt 9.6 wird durch einen Vergleich mit *Ninisinas Reise nach Nippur* ausführlich auf ein mögliches Szenario der situativen Verortung von *Enkis Fahrt nach Nippur* im Tempel des

62 Vgl. Delnero 2006, 46.

63 Vgl. Delnero 2006, 50. Es handelt sich um die Sammeltafel IB 1511, die folgende Texte der Dekade aufweist: *Keš-Hymne, Enkis Fahrt nach Nippur, Innana und Ebiḫ, Nungal A, Gilgameš und Huwawa A.*

64 Vgl. Delnero 2006, 50 f. Es handelt sich hierbei um IB 1896.

65 Vgl. Delnero 2006, 60 mit Anm. 171. Es handelt sich hierbei um L.[33].180 + L.[33].198 = IM 73379 + IM 73384.

66 Einen Überblick über die Schreiberausbildung in Nippur bietet Robson 2001.

67 Vgl. Tinney 1999, 168.

68 Vgl. Robson 2001, 44 f.

Enki in Eridu eingegangen. Weil mit *Ninisinas Reise nach Nippur* eine detaillierte Beschreibung von Feierlichkeiten am Ende einer Götterreise vorliegt, wird diese hier für die Analyse der Indizien, die auf Ritualexperten hinweisen, herangezogen.[69] *Ninisinas Reise nach Nippur* Zeile 53 erwähnt die Darbietung des „reinen Liedes“ (ser$_3$ ku$_3$) und „Preisliedes“ (za$_3$-mim), die folgende Zeile die Begleitung durch die „Trommel“ (^{kuš}ub) und das „reine balaĝ-Instrument“ (balaĝ ku$_3$) sowie die Zeile 55 den „Klagesänger“ (gala). Lässt sich dieser Befund für *Enkis Fahrt nach Nippur* auswerten?

Da *Enkis Fahrt nach Nippur* kaum szenisch ausgestaltet ist und stark von langen Monologen und Beschreibungen dominiert ist, ist eine szenische Aufführung eher unwahrscheinlich; die Rezitation ist von (mindestens) einem Sänger anzunehmen. Es handelt sich hierbei, im Gegensatz zu *Ninisinas Reise nach Nippur*, höchstwahrscheinlich nicht um einen Klagesänger, weil mit *Enkis Fahrt nach Nippur* ein Text für ein Tempelweihfest vorliegt, der sicherlich von dem Hohepriester des Tempels (und eventuell von weiteren Sängern; vgl. Z. 67 unten) gesungen wurde; vgl. die Rezitierenden beim *akīti*-Fest von Babylon: der Hohepriester am vierten Tag im Nisannu und ein Sänger am achten Tag im Kislīmu.[70] Eventuell wurde der Vortragende von *Enkis Fahrt nach Nippur* musikalisch begleitet; hierauf weisen die Parallelen aus *Ninisinas Reise nach Nippur* Zeile 53 f und die verschiedenen Musikinstrumente aus *Enkis Fahrt nach Nippur* Zeilen 62–66 sowie die sieben Sänger aus Zeile 67, die im Zusammenhang mit dem göttlichen Sprechakt des Enki für seinen Tempel genannt werden:

67	nar umun$_7$-e ad ḫe$_2$-em-mi-ib-ša$_4$	Sieben Sänger haben fürwahr Vibrato gesungen.[71]
68	du$_{11}$-ga ^{d}En-ki-ke$_4$ šu nu-bal-e-de$_3$	Damit Enki den Ausspruch nicht ändert –
68a	enim ki-bi-še$_3$ ĝal$_2$-la-am$_3$	das Wort ist es, das zu diesem Ort hin vorhanden ist – (...)

Enkis Fahrt nach Nippur Z. 67–68 a[72]

69 Vgl. die Textstelle in Abschnitt 9.1.

70 Vgl. Gabriel 2014, 87 f; vgl. A. Zgoll 2006 a, 50 f sowie Çağirgan/Lambert 1991–1993, 96 (zu den Z. 62–65 von B 32206+).

71 Attinger übersetzt ad ša$_4$ mit „faire des trémolos, chanter avec des trémolos“ und „faire résonner, jouer d'un instrument de musique“ und ad (adv.) ša$_4$ mit „chanter en faisant des trémolos, chanter avec des trémolos dans la voix“: Lexikon Sumerisch-Französisch von Pascal Attinger (abrufbar unter: http://doi.org/10.5281/zenodo.2585683; abgerufen am 08.01.2020).

72 Die Umschrift folgt Ceccarelli 2012, 95; Übersetzung KM.

Wie oben bereits erwähnt wurde, zeigen Belege aus spätbabylonischer Zeit, dass ein anderer Tempelweihtext (= *Enūma elîš*) zum einen von dem Hohepriester Marduks (*šešgallu*) und zum anderen von einen Sänger (*nāru*) dargeboten wurde.[73] Die Rezitation von *Enkis Fahrt nach Nippur* ist daher wahrscheinlich durch die/den Hohepriester(in) Enkis oder einem Sänger möglicherweise in Begleitung von weiteren Sängern (nar) denkbar.

Aufgrund der schlechten Fundlage für Eridu gibt es nur wenige Urkunden für die Art des hohepriesterlichen Amtes in dieser Stadt; viele Belege sind lexikalische Listen. In hohepriesterlicher Funktion sind en-Priester(in) bis zur Isin-Larsa-Zeit belegt.[74] Für die Rezitation kommen ebenfalls der lu_2-maḫ oder die nin-diĝir als hohe Priester(innen) in Frage;[75] vgl. die *Eridu-Klage* Segment A Z. 65: ETCSL 2.2.6. Daneben waren Sänger (nar) am E-engur in Eridu beschäftigt.[76]

9.5 Weitere menschliche Ritualteilnehmer

Neben mindestens einem rezitierenden Ritualexperten gibt es Indizien für die Anwesenheit von weiteren Ritualteilnehmern. In *Ninisinas Reise nach Nippur* Zeile 52 f, einem mythischen Text mit Götterreise, opfert der König im Anschluss an die musikalischen Darbietungen. Auch in *Enkis Fahrt nach Nippur* ist die Anwesenheit des Königs denkbar, entweder persönlich oder durch seine Amtsinsignien, weil er für die Tempel hauptverantwortlich zeichnete.

Auch das Volk hatte Zugang zu den Götterstatuen, wenn diese aus dem Tempel gebracht wurden,[77] und teilweise auch zum Hof des Tempels.[78] Wenn das Lied, wie *Enūma elîš* im 1. Jt. v. Chr., direkt vor der Götterstatue in der Cella unter Ausschluss der Öffentlichkeit gesungen wurde,[79] ist die direkte Beteiligung des Volkes ausgeschlossen.

---

73 Vgl. Gabriel 2014, 87 f; vgl. A. Zgoll 2006 a, 50 f sowie Çağirgan/Lambert 1991–1993, 96 (zu den Z. 62–65 von B 32206+).

74 Vgl. Green 1975, 30. 221 f.

75 Vgl. Green 1975, 223–224; Sallaberger/Huber Vulliet 2005, 626.

76 Vgl. Green 1975, 225.

77 Vgl. Pongratz-Leisten 1994.

78 Vgl. dazu die in Vorbereitung befindliche Monographie von A. Zgoll („Religion in Mesopotamien").

79 Vgl. Gabriel 2014 (Abschnitt 2.2 „Die Verortung des Werks" und 2.3 „Erörterung der Ergebnisse – Versuch einer Synthese"); vgl. auch A. Zgoll 2006 a.

Auf den Ausschluss der Öffentlichkeit scheint der Schöpfungstext in Zeile 120 anzuspielen:

120	Eridu^{ki} ki sikil nu-ku$_4$-ku$_4$-da	Eridu, reiner Ort, den niemand betreten darf.

Enkis Fahrt nach Nippur Z. 120[80]

Danach folgen vier Nominalsätze auf den Tempel (Z. 121–124) und die Doxologie (Z. 125 f). Hier am Textende wird keine Öffentlichkeit hergestellt; sie wird im Gegenteil ausgeschlossen. Ein kompletter Ausschluss der Öffentlichkeit generell für diesen Tempel ist schwer vorstellbar. Diese Zeile deutet darauf hin, dass der Text in Ritualhandlungen womöglich unter Abwesenheit des Volkes verankert war. Die Beteiligung des Volkes, zumindest für diesen Ritualteil (= Rezitation von *Enkis Fahrt nach Nippur*), ist eher auszuschließen.

9.6 Ort des Rituals

Sicherlich ist *Enkis Fahrt nach Nippur* kein Ritualtext, der ursprünglich in einem Ritual in Nippur rezitiert wurde (= primäre Verortung). Für ein ursprüngliches Ritual in Nippur im Rahmen einer Götterreise des Enki steht die gastgebende Gottheit (= Enlil) im Vergleich mit anderen Götterreisen zu wenig im Fokus. In *Nannas Reise nach Nippur* erstreckt sich beispielsweise die Bitte des Nanna an Enlil über elf Zeilen (Z. 329–339) inklusive einer hymnischen Anrede des Enlil mit Epitheta. Auch *Sîniddinams Reise mit Nanna nach Nippur* enthält eine ausführliche Bitte des Su'en an die gastgebenden Gottheiten Enlil und Ninlil (Z. 13'–20'). Dass Enlil von Enki in *Enkis Fahrt nach Nippur* um eine Schicksalsentscheidung für seinen Tempel in Eridu gebeten wird, fehlt völlig. Dies wäre jedoch bei einem ursprünglichen Ritual im E-kur zu erwarten.

Dennoch ist im mythischen Text eine Götterreise des Enki erwähnt und Ritualhandlungen in Nippur. Wie sind diese anscheinend ambivalenten Beobachtungen zu deuten? Dem wird im Folgenden nachgegangen.

Hier sind Schichten zu erkennen: Es scheint eine frühere Version durch, die Ritualhandlungen des kultischen Neujahr in Eridu spiegelt, und eine spätere, um eine Fahrt nach Nippur zum vorliegenden Schöpfungstext *Enkis Fahrt nach Nippur* erweiterte; diese uns überlieferte Fassung spiegelt Ritualhandlungen, nicht nur in Eridu, sondern auch im kultisch wichtigen Zentrum Nippur (vgl.

80 Die Umschrift folgt Ceccarelli 2012, 96; Übersetzung Ceccarelli 2012, 106, mit geringfügigen Modifikationen durch KM.

Abschnitt 9.2).[81] Enki bringt auch nach den Forschungen von A. Merk Segen für das gesamte Land in diesem vorliegenden Schöpfungstext und etabliert damit die Schöpfungsordnung in Eridu und in einem viel umfassenderen Sinn für das gesamte Land.[82]

Eine frühe Version des Ritualtextes (mündlich oder schriftlich) ist sicherlich situativ im Enki-Tempel in Eridu verortet gewesen. Der uns vorliegende Ritualtext zeigt deutliche Indizien, dass diese frühe, nicht überlieferte Version ohne die Erweiterung um die Fahrt nach Nippur existiert hat (siehe oben und im Folgenden). Beispielsweise weisen die Hyleme[83] im Text nicht auf eine ursprüngliche Verankerung in Nippur. So stellt der Text mehrere mythische Hyleme der Enlil-Theologie in Nippur, die aus anderen Texten bekannt sind, ohne sie auszuführen in einen Zusammenhang mit Enki und Eridu. Z. B. ist die Art und Weise der Menschenschöpfung in Zeile 3 parallel zum *Lied auf die Hacke* Z. 20: Allerdings ist im *Lied auf die Hacke* Enlil das Schöpfungssubjekt und Nippur der Schöpfungsort und in *Enkis Fahrt nach Nippur* Enki und Eridu. So stehen die erschaffenen Menschen in *Enkis Fahrt nach Nippur* Zeile 10 vor Enki in Eridu.[84] Eine rituelle Verankerung des ursprünglichen Ritualtextes in Nippur wird auch aufgrund der im Text genannten Menschenschöpfung in Eridu immer unwahrscheinlicher.

Die spätere, uns vorliegende Version mit der Erweiterung um die Götterreise nach Nippur soll im Folgenden im Mittelpunkt stehen. Inhaltliche Beobachtungen weisen auf (zumindest) zwei Rezitationskontexte des vorliegenden Ritualtextes *Enkis Fahrt nach Nippur* hin: auf Ritualhandlungen im Rahmen der Götterreise im Enlil-Tempel in Nippur (vgl. die Schicksalsentscheidung von Enlil in Nippur in Z. 114–124) und (als Abschluss der Götterreise) im Enki-Tempel in Eridu (vgl. Abschnitt 9.7).[85] Dass nach Abschluss einer Götterreise

---

81 Vgl. die Erforschung von Schichten in mythischen Erzählstoffen durch die Göttinger DFG-Forschungsgruppe 2064 STRATA; vgl. dazu auch den Internetauftritt unter http://www.uni-goettingen.de/de/556429.html. Erste Ergebnisse dieser Forschungsgruppe sind im Band von A. Zgoll/C. Zgoll 2019b publiziert. C. Zgoll (2019) stellt mit einem umfassend theoretisch-methodischen Band die theoretischen Grundlagen und methodischen Werkzeuge für die Analyse polystrater Erzählstoffe bereit.

82 Vgl. den zukünftigen Band von A. Merk (Merk i. V.).

83 Zum Begriff vgl. C. Zgoll 2019.

84 Zeile 10 nach Ceccarelli 2012, 93: en ^{d}Nu-dim$_{2}$-mud-ra mu(-un)-na-su$_{8}$-su$_{8}$-ge-eš. Zwar werden hier die Menschen nicht explizit genannt, sie sind jedoch die einzige zuvor erwähnte Gruppe.

85 Die Doxologie als Preislied auf Enki und die inhaltliche Ausrichtung des mythischen Textes weist auf eine situative Verortung der vorliegenden Version auch – und ganz besonders – in

Rituale mit Rezitationen vor der reisenden Gottheit in ihrem eigenen Tempel stattfanden, zeigt die bereits ausführlich diskutierte Szene[86] in *Ninisinas Reise nach Nippur*, die von einem Bankett mit verschiedenen Rezitationen (u. a. eines Preisliedes) im Tempel nach der Rückkehr der reisenden Gottheit berichtet (Z. 51–56). *Ninisinas Reise nach Nippur* ist laut Eigenbezeichnung ein ser$_3$-nam-šub auf Ninisina und somit ein Ritualtext.[87] Der Text *Enkis Fahrt nach Nippur* ist ein Preislied (Z. 126) und mit derselben Eigenbezeichnung (za$_3$-mim) tituliert wie der gerade genannte Teilabschnitt aus *Ninisinas Reise nach Nippur*. Zu diesen Beobachtungen passt die Zeile 120, die den Ausschluss der Öffentlichkeit (für diese Ritualhandlungen?) nennt (vgl. die Textstelle in Abschnitt 9.5).

Enkis Fahrt nach Nippur ist außerdem sehr knapp gehalten. Diese Art des Erzählens in kurzem Stil ist passend für eine Rezitation direkt an die Gottheit, wie die verschiedenen Götterhymnen zeigen.[88] Das Ergebnis wird mit diesem Schöpfungstext fokussiert: Nach der rituellen Schicksalsentscheidung des Enlil und dem Preisen des Enki mit diesem Ritualtext auch in Nippur vor dem Götterherrscher Enlil als Ritualgaranten soll Enki durch eine Rezitation in Eridu dazu bewegt werden, für seinen Tempel ein gutes Schicksal zu entscheiden, um somit Überfluss und eine funktionierende Tempelordnung für die Menschen zu bringen (vgl. Abschnitt 9.7). Wie lange die ursprüngliche Vorform des Schöpfungstextes in Eridu rezitiert wurde, eventuell zusätzlich zur erweiterten Fassung, kann nicht mehr rekonstruiert werden.

Es lässt sich zusammenfassen, dass der Schöpfungstext *Enkis Fahrt nach Nippur* Merkmale aufweist, dass eine Vorform im Enki-Tempel in Eridu rezitiert wurde und dass die spätere, uns vorliegende Version von *Enkis Fahrt nach Nippur* im Enlil-Tempel E-kur in Nippur (im Beisein von Enlil als eine Art Garant des Rituals) und im Enki-Tempel E-engur in Eridu rezitiert wurde. Daneben können weitere Rezitationen in Tempeln anderer Städte nicht ausgeschlossen

---

Eridu und auf Enki als Ritualadressaten. Es fehlt eine Doxologie auf Enlil, die für ein Ritual mit Enlil als Ritualadressaten in Nippur zu erwarten wäre. Vgl. dazu Abschnitt 9.2.

86 Vgl. die entsprechenden Textstellen in Abschnitt 9.1.

87 Nach Mittermayer 2009, 74–77 war ein ser$_3$-nam-šub ein „*schicksalsweisendes* Lied" [Kursive im Original], das im Tempel vorgetragen wurde, um möglicherweise die Zukunft zu beeinflussen. Shehata 2009, 271 vermutet, dass diese „Lieder begleitend zu Beschwörungen im Rahmen eines größeren Festzusammenhangs vorgetragen wurden". Die letztere Rekonstruktion passt gut in den Kontext einer Götterreise mit abschließender Rezitation des Textes auf einem Fest, zu dem ebenfalls Preislieder an Gottheiten gesungen wurden.

88 Natürlich müssen Rezitationen an Götter nicht zwangsweise kurz ausfallen, siehe beispielsweise *Enūma eliš*. Die Länge eines Textes mag abhängig gewesen sein vom Anlass des Rituals.

werden, zumal sich der Segen des Enki im mythischen Text gerade durch seine Götterreise ausbreitet.

9.7 Zeit des Rituals

Der Text ist möglicherweise im 3. Jt. v. Chr. zur Ur-III-Zeit entstanden.[89] Am Ende der Ur-III-Zeit wurde Eridu zerstört; es bestand weiterhin ein großer Kult des Enki in der benachbarten Stadt Ur, möglicherweise mit der emigrierten Priesterschaft.[90] Dass Enki auch über die Ur-III-Zeit hinaus eine wichtige Gottheit war, ist den folgenden Befunden zu entnehmen. Bis (mindestens) zur altbabylonischen Zeit befand sich in Sippar ein Heiligtum von Ea und Damkina.[91] Ein Kult von Ea und Damkina ist außerdem altbabylonisch in Isin, Kisurra, Larsa Nippur, Sippar und Ur bezeugt.[92] In der altbabylonischen Zeit sind Sänger (nar) des Enki in Larsa, Ur und Nippur belegt, außerdem ein(e) en-Priester(in) Enkis in Larsa.[93] In der Isin-Larsa-Zeit ist ein Kult Enkis in Isin überliefert.[94]

In der Ur-III-Zeit ist die Rolle Enkis als Gott der Beschwörungskunst (nam-šub) in den Texten prominent,[95] was ebenfalls z. B. einen Niederschlag in *Enkis Fahrt nach Nippur* gefunden hat; vgl. auch *Urnamma B* Zeile 19[96].[97] Außerdem wird er in dieser Zeit in einem Zusammenhang mit Überfluss und Flut gestellt; vgl. *Enkis Fahrt nach Nippur* Zeile 82 und Z. 85 (vgl. dazu auch Abschnitt 9.1 und die Ausführungen weiter unten) sowie beispielsweise *Ibbi-Sîn C* Zeile 45 f.[98]

Gab es in der Ur-III-Zeit Könige, die den Tempel von Eridu neu aufgebaut bzw. renoviert haben und im Anschluss daran möglicherweise das Lied für eine zyklische Rezitation in Auftrag gegeben haben? Urnamma rühmt sich in mehreren Königsinschriften des Baus von Enkis Tempel in Eridu (*Urnamma 4*, *Ur-*

89 Diese Idee verdanke ich Anja Merk, die sich ausführlich mit den Textzeugen und einer inhaltlichen Analyse und Neuinterpretation beschäftigt; vgl. Merk i. V.

90 Vgl. Charpin 1986. Möglicherweise bestand ein Kult des Enki bereits längere Zeit in Ur, vgl. Espak 2010.

91 Vgl. Harris 1975, 148.

92 Vgl. Green 1975, 38.

93 Vgl. Green 1975, 222 (en). 224 (nar).

94 Vgl. Green 1975, 36.

95 Vgl. Espak 2010, 86.

96 Vgl. Espak 2010, 54.

97 Vgl. demnächst die Rolle des Enki-Tempels in *Enkis Fahrt nach Nippur* in der Dissertation von A. Merk (Merk i. V.).

98 Vgl. Espak 2010, 86; vgl. ebd., 79 (*Ibbi-Sîn C* Z. 45 f).

namma 10, Urnamma 12, Urnamma 46).[99] Bisher wurde der kultische Kalender von Eridu nicht detailliert aufgearbeitet, was den Fundumständen geschuldet ist. Deswegen kann der Text aktuell keinem bekannten Tempelfest in Eridu zugeordnet werden.

Die Zeile 85[100] (vgl. dazu Abschnitt 9.1) verbindet die Götterreise des Enki mit einem Jahr voller Überfluss. Es ist meines Erachtens keine rein zeitliche Einordnung der Reise (Jahr mit Überfluss in Abgrenzung zu einem Jahr, in dem Dürre etc. herrschte), sondern eine Kopplung der Reise an Überfluss. Erst die Reise des Enki nach seiner Tempelschöpfung bringt Überfluss.[101] So siedeln sich erst nach dem Tempelbau Vögel und Fische an (Z. 73 f). Die Zeilen 80–82 beschreiben den stürmischen Fluss, womit sicherlich eine Flut einherging. Bis zum zwölften Monat gab es die Winterflut, die im ersten und zweiten Monat den Euphrat und Tigris stark anschwellen ließ.[102] *Urnamma C* Zeile 24 verdeutlicht diesen Zusammenhang von Frühjahrsflut mit der zeitlich danach anzusetzenden Getreideernte und stellt Enki als Verursacher von Flut, Getreide und Weizen (a-eštub ^{d}Ezina$_2$ še gu-nu) dar.[103] Enki wird in einem adab-Lied von Ibbi-Sîn an Sîn (Ur III) als Verursacher von Überfluss bezeichnet:

45	^{d}En-ki-ke$_4$ nam-ḫe$_2$ u$_4$ giri$_{17}$-zal mu$_2$-mu$_2$	Der bekannte Enki hier: der Überfluss und Tage (der) Wonne wachsen lässt,
46	^{i7}idigna ^{i7}buranun-na a-u$_3$-ba dağal-[la$^?$]	der in Tigris und Euphrat die Hochflut weit [gemacht hat$^?$.]

Ibbi-Sîn C Z. 45 f[104]

Hier werden Überfluss und Tage der Wonne (nam-ḫe$_2$ u$_4$ giri$_{17}$-zal) auf Enki zurückgeführt, ebenso wie das Hochwasser (a-u$_3$-ba) von Tigris und Euphrat. Aufgrund dieser Belege muss die Aussage in *Enkis Fahrt nach Nippur* Zeile 85 (siehe oben) nicht nur allgemein in ein Jahr voller Überfluss eingeordnet werden, sondern sicherlich auch am Jahresanfang im Rahmen der fruchtbringenden Frühjahrsflut verortet werden. Die Zeile 85 von *Enkis Fahrt nach Nippur* ist vielleicht eine Anspielung auf die Verankerung des Textes innerhalb von Kult-

---

99 Dazu ausführlicher Flückiger-Hawker 1999, 35 f und Espak 2010, 52.

100 ^{d}En-ki u$_5$-a-ni mu ḫe$_2$-ĝal$_2$ su$_3$-ga.

101 Mehr zu diesem Thema demnächst in der Dissertation von A. Merk (Merk i. V.).

102 Vgl. Cohen 1993, 7 f.

103 Zu Enki und seiner Verbindung zur Frühjahrsflut und Getreideernte in *Urnamma C* vgl. ausführlich
Abschnitt 15.8 (zu *Enki und Ninmaḫ*).

104 Die Umschrift basiert auf ETCSL 2.4.5.3 mit einem Rekonstruktionsvorschlag in Zeile 46 von A. Zgoll (persönliche Mitteilung; ETCSL schreibt „x"); Übersetzung KM.

feierlichkeiten, die zeitlich zum kultischen Jahresanfang und dem damit in Eridu verbundenen Erntebeginn bzw. zur Frühjahrsflut angesetzt waren.[105]

Götterreisen zum kultischen Jahresanfang sind nicht selten, wie die Fundlage zeigt. Wie in Abschnitt 9.1 ausführlich dargelegt wurde, gibt es verschiedene Belege für Götterreisen am kultischen Jahresanfang: die „Erstlingsgaben des Jahresrandes/Neujahres“[106] in *Ninisinas Reise nach Nippur* Z. 10’ weisen darauf hin und ebenso der Zeitpunkt der Rückreise von Nin̂girsu am dritten Tag des neuen Jahres in *Gudea-Zylinder B* 1,3,5–11.[107] Im 1. Jt. v. Chr. reist Nabû aus Borsippa zum Neujahrsfest nach Babylon.[108]

Die Zeit des kultischen Jahresanfangs bzw. Neujahrsfest für ein Ritual von *Enkis Fahrt nach Nippur* böte sich auch deshalb an, weil Enkis astrale Manifestation (= Planet Merkur) zu Beginn des Frühjahrs abends am besten sichtbar ist. Erst mit der erneuten sichtbaren längeren Erscheinung Enkis am Himmel wird Überfluss wieder möglich.

Im ersten Monat begann die Gersteernte, die z. B. mit einem Fest in Ur während der Ur-III-Zeit gefeiert wurde.[109] Für die Ur-III-Zeit ist beispielsweise in Nippur das gusisu-Fest Ninurtas im zweiten Monat im Zusammenhang mit der Frühjahrsflut belegt.[110] Das kultische Neujahr wurde zeitlich unabhängig vom landwirtschaftlichen Kalender mit einem Hauptfest eines Tempels gefeiert (vgl. Abschnitt 6.4.3).[111] In *Enkis Fahrt nach Nippur* scheint dieser kultische Jahresanfang jedoch mit dem landwirtschaftlichen Neujahr zusammenzufallen. Da der kultische Kalender bisher noch nicht für Eridu rekonstruiert werden konnte, können aktuell keine genauen Angaben zu einer spezifischen Ausgestaltung des Tempelfestes getroffen werden. Da Nippur im Text so eine prominente Rolle einnimmt und der kultische Kalender für Nippur vorliegt, wird dieser hier herangezogen. Ein lokales Tempelfest in Eridu zum Jahresanfang fände zur selben Zeit wie ein Fest ab dem 3. Jt. v. Chr. (bereits ab vorsargonischer Zeit) in Nippur im ersten Monat (^{iti}para$_{10}$-za$_3$-ĝar) statt, dem „Monat: dem (Götter-)Thron (an die) Seite gestellt“.[112] Dieser Monat am Jahresanfang in Nippur könnte auf Besuchsfahrten von Gottheiten nach Nippur anspielen, für die Postamente neben

105 Vgl. Sallaberger 1999 a, 383. Diese Stelle als Indiz für die situative Verortung anzusehen, findet sich bereits bei Wagensonner 2005, 25. Vgl. Abschnitt 6.4.3 zum kultischen Neujahr.

106 Wagensonner 2007, 551 (nisaĝ-za$_3$-mu-a).

107 Vgl. Sjöberg 1966, 482 mit Übersetzung.

108 Dazu ausführlich A. Zgoll 2006 a.

109 Vgl. Sallaberger 1999 a, 383 f.

110 Vgl. Sallaberger 1999 a, 382.

111 Vgl. Sallaberger 1993, 291 f.

112 Vgl. Cohen 1993, 81 und 225 f.

dem Hauptpostament des Enlil bereitgestellt wurden. Das passt inhaltlich gut zum Text *Enkis Fahrt nach Nippur*.

Wie im Abschnitt 9.6 diskutiert wurde, ist der Ort des ursprünglichen Rituals sicherlich der Tempel des Enki in Eridu und der Ort des vorliegenden Ritualtextes sowohl der Tempel des Enlil in Nippur als auch der Tempel des Enki in Eridu.[113] Eine ausschließliche situative Verortung des vorliegenden Preisliedes im E-kur des Enlil in Nippur hätte sicherlich einen größeren textlichen Niederschlag gefunden mit einer stärkeren Fokussierung auf Enlil und dessen hoheitlicher Rolle in Nippur sowie einer entsprechenden Doxologie.

Sollte sich die Fundlage zu den Götterreisen bzw. zum kultischen Kalender in Eridu verändern, dürften detailliertere Untersuchungen zur zeitlichen Verortung von *Enkis Fahrt nach Nippur* zu erwarten sein.

Tab. 12. Hypothesen zur rituellen Verortung von *Enkis Fahrt nach Nippur*

möglicher Zeitrahmen	***Enkis Fahrt nach Nippur***
vor Ur-III-Zeit (eventuell ab FD I–III)	mögliche Vorform des Tempelweihrituals in Eridu im Rahmen des lokalen Neujahrsfestes ohne Reise nach Nippur, Enki bringt Segen für seinen Tempel, nur lokale Priester(inne)n
Ur-III-Zeit	Erweiterung und Umgestaltung des Textes (Einschreibung Enlils, Götterreise nach Nippur, Legitimierung des Tempels durch Götterherrscher Enlil), Erweiterung des Tempelweihfestes und -rituals um Reise nach Nippur, Rezitation des Textes in Nippur und in Eridu, Kanonisierung des Textes
Isin-Larsa-Zeit und altbabylonische Zeit	Teil der Schreibausbildung

113 Möglicherweise wurde der Text sogar im Rahmen einer umfangreichen kultischen Götterreise in weiteren großen Tempeln anderer Städte rezitiert; vgl. dazu Abschnitt 9.6.

10 Atram-ḫasīs: Ritual im bzw. am Tempel

Hauptziel der Schöpfung:	Menschheit
Erstedition:	Lambert/Millard 1969 und 1999; George/Al-Rawi 1996 (jungbabylonische Textzeugen aus Sippar)
Aktuellste Edition:	siehe Erstedition; Steeb i. V. (Dissertation zur jungbabylonischen Fassung: Tafel 1–2); Wasserman i. V. (Edition: Tafel 3)
Sprache:	Akkadisch (Altbabylonisch, Jungbabylonisch)
Anzahl der Textzeugen:	34 (nach Shehata 2001)
Anzahl der Zeilen:	über 600 Zeilen (auf 3 altbabylonischen Tafeln; 10–11 jungbabylonische Tafeln aus Sippar[1])
Fundorte:	Sippar, Babylon, Ninive, Nippur, Ugarit, Hattusa, unbekannt (= stammt aus dem Kunsthandel)
Besonderheit:	ugaritische, hethitische, sumerische Version

10.1 Indizienargumentation für die Einordnung als Ritualtext

Bislang wurde *Atram-ḫasīs* sehr verschieden verortet. Lambert/Millard interpretieren den Text als Lied in der Öffentlichkeit und verweisen auf Parallelen zu Wandersängertraditionen in anderen Kulturen.[2] Maag hingegen deutet generell Konkretionen von Menschenschöpfungsmythen als „magische Inkantationen", die „zum Geburtsvorgang rezitiert wurden", um den Willen der Götter für die Menschenschöpfung und speziell für eine gelingende Geburt zu erbeten.[3] Auch Albertz verortet *Atram-ḫasīs* im Rahmen von Geburtsritualen und erweitert diese um Hochzeitsrituale unter Verweis auf die Zeilen 1,239–241[4] Nach Wilcke sollte dieser Text als historische „Warnung für den Herrscher" fungieren, den er als Samsu-iluna identifiziert.[5] Maul widerum deutet das Lied nicht als Warnung, sondern aufgrund des Textendes (3,8,15–19) als Erinnerung der Menschen und Götter an die schwer errungene „Harmonie" zwischen beiden Seiten.[6] Nachfolgend wird den Indizien für die situative Verortung nachgegangen.

1 George/Al-Rawi 1996, 147 f.
2 Lambert/Millard 1969, 7.23 f.
3 Maag 1954, 87 f; vgl. Maag 1980.
4 Albertz 1999, 14 f.
5 Wilcke 1999, 101–103 (Zitat auf S. 103).
6 Maul 2007, 183.

https://doi.org/10.1515/9783110719222-010

Die offensichtlichsten Indizien für die situative Verortung enthält der Epilog der altbabylonischen Fassung von *Atram-ḫasīs*, wie im Folgenden gezeigt wird.

9	*ki-ma ni-iš-ku-[nu a-bu-b]a*	Als wir [die Flut se]tzten,
10	*a-wi-lum ib-lu-ṭ[u*$_2$ *i-na ka-ra-ši]*	überlebte der Mensch [in der Katastrophe].
11	*at-ta ma-li-ik i-[li ra-bu-ti]*	Du, Ratgeber der [großen Gött]er!
12	*te-re-ti-iš-[ka]*	Nach [deiner] Anweisung
13	*u*$_2$*-ša-ab-ši ga-[bra-am]*[7]	brachte ich das Du[plikat] ins Sein.[8]
14	*ša-ni-it-ti-iš-[ka]*	Zu [deinem] (= Enlils) Preis
15	*an-ni-a-am za-ma-[ra]*	mögen dieses Lie[d]
16	*li-iš-mu-ma* ^{d}*I-gi-g[u]*	die Igig[i] hören und
17	*li-iṣ-ṣi*$_2$*-ru na-ar-bi-ka*	mögen deine Größe bewahren!
18	*a-bu-ba a-na ku-ul-la-at ni-ši*	Von der Flut habe ich für alle Menschen
19	*u*$_2$*-za-am-me-er ši-me-a*	gesungen. Hört!

Atram-ḫasīs 3,8,9–19 (altbabylonisch)[9]

Die letzten beiden Zeilen des Epilogs verweisen über die textuelle Ebene hinaus auf die rituelle Ebene der situativen Verortung. Ein *zamārum* („Lied") wurde möglicherweise ohne instrumentale Begleitung gesungen, wie *KAR 158: Mittelassyrischer Liedkatalog* zu entnehmen ist. Es gibt verschiedene Arten von Liedern.[10] Durch den Epilog von *Atram-ḫasīs* ist der Gesamttext als ein solches Lied für die Igigi und alle Menschen gekennzeichnet, das sie hören sollen. Da am Textende oftmals wichtige Indizien für die situative Verortung vorliegen (vgl. z. B. *Theogonie von Dunnu*, *Lied auf Bazi*, *Enūma eliš*, *Keš-Hymne*), kann diese Performanzangabe wörtlich genommen werden.[11] Daraus lässt sich schlussfolgern, dass dieser Text vorgetragen wurde und nicht nur verschriftet vorlag. Weitere Indizien dafür sind „die Strukturierung des Textes mit zahlreichen Wiederholungen sowie die Rhythmik der Sprache".[12]

Die unmittelbar vorausgehenden Zeilen des Epilogs (3,8,14–17) haben das Textziel zum Inhalt, welches theologischer Art ist: Der „Ratgeber der Götter" soll mit dem Text gepriesen werden. Somit liefern diese Zeilen die Funktion des

---

7 Lesung nach Foster 1996, 203 (vgl. *gabrû*: „Duplikat, Kopie"); Lambert/Millard 1969, 104 anders: *qá-[ab-la]* (vgl. *qablu*: „ Kampf").

8 *bašû* Š-Stamm Präteritum 3. Person Singular; vgl. AHW I, 113 *bašû(m)*; CAD B, 144 (*bašû*): 3.

9 Die Umschrift basiert auf Lambert/Millard 1969, 104 unter Berücksichtigung von Foster 1996, 203 (zu Z. 13); Übersetzung KM.

10 Vgl. Shehata 2009, 237 f mit weiterer Literatur.

11 Vgl. Lambert/Millard 1969, 7 f und 23. Auch Shehata 2001, 21 lässt die Möglichkeit einer mündlichen Darbietung des Liedes offen.

12 Shehata 2001, 21 f mit weiterer Literatur.

Gesamttextes (= Preisung eines Gottes) und die letzten beiden Epilogzeilen die situative Verortung im Ritual unter Teilnahme „aller Menschen". Der Mythos mit theologischem Ziel und Ritual ergänzen sich hier. Weil die Igigi hier als erste Adressaten genannt sind (vgl. *Enki und Ninmaḫ* Abschnitt B Z. 111, wo ebenfalls die Götter das Lied hören sollen), ist dieses Lied für den Gebrauch in einem religiösen Kontext gedacht und nicht in erster Linie zu Unterhaltungszwecken. Mit dem Lied soll die Größe eines Gottes gepriesen und für die Zukunft bewahrt werden.

Lambert/Millard verorten den Text nicht innerhalb von Kulthandlungen für eine Gottheit, sondern als Lied in der Öffentlichkeit und verweisen stattdessen auf Parallelen zu Wandersängertraditionen in anderen Kulturräumen.[13] Dass dieses Lied nicht an eine spezifische Götterstatue im Rahmen der täglichen Götterversorgung in der Cella gesungen wurde, ergibt sich aus dem Zielpunkt des Textes, den fehlenden hymnischen Textteilen als Preis auf eine spezifischen Gottheit sowie den Hinweisen aus dem Epilog als Lied für die Öffentlichkeit (3,8,18 f). Im Rahmen der Götterversorgung im Tempel wurde keine spezielle Öffentlichkeit für „alle Menschen" hergestellt, wie es das Textende beschreibt. Dennoch muss die These von Lambert/Millard teilweise revidiert werden. Die Komposition des Textes setzt ein umfangreiches Wissen an verschiedenen mythischen Hylemen voraus, von Schöpfung über Epitheta verschiedener Götter bis hin zu spezifischem Wissen über die Art der Opfer in der Cella und Traumorakel. Dieses Wissen hatten nur wenige Experten in diesem Maß. Der Text greift verschiedene theologische und rituelle Hinweise auf und stellt sie in einen völlig neuen Kontext. Daher muss er von jemandem verfasst worden sein, der Zugang zu religiösem Expertenwissen hatte.[14] Solches Expertenwissen ist z. B. die Verbindung zu Mondritualen: In 1,206 f, parallel zu 1,221 f, erwähnt Enki seine Reinigungsbäder für den ersten, siebten und fünfzehnten Tag des Monats, also genau den Tagen, an denen besondere lunare Rituale durchgeführt wurden. So ordnet Sallaberger diese Rituale in Bezug auf die beiden Stellen in *Atram-ḫasīs* als besondere Zeiten für eine „Erneuerung des Lebens" ein.[15] Außerdem ist im Text ein Traumorakel von Enki enthalten, durch das Atram-ḫasīs vom Plan der Götter über die Flut erfährt (3,1,11–38). Darüber hinaus wird Namtara in 1,407–410 in seinem neu gebauten Tempel mit einem Speisopfer besänf-

---

13 Vgl. Lambert/Millard 1969, 7.23 f.

14 Lambert/Millard 1969, 23 argumentieren ebenfalls für einen einzelnen Autor wegen der Detailgenauigkeit, die nicht über verschiedene Zeiträume und durch verschiedene Gruppen entstanden sein könne.

15 Vgl. Sallaberger 1993, 65: Anm. 285.

tigt, ebenso Adad in 2,2,25–28. Diese Hinweise setzen religiöses Expertenwissen für die Entstehung des Textes voraus, das ein „Wandersänger" sicherlich nicht gehabt haben kann. Vielmehr hatten es z. B. Priester, Ritualexperten, Sänger.

Der Text beschreibt die Entstehung des Todes: „Und so wird der Tod, allgemein und mit einigen konkreten Formen und die Begrenzung des Nachwuchses durch Kindersterblichkeit und Kinderlosigkeit aufgrund von Sterilität oder Zölibat als Preis für Fruchtbarkeit des Menschen eingeführt und gedeutet .... Mesopotamische Reflexion verknüpft das begrenzte Leben des Einzelnen kausal mit dem unbegrenzten Leben der Gattung. Der Einzelne muss sterben, während die Gattung Mensch als solche durch die Kraft der Fruchtbarkeit weiter existieren kann."[16] Der Zielpunkt ist nicht der Tod an sich, sondern der Fortbestand der Fruchtbarkeit, die eingegrenzt wird. Damit wird der Text für jeden Menschen der damaligen Zeit aktuell. Und er stellt einen besonderen Bezug des Menschen zur Muttergöttin Mami her, die wesentlichen Anteil an der Menschenschöpfung hat (1,1,237–242) und in 1,247 f zur „Herrin der Götter" (1,247: *be-le-[et] ka-la i-li*) erhöht wird.[17] Enkis Rolle steht nicht nur in diesem mythischen Text in Zusammenhang mit der Ritualkunst für die Menschen; er ist generell der „Gott der rituellen Weisheit".[18]

Wenn wir alle bisher betrachteten Indizien zusammenbringen, ergibt sich ein interessantes Bild der situativen Verortung. Das Ziel des Textes und damit des Rituals ist, den Götterherrscher Enlil aufgrund seines Handelns für die Götter („Ratgeber der Götter") mit diesem Lied zu preisen (3,8,11; vgl. Abschnitt 10.2) in einer aus Igigi und Menschen bestehenden Öffentlichkeit. In diesem situativen Kontext ist der Text situativ zu verorten, wie im nächsten Abschnitt gezeigt wird.

10.2 Ritualadressat

Der Epilog der ältesten Textzeugen verortet dieses Lied als einen Preis auf den „Ratgeber der Götter". Wer ist jedoch mit „Ratgeber der Götter" gemeint? Eine Untersuchung des Gesamttextes zeigt ein klares Bild, wie nachfolgend dargelegt wird. Der Mythos *Atram-ḫasīs* wurde nicht in einer kanonischen Fassung überliefert. Die altbabylonischen Texzeugen (ca. 17. Jh.) unterscheiden sich textlich

16 Vgl. A. Zgoll 2012, 45 f; vgl. *Atram-ḫasīs* 3,6,46 f (Entstehung des Todes) nach Lambert 1980, 58 und Wilcke 1999, 97.

17 Vgl. A. Zgoll 2012, 43 f.

18 Vgl. A. Zgoll 2017.

von denen des 1. Jt. v. Chr.[19] Trotz der Unterschiede weisen verschiedene Textzeugen Enlil als den Ratgeber (*mālikum*) bzw. den Ratgeber der Götter (*mālik ilī*) aus: 1,8.43.45.57.59.125.137 von BM 78941+ (altbabylonisch, Sippar[20]), 1,125 von BM 92608 (altbabylonisch, Sippar[21]), Vs. Z. 51' (parallel zu 1,59 altbabylonisch) von IM 124646 (neubabylonisch, Sippar[22]), Vs. Z. 12 (parallel zu 1,125 altbabylonisch) von IM 124649 (neubabylonisch, Sippar[23]).[24] Da diese vier Textzeugen aus Sippar stammen, kann die Fokussierung auf Enlil als Ratgeber bzw. Ratgeber der Götter eine lokale Tradition sein und muss nicht zwangsläufig die ursprüngliche Zuschreibung des Epithetons an Enlil widerspiegeln. Dass das Epitheton tatsächlich (und auch für Textzeugen anderer Herkunft) auf Enlil bezogen war, zeigt der Textinhalt: Die unterschiedlichen Textzeugen beschreiben Enlil inhaltlich als Ratgeber der großen *Götter*, jedoch nicht als Ratgeber der *Menschen*. Die Perspektive der Menschen übernimmt Enki. Enlils Handeln wird als lebensfeindlich für die Menschen dargestellt: Er veranlasst in einer Götterversammlung die Flut (2,8,32–35). Das Handeln für die Menschen nimmt Enki auf sich, durch dessen Eingreifen Atram-ḫasīs und die *mārī ummāni*, die „Vertreter von Handwerk und Künsten, bzw. die Gelehrten“[25] in einer Art Arche gerettet werden (nach Textzeuge DT 42 Z. 8'). So heißt es dann in der Rede Enlils an die Annunaki:

9	*a-ia-a-nu u*$_2$*-iṣ na*$^!$*-pi*$_2^!$*-iš-tum*	„Wo ist das Leben entkommen?
10	*ki-i ib-lu-uṭ* ⸢*a-wi*⸣*-lum i-na* ⸢*ka*⸣*-[r]a-ši*	Wie überlebte der Mensch in der Katastrophe?“

Atram-ḫasīs 3,6,9 f (altbabylonischer Textzeuge BM 78942+; C_1 nach Lambert/Millard 1969)[26]

Enlil hat also mit der Rettung der Menschen nichts zu tun. Ihm geht es ja vielmehr um deren Vernichtung, die in 2,8,35 als negative Tat bewertet wird:

35	*ši-ip-ra le-em-na a-na ni-ši i-pu-uš* ^{d}*E[n-lil*$_2$*]*	Eine üble Tat verübte E[nlil] an den Menschen.

Atram-ḫasīs 2,8,35[27]

19 Vgl. George/Al-Rawi 1996, 149.
20 Vgl. Lambert/Millard 1969, 33 mit Literaturverweisen; Shehata 2001, 192.
21 Vgl. Lambert/Millard 1969, 34; Shehata 2001, 192.
22 Vgl. Shehata 2001, 193.
23 Vgl. Shehata 2001, 193.
24 Vgl. von Soden 1994, 645; Maul 2007, 183.
25 Vgl. A. Zgoll 2012, 44; vgl. Wilcke 2010 a, 16.
26 Die Umschrift basiert auf Lambert/Millard 1969, 100; Übersetzung KM.
27 Die Umschrift basiert auf Lambert/Millard 1969, 86; Übersetzung KM.

Hier ist die Perspektive im Blick zu behalten. Aus der Perspektive der Menschen ist die vollständige Vernichtung oder auch die Erschaffung des Todes ein Übel, eine „üble Tat“. Aus der Perspektive der Götter sieht das offensichtlich ganz anders aus. Diesen beiden Perspektiven wird im Folgenden weiter nachgegangen.

Eine solche negative Zuschreibung (2,8,35) ist für moderne Leser erst einmal schwierig mit einem Ritualadressaten Enlil zu vereinbahren. So könnte man fragen, ob der überlieferte Text vielleicht gar nicht in Nippur entstanden ist. Allerdings wird das E-kur, der Enlil-Tempel in Nippur, im Text als Ort genannt, an dem die Menschen geplant wurden. Bisher ist jedenfalls lediglich ein mittelassyrisches Fragment des Textes aus Nippur bekannt, dessen Zuordnung zu *Atram-ḫasīs* aufgrund des fragmentarischen Zustands umstritten ist (CBS 13532).[28] Ein in Sumerisch abgefasstes Fragment der altbabylonischen Zeit (CBS 10673) stammt ebenfalls aus Nippur und enthält eine sumerische Fassung der Sintflutgeschichte, die keine parallelen Zeilen zur akkadischen Version aufweist. Von den altbabylonischen Textzeugen von *Atram-ḫasīs* stammen fast alle aus Sippar (siehe oben), einer aus Babylon (BE 36669/24a) und zwei von einem unbekannten Fundort (HE 529, BM 22714b).[29] Die jungbabylonischen Textzeugen stammen überwiegend aus Assurbanipals Bibliothek in Ninive und drei Tafeln (Tafel 1, 2, 5) aus Sippar (IM 124646, IM 124649, IM 124473).[30] Die vier neuassyrischen Textzeugen wurden in Assurbanipals Bibliothek in Ninive gefunden.[31] Die vier spätbabylonischen Textzeugen verteilen sich zur Hälfte auf Ninive und Babylon.[32] Außerdem ist ein Textzeuge aus Ugarit überliefert (RS 22.421) und zwei hethitische aus Boghazköi.[33]

Scheinen die Funde also auf eine Entstehung in Nordbabylonien, möglicherweise in Sippar hinzuweisen? Oder liegt hier ein Fundzufall vor, und der Text ist trotz der für die Menschen negativen Rolle Enlils in dessen Stadt Nippur als Preis auf ihn entstanden? Für letztere Annahme spricht, dass Enlil aus der Perspektive der Götter im Text erscheint: Er ist der Ratgeber der Götter und als solcher aus der Perspektive der Götter beschrieben und nicht aus der der Menschen. Ihm ist von den Menschen Ehrfurcht zu erweisen. Diese Rolle passt her-

---

28 Vgl. Lambert/Millard 1969, 126.

29 Vgl. Shehata 2001, 192 f.

30 Vgl. Shehata 2001, 193–195.

31 Vgl. Shehata 2001, 196.

32 Vgl. Shehata 2001, 196 f. Der Textzeuge MM 818 ist allerdings nicht mit Sicherheit Babylon zuzuordnen.

33 Vgl. Shehata 2001, 197 f.

vorragend zu einer Verortung in Nippur (vgl. Abschnitt 10.7).[34] Allerdings ist im Gegensatz zu den Texten der Genesis, in denen Gott für den Menschen trotz der von ihm beschlossenen und durchgeführten Zäsuren handelt,[35] kein Handeln Enlils zugunsten des Menschen während der Flut erkennbar.

Es gibt einige Hinweise in den Textzeugen, dass Enki der Ratgeber der Menschen ist, indem er den Rat der Götter an die Menschen durch Rituale bekannt macht. So lebt Atram-ḫasīs in der fragmentarischen Version aus Ugarit in Vs. Z. 7 im Tempel des Enki und kennt den Rat der großen Götter (*milka ša ilāni rabūti*) in Vs. Z. 9.[36] Trotz der für die Menschen so wichtigen Rolle Enkis wird der Ratgeber der Götter, Enlil, im Prolog gepriesen (3,8,14) und seine Größe soll damit bekannt werden (3,8,17). Das Lied wird zu seinem Preis gesungen, verbunden mit der Bekanntmachung seiner Größe. Seine Größe hängt mit der Flut zusammen, wie das Textende (3,8,18 f) beschreibt. Als derjenige, der die Flut initiiert hat, wird Enlil gepriesen. Die Macht des Enlil und die auf ihn zurückzuführende Tatsache des Todes sollen die Menschen hören und sich zu Herzen nehmen. Enlil, der von den Menschen zu Fürchtende, steht im Gegensatz zu Enki, dem Helfer der Menschen. Der Hintergrund ist vermutlich der: Die damaligen Menschen preisen nicht nur denjenigen Gott, der ihnen geholfen hat, sondern auch denjenigen, der die höchste Macht hat. Und das ist Enlil. Von diesem sind sie ja weiterhin abhängig.

Zusammenfassend lässt sich sagen, dass nach der Analyse des Epilogs sicherlich Enlil als Ratgeber der Götter anzunehmen ist, der als Ritualadressat (zumindest) in der altbabylonischen Zeit fungiert. Das Lied hat die Funktion, ihn zu beruhigen, damit er sich nicht mehr durch den Lärm der Menschen gestört fühlt.[37] Allerdings bewertet der Text die Rolle Enlils eher negativ für die Menschen, teilweise sogar direkt negativ (3,8,35: „böse Tat", siehe oben). Dagegen werden Enki und die Muttergottheit im Text in Bezug auf die Menschen äußerst positiv dargestellt (siehe oben). So weint Nintu über die Zerstörung ihrer Nachkommen (3,3,44–46), und Enki verhilft den Menschen zur Rettung. Ein neuassyrischer Textzeuge aus Ninive (DT 42) berichtet in Zeile 8 über eine umfangreiche Rettung von einer für den Erhalt der Zivilisation wichtigen Men-

---

34 Vgl. das Eingreifen Gottes mit einschneidenden Folgen in der Genesis: Genesis 3,16–24 (vgl. dazu A. Zgoll 2012, 45 f); Genesis 6–8; Genesis 19, 23–26.

35 Vgl. Genesis 3,21 (Herstellung von Bekleidung für den Menschen), Genesis 6,13–21 (Anweisung zum Bau der rettenden Arche); Genesis 19,15–21 (Rettung Lots und dessen Familie).

36 Vgl. Lambert/Millard 1969, 132; siehe auch Espak 2010, 88 zur Rolle Enkis als derjenige, der die Pläne der Götter an die Menschen bekannt macht.

37 Vgl. Kvanvig 2011, 82. Vgl. Wilcke 2010 a, 16 f zum „Prinzip der Beschämung" der Gottheit, das Enki die Menschen lehrt.

schengruppe, den „Meistern“ des Handwerks (*mārī ummāni*).[38] Aus der Perspektive der Menschen würde man eher einen Preis auf die Muttergöttin oder Enki am Ende erwarten, jedoch keinen auf Enlil. Der Text beschreibt Enlils Handeln, obwohl schlecht für die Menschen, aus der Perspektive der Götter. Von Soden bemerkt dazu treffend: „Der sehr schlecht erhaltene Schluß brachte dann für alle die Versöhnung, vor allem auch als einen Auftrag an die Zukunft. Enlil blieb Götterkönig trotz alles bis dahin Geschehenen.“[39] Ähnlich sieht Maul die Funktion des Liedes: Die Menschen und die Götter sollen mit diesem Lied an das Ringen um die nun bestehende „Harmonie“ zwischen beiden Seiten gedenken.[40]

10.3 Weitere göttliche Ritualteilnehmer

Da das Textende die Igigi als Zuhörer des Liedes nennt (3,3,14–16), kann ihre Teilnahme beim Singen des Liedes vorausgesetzt werden. Die singende Gottheit, die das Lied verkündet (3,8,18 f), ist aufgrund inhaltlicher Überlegungen möglicherweise Enki.[41] Damit würde er eine Art Scharnierfunktion zwischen der Welt der Götter und derjenigen der Menschen einnehmen. Enki als Sänger verbindet die Götterperspektive des Textes, die durch Enlil zum Ausdruck kommt, mit der Perspektive der Menschen: Enki, der selbst ein Gott ist, aber im Text die Perspektive der Menschen einnimmt, weist die Igigi-Götter und die Menschen an, dieses Lied als Preis auf Enlil anzuhören und so der Götterperspektive des Enlil ehrfürchtig zu begegnen; vgl. dazu den nächsten Abschnitt.

10.4 Ritualexperte

Das mythische Singen des Liedes durch Enki (vgl. den vorherigen Abschnitt 10.3) verläuft – emisch betrachtet – parallel zum Singen des Liedes durch einen Menschen. Es ist nun zu untersuchen, von welchem Ritualexperten bzw. Sänger das Lied anstelle von Enki verkündet wurde. Nach Shehatas Analysen treten der gala und der gala-maḫ oft als Solisten auf und begleiten sich musikalisch

---

38 Vgl. Lambert/Millard 1969, 128; A. Zgoll 2012, 44.

39 Von Soden 1994, 617.

40 Maul 2007, 183; vgl. dazu Wilcke 2010 a, 17.

41 Vgl. Foster 1991, 23 f. Anders deuten Lambert/Millard 1969, 165 diese Stelle: Sie identifizieren Mami als göttliche Sängerin.

auf einem Perkussionsinstrument.[42] Für die Identifizierung von einem gala spricht, dass er nach *Innanas Gang zur Unterwelt* und einem altbabylonischen balaĝ-Lied von Enki geschaffen wurde und somit sehr eng mit diesem in Verbindung steht.[43] Außerdem wird Enlil in den sumerischen Emesal-Liedern oft als zerstörerische Gottheit beruhigt,[44] eine Rolle, die er auch in *Atram-ḫasīs* einnimmt.[45] Der Sänger (gala-maḫ oder nar-gala), auf den das Textende hinweist (siehe oben), stünde stellvertretend für die Rolle des Enki. Daneben könnten weitere Sänger oder gala/*kalû* als Chor fungiert haben; vgl. die vielen Wiederholungen im Text.

In Nippur der frühen altbabylonischen Zeit sind gala-maḫ belegt, darunter auch einer des Enlil.[46] In dieser Stadt sind auch in der altbabylonischen Zeit nar-gal bezeugt, ebenso wie nar und gala, darunter wiederum ein gala des Enlil.[47]

Die ältesten altbabylonischen Textzeugen stammen von Ipiq-Aja, als er noch ein Schreiber in Ausbildung (DUB.SAR.TUR) war.[48] Van Koppen legt dar, dass dieser Schreiber zu einer Familie in Sippar-Amnānum bzw. dem heutigen Tell ed-Dēr gehörte. Er selbst lebte im 17. Jh. v. Chr. zur Zeit von Ammi-ṣaduqa, des zehnten und vorletzten Königs der ersten Dynastie von Babylon.[49] Durch die detaillierte Analyse ist bekannt, dass die Tafeln von *Atram-ḫasīs* sehr wahrscheinlich im Haus von Ipqu-Annunītum, einem Richter (DI.KU$_5$) und entfernten Verwandten von Ipiq-Aja in Sippar-Amnānum gefunden wurden.[50] Ihre Zylindersiegel zeigen, dass diese Familie Enki/Ea verehrte, was sie in Sippar zu einer Minderheit machte.[51]

Wilcke verortet den Text aufgrund sprachlicher Beobachtungen zeitlich in oder nach der Regierungszeit Samsu-ilunas, weil die Mimation in der Regel

---

42 Vgl. Shehata 2009, 76.

43 Vgl. Gabbay 2007, 49.

44 Vgl. Gabbay 2007, 37 f; vgl. die Funktion von Kultliedern zur Beruhigung von Gottheiten: Cohen 1988 (besonders S. 21); Gabbay 2014 a; Gabbay 2014 b, 139–141; Gabbay 2015; Krecher 1966 (besonders S. 40 f); Löhnert 2011; Maul 1988.

45 Vgl. Wilcke 2010 a, 16 f zum „Prinzip der Beschämung" der Gottheit, das Enki die Menschen lehrt (siehe 1,383 f; 1,398 f; 1,410; 2,14 f; 2,28 f).

46 Vgl. Shehata 2009, 165–168.

47 Vgl. Shehata 2009, 168–172.

48 Vgl. Lambert/Millard 1969, 32 (ältere Lesung Ku$_3$-^{d}Aya); Wilcke 1999, 68 f: Anm. 10 (neuere Lesung Ipiq-^{d}Aja oder Ipqu-^{d}Aja).

49 Vgl. van Koppen 2011, 144.

50 Vgl. van Koppen 2011, 151 f; vgl. den Familienstammbaum in Fig. 7.2 auf S. 154.

51 Vgl. van Koppen 2011, 156.

wegfällt, ein Wechsel von /w>m/ vorliegt und /w/ im Anlaut wegfällt.[52] Außerdem passe der Text in diese Zeitspanne, da Samsu-iluna in seinem neunten und elften Regierungsjahr mit Aufständen in Südbabylonien (u. a. in Nippur) zu kämpfen hatte, bei denen viele Städte so schlimm vernichtet wurden, dass sie noch jahrhundertelang zerstört blieben.[53] Dieser Umstand könne die Rolle Enlils im Text erklären.

Mit der Entdeckung des Familienarchivs der Enki verehrenden Familie von Ipiq-Aja in Sippar-Amnānum ist meines Erachtens die Bewahrung des Textes mit seiner positiven Bilanz von Enki verständlich. Die Verehrung von Enki/Ea in einem Heiligtum von Annunītum in Sippar-Amnānum[54] verläuft parallel zu den für die Menschen positiven Bewertungen von Enki und der Muttergöttin im Text. Zwar ist der Text sicherlich nicht durch Ipiq-Aja und seine Familie entstanden; er wurde aber dennoch von Ipiq-Aja abgeschrieben und von dieser Familie aufbewahrt. Wilcke verweist auf die Erwähnung eines frühaltbabylonischen Priestertums im Text: den *egiṣītum*-Priesterinnen, was jedoch einer zeitlichen Einordnung der Entstehung dieses Textes im ausgehenden 18. Jh. oder beginnenden 17. Jh. v. Chr. nicht entgegenstünde.[55]

Zusammenfassend kann festgehalten werden, dass ein gala, gala-maḫ oder nar-gala als Sänger des Liedes in Nippur in Frage kommen. Dass das Lied auch in Sippar-Amnānum im Umfeld des dortigen Enki-Kultes gesungen wurde, ist nicht auszuschließen (vgl. Abschnitt 10.7). Über das Kultpersonal des e_2-ul-maš, des Tempels der Annunītum in Sippar-Amnānum, ist sehr wenig bekannt, weil Ausgrabungen sich nicht auf dieses Areal konzentrierten. Es sind bisher nur der *kalû* („Klagesänger" = gala) und der gala-maḫ („Oberster Klagesänger") belegt.[56] Dass ein Klagesänger *Atram-ḫasīs* gesungen hat, ist nicht unwahrscheinlich, da das Lied von Zerstörung handelt und viele Klageelemente enthält. Dafür spricht auch, dass ein *zamārum* („Lied") in den Ritualhandbüchern nur mit dem *kalû* belegt ist. Sollte kein Klagesänger das Lied gesungen haben, wären der nar („Sänger") oder der nar-gal („Hauptsänger") eine weitere Möglichkeit, die aber bisher aufgrund der fehlenden Belege nicht für diesen Tempel belegt werden können.

52 Vgl. Wilcke 1999, 101 f.

53 Vgl. Wilcke 1999, 100.

54 Es ist aktuell kein Enki-Tempel in Sippar belegt.

55 Vgl. Wilcke 1999, 101.

56 Vgl. Harris 1975, 182 f; Sallaberger/Huber Vulliet 2005, 638.

10.5 Weitere menschliche Ritualteilnehmer

Es gibt Hinweise im Text, dass Atram-ḫasīs als einer der Ältesten *(šībūtu)* angesehen wurde. In 3,1,39 ruft er die Ältesten in sein Tor zusammen: *ši-bu-ti u₂-pa-aḫ-ḫi-ir a-na ba-bi-šu.*[57] Da traditionellerweise im Tor Recht gesprochen bzw. (generell) wichtige Angelegenheiten besprochen wurden, ist hiermit auf seine hohe Stellung verwiesen, da er diese Versammlung einberuft. Mit den Ältesten ist sicherlich das Ältestengremium der nördlichen babylonischen Stadtstaaten aus dieser Zeit gemeint, die neben dem König bestanden haben. Für Sippar beispielsweise ist diese Gruppe in der altbabylonischen Zeit belegt.[58]

Es gibt allerdings auch Hinweise, dass er als gudu₄-Priester (*pašīšum*) aufgefasst wurde, der in altbabylonischer Zeit auch richterliche Funktionen ausübte.[59] In der sumerischen Fluterzählung (Z. 145) ist Ziusudra, der Held, der die Flut überlebt, als Pendant zum akkadischen Atram-ḫasīs, ein König und gudu₄ (lugal-am₃ gudu₄: „Er ist König und gudu₄-Priester.").[60] Ob der König der Verkündigung eines solchen Liedes beiwohnte, kann hier nicht abschließend geklärt werden. Seine Teilnahme hängt davon ab, mit wem er in dem Lied verglichen wurde: Wurde er mit Atram-ḫasīs verglichen, ist seine Rolle als Überlebender der Flut positiv, was für eine Teilnahme spräche. Die Herrschaft Enlils im Text wird aus Sicht der Menschen in einem negativen Licht bewertet; falls dies als Parallele zum irdischen Königtum verstanden wurde,[61] ist die Teilnahme des Königs eher unwahrscheinlich.

Weil das Textende die Rolle der Menschen (neben den Igigi) als Hörende des Liedes betont (3,8,18 f), ist eine Teilnahme der Bevölkerung wahrscheinlich. Die Bevölkerung kam mit der Kultpriester- und Sängerschaft v. a. zu besonderen Festen in Berührung, wenn die Götterstatuen öffentlich gezeigt wurden. In einem solchen Umfeld kann der Text verortet werden. Die Menschen sind außerdem das Hauptziel der Schöpfung; sie wurden mit dem Ziel erschaffen, den Igigi-Göttern die Arbeit abzunehmen (1,174–351).[62]

Dass die *Götter* das Lied über die Flut hören sollen (3,8,19), verdeutlicht ihre Rolle im Ritual. Sie sind zuerst Teilnehmer und sollen dann durch das Lied in

---

57 Die Umschrift basiert auf Lambert/Millard 1969, 90.

58 Vgl. Harris 1975, 59.

59 Vgl. Davila 1995, 203 mit weiterer Literatur.

60 Vgl. Lambert/Millard 1969, 142.

61 Vgl. Wilcke 1999, 103.

62 Vgl. Shehata 2001, 7–13 mit einer Übersicht über die bis dato verfügbare Literatur; vgl. auch A. Zgoll 2012, 42 f, die in diesem Zusammenhang auf die „Gottähnlichkeit des Menschen" (Zitat S. 43) verweist.

ihrem Handeln verändert werden. Das Hören impliziert mehr als nur die Aufnahme von akustischen Signalen. Mit dem Hören über die Flut und dem Preis auf den Verursacher der Flut (= Enlil) sollen sie zu Trägern des Preises auf Enlil werden. Und sie sollen es bleiben, denn sie sollen diesen Preis ja „bewahren". Es geht also vor allem darum, Enlil mit diesem Lied dauerhaft für seine Größe zu preisen (= Makrofunktionalisierung). Man kann vermuten, dass damit zugleich eine weitere Funktionalisierung zum Tragen kommt, nämlich dass auf diese Weise, wenn Enlil genügend gepriesen wird und seine unvergleichbare Größe eindeutig klargestellt wird, kein Anlass gegeben ist, die Menschen nochmals zu vernichten; gleichzeitig sollen die *Menschen* durch dieses Lied sicherlich angeregt werden, daran zu denken, dass sie durch die Flut fast ausgelöscht worden wären und dass mithin ihr (Über-)Leben von der Gnade der Götter (v. a. Enlil und Enki) abhängt; dies trägt ebenfalls zum Preis und damit zur Freude und Beruhigung des Enlil bei – und auf dezente Weise darüber hinaus auch zum Preis des Enki (= Mikrofunktionalisierung des Rituals).[63]

Die Fokussierung auf die Menschen als wichtige Ritualteilnehmer zeigt sich neben der bisher analysierten Menschenschöpfung, die einen großen Teil des Liedes ausmacht, auch in der detaillierten Beschreibung der damaligen Gesellschaft. In diese ausdifferenzierte Welt kommt als neues Element des Menschen nach der Flut die Begrenzung der Fruchtbarkeit beispielsweise durch kinderlose und gebärende Frauen (3,6,2) sowie durch verschiedene kinderlose Priesterinnen (3,6,6–8).[64] Die Bandbreite der Gesellschaft wird erschaffen und beschrieben: so z. B. die Ältesten (3,1,39–41) oder auch spezialisierte Handwerksberufe wie Zimmermann (3,2,11) und Rohrmattenflechter (3,2,12).

Die Rolle des Textes im Rahmen von Ritualen zur Geburt, die aus den Beschreibungen von alltäglichen Geburtsvorgängen (1,277–295) geschlossen wird, sowie zusätzlich innerhalb von Hochzeitsritualen (vgl. die Beschreibung von Hochzeitsfeierlichkeiten in 1,299–304),[65] ist sicherlich nicht die ursprüngliche situative Verortung. Da beide Passagen noch vor der Flut und der damit verbundenen Veränderung der Schöpfung mit Tod und Begrenzung der Fruchtbarkeit angesetzt sind, kann hier nicht das Textziel – woraus das Ritualziel abgeleitet werden kann – liegen. Dass dieser Text oder Teile davon auch im Rahmen

---

63 Persönliche Mitteilung von A. Zgoll vom 10.09.2019. Zu Makro-, Mikro- und Metafunktionen (auf der Ebene von Funktionalisierungen) von Ritualen vgl. A. Zgoll 2003b; vgl. demnächst dazu A. Zgoll i. V. („Religion in Mesopotamien").

64 Vgl. A. Zgoll 2012, 45 f. A. Zgoll spricht sogar vom „Preis der Fruchtbarkeit" (ebd., 45). Vgl. dazu Abschnitt 10.1 im vorliegenden Band.

65 Vgl. Maag 1954; Albertz 1999.

von Ritualen zur Geburt und Hochzeit in einem anderen als den ursprünglichen Rahmen sekundär eingesetzt wurde, ist nicht auszuschließen.

10.6 Ritualobjekt

Ein separates Ritualobjekt kann für dieses Ritual nicht festgestellt werden. Zwar ist die Menschheit das hauptsächliche Schöpfungsobjekt, doch liegt kein Indiz im Text vor, dass sie mit Wirkmacht für das hauptsächliche Ritualziel ausgestattet werden soll. Dieses Ritualziel liegt in der Anerkennung der Größe des Enlil durch seinen Preis, der eine weitere Flut verhindern soll. Die Größe des Enlil, die mit diesem Lied gepriesen wird, sollen die Igigi bekannt machen (3,8,14–17). Sie erkennen mit dieser Handlung die Größe des Enlil an. Das Hören des Liedes auch durch die Menschen (3,8,18 f) soll diesen ebenfalls die Größe des Enlil (3,8,17) deutlich werden lassen – und zugleich auch – ganz dezent ausgespart, aber doch durch das Stichwort „Flut" angedeutet – dass sie Enki ihr Leben verdanken. Ein solcher Preis soll das Wohlwollen der adressierten Gottheit sichern: hier Wohlwollen für die Igigi-Götter und die Menschen. Die Igigi und die Menschen haben hier eine dem Ritualabsender vergleichbare Rolle (vgl. Abb. 1 in Abschnitt 4.4.2). Mit diesem Lied wird die „Harmonie" zwischen Göttern und Menschen gefestigt.[66]

10.7 Ort des Rituals

Es fehlen jegliche Hinweise auf eine situative Verortung des Liedes im Palast, z. B. die Erwähnung von spezifisch palastbezogenen Berufen, wie sie in *Enki und Ninmaḫ* vorkommen, oder beispielsweise von palastbezogenen Örtlichkeiten. Außerdem wird die Herrschaft Enlils im Text als gefährlich für die Menschen bewertet, was zur Folge hat, dass sich der irdische König „plötzlich in der Rolle des törichten Götterregenten Enlil wiedererkennen" konnte.[67] So verortet Wilcke den Text als „Warnung für den Herrscher".[68] Enlil war durch seine Macht zwar gefährlich für die Menschen, aber dennoch sollten sie ihn anerkennen, damit ein Zusammenleben unter seiner Herrschaft möglich wurde. Ein solches Werk mit den religiösen Bezügen wurde sicherlich nicht explizit für den Palast

66 Vgl. Maul 2007, 183.
67 Wilcke 1999, 103.
68 Wilcke 1999, 103.

komponiert. Es ist daher nicht zu vermuten, dass *Atram-ḫasīs* im Palast gesungen wurde.

Im Folgenden werden die Indizien für den Tempel als Ritualort zusammengetragen. Wie bereits in den vorherigen Abschnitten gezeigt wurde, liegen Indizien vor, dass der Enlil-Tempel in Nippur (E-kur) als Ort von Ritualen angesehen werden kann, während derer der Text gesungen wurde. So findet der Beschluss zur Menschenschöpfung im E-kur in Nippur statt (Tf. 1). Enlil, der seinen Haupttempel in Nippur hat, erscheint als „Ratgeber der Götter" am Textende (3,8,11) und die Textintention kann als Preis auf Enlil rekonstruiert werden (vgl. Abschnitt 10.2). Am Textende findet sich außerdem der Hinweis auf die Flut (3,8,18 f), die Enlil brachte. Weil die Igigi am Textende (3,8,14–17) als erste Adressaten von *Atram-ḫasīs* genannt sind (vgl. *Enki und Ninmaḫ* Abschnitt B Z. 111 auch mit göttlichen Adressaten), ist dieses Lied für religiöse Zwecke gedacht. Indizien für einen anderen Ritualort als den Tempel liegen im Text nicht vor. Die Summe dieser Indizien weist auf das E-kur, den Enlil-Tempel in Nippur, als ursprünglichen Ort des Rituals, in dem das Lied verankert war.

Das Lied mag darüber hinaus auch in Tempelritualen anderer Städte gesungen worden sein. Dafür sprechen inhaltliche Gründe (nordbabylonisches Ältestengremium in 3,1,39 etc.) und sprachliche (Akkadisch statt Bilingue), wonach sich eine gesellschaftliche Verortung im nordbabylonischen Raum stärker im Text niedergeschlagen hat. So stammen auch die ältesten Textzeugen aus dem altbabylonischen Sippar (vgl. Abschnitt 10.2). Interessanterweise ist ein lokaler Enki-Kult (d. h. die Menschenperspektive) auch in Tell ed-Dēr, einem Stadtteil von Sippar und zugleich Ort der ältesten Textzeugen, anzutreffen: Im Annunītum-Tempel war höchstwahrscheinlich das einzige Heiligtum des Ea/Enki in Sippar (zusammen mit Damkina) beherbergt. Im mythischen Text selbst spielt die Götterversammlung eine große Rolle. Wurde eventuell auch auf einer solchen Versammlung im Annunītum-Tempel das Lied von einem Priester des Ea-Damkina-Heiligtums gesungen für Enlil, den Hauptgott des Pantheons? Wir würden für ein Ritual in Sippar eine viel prominentere Rolle des Sonnengottes als Stadtgott von Sippar im Text erwarten. Aber die Priesterschaft des Tempels der Annunītum in Tell ed-Dēr (*Sippir-rabûm* bzw. *Sippir-Amnānum*)[69] und die des Šamaš in Sippar hatten in altbabylonischer Zeit einen Disput; wahrscheinlich ging es dabei um den genauen Grenzverlauf.[70] Falls der überlieferte Text in diese Zeit einzuordnen ist, kann er als Text ohne eine prominente Rolle des Šamaš durchaus im Interesse der Priesterschaft des Tempels der Annunītum

69 Für die Einteilung der beiden Siedlungen von Sippar vgl. Kalla 2011, 528 f.
70 Vgl. Harris 1975, 132.

gelegen haben. Ob *Atram-ḫasīs* wirklich zusätzlich zur ursprünglichen situativen Verortung in Nippur in diesem Tempel verankert war, muss aktuell jedoch hypothetisch bleiben.

Weitere Textzeugen sind überliefert aus Babylon und Ninive, sowie Versionen aus Ugarit und Hattusa. Aussagen über weitere Verankerungen des Liedes in Ritualen anderer Orte wären an dieser Stelle hochgradig spekulativ.

10.8 Zeit des Rituals

Bis dato sind keine genauen Aussagen zur Zeit des Rituals möglich. So ist beispielsweise der Festkalender des altbabylonischen Nippur noch nicht vollständig ausgewertet. In Nippur sind aus der Zeit Samsu-ilunas (vgl. Abschnitt 10.7) lediglich Abrechnungen für ein Fest des Enlil für ein kommendes Jahr für den E-kur-Komplex überliefert.[71]

Auch die Indizien für ein mögliches sekundäres Ritual im altbabylonischen Sippar sind nicht sehr zahlreich. Für eine situative Verortung des Textes in Sippar muss im Festkalender von Sippar nach einem Fest gesucht werden. Um die Teilnahme weitgehender Teile der Bevölkerung zu gewährleisten (vgl. das Ritualziel), ist ein größeres Ereignis als der alltägliche rituelle Ablauf im Tempel als Ritualrahmen zu erwägen. Dass Enlil in Sippar verehrt wurde, zeigen die Belege für ein Enlil-Heiligtum in der altbabylonischen Zeit: die Erwähnung eines Tores von Enlil, sein *šurinnu*-Emblem, des Weiteren einige Personennamen sowie eine Siegelinschrift mit seiner Erwähnung.[72] Im Annunītum-Tempel in Tell ed-Dēr, einem Stadtteil von Sippar, befand sich nach aktuellem Stand der Forschung das einzige Heiligtum des Ea/Enki in Sippar. Leider liefert der Festkalender für Sippar im beginnenden 2. Jt. v. Chr. keine Indizien für ein Fest des Annunītum-Tempels, das inhaltlich zum Text passen könnte.[73] Dies mag dem Fundzufall geschuldet sein. An dieser Stelle kommt man über (hochgradige) Spekulationen bislang nicht hinaus.

71 Vgl. Cohen 1993, 236.

72 Vgl. Harris 1975, 149 mit Literaturangaben.

73 Vgl. Harris 1975; Cohen 1993; Cohen 2015.

11 Lied auf die Hacke: Ritual im bzw. am Tempel (und auf dem Feld)

Hauptziel der Schöpfung:	Hacke
Erstedition:	Gadd/Kramer 1963 (Textzeuge UET VI/I Nr. 26)
Aktuellste Edition:	ETCSL 5.5.4; Gadd/Kramer 1963 (Textzeuge UET VI/I Nr. 26); Delnero 2006, 1970–2020 (Partitur); Farber 2015 (Übersetzung); vgl. auch Zgoll i. V.[1]
Sprache:	Sumerisch (altbabylonische Zeit)
Anzahl Textzeugen:	87 (nach Delnero 2006)
Anzahl Zeilen:	109
Fundorte:	Nippur, Ur, Babylon, Sippar, unbekannt (= stammt aus dem Kunsthandel)
Besonderheit:	Prisma (3 N-T 920 99) aus Nippur, viele Wörter mit dem Wortbestandteil al („Hacke"), Text der Dekade

11.1 Indizienargumentation für die Einordnung als Ritualtext

Bislang wird das *Lied auf die Hacke* vorrangig in dem e_2-dub-ba(-a) („Haus, das die Tafeln austeilt") und damit in der Schulausbildung verortet. Wilcke interpretiert diesen Text z. B. als „Spiel mit Wörtern" zu didaktischen Zwecken in dem e_2-dub-ba(-a).[2] Krecher sieht in diesem Text eine gelehrte Wissenszusammenstellung über die Hacke.[3] Nach Farber liegt hier eine „Schulsatire" vor, die der „Gattung der Schulgedichte" zuzuordnen ist.[4] Auch Michalowski interpretiert das *Lied auf die Hacke* als witzige Komposition und sekundär als Übungstext für Schüler.[5] Dietrich legt einen anderen Schwerpunkt, indem er den Text im Rahmen der religiösen Identitätsbildung verortet.[6] Dass der Text nicht in erster Linie als witzige Unterhaltung konzipiert wurde, sondern religiö-

1 Vgl. demnächst eine neue Studie zu diesem Text in A. Zgoll, Religion in Mesopotamien (i. V.), Kapitel „Erscheinungsformen des Göttlichen: Die Geburt der Welt aus dem Geist der Hacke".

2 Vgl. Wilcke 1972, 37; vgl. Wilcke 1992, 596.

3 Vgl. Krecher 1978, 139 f.

4 Vgl. G. Farber 1999 b, 373; vgl. auch G. Farber 2015, 70 („Lehrgedichte" oder „Schulsatiren").

5 Vgl. Michalowski 2010 c, 199.

6 Vgl. Dietrich 2005, 150.

https://doi.org/10.1515/9783110719222-011

se und mythische Elemente (inklusive Menschenschöpfung) enthält, die ernst zu nehmen sind, führt Lisman an.[7] Ebenso deutet A. Zgoll den Text in seiner Bedeutung für den Alltag und die Aufgaben der Menschen: „Zumal die Dinge, die von Bedeutung sind für das Leben und das Wohlergehen des Kosmos beziehungsweise im Kosmos, werden so in ihrer Entstehung zurückverfolgt oder extrapoliert. .... Beim Pflug oder bei der Hacke, den bedeutsamsten Werkzeugen des Zweistromlandes, wird das besonders deutlich. In beiden erschaut der Mensch die Werkzeuge, mit denen die Götter am Anfang Himmel und Erde trennten (vgl. *Loblied auf die Hacke*)".[8]

Auffällig sind folgende Beobachtungen, die auf eine rituelle Verankerung vom *Lied auf die Hacke* hinweisen, was bislang wenig beachtet wurde. Pflug und Hacke sind nach A. Zgoll nicht nur Werkzeuge der Götter am Uranfang, sondern numinose Entitäten.[9] Sie verweist auf das Streitgespräch *Hacke und Pflug*, wo die Verbindung der Hacke zum Kult und ihr besonderer numinoser Charakter deutlich wird:[10] Die Zeile 65 f von *Hacke und Pflug* lässt auf die Existenz einer solchen kultischen Hacke schließen.[11] Demnach war die Hacke als Kultgegenstand im Tempel des Enlil, dem E-kur in Nippur, vor dem Pflug aufgestellt:

65	ki ^{d}En-lil$_2$-la$_2$-ka dub-saĝ-zu ĝe$_{26}$-e-me-en	Am Ort des Enlil bin ich (= Hacke) dir (= Pflug) vorgesetzt.
66	e$_2$ ^{d}En-lil$_2$-la$_2$-ka igi-še$_3$ ma-ra-ab-gub-be$_2$-en	Im Tempel des Enlil hat man mich (= Hacke) vor dich (= Pflug) gestellt.

Hacke und Pflug Z. 65 f (= Rede der Hacke zum Pflug)[12]

Die Hacke ist für Mesopotamien in zwei verschiedenen situativen Verortungskontexten belegt. Nachdem der Boden überflutet wurde, wurde der Boden mit

7 Vgl. Lisman 2013, 166.

8 Vgl. A. Zgoll 2012, 37 f (Zitat; Hervorhebungen im Original) und 41.

9 A. Zgoll 2012, 37 f über Pflug und Hacke als „Werkzeuge, mit denen die Götter am Anfang Himmel und Erde trennten (vgl. *Loblied auf die Hacke*)". Zur Hacke (ebd., 38): „Da der Himmel und die Erde göttlich gedacht sind, so liegt nahe, dass dieses zwei göttliche Numina trennende Gerät kein bloßes technisches Hilfsmittel sein kann. Es ist deshalb nicht erstaunlich, wenn im *Harab-Mythos* [KM: = *Theogonie von Dunnu*] der Pflug als uranfängliche Gottheit verehrt wird ..." [Hervorhebungen im Original].

10 Mitteilung von A. Zgoll in einem Lektüreseminar zum *Lied auf die Hacke* an der Georg-August-Universität Göttingen im Sommersemester 2012.

11 Bislang lässt sich dies jedoch nicht durch archäologische Belege oder Opferquittungen nachvollziehen.

12 Die Umschrift basiert auf Mittermayer 2019, 311; Übersetzung Mittermayer 2019, 348 (vgl. auch S. 132), mit Spezifizierungen in Klammern durch KM.

der Hacke für die sich anschließenden Pflugarbeiten bearbeitet.[13] Es sind für diese Bodenarbeiten Rituale im Zusammenhang mit der Hacke zu vermuten. So gibt es beispielsweise für die sich anschließenden Pflugtätigkeiten vielfältige Belege für Rituale auf dem Feld und im Tempel. Die Öffnung des Bodens wurde prinzipiell mit der Möglichkeit des Aufkommens von Unheil aus der Unterwelt in Verbindung gebracht, weswegen zeitgleich Rituale durchgeführt wurden.[14]

Der zweite situative Kontext für das *Lied auf die Hacke* ist meines Erachtens im Rahmen eines Festes zu sehen. Rituale im Zusammenhang mit dem Pflug als Kultgegenstand sind für das izim-gu$_4$-si-su im zweiten Monat des Jahres im 3. und 2. Jt. v. Chr. in Nippur gut belegt. Am 22. Tag, dem zweiten Festtag, bediente der König stellvertretend für Ninurta den kultischen Pflug und säte symbolisch damit den ersten Samen, während verschiedene Ritualtexte (u. a. *Song of the Plowing Ox*, *Streitgespräch von Hacke und Pflug*) rezitiert wurden.[15] Bisher sind mir zwar keine Belege für Rituale mit der Hacke bekannt, obwohl es sie, wie oben gezeigt werden konnte, sicherlich als Kultgegenstand im Tempel gegeben hat; dennoch kann davon ausgegangen werden, dass es höchstwahrscheinlich ähnliche Rituale wie für den Pflug auch für die Hacke im Tempel des Enlil, dem E-kur in Nippur, gegeben hat. Diese fanden dann sicherlich analog zu den Ritualen für den Pflug statt und hatten somit die rituelle Einsetzung der Hacke zum Inhalt.

Das Textende ist ein weiteres Indiz für die rituelle Verortung: Der Text ist ein Preislied auf Nissaba (Z. 109; vgl. dazu Abschnitt 11.2). Die Doxologie verweist in Zeile 107 auf die Schicksalsentscheidung des Enlil auf die Hacke. Diese Schicksalsentscheidung besteht aus einem verkündigten Preislied des Enlil (Z. 11), das in den Zeilen 12–15 zusammengefasst wird. Zeile 16 bestätigt, dass hier eine Schicksalsentscheidung vorgenommen wurde. Weitere performative Preislieder auf die Hacke werden erwähnt: von Enki (Z. 32) und Nissaba (Z. 108). Damit ist der Textzielpunkt offensichtlich: Die Hacke wird für ihre Aufgaben im Land wirkmächtig gemacht. Damit wird eine Verbindung des Textes zu den gut bezeugten rituellen Kultmittelbeschwörungen hergestellt.[16] Für diesen Text kann das Ritualziel der Übertragung von Wirkmacht auf die Hacke (= Ritualziel 1 nach Abschnitt 4.5) erwogen werden.

13 Vgl. Wilcke 1972, 34.

14 Vgl. Ambos 2004, 69–77. 198; A. Zgoll 2013 a, 98–101.

15 Vgl. Cohen 2015, 124.

16 Der Begriff geht auf A. Falkenstein zurück, der sie als zu rezitierende Ritualtexte klassifiziert, die einen Kultgegenstand weihen sollen: Falkenstein 1931; vgl. die Einteilung von Schramm 2008, 16 f; vgl. dazu ebenfalls Sallaberger 2007 a, 297; ders. 2007 b, 422; Cunningham 1997, 112; Geller 2002.

Es gibt weitere Spiegelungen des Rituals, in dem der Text verankert sein könnte, z. B. das Eintreten der Götter ins E-kur zu Enlil:

22	^dA-nun-na mu-un-na-su₈-su₈-ge-eš	Die Anuna hatten sich vor ihm (= Enlil) aufgestellt.

Lied auf die Hacke Z. 22[17]

Hier wird das Zusammenkommen der Götter (z. B. in Form von Statuen oder Emblemen) im E-kur in Nippur gespiegelt. Im mythischen Ur-Szenario dieses Rituals, also dem Ur-Ritual, das der mythische Text beschreibt, erfolgt die weitere Menschenschöpfung durch Enlil (Z. 24 f, Z. 28–31) und Ninmena (Z. 27 f), die Verkündigung des Preisliedes durch Enki (Z. 32) sowie das (angedeutete) Aufschreiben desselben durch Nissaba (Z. 33). Und wieder ist als Textzielpunkt das Funktionieren der Hacke ersichtlich, als die Menschen sie in die Hände nehmen (Z. 34), um damit die ihnen zugedachten Aufgaben bereitwillig zu übernehmen. Die Menschen sollen beim Aufbau und Bewahren der Schöpfung für die Götterversorgung mithelfen und tun dies in diesem Text durch die Arbeit mit der Hacke (ab Z. 35).[18]

Zu diesen inhaltlichen Indizien, die das *Lied auf die Hacke* als Ritualtext ausweisen, kommt die Art des Textes als weiteres Indiz hinzu. Die Wortspiele mit al („Hacke") werden nicht ausschließlich über die graphemische Ebene erfasst, sondern auch über die phonetische. Beispiele hierfür sind ĝal$_2$ (Z. 17, Z. 23, Z. 34, Z. 81, Z. 90, Z. 96), lugal (Z. 26, Z. 59, Z. 101–103) oder daĝal (Z. 56, Z. 100). Erst durch das Aussprechen der Wörter kommen die verschiedenen Kompositionsmöglichkeiten mit al zum Tragen. Der Text erwähnt nicht nur mehrere performative Sprechakte (siehe oben), sondern hat selbst auch eine mündlich-performative Funktion.

Der eben vorgestellte Befund lässt sich folgendermaßen zusammenfassen: Nach *Hacke und Pflug* Z. 65 f (siehe oben) gab es eine Hacke als Kultgegenstand im E-kur. Das *Lied auf die Hacke* zielt auf die Einweihung der Hacke durch performative Sprechakte im E-kur für ihre Benutzung. Die rituelle Einsetzung eines parallel neben der Hacke in *Hacke und Pflug* Z. 65 f genannten Pfluges sind während des gu$_4$-si-su-Festes in Nippur belegt. Das *Lied auf die Hacke* spiegelt also den rituellen Rahmen für eine kultische Einsetzung der Hacke im E-kur.

---

17 Die Umschrift basiert auf Delnero 2006, 1979; Übersetzung KM.
18 Vgl. A. Zgoll 2012, 41 und 55.

11.2 Ritualadressat

In der Doxologie wird ersichtlich, dass Nissaba die Ritualadressatin ist:

107	^{ĝeš}al-e ĝeš nam-tar-ra a-a ^{d}En-lil$_2$-la$_2$	Die der besagten Hacke hier, dem Holz, dem Vater Enlil das Schicksal entschieden hat,
108	^{ĝeš}al-e za$_3$-mim du$_{11}$-ga	die der Hacke das Preislied verkündet hat,
109	^{d}Nissaba za$_3$-mim	Nissaba sei das Preislied!

Lied auf die Hacke Z. 107–109[19]

Die Verwendung des deiktischen Pronomens in den Zeilen 107 f ist ein deutliches Indiz für eine Aufführung: Die „besagte Hacke hier" meint die Hacke, die gerade deutlich sichtbar zu sehen ist.[20]

Die unmittelbar davor stehenden Zeilen (Z. 94–106) haben einen landwirtschaftlichen Kontext, der mit Nissaba in Verbindung steht. Somit endet das *Lied auf die Hacke* vor der Doxologie indirekt mit Nissaba, was noch deutlicher in der Doxologie zum Tragen kommt. Auch weitere Zeilen entfallen auf Nissaba. So beschreiben die Zeilen 56–58 die Benutzung der Hacke durch Nissaba, und zwar als Vorbereitungen für Inanas Tempel E-anna und Nissabas Tempel E-ḫamun. Außerdem wird in Zeile 56 formuliert, dass Nissaba große Weisheit besitzt, was für jegliche Baumaßnahmen etc. vonnöten ist. Ein weiterer Grund für den Preis auf Nissaba (Z. 109) ist in Zeile 33 angedeutet:

33	ki-sikil ^{d}Nissaba eš-bar-ra ba-an-gub	Die junge Frau Nissaba hat sich für die Entscheidung aufgestellt.

Lied auf die Hacke Z. 33[21]

19 Die Umschrift basiert auf Delnero 2006, 2018–2020; Übersetzung KM folgt einem bislang noch nicht publizierten Übersetzungsvorschlag von Annette Zgoll, dass die drei Zeilen zusammenhängen und Zeile 107 deiktisch zu übersetzen ist; vgl. die Anmerkungen zu dieser Textstelle in Abschnitt 3.2.4 im vorliegenden Buch. Vgl. auch die anderslautenden Übersetzungen von Wilcke 1972, 37 und G. Farber 2015, 76, jeweils mit einem Preis auf beide (auf die Hacke und Nissaba); vgl. auch die Übersetzung von ETCSL 5.5.4: „The hoe, the implement whose destiny was fixed by Father Enlil -- the renowned hoe! Nissaba be praised!". Im Folgenden wird für das *Lied auf die Hacke* gezeigt, dass die Doxologie auf Nissaba nicht nur sekundärer Art ist, sondern aufs Engste mit dem Textziel und Ritualziel verbunden ist.

20 Vgl. zur Rolle von deiktischen Pronomen Wilcke 2012, 29–32 und Abschnitt 3.2.4 im vorliegenden Buch.

21 Die Umschrift basiert auf Delnero 2006, 1984; Übersetzung KM; vgl. die freie Übersetzung von ETCSL 5.5.4 („and the maiden Nissaba was made responsible for keeping records of the decisions").

Obwohl es hier nicht eindeutig ausgeführt ist, liegt dieser Zeile das mythische Hylem zugrunde, dass Nissaba die Schicksalsentscheidungen für die Ewigkeit festhält (vgl. *Keš-Hymne* Z. 10–12).[22] Aus der Analyse der der „Kronzeugentexte" (vgl. Abschnitt 5.2) ist ersichtlich, dass der Ritualadressat üblicherweise in der Schöpfungspassage oder im restlichen zu rezitierenden Text genannt wird. Das trifft auf Nissaba zu, deren wichtige Rolle im Text bei der Schöpfung als Festschreiberin der Schicksalsentscheidungen gerade diskutiert wurde.

Der Textzielpunkt fokussiert nicht die Erschaffung der Hacke, sondern das Resultat: Erst jetzt – durch das, was A. Zgoll die „Aktivierung der Hacke durch einen Preis"[23] nennt – kann die Hacke arbeiten (= gesamter zweiter Teil des Textes). Erst jetzt baut sie Tempel, sichert sowohl die Brotopfer für die Götter als auch die Bestattungen und ist für viele zivilisatorische Errungenschaften wichtig und notwendig (Z. 95: sie ist Gerste, Z. 100: sie bewirkt Landwirtschaft usw.). Nicht nur ihre Funktion als Instrument des Grabens, sondern auch ihr Name ist für Sumer immens wichtig: Die Wörter für diese Errungenschaften werden mit ihr gebildet. Das ist in Zeile 90 angedeutet:

90	^{ĝeš}al-am$_3$ mu-bi du$_{10}$-ga	Es ist die Hacke: Ihr Name ist ausgezeichnet.

Lied auf die Hacke Z. 90[24]

Trotz der prominenten Rolle der Hacke im Text, ist Nissaba – und nicht die Hacke – die Ritualadressatin. Nissaba ist die verantwortliche Gottheit für die Getreide- und Schriftkultur. Die Aufgaben der Hacke fallen in ihren Verantwortungsbereich: das Hervorbingen der sumerischen Zivilisation, in erster Linie für die Götter (für ihr Brot und ihre Tempel), aber auch für die Menschen (Z. 96, Z. 101 f: König und andere). Aber erst durch Nissaba werden die Worte festgeschrieben, werden die Worte zur Schrift und somit ewig: das Schicksal für die Hacke (= ihr Preislied) und jedes Wort, das mit ihr gebildet wird. A. Zgoll spricht im Zusammenhang mit dem Aufschreiben eines anderen Preisliedes (*Keš-Hymne*) durch Nissaba sogar von einer Übertragung von „Wirkmacht":

22 Vgl. A. Zgoll 2012, 27 f; Wilcke 2006 a, 205–207; vgl. auch G. Farber 2015, 73: Anm. 8 („um über diese [KM: Entscheidungen] Buch zu führen").

23 Vgl. dazu in Bälde A. Zgoll, *Religion in Mesopotamien* (i. V.), Kapitel „Erscheinungsformen des Göttlichen: Die Geburt der Welt aus dem Geist der Hacke"; vgl. auch A. Zgoll 2012, 39 f zur Rolle der Rezitation des *Enūma elīš*-Liedes, die den Sieg über Marduk „aktiviert" (ebd., 39); vgl. ebenfalls das Forschungsprojekt an der Georg-August-Universität Göttingen (Annette Zgoll, Brit Kärger, Anja Merk) zu Konzepten von Tempelaktivierung durch Preislieder im antiken Mesopotamien, vgl. http://www.uni-goettingen.de/de/410999.html.

24 Die Umschrift basiert auf Delnero 2006, 2010; Übersetzung KM.

> Das Preislied überträgt auf den Tempel dessen eigene Macht. Diese fundamental wichtige Entscheidung wird parallel dazu auf einer Tontafel fixiert, die sich damit als eine Art ‚Schicksalstafel' zu erkennen gibt. Anders ausgedrückt: Erst der göttliche Sprechakt und seine Festschreibung auf der Tafel lassen den Tempel als Wirkmacht kosmischen Ausmaßes funktionieren [...].[25]

Wieso jedoch ist im Schöpfungstext Enlil nicht nur der Schöpfer, sondern auch der Schicksalsbestimmer (Z. 16) und erste Sänger des Preisliedes auf die Hacke (Z. 11)? Ist er damit nicht auch der Ritualadressat? Hier lassen sich hier verschiedene historische Stadien greifen: Eine ältere Schicht, in der Nissaba verantwortlich für das wichtige Geschehen ist und eine jüngere Schicht, die in das Geschehen Enlil zusätzlich einbringt, ohne Nissaba zu tilgen;[26] vgl. die Aufforderung zum Preis oben, wo Nissaba und Enlil miteinander verbunden sind – ganz ähnlich wie z. B. auch in der *Keš-Hymne*. Die prominente Rolle Enlils – mythisch ausgedrückt als Schöpfer und Schicksalsbestimmer der Hacke – ist sicher eine spätere Entwicklung, die sich auch in anderen Kontexten greifen lässt: vgl. analog die *Keš-Hymne* (Abschnitt 8.2) und *Enkis Fahrt nach Nippur* (Abschnitt 9.2). Wie bei diesen beiden Texten scheint auch beim kanonisierten *Lied auf die Hacke* eine starke Beteiligung und eine theologische Verschiebung zugunsten einer stärkeren Position von Enlil durch. Für die Verortung ist aber die vorliegende Doxologie entscheidend. Und die ist beim *Lied auf die Hacke* weiterhin auf Nissaba und nicht auf Enlil. Dass allerdings Enlil an allen Ritualen des überlieferten Endtextes als eine Art Ritualgarant teilgenommen hat (vgl. Abschnitt 4.4.2), ist anzunehmen. Sonst würde der vorliegende Endtext mit seiner prominenten Rolle keinen Sinn machen.

Sollte die theologische Verschiebung zugunsten von Enlil doch eine stärkere rituelle Rolle als die eines Ritualgaranten zur Folge gehabt haben, kann es sich um zwei Ritualadressaten handeln: um Nissaba und Enlil, wie bei der *Keš-Hymne* (vgl. Abschnitt 8.2). Im Gegensatz zu *Enkis Fahrt nach Nippur* (vgl. Abschnitt 9.2) erschafft Enlil im *Lied auf die Hacke* das Ritualobjekt (hier: die Hacke); die Auswertung der „Kronzeugentexte" (vgl. Abschnitt 5.2.4) hat ergeben, dass das derjenige, der den Tempel als Ritualobjekt erschafft, höchstwahr-

25 A. Zgoll 2012, 28.

26 So A. Zgoll in einem Lektüreseminar zum *Lied* auf die Hacke an der Georg-August-Universität Göttingen im Sommersemester 2012. Auf die Erforschung von Schichten in mythischen Erzählstoffen zielt die Göttinger DFG-Forschungsgruppe STRATA, vgl. den Internetauftritt unter http://www.uni-goettingen.de/de/556429.html. Vgl. dazu auch den Ergebnis-Band A. Zgoll/C. Zgoll 2019 b und das theoretisch-methodische Grundlagenwerk von C. Zgoll (2019).

scheinlich der Ritualadressat ist, vor allem, wenn er zugleich das Recht entscheidet. Im *Lied auf die Hacke* wird allerdings kein Tempel, sondern ein Kultgegenstand erschaffen. Sollte dieser Schöpfungstext jedoch ähnlich funktionieren wie die „Kronzeugentexte“, könnte neben Nissaba als ausgewiesene Ritualadressatin (vgl. die Doxologie) zusätzlich Enlil als Schöpfer und Schicksalsentscheider des Ritualobjektes der zweite Ritualadressat sein.

Das vorliegende „Endprodukt“, das *Lied auf die Hacke*, wie es kanonisch geworden ist, inkorporiert verschiedene Rituale zur Festsprechung von Wirkmacht. Im *Lied auf die Hacke* wird auch ein Preislied des Enki auf die Hacke erwähnt (Z. 32), das Nissaba aufschreibt (Z. 33). Hier zeigen sich verschiedene rituelle Formen bzw. Schichten, also mehrere Rituale zur Übertragung von Wirkmacht für einen Kultgegenstand. Das *Lied auf die Hacke* ist hier zeitlich nach anderen rituellen Kultmittelaktivierungen der Hacke anzusetzen: Die ersten Rituale zur Erneuerung der ursprünglichen Aktivierung der Hacke durch Enlil (Z. 11–17) und Enki (Z. 32) sind in Form von rituellen Liedern von Ritualexperten im Tempel bereits geschehen. Mythisch gesehen wird damit parallel das Festschreiben dieser Lieder durch Nissaba (vgl. Z. 33) erneuert. Anschließend geht es mit dem *Lied auf die Hacke*, das diese vorausgegangenen Rituale spiegelt, um ein (weiteres) abschließendes Ritual zum Einsetzen der Hacke, nämlich um das Preisen Nissabas: einerseits für ihre Rolle bei der Aktivierung (d. h. die Verschriftlichung durch Nissaba) und andererseits für ihre Verantwortlichkeit bei den nun beginnenden Aufgaben der Hacke. Die Doxologie macht dies sehr deutlich: Kurz vor der Nennung des Preisliedvermerks wird erwähnt, dass die Hacke mit landwirtschaftlichen Arbeiten beschäftigt ist (Z. 99–106). Jetzt beginnt die Hacke mit ihrer Arbeit, genau wie die analog durchzuführenden Rituale des Saatpfluges, der die erste Furche gräbt und den ersten Samen im E-kur in Nippur rituell ausstreut (vgl. Abschnitt 11.1). Und genau wie diese rituellen Arbeiten des Pfluges von Rezitationen begleitet wurden, wurden die beginnenden Arbeiten der Hacke sicherlich auch von Rezitationen begleitet. Eine dieser Rezitationen war vermutlich das *Lied auf die Hacke*, worauf das Textende (Z. 109) anspielt. Erst nach Abschluss all dieser Rituale war der Kultgegenstand mit Wirkmacht aufgeladen.

11.3 Ritualexperte

Da der Text eher Handlungen beschreibt und keine wörtliche Rede enthält, ist kaum anzunehmen, dass er von mehreren Sängern gesungen wurde. Die Zeilen 12–15 enthalten eher eine Zusammenfassung des Preisliedes des Enlil aufgrund der verwendeten Possessivsuffixe der 3. Person Singular.

Im Text wird die/der höchste Priester(in) des E-kur erwähnt: Die/der en-Priester(in) wird gemäß dem *Lied auf die Hacke* zusammen mit dem König geboren (Z. 26). Da es ein Ritual des Königs zur Einsetzung des kultischen Pflugs im E-kur gab,[27] kann die Beteiligung des/der en-Priesters(-in) für das parallele Ritual mit der Hacke erwogen werden. In diesem Fall könnte die/der en-Priester(in) das *Lied auf die Hacke* rezitiert haben (vgl. dazu Abschnitt 3.1.5).

11.4 Weitere menschliche Ritualteilnehmer

Aus den Ritualen mit dem Pflug im E-kur wissen wir, dass der König daran teilnahm, weil er stellvertretend für den Gott Ninurta den Pflug bediente.[28] Sollte das Ritual mit der Rezitation des *Liedes auf die Hacke* ähnlich durchgeführt worden sein, ist sicherlich die Beteiligung des Königs vorauszusetzen. Dafür spricht, dass der König dem Text zufolge von der Göttin Ninmena erschaffen wurde:

26	nin en u$_3$-du$_2$-da lugal u$_3$-du$_2$-da	Die Herrin (= Ninmena), die die/den en-Priester(in) geboren hat, die den König geboren hat.
		*Lied auf die Hac*ke Z. 26[29]

Der König als Teilziel der Schöpfung wird, ebenso wie die beiden anderen Teilziele der Schöpfung (en und die Menschheit), zum Bedienen der Hacke erschaffen. Dieses Ziel könnte im Ritual gespiegelt sein, wenn der König die Kulthacke (analog zum Pflug) rituell im E-kur (oder auch auf dem Feld) bedient. Für das Ritual zur Einsetzung des Kultpfluges ist nur der König, nicht jedoch die/der en-Priester(in) belegt. Möglicherweise ist die Beteiligung der/des en-Priesters(-in) vorauszusetzen (vgl. Abschnitt 11.3), obwohl sie keinen Niederschlag in den Texten fand.

Eine Parallele zu den Ritualen um die Bedienung des kultischen Pfluges ist außerdem die Verbindung des Königs zu Ninurta, wie die Zeilen 59–61 zeigen:

59	lugal ^{ĝeš}al šid-da us$_2$-a u$_4$ zal-la	Der König, der der besprochenen Hacke (= in die Wirkmacht hineingesprochen wurde)[30] gefolgt ist,

27 Vgl. Cohen 2015, 123.

28 Vgl. Cohen 2015, 123.

29 Die Umschrift basiert auf Delnero 2006, 1981; Übersetzung KM.

30 Vgl. A. Zgoll 2006 c zu šid/*manû* als „besprechen" bzw. „etwas hineinsprechen".

		der (dabei) den Tag verbracht hat,
60	ur-saĝ ^{d}Nin-urta ki-bala-a ^{ĝeš}al-tar-re ba-an-DU	der Held Ninurta ging im aufrührerischen Land zur Arbeit,
61	iri en-še$_3$ nu-še-ga šu-še$_3$ al-ĝa$_2$-ĝa$_2$	indem er dabei war, die ihrem Herrn ungehorsame Stadt zu unterwerfen.

Lied auf die Hacke Z. 59–61[31]

Hier wird Ninurta, wie auch der irdische König als lugal bezeichnet. Dazu würde die rituelle Stellvertretung Ninurtas durch den König, die von mir für dieses Ritual analog zu den Ritualen mit dem kultischen Pflug angenommen wird, passen.

11.5 Ritualobjekt

Folgende Beobachtungen weisen auf die Hacke als Ritualobjekt in einem Ritual mit Rezitation des *Liedes auf die Hacke* hin. Wie bereits gezeigt werden konnte, ist das Ritualobjekt in der Regel das Hauptziel der Schöpfung (vgl. Abschnitt 5.5.2). Auch die Hacke ist in diesem Schöpfungstext das Hauptziel der Schöpfung (Z. 7 f und Z. 18) und vermutlich mit dem Ewigen (Z. 1: niĝ$_2$-ul) gleichzusetzen, das am Uranfang geschaffen wird.

Der gesamte Text – und nicht nur die Schöpfungspassage – fokussiert ihre Erschaffung und ihre Aufgaben. Sie wird auffällig oft betont im weiteren gesamten Text: So erhält sie eine Schicksalsbestimmung von Enlil (Z. 8 f und Z. 16; vgl. den Inhalt der Schicksalsentscheidung in Z. 11–15) sowie ein Preislied von Enki (Z. 32) und Nissaba (Z. 108). Daneben bestimmt Innana das Schicksal für die Hacke (Z. 53). Diese Ritualhandlungen könnte man auch als Schicksalsbestimmung in Form von Preisliedern bezeichnen.[32] Die Schöpfungspassage und der restliche Text fokussieren das Hauptziel der Schöpfung. Vorausgesetzt, dass es sich hierbei um einen Ritualtext handelt, ist davon auszugehen, dass das Ritualziel durch die Hacke und gleichzeitig an ihr erreicht werden soll, weil sie der Zielpunkt des Textes ist. Wenn sie das Ritualobjekt ist, wird sie im Ritual mit Wirkmacht aufgeladen, um das Ritualziel an sich selbst zu erfüllen (vgl. Abschnitt 4.5).

---

31 Die Umschrift basiert auf Delnero 2006, 1997 f; Übersetzung KM.

32 Vgl. A. Zgoll 2012, 39 f zur „Aktivierung von Preisliedern" am Beispiel von *Enūma elîš*; siehe auch das Forschungsprojekt an der Georg-August-Universität Göttingen (Annette Zgoll, Brit Kärger, Anja Merk) zu Aktivierung von Tempeln durch Preislieder im antiken Mesopotamien (Homepage: https://www.uni-goettingen.de/de/410999.html).

Um die Rolle als Ritualobjekt durch mehrere Indizien zu bestätigen, ist nach Hinweisen im mythischen Text auf das Ritualziel in Verbindung mit der Hacke zu suchen. Entweder ist das Ritualziel, Unheil von der Hacke abzuwenden bzw. zu beseitigen (= Ritualziel 1 nach Abschnitt 4.5), oder das Ritualziel ist, die Hacke vor der Entstehung von Unheil in ihre Funktion als Kultmittel einzusetzen (= Ritualziel 2 nach Abschnitt 4.5), oder beides ist das Ritualziel. Sollte die Hacke mit diesem Text als Kultmittel eingesetzt werden, handelt es sich beim *Lied auf die Hacke* um eine Art der Kultmittelbeschwörung im Sinne einer Schicksalsentscheidung. Schicksalsentscheidungen fanden in Mesopotamien häufig jährlich an Neujahr, monatlich am Neumondtag, täglich bei Sonnenaufgang und bei außergewöhnlichen Ereignissen statt, wie Polonsky (2002) gezeigt hat. Die erste Schicksalsentscheidung im Text ist tatsächlich mit dem Sonnenaufgang verbunden (Z. 8 f). Sie erfolgt als Preislied des Enlil. Die Zeile 11 ist die Rede-Einleitung für das Verkünden des Preisliedes. Das eigentliche Preislied folgt in den Zeilen 12–15. Danach ist in Zeile 16 wieder die Rede von der Schicksalsbestimmung für die Hacke:

16	en-e ^{ĝeš}al mu-un-šid nam mi-ni-ib-tar-re	Der Herr (= Enlil) hat die Hacke besprochen (und) begann, das Schicksal dort für sie zu entscheiden.

Lied auf die Hacke Z. 16[33]

Das Preislied des Enlil aktiviert anscheinend die Schicksalsbestimmung auf die Hacke im Sinne einer Weihe. Die zweite Schicksalsentscheidung (jetzt von Enki) wird im Text nicht zeitlich verortet; Zeile 32 erwähnt sie lediglich. Nach der Erwähnung des Preisliedes von Enki wird die Reinheit bzw. das Strahlen der Hacke gepriesen mit dem Lexem ku$_3$.g:

34	^{ĝeš}al mul ^{ĝeš}al ku$_3$-ba šu mu-un-ne-ĝal$_2$	Er (= Enki) richtete für sie (= die Götter) die Hände (der Menschen) an deren (= der Götter) sternleuchtende Hacke, ihre reine Hacke.

Lied auf die Hacke Z. 34[34]

33 Die Umschrift basiert auf Delnero 2006, 1976; Übersetzung KM. Zu šid vgl. die Anmerkung zu Z. 59. Mittermayer 2019, 122 sieht einen direkten Zusammenhang zwischen dem šid (in Form des Preisliedes des Enlil) und der Schicksalsbestimmung (Übersetzung Z. 16): „Der Herr zählte (die Eigenschaften) der Hacke auf, wodurch er ihr das Schicksal bestimmte."

34 Die Umschrift basiert auf Delnero 2006, 1984 f; die Übersetzung ist von A. Zgoll (persönliche Mitteilung).

In den Kultmittelbeschwörungen wird das Kultmittel ebenfalls häufig als „strahlend, rein“ (ku₃.g) gepriesen.[35] Hiermit ist eine kultische Reinheit gemeint, die besonders in Verbindung mit „Helligkeit und Glanz“ als einem „ständig anzustrebenden Idealzustand, der vor allem die Welt des Göttlichen auszeichnet“ in den Texten bezeugt ist.[36] Auch im *Lied auf die Hacke* ist die lexematische Verbindung von Reinheit und Glanz, wie sie in den Kultmittelbeschwörungen vorkommt, gegeben. Nach dem zweiten Preislied ist diese Reinheit hergestellt und der Schwerpunkt liegt nun auf dem Aufgabenbereich der Hacke, d. h. auf ihren Tätigkeiten. Das zweite Preislied wird von Nissaba aufgeschrieben und ist somit ewig gültig, wie Zeile 33 zeigt (vgl. diese Textstelle in Abschnitt 11.2).[37] Die Rolle Nissabas bei einer Schicksalsentscheidung ist nicht nur die passive Teilnahme, sondern auch das Aufschreiben derselben, und das heißt: Nissaba macht diese Entscheidung dauerhaft gültig (vgl. *Keš-Hymne* Z. 10 f).[38]

Zu diesen Indizien kommt die Verwendung der Kopula der 2. Person Singular („du bist“) in Zeile 100 in Bezug auf die Hacke; das ist eine direkte Ansprache an die anwesende Hacke. Abschnitt 3.2.5 zeigt, dass das Ritualobjekt (neben dem Ritualadressaten) auf diese Art adressiert werden konnte.

Es konnte gezeigt werden, dass der Schöpfungstext selbst verschiedene Hinweise gibt, die auf die Hacke als Ritualobjekt im Rahmen von Schicksalsentscheidungen verweisen.

11.6 Ort des Rituals

Der Text fokussiert das E-kur in Nippur. Textintern ist dort der Ort der Schöpfung, sowohl der Hacke (= Ritualobjekt und Hauptziel der Schöpfung) als auch der Menschheit (= Ritualabsender und Teilziel der Schöpfung). Im Text wird neben anderen landwirtschaftlichen Tätigkeiten erwähnt, dass die kultische Hacke „Hand anlegt an das ḫirin-Gras“ (Z. 106). Hier liegt eine Spiegelung eines Rituals im Tempel und eventuell auf dem Feld vor, wie ein Vergleich mit den Ritualen des kultischen Pfluges zeigt. Zuerst fanden drei Tage Feierlichkeiten im E-kur statt, während derer der Pflug rituell mit Wirkmacht ausgestattet

35 Für diese Hinweise danke ich Tim Brandes, der seine Masterarbeit am Seminar für Altorientalistik in Göttingen zu den Kultmittelbeschwörungen geschrieben hat (unpubliziert).
36 Sallaberger 2007 a, 296.
37 Vgl. A. Zgoll 2012, 27 f.
38 Vgl. Wilcke 2006 a, 205–207.

und zum ersten Mal im Jahr rituell benutzt wurde. Dann erst folgten Rituale auf dem Feld.[39] Diese Phänomene passen inhaltlich zum *Lied auf die Hacke*.

Für die Rituale mit dem kultischen Pflug während des izim-gu$_4$-si-su im zweiten Monat (Zeit der Aussaat) in Nippur im 3. Jt. v. Chr. sind für die dreitägigen Festlichkeiten u. a. eine Götterversammlung im E-kur mit verschiedenen Opfern an die Götterstatuen und Kultgegenstände (Pflug, Hochsitz etc.) belegt.[40] Analog zum gu$_4$-si-su-Fest gibt es eine Götterversammlung als mögliche Spiegelung des Rituals im Text auch im *Lied auf die Hacke* (Z. 22).

Der Abschnitt 3.5 des vorliegenden Bandes weist auf weitere situative Verortungskontexte im Rahmen von performativen Darbietungen von Preisliedern in dem e$_2$-dub-ba(-a) hin. Im e$_2$-dub-ba-a („Haus, das die Tafeln austeilt") verkündet der niedergeschriebene Text das Preislied analog zu den Ritualen: Er ist verschriftet ebenso wirkmächtig wie der mündliche Preis.[41] Darüber hinaus sollen mündliche Preisrufe durch die Schreiber und mündliche Rezitationen auswendig gelernter Texte den Verschriftungsprozess begleiten. Das *Lied auf die Hacke* war als Teil des Curriculums in der Schreiberschule verankert. Nach den Analysen aus Abschnitt 11.1 ist der Text emisch-antik sowohl schriftlich als auch mündlich wirkmächtig. Rezitationen in Schreiberwerkstätten, sowohl zu Übungszwecken als auch mit einem rituellen Preis auf Nissaba, mag es daher in einem sekundären situativen Verortungskontext gegeben haben.

11.7 Zeit des Rituals

Wie bereits dargelegt, kann das *Lied auf die Hacke* als zu rezitierender Ritualtext im Rahmen eines Festes in Nippur verortet werden. Dieses Ritual steht parallel zum isinzeitlichen Ritual des Königs während des 22. Tages des gu$_4$-si-su-Festes, bei welchem er den rituellen Pflug im E-kur bedient.[42] In dieser Zeit im Frühjahr wurden die Felder, die von der Flut aufgeweicht waren, mit dem Pflug bearbeitet.[43] So wurden sie u. a. von wild wachsenden Pflanzen gereinigt. Dazu wurden verschiedene Geräte verwendet, so z. B. die Hacke ($^{\hat{g}e\check{s}}$al) für die Gerste-

39 Vgl. Cohen 2015, 121–124. Vgl. Zeile 24–33 von *Hacke und Pflug*, in denen der Pflug selbst „beschreibt ..., wie er beim Aussaat-Fest im Rahmen einer feierlichen Prozession vom König selbst auf das Feld hinausgeführt wird" (Mittermayer 2019, 125).

40 Vgl. Cohen 2015, 121–123.

41 Vgl. Bottéro 2001, 177 f. „In his own way the scribe *made*, or *produced* what he wrote down." (Zitat in ebd., 178; Kursive nach Bottéro).

42 Vgl. Cohen 2015, 124.

43 Vgl. Sallaberger 1999 a, 382.

felder.[44] Einen weiteren Hinweis darauf liefert möglicherweise das Textende in Zeile 94–106 mit landwirtschaftlichen Beschreibungen, u. a. dass die Hacke verschiedene Gräser ausreißt. Das ḫirin-Gras (Z. 106) spielt im Zusammenhang mit Getreide eine ungeklärte Rolle, wie die Zeilen 325–329 von *Enmerkara und der Herr von Aratta* zeigen, in denen es mit Getreide verglichen wird.

Diese Indizien scheinen auf eine Verortung im Rahmen des gu$_4$-si-su-Festes im zweiten Monat im E-kur in Nippur und eventuell zusätzlich auf einem tempeleigenen Feld analog zu den Ritualen mit dem Pflug hinzuweisen. Es mag dem Fundzufall geschuldet sein, dass nur die Anweisungen für Ritualhandlungen für die Rituale mit dem Pflug überliefert sind, jedoch keine für die kultische Hacke.

44 Vgl. Landsberger 1949, 279 f (Anm. 105).

12 KAR 4: Ritual im bzw. am Tempel

Hauptziel der Schöpfung:	Menschheit
Erstedition:	Pettinato 1971, 74–81
Aktuellste Edition:	Lambert 2013, 350–360; Lisman 2013, 330–336
Sprache:	Sumerisch (altbabylonische Zeit), Bilingue (Sumerisch und Assyrisch der mittel- oder neuassyrischen Zeit), Bilingue (Sumerisch und Assyrisch der neuassyrischen Zeit)
Anzahl Textzeugen:	5
Anzahl Zeilen:	71 (nach Textzeuge A: VAT 9307); 52 (Komposittext nach Lisman 2013, 330–336)
Fundorte:	Ninive, Assur, Isin, unbekannt (= stammt aus dem Kunsthandel)
Besonderheit:	IB 591 keine Bilingue (nur Sumerisch der altbabylonischen Zeit) und mit *Silbenvokabular A*, restliche Textzeugen mit *Silbenalphabet A*

12.1 Indizienargumentation für die Einordnung als Ritualtext

Der Schöpfungstext *KAR 4* wurde in der Forschungsliteratur aufgrund seiner Zusammenstellung mit dem *Silbenvokabular A* (nur IB 15191) bzw. dem *Silbenalphabet A* und der Kolophone bislang im Zusammenhang mit Gelehrtenkreisen verortet (vgl. Abschnitt 12.3). Nach dieser Interpretation wird der Mythos in Kombination mit einer dieser Listen als uraltes Wissen aus der Zeit vor der Flut angesehen, das innerhalb der Gelehrtenschaft zu Informationszwecken tradiert wird.[1] Cavigneaux und Jaques haben einen anderen Schwerpunkt: Sie deuten den verschrifteten Mythos als gelehrten Kommentar bzw. Paraphrase des *Silbenalphabets A* bzw. *Silbenvokabulars A*, der als Ätiologie für das Gelehrtentum den Ursprung der Ritualexperten erklärt und damit legitimiert.[2] Dass der Mythos unabhängig vom *Silbenalphabet A* bzw. *Silbenvokabular A* entstanden ist und die Zusammenstellung mit einer der Listen eine sekundäre Entwicklung darstellt, erwägt Lambert und deutet diese als einen Text der „esoteric scholarship“ ohne einen Sitz im Leben für den Mythos allein vorzuschlagen.[3] Maag deutet

1 Vgl. Lenzi 2008, 211; Kümmel 1973–74, 26 f („esoterische Geheimlehre“).

2 Vgl. Cavigneaux/Jaques 2010 (vor allem S. 11 f).

3 Vgl. Lambert 2013, 350.

https://doi.org/10.1515/9783110719222-012

generell verschriftete Menschenschöpfungsmythen als „magische Inkantationen“, die „zum Geburtsvorgang rezitiert wurden“, um den Willen der Götter für die Menschenschöpfung im Rahmen einer Geburt erneut zu erbeten.[4]

In den folgenden Abschnitten wird der Schöpfungstext auf Indizien für seine situative Verortung detailliert untersucht. Es zeigt sich, dass für die Verortung von *KAR 4* die Zeilen 14–26 von *Nissaba A* wegen der vielen Parallelen (Zielpunkte, Realbezüge) ausschlaggebend ist. Dieser interessanten Entdeckung ist im Folgenden weiter nachzugehen. Bei *Nissaba A* handelt sich um einen Text, der kultisch verortet werden kann:

14	ab-sin$_2$-na še gu mu$_2$-mu$_2$-de$_3$	Um in den Saatfurchen Gerste und Flachs wachsen zu lassen,
15	^{d}Ezina$_2$ nam-en-na u$_6$ di-de$_3$	um Ezina für das en-Priestertum zu bewundern,
16	barag gal 7-e mim zid di$^?$-dam	für die sieben großen Postamente – es ist ein tatkräftiges[5] mim-Sagen (= preisendes Aktivieren)[6],
17	gu zi-zi-dam še zi-zi-dam	es ist so, dass sich (dadurch, = durch das mim-Sagen) der Flachs erhebt, sich die Gerste erhebt –,
18	buru$_{14}$ izim gal ^{d}En-lil$_2$-la$_2$-ke$_4$	hat sie (= Nissaba) für die Ernte, das große Fest des Enlil,
19	nam-nun gal-la-ne$_2$ su nam-mi-in-su-ub	nämlich ihre große Fürstlichkeit (ihren) Körper gerieben und (das hat Folgen)[7],
20	tug$_2$-ba$_{13}$ ku$_3$ ša$_3$-ge nam-mi-in-mur$_{10}$	hat sich über dem Leib einen strahlenden Ornat gekleidet (und das hat Folgen):
21	nidba nu-ĝal$_2$-la ĝa$_2$-ĝa$_2$-de$_3$	um Speisopfer darzubringen, die (noch) nicht vorhanden waren,
22	ne-saĝ gal kurun$_2$-na de$_2$-e-de$_3$	um große Erstlingsgaben von Malz zu libieren,

4 Vgl. Maag 1954, 87 f und 93: Anm. 15 (zu *KAR 4*).

5 Vgl. A. Zgoll 1997a, 177 zum Stichwort „munus zi(d)“ („tatkräftige Frau“). Vgl. auch Lämmerhirt 2010.

6 Nach A. Zgoll und A. Merk (unpubliziert) ist mim (zi)--du$_{11}$.g mit „preisend aktivieren“ zu übersetzen; vgl. dazu demnächst die Monographie von A. Zgoll („Religion in Mesopotamien“) und die Dissertation von A. Merk zu *Enkis Fahrt nach Nippur* (Merk i. V.); vgl. dazu ebenfalls Gerstenberger 2018. Im Online-Lexikon „Lexique sumérien-français“ von Attinger wird mim (...) du11-g, e als eine Art Lobpreis übersetzt (S. 42: „parler aimablement à/de, faire l'éloge de, faire son propre éloge; bien traiter; traiter tendrement (sexuel); agréer; préparer avec soin“); abrufbar unter http://doi.org/10.5281/zenodo.2585683 (abgerufen am 08.01.2020).

7 Das Präfix nam- setzt sich hier zusammen aus na- (effektiv) und -mu- (Ventiv), so auch in Zeile 20; zur Bedeutung des na-Präfixes als Effektiv siehe A. Zgoll (unpublizierter Vortrag von 1993), zitiert in Wilcke 2010b, 59.

23	diĝir nam$_2$-⌈nir⌉-[ra] ^{d}En-lil$_2$ huĝ-e-de$_3$	um den Gott [der] Herrschaft, Enlil, zu beruhigen,
24	^{d}Ku$_3$-su$_3$ arhuš su$_3$ ^{d}Ezina$_2$ huĝ-e-de$_3$	um bei Kusu Mitgefühl weit zu machen, Ezina zu beruhigen,
25	en gal mu-un-huĝ-e izim mu-un-huĝ-e	begann sie die/den große(n) en-Priester(in) dort einzusetzen, das Fest dort einzusetzen.
26	en gal kalam-ma im-ma-huĝ-e	Während sie dabei war, die/den große(n) en-Priester(in) des Landes dafür einzusetzen (...)[8]

Nissaba A Z. 14–26[9]

KAR 4 und *Nissaba A* beschreiben dasselbe Thema: Götterversorgung. In *Nissaba A* soll die Getreideernte die Götterversorgung in Form von Opfern sichern (Z. 21–24). Dafür ist Nissaba zuständig. Dass sie hierfür die Handelnde ist, geht aus den Zeilen 1–13 hervor, in denen sie gepriesen wird. Der Rahmen des Textes ist ein Erntefest des Enlil (Z. 18). In Bezug auf dieses Fest wird die (oder der) große en-Priester(in) dort von Nissaba eingesetzt (Z. 25 f). Der Text macht den Ort des Festes plausibel: im E-kur (Z. 6: nin-ĝu$_{10}$ a$_2$-nun-ĝal$_2$ e$_2$-kur-ra). Die (oder der) große Hohepriester(in) ist für das Fest des ganzen Landes zuständig (Z. 26). Hiermit liegt ein literarischer Hinweis auf ein Erntefest im E-kur vor, bei dem Nissaba eine wichtige Rolle spielt, indem sie das Fest und die (oder den) große(n) en zur Beaufsichtigung der Ernte des Landes einsetzt. Genau diesen Rahmen spiegelt *KAR 4* wider: Um die Landwirtschaft des Landes im Hinblick auf die Götterversorgung in den Heiligtümern im Rahmen von Festen der Götter aufzurichten, erschaffen die großen Götter die Menschen. Nissaba ist im Schöpfungstext indirekt in ihrer Rolle als Festschreiberin des Schicksals der Menschheit zu finden (vgl. dazu ausführlich Abschnitt 11.2 zum *Lied auf die Hacke*). Obwohl sich die Thematik gleicht, sind in beiden mythischen Texten (*KAR 4*, *Nissaba A*) deutlich andere Schwerpunktsetzungen vorhanden: In *KAR 4* setzt Nissaba nicht die (oder den) en ein, auch nicht das Erntefest des Enlil. Der Zielpunkt liegt in der Götterversorgung im Rahmen von Opfern. Dafür erhalten die Menschen Schicksalsentscheidungen im Schöpfungstext. Die sumerische Textunterschrift gibt an, dass sich Nissaba in ihrem en-Priestertum zum E-kur (Z. 24: Uzumua in Nippur) stellt:

Sumerische Version:

29	ki nam-lu$_2$-u$_{18}$-lu ba-ni-in-dim$_2$-	Sie (= die großen Götter) haben dort die

8 Für die im-ma-Formen vgl. Woods 2009, 83 f und Wilcke 2010 b, 56–58.

9 Die Umschrift basiert auf ETCSL 4.16.1; Übersetzung KM.

	eš	Menschheit für den Ort erschaffen.
30	^{d}Nissaba ki-be$_2$ nam-en-na an-gub	An diesen Ort stellte sich Nissaba für das en-Priestertum auf.

Akkadische Version:

29	*a-šar a-mi-lu-tu ib-ba-nu-u$_2$*	Wo die Menschheit erschaffen wurde,
30	^{d}*Nissaba i-na aš$_2$-ri šu-a-tu*[10] *ku-un-na-at*	an diesem Ort ist Nissaba verehrt.

KAR 4 Rs. Z. 29 f (Sumerisch, Akkadisch)[11]

Der mythische Text und die Textunterschrift geben Hinweise auf die situative Verortung im Rahmen von kultischer Verehrung im E-kur in Nippur. Am Textende sind in der Regel wichtige Indizien für die situative Verortung zu finden, wie die Analyse der Einzeltexte in den Kapiteln 7–16 zeigt. Hier liegt oft eine rituelle Eigenbezeichnung (etwa za$_3$-mim, tigi etc.) oder ein anderes Indiz für die situative Verortung (beispielsweise mündliche Performanzangaben wie in der Textunterschrift der *Theogonie von Dunnu* oder des *Liedes auf Bazi*) vor. Daher können die beiden Zeilen funktional als Indiz für die situative Verortung herangezogen werden.

Das Textende spiegelt in der Tat eine rituelle Verankerung: Die mythische Aussage des Hinzustellens der Nissaba am Ort, für den die Menschen erschaffen wurden (Z. 30), hat rituelle Parallelen, z. B. in Träumen[12] oder in den Götterreisen. Solche Götterprozessionen sind lexematisch mit verschiedenen Verben belegt, u. a. du/ĝen („gehen") oder ĝiri$_3$--gub („den Fuß setzen").[13] Die Verben du/ĝen und gub werden mit demselben Zeichen geschrieben, haben aber verschiedene Bedeutungen. Dennoch geben sie Bewegungen an.[14] In den akka-

---

10 *šuātu* ist nach GAG, 51 (§ 51 f) ein Personalpronomen der 3. Person Sing. (maskulin, feminin) des Genitivs oder Akkusativs. Weil es sich auf ein Wort im Genitiv bezieht *(ašri)*, das sich hinter der Präposition *ina* befindet, steht es hier ebenfalls im Genitiv.

11 Die Umschrift basiert auf Lambert 2013, 358 unter Berücksichtigung von Lisman 2013, 310; Übersetzung KM.

12 Vgl. A. Zgoll 2006 c.

13 Vgl. Wagensonner 2005, 9–12; vgl. Sauren 1969.

14 Bisher wurde das Lexem gub von keinem der Textausleger wörtlich übersetzt. Alle haben vom Akkadischen her das Sumerische quasi zurückübersetzt. gub ist im Sumerischen nicht mit der Bedeutung „verehren" belegt, sondern mit dem Bedeutungsspektrum der Bewegung (= setzen/stellen) hin zu jmdm./etw. bzw. mit der Bedeutung von „stehen". Erst im übertragenen Sinn kann das Stehen an einem Ort die Bedeutung von „(to be) assigned (to a task)" haben, so der Eintrag zu gub in ePSD. In Zeile 30 weist der Direktiv auf eine Bewegung hin, denn für die Übersetzung „steht sie an einem Ort" würde man einen Lokativ erwarten. Vgl. auch das Lexikon Sumerisch-Französisch von Pascal Attinger, online abrufbar unter: https://zenodo.org/record/2585683#.Xfyqiy1oSb9.

dischen Texten (ein neuassyrischer Beleg, restliche Belege datieren spätbabylonisch) begegnet die lexematische Entsprechung von gub (*izuzzu*), womit Pongratz-Leisten u. a. die „Aufstellung eines Gottes gemäß seiner Rangordnung entweder am Ausgangsort oder Zielort der Prozession“ verbindet.[15] Das Erscheinen einer Gottheit im Ritual kann auf vielfache Art geschehen. Sollte hier ein Hinweis auf das Hinzustellen einer Götterstatue oder einer anderen Manifestation der Gottheit (Emblem etc.) vorliegen, wären die Opfervermerke für das E-kur in Nippur zur Bestätigung heranzuziehen. Die Verwaltungsurkunden überliefern einen Kult der Nissaba im (wahrscheinlich neben dem E-kur Enlils liegenden) Tempel der Ninlil, dem e$_{2}$-ki-ur.[16] Wenn sich Nissaba im E-kur befand (Z. 29 f), dann nur, weil sie im Rahmen z. B. einer Götterprozession extra dorthin gelangt ist, so wie es der Text durch die Verwendung von gub angibt.

Die akkadische Übersetzung der Textunterschrift kann Aufschluss geben, ob die Analyse der sumerischen Verbform mit der Bedeutung des Erscheinens der Gottheit, z. B. in Form einer Götterprozession, richtig ist. Nissaba wird in der akkadischen Übersetzung verehrt: *kunnat*. Das CAD gleicht dieses Verb u. a. mit gub und gibt als lexematische Entsprechungen für *kunnû* auch mim--du$_{11}$(g)-ga (= ein mim sagen, d. h. eine preisende Aktivierung[17]) oder za$_{3}$-mim--dug-ga (= ein Preislied sprechen) an.[18] Diese Verehrung bzw. Pflege der Statue geschah im Tempel mindestens morgens und abends sowie monatlich und jährlich bei außerordentlichen Festen, indem Speisen, Getränke und Rauchwerk dargebracht wurden.[19] Das Opfer wurde wahrscheinlich begleitet von Ritualen wie Rezitationen oder Gesänge. Während der Feste gab es Götterprozessionen und eine besondere Verehrung der Götterstatue, beispielsweise durch Rezitationen von Ritualexperten, Musikdarbietungen, Opferdarbringungen, Darbringung von Rauchwerk, Bäder.[20] Dass der situative Kontext von *KAR 4* nicht die reguläre (tägliche) Götterversorgung darstellt, ist aus dem Textinhalt ersichtlich. Nissaba wird im Text außerhalb der Doxologie nur indirekt erwähnt (vgl. Abschnitt 12.2). Eine Rezitation an eine Götterstatue in der Cella im Rahmen der täglichen Götterversorgung würde wohl anders aussehen und mehr hymnische und preisende Passagen enthalten. Auch zielt die Götterversorgung im Schöp-

15 Vgl. Pongratz-Leisten 1994, 167.

16 Vgl. Sallaberger 1993, 100. 105; vgl. Cohen 2015, 123 (Opfer an Nissaba am 21. Tag des zweiten Monats während des gu$_{4}$-si-su-Festes).

17 Die Idee stammt von A. Zgoll und A. Merk (bisher unpubliziert); vgl. demnächst die Dissertation von A. Merk zu *Enkis Fahrt nach Nippur* (Merk i. V.).

18 CAD K, 540: Art. zu „*kunnû*“.

19 Vgl. Mayer/Sallaberger 2003, 95; vgl. Nunn 2009, 167 f.

20 Vgl. Nunn 2009, 167 f.

fungstext ausschließlich auf Feste, so z. B. in *KAR 4* Rs. Z. 23–25 direkt vor der Textunterschrift. Die Art des Schöpfungstextes und die Prominenz der Feste im Schöpfungstext lassen nicht auf eine Verortung innerhalb der regelmäßigen täglichen Götterversorgung schließen, sondern auf eine situative Verortung im Rahmen eines Festes.

12.2 Ritualadressat

In *KAR 4* ist Nissaba die Ritualadressatin, wie bereits gezeigt wurde und wie im Folgenden weiter ausgeführt wird. Das gibt der neuassyrische Textzeuge aus Assurbanipals Bibliothek an:

Sumerische Version:	
^{d}Nissaba za$_3$-[mim]	Nissaba sei das Preis[lied!]
^{d}Nissaba nam-[en$^{?}$-na$^{?}$ an$^{?}$-gub$^{?}$]	Nissaba [stellte$^{?}$ sich für$^{?}$ das$^{?}$ En-Priester$^{?}$]-tum [auf$^{?}$].
Akkadische Version:	
ina a[š$^{?}$-*ri*$^{?}$ *šu*$^{?}$-*a*$^{?}$-*tu*$^{?}$ ^{d}*Nissaba*$^{?}$] *u*$_2$[-*ka*$^{?}$-*an*$^{?}$-*nu*$^{?}$]	An [diesem$^{?}$ Ort$^{?}$ verehren sie Nissaba$^{?}$]

KAR 4 Textzeuge K 4175+ Kolophon (Sumerisch, Akkadisch)[21]

Nissaba galt das Preislied. Sie wurde im E-kur verehrt (vgl. Rs. Z. 30). Nissaba war für landwirtschaftliche Feste im Zusammenhang mit der Ernte eine wichtige Ritualadressatin, wie im vorangegangenen Abschnitt ersichtlich wurde: *Nissaba A* Zeilen 14–26 geben Hinweise auf ein Erntefest im E-kur (vgl. *Nissaba A* Z. 6), bei dem Nissaba eine wichtige Rolle spielt, indem sie das Fest und die (oder den) große(n) en einsetzt, der die Ernte des Landes beaufsichtigt. Dieser Rahmen verläuft parallel zu *KAR 4*: Die großen Götter erschaffen die Menschen für die Landwirtschaft des Landes im Hinblick auf die Götterversorgung in den Heiligtümern im Rahmen von Festen.[22] Nissaba fungiert im sumerischen Schöpfungstext von *KAR 4* indirekt als Festschreiberin des Schicksals des en-Priestertums (vgl. Rs. Z. 30; vgl. auch Abschnitt 12.1)[23]. Trotz der parallelen Thematik hat *KAR 4* andere Schwerpunkte als *Nissaba A*: In *KAR 4* setzt Nissaba nicht das

21 Die Umschrift basiert auf Lambert 2013, 358; die Ergänzungen basieren auf Zeile 29 f von VAT 9307, dem Haupttextzeugen; Übersetzung KM.

22 Vgl. eine Übersicht der Aufgaben der Menschen für die Götter: A. Zgoll 2012, 53–55.

23 Zu Nissaba als Festschreiberin des Schicksals siehe ausführlich Abschnitt 11.2 zum *Lied auf die Hacke*.

Erntefest des Enlil ein. Der Text zielt stattdessen auf die Götterversorgung im Rahmen von Opfern.

Für die „Kronzeugentexte“ konnte dargelegt werden (siehe Abschnitt 5.2.3), dass der Ritualadressat in der Regel in der Schöpfungspassage genannt wird und am Uranfang bei der Schöpfung zumindest anwesend ist. Daher wird im Folgenden Nissabas Rolle während des Schöpfungsgeschehens in *KAR 4* untersucht.

Der Text enthält eine Schicksalsentscheidung für die Menschheit als Hauptziel der Schöpfung (Vs. Z. 27–Rs. Z. 12). Diese ist mit dem Zuständigkeitsbereich Nissabas verknüpft, wie Rs. Zeilen 19–22 indirekt berichten:

Sumerische Version:

19	gašam gašam šam$_3$-im šam$_3$-im[24]	Dass die / alle Meister (und) die / alle Ungelernten
20	še-gen$_7$ ni$_2$-bi-ne ki-ta si$_{12}$-si$_{12}$ ki-gen$_7$	wie Gerste von selbst so aus der Erde ergrünen wie die Erde,
21	niĝ$_2$ nu-kur$_2$-ru mul da-ri$_2$-še$_3$	(ist) etwas, das nicht geändert wird für ewige Sterne.

Akkadische Version:

19	*um-ma-nu a-na um-ma-ni nu-’-u$_2$ a-na* [*nu-’-i*]	Dass Meister auf Meister, Unwissender auf [Unwissender]
20	*ki-ma še-em a-na* <*ra*>*-ma-ni-šu a-na bu-ni-*⸢*i*⸣	wie Gerste von selbst schön gemacht ist,
21	*ša la ut-ta-ka-ru* MUL AN^e *da-r*[*u-ti*]	ist etwas, dass nicht geändert wird – ein Stern des ew[igen] Himmels.

KAR 4 Rs. Z. 19–21 (Sumerisch, Akkadisch)[25]

---

24 Lisman 2013, 309 transliteriert statt šam$_3$-im šam$_3$-im: „lu$_2^!$-IM lu$_2^!$-IM“. Dieses Wort (šam$_3$-im) ist bisher außerhalb dieser Textstelle nicht belegt. Lisman 2013, 309 übersetzt „lu$_2^!$-IM lu$_2^!$-IM“ (nach ePSD: „criminal, false, fraudulent“) mit „ignorant“. Die Zeilen *KAR 4* Rs. Zeilen 19–22 sind nur durch Textzeuge A (VAT 9307) überliefert. Nach den ausgezeichneten Fotos der Tafel, die mir Klaus Wagensonner freundlicherweise großzügig zur Verfügung stellte, ist eindeutig zwei Mal ŠAM$_3$ zu erkennen. Im Eintrag in CAD N zu *nū’û* (S. 356) ist nur diese Textstelle für eine Gleichung mit *nū’û* angegeben und die Lesung entsprechend korrigiert („LÚ(!).IM LÚ(!).IM“). Das AHW verzeichnet im Eintrag zu *nuā’um, nuwā’um, nū’û* eine Gleichung mit „ŠÀM.IM“ und gibt als Beleg nur *KAR 4* Rs. Z. 19 an. Das Wort lu$_2$-IM bedeutet nach der Notiz von A. Zgoll im Sumerischen Zettelkasten nicht nur „Lügner“, sondern hat eine „große Bedeutungsbreite, meint: Falschheit in Sprechen und Tun“. Da beide Wörter geglichen sind (šam$_3$-im, lu$_2$-IM), verstehe ich hier „Falscher“ als Abgrenzung zum richtigen Sprechen und Tun der Meister und somit als falsches Sprechen und Tun aufgrund von Unwissenheit und nicht als bewusste Täuschung und übersetze entsprechend.

25 Die Umschrift basiert auf Lambert 2013, 358; Übersetzung KM.

Die Menschen sollen ab ihrer Erschaffung gedeihen. Dieses gute Schicksal soll als Stern am Himmel geschrieben werden. Obwohl hier Nissaba nicht explizit als Verantwortliche für diese Vorgänge genannt ist, ist sie dennoch damit ursächlich verknüpft. Das Gedeihen von Gerste steht ebenso unter ihrem Schutz wie die Schriftkultur in Mesopotamien. Ihre beiden hauptsächlichen Aufgabenbereiche (Schrift, Landwirtschaft) sind hier in einem Konzept zusammengeführt, wie auch die leichte Veränderung eines gut bekannten Schöpfungshylems zeigt. Hier ist das Hylem vom Wachsen des Menschen aus der Erde leicht anders ausgestaltet als in anderen Texten: Menschen wachsen wie „Gerste" (še) statt „Gras und Kraut" (u$_2$ šim)[26], „wachsen" (mu$_2$) statt „Erde spalten" (ki--dar)[27]. Möglicherweise wurde das Hylem abgeändert, um den Bezug des Menschen zum landwirtschaftlichen Zuständigkeitsbereich Nissabas herzustellen. Die Entstehung und Vermehrung der Menschen wird mit ihrem Zuständigkeitsbereich verglichen.[28]

Das Textende (Rs. Z. 30) wurde bereits oben diskutiert als Kurzfassung der Rolle Nissabas als Festschreiberin des Schicksals. Im Rahmen der Schöpfung ist es besonders interessant. Auch im *Lied auf die Hacke* Zeile 33 stellt sich Nissaba auf (gub), um die Schicksalsentscheidung aufzuschreiben (vgl. *Keš-Hymne* Z. 10–12):

33	ki-sikil ^{d}Nissaba eš-bar-ra ba-an-gub	Die junge Frau Nissaba hat sich für die Entscheidung aufgestellt.

Lied auf die Hacke Z. 33[29]

Mythisch ausgedrückt zielt auch *KAR 4* auf ein Hinzustellen der Nissaba und damit auf ein Festschreiben der Schöpfung.

Weitere Hinweise werden im Folgenden die These stützen, dass Nissaba die Ritualadressatin dieses Textes ist. Hier ist die Textunterschrift wichtig (Rs. Z. 29 f):

26 Vgl. *Enkis Fahrt nach Nippur* Z. 3.

27 Vgl. *Enkis Fahrt nach Nippur* Z. 3, *Lied auf die Hacke* Z. 20, *Lugalbanda I* Z. 8.

28 Die Festschreibung des Schicksals von einem Schöpfungsobjekt obliegt Nissaba in anderen Texten: *Keš-Hymne* (alle Tempel, besonders Keš; vgl. *Keš-Hymne* Z. 10 f) und *Lugal-e* (Schicksalstafeln für die/den en-Priester(in) und den König; vgl. *Lugal-e* Z. 709 nach ETCSL 1.6.2) u. a. Zur Idee einer Festschreibung des Schicksals vgl. Gabriel 2014 (Abschnitt 5.1 „šīmtu – ‚Schicksal' als Festsprechung" und Abschnitt 5.3 „Ontologie von Festsprechung(sakt) und Name(nsgebung)").

29 Die Umschrift basiert auf Delnero 2006, 1984; Übersetzung KM.

Akkadische Version:

29	*a-šar a-mi-lu-tu ib-ba-nu-u*$_2$	Wo die Menschheit erschaffen wurde,
30	^{d}*Nissaba i-na aš*$_2$*-ri šu-a-tu ku-un-na-at*	an diesem Ort ist Nissaba verehrt.

KAR 4 Rs. Z. 29 f (Akkadisch)[30]

Für die weitere Argumentation ist die akkadische Zeile bedeutsam, ebenso der sumerische Kolophon von K 4175+ (= Preislied auf Nisaba, siehe oben); vgl. die Analyse des Sumerischen in Abschnitt 12.1. Die Schöpfungspassage fokussiert Nissaba nicht, jedoch ihre Rolle für die erschaffenen Menschen. Die Menschenschöpfung ist hauptsächlich auf die Aufgabenbereiche von Nissaba ausgerichtet (Landwirtschaft: *KAR 4* Vs. Z. 27–Rs. Z. 6).[31] Auch die Textunterschrift zeigt ihre Prominenz: Der Ort der Menschenschöpfung ist der Ort ihrer Verehrung. Es wurde bereits dargelegt (vgl. Abschnitt 12.1), dass *kunnû* u. a. mit mim--du$_{11}$.g (= mim verkünden bzw. ein aktivierendes Preisen) oder za$_3$-mim--du$_{11}$.g (= ein Preislied verkünden) geglichen ist.[32] Weil *KAR 4* nicht nur ein Schöpfungstext ist, der auf Götterversorgung zielt, sondern selbst ein za$_3$-mim auf Nissaba ist (vgl. den Kolophon von Textzeuge K 4175+: ^{d}Nissaba za$_3$-[mim]), ist hiermit ein Indiz für die Übereinstimmung von Textziel und situativer Verortung im kultischen Rahmen der Götterversorgung durch Rezitation an die Gottheit gegeben.

Neben diesen bisher vorgestellten Hinweisen wird im Folgenden die Rolle dieses Textes im Geheimwissen skizziert und nach dem Bezug zu Nissaba und diesem Ritual gefragt. Auf Nissabas Rolle als Patronin der Schriftlichkeit verweist der Gesamttext durch die Zusammenstellung des Schöpfungstextes mit dem *Silbenalphabet A* auf allen Textzeugen. Sogar der altbabylonische Textzeuge enthält das *Silbenvokabular A*, das aus dem *Silbenalphabet A* und einer akkadischen Entsprechung besteht.[33] Die in altbabylonischer Zeit hinzugekommenen Spalten enthalten v. a. Gottesnamen.[34] Diese Liste von Personennamen und Namensbestandteilen ist wahrscheinlich in Nippur während der Ur-III-Zeit zusammengestellt und am Anfang der altbabylonischen Zeit in Nippur durch das

30 Die Umschrift basiert auf Lambert 2013, 358 unter Berücksichtigung von Lisman 2013, 310; Übersetzung KM.

31 Hinzu kommt der Überfluss durch Tiere (*KAR 4* Rs. Z. 13), der durch Enki, Ninki und Aruru geplant (bzw. wörtlich: aufgezeichnet) ist (*KAR 4* Rs. Z. 6–18); vgl. Lisman 2013, 309.

32 Nach A. Zgoll und A. Merk (unpubliziert) ist mim--du$_{11}$.g als „aktivierend preisen" zu verstehen; vgl. demnächst die Dissertation von A. Merk zu *Enkis Fahrt nach Nippur* (Merk i. V.); vgl. dazu ebenfalls Gerstenberger 2018.

33 Vgl. Cavigneaux/Jaques 2010; vgl. Farber 1999 a.

34 Vgl. Bartelmus 2016, 270 f.

Silbenalphabet B ersetzt worden.[35] Das *Silbenalphabet A* wurde in altbabylonischer Zeit in ganz Babylonien und in der Peripherie verbreitet; und weil dessen Bedeutung als Namensliste wahrscheinlich nicht mehr verstanden wurde, wurde es ab dieser Zeit zum Erlernen von Silbenzeichen verwendet.[36] Diese Liste als Lernhilfe für die Zeichen ist mit dem Aufgabenbereich von Nissaba als Herrin über die Schriftlichkeit verbunden. Ebenso weist die Zusammenstellung eines Geheimtextes mit einer religiösen Erweiterung (Silben geglichen mit Gottesnamen in *Silbenvokabular A*) auf eine kultische bzw. religiöse Verankerung hin.

Auch in diesem Text sind der Inhalt des Mythos (= Menschenschöpfung für die Götterversorgung), der Zielpunkt des Mythos (= Verehrung von Nissaba: vgl. die Textunterschrift) und der Kolophon eines Textzeugen (= K 4175+: Preislied) aufs Engste aufeinander abgestimmt. Alle Phänomene weisen auf Nissaba als Zielpunkt des Schöpfungstextes. Die Hinweise aus dem Mythos (Rs. Z. 19: Meister), die Zusammenstellung mit dem *Silbenalphabet A* (bzw. *Silbenvokabular A*) und die erhaltenen Kolophone (VAT 9307, K 4175+) verweisen außerdem auf das Geheimwissen, das möglicherweise als Wissen aus der Zeit vor der Flut angesehen wurde, ausschließlich den Meistern vorbehalten war und von ihnen tradiert wurde.[37] Auch hier ist Nissaba als Göttin für die Schriftlichkeit indirekt fokussiert. Der Schöpfungstext *KAR 4* ist sicherlich unabhängig vom Silbenalphabet entstanden und erst später unter Beibehaltung seiner ursprünglichen Fokussierung auf Nissaba mit dem Silbenalphabet gekoppelt und in das Geheimwissen integriert worden.[38]

12.3 Ritualexperte

KAR 4 enthält etliche Hinweise auf eine situative Verortung im rituellen Rahmen von Ritualexperten, wie nachfolgend gezeigt wird. Die Schöpfungspassage

35 Vgl. Lambert 2013, 350 mit Literaturverweisen.

36 Vgl. Gesche 2001, 18 f; vgl. Farber 1999 a.

37 Vgl. Lenzi 2008, 211.

38 Dass der Mythos und auch der vorliegende mythische Schöpfungstext unabhängig vom *Silbenalphabet A* entstanden ist, führt Lambert 2013, 350 aus; vgl. die konträre Position von Lenzi 1999, 201 f. Meine Positionierung für eine unabhängige Entstehung des Mythos (und dessen Verschriftlichung) ergibt sich aufgrund der Existenz des *Silbenalphabets A* und des *Silbenvokabulars A* ohne den mythischen Schöpfungstext sowie verschiedener Indizien, die bereits dargelegt wurden, für eine Einordnung des mythischen Schöpfungstextes ohne die Listen als Ritualtext. Daraus resultieren zwei verschiedene Verortungsszenarien für den mythischen Schöpfungstext und die Listen; ihre Zusammenlegung ist sekundärer Art.

teilt die Menschen in zwei Gruppen ein (Rs. Z. 19): in die Meister (gašam, *ummanū*) und in die Ungelernten (šam$_3$-im)[39] bzw. Nichtwissenden (*nu-'-i*). Der Abschnitt 12.4 enthält wichtige Argumente für die situative Verortung dieses Textes als zu rezitierendes Preislied im Rahmen der Götterverehrung von Nissaba im Tempel bei einem agrarischen Fest, die hier nicht vorweggenommen werden sollen. Die Textunterschrift (Rs. Z. 30) weist auf diese Götterverehrung (Akkadisch: *kunnû*) hin. Die sumerische Textunterschrift in derselben Zeile nennt als Zielpunkt das en-Priestertum:

Sumerische Version:

29	ki nam-lu$_2$-u$_{18}$-lu ba-ni-in-dim$_2$-eš	Sie (= die großen Götter) haben dort die Menschheit für den Ort erschaffen.
30	^{d}Nissaba ki-be$_2$ nam-en-na an-gub	An diesen Ort stellte sich Nissaba für das en-Priestertum.

KAR 4 Rs. Z. 29 f (Sumerisch)[40]

Damit wird auf die Rolle Nissabas als Festschreiberin des Schicksals für die/den Hohepriester(in) angespielt.[41] Das lässt sich erschließen aus *Nissaba A* (vgl. die Textstelle im Kontext in Abschnitt 12.1):

25	en gal mu-un-huĝ-e izim mu-un-huĝ-e	Sie (= Nissaba) begann, die/den große(n) en-Priester(in) dort einzusetzen; sie begann, das Fest dort einzusetzen.

Nissaba A Z. 25[42]

In *Nissaba A* Zeile 25 wird gesagt, dass Nissaba während eines Festes, das nach *Nissaba A* Zeile 18 ein Erntefest des Enlil ist, die/den große(n) en-Priester(in) einsetzt. In *KAR 4* Rs. Zeile 29 f stellt sich Nissaba an den Ort der Menschenschöpfung (*KAR 4* Z. 24 im E-kur, d. h. im Tempel des Enlil in Nippur) für das en-Priestertum. Hier wird nicht explizit beschrieben, dass Nissaba mit ihrem Hinzutreten die/den en einsetzt, dennoch ist ersichtlich, dass diese mythische Handung für das en-Priestertum, d. h. das Amt, geschieht. Rituell drückt sich diese Handlung durch ein Erscheinen der Gottheit aus, z. B. durch das Herbringen der Götterstatue von Nissaba. Sollte hier ein Indiz für die reaktivierende

39 Vgl. die Anmerkung zu diesem Lexem in Abschnitt 12.1.

40 Die Umschrift basiert auf Lambert 2013, 358 unter Berücksichtigung von Lisman 2013, 310; Übersetzung KM.

41 Vgl. die im Schöpfungstext ähnliche Rolle von Enki, Ninki und Aruru, die die Zeichnungen zeichnen (Rs. Z. 13–18); vgl. Lisman 2013, 318 (zu den Z. 11–19).

42 Die Umschrift basiert auf ETCSL 4.16.1; Übersetzung KM.

Einsetzung des en-Priestertums durch Nissaba vorliegen, hat sicherlich der Beschwörer (maš-maš)[43] diesen Text gesungen.[44]

Lambert verortet die Anfänge dieses Textes zeitlich nicht später als altbabylonisch und spricht sich sprachlich für einen sumerischen Ursprung aus.[45] Dafür spricht meines Erachtens der früheste erhaltene Textvertreter (IB 591) aus Isin, der das Sumerische ohne eine akkadische Entsprechung aufweist.[46] Der Kolophon des altbabylonischen Textes ist leider nicht erhalten. Die Zuordnung des Textes zu den Gelehrtenkreisen ist erst ab der mittelassyrischen Zeit belegt, wie nachfolgend gezeigt wird. Die Wissenden (Meister, Gelehrte) hatten Zugang zu Geheimwissen, worunter *KAR 4* laut den überlieferten Kolophonen fällt:

31	AD.ḪAL *mu-du-u*$_2$ *mu-da-a lu-kal-lim* AL.TIL IGI.KAR$_2$ GABA.RI LIBIR.RA	Geheimnis. Der Wissende soll es dem Wissenden zeigen. Zu Ende. Kollationiert. Alte Vorlage.
32	*qat*$_3$ ^{m}*ki-din-*^{d}*30* ^{lú}DUB.SAR BÀN A *su-ti-e* ^{lú}DUB.SAR LUGAL	Hand des Kidin-Sîn, des jungen Schreibers, Sohnes des Sūtu, des königlichen Schreibers.

Kolophon *KAR 4* (Textzeuge VAT 9307 Z. 31 f; mittelassyrisch)[47]

31	*ni-ṣir-ti* NAM.[AZU$^?$/MAŠ.MAŠ$^?$][48]	Geheimnis der [Divina]tion$^?$/der [Beschwörungs]kunst$^?$,
32	*ša*$_2$ *ina aš-ri šak-nu* ZU.A^u *[ZU.A^a li-kal-lim]*	das am (dafür bestimmten) Ort hingestellt ist. Der Wissende [möge (es) dem Wissenden zeigen.]

Kolophon *KAR 4* (Textzeuge K 4175+ 31 f; neuassyrisch)[49]

Der mittelassyrische Kolophon ist der bisher älteste überlieferte Geheimwissenskolophon.[50] Wird durch Rezitation des Schöpfungstextes die Gunst des Ri-

43 Für dessen Aufgaben vgl. Sallaberger/Huber Vulliet 2005, 632 f.

44 Zur Rolle von Beschwörern bei der Einsetzung von Priestern vgl. Löhnert 2010; vgl. zur Einsetzung ebenfalls Borger 1973a; Arnaud 1985–1987; Dietrich 1989; Fleming 1992; Farber/Farber 2003; Waerzeggers/Jursa 2008.

45 Vgl. Lambert 2013, 351.

46 Lambert 2013, 360 transliteriert den stark fragmentierten Textzeugen mit möglichen Entsprechungen zu den beiden anderen Textzeugen.

47 Die Umschrift basiert weitestgehend auf Lambert 2013, 358; Übersetzung KM.

48 Lambert 2013, 358 rekonstruiert „NAM.[AZU]“ („Divination“) und folgt darin Pettinato 1971; es könnte sich genauso um die „Beschwörungskunst“ (NAM. [MAŠ.MAŠ]) handeln. Lisman 2013, 310 schlägt keine Rekonstruktion der fragmentarischen Stelle vor.

49 Die Umschrift basiert auf Lambert 2013, 358; Übersetzung KM.

50 Vgl. Lenzi 2008, 175.

tualadressaten ersucht, wäre nicht die Divination (*barūtu*), sondern die Beschwörungskunst (*āšipūtu*) zu erwarten. Das ursprüngliche Ritual stammt sicherlich aus Babylonien und wurde erst später nach Assyrien gebracht. In mittelassyrischer Zeit ist laut Kolophon von VAT 9307 ein Palastschreiber der mit dem Text betraute Ritualexperte. Pettinatos und Lamberts Rekonstruktionsvorschlag von K 4175+ Zeile 31 (NAM.[AZU]: „Divination") beruht sicherlich auf der Annahme, dass die assyrischen Gelehrten die Schriftzeichen als Zeichenträger verstanden, die von einem Opferschauer gedeutet werden mussten.

In Babylonien und Assyrien war höchstwahrscheinlich ein maš-maš/*mašmaššu* mit der Tradierung des Textes betraut; in Assyrien im 1. Jt. v. Chr. in der Bibliothek von Assurbanipal in Ninive war *KAR 4* Teil einer mindestens drei Tafeln umfassenden Serie: Tafel 1 ist nicht überliefert und enthielt wahrscheinlich das *Silbenvokabular A*; Tafel 2 ist der bereits genannte Textzeuge K 4175+ (mit mythischem Text und *Silbenalphabet A*) und *Atramḫasīs* war nach Aussage des Kolophons von K 4175+ Inhalt von Tafel 3.[51] Dass beide Schöpfungstexte zusammengestellt wurden, kann auf deren Inhalt zurückgeführt werden: In beiden Schöpfungstexten werden Menschen für die Götterversorgung erschaffen. Und auch dass Assurbanipal diese Schöpfungstexte besaß, ist plausibel: Die Bibliothek von Assurbanipal war wahrscheinlich eine Privatbibliothek des Königs mit mindestens 1.500 verschiedenen Werken.[52] Wie die Kolophone aus dieser Bibliothek belegen, übte sich Assurbanipal als Schreibkundiger in den verschiedenen gelehrten Künsten.[53]

12.4 Ritualobjekt

Der Schöpfungstext gibt an, dass die Menschheit das Hauptziel der Schöpfung ist; eine spezifische menschliche Gruppe ist das Ritualobjekt, wie im Folgenden gezeigt wird. Die kultivierten Felder inklusive des umfangreichen Bewässerungssystems sind Teilziele der Schöpfung in diesem Schöpfungstext, die vom Hauptziel der Schöpfung (= Menschheit) für die Götterversorgung verwaltet und bearbeitet werden sollen (vgl. *KAR 4* Vs. Z. 28–Rs. Z. 10; vgl. auch den Textanfang Z. 5–15).[54] In diesem Kontext ist das Textende zu interpretieren: Nissaba stellt sich für das en-Priestertum an den Ort der Menschenschöpfung (Rs.

51 Vgl. Lambert 2013, 352.

52 Vgl. Casson 2001, 11.

53 Vgl. Casson 2001, 14 f.

54 Zu den Aufgaben des Menschen bei der Götterversorgung vgl. ausführlich A. Zgoll 2012, 53–55.

Z. 29 f: Sumerisch) bzw. wird dort verehrt (Rs. Z. 29 f: Akkadisch); vgl. diese Textstelle in Abschnitt 12.1. Da mythische Texte oftmals Hinweise auf die situative Verortung am Textende geben (vgl. *Lied auf Bazi*, *Theogonie von Dunnu*, *Atram-ḫasīs*, *Enūma elîš* etc.), ist diese Stelle besonders interessant. Hier wird das Ritualobjekt in der sumerischen Fassung mit einem Lokativ angegeben (Rs. Z. 30: nam-en-na, „für das en-Priestertum"). Dieser Text ist also im Rahmen von Ritualen für das en-Priestertum zu verorten.

Dass solche Rituale für dieses Amt existierten, belegt *Nissaba A* Zeile 25, wo beschrieben wird, dass sie die/den en-Priester(in) einsetzt (vgl. diese Textstelle in Abschnitt 12.1). Durch das Aussprechen der Menschenschöpfung wird die Schöpfungsordnung mit dem Ziel der Götterversorgung, die unter Aufsicht des en-Priestertums stattfindet, v. a. im Rahmen von Festen (vgl. *KAR 4* Rs. Z. 8–10 und Z. 23) wieder aktualisiert.

Die Menschheit wird im Text in zwei Gruppen geschaffen: die Meister und die Ungelernten (Rs. Z. 19). Beide Gruppen sollen ewig bestehen bleiben, weil beide für das Ziel der Schöpfung (= Götterversorgung) notwendig sind (als Leiter, Planer, Vorarbeiter und Ausführende). Das en-Priestertum als Teil der Wissenden ist für das Funktionieren dieses Zieles hauptverantwortlich gegenüber den Göttern. Nissaba als Göttin der Landwirtschaft stattet das in diesem Schöpfungstext für die Götterversorgung im Kult so wichtige en-Priestertum im Ritual mit kultischer Macht aus, damit Überfluss erzeugt wird. Die Zeilen Rs. 7 und 14 nennen Überfluss des Landes als ein Ziel der Menschenschöpfung:

Sumerische/Akkadische Version:

7	ḫe$_2$-ĝal$_2$ kalam-ma nun-nun-e-de$_3$	Um Überfluss im Land fürstlich (zu machen) (...)
7	ḪE$_2$.ĜAL *i-na* KALAM *a-na r*[*u-bi*]-*i*	Um Überfluss im Land groß zu machen (...)

Sumerische/Akkadische Version:

14	ḫe$_2$-ĝal$_2$ kalam-ma nun-nun-e-de$_3$	Um Überfluss im Land fürstlich (zu machen) (...)
14	ḪE$_2$.ĜAL *i-na* KALAM *a-na du-še-e*	Um Überfluss im Land sprießen zu lassen (...)

KAR 4 Rs. Z. 7 und Z. 14 (ausgewählte Zeilen; Sumerisch, Akkadisch)[55]

55 Die Umschrift basiert auf Lisman 2013, 308; vgl. Lambert 2013, 356, der anstelle von nun zil liest. Nach ePSD ist nur zil$_2$ mit „(to be) good, (to be) beneficient" geglichen, nicht aber zil („to boil, to peel" bzw. „(to be) remote, to split apart, to split, to slit"). Allerdings ist die Lesung

Die Wiederholung dieser Aussage betont den Überfluss im Land. Die anderen Aussagen über die Ziele der Menschenschöpfung sind in dieser Aussage vereinigt (Deich, Graben, Flur, Pflanzen, Felder). Jedoch ist der Überfluss nicht Ziel in sich selbst, sondern zielt auf die Götterversorgung, wie die folgenden Zeilen zeigen, die gleich nach der Nennung des Überflusses (Rs. Z. 7: mit e-de$_3$-Suffix; vgl. oben) geschrieben sind:

Sumerische Version:

8	izim dingir-e-ne šu-du$_7$-a	Für das Vollenden des Festes der Götter,
9	a se$_9$ de$_2$-de$_2$-da	um (jegliches) kaltes Wasser zu libieren,
10	unu$_2$ gal dingir-e-ne para$_{10}$ maḫ-a tum$_2$-ma	ist der große Speisesaal der Götter für den erhabenen (Götter-)Thron geeignet gemacht.
11	^{d}Ul-le-ĝar-ra An-ne$_2$-ĝar-ra	Während Uleĝarra und Aneĝarra,
12	mu-ne-ne i$_3$-pa$_3$-da	(als) ihre Namen, genannt sind (...)

Akkadische Version:

8	*i-sin-ni* DINGIR^{MEŠ} *a-na š[uk-l]u-li*	Um die Feste der Götter zu v[olle]nden,
9	A^{MEŠ} *ka-ṣu-ti a-na nu-qi$_2$-i*	um kaltes Wasser zu libieren,
10	*šub-tu* GAL^{tu} *ša a-na* PARA$_{10}$ *ṣi-ri šu-lu-kat$_2$*	ist die große Wohnung, die für das erhabene Postament (ist), bereit gemacht.
11	^{d}UL.LE.ĜAR.RA AN.NE$_2$.ĜAR.RA	Uleĝarra und Aneĝarra
12	*šu-me-šu-nu ta-za-na-kar$_3$*	nennst du nacheinander[56] (als) ihre Namen.

KAR 4 Rs. Z. 8–12 (Sumerisch, Akkadisch)[57]

Der Überfluss zielt auf die Götterversorgung bei Festen, genauso wie auf die Benennung der zwei Menschen.[58] Das Textende (Rs. Z. 23–28) vor der Textunterschrift (Rs. Z. 29 f) benennt die Feste der Götter als den Zielpunkt des Schöp-

---

von nun-nun-e-de$_3$ nicht gesichert, weil nun ansonsten nur als Nomen oder Adjektiv belegt ist; Übersetzung KM.

56 Der Iterativ ist hier nach CAD Z, 21 übersetzt: „regular formation mu.ne.ne ì.pa.da: *šumēšunu ta-za-na-kàr* you name them one after the other KAR 4 r. 12". Vgl. die verschiedenen Funktionen der *tan*-Stämme in GAG §91.

57 Die Umschriften basieren auf Lambert 2013, 356 (Rs. Z. 8–10) und 358 (Rs. Z. 23–25); Übersetzung KM.

58 Pettinato 1971, 81 interpretiert diese Stelle aufgrund des Gottesdeterminatives vor dem ersten Eigennamen als Anrufung von zwei Göttern „Ulligara (und) Annegara", die im großen Wohnsitz der Götter (Rs. Z. 10) angerufen werden. Diese Deutung ignoriert allerdings den Kontext einer schicksalhaften Benennung, den das sumerische mu--pa$_3$.d („den Namen benennen") impliziert.

fungstextes.[59] Landwirtschaft zielt in *KAR 4* auf die Götterversorgung im Rahmen der Kultfeste. Um dies alles durchzuführen, wird zwei Menschen während eines Festes ihr Name, d. h. ihr Wesen, zugesprochen.[60] Nach Lisman, der auf das Gottesdeterminativ vor dem ersten Namen hinweist, können die Namen mit „Der durch den Gott Ul gesetzt ist" und „Der durch (den Gott) An gesetzt ist" übersetzt werden.[61] Ihre Aufgabenbeschreibung entspricht derjenigen für das en-Priestertum.

Das Textziel ist klar auf die Landwirtschaft fokussiert. So werden das Arbeitspensum (Vs. Z. 27: a_2-ĝeš-ĝar, *iškaru*), Hacke (Vs. Z. 30: ^{ĝeš}al, *allu*) und Tragkorb (Vs. Z. 30: ^{gi}tubšig, *tupšikku*) als Aufgaben der Menschen erwähnt, womit normalerweise Frondienst umschrieben ist.[62] Im Gegensatz zum *Lied auf die Hacke* wird hier die Hacke nicht erhöht, ebenso wenig der Tragkorb oder das Arbeitspensum; stattdessen werden diese Elemente nur in Verbindung mit der Menschheit erwähnt. In diesem Schöpfungstext kann nur die Menschheit diese anwenden, um ihre Aufgaben zu erfüllen.

Fazit: Der Schöpfungstext war ursprünglich nur in Sumerisch abgefasst, wie der älteste Textzeuge IB 591 zeigt, der nur die sumerische Fassung enthält.[63] Die letzte sumerische Zeile (Rs. Z. 30) nennt das en-Priestertum als Ziel für das Erscheinen der Nissaba. Da am Textende oftmals starke Indizien für die situative Verortung vorliegen, wird dieser Befund mit dem Inhalt des Textes abgeglichen. Der Textinhalt fokussiert die Menschenschöpfung mit dem Ziel der Götterversorgung. Bei der Schöpfung werden zwei Menschen benannt (Rs. Z. 8–12), die für den Überfluss für die Götterversorgung sorgen sollen (Rs. Z. 7). Möglicherweise sind das die ersten en-Priestertumsträger am Uranfang. Der älteste Textzeuge (IB 591) endet mit einer Zeile über Nissaba (^{d}Nissaba [...]), die an derselben Stelle wie die Doxologie von Textzeuge K 4175+ (^{d}Nissaba za_3-mim: „Nissaba sei das Preislied!") steht. Das Preisen der Nissaba erfolgt in

59 Die Umschrift basiert auf Lambert 2013, 358; Übersetzung KM: izim dingir-e-ne šu-du_7-a (Z. 22 f) / *i-sin-ni* DINGIR^{meš} *a-na šuk-lu-li*$_3$ (Z. 23) (Sumerisch: „Dass die Feste der Götter vollendet werden." / Akkadisch: „Um die Feste der Götter zu vollenden.").

60 Zur Namengebung als finale Bestimmung vgl. Gabriel 2014 (Abschnitt 5.1 „šīmtu – ‚Schicksal' als Festsprechung" und Abschnitt 5.3 „Ontologie von Festsprechung(sakt) und Name(nsgebung)").

61 Lisman 2013: Kommentar zu Zeile 10 („placed by Ul", „placed by An"). Lisman verweist in diesem Zusammenhang auf einen ähnlichen Namen in einer Tempelhymne (vgl. Sjöberg/Bergmann 1969, 20): en-ul-e ĝar-ra („founded by the primaeval lord"). Ul könnte demnach eine Kurzform von en-ul sein.

62 Vgl. Wilcke 1972, 34.

63 Vgl. Lambert 2013, 351.

Bezug auf ihr Erscheinen für das en-Priestertum. Dieses Priestertum und damit dessen Träger können als Ritualobjekt identifiziert werden.

12.5 Ort des Rituals

Aus der Analyse der „Kronzeugentexte“ (vgl. Abschnitt 5.6.4) ist ersichtlich, dass der Ort, an dem das Hauptziel der Schöpfung am Uranfang erschaffen wurde, oft der Ort des Rituals ist. Die Menschenschöpfung in *KAR 4* findet im Uzumua in Nippur statt (Vs. Z. 24).[64] An diesem Ort der Menschenschöpfung erscheint Nissaba (Rs. Z. 29 f). In Nippur ist ihr Kult zusammen mit dem von anderen Göttinnen im Tempel von Ninlil bezeugt, die als ihre Tochter belegt ist.[65] Der Text beschreibt mythisch das Erscheinen der Nissaba (bzw. in der akkadischen Entsprechung das Verehren der Nissaba), was im Ritual geschieht, z. B. in einer Götterprozession von Nissaba (und sicherlich von weiteren Göttern) zum Uzumua im E-kur in Nippur.

Dem entspricht auch das akkadische Textende (Rs. Z. 29 f), wie in Abschnitt 12.1 bereits gezeigt wurde. Das Lexem *kunnû* verweist auf eine kultische Verehrung der Gottheit, hier im Tempel (dem Ort der Menschenschöpfung) bzw. während Prozessionen der Götterstatue von einem Tempel zum anderen.

Der früheste Textzeuge (IB 591 aus Isin)[66] enthält weitere Indizien für die situative Verortung im Tempel und damit für den Ort des Rituals, wie im Folgenden gezeigt wird. Textzeuge IB 591 steht in Verbindung mit etwas Reinem im Tempel (vgl. Rs. Z. 3). Er endet mit Nissaba (Rs. Z. 13); die abschließenden erhaltenen Zeilen davor (Rs. Z. 1–10) berichten von der Installierung von etwas Reinem in Verbindung mit Zeichnungen durch die großen Götter:

1	kiĝ$_2$-ĝa$_2$ x x ab$^?$	Für$^?$ die Arbeit [...]
2	tar	bestimmt,
3	niĝ$_2$-<sikil>[67]-la ba-ni-in-ĝar	setzte N. N. dort etwas <Reines> hin.
4	ĝiš-ḫur-ra	In Vorzeichnungen
5	ba-ni-in-ḫur	zeichnete N. N. dort etwas/jemanden.

---

64 Vgl. George 1992, 149 und 259 (vgl. *Lied auf die Hacke* Z. 6, Z. 18, Z. 18a); vgl. ders. 1993, 4 und 157 (zu Nr. 1199).

65 Vgl. Michalowski 2001, 578.

66 Dieser sumerische Textzeuge der altbabylonischen Zeit deutet auf einen sumerischen Ursprung des Mythos; vgl. Lambert 2013, 351. Er weicht stark vom mittelassyrischen Textzeugen (VAT 9307) ab und enthält Parallelen zum neuassyrischen Textzeugen (K 4175+).

67 Weil die akkadische parallele Zeile des neuassyrischen Textzeugen (bei Lambert: K) hier *ella* schreibt, ergänzt Lambert hier überzeugend sikil; vgl. Lambert 2013, 358 (K: Z. 23).

6	An	An,
7	^{d}En-lil$_{2}$	Enlil,
8	^{d}Utu	Utu,
9	E$_{3}$-a	Ea,
10	^{d}dingir-maḫ	Dingirmaḫ (= Ninmaḫ)[68]
11	[x (x)]	[...]
12	[x (x)]	[...]
13	^{d}Nissaba [...]	Nissaba [...]

KAR 4 Rs. Z. 3–13 (Textzeuge IB 591; Sumerisch)[69]

Das Sumerische ist auf dem neuassyrischen Textzeugen (K bei Lambert 2013) nicht mehr vollständig erhalten, dafür jedoch die akkadischen Zeilen, die ebenfalls auf eine handelnde Einzelperson für die Installierung des Reinen schließen lässt: *mim-ma el-la iš-kun* („Etwas Reines setzte N. N.“).[70] Es ist unklar, wer dieses Reine hinsetzt. Der mittelassyrische Textzeuge VAT 9307 gibt an (Vs. Z. 30 f), was nach ihrer Erschaffung in die Hand der Menschen gesetzt werden soll (ĝar, *šakanum*): die Hacke und der Tragkorb. Das sind die Arbeitsinstrumente der Menschen. Arbeit (Rs. Z. 1 f: kiĝ$_{2}$) ist der unmittelbare Kontext für das Reine des altbabylonischen Textzeugen IB 591. Am Ort ihrer Erschaffung erhalten die Menschen die ersten prototypischen Arbeitsinstrumente. Die Existenz eines reinen Pfluges im E-kur des Enlil in Nippur zeigt, dass solche Arbeitsinstrumente als Kultgegenstände im E-kur verehrt wurden (vgl. den Abschnitt 11.1 zum *Lied auf die Hacke*).[71] Aufgrund der letzten sumerischen Zeilen des mittelassyrischen Textzeugen (Rs. Z. 29 f) kann es sich bei dem Reinen auch um das en-Priestertum handeln. Damit stünde dieses Amt in Verbindung mit der Arbeit für die Götter. Nach Analyse der Textzeugen kann das E-kur des Enlil in Nippur als Ort des Rituals identifiziert werden.

12.6 Zeit des Rituals

Untersuchen wir weiter die Hinweise auf ein besonderes Fest, das einen Rahmen für die Verortung dieses Schöpfungstextes bieten kann. Dass *kunnû* mit mim/za$_{3}$-mim--du$_{11}$.g geglichen ist, ist für *KAR 4* besonders interessant. Interessanterweise ist *KAR 4* selbst ein za$_{3}$-mim auf Nissaba, wie der Kolophon

68 Vgl. Cavigneaux/Krebernik 2001g, 462. Hier erscheint Ninmaḫ als fünfte Gottheit in der Aufzählung.

69 Die Umschrift basiert auf Lambert 2013, 360; Übersetzung KM.

70 Die Umschrift basiert auf Lambert 2013, 358; Übersetzung KM.

71 Vgl. Cohen 2015, 124.

von Textzeuge K (= Textzeuge B bei Pettinato 1971) bezeugt: ^{d}Nissaba za$_{3}$-[mim] („Nissaba sei das Preislied!").[72] Ein Vergleich der Textunterschriften bzw. des Kolophons der drei Textzeugen (altbabylonisch, mittelassyrisch und neuassyrisch) zeigt zwar Abweichungen, aber auch auffallende Ähnlichkeiten:

IB 591 (altbabylonisch):

6	An	An,
7	^{d}En-lil$_{2}$	Enlil,
8	^{d}Utu	Utu,
9	E$_{3}$-a	Ea,
10	^{d}dingir-maḫ	Dingirmaḫ (= Ninmaḫ)[73]
11	[...]	[...]
12	[...]	[...]
13	^{d}Nissaba [...]	Nissaba [...]

KAR 4 Rs. Z. 6–13 (Textzeuge IB 591: Textende)[74]

VAT 9307 (mittelassyrisch):

Sumerische Version:

27	^{d}En-ki ^{d}Nin-maḫ	Enki, Ninmaḫ,
28	diĝir gal-gal-e-ne	die großen Götter:
29	ki nam-lu$_{2}$-u$_{18}$-lu ba-ni-in-dim$_{2}$-eš	Sie (= die großen Götter) haben dort die Menschheit für den Ort erschaffen.
30	^{d}Nissaba ki-be$_{2}$ nam-en-na an-gub	An diesem Ort stellte sich Nissaba für das en-Priestertum auf.

Akkadische Version:

26	*^{d}A-nu ^{d}En-lil$_{2}$*	Anu, Enlil,
27	*^{d}E$_{2}$-a ^{d}Nin-maḫ*	Ea, Ninmaḫ,
28	DIĜIR^{MEŠ} GAL^{MEŠ}	die großen Götter:
29	*a-šar a-mi-lu-tu ib-ba-nu-u$_{2}$*	wo die Menschheit erschaffen wurde,
30	*^{d}Nissaba i-na aš$_{2}$-ri šu-a-tu ku-un-na-at*	an diesem Ort ist Nissaba verehrt.

KAR 4 Rs. Z. 26–30 (Textzeuge VAT 9307: Textende)[75]

K 4175 (neuassyrisch):

Sumerische Version:

29	^{d}Nissaba za$_{3}$-[mim]	Nissaba sei das Preis[lied!]
30	^{d}Nissaba nam--[en$^{?}$-na$^{?}$ an$^{?}$-gub$^{?}$]	Nissaba [stellte$^{?}$ sich für$^{?}$ das$^{?}$ En-

72 Die Umschrift basiert auf Lambert 2013, 358; Übersetzung KM.

73 Vgl. Cavigneaux/Krebernik 2001 g, 462: „Ein ähnlich gebildeter Name derselben Göttin [Anm. KM: Ninmaḫ] ist Diĝir-maḫ."

74 Die Umschrift basiert auf Lambert 2013, 360.

75 Die Umschrift basiert auf Lisman 2013, 310; Übersetzung KM unter Berücksichtigung von Lisman (ebd.; aber der Lokativ in Z. 30 wurde von ihm übersetzt: „in her en-ship").

Priester?]tum [auf?].

Akkadische Version:

29	*ina* a[š?-*ri*? *šu*?-*a*?-*tu*? d*Nissaba*?]	An [diesem? Ort? verehren sie Nissaba?].
30	*u*2[-*ka*?-*an*?-*nu*?]	

KAR 4 Rs. Z. 29 f (Textzeuge K 4175+: Textende)[76]

Die Schöpfungssubjekte der Menschenschöpfung sind die großen Götter, die unmittelbar den Textunterschriften bzw. dem Kolophon vorausgehen. Weil die Menschenschöpfung an dieser Stelle abgeschlossen ist, können die Textunterschriften miteinander verglichen werden. Die Zusammenstellung der drei Textunterschriften bzw. Textenden zeigt, dass die Rolle von Nissaba bereits der sumerischen Fassung der altbabylonischen Zeit zugrunde lag. Auch hier ist in der Doxologie Nissaba erwähnt. Dieser Schöpfungstext kann aufgrund der Doxologie und unter Berücksichtigung der Analyse des mythischen Textinhalts (= Götterversorgung als Zielpunkt im Rahmen von Festen) sowie der Parallelen zu *Nissaba A*, einem Text, der sicher auf ein Erntefest des Enlil im E-kur mit Einsetzung von der/dem en-Priester(in) durch Nissaba verweist, kultisch verortet werden. Das Zusammenspiel dieser Indizien weist auf eine kultische Einordnung dieses Textes im Rahmen eines Festes im E-kur unter Miwirkung Nissabas.

Falls das Erscheinen der Nissaba im mythischen Text auf das Aufstellen ihrer Götterstatue hinweist, ist an dieser Stelle nach einem passenden Kontext dafür zu suchen. Der einzige Rahmen, in dem eine Götterstatue aus ihrer Cella bewegt wurde, war – mit Ausnahmen der Restauration – zu einem Fest. Astrid Nunn verdeutlicht, was solche Feste für die Bevölkerung bedeuteten: Zu solchen Gelegenheiten sahen die Menschen ihre Götter.[77] Aufgrund der thematischen Parallelen von *KAR 4* und *Nissaba A* vermute ich, dass beide Texte situativ im Rahmen eines Erntefestes des Enlil verortet werden können, wie zumindest *Nissaba A* selbst angibt. So werden in *KAR 4*, der ein Preislied auf Nissaba ist, Feste im Zusammenhang mit Überfluss erwähnt. *Nissaba A* enthält eine klare Benennung eines Erntefestes des Enlil (vgl. oben, Z. 18: buru14 izim gal dEn-lil2-la2-ke4, „das große Erntefest des Enlil") mit einer sehr wichtigen kultischen Rolle Nissabas (= Einsetzung des Festes und der/des en). Im Folgenden wird Hinweisen aus dem Festkalender Nippurs nachgegangen, um zu überprüfen, ob *KAR 4* in einen solchen Kultkontext gestellt werden kann.

76 Die Umschrift basiert auf Lambert 2013, 358 (ebd., ohne Übersetzung der Zeilen); die Ergänzungen basieren auf Zeile 29 f von VAT 9307, dem Haupttextzeugen; Übersetzung KM.

77 Vgl. Nunn 2009, 189; vgl. A. Zgoll 2006 a.

Es ist zu fragen, ob es in Nippur im ausgehenden 3. oder frühen 2. Jt. v. Chr. einen Kult der Nissaba gegeben hat und welche Feste damit verbunden waren. Im 3. Jt. v. Chr. ist ein izim-gu$_4$-si-su im zweiten Monat, d. h. im Frühling, in Nippur belegt, das vom 20. bis 22. Tag des Monats gefeiert wurde und zu dem u. a. am 21. Tag verschiedene Opfer, auch an die Statue der Nissaba im Tempel der Ninlil, verzeichnet sind.[78] Laut Cohen handelt es sich bei diesem Fest um ein Vorbereitungsfest für die Aussaat, weil der Pflug im Mittelpunkt der rituellen Handlungen stand.[79] Der Kontext von *KAR 4* lässt jedoch eher auf ein Erntefest schließen, bei dem der Moment des Einholens des Überflusses durch die Menschen fokussiert ist. Die Ernte fand in Nippur im zwölften und ersten Monat des Jahres statt. Im zwölften Monat ist in Nippur im 3. Jt. v. Chr. das izim-še-kiĝ$_2$-ku$_5$, ein Fest zur Getreideernte, belegt, das mindestens vom 10. bis 13. Tag begangen wurde.[80] Außerdem gibt es Belege für ein weiteres Fest im zwölften Monat, das a$_2$-ki-ti, an dem Opfer an den Enlil- und Ninlil-Tempel in Nippur libiert wurden.[81] Ungewöhnlich ist die Doppelschreibung beider Feste (a$_2$-ki-ti še-kiĝ$_2$-ku$_5$) in OIP 121 (Z. 19), BPOA 7 (Nr. 2957), RA 9, 44 und SA 47 mit Opfern teilweise an den Enlil- und Ninlil-Tempel in Nippur.[82] Cohen vermutet in den literarischen Belegen (*Streitgespräch von Winter und Sommer* Z. 60, *Nissaba A* Z. 18: siehe oben) eines izim-buru$_{14}$ ^{d}En-lil$_2$-la ein Erntefest des Enlil in Nippur, womöglich das oben genannte izim-še-kiĝ$_2$-ku$_5$.[83] Zu diesem wären dann höchstwahrscheinlich auch Opfer an Nissaba im Ninlil-Tempel geliefert und unter Rezitationen dargebracht worden. Ein solches izim-buru$_4$ ist jedoch im Festkalender von Nippur im 3. Jt. v. Chr. sonst nicht belegt. Allerdings sind nisaĝ-gu$_7$ (Erstlingsgaben für den Verbrauch einer Gottheit) für das a$_2$-ki-ti-Fest des ersten Monats in diesem Jt. belegt.[84] Laut Cohen handelt es sich hierbei nicht nur um Erträge der Getreideernte, sondern auch um andere Produkte, da z. B. Fische für das a$_2$-ki-ti-Fest des 2. Jt. v. Chr. belegt sind, sodass wir es hier nicht nur mit einem rein landwirtschaftlichen Fest zu tun haben.[85] Fische werden in *KAR 4* in Zeile 13 erwähnt.[86] Für das 2. Jt. v. Chr. gibt es jedoch einen di-

78 Vgl. Cohen 2015, 121–123.
79 Vgl. Cohen 2015, 126 f.
80 Vgl. Cohen 2015, 157 f; ders. 1993, 118 und 123.
81 Vgl. Cohen 2015, 160.
82 Vgl. Cohen 2015, 160.
83 Vgl. Cohen 2015, 160.
84 Vgl. Cohen 2015, 101 mit Verweis auf Sallaberger 1993, 183 (Nr. 862).
85 Vgl. Cohen 2015, 101.
86 Vgl. Lambert 2013, 356 (Zeile 13).

rekten Hinweis auf ein Erntefest in einer Königshymne des Išbi-Erra von Isin an Nissaba:

^{urudu}kiĝ$_2$ gal-gal ur$_4$-ur$_4$-ru-da izim gal na-am	Große Sicheln für das Ernten: Es ist fürwahr ein großes Fest.

Königshymne des Išbi-Erra von Isin an Nissaba[87]

Während der Ernte wurden verschiedene Rituale auf dem Feld und auf der Tenne vollzogen, wie die *Unterweisungen eines Bauern an seinen Sohn* beispielsweise in Zeile 107 f für die Arbeit des Worfelns beschreiben:

107	u$_4$ še ba-e-nir-ra ĝidru-še$_3$ nu$_2$-a-ab	Wenn du das Getreide gereinigt hast, lege es zum Stab,
108	siskur$_2$ a$_2$ u$_4$ te-en ĝi$_6$-ba du$_{11}$-ga-ab	sprich das Gebet (zum richtigen) Zeitpunkt am Abend und in der Nacht.

Unterweisungen eines Bauern an seinen Sohn Z. 107 f[88]

KAR 4 ist jedoch nicht in diesem Zusammenhang zu verorten, weil hier ausdrücklich die Götterversorgung im Rahmen der Rolle Nissabas für das en-Priestertum in einem Tempel, resp. dem E-kur in Nippur, als Zielpunkt angegeben ist, und eben keine Rituale direkt auf dem Feld bzw. auf der Tenne.

Zur Ur-III-Zeit galt das Tummal-Fest der Göttin Ninlil im siebten Monat in Nippur als Beginn des kultischen Neujahrs.[89] Zu diesem Fest der Ninlil passt die Erwähnung von Göttinnen im Schöpfungstext (*KAR 4* Vs. Z. 2: Muttergöttinnen, Rs. Z. 17: Aruru; vgl. Rs. Z. 27: Ninmaḫ in der Aufzählung der großen Götter). Dass Nissaba einen Schrein im Ninlil-Tempel hatte, verstärkt dieses Indiz. Zu diesem Fest fanden Prozessionen verschiedener Götter statt, wobei der Ort vom Tummal-Heiligtum im Laufe der Zeit nach Nippur verlagert wurde.[90] Außerdem sind die Ritualhandlungen für das en-Priestertum (vgl. Rs. Z. 29 f: sumerische Zeilen) sicherlich während eines wichtigen Hauptfestes durchgeführt worden. Allerdings gibt Cohen (1993) für das 2. Jt. v. Chr. keine Entsprechung für das Tummalfest im siebten Monat in Nippur an. Nach Lambert datiert *KAR 4* nicht später als frühaltbabylonisch, d. h. in das frühe 2. Jt. v. Chr.[91] Auch ist der Bezug

87 Die Umschrift basiert auf Cohen 2015, 250; Übersetzung KM.

88 Die Tranliteration basiert auf ETCSL 5.6.3.; Übersetzung KM. Vgl. auch Edzard 1987, 45 (deutscher Titel für diesen Text).

89 Vgl. Sallaberger 1993, 142 f.

90 Vgl. Sallaberger 1993, 138 f.

91 Vgl. Lambert 2013, 351.

zur Ernte, der für Nissaba und die Einsetzung der/des en in der parallelen Textstelle *Nissaba A* Zeile 25 f beschrieben ist, im siebten Monat nicht hergestellt.[92]

Nach diesen Analysen des Festkalenders ist festzuhalten, dass *KAR 4* sicherlich ursprünglich in Nippur im E-kur zu verorten ist, wie der Schöpfungstext selbst angibt (vgl. die Textunterschrift), und zwar im Kontext eines Erntefestes, z. B. des izim-še-kiĝ$_2$-ku$_5$ im zwölften Monat oder des kultischen Neujahrsfestes, wie beispielsweise des Tummal-Festes in der Ur-III-Zeit. Möglicherweise war dieses Erntefest mit einer Prozession der Nissaba-Statue vom Ninlil-Tempel zum E-kur verbunden, währenddessen der Schöpfungstext rezitiert wurde. Die situative Verortung auf einem spezifischen Fest wie auch das rituelle Erscheinen der Nissaba in Form des Hinstellens der Götterstatue muss bis dato spekulativ bleiben.

Wahrscheinlich wurde der Schöpfungstext sehr früh aufgrund des Zusammenhangs von Nissaba und der Schreibkunst mit dem *Silbenvokabular A* bzw. mit dem *Silbenalphabet* A zusammengestellt, wobei der mythische Text im Laufe der Zeit eventuell als Kommentar der jeweiligen Liste angesehen wurde.[93] Spätestens ab dieser Zeit galt er als Geheimwissen und wurde in den Gelehrtenkreisen tradiert.

92 Nach Sallaberger 1999 a, 383 beginnt die Ernte in Nippur im ersten Monat.

93 Vgl. Cavigneaux/Jaques 2010, 11 f.

13 Lugal-e: Ritual im bzw. am Tempel

Hauptziel der Schöpfung:	Gebirge[1], Freilassung des Wassers in den Tigris, Fruchtbarkeit, reiche Ernte
Erstedition:	S. Geller 1916 (Bilinguen)
Aktuellste Edition:	van Dijk 1983; ETCSL 1.6.2; Seminara 2001 (Bilinguen); Heimpel/Salgues 2015 (Übersetzung)
Sprache:	Sumerisch (altbabylonische Zeit)
Anzahl Textzeugen:	ca. 100 (nach Selz 2001, 383); 82 (nach ETCSL)
Anzahl Zeilen:	728 (16 Tafeln)
Fundorte:	Nippur, Sippar, Ur, Uruk, Ninive, unbekannt (= stammt aus dem Kunsthandel)
Besonderheit:	sumerisch-akkadische Bilinguen

13.1 Indizienargumentation für die Einordnung als Ritualtext

Laut Selz „scheint [Anm. KM: *Lugal-e*] das am besten überlieferte Werk der sumerischen Dichtkunst gewesen zu sein.“[2] In diesem spannenden und sehr komplexen Schöpfungstext können viele rituelle Indizien beobachtet werden. Daher stellt sich die Frage, ob er als Ritualtext eingeordnet werden kann, was im Folgenden thematisiert wird.[3]

Die ersten 16 Zeilen des Schöpfungstextes sind ein hymnischer Preis auf Ninurta. In den Anfangszeilen von *Lugal-e* wird Ninurta in der 2. Person Singular direkt angesprochen. Es sind viele Epitheta Ninurtas vorhanden, mit denen er erhöht wird; die eigentliche Erhöhung als König, der größer ist als Enlil, wird in Zeile 21 angesprochen (siehe unten). Es handelt sich in diesem hymnischen Anfangsteil um Charakterisierungen des Gottes, um sein Verhältnis zu Enlil, um sein Verhältnis zum Land Sumer und um sein Verhältnis zu den Fremdländern. Die Intention, Ninurta mit der Hymne zu preisen, ist etwas später in Zeile 20 beschrieben (siehe unten). Nach Hrůša enthält eine typische Hymne folgende

1 Vgl. (auch für die folgenden Hauptziele der Schöpfung) Heimpel/Salgues 2015, 33 f. Vgl. auch Streck 2001, 514.

2 Selz 2001, 383.

3 Anders positioniert sich z. B. Heimpel 1987, 315, für den der Text eine literarische Ätiologie für die wiederkehrende Überflutung des Tigris ist. Eine solche Ätiologie kann auch bei einer rituellen Verankerung eines Textes eine Bedeutungsebene darstellen; vgl. daher die situative Verortung bei Heimpel/Salgues 2015, 35 im Rahmen des Neujahrsfestes.

https://doi.org/10.1515/9783110719222-013

Elemente: eine Gottheit wird in der 2. Person oder 3. Person adressiert, eine Vielzahl von Epitheta charakterisiert die Gottheit, die Intention des Preisens der Gottheit wird ausgedrückt.[4] Somit ist der Anfangsteil des mythischen Textes als Hymne klassifiziert, die an den Gott Ninurta gerichtet ist. Solche Hymnen sind zahlreich als zu rezitierende Ritualtexte in Mesopotamien überliefert.

Die nachfolgenden Zeilen (17–21) sind ein Rahmen und verweisen schon am Anfang auf das, was am Ende erreicht sein wird: ein Fest für Ninurta. Dieses Fest, auf das der gesamte mythische Text zuläuft, ist sicherlich eine mythische Beschreibung eines historischen Festes für Ninurta; so interpretiert van Dijk ein solches Fest als rituellen Rahmen für die Rezitation des mythischen Textes.[5] Heimpel/Salgues äußern sich ähnlich: „Die beiden Texte [Anm. KM: *Lugal-e* und *Nanše A*] wurden wohl am Neujahrsfest aufgeführt und sprachen den Dank der Gemeinde für den Segen des Stadtgottes und des Königs aus."[6] Auch Sallaberger verortet diesen Schöpfungstext im Rahmen eines Ninurta-Festes: des gu$_4$-si-su.[7] Die Zeilen (17–21) sind sicherlich ein Vorgriff auf die Erhöhung des Ninurta durch Enlil (ETCSL Z. 682–697), da er am Textende (d. h. nach Vollbringen seiner Taten) von Enlil als „König" (lugal) erhöht wird (ETCSL Z. 685, Z. 688, Z. 697). Die Erzählweise des Textes ist nicht chronologisch: Die Erhöhung (vgl. das Textende) geschieht offensichtlich im Rahmen eines Festes für Ninurta, auf das bereits am Textanfang vorgegriffen wird. Es wird also von zwei Festen erzählt: Von dem Fest am Textanfang, das durch den Gegenspieler Asag gestört wird, und von dem Fest am Textende, dass der (menschliche) König zusammen mit Ritualen für Ninurta ausrichten soll. Heimpel/Salgues spezifizieren diesen Punkt folgendermaßen: „Neujahrsfest – Krise – zweites Neujahrsfest, an dem die Überwindung der Krise gefeiert wird".[8]

Die Position des Ninurta erscheint im Text eigentlich erst als Ergebnis. Sie wird der mythischen Erzählung aber schon vorausgreifend (proleptisch) vorangestellt. Das Fest wird in Zeile 18 erwähnt: izim ĝar-ra-ni („das Fest, für ihn [= Ninurta] durchgeführt"). Teilnehmende Götter eines Banketts im Rahmen dieses Festes sind u. a. An und Enlil (Z. 19). Ninurtas Rolle auf diesem Fest ist es, Schicksale zu entscheiden (Z. 21). Ba'u spricht Gebete für den König auf diesem Fest:

4 Vgl. Hrůša 2015, 111.
5 Vgl. van Dijk 1983, 28.
6 Heimpel/Salgues 2015, 35.
7 Vgl. Sallaberger 2019, 104 f.
8 Heimpel/Salgues 2015, 35.

20	^{d}Ba-u$_2$ a-ra-zu lugal-la-ka u$_3$-gul ĝa$_2$-ĝa$_2$-da-ni	während Ba'u flehende Bitten – es sind Gebete für den König – vorbringt[9]
		Lugal-e Z. 20[10]

Aus dem Kontext ist ersichtlich, dass die Gebete an Ninurta gerichtet sind, weswegen er nicht der genannte König sein kann, in dessen Anliegen die Gebete gesprochen werden. Van Dijk (1983) sowie Heimpel/Salgues (2015) sehen hier in dem König deshalb (meines Erachtens zu Recht) den irdischen König.[11] Hier werden verschiedene Rituale (Gebete, Bankett, Schicksalsentscheidung) als Bestandteile eines Festes für Ninurta im mythischen Text gespiegelt, die ein wichtiges Indiz für die Verortung des Schöpfungstextes sind. Weil die Spiegelung von Ritualen im mythischen Text andernorts die Verankerung des mythischen Textes im Ritual zeigt (z. B. *Atram-ḫasīs*, *Lied auf die Hacke*, vgl. Abschnitt 3.1.5), ist damit ein mögliches Indiz für die situative Verortung des Textes im Rahmen eines Ninurta-Festes in Nippur gegeben.[12] Dieses Fest weist im mythischen Text darüber hinaus Bezüge zum Neujahrsfest auf (vgl. Abschnitt 13.8).[13]

Im Anschluss an diese These werden weitere Indizien für die situative Verortung des Schöpfungstextes diskutiert. Die Textunterschrift eines Textzeugen weist das Werk als [ser$_3$-su]d oder [za$_3$-m]im (je nach Lesung des kaum noch erhaltenen zweiten Zeichens) auf Ninurta aus.[14] Dass die letzte Zeile (ETCSL Z. 726; vgl. van Dijk 1983 Z. 729) eine andere Eigenbezeichnung als za$_3$-mim aufweisen dürfte, ergibt sich aus der vorletzten Zeile (ETCSL Z. 725; vgl. van Dijk 1983 Z. 728). Dort steht bereits za$_3$-mim-zu du$_{10}$-ga-am$_3$ („Dein Preislied ist ausgezeichnet."). Die Lesung von ser$_3$-sud als finale Eigenbezeichnung ist demzufolge überzeugender.

Shehata schlägt eine Verbindung des Lexems sud („lang") mit der Gattung der ser$_3$-gid$_2$-da vor, falls die Rekonstruktion des ersten Zeichens (ser$_3$) in

9 Nach Thomsen 1984, 306 liegt ein Kompositverb vor: u$_3$-gul--ĝar („to pray, to entreat"); vgl. das Lexikon Sumerisch-Französisch von Pascal Attinger, der dieses Verb u. a. mit „supplier" übersetzt, online abrufbar unter: http://doi.org/10.5281/zenodo.2585683 (abgerufen am 08.01.2020).

10 Die Umschrift folgt ETCSL 1.6.2 und ist von mir abgeglichen mit van Dijk 1983; Übersetzung KM.

11 Vgl. van Dijk 1983, 8 sowie Heimpel/Salgues 2015, 33 und 35.

12 So argumentiert auch van Dijk 1983, 8, vgl. S. 28 für die Verbindung von Mythos und Ritual.

13 Vgl. Heimpel/Salgues 2015, 35 und 64 (Übersetzung der Z. 671 und 675). Vgl. dazu den Abschnitt 13.8 im vorliegenden Buch.

14 Van Dijk 1983: „[šir$_3$-su]d$^{?}$-/[za$_3$-m]i$_2$$^{??}$-^{d}nin-urta-ka" (Kolophon von Textzeuge Z$_2$).

Lugal-e korrekt ist.[15] Die Liedgattung ser$_3$-gid$_2$-da ist ein Preis an eine oder mehrere Gottheiten für ihr Kriegertum und ihre göttliche Abstammung, wobei das Lied ein Wohlwollen an den irdischen König einschließen kann und deshalb im Rahmen der „Königsideologie"[16] verortet wird. Inhaltlich passt dieses Phänomen zu *Lugal-e*. Ninurta ist der kriegerische Held über den numinosen Asag und die Fremdländer; gleichzeitig wird seine Sohnschaft von Enlil gerühmt, der ihn sogar über sich selbst erhöht (Z. 12; vgl. die Textstelle in Abschnitt 13.2).

Die zwei Zeilen direkt vor der Doxologie, die auf vier Textzeugen erhalten sind, verorten den Schöpfungstext ebenfalls als performatives Lied auf Ninurta, wie die folgende Bilingue zeigt:

724	[en] gal ^{d}En-lil$_2$-la$_2$ ^{d}Nin-urta dumu mah e$_2$-kur-ra	Großer [Herr] des Enlil, Ninurta, erhabenes Kind des E-kur,
725	[nir]-ĝal$_2$ a-a ugu-na za$_3$-mim-zu du$_{10}$-ga-am$_3$	[Angeseh]ener seines leiblichen Vaters: Dein Preislied ist ausgezeichnet.

Lugal-e ETCSL Z. 724 f (= van Dijk 1983 Z. 727 f)[17]

Dass ein ser$_3$-gid$_2$-da mit einem za$_3$-mim-Vermerk klassifiziert ist, ist bis auf eine Ausnahme die Regel.[18] Die Beleglage für das „ausgezeichnete Preislied" (za$_3$-mim du$_{10}$-ga) wird in Abschnitt 3.5 diskutiert. Das „ausgezeichnete Preislied" wurde anscheinend als Oberkategorie im Sinne der deutschen Übersetzung „ausgezeichneter Preis" verwendet.[19] Das Adjektiv scheint hier eine performative Verwendung qualitativer Art zu implizieren und könnte mit „ist ausgezeichnet gemacht" übersetzt werden. Dem „ausgezeichneten Preis", der keiner Liedgattung zugeordnet werden kann, würde akkadisch *qabû* („sagen") entsprechen, was ggf. eine freie Rede beinhaltet.[20]

---

15 Vgl. Shehata 2009, 275.

16 Vgl. Shehata 2009, 275.

17 Übersetzung KM.

18 Vgl. Shehata 2009, 275.

19 Ein za$_3$-mim du$_{10}$-ga konnte ein ser$_3$ („Lied") sein (*Ninĝešzida B* Z. 5, Z. 13, Z. 38, *Nuska B* Z. 5 f), ein bal-bal-e-Lied (*Dumuzi und Enkimdu* Z. 89 f, *Ninĝešzida B* Z. 24 f), ein tigi-Lied (*Urninurta B* Z. 47 f) oder ein ser$_3$-nam-gala („Lied des Klagesängertums", *Ibbi-Sîn B* Z. 11–13). Die Belege für za$_3$-mim du$_{10}$-ga als ser$_3$-gid$_2$-da wurden bereits angesprochen. *Inna-na und Gudam Segment C* Z. 36 f zeigt, dass za$_3$-mim du$_{10}$-ga verkündet (du$_{11}$) werden konnten.

20 Persönliche E-Mail von Claus Ambos vom 19.09.2013 über die Vortragspraxis von Ritualexperten; vgl. Hecker 1974.

Der Schöpfungstext selbst weist weitere Performanzhinweise auf. So wird oft das Possessivpronomen der 1. Person Singular („mein“) in den narrativen Passagen für Ninurta verwendet (beispielsweise ETCSL Z. 566, Z. 579, Z. 592, Z. 609: lugal-ĝu$_{10}$ / „mein König“). Die rein beschreibende Erzählperspektive wird damit verlassen. Der Erzähler spiegelt hiermit seine Existenz wider und verortet sich selbst als Diener Ninurtas. Für sich allein genommen beweist das Indiz der Verwendung der 1. Person Singular nicht viel. Erst im Zusammenspiel mit der Klassifizierung des Liedes als ausgezeichnetes za$_3$-mim und dem hymnischen Textanfang, der sich selbst im rituellen Fest verortet, ist eine Indizienargumentation möglich.

Abschließend ist festzuhalten, dass es sich bei *Lugal-e* sehr wahrscheinlich um einen rituell dargebotenen Preis auf Ninurta handelt, der möglicherweise in Verbindung zu den ser$_3$-gid$_2$-da steht, mit denen Wohlwollen für den König erbeten wird.

13.2 Ritualadressat

Wie die Diskussion des Textanfangs und der Textunterschrift im vorherigen Abschnitt ergeben hat, ist Ninurta sicherlich der Ritualadressat. Außerdem ist er der Protagonist und siegreiche Held des mythischen Textes. Er ist in Zeile 1 bereits als lugal betitelt; der Text erklärt, wie er das Königtum erhält. Auf der mythischen Textebene wird er als Ritualadressat von zwei Ritualen gezeigt. In Zeile ETCSL 679 beruhigen ihn die Anuna; in den Zeilen ETCSL 682–697 erhält er einen Segen von Enlil. Ninurta entscheidet am Textanfang (ETCSL Z. 21) das Schicksal, was in anderen Texten Enlils Rolle ist. Außerdem ist er von Enlil selbst zum König über Enlil erhöht worden:

12	^{d}Nin-urta lugal ^{d}En-lil$_2$-le ni$_2$-te-na dirig-ga	Ninurta, König, den der bekannte Enlil hier über sich selbst (= über Enlil) erhöht hat.

Lugal-e ETCSL Z. 12[21]

Das Königtum Ninurtas hängt nach dieser Zeile mit seiner Erhöhung über Enlil zusammen. Seine Erhöhung gipfelt im Königtum. Der Textanfang nimmt die Ergebnisse des nachfolgend erzählten Mythos bereits vorweg und ebenfalls das abschließende Siegesfest Ninurtas. Alle diese Phänomene ergänzen die situati-

21 Übersetzung KM folgt ETCSL und van Dijk 1983. Zur Nahdeixis („der bekannte Enlil hier“) vgl. Abschnitt 3.2.4 und zu dieser Textstelle Abschnitt 13.3 und 13.4.

ve Verortung mit Ninurta als Ritualadressat, auf die die Textunterschrift verweist.

Direkt vor der zweizeiligen Textunterschrift, die den Preis Ninurtas zum Inhalt hat, existiert eine zweite (ETCSL Z. 707–726 = van Dijk 1983, Z. 710–729). Es handelt sich dabei um ein Preislied auf Nissaba. Interessanterweise liegt hier ein doppelter Preis am Textende vor: auf Nissaba und auf Ninurta. Es ist nicht unüblich, dass eine Gottheit gepriesen wird und anschließend eine höhere. So erhält beispielsweise in der Hymne *Enlil A* (= ETCSL 4.05.1) Ninlil ein Preislied (Z. 165 f) und im Anschluss Enlil (Z. 167–171). In der *Keš-Hymne* (= ETCSL 4.80.2) wird zuerst Ašgi für Keš gepriesen (Z. 131) und dann Nintu (Z. 132). In *Lugal-e* ist das Preislied auf Nissaba mit Ninurta verbunden. Die Zeilen 706–708 (nach ETCSL) bzw. 709–711 (nach van Djk 1983) zeigen dies sehr deutlich:

698–705	mehrere finite Satzkonstruktionen mit Verb=a==še	Da Ninurta (....),[22]
706	^{d}Nin-urta dumu ^{d}En-lil$_{2}$-la$_{2}$-ke$_{4}$ guru$_{7}$-du$_{6}$ guru$_{7}$-maš-a gu$_{2}$ bi$_{2}$-in-gur-gur-ra-aš	da Ninurta, Sohn des Enlil, Getreidehügel (und) Getreidespeicher aufhäufte:
707	in-nin me a$_{2}$-bi-ta e$_{3}$-a du$_{11}$-ge maḫ dib-ba	ist die Herrin, die die Machtmittel (sumerisch: me) aus deren Kraft herausgehen ließ, die für das Sprechen erhaben vorübergegangen ist,
708	^{d}Nissaba munus zid gal-an-zu kur-kur-ra dirig-ga	Nissaba, die tatkräftige[23] Frau, die weise, die die Fremdländer/Gebirge überragt hat, (...)

Lugal-e ETCSL Zeilen 698–708 (= van Dijk 1983 Z. 701–711)[24]

In der uns schriftlich vorliegenden Gesamtversion, in der Stoffe zu einem mythischen Text verarbeitet sind, gilt: Weil Ninurta die landwirtschaftlichen Gegebenheiten bereitstellt, kann Nissaba ihre Rolle ausfüllen und deswegen gepriesen werden. Erst nach der Bereitstellung geht Nissaba an diesem landwirtschaftlichen Ort vorüber. Ninurta ist der Schöpfer, Nissaba fungiert als Verwalterin der Schöpfung.[25] A. Zgoll verweist darauf, dass hier zwei Schichten

22 Die sumerischen Sätze beschreiben die Schöpfung der landwirtschaftlichen Gegebenheiten (z. B. Pflug, Saatfurchen) durch Ninurta. Sie sind nur aus Platzgründen nicht in Übersetzung wiedergegeben.

23 Vgl. A. Zgoll 1997a, 177 zum Stichwort „munus zi(d)" („tatkräftige Frau"). Vgl. auch Lämmerhirt 2010.

24 Übersetzung KM.

25 Zur vielfältigen Rolle von Nissaba, u. a. als Götterversorgerin und Versorgerin des Landes siehe Selz 1989 (besonders die hervorragende Übersicht auf S. 496).

vorliegen: eine, die die Macht über Fruchtbarkeit und Menschen Nissaba zuschreibt, und eine andere, die alles dies Ninurta unterstellt.[26] Dass derartige Strata in Mythen zu erwarten sind, zeigen Ergebnisse der DFG-Forschergruppe 2064 STRATA an der Georg-August-Universität, die solche Schichten von Erzählstoffen und Texten untersucht. Dazu ist nun ein umfassender theoretisch-methodischer Band erschienen (C. Zgoll 2019), der die theoretischen Grundlagen – Mythen als länger überlieferte Stoffe haben Strata, sind polystrat – und die methodischen Werkzeuge für die Analyse solcher Strata bereitstellt (Kapitel 12–22).[27]

In ETCSL Z. 721 (= van Dijk 1983 Z. 724) wird Nissaba für ihre Herrschaft über die Sumerer gepriesen:

721	[nin] saĝ gi$_6$-ga en$_3$ tar-re uĝ$_3$-e enim si sa$_2$	[Herrin,] die die Schwarzköpfigen untersucht, die das Wort ordnet für die Menschen.

Lugal-e ETCSL Z. 721 (= van Dijk 1983 Z. 724)[28]

Erst durch die Schöpfung der landwirtschaftlichen Ordnung durch Ninurta kann Nissaba nicht nur in der Götterwelt ihre Rolle als Schreiberin erfüllen, sondern auch ihren landwirtschaftlichen Verantwortungsbereich auf der Erde übernehmen. Die kausalen Satzkonstruktionen mit Ninurta als Subjekt in ETCSL Zeilen 698–706 (= van Dijk 1983 Zeilen 701–709) sind daher in der vorliegenden Textgestalt dem Preis auf Nissaba vorangestellt. Was auf den ersten Blick als zwei unverbundene Preislieder erscheint, ist nach einer gründlichen inhaltlichen Analyse aussagekräftig. So wie der Text in seiner Endgestalt vorliegt, ist der Preis der Nissaba von den Taten des Ninurta abhängig gemacht worden. Dies zeigt, dass Nissaba hier nicht die Ritualadressatin, sondern eine Ritualteilnehmerin und Ritualgarantin ist. Der Ritualadressat ist der Schöpfer Ninurta.[29] Mögliche Vorformen des überlieferten Rituals werden in Abschnitt 13.8 diskutiert.

---

26 Vgl. dazu demnächst die Monographie von A. Zgoll („Religion in Mesopotamien": A. Zgoll i. V.).

27 Weitere Informationen finden sich auf der Webseite der DFG-Forschergruppe 2064 STRATA: http://www.uni-goettingen.de/en/556429.html. Die Ergebnisse dieser Forschergruppe sind publiziert in A. Zgoll/C. Zgoll 2019 b.

28 Übersetzung KM.

29 Van Dijk (1987, 136) hingegen verortet den Text („Heldendichtung") aufgrund der landwirtschaftlichen Bezüge im Rahmen verschiedener Jahresfeste in vielen sumerischen Städten mit verschiedenen „Bauerngöttern" (u. a. Ninĝirsu) als Ritualadressaten anstelle von Ninurta.

13.3 Weitere göttliche Ritualteilnehmer

Dass Nissaba im Text kurz vor dem Abschlusspreis auf Ninurta gepriesen wird und dass Ninurta ihr den landwirtschaftlichen Bereich zur Verfügung stellt, sind deutliche Indizien, dass sie eine göttliche Ritualteilnehmerin ist, auf die ein preisender Ritualteil (za$_3$-mim, vgl. ETCSL Z. 707–723 = van Dijk 1983 Z. 710–729) entfällt. Sollte, wie in Abschnitt 13.8 diskutiert, eine Vorform des Rituals in Ĝirsu während der 2. Dynastie von Lagaš existiert haben, war sicherlich Ba'u neben Nissaba eine wichtige Ritualteilnehmerin.[30] Im vorliegenden Schöpfungstext ist sie nach ETCSL Z. 671 (= van Dijk 1983 Z. 674) als junge Frau und Mutter (ki-sikil ama) erwähnt und ebenso als Betende für den (irdischen) König in Zeile 20 (vgl. Abschnitt 13.1).

Im mythischen Text sind die Anuna bei der Landung von Ninurtas Prozessionsschiff anwesend (ETCSL Z. 676 = van Dijk 1983 Z. 679). Auf dem Hauptfest eines wichtigen Gottes wie Ninurta (bzw. in einer möglichen Vorform: Ninĝirsu) wären sie zu erwartende Gäste seiner Erhöhung und somit Ritualteilnehmer. Das göttliche Königtum war sicherlich als Herrschaft über die Anuna gemeint.

Enlil war sicherlich nicht nur als Teil der Gruppe der Anuna anwesend, sondern aufgrund seiner wichtigen Rolle im mythischen Text als eigenständige Persönlichkeit. Dass er seinen Sohn Ninurta nach ETCSL Z. 21 erhöht, ist ein Indiz für seine Teilnahme am Ritual. In ETCSL Z. 19 werden er und An als Teilnehmer eines Banketts von Ninurta erwähnt, womit die Siegesfeier Ninurtas nach der Rückreise am Textende vorweggenommen ist. Dieses Indiz lässt auf die Teilnahme von An am Ritual schließen. Außerdem zeigt das sprachliche Indiz der Nahdeixis Enlils Anwesenheit:

12	^{d}Nin-urta lugal ^{d}En-lil$_2$-le ni$_2$-te-na dirig-ga	Ninurta, König, den der bekannte Enlil hier über sich selbst (= über Enlil) erhöht hat (...)

Lugal-e ETCSL Z. 12[31]

Der „bekannte Enlil hier" bedeutet, dass Enlil als anwesend vorgestellt wurde.[32] Dies könnte auch ein Verweis auf die Cella sein.

---

30 Nach Cohen 1993, 47 wurden hauptsächlich Ninĝirsu und Ba'u zum izim še-gu$_7$ ^{d}Nin-ĝir$_2$-su („Fest des Getreideessens des Ninĝirsu") beopfert. Eine Vorform von *Lugal-e* kann meines Erachtens zum jetzigen Stand der Forschung innerhalb eines Rituals auf diesem Fest rezitiert worden sein; vgl. Abschnitt 13.8.

31 Übersetzung KM folgt ETCSL und van Dijk 1983.

32 Zur Nahdeixis vgl. Woods 2000, 303 f; Wilcke 2012, 30 und Abschnitt 3.2.4 im vorliegenden Buch.

Auch Ninmaḫ, die in diesem Text durch eine neue Namensgebung von Ninurta mit der Göttin Ninḫursaĝ gleichgesetzt wird (ETCSL Z. 394 f = van Dijk 1983 Z. 397 f), wird erhöht:

406	za-e nin-me-en i$_{3}$-da-sa$_{2}$-sa$_{2}$-a an-gen$_{7}$ ni$_{2}$ ḫuš gur$_{3}$-ru	Du, du bist Herrin! Die gleich ist mit <N.N.>, die wie An furchterregenden Schrecken trägt (...)

Lugal-e ETCSL Z. 406 (= van Dijk 1983 Z. 409)[33]

Sicherlich war Ninmaḫ als Teil der Anuna ebenfalls Teilnehmerin an der Rezitation von *Lugal-e*. Der Synkretismus von Ninmaḫ mit Ninḫursaĝ ist unter Berücksichtigung einer möglichen Vorform des Rituals in Ĝirsu/Lagaš mit Ninĝirsu als Ritualadressat besonders interessant, da auch dort eine Muttergöttin (u. a. Ninmaḫ) als Mutter von Ninĝirsu verehrt wurde und hier eventuell die ursprüngliche Ritualkonstellation mit Ninĝirsu, Ba'u, Ninmaḫ, Nissaba sowie vermutlich mit Enlil und An durchscheint.[34]

13.4 Ritualexperte

Die theologische Aussage (= Erhöhung von Ninurta durch Enlil) lässt auf Nippur als Ursprungsort des Textes in seiner vorliegenden Fassung schließen. Der kanonisierte Text wurde vermutlich in Nippur innerhalb der Priesterschaft des e$_{2}$-šu-me-ša, des Tempels des Ninurta, verschriftet. Für die Rezitation in Nippur kam entweder der gala-maḫ („Oberster Klagesänger), der nar-gala („Obersänger") oder auch der/die en als Hohepriester(in) in Frage.[35] In der Isin-Zeit singt beispielsweise der nar-gala ^{d}En-lil$_{2}$ („Obersänger des Enlil") ein Lied während der Rituale mit einem Kultpflug im Rahmen des gu$_{4}$-si-su-Festes nach der rituellen Spiegelung im Text *Lipit-Eštar F* (= *Lipit-Eštar und der Pflug*).[36] Ist hier möglicherweise eine Parallele zur Rezitation von *Lugal-e* durch den Obermusiker (gala-maḫ bzw. nar-gala) von Ninurta gegeben?

Die ca. 100 altbabylonischen Tafeln stammen hauptsächlich aus Nippur, daneben aus Uruk, Ur, Sippar und aus dem Kunsthandel. Falls es eine uns nicht erhaltene Vorform in Ĝirsu gegeben hat, kann das Ritual ursprünglich inner-

---

33 Übersetzung KM. Meine Übersetzung weicht von ETCSL ab: An ist hier nicht das Objekt für die Erhöhung, sondern gehört zur nächsten Wortgruppe. Vgl. auch Heimpel/Salgues 2015, 53.

34 Für die Familienverhältnisse von Ninurta/Ninĝirsu vgl. Streck 2001, 513 f.

35 Die Ämter sind im Ninurta-Tempel in Nippur während der Isin-Larsa-Zeit belegt nach Sigrist 1984; für frühere Epochen sind sie sicherlich weitestgehend vorauszusetzen.

36 Vgl. Cohen 1993, 89 f.

halb der Priesterschaft des e₂-ninnu in Ĝirsu entstanden sein. So wird in *Lugal-e* ETCSL Z. 477 (= van Dijk 1983 Z. 480) dieser Tempel innerhalb der Schicksalsentscheidung des Ninurta für den Diorit erwähnt (vgl. dazu Abschnitt 13.8). Dann hätte sicherlich der gala-maḫ die Version rituell rezitiert, eventuell unter Beteiligung mehrerer Sänger.[37] In *Lugal-e* gibt es allerdings keinen Refrain oder andere Indizien, die auf einen Chor schließen lassen. Der kanonisierte Text konnte gut von einem einzelnen Sänger gesungen werden, weil es viele Rede-Einleitungen gibt. Außerdem erscheint im mythischen Text nur ein siegreicher Held und nicht mehrere siegreiche Protagonisten, was nach den Studien von Wilcke eher konträr zu szenischen Aufführungen ist.[38] Die sieben Tafeln von *Enūma elîš* mit der Erhöhung Marduks, dem siegreichen Helden, wurden im 1. Jt. v. Chr. ebenfalls von einem Priester bzw. einem Sänger rezitiert.[39]

Das sprachliche Indiz der Nahdeixis in ETCSL Zeile 12 („der bekannte Enlil hier") bedeutet, dass Enlil vor den Augen des Publikums ganz nah anwesend gedacht wurde, evtl. auch war.[40] Dieses Indiz kann auf eine Anwesenheit Enlils in Form eines Sängers, seiner Götterstatue oder seines Götteremblems verweisen. Nach den obigen Ausführungen ist eher kein Sänger anzunehmen, sondern die physische Manifestation der Gottheit in ihrer Statue oder ihrem Emblem. Somit wäre dies kein Indiz für mehrere Sänger.

Die weite Verbreitung des Textes und seine Tradierung zeigen die bilingualen Fassungen. Aus Nische 3 A des Šamaš-Tempels in Sippar stammen vier Tafeln der Bilingue von *Lugal-e*, von denen drei den Kolophon von Nabû-ēṭir-nap-

---

37 In Ĝirsu ist ein gala-maḫ am Ninĝirsu-Tempel belegt, vgl. Sallaberger/Vullliet 2005, 634.636. Der/die Hohepriester(in) saĝĝa-maḫ war in Ĝirsu eher für die verwaltenden Leitungsaufgaben eines Tempels zuständig, jedoch während hoher Rituale sicherlich anwesend.

38 Vgl. Wilcke 2012, 32 f.

39 Es existiert eine private Mitteilung von Lambert an Parpola über eine unpublizierte Tafel des British Museum mit Fest-Ritualen aus Babylon und einer Erwähnung einer partiellen Rezitation von *Enūma elîš* durch einen Sänger (*nāru*) während des herbstlichen *Akītu*-Festes: Parpola 1983, 186; vgl. auch A. Zgoll 2006a, 49 mit Anm. 178. A. Zgoll (ebd.) interpretiert den Wechsel des Vortragenden im Zusammenhang mit einer größeren Öffentlichkeit: Der Oberpriester mit einer vollständigen Rezitation in der Cella, der Sänger mit Auszügen aus dem Werk im Beisein des Volkes. Weil in der persönlichen Mitteilung an Parpola eine partielle Rezitation erwähnt wird, handelt es sich eventuell nicht um die Tafel BM 32206+, die jetzt bearbeitet vorliegt, und eine vollständige Rezitation des Liedes am vierten Tag des Kislīmu (9. Monat) in Babylon durch einen Sänger (*nāru*) erwähnt (2,55.62–64); vgl. die Bearbeitung von Çağirgan/Lambert 1991–1993, 95 f (Umschrift, Übersetzung); vgl. auch Linssen 2004, 81 (Anm. 425) und Gabriel 2014, 88.

40 Zur Nahdeixis vgl. Woods 2000, 303 f; Wilcke 2012, 20 und Abschnitt 3.2.4 im vorliegenden Buch.

šāti aus einer bekannten Familie von Töpfern aufweisen.[41] Der Text wurde bis in die Spätzeit tradiert, wie ein Fragment aus seleukidischer oder arsakidischer Zeit zeigt.[42] Aus dem 1. Jt. v. Chr. stammen zudem Kultkommentare zu *Lugal-e*.[43]

Ob der Text in späterer Zeit in andere situative Kontexte gestellte wurde, wie beispielsweise der *Anzu-Mythos*, der im 1. Jt. laut dem Kultkommentar *Mardukordal* während Wettläufen an Tempeln im neunten Monat rezitiert wurde,[44] muss hier offenbleiben. Aufgrund des hohen Beliebtheitsgrads von Ninurta auch in Assyrien ist dies denkbar.

13.5 Weitere menschliche Ritualteilnehmer

Falls der/die Hohepriester(in) des e$_2$-šu-me-ša in Nippur nicht selbst *Lugal-e* rezitierte, so dürfte er/sie zumindest anwesend gewesen sein. Gleiches gilt für den/die saĝĝa-maḫ in Bezug auf eine mögliche Vorform des Rituals in Ĝirsu.[45]

Der König der Ur-III-Zeit war bei einer Rezitation eines solchen Textes notwendigerweise zugegen (vgl. die Passage mit der Teilnahme eines nicht genannten Herrschers in ETCSL Z. 662–668 = van Dijk 1983 Z. 665–671), ebenso Gudea als Herrscher des Stadtstaates, sofern es ein Vorläuferritual in Ĝirsu gab.[46]

Inwieweit das Volk bei der Rezitation des Textes teilnahm, ist nicht abschließend zu beurteilen. Die Indizien weisen jedoch eher auf eine Teilnahme des Volks hin. So ist eine Siegesfeier und Erhöhung des Stadtgottes Ninurta in Nippur unter Anwesenheit des Volkes anzunehmen. Andererseits wurde die Erhöhung Marduks in *Enūma elîš* unter Ausschluss der Öffentlichkeit in der

41 Vgl. Al-Rawi 1995, 199.

42 Vgl. Maul 2005, 201 (Nr. 43).

43 Vgl. Finkel 1986.

44 Vgl. Livingstone 1989, Nr. 34, 57–64; Streck 2001, 520. Streck verweist auf Zeile 61 für die Rezitationspraxis.

45 Ein(e) Hohepriester(in) des Ninĝirsu ist für Ĝirsu in der Gudea-Zeit nicht belegt; nach Sallaberger/Huber Vulliet 2005, 636 übernahm der saĝĝa(-maḫ) die Leitungsaufgaben des Tempels.

46 A. Zgoll arbeitet aktuell an einem Buch über „Religion in Mesopotamien" (A. Zgoll i. V.), in dem sie u. a. ausführlich auf die Verortung von *Lugal-e* (bei ihr: *Ninurta und die Steine*) eingeht und eine Verbindung der Inthronisation des Ninurta mit der Einsetzung des irdischen Königs sieht. Ich danke herzlichst für die hier kurz skizzierte E-Mail von A. Zgoll vom 21.03.2017. Demnach war der König in diesem Ritual notwendigerweise anwesend.

Cella des Gottes rezitiert.[47] Anschließend wurden Auszüge aus *Enūma elîš* zusätzlich im weiteren Verlauf des Festes rezitiert von einem Sänger.[48] A. Zgoll interpretiert den Wechsel des Vortragenden im Zusammenhang mit einer größeren Öffentlichkeit: Der Oberpriester rezitiert den Text vollständig in der Cella, der Sänger trägt ihn „publikumswirksam" in Auszügen im Beisein des Volkes außerhalb des Tempels vor.[49]

Das Setting von *Lugal-e* scheint ähnlich zu sein. So verweisen auch Heimpel/Salgues auf inhaltliche Bezüge beider Texte („Formation von Rebellenstaaten" unter einem feindlichen König).[50]

13.6 Ritualobjekt

Im mythischen Text ist Asag, der Gegenspieler Ninurtas, das hauptsächliche Schöpfungsobjekt, den Ninurta tötet und „in Gestein verwandelt und dieses zu einem Gebirge formt, von dessen Flanken sich das Schmelzwasser als sogenannte Karpfenflut in den Tigris gießt und den Bewohnern des Landes Sumer landwirtschaftlichen Reichtum verschafft."[51] Aus dem numinosen Asag wird also ein Gebirge erschaffen und damit die Freilassung des Wassers in den Tigris sowie Fruchtbarkeit und reiche Ernte ermöglicht.[52] Der Sieg über Asag ist nicht das eigentliche Textziel, sondern der Weg dorthin. Das eigentliche Textziel besteht in der Erhöhung Ninurtas zum König (ETCSL/van Dijk 1983 Z. 12). Diese Erhöhung ist die Konsequenz aus dem Sieg über Asag. Sie führt zur Erschaffung der landwirtschaftlichen Ordnung mit Deichen etc. nach dem Kampf, mit dem Wasser, das Grundlage der Fruchtbarkeit ist und mit reicher Ernte, für die einer-

---

47 Vgl. Gabriel 2014 (besonders Abschnitt 2.2 „Die Verortung des Werkes); A. Zgoll 2006a, 23 f und 48–50.

48 Nach einer privaten Mitteilung von Lambert an Parpola über eine unpublizierte Tafel des British Museum mit Fest-Ritualen aus Babylon wird eine partielle Rezitation von *enūma elîš* durch einen Sänger (*nāru*) während des herbstlichen *akītu*-Festes erwähnt: Parpola 1983, 186; vgl. auch A. Zgoll 2006 a, 49 mit Anm. 178. Dieser bis dahin unpublizierte Textzeuge ist eventuell von der seit einiger Zeit publizierten Tafel BM 32206+ zu unterscheiden, weil BM 32206+ keine Hinweise auf eine partielle Rezitation enthält (vgl. 2,55.62–64); vgl. die Bearbeitung von Çağirgan/Lambert 1991–1993, 95 f; vgl. dazu auch Linssen 2004, 81 (Anm. 425) und Gabriel 2014, 88.

49 Vgl. A. Zgoll 2006, 49 (Zitat auch ebd.).

50 Vgl. Heimpel/Salgues 2015, 35 (Zitat auch ebd.).

51 Heimpel/Salgues 2015, 33.

52 Vgl. auch Streck 2001, 514.

seits Ninurta verantwortlich ist (der auch den Pflug erschafft: ETCSL Z. 704 = van Dijk 1983 Z. 707), andererseits Nissaba, die er als seine „Helferin"[53] einsetzt.

Neben der Frage nach dem, was hauptsächlich erschaffen wird (= Hauptziel der Schöpfung), ist die Frage verbunden, worauf der Text generell zielt (= Textziel). Es scheint so, als gäbe es mehrere Textziele, die miteinander verbunden sind: Königtum des Ninurta, Abwendung einer Bedrohung bzw. „Krise"[54], v. a. aber auch: das Erschaffen der Grundlagen der Fruchtbarkeit durch Wasser, landwirtschaftliche Werkzeuge, reiche Ernte (und der Aufgaben der Göttin Nissaba). Das Ritualobjekt kann in diesem Rahmen zu finden sein. Verschiedene Möglichkeiten können auch zusammenhängen. Beispielsweise kann das Ritualobjekt also sehr gut die Ernte sein, was den Text mit einem landwirtschaftlichen Ritual in Verbindung bringen könnte.

Weitere Indizien weisen auf den irdischen König als Ritualobjekt hin:

20	^{d}Ba-u$_{2}$ a-ra-zu lugal-la-ka u$_{3}$-gul ĝa$_{2}$-ĝa$_{2}$-da-ni	Während Ba'u fleht – es sind Gebete für den (irdischen) König,
21	^{d}Nin-urta dumu ^{d}En-lil$_{2}$-la$_{2}$-ke$_{4}$ nam tar-re-da-ni	während Ninurta, Sohn des Enlil, das Schicksal (dafür = für den König)[55] entscheidet (...)

Lugal-e ETCSL Z. 20 f[56]

Aus dem Kontext ist ersichtlich, dass es sich bei dem „König" nicht um den König Ninurta handeln kann, sondern um den irdischen König. Auf dem Hauptfest des Ninurta Fürbitte für den irdischen König einzulegen, passt gut in den situativen Rahmen: Zur Ur-III-Zeit war der König während des gu$_{4}$-si-su-Festes in Nippur ein aktiver Ritualteilnehmer (vgl. Abschnitt 13.8).[57] Hier ist der König als Ritualobjekt einzuordnen: Das Ritual erhöhte Ninurta zum König, der im Gegenzug dem menschlichen König Gelingen schenkte.

Ein weiteres Indiz weist in diese Richtung: Ninurta entschied auf dem Fest das Schicksal. Das wird gleich nach dem Beten von Ba'u ausgesagt. Hier ist es nicht schwer, einen Zusammenhang zu vermuten. Das Schicksal des Königs hing eng mit dem Wohlergehen des Landes zusammen. Nur ein König mit einem günstigen Schicksal konnte ein angemessener Herrscher für das Land sein. So erwähnt der Text die guten Auswirkungen von Ninurtas Taten für das Land: die

53 Heimpel/Salgues 2015, 66.
54 Heimpel/Salgues 2015, 35.
55 Vgl. die entsprechende Übersetzung in Heimpel/Salgues 2015, 37.
56 Die Umschrift basiert auf ETCSL c.1.6.2; Übersetzung KM.
57 Vgl. Sallaberger 1993, 305.311.

(Wieder)-Erschaffung der landwirtschaftlichen Ordnung nach dem Kampf sowie die Übergabe dieses Bereichs an Nissaba für die Schwarzköpfigen (ETCSL Z. 723 = van Dijk 1983 Z. 726), die Sumerer. Letztlich ist das Land durch den König selbst zum Ritualobjekt geworden. Und diesen agrarischen Kontext finden wir beispielsweise im gu$_4$-si-su-Fest in Nippur in der Ur-III-Zeit (vgl. Abschnitt 13.8). Ohne einen starken Götterkönig leidet das Land, wie der Text eindrucksvoll zeigt. Erst mit der Erhöhung des Ninurta kann der Unheilsbringer (Asag) besiegt werden und das Land wiederhergestellt werden. Hier zeigt sich die Verbindung von Unheil und Schöpfungsobjekt, wie sie in Abschnitt 4.6.2 herausgearbeitet wurde.

Die rituelle Rezitation des Preisliedes auf Ninurta soll diesen dazu bewegen, für folgende Ritualobjekte tätig zu werden: Die eben beleuchteten Indizien weisen auf das irdische Königtum, Wasser, landwirtschaftliche Werkzeuge, das Land und die Ernte als miteinander in Verbindung stehende Ritualobjekte hin, die von Ninurta mit Wirkmacht aufgeladen werden sollen.

13.7 Ort des Rituals

Es gibt mehrere Hinweise für eine Verortung dieses Rituals in der Ur-III-Zeit auf einem Tempelfest (vgl. Abschnitt 13.8)[58] im Tempel des Ninurta in Nippur (e$_2$-šu-me-ša). Gastmähler sind während dieser Zeit in Abrechnungen für die großen Tempel bezeugt.[59] Die Indizien im mythischen Text verweisen auf diesen spezifischen Ninurta-Tempel in Nippur: So sitzt Ninurta in Zeile 17 (ETCSL/van Dijk 1983) auf dem Thron während eines Festes zu seinen Ehren. Er kehrt siegreich vom Kampf mit Asag mittels eines Schiffs zurück (ETCSL Z. 672–674 = van Dijk 1983 Z. 675–677) und wird in seiner Stadt ehrfurchtsvoll begrüßt (ETCSL Z. 675–680 = van Dijk 1983 Z. 678–683). Es ist kein Indiz im mythischen Text vorhanden, dass es sich dabei um eine andere Stadt als Nippur handeln könnte. Eine Erhöhung des Ninurta wurde vermutlich in seinem eigenen Tempel vollzogen. Das ganze Lied ist dazu auch ein Preislied auf Ninurta in Nippur.[60]

---

58 Vgl. Heimpel/Salgues 2015, 34.

59 Vgl. Sallaberger 1993, 119.

60 Van Dijk verortet hingegen den Text im Rahmen verschiedener Jahresfeste in vielen sumerischen Städten von verschiedenen „Bauerngöttern“ (u. a. Ninĝirsu); vgl. van Dijk 1987, 136. Dies ist jedoch für den Text in seiner überlieferten Gestalt nach meiner bisherigen Analyse sehr unwahrscheinlich.

Vermutlich hat es eine Vorform des Rituals in Ĝirsu gegeben: Dafür spricht die Erwähnung des e$_2$-ninnu in ETCSL Z. 477 (= van Dijk 1983 Z. 480).[61] Dann ist dort das Ritual im e$_2$-ninnu des Ninĝirsu in Ĝirsu zu verorten.

13.8 Zeit des Rituals

Wie bereits argumentiert wurde, ist dieser kanonische Text sehr wahrscheinlich im Rahmen eines Tempelfestes des Ninurta zu verorten. Die Indizien (vgl. Abschnitt 13.1) weisen auf ein Hauptfest des Ninurta: Ninurta wird im hymnischen Anfangsteil als König (lugal) angesprochen und in Zeile 12 (ETCSL; van Dijk 1983) über Enlil erhöht (^{d}En-lil$_2$-le ni$_2$-te-na dirig-ga). Ninurta entscheidet die Schicksale in Zeile 21 (ETCSL; van Dijk 1983), was ohne nähere Ausführungen (Adressaten der Schicksalsentscheidung etc.) erwähnt wird. Enlil bestimmt ihm das Schicksal in ETCSL Z. 681 (= van Dijk 1983 Z. 684; Einleitung der Rede; Rede der Schicksalsbestimmung folgt bis Z. 697/700).

Dass eine solche Göttererhöhung rituell geschah, zeigt *Enūma elîš*, das vielfältige inhaltliche und strukturelle Parallelen zu *Lugal-e* aufweist: Dieses Siegeslied wurde während des Neujahrsfestes in Babylon verkündet und hatte die Erhöhung Marduks zum König, seinen Auszug zum Kampf, seine Bestätigung als ewigen König zum Inhalt.[62]

Zuerst muss geklärt werden, wann das Ritual zeitlich entstanden sein konnte, bevor ein Tempelfest des Ninurta als situativer Rahmen für die Rezitation von *Lugal-e* identifiziert werden kann. Die Zeilen 475–478 (= Ninurtas Rede an den Diorit) geben Hinweise auf eine mythische Vorform des Rituals in der Ur-III-Zeit in Ĝirsu:

475	lugal u$_4$ su$_3$-ra$_2$ mu-ni i$_3$-ĝa$_2$-ĝa$_2$-a	Ein König, der für alle Zeit / lange Tage seinen Namen setzt,
476	alan-bi u$_4$ ul-le$_2$-a-aš u$_3$-mu-un-dim$_2$-ma	der möge diese Statue, nachdem er sie für immer / ewige Tage hergestellt hat,
477	e$_2$-ninnu e$_2$ giri$_{17}$-zal su$_3$-ĝa$_2$	in meinem (= des Ninurta) E-ninnu, dem Haus, dem Wonne eingetieft wird,

61 Dass der Text ursprünglich nicht aus Nippur stammt, vermuten u. a. Hallo 1975, 185; van Dijk 1983, 1–6; Heimpel 1987, 5; Heimpel/Salgues 2015, 34 („tigridische[s] mythische[s] Material aus der am Tigris gelegenen Stadt Ĝirsu“).

62 Vgl. in Kürze den Abschnitt zu *Ninurta und die Steine* (= *Lugal-e*) im Religionsbuch von A. Zgoll (i. V.); siehe auch Gabriel 2014 (besonders Abschnitt 2.2 „Die Verortung des Werkes“ und 8.2 „Wirkdimensionen des *enūma elîš*) und A. Zgoll 2006a. Vgl. auch Heimpel/Salgues 2015, 35.

478	ki-a-naĝ-ba um-mi-gub-be$_2$ me-te-aš ḫe$_2$-em-ši-ĝa[l$_2$-le$^?$]	nachdem er sie (= die Statue) aufstellen wird an dessen (= des E-ninnu) Wassertrinkort, (der möge sie) zur Zierde vorhanden sei[n lassen!]

Lugal-e ETCSL Z. 475–478 (= van Dijk 1983 Z. 478–481)[63]

Diese Zeilen beschreiben die Her- und Aufstellung einer Dioritstatue[64] eines Königs am „Wassertrinkort" (ki-a-naĝ), der entweder unspezifiziert ist (ETCSL Z. 478: ki-a-naĝ-ba / „an deren [= der Statue] Wassertrinkort") oder sich im E-ninnu befindet (ETCSL Z. 478: ki-a-naĝ-ba / „an dessen [= des E-ninnu] Wassertrinkort"). Dieser Tempel E-ninnu befand sich in Ĝirsu, der Residenzstadt der Könige von Lagaš. Am ki-a-naĝ fand u. a. die Versorgung der verstorbenen Könige statt.[65] Das E-ninnu war der Tempel des Ninĝirsu und ist seit der 1. Dynastie von Lagaš (ca. 2500–2350 v. Chr.) belegt. Er wurde von Gudea (ca. 21. Jh. v. Chr.), dem zweiten König der 2. Dynastie von Lagaš aufwendig renoviert (vgl. *Gudea-Zylinder A* und *B*). In diesem Tempel wurden Statuen von Gudea gefunden, die u. a. aus Diorit bestehen. *Gudea-Statue B* 1,7,55 beschreibt, dass diese Statue am ki-a-naĝ aufgestellt werden sollte.[66] Die Passage in *Lugal-e* spielt wahrscheinlich auf eine solche Gudea-Statue an.

Interessant ist die Erwähnung des Tempels des Ninĝirsu. Das lässt auf einen Synkretismus von Ninĝirsu und Ninurta oder auf eine Vorform des Stoffes mit Ninĝirsu als Protagonisten schließen.[67] Interessant ist auch in diesem Zusammenhang ein Abschnitt (ETCSL Z. 662–668 = van Dijk 1983 Z. 665–671) über einen namentlich nicht genannten Helden für die Riten von Ninurta:

662	lugal-ĝu$_{10}$ ur-saĝ za-a sa$_2$ du$_{11}$-zu-še$_3$ ĝal$_2$-la	Mein König, ein Held, der vorhanden ist für dich (und) deine regelmäßigen Opfer,
663	mu-ni-gen$_7$ si sa$_2$ ĝiri$_3$-zu mu-un-dab$_5$-be$_2$	der wie sein Name rechtmäßig ist: Er übernimmt deinen Weg.
664	e$_2$-za niĝ$_2$-du$_7$-e pa ma-ra-ni-in-e$_3$-a	Der in deinem Tempel das Vollkommene strahlend für dich hervorgebracht hat,

63 Übersetzung KM.

64 Die gesamte Passage (ETCSL Z. 466–478) ist eine Schicksalsentscheidung (ETCSL Z. 465: nam--tar) von Ninurta an den Dioritstein (ETCSL Z. 463.466: esi). Für die Bedeutung von Diorit vgl. Selz 2001, 386: Anm. 16.

65 Vgl. Sallaberger 1993, 63–65. Zur Problematik von Statuen noch lebender Herrscher am „Wassertrinkort" vgl. Selz 2001, 388 f („Vorwegnahme des Todes") und ders. 1992.

66 Die Umschrift folgt Edzard 1997, 36: ki-a-naĝ-e ḫa-ba-gub („Beim Wassertrinkort möge sie aufgestellt werden.").

67 Vgl. Wilcke 1993, 60; Streck 2001; Selz 2001, 383 f. Vgl. auch Heimpel/Salgues 2015, 34 („tigridische Geographie des Textes").

665	eš$_3$-za saḫar-ta ma-ra-ra-an-il$_2$-la	der es in deinem Heiligtum für dich aus dem Staub erhoben hat,
666	izim-zu niĝ$_2$ ḫa-ba-ab-gu-ul-gu-ul-e	möge dein Fest zu etwas ganz Großem machen.
667	ĝarza ku$_3$-zu šu ḫu-mu-ra-ab-du$_7$-du$_7$	Möge er für dich deine heiligen Rituale vollenden.
668	mu nam-til$_3$-la-na du$_{11}$-ge ba-ab-du$_7$ kalam-ma ḫa-ra-an-i-i	Das (neue)[68] Jahr wurde für sein Leben (= des vollkommenen Königs) verkündet. Möge es dich im Land preisen.

Lugal-e ETCSL Z. 662–668 (= van Dijk 1983 Z. 665–671)[69]

Hier ist ein vollkommener Herrscher beschrieben, der die Rituale Ninurtas durchführt und ihm ein Fest ausrichten wird (ETCSL Z. 666 = van Dijk 1983 Z. 669), den verschiedene Ausleger als Gudea interpretieren.[70] Diese Passage deutet ebenfalls und besonders deutlich auf eine spezifische rituelle Einbettung des Textes im Rahmen des Neujahrsfestes.

Ein weiteres Indiz für die Einordnung in die Gudea-Zeit in der Stadt Ĝirsu ist die Erwähnung des Tigris (ETCSL Z. 340, Z. 358) als Fluss für die Reise des Ninurta anstelle des sonst (im Fall von Nippur) zu erwartenden Euphrats.[71] Hallo interpretiert den Gesamttext wegen der Bezüge zu Gudea als Komposition vom Palast des Gudea.[72] Die Komposition des Textes, so wie er heute vorliegt, ist sicherlich kein Produkt der Schreiber des Gudea, da sie Ninĝirsu und nicht Ninurta gerühmt hätten (siehe oben).

Die uns überlieferte Fassung von *Lugal-e* ist am ehesten zeitlich nach Gudea in der Ur-III-Zeit verschriftet worden.[73] Womöglich griff der Schreiber auf einen in Ĝirsu bekannten Stoff über Ninĝirsu zurück und gestaltete ihn für Nippur um. Weil der jetzt vorliegende Text auf eine Erhöhung Ninurtas zielt, ist es unwahrscheinlich, dass er nur für die Verschriftung und Kanonisierung komponiert wurde. Eine solche Erhöhung des Gottes sollte sicherlich dem Gott direkt mitgeteilt werden. Weil die anderen Indizien im Text (= Erwähnung eines Festes, hymnischer Anfangsteil, Siegesfeier am Textende mit Erhöhung des Ninurta, Textunterschrift; vgl. Abschnitt 13.1) ebenfalls in diese Richtung weisen, wird an

68 Übersetzung KM orientiert sich an Heimpel/Salgues 2015, 64 (dort Z. 671): „Wird ein (neues) Jahr seines (des rechtschaffenen Königs) Lebens proklamiert, soll es dir im Lande zum Ruhm gereichen."

69 Übersetzung KM.

70 Vgl. Selz 2001, 384; van Dijk 1983, 139.

71 Vgl. Streck 2001, 514. Nippur liegt am Euphrat, Ĝirsu am Tigris. Vgl. auch Heimpel/Salgues 2015, 34.

72 Vgl. Hallo 1975, 185.

73 So bereits van Dijk 1983, 2; Wilcke 1993, 60; ähnlich Heimpel/Salgues 2015, 34.

dieser Stelle für das bereits rekonstruierte Setting nach einem Fest des Ninurta zu fragen sein.

Das Hauptfest des Ninurta in Nippur war zur Ur-III-Zeit das gu$_4$-si-su im zweiten Monat.[74] Dieses Fest liefert einen passenden Hintergrund für die Rezitation von *Lugal-e*.[75] Ninurta erschafft nach dem Kampf mit den aufständischen Ländern und Asag die landwirtschaftliche Ordnung (inklusive Deiche) neu, sodass eine reiche Ernte erfolgt (ETCSL Z. 347–367). Im zweiten Monat ist die Frühjahrsflut abgeklungen und der landwirtschaftliche Zyklus begann erneut.[76] In diesen Kontext ist der Preis auf Nissaba (vgl. Abschnitt 13.2) gut einzuordnen.

Die Erhöhung Ninurtas ist in den Ur-III-Belegen noch nicht konkret zu greifen, jedoch in späteren. Eine jungbabylonische Urkunde (OECT 11) liefert eine mythische Begründung für ein Fest des Ninurta im zweiten Monat, die starke Parallelen zu *Lugal-e* aufweist: Nach einer siegreichen Schlacht in den Bergen zieht Ninurta in seinen Tempel e$_2$-šu-me-ša ein und wird als Götterkönig in einem mehrtägigen Fest erhöht.[77] In dieser Zeit ist das Ninurta-Fest im zweiten Monat ein *akītu*-Fest.[78]

Im 1. Jt. v. Chr. war das Fest im zweiten Monat für Nin̂girsu ausgerichtet: Im *Astrolab B* (KAV 218 A 1,1,19–25) wird die Verbindung zur Flut und dem anschließenden Pflügen hergestellt und der zweite Monat zudem als „Monat des Nin̂girsu" bezeichnet.[79] Ein seleukidischer Ritualtext aus Babylon weist den zweiten Monat ebenfalls als „Monat des Nin̂girsu" aus.[80] Möglicherweise ist hier die ursprüngliche Verortung des Stoffes im Rahmen eines Festes für Nin̂girsu (statt Ninurta) greifbar.

In Ĝirsu/Lagaš ist im zweiten Monat der Gudea-Zeit ein izim še gu$_7$ ^{d}Nin-ĝir$_2$-su („Fest des Getreideessens des Nin̂girsu") bezeugt.[81] Während dieses Festes wurden hauptsächlich Nin̂girsu und Ba'u beopfert.[82] Ist hier möglicherweise die ursprüngliche rituelle Verortung der Vorform von *Lugal-e* zu suchen:

---

74 Vgl. Sallaberger 1993, 114–122; Cohen 1993, 83–92.

75 Vgl. auch Sallaberger 2019, 104 f.

76 Vgl. Streck 2001, 519; vgl. zur Verbindung von Frühjahrsflut und *Lugal-e*: Sallaberger 2019, 104 f.

77 Vgl. Sallaberger 1993, 121 mit Anm. 557 (mit weiterer Literatur). Er verweist auf dieselben zeitlichen Festabläufe wie an den Tagen des Ur-III-gu$_4$-si-su. Vgl. Streck 2001, 519.

78 Vgl. Sallaberger 1993, 121 f.

79 Vgl. Streck 2001, 519; Cohen 1993, 310.

80 Vgl. Cohen 1993, 311 (SBH 245), zitiert in Streck 2001, 519.

81 Vgl. Cohen 1993, 40 („Calendar 2"); im fünften Monat ist ein izim [...]-gu$_7$ ^{d}Nin-ĝir$_2$-su belegt („Calendar 5").

82 Vgl. Cohen 1993, 47.

Ninĝirsu statt Ninurta sowie Ba'u statt/neben Nissaba (vgl. das za₃-mim auf Nissaba am Textende von *Lugal-e*)?

Ein Fest der Göttin Ba'u fand in Ĝirsu in der Gudea-Zeit als Teil des kultischen Neujahrs (za₃-mu) statt:

1	u₄ za₃-mu	Damit am Neujahrstag –
2	izim ᵈBa-u₂	Fest der Ba'u –
3	niĝ₂ mussa AK-da	Brautgeschenke angeboten werden (KM: eine Liste von Geschenken folgt als Aufzählung)

Gudea-Statue E Z. 1–3[83]

Es liegen deutliche Indizien für eine situative Verortung von *Lugal-e* im Rahmen des Neujahrsfestes vor. Das Prozessionsboot in *Lugal-e* wird beispielsweise als ma₂ nisaĝ-a („Boot der Erstlingsabgaben") bezeichnet (ETCSL Z. 672 = van Dijk 1983 Z. 675[84]). Heimpel/Salgues übersetzen dieses Boot sogar als „Neujahrsboot".[85] Auch das „(neue) Jahr" (Z. 668/671), das den König preisen möge (siehe oben) ist ein Merkmal für eine situative Verortung im Rahmen des Neujahrsfestes. Rituale von Ninĝirsu und Ba'u auf dem Neujahrsfest sind nach *Gudea E* Zeile 1–3 belegt, die möglicherweise den rituellen Rahmen für eine Rezitation einer Vorform von *Lugal-e* in Ĝirsu/Lagaš bilden.

Wie kann nun die überlieferte, uns vorliegende Textversion zeitlich verortet werden? Die Hinweise des Textes weisen auf Nippur und Ninurta. In Nippur wurde die kanonisierte Version von *Lugal-e* als Text auf die Erhöhung des Ninurta möglicherweise als Klimax eines Ninurta-Festes rezitiert. Im Text wird die Rückreise des Ninurta mit einem Boot erwähnt (ETCSL Z. 672–674 = van Dijk 1983 Z. 675–677). Aus dem Innana-Tempel von Nippur belegen zwei Texte eine bisher zeitlich nicht einzuordnende Prozessionsfahrt des Ninurta zu Schiff während des gu₄-si-su-Festes.[86] Damit ist eine rituelle Entsprechung der mythi-

83 Die Umschrift folgt Edzard 1997, 44; Übersetzung KM. Vgl. auch Cohen 1993, 67.

84 Van Dijk 1983, 140 (Z. 675) schreibt saĝₓ statt nisaĝ.

85 Heimpel/Salgues 2015, 64. Vgl. in diesem Zusammenhang die Verbindung der Erstlingsabgaben zum Neujahrsfest in Abschnitt 6.4.3 der vorliegenden Arbeit.

86 Sallaberger 1993, 119 mit Anm. 540 verweist auf 6 N-T 430 und 6 N-T 479: danna-ᵈNinurta („Meile des Ninurta") und igi-kar₂ ma₂ gu₄-si-su niĝ₂ izim-ma („Proviant des gu₄-si-su-Bootes: Festabgabe"); Annus 2002, 69 f stellt bereits den Bezug zum gu₄-si-su her.

schen Rückreise des Ninurta aus *Lugal-e* gegeben. Das gu₄-si-su-Fest ist in der frühen Isin-Zeit im zweiten Monat belegt.[87]

Einerseits legen die Indizien ein landwirtschaftliches Fest zur Erntezeit nahe, andererseits gibt es deutliche Hinweise auf das Neujahrsfest. Im Folgenden wird das Verhältnis von dem landwirtschaftlichen Ninurta-Fest, dem gu₄-si-su, in Nippur im zweiten Monat und dem Neujahrsfest beleuchtet. Findet das Neujahr nicht am Anfang des ersten Monats statt (vgl. hierzu Abschnitt 6.4.3)? Nach Sallaberger muss za₃-mu („Jahresgrenze", d. h. Neujahr)

> zumindest in der Ur III-Zeit nicht unbedingt etwas mit dem Jahresbeginn zu tun haben .... Eine dominierende Neujahrsfeier haben wir zwar in späterer Zeit in Babylon vor Augen, in der Ur III-Zeit mit ihren lokalen Kultkalendern läßt sich aber nirgends eine herausragende Feier zum Jahresanfang feststellen.[88]

Das za₃-mu „bezeichnet ... den Zeitpunkt des Hauptfestes einer Gottheit (nicht unbedingt des lokalen Hauptgottes), unabhängig von dessen Lage im jeweiligen Lokalkalender"[89]. Sallaberger übersetzt deshalb za₃-mu in der Ur-III-Zeit als „‚Höhepunkt des Jahres', d. h., Zeitpunkt des Hauptfestes der jeweiligen Gottheit"[90]. Er schreibt in seinem Rückblick auf den Kultkalender der Ur-III-Zeit:

> Unter diesen Bedingungen verwundert es auch nicht, daß kein allgemeines ‚Neujahrsfest' existiert. Der für ‚Neujahr' beanspruchte Terminus, z a g - m u, läßt sich überraschenderweise nicht auf einen Punkt im Kalender festlegen, sondern bezeichnet den ‚Höhepunkt des Jahres' im Kult einer Gottheit. Den jeweiligen Zeitpunkt können wir manchmal mit Hilfe der Urkunden ermitteln.[91]

Auch die Forschungen von Cohen zeigen, dass ein halbjährliches *akīti*-Fest in der sargonischen und Ur-III-Zeit zumindest in verschiedenen großen Städten („Ur, Nippur, Adab, Uruk, and probably Badtibira") in unterschiedlichen Monaten gefeiert wurde, in Nippur beispielsweise im vierten und zwölften Monat.[92] Das *akīti*-Fest muss jedoch nicht zwangsläufig das kultische Neujahrsfest sein.

Aufgrund der bisherigen Überlegungen könnte das gu₄-si-su-Fest im zweiten Monat in Nippur als Hauptfest Ninurtas das „Neujahrsfest" sein. Ein Erntefest als „Neujahrsfest" könnte analog zu den Mondfeierlichkeiten, bei

---

87 Vgl. Sallaberger 1993, 121 (verweist auf die Verwaltungsurkunde BIN 9, 216 aus dem Jahr Išbi-Erra 19: niĝ₂ izim-ma gu₄-si-su ša₃ Nibru^{ki}-še₃).

88 Sallaberger 1993, 142 f: Anm. 669.

89 Sallaberger 1993, 142 f.

90 Sallaberger 1993, 1289: Anm. 1346.

91 Sallaberger 1993, 310.

92 Cohen 1993, 401 (Zitat auch auf S. 401).

denen Neulicht (Monatsanfang) und Vollmond (Monatshälfte) gefeiert wurden, die Einteilung des Jahres in zwei Hälften markieren.[93] Alternativ denkbar ist auch das Frühlings-/Sommer-*akīti*-Fest in Nippur der sargonischen und Ur-III-Zeit (šu nuĝun-Fest) im vierten Monat.[94]

Fazit: Eine Vorform von *Lugal-e* kann in Ĝirsu in der Gudea-Zeit entweder als Teil eines Festes der Ba'u während der kultischen Neujahrsfeierlichkeiten oder in den zweiten Monat im Rahmen eines Ninurta-Festes (izim še gu$_7$ ^{d}Nin-ĝir$_2$-su) eingeordnet werden. In Nippur kann die spätere, kanonisierte Version von *Lugal-e* entweder im Rahmen des Hauptfestes von Ninurta im zweiten Monat (gu$_4$-si-su-Fest) situativ verortet werden oder im Rahmen des ersten *akīti*-Fest im vierten Monat (šu nuĝun-Fest).

Im Folgenden wird eine zeitliche Einordnung von *Lugal-e* durch eine Synthese aller bisher vorgestellten Indizien vorgenommen:

Tab. 13: Hypothesen zur rituellen Verortung von *Lugal-e*

möglicher Zeitrahmen	***Lugal-e***
2. Dynastie von Lagaš	mögliche Vorform des Rituals in Ĝirsu während des kultischen Neujahrs: – im Rahmen eines Festes der Ba'u – oder im Rahmen des izim še-gu$_7$ ^{d}Nin-ĝir$_2$-su im zweiten Monat oder mögliche Vorform des Rituals in Nippur während des kultischen Neujahrs: – im Rahmen des gu$_4$-si-su-Festes im zweiten Monat zur Etablierung von Ninĝirsu
Ur-III-Zeit	mögliche Um- und Ausgestaltung der Vorform des Rituals (Einschreibung Ninurtas etc.): – im Rahmen des gu$_4$-si-su während des kultischen Neujahrs im zweiten Monat in Nippur – oder des *akīti*-Festes (šu nuĝun-Fest) im vierten Monat + Verschriftlichung
Isin-Larsa-Zeit	mögliche Fortführung des Rituals: – im Rahmen des gu$_4$-si-su im zweiten Monat in Nippur – oder des *akīti*-Fest (šu nuĝun-Fest) im vierten Monat + Kanonisierung

93 Zur Analogie mit den Mondfeierlichkeiten vgl. Sallaberger 1993, 174.
94 Vgl. Cohen 1993, 401–403; Sallaberger 1993, 123 f.

14 Gilgameš, Enkidu und die Unterwelt: Ritual im bzw. am Kultort für Verstorbene

Hauptziel der Schöpfung:	Uraltes, Geschenk an die Unterwelt, Brot und Öfen der Heiligtümer
Erstedition:	Shaffer 1963, Cavigneaux/Al-Rawi 2000 (Meturan-Versionen)
Aktuellste Edition:	Gadotti 2014, ETCSL 1.8.1.4, Attinger 2015b (Übersetzung)
Sprache:	Sumerisch (altbabylonische Zeit)
Anzahl Textzeugen:	74 (nach Gadotti 2014 und Attinger 2015b)
Anzahl Zeilen:	306 (nach Gadotti 2014)
Fundorte:	Nippur, Ur, Meturan, Sippar, Isin, Uruk, unbekannt (= stammt aus dem Kunsthandel)
Besonderheit:	starke Textabweichungen zwischen Textzeugen aus Nippur, Ur, Meturan; 6-seitiges Prisma aus Nippur; eine akkadische Übersetzung von einem Teil des Textes wurde dem 11-tafligen *Gilgameš-Epos* angefügt als Tf. 12

14.1 Indizienargumentation für die Einordnung als Ritualtext

Die Verbindung von *Gilgameš, Enkidu und die Unterwelt* zu Ritualen, besonders zu Totenritualen, wurde bislang häufig bemerkt.[1] So verortet Tigay die Texte um Gilgameš kultisch-rituell: als mündliche performative Hymnen für den Kult von Gilgameš in der Ur-III-Zeit.[2] Trotz der erkannten Parallelen bzw. Spiegelungen von Totenritualen im mythischen Text wird dieser Schöpfungstext kaum als zu rezitierender Ritualtext gedeutet. Dass die sumerischen mythischen Texte mit Gilgameš als Hauptprotagonisten im Palast der Könige der Ur-III-Dynastie zu Unterhaltungszwecken rezitiert wurden, erwägt George.[3] Cavigneaux und Al-Rawi deuten den Schöpfungstext ebenfalls als mündliche performative Erzählung begleitet von Musik.[4] Nach Gadotti wurde *Gilgameš, Enkidu und die Unter-*

1 Vgl. z. B. Alster 1983, 9; George 2003, 124–134; Ragavan 2010, 207 f und 112–114; Gadotti 2014, 121–137.

2 Vgl. Tigay 1982, 36.

3 Vgl. George 2003, 7.

4 Vgl. Cavigneaux/Al-Rawi 2000, 1 f.

https://doi.org/10.1515/9783110719222-014

welt zu rein pädagogischen Zwecken komponiert: Der mythische Text soll neben seiner Funktion als Instrument zur Erlernung der Schrift und Grammatik auch zu angemessenem Verhalten den Toten gegenüber sowie zur Vorsorge für die Bewahrung des eigenen Namens erziehen.[5]

Nach diesen einführenden Bemerkungen werden nun Indizien vorgestellt, die auf einen Zusammenhang des Textes zu Ritualen des Totenkults verweisen.[6]

Gilgameš, Enkidu und die Unterwelt ist von Anfang an bis zum Ende des Textes durchzogen von Bezügen auf Unterwelt:

- Ereškigal erhält ein Geschenk für die Unterwelt (Z. 13).
- Enki reist in die Unterwelt (Z. 14–26).
- Ein Dämon und eine Schlange, die immun gegen Ritualtexte ist, treten auf und werden durch Gilgameš getötet bzw. vertrieben (Z. 85–143).
- Die Zeilen 163–242 beschäftigen sich mit dem Transfer in die Unterwelt hinein und aus der Unterwelt hinaus.[7]
- Der mythische Text erwähnt das Tor des Unterweltspalastes (Z. 167): abul ganzer. Das Lexem ganze/ir ist mit IGI.KUR.ZA und ganzer$_3$ mit IGI.KUR geglichen, dem Eingang zur Unterwelt.[8]
- Das Textende beschreibt mittels Fragen von Gilgameš an den aus der Unterwelt zurückgekehrten Enkidu das Leben in der Unterwelt (ab Z. 244). Diese Beschreibung hat v. a. eine Botschaft: Verstorbene benötigen die Versorgung durch die Angehörigen auf der Oberwelt, also den Totenkult.

Weiteren Indizien für einen Zusammenhang des mythischen Textes mit Ritualen des Totenkults wird im Folgenden nachgegangen. Ein wichtiges Indiz für die situative Verortung liefert ein Textzeuge aus Ur (UET 6/1 60), der den Text als Preislied auf Gilgameš ausweist:

17’	ur-saĝ ^{d}Bil$_3$-ga-mes dumu ^{d}Nin-sumun$_2$-ka za$_3$-mim-zu dug$_3$-ga-am$_3$	Held Gilgameš, Sohn von Ninsumun: Dein Preislied (= das Preislied auf dich) ist ausgezeichnet!

Gilgameš, Enkidu und die Unterwelt Z. 17’ (Textzeuge UET 6/1 60)[9]

5 Vgl. Gadotti 2014, 120–137.

6 Grundlegende Hinweise, dass *Gilgameš, Enkidu und die Unterwelt* auf die Einsetzung des Totenkults hinführt und dass daher einer situativen Verortung dieses Textes innerhalb des Totenkults hohe Wahrscheinlichkeit zukommt, verdanke ich Annette Zgoll.

7 Vgl. A. Zgoll 2014 zu Psychopompos.

8 Vgl. Borger 2003, 483 zu Nr. 724; vgl. Veldhuis 2003, 3.

9 Die Umschrift folgt Gadotti 2014, 169; Übersetzung KM unter Berücksichtigung von ebd., 161.

Der Kontext dieser Passage (Z. 1'–17') ist ein Opfer von reinem Wasser durch Gilgameš an die Statuen seiner verstorbenen Vorfahren. Auch diese Stelle hat einen Bezug zu den Toten und ihrer Versorgung (vgl. dazu auch Z. 181–205, Z. 255–303).

Zu fragen steht daher, ob der Text im Rahmen von Ritualen für Verstorbene seinen Platz gehabt haben kann. Es gibt mehrere Arten von Ritualen mit Opfern an die Toten: das ki-si$_3$-ga-Ritual (akkadisch: *kispum*), ein Ritual zur Urteilssprechung durch Unterweltsgötter und verstorbene Vorfahren (vgl. A. Zgoll 2009), und nekromantische Rituale. Das ki-si$_3$-ga/*kispum*-Ritual fand mindestens monatlich statt und umfasste die Beopferung der Totengeister mit dem Ziel, sie in der Unterwelt zu versorgen und ihren Namen weiter bestehen zu lassen.[10] In diesem Ritual fungieren die Totengeister als Adressaten und die Opfer als Ritualobjekt, die mit Wirkmacht aufgeladen werden, um die Verstorbenen existentiell zu erhalten. Als zweites Ritualziel wird durch dieses Ritual einer Heimsuchung durch nicht angemessen versorgte Totengeister vorgebeugt; in diesem Fall ist der Ritualabsender (d. h. der lebende Nachkomme) das Ritualobjekt, dem das Ritualziel gilt. Dieses Ritual ist in erster Linie auf die Totengeister ausgerichtet und in zweiter Funktionalisierung auf die Ritualabsender. So ist beispielsweise CBS 473 (= ein privates Gebet aus Nippur an den Mondgott aus dem 33. Jahr von Ammiditana) erhalten, in welchem die Totengeister Brot und Wasseropfer empfangen. Die Empfänger sind in einer Liste zusammengestellt, aus welcher ersichtlich ist, dass es sich um verstorbene Angehörige einer Familie handelt. Der Mondgott Sîn fungiert hier als Garant, der den Totengeistern der Familie ermöglichen soll, das Opfer im Beisein der lebenden Angehörigen zu essen und zu trinken.[11] Auch Šamaš, der Sonnen- und Richtergott ist im Rahmen der Totenversorgung belegt.[12]

Daneben ist, wie bereits erwähnt, ein weiteres Ritual überliefert: das Ritual zur Urteilssprechung durch Totengeister und Gottheiten. Dieses Ritual mit Opfergaben an die Toten und Unterweltsmächte (u. a. Gilgameš) soll, wie A. Zgoll herausarbeitet, einen guten Richterspruch dieser Mächte in einem Prozess für die Lebenden herbeiführen; dabei geht es darum, ob dieser Mensch weiterleben oder selbst ins Totenreich gehen muss.[13] Dafür werden die Toten und Unterweltsmächte nicht nur mit Opfern bedacht, sondern auch gepriesen.[14]

10 Vgl. Tsukimoto 1985, 23–31; Cohen 2015, 106 f.
11 Vgl. MacDougal 2014, 34.
12 Vgl. MacDougal 2014, 53 zu LKA 83, Z. 1–10.
13 Vgl. A. Zgoll 2009 (besonders 572–574).
14 Vgl. A. Zgoll 2009, 577.

Das dritte Totenritual (Nekromantie) hatte als Ziel, von den Verstorbenen aus der Unterwelt Orakel für das Leben im Diesseits zu erhalten und umfasste vielfältige Rituale bzw. rituelle Elemente, z. B. Opfergaben, Salbungen des Ritualexperten und Ritualtexte.[15]

Es bleibt an dieser Stelle zu klären, ob *Gilgameš, Enkidu und die Unterwelt* in einem derartigen Ritual seinen Platz hatte. Dass es in diesem mythischen Text eindeutig um den Totenkult geht und dass der Textzeuge UET 6/1 aus Ur auf den Totenkult zuläuft, insofern Gilgameš hier den Totenkult für seine Eltern durchführt, spricht dafür. Der mythische Text verdeutlicht, dass Verstorbene unbedingt den Totenkult, also die Versorgung durch ihre Angehörigen auf der Oberwelt, benötigen.

Weitere Hinweise lassen sich finden. *Gilgameš, Enkidu und die Unterwelt* Zeile 10 enthält ein Indiz für die Identifizierung des Rituals: Der Name der Menschheit (mu nam-lu$_2$-u$_{18}$-lu) wird am Uranfang eingesetzt. Dazu findet sich eine Parallele im ki-si$_3$-ga/*kispum*-Ritual, das als zentralen Bestandteil die Anrufung des Namens des Verstorbenen hat (*šuma zakāru*).[16] Dadurch soll der Fortbestand seiner Existenz gesichert werden. Ein weiteres Element, das mit dem ki-si$_3$-ga/*kispum*-Ritual verbindet, findet sich in *Gilgameš, Enkidu und die Unterwelt* Textzeuge UET 6/1 60: Es werden Klagerituale (Z. 13') an Statuen (Z. 6') der verstorbenen Vorfahren des Gilgameš beschrieben. Gilgameš lässt seinem Vater und seiner Mutter, d. h. den Statuen seiner verstorbenen Eltern, klares Wasser zu trinken geben:

9' // 16'	a-a-ĝu$_{10}$ u$_3$ ama-ĝu$_{10}$ a si-ig-ga naĝ-ze$_2$-en	O mein Vater und meine Mutter! Trinkt klares Wasser!

Gilgameš, Enkidu und die Unterwelt Z. 9' // Z. 16' (Textzeuge UET 6/1 60)[17]

Auch an dieser Stelle ist die Verbindung zum ki-si$_3$-ga/*kispum*-Ritual deutlich: Wasser auszugießen ist ein Teil dieses Rituals.[18] Wegen dieser Handlungen wird auf Gilgameš ein „ausgezeichnetes Preislied" verkündet (UET 6/1 60 Z. 17': za$_3$-mim du$_{10}$-ga). Der Text beschreibt nicht nur Versorgungsrituale für die Toten, sondern verortet sich durch das Preislied mit seiner Aufforderung zum Preis in diesem Textzeugen als Teil dieser Rituale. Zum Zeitpunkt des Rituals, d. h. in der mesopotamischen Wirklichkeit, wird Gilgameš mit Opfern und einem Preis

---

15 Vgl. Finkel 1983; Scurlock 1988 (bes. S. 103); Tropper 1989.

16 Vgl. Cohen 2015, 106.

17 Die Umschrift folgt Gadotti 2014, 258; Übersetzung Gadotti 2014, 177, mit geringfügigen Modifikationen durch KM.

18 Vgl. Cohen 2015, 106.

auf ihn verehrt; beides sichert den Fortbestand seines Namens und damit seiner Existenz. Hier wird das Ritual, in dem dieser Schöpfungstext verankert ist, gespiegelt: Gilgameš lässt seinen Vorfahren opfern,[19] so wie die Ritualteilnehmer ihren Vorfahren opfern.

Es gibt darüber hinaus weitere Bezüge zum ki-si$_3$-ga/*kispum*-Ritual: Der Textanfang (Z. 1–26)[20] und das Textende (Z. 243–303) sind auf die Unterwelt fokussiert und spiegeln die Totenversorgung wider. Die Schöpfungspassage zu Beginn des Textes zeigt, dass das Uralte im Zusammenhang mit Brot und Öfen der Heiligtümer das Hauptziel der Schöpfung ist (Z. 4–7):

4	u$_4$ ul niĝ$_2$-ul-e pa e$_3$-a-ba	(...) in den Tagen, als das Uralte sichtbar gemacht worden war,
5	u$_4$ ul niĝ$_2$-ul-e mim zi du$_{11}$-ga-a-ba	in den Tagen, als dem Uralten ein tatkräftiges mim (-Lied) verkündet worden war,[21]
6	eš$_3$ kalam-ma-ka ninda šu$_2$-a-ba	als in den Heiligtümern des Landes Brot gebacken worden war,
7	^{im}šu-rin-na kalam-ma-ka niĝ$_2$-tab ak-a-ba	als in den Lehmöfen des Landes (...) gemacht worden war (...)

Gilgameš, Enkidu und die Unterwelt Z. 4–7[22]

Hier wird explizit gesagt, dass es sich um Brot und Öfen im Zusammenhang mit der Götterversorgung handelt (Z. 6 f). Es geht um das Brot der Heiligtümer des Landes; die parallele Konstruktion (Z. 7) lässt vermuten, dass die Lehmöfen des Landes ebenfalls zu den Heiligtümern gehören. Ein zweites Hauptziel der Schöpfung ist etwas von der Unterwelt („das der Unterwelt"), wie die folgenden Zeilen zeigen:

8	an ki-ta ba-ta-bad-ra$_2$-a-ba	(...) als der Himmel von der Erde getrennt worden war,
9	ki an-ta ba-ta-sur-ra-a-ba	als die Erde vom Himmel entfernt worden war,
10	mu nam-lu$_2$-u$_{18}$-lu ba-an-ĝar-ra-	als der Name der Menschheit dort gesetzt

19 Er beauftragt damit Utu (Z. 8'): vgl. Attinger 2015 b, 315.

20 Vgl. die Umschrift und Übersetzung dieses Prologs sowie die Einordnung als „Zeitreisen-Prolog", der die Handlung an den Uranfang versetzt, in: Streck 2002, 94–96.

21 Nach A. Zgoll und A. Merk (unpubliziert) handelt es sich bei dem Sprechen eines mim-(Liedes) um eine aktivierende Preisung; vgl. demnächst dazu die Dissertation von A. Merk (Merk i. V.) zu *Enkis Fahrt nach Nippur* und die Monographie von A. Zgoll (A. Zgoll i. V.) „Religion in Mesopotamien" sowie Gerstenberger 2018. Vgl. A. Zgoll 1997 a, 177 zum Stichwort „munus zi(d)" („tatkräftige Frau"); vgl. auch Lämmerhirt 2010.

22 Die Umschrift basiert auf Gadotti 2014, 172 f; Übersetzung KM berücksichtigt die Übersetzung von Gadotti 2014, 154; vgl. auch Streck 2002, 94–96.

	a-ba	worden war,
11	u$_4$ an-ne$_2$ an ba-an-de$_6$-a-ba	am Tag, als An den Himmel für sich genommen hatte,
12	^{d}En-lil$_2$-le ki ba-an-de$_6$-a-ba	als Enlil die Erde für sich genommen hatte,
13	^{d}Ereš-ki-gal-la-ra kur-ra saĝ-rig$_7$-bi-še$_3$ im-ma-ab-rig$_7$-a-ba	als der Ereškigal das, was die Unterwelt betrifft, als deren (= der Unterwelt) Geschenk geschenkt worden war (…)[23]

Gilgameš, Enkidu und die Unterwelt Z. 8–13[24]

Die Zeilen 8–10 sind parallel zu den folgenden Zeilen 11–13 aufgebaut: Das Trennen des Himmels (Z. 8) steht parallel zum Nehmen des Himmels durch An (Z. 11); das Entfernen der Erde (Z. 9) korrespondiert mit dem Nehmen der Erde durch Enlil (Z. 11); das Setzen des Namens der Menschheit (Z. 10) ist eine Parallele zum Schenken von etwas an Ereškigal bzw. die Unterwelt (Z. 13). Der Name der Menschheit ist in diesen Zeilen verknüpft mit der Unterwelt, d. h. die Namensgebung (im weitesten Sinn eine Schicksalsentscheidung für die Menschheit) steht in Zusammenhang mit der Unterwelt.[25]

Das Textende (Z. 255–306) bestätigt genau diese Verbindung, da das Schicksal von etlichen Verstorbenen in der Unterwelt aufgezeigt wird.[26] Diese Beschreibung der Verstorbenen soll v. a. verdeutlichen, dass Verstorbene in jedem Fall vom Totenkult abhängig sind, also von der Versorgung durch ihre lebenden Angehörigen. Somit ergeben sich als Hauptziele der Schöpfung: das Uralte und das Geschenk an die Unterwelt, das in Bezug zu den Menschen steht, sowie Opfer in den Heiligtümern (Brot, Öfen). Aus der Analyse der „Kronzeugentexte“ (vgl. Kapitel 4) ist ersichtlich, dass das Hauptziel der Schöpfung in der Regel im Ritual die Rolle als Ritualteilnehmer oder Ritualrahmen (Ort, Zeit) hat. Den rituellen Rahmen für diesen Schöpfungstext bietet somit nicht in erster

23 Wilcke 2010 a, 20: Anm. 105 übersetzt „Als man es der Ereškigal als der Unterwelt Geschenk geschenkt hatte.“ (vgl. ders. 2007, 27). Anstelle von „das der Unterwelt“ (Genitiv ohne Regens) kann das -a auch als Lokativ gesehen werden und diese Zeile mit „während der Ereškigal etwas/jemand in der Unterwelt als deren (= der Unterwelt) Geschenk geschenkt worden war“ übersetzt werden. Hier steht das Demonstrativpronomen, weil damit alles im Himmel und auf der Erde (vgl. die vorhergehenden Zeilen), was die Unterwelt betrifft, gemeint ist. Für die verschiedenen Analysen dieser Zeile siehe auch Gadotti 2014, 244 f.

24 Die Umschrift basiert auf Gadotti 2014, 173 f; Übersetzung KM berücksichtigt Gadotti 2014, 154.

25 Vgl. Polonsky 2002 zum Konzept der Namengebung als Teil der Schicksalsentscheidung; vgl. auch Gabriel 2014 (Abschnitt 5.2 „Name(nsgebung)“ und 5.3 „Ontologie von Festsprechung(sakt) und Name(nsgebung)“); vgl. auch Radner 2005.

26 Vgl. Gadotti 2014, 113–123 zum Schicksal der einzelnen Verstorbenen in der Unterwelt.

Linie ein Ritual zur Urteilssprechung durch Totengeister oder Nekromantie, sondern die regelmäßige Totenversorgung im Rahmen eines ki-si$_3$-ga/*kispum*-Rituals.[27]

14.2 Ritualadressat

UET 6/1 60 (ein Textzeuge aus Ur) hat als einziger Textzeuge das Textende erhalten. Es ist ein ausgezeichnetes Preislied auf Gilgameš (vgl. die Textstelle in Abschnitt 14.1). Der Inhalt des mythischen Textes passt dazu. Alle Haupt-Textzeugen weisen Gilgameš als Protagonisten des Textes aus. Die Ergebnisse der Analyse zu den „Kronzeugentexten" (vgl. Abschnitt 5.2) zeigen, dass der Ritualadressat in der Regel in der Schöpfungspassage oder der restlichen mythischen Passage genannt wird. Auch dieses Phänomen ist für Gilgameš gegeben.

Die Rekonstruktion dieses ki-si$_3$-ga-/*kispum*-Rituals kann folgendermaßen aussehen: Das Ritualziel wäre demnach, durch Opfergaben an die Totengeister und Unterweltsmächte (hier v. a. Gilgameš)[28] sowie durch deren Preisung, ihren Namen und damit ihre Existenz fortbestehen zu lassen. Ohne eine solche rituelle Versorgung würde die Gefahr bestehen, dass die Totengeister die Lebenden mit Unheil heimsuchen.

Dass Gilgameš neben den Totengeistern als Ritualadressat fungiert, ist weiteren Indizien des mythischen Textes zu entnehmen, wie nachfolgend gezeigt wird. Gilgameš wird mit seinen Taten im Text gerühmt. So besiegt er Dämonen durch sein Erscheinen: Die Zeilen 128–131 beschreiben, wie eine Schlange, der Anzu-Vogel und ein Dämon im Baum der Innana sitzen. Der Baum lässt sich daraufhin nicht zu Holz spalten (Z. 128). Aus einer vorherigen Zeile der Erzählung wird ersichtlich, dass Utu Innana nicht beistand (Z. 90), weshalb sie jetzt Gilgameš ersucht, der ihr beisteht (Z. 135).

---

27 Dass der mythische Text auch Indizien enthält, in Ritualen der Nekromantie zusätzlich verankert gewesen zu sein, wird in Abschnitt 14.3 diskutiert. Zu den Ritualen des Totenkults vgl. Tsukimoto 1985; Scurlock 1988; Maul 1994; A. Zgoll 2009; MacDougal 2014; für Bestattungsrituale vgl. Mofidi-Nasrabadi 1999.

28 Beopferungen des Gilgameš sind auch während Begräbnisriten belegt, wie eine neuassyrische Tafel (K 7856+) für das Begräbnis des königlichen Verstorbenen zeigt: vgl. Mc Ginnis 1987, 7 (K 7856 + K 6323: Rs. 1,2,6').

135	ses-a-ni ur-saĝ ^{d}Bil$_3$-ga-mes enim-be$_2$ ba-de$_3$-gub	Ihr (= Innanas) Bruder, der Held Gilgameš, stand ihr bei in dieser Angelegenheit.
		Gilgameš, Enkidu und die Unterwelt Z. 135[29]

In den folgenden Zeilen (Z. 136–143) wird die Tat von Gilgameš zugunsten der Innana beschrieben: Gilgameš tötet die Schlange, vertreibt den Anzu-Vogel und den Dämon. In einer weiteren Passage ist Gilgameš ein Bittsteller für Enkidu, der in die Unterwelt gefallen ist: Als Enkidu in die Unterwelt fällt, kommt Enlil dem Ersuchen des Gilgameš auf Beistand nicht nach (Z. 229), dafür aber Enki (Z. 237). Den Transfer des Enkidu aus der Unterwelt führt Utu durch (Z. 238–242). Sowohl die Episode um Innana als auch die Episode um Enkidu sind mit der Unterwelt verbunden: In der ersten Erzählung kommt – obwohl nicht explizit im Text so gesagt – das Unheil (zumindest das des Dämons) sicherlich aus der Unterwelt; in der zweiten Erzählung fällt Enkidu in diese Unterwelt. Gilgameš hat in der ersten Erzählung die Funktion der Abwehr von Unheil, das aus der Unterwelt kommt, inne. In der zweiten Erzählung ist er der Bittsteller, der bittet, dass Enkidu aus der Unterwelt herauskommen darf. Gilgameš fungiert im Text als derjenige, der Unheil aus der Unterwelt abwehrt und darüber hinaus Hilfe erbittet für das Erscheinen eines Verstorbenen (Nekromantie). Seine Taten werden durch Rezitation des Textes vergegenwärtigt und damit festgeschrieben.[30]

Die anderen Textzeugen neben UET 6/1 60 weisen keinen Preis auf Gilgameš auf, sondern enden mit der Passage über das Schicksal der Totengeister im Totenreich. Daher können die Totengeister hier ebenfalls als Ritualadressaten erwogen werden. Hierbei handelt es sich sicherlich um hochrangige Verstorbene, die im offiziellen Kult versorgt wurden.

Dass die Textzeugen so unterschiedliche Fassungen des mythischen Stoffes aufweisen, kann ein Indiz für unterschiedliche Ritualdurchführungen und unterschiedliche Schwerpunkte bei den Ritualadressaten sein.[31]

---

29 Die Umschrift basiert auf Gadotti 2014, 164; Übersetzung KM.

30 Wie Gadotti (2014) gezeigt hat, eröffnete *Gilgameš, Enkidu und die Unterwelt* den sumerischen Gilgameš-Kreis mit *Gilgameš und Huwawa A*, *Gilgameš und der Himmelsstier* und *Gilgamešs Tod*. Möglicherweise wurde sogar dieser gesamte Kreis während Totenritualen rezitiert. Diese Zusammenstellung zu einem Kreis kann aber auch eine spätere Entwicklung sein.

31 Vgl. die unterschiedliche Schwerpunktsetzung der Texte aus Nippur, Ur und Meturan in: Gadotti 2014, 121–127.

14.3 Ritualobjekt

Im Folgenden werden die Indizien für die Identifizierung des Ritualobjektes diskutiert. In *Gilgameš, Enkidu und die Unterwelt* steht die Namensgebung der Menschheit (Z. 10) parallel zu dem, was die Unterwelt betrifft (Z. 13); d. h. die Namensgebung steht parallel zur Sphäre der Unterwelt. Die Totengeister und solche Gottheiten, die (zumindest teilweise) in der Unterwelt wohnen (wie Gilgameš, Šamaš u. a.) erhalten als Ritualadressaten bei der Totenversorgung neben Preisungen auch Opfergaben.[32] *Gilgameš, Enkidu und die Unterwelt* Zeile 6 verweist auf Brot (ninda), das in den Öfen der Heiligtümer gebacken wurde. Hiermit ist vermutlich das Brot gemeint, das man geopfert hat.

Die Texte zur Totenversorgung lassen auf drei Bestandteile des monatlichen Rituals der Totenversorgung (vgl. Abschnitt 14.6) schließen: die Darbringung des Totenopfers, das Ausgießen von Wasser, das Aussprechen des Namens des Verstorbenen.[33] Das Opfer (v. a. Brot: vgl. Z. 6; in Ur Wasser: vgl. UET 6/1 60 Z. 9' // Z. 16') wurde im Ritual mit Wirkmacht aufgeladen, damit der Ritualadressat (= Totengeist, Unterweltsgottheit) in der Unterwelt weiter bestehen konnte. Das materielle Opfer fungiert hier als Ritualobjekt, worauf der Textanfang bereits hinweist:

4	u$_4$ ul niĝ$_2$-ul-e pa e$_3$-a-ba	(...) in den Tagen, als das Uralte sichtbar gemacht worden war,
5	u$_4$ ul niĝ$_2$-ul-e mim zi du$_{11}$-ga-a-ba	in den Tagen, als dem Uralten ein tatkräftiges mim(-Lied) verkündet worden war,[34]
6	eš$_3$ kalam-ma-ka ninda šu$_2$-a-ba	als in den Heiligtümern des Landes Brot gebacken worden war,
7	^{im}šu-rin-na kalam-ma-ka niĝ$_2$-tab ak-a-ba	als in den Lehmöfen des Landes (...) gemacht worden war (...)

Gilgameš, Enkidu und die Unterwelt Z. 4–7[35]

---

32 Vgl. Tsukimonto 1985; MacDougal 2014 u. a.

33 Vgl. Tsukimoto 1985, 230; MacDougal 2014, 52.

34 Nach A. Zgoll und A. Merk (unpubliziert) handelt es sich bei dem Sprechen eines mim-(Liedes) um eine aktivierende Preisung; vgl. demnächst dazu die Dissertation von A. Merk (Merk i. V.) zu *Enkis Fahrt nach Nippur* und die Monographie von A. Zgoll (A. Zgoll i. V.) „Religion in Mesopotamien" sowie Gerstenberger 2018. Vgl. A. Zgoll 1997a, 177 zum Stichwort „munus zi(d)" („tatkräftige Frau"); vgl. auch Lämmerhirt 2010.

35 Die Umschrift basiert auf Gadotti 2014, 172 f; Übersetzung Gadotti 2014, 154, mit geringfügigen Modifikationen durch KM; vgl. auch Streck 2002, 94–96.

Das Uralte wurde zuerst sichtbar gemacht (Z. 4) und dann (Z. 5) preisend aktiviert[36] und damit wirkmächtig. Die Aktivierung hatte zur Folge, dass Brot als Opfergabe gebacken werden konnte (Z. 6 f). Dieses Brot in den Heiligtümern war sicherlich das Opferbrot, nicht nur für die Hochgötter, sondern auch für die Unterweltsgötter, während das Geschenk an die Unterwelt (Z. 13) vermutlich die Opfergabe für die Unterweltsgottheiten umfasste.

13	^{d}Ereš-ki-gal-la-ra kur-ra saĝ-rig$_7$-bi-še$_3$ im-ma-ab-rig$_7$-a-ba	(...) als der Ereškigal das, was die Unterwelt betrifft, als deren (= der Unterwelt) Geschenk geschenkt wurde (...)

Gilgameš, Enkidu und die Unterwelt Z. 13[37]

Die Rezitation dieser Stelle mit der Schöpfungspassage aktualisiert diese Schöpfungsordnung wieder; das Brot (für die Götterversorgung auf der Erde und in der Unterwelt) wird für dessen ursprüngliche Aufgabe wieder mit Wirkmacht aufgeladen. Das Opfer (hauptsächlich in Form von Brot) ist hier als Hauptziel der Schöpfung gleichzeitig das Ritualobjekt.

Daneben weist der mythische Text Indizien auf für eine Verbindung mit einem sekundären rituellen Kontext: Nekromantie (vgl. Abschnitt 14.2). Enkidu erscheint aus der Unterwelt und wird von Gilgameš zur Situation in der Unterwelt befragt (ab Z. 244). Falls hier eine weitere oder sekundäre situative Verortung gespiegelt wird, scheinen in diesem Kontext bestimmte Verstorbene die Funktion von Ritualobjekten innezuhaben, die mittels Nekromantie aus der Unterwelt geholt werden (wie Enkidu in Z. 238–242). Gilgameš bittet hierbei die Götter um Hilfe (Z. 221–237). Es liegen hier eventuell zwei verschiedene Ritualkontexte vor: das regelmäßige Totenopfer mit dem Opferbrot bzw. Wasser als Ritualobjekt und möglicherweise außerdem aus der Unterwelt herbeigebrachte Verstorbene mittels Nekromantie.

14.4 Ritualexperte

Da es sich, wie bereits gezeigt wurde, bei *Gilgameš, Enkidu und die Unterwelt* um einen zu rezitierenden Ritualtext im Rahmen von Totenritualen handelt, ist zu

---

36 So nach Forschungen von A. Zgoll, B. Kärger und A. Merk (Forschungsprojekt „Götter – Tempel – Preislieder: Konzepte zur Aktivierung von Tempeln im antiken Mesopotamien"), vgl. dazu die Homepage unter https://www.uni-goettingen.de/de/410999.html. Nach A. Zgoll und A. Merk (unpubliziert) bedeutet mim--du$_{11}$.g ein aktivierendes Preisen (vgl. die Anm. oben).

37 Die Umschrift basiert auf Gadotti 2014, 174; Übersetzung KM berücksichtigt die Übersetzung von Gadotti 2014, 154.

fragen, welcher Ritualexperte dafür zuständig war. Aufgrund der Länge, Art und des Inhalts des Textes ist sicherlich auszuschließen, dass dieses Ritual im Rahmen von privaten Familienritualen durchgeführt wurde. Solche Familienrituale im Haus waren knappgehalten und bestanden neben den Opfern aus dem Aussprechen der Namen der Verstorbenen und einigen verbindenden Sätzen.[38]

Gilgameš, Enkidu und die Unterwelt ist höchstwahrscheinlich in den offiziellen Kult am ki-a-naĝ („Wassertrinkort") und/oder dem du_6-ku_3.g („heiliger Hügel") einzuordnen, wo die Totengeister verstorbener Herrscher beopfert wurden. Auf den offiziellen Kult weist die Zeile 6 des Textes, indem sie als Zielpunkt der Schöpfung die Heiligtümer des Landes ($eš_3$-kalam-ma) erwähnt. Damit ist die Fokussierung auf den offiziellen Kult am Tempel offensichtlich. In Abschnitt 14.5 wird gezeigt, dass die Könige der Ur-III-Dynastie möglicherweise die Ritualabsender sind, da zu dieser Zeit die Rückbesinnung auf Gilgameš als königlichen Vorfahr und vergöttlichten Herrscher in der Unterwelt einsetzte. Die frühesten Textzeugen stammen allerdings aus etwas späterer Zeit, und zwar vom Beginn des 2. Jt. v. Chr. aus frühaltbabylonischer Zeit.[39]

Verantwortlich für die königliche Totenversorgung war der Thronfolger als Nachkomme der Verstorbenen.[40] Ob er die Rezitation des Textes durchgeführt hat oder ein gala, kann hier nicht abschließend geklärt werden. Die Zubereitung des Opfers oblag einem Kultpriester, wie z. B. dem $gudu_4$-Priester, der verantwortlich für die Öfen und die Zubereitung der kultischen Speisen war.[41]

14.5 Ort des Rituals

Es kommen mehrere Ritualorte für diesen zu rezitierenden Ritualtext für die Totenversorgung infrage. Der Ritualort war wahrscheinlich der ki-a-naĝ („Wassertrinkort"), ein Libationsort für verstorbene Herrscher beim oder im Tempel bzw. Tempelkomplex einer Gottheit.[42]

---

38 Vgl. Tsukimoto 1985, 230.

39 Vgl. Gadotti 2014, 129–132.

40 Zur Abwehr von Unheil, das auf vernachlässigte Totengeister zurückgeführt wurde, führte neben dem Ritualabsender der Beschwörungsexperte (maš-maš bzw. *āšipu*) die entsprechenden Rituale durch. Hier liegt jedoch gewiss kein Abwehrritual und auch kein Ritual mit dem Ziel eines göttlichen Prozesses bei Unheil vor, das durch einen Totengeist verursacht wurde (vgl. A. Zgoll 2009), sondern ein Ritual im Rahmen der zyklischen Totenversorgung bzw. Totenpflege.

41 Zur Rolle dieses Priesters vgl. Sallaberger/Huber Vulliet 2005, 630.

42 Vgl. Cohen 2005, 104.

Da der Text in Ur innerhalb der Herrscher der Ur-III-Dynastie zeitlich verortet wird,[43] ist der ki-a-naĝ in Ur ein möglicher Kandidat für das Ritual, in dem der mythische Text verankert war. Mit Cohen lässt sich vermuten, dass es nur ein bis zwei solcher ki-a-naĝ pro Stadt gegeben hat.[44] Es wird in den Belegen beispielsweise nicht zwischen verschiedenen ki-a-naĝ einer Stadt differenziert. Daneben gab es Libationsorte privater Art mit den Statuen der Totengeister im Haus der Hinterbliebenen, zumindest in Nuzi, wie Texte von diesem Fundort zeigen.[45]

Neben den Totenritualen am ki-a-naĝ gab es weitere Rituale mit Bezug zu Unterwelt und Totengeistern, wie im Folgenden gezeigt wird. In verschiedenen sumerischen Tempeln existierte eine Art Hügel über dem Eintrittsplatz aus der Unterwelt, der du$_6$-ku$_3$.g („heiliger Hügel").[46] In Nippur ist solch ein du$_6$-ku$_3$.g im Tummal bezeugt, wo die Totengeister der Vorfahren Enlils wohnen.[47] Dieser „heilige Hügel" ist auch in Ur zur Ur-III-Zeit bezeugt.[48] In Babylon war er ein Ort der Schicksalsentscheidung während des Neujahrsfestes im 1. Jt. v. Chr.[49] An dieses Heiligtum (eš$_3$ ^{d}du$_6$-ku$_3$) wurden während des ganzen Jahres spezielle Opfer geliefert und im siebten Monat sogar zusätzliche Opfer.[50]

Als mögliche Orte für das Ritual können der ki-a-naĝ oder der du$_6$-ku$_3$.g in Ur als Ort für die Totenversorgung der verstorbenen Ur-III-Herrscher gelten.[51] Daneben sind eventuell der ki-a-naĝ oder der du$_6$-ku$_3$.g in Nippur denkbar, wobei für den ki-a-naĝ in Nippur nur Opfer zum ab-e$_3$-Fest belegt sind.[52] Aufgrund der Erwähnung der Söhne von Ĝirsu (dumu Ĝir$_2$-su^{ki}-a) in UET 6/1 60 Zeile 15' ist eine weitere situative Verortung im Rahmen der Totenpflege der verstorbenen Herrscher aus Ĝirsu am dortigen ki-a-naĝ oder du$_6$-ku$_3$.g mög-

43 Vgl. Tigay 1982; George 2003; Michalowski 2010 b; Mittermayer 2010. Vgl. auch Attinger 2015 b, 299: „Der Sprache nach zu urteilen, wurde die Komposition spätestens am Anfang der Isin-Zeit (2017–1794) zum ersten Mal verschriftet, möglicherweise aber viel früher."

44 Vgl. Cohen 2005, 108: Anm. 49.

45 Vgl. van der Toorn 2008, 27 mit Literaturverweisen.

46 Vgl. Cohen 1993, 460; vgl. A. Zgoll 2012, 28–33 und 56.

47 Vgl. Cohen 1993, 107; vgl. Sallaberger 1993, 129–131.

48 Vgl. Sallaberger 1993, 131.

49 Vgl. A. Zgoll 2006 a.

50 Vgl. Cohen 1993, 109–111; Sallaberger 1993, 129–131.

51 Der mythische Text könnte ursprünglich auch in Uruk wichtig gewesen sein. Indizien für eine situative Verortung in Uruk sind beispielsweise das Preislied (za$_3$-mim) auf Gilgameš (UET 6/1 60 Z. 17') und dessen textinterne Rolle als Protagonist sowie dessen Stadt Uruk als Ort der Erzählung.

52 Vgl. Sallaberger 1993, 105.

lich. Wahrscheinlich sind hier wieder Schichtungen von Ritual bzw. Mythos im Ritual zu greifen.[53]

Neben dieser situativen Verortung ist eine gesellschaftliche Verortung im e$_{2}$-dub-ba(-a) belegt; dort sollte der Text neben seiner Funktion bei der Schreiberausbildung auch zu angemessenem Verhalten den Toten gegenüber sowie zur Vorsorge für die Bewahrung des eigenen Namens erziehen.[54]

14.6 Zeit des Rituals

Gemeinschaftliche Klagefeiern der Bevölkerung und des Königshauses fanden im fünften und sechsten Monat im 3. Jt. v. Chr. in Nippur, Ur und Umma für verstorbene Herrscher statt.[55] In Ur gab es während der Ur-III-Zeit das ir$_{2}$-ki-gu-la, ein Klageritual für Verstorbene am Libationsort, dem ki-a-naĝ, das am 27. und 28. Tag des zwölften Monats im ersten Regierungsjahr vom Bruder des verstorbenen Herrschers Amar-Suen eingesetzt wurde.[56] In Ur gibt es Belege für ein *a-bu-um*-Fest, das mit dem Fest für Ninazu (izim ^{d}Nin-azu) am Anfang des sechsten Monats zeitlich in Verbindung stehen könnte.[57] Während dieses Festes wurde der Totenkult für verstorbene Herrscher durchgeführt.[58] Im Standardkalender des 2. Jt. v. Chr. wurde der fünfte Monat als *a-bu-um* benannt. Im mittelbabylonischen *Astrolab B* (KAV 218 2:5 f und 13 f) ist er als iti ^{d}Bil$_{4}$-ga-meš bzw. ITI ^{d}ĜEŠ-*gim$_{2}$-maš* („Monat <des> Gilgameš") bezeichnet; dieser Monat stand in Verbindung mit Totenritualen und Abwehrritualen von Unheil durch böse Geister, und an neun Tagen – also exakt der Zeitspanne für gemeinschaftliche Totenrituale – dieses Monats fanden Kämpfe statt, die im *Gilgameš-Epos* gespiegelt wurden .[59]

Der ki-a-naĝ wurde täglich beopfert und Totenrituale mit einer Erweiterung der Opfer gab es an speziellen Mondfeiertagen: am Tag des Neulichts am Monatsanfang, am siebenten Tag und zu Vollmond.[60]

In Nippur war das Hauptfest für Totenrituale das ne-IZI-ĝar am 11. und 12. Tag des fünften Monats, also kurz vor der Zeit des Vollmonds.[61] Dieses Fest er-

---

53 Vgl. C. Zgoll 2019 zu Strata in Mythen.
54 Vgl. Gadotti 2014, 120–137.
55 Vgl. Sallaberger 1993, 310.
56 Vgl. Cohen 1993, 455.
57 Vgl. Sallaberger 1993, 206.
58 Vgl. Sallaberger 1993, 207.
59 Vgl. Cohen 1993, 319–321; George 2003, 126.
60 Vgl. Sallaberger 1993, 39–41.

scheint im vierten Text des Gilgameš-Zyklus (vgl. Gadotti 2014: *Gilgamešs Tod*) in den Textzeugen N_1 // N_2 v:10 in Zusammenhang mit einem Fest der Totengeister: iti ne-IZI-ĝar izim kitim-ma-ke₄-ne („im Monat ne-IZI-ĝar, dem Fest der Totengeister").[62]

An das „Heiligtum des heiligen Hügels" (eš₃-ᵈdu₆-ku₃; vgl. Abschnitt 14.5) wurden während des ganzen Jahres Opfer geliefert sowie im siebten Monat spezielle Opfer.[63]

In Ĝirsu sind Urkunden über Opfer am ki-a-naĝ zu den Mondfeiertagen erhalten, u. a. an die verstorbenen Herrscher aus Ĝirsu (Gudea und Ur-Lama) und an den verstorbenen Ur-III-König Šulgi.[64]

Weil die Totenrituale so umfangreich zeitlich verortet waren, muss erwogen werden, dass *Gilgameš, Enkidu und die Unterwelt* möglicherweise nicht nur in einem Fest in Ur verankert war, sondern in mehreren. Entsprechendes mag für Nippur und möglicherweise auch für Ĝirsu gelten (vgl. Abschnitt 14.5).

61 Vgl. Cohen 1993, 456; Sallaberger 1993, 207 (NE.NE-ĝar).

62 Vgl. Cavigneaux 2000, 16.

63 Vgl. Cohen 1993, 109–111.

64 Vgl. Sallaberger 1993, 94 und 96.

15 Enki und Ninmaḫ: Ritual im Tempel oder im Palast

Hauptziel der Schöpfung:	Erschaffung von und Zuweisung von Aufgaben an verschiedene Menschengruppen mit Einschränkungen und Uĝu'ul (Säugling[1] nach Zgoll 2012, 50; anders Ceccarelli 2016, 184: „(Fehl- bzw. Miss)geburt“[2]); Uĝu'ul soll den Tempelhaushalt führen
Erstedition:	Benito 1969
Aktuellste Edition:	Ceccarelli 2016; ETCSL 1.1.2
Sprache:	Sumerisch (altbabylonische Zeit)
Anzahl Textzeugen:	5 (nach Ceccarelli 2016)
Anzahl Zeilen:	150 (nach Ceccarelli 2016)
Fundorte:	Nippur, Ninive, unbekannt (= stammt aus dem Kunsthandel)
Besonderheit:	neusumerisch-neuassyrische Bilingue aus Ninive, lexikalische und grammatische Besonderheiten wie Akkadismen[3]

15.1 Indizien für die Einordnung als Ritualtext

Einführend sei hier bemerkt, dass dieser Schöpfungstext ohne gesicherte situative Verortung interessanterweise sowohl Indizien aufweist, die auf einen Zusammenhang mit Ritualen im Tempel als auch von Ritualen im Palast weisen. Diesem ambivalenten Befund wird nun nachgegangen. In dieser Fallstudie kommen dabei – wie bereits in den Abschnitten zuvor – die einzelnen Beobachtungen aus den methodischen Annäherungen I–III zur Anwendung.

Der Text wurde bisher kaum konkret situativ verortet. Maag interpretiert verschriftete Menschenschöpfungsmythen als „magische Inkantationen“, die „zum Geburtsvorgang rezitiert wurden“, um den Willen der Götter für die Menschenschöpfung im Rahmen einer Geburt neu zu erbeten.[4] Bislang wurde *Enki und Ninmaḫ* aufgrund der Rahmenhandlung mit einem Wettstreit oft als Streit-

1 Vgl. auch Kilmer 1976; Wilcke 2007, 33.
2 Vgl. auch Bottéro/Kramer 1989, 197 f; Stol 2000, 31 und 110.
3 Eine ausgezeichnete Übersicht bietet Ceccarelli 2016, 78–85.
4 Vgl. Maag 1954, 87 f und 93: Anm. 15 (zu *KAR* 4).

https://doi.org/10.1515/9783110719222-015

gespräch gedeutet, ohne näher auf Auswirkungen dieser Einteilung auf die situative Verortung einzugehen.[5] Eine (religions-)politische Deutung erwägen Bottéro und Kramer, die den Text als Erhöhung von Eridu und Enki gegenüber Keš und Ninmaḫ verstehen, ohne dies situativ zu konkretisieren.[6] Ceccarelli bezeichnet den Text als „nicht kultisch" und verortet ihn aufgrund der wenigen Textzeugen untergeordnet im schulischen Curriculum.[7] Den Indizien für eine situative Verortung des Textes wird im Folgenden nachgegangen.

Der Text zerfällt bislang in zwei Hauptteile (Abschnitt A: Z. 1–37, Abschnitt B: Z. 1–113); dazwischen ist eine Lücke von ca. 27 Zeilen.[8] Abschnitt A beschreibt die Himmels- und Weltschöpfung sowie die Erschaffung der Götter, die Arbeitslast der Götter und die Menschenschöpfung eines „Ersatzarbeiters"[9] durch Enki, Namma und die Muttergöttinnen. Abschnitt B erzählt die spezifische Erschaffung von körperlich behinderten Menschen durch Ninmaḫ und die Schicksalsentscheidung von Enki für sie als Wettstreit im Rahmen eines Mahles. Außerdem erschafft Enki selbst ein Geschöpf und weist ihm einen Platz zu.

Das Textende (Abschnitt B Z. 110–113) enthält wichtige Hinweise auf die situative Verortung. Wie bereits in den Abschnitten zu den anderen Einzeltexten gezeigt werden konnte, ist das Textende in der Regel wichtig für die Rekonstruktion der situativen Verortung und speziell der rituellen Einordnung. Die Götter sind als erste Adressaten des Liedes genannt (vgl. *Atram-ḫasīs* 3,8,14–17, wo ebenfalls Götter das Lied hören sollen), und somit ist dieses Lied für den Gebrauch in einem religiösen Kontext gedacht und nicht in erster Linie für Unterhaltungszwecke der Menschen:

110	ser$_3$ ⸢nam$^?$⸣-⸢x⸣ (⸢x⸣) ⸢dugud$^?$⸣ ⸢x⸣ […] ⸢nam⸣-⸢dub$^?$⸣-[sar$^?$ …]	„Das […]-Lied, gewichtig/e$^?$ […] Schreib$^?$[kunst …].
111	diĝir ĝeš tuku-a-bi U$_4$-ĝu$_{10}$-ul du$_3$-⸢a$^?$⸣(-)[x x x] e$_2$-ĝu$_{10}$ ḫe$_2$-AK-[e]	Nachdem die Götter (das) gehört haben, wird der erschaffene Uĝu'ul[10] […] Er[11]

5 Wilcke 2007, 29 mit Anm. 66 ordnet beispielsweise den Text als „Rangstreitliteratur" mit einer abweichenden Gestaltung ein; vgl. Leick 1994, 29; Ceccarelli 2016, 70 f.

6 Vgl. Bottéro/Kramer 1989, 31.

7 Vgl. Ceccarelli 2016, 87.

8 Vgl. Ceccarelli 2016, 92 f.

9 Ceccarelli 2016, 86.

10 Dieses erschaffene Wesen wird entweder als Säugling (vgl. Kilmer 1976; Wilcke 2007, 33, A. Zgoll 2012, 50) oder als Fehlgeburt (vgl. Bottéro/Kramer 1989, 197 f; Stol 2000, 31 und 110; Ceccarelli 2016, 184: „(Fehl- bzw. Miss)geburt") interpretiert; vgl. die ausgezeichnete Übersicht bei Ceccarelli 2016, 61–66 (besonders S. 64). Eine Fehlgeburt ist hier sicherlich nicht gemeint, da diese keine diesseitigen Aufgaben übernehmen kann.

11 Bei Ergänzung von -ene (Suffix der Ergativmarkierung), wäre pluralisch zu übersetzen.

		möge meinen Tempel ‚machen' (= den Tempelbetrieb aufrechterhalten)."[12]
112	dNin-maḫ-⌜e⌝ en gal dEn-ki-ke4 za3 nu-mu-ni-in-ša4	Ninmaḫ war dem großen Herrn Enki nicht ebenbürtig.
113	aia dEn-ki za3-mim-zu du10-ga	Vater Enki, dein Preislied ist ausgezeichnet.
		Enki und Ninmaḫ Abschnitt B Z. 110–113[13]

Abschnitt B Zeile 110 f ist Teil der Rede Enkis, die sich nach der Rede-Einleitung in Abschnitt B Zeile 100 von Zeile 101–111 erstreckt. In den abschließenden beiden Zeilen des Textes (= Abschnitt B Z. 112 f) findet sich die Doxologie auf Enki inklusive der Eigenbezeichnung der Komposition als Preislied (za3-mim).

Weil in derselben Zeile (Abschnitt B Z. 110) ein mit nam gebildetes Abstraktum vorkommt (nam-⌜dub?⌝-[sar?]), ist es wahrscheinlich, dass das nam hinter ser3 nicht den Anfang der Verbalkette bildet, sondern Bestandteil eines Abstraktums ist. Wenn das zutrifft, dann stehen hier eine bestimmte Liedgruppe und die Schreiberkunst parallel zueinander (was einen guten Sinn ergibt). Um welches Lied könnte es sich in Zeile 110 handeln? Falls die Lesung ser3 nam-[...] stimmt,[14] kommen inhaltlich und lexematisch drei Liedarten in Frage: ser3 nam-nar, ser3 nam-šub, ser3 nam-ur-saĝ-ĝa2. Die Sangeskunst (nam-nar) wird in Abschnitt B Zeile 28 als Schicksal dem erschaffenen Obersänger (nar-gal) zugeteilt, dem zweiten Schöpfungsobjekt des Wettstreits. Damit ist das einzige Amt im Text geschaffen worden, das mit Gesang in Verbindung steht. In *Innana und Enki* Zeile 51 ist nam-nar Bestandteil der me, der göttlichen Kräfte, die Enki gebracht hat. *Išme-Dagān A + V* Zeile 367 f verbindet nam-nar mit za3-mim, dem Preislied:

367	⌜nam⌝-nar-ra a2-ĝu10 ba-e-šum2-ma	Der ich an die Sangeskunst meine Kraft gegeben habe,
368	za3-mim ki di-bi mu-zu-a	der ich dieses Preisliederverkünden für einen Ort (?)[15] kennengelernt habe (...)
		Išme-Dagān A + V Z. 367 f[16]

12 Ceccarelli 2016, 131 übersetzt e2--AK mit „Haushalt führen"; vgl. den Kommentar in ebd., 197. Möglich wäre auch eine Übersetzung mit Direktiv: „möge [x x x] für meinen Tempel machen" ([x x x] e2-ĝu10 ḫe2-AK-[e]).

13 Die Umschrift basiert auf Ceccarelli 2016, 130; Übersetzung Ceccarelli 2016, 131, mit geringfügigen Modifikationen durch KM.

14 Lambert 2013, 342 transliteriert: „šìr a?".

15 Hier ist ein Direktiv hinter ki zu vermuten.

16 Die Umschrift basiert auf ETCSL 2.5.4.01; Übersetzung KM.

Da *Enki und Ninmaḫ* ebenfalls als Preislied (za₃-mim) in der Doxologie klassifiziert ist, kann es sich von den drei zu diskutierenden Liedarten in Abschnitt B Zeile 110 am ehesten um ein Lied der Sangeskunst (ser₃ nam-nar), eine Art Oberbegriff für Lieder, die von Sängern (nar) vorgetragen wurden, handeln.[17]

Eine weitere Liedgattung kommt jedoch ebenfalls in Frage. Da Enki im Text das Schicksal für die erschaffenen Wesen entscheidet (nam--tar)[18], passt hier inhaltlich ser₃ nam-šub, das „schicksalweisende Lied“[19], das in den Texten oft Enki zugeschrieben wird.[20] So gibt es in Enkis Abzu laut *Enkis Fahrt nach Nippur* Zeile 106 ser₃ ku₃ nam-šub. In *Enmerkara und der Herr von Aratta* wird das Singen von ser₃ ku₃ nam-šub (Z. 134) auf Enki zurückgeführt (Z. 135: nam-šub ᵈNu-dim₂-mud-da-ke₄). In *Innana und Enki Segment D* Zeile 12 übergibt Enki nach ETCSL 1.3.1 die Schreibkunst (nam-dub-sar--šum₂) bzw. bringt diese in Zeile 67 (nam-dub-sar--de₆) als Teil der göttlichen me. Könnte daher die Zeile 110 von Abschnitt B in *Enki und Ninmaḫ* entsprechend ergänzt werden und dann übersetzt werden mit „schicksal[weisendes] Lied, gewichtige [Worte sind gegeben/gebracht], die Schreib?[kunst ist gegeben/gebracht]“? Formal passt der Text *Enki und Ninmaḫ* nicht unbedingt zum Charakter der ser₃ nam-šub: Diese waren entweder ein Lobpreis v. a. auf einen Gott (inklusive Fürbitten für einen König) oder eine Klage (vgl. *Nissaba B*); sie sind allerdings sprachlich und inhaltlich sehr uneinheitlich.[21] Der König steht in *Enki und Ninmaḫ* nicht im Fokus, wie bereits gezeigt werden konnte. Das Textziel ist in *Enki und Ninmaḫ* die Schicksalsentscheidung und der Preis Enkis für diese große Tat. Abschnitt B Zeile 112 berichtet deshalb vor dem Preis, dass Ninmaḫ dem Enki nicht gleichkam (siehe oben). Der Fokus der Rede des Enki am Textende (Z. 100: Rede-Einleitung; Z. 101–111: Rede) liegt auf der überragenden Größe Enkis und dessen Preis.

Eine dritte Liedgattung, das Lied des Heldentums (ser₃ nam-ur-saĝ-ĝa₂), ist inhaltlich und lexematisch in Abschnitt B Zeile 110 von *Enki und Ninmaḫ* ebenfalls wahrscheinlich, da in der unmittelbar vorausgehenden Zeile 109 Enki seine heldenhafte Kraft (⸢a₂⸣ nam-ur-saĝ-ĝa₂-ĝ[u₁₀]) preist. Dazu passt inhaltlich das Lexem dugud („schwer, gewichtig“) in derselben Zeile. Allerdings ist auf dem Foto in Ceccarelli 2016, Tf. X kein Platz für fünf Zeichen vor

---

17 Vgl. Shehata 2009, 264 f.

18 Vgl. Z. 25, 28 f, 32, 35, 41, 45, 48.

19 Diese Übersetzung stammt von Mittermayer 2010, 74–77.

20 Die Spuren des Zeichens auf dem Foto in Ceccarrelli 2016, Tf. X sind zu fragmentarisch, um dies zu überprüfen. Dieses Lexem ist laut der ETCSL-Datenbank nicht mit dugud verbunden; so wäre es hier; belegt ist hingegen enim dugud.

21 Vgl. Shehata 2010, 180; Mittermayer 2009, 74–77.

dem **d u g u d** zu sehen. Die drei bereits diskutierten Liedgattungen, die Preislieder überliefern, sind hier zusammen aufgelistet:

ser$_3$ ⌜nam$^{?}$⌝-⌜nar$^{?}$⌝ (⌜x⌝) ⌜dugud$^{?}$⌝ ⌜x⌝ [...] ⌜nam⌝-⌜dub$^{?}$⌝-[sar$^{?}$ ...]	Das Lied der ⌜Sangeskunst⌝, gewichtig/e$^{?}$ [...] Schreib$^{?}$[kunst ...]
ser$_3$ ⌜nam$^{?}$⌝-⌜šub$^{?}$⌝ (⌜x⌝) ⌜dugud$^{?}$⌝ ⌜x⌝ [...] ⌜nam⌝-⌜dub$^{?}$⌝-[sar$^{?}$ ...]	Das ⌜schicksalsweisende⌝ Lied, gewichtig/e$^{?}$ [...] Schreib$^{?}$[kunst ...].
ser$_3$ ⌜nam$^{?}$⌝-⌜ur$^{?}$⌝-⌜saĝ$^{?}$⌝-<ĝa$_2$> ⌜dugud$^{?}$⌝ ⌜x⌝ [...] ⌜nam⌝-⌜dub$^{?}$⌝-[sar$^{?}$ ...]	Das Lied des ⌜Heldentums⌝, gewichtig/e$^{?}$ [...] Schreib$^{?}$[kunst ...].

Enki und Ninmaḫ Abschnitt B Z. 110 (verschiedene Lesungen)[22]

Am ehesten kommt nach der obigen Analyse das „Lied der Sangeskunst" (**s e r$_3$ ⌜n a m$^{?}$⌝-⌜n a r⌝**) infrage. Welche Art Liedkunst hier auch gemeint ist, es ist mit Sicherheit anzunehmen, dass Enki in dieser Zeile dieses Lied (und vermutlich die Schreibkunst) anordnet. In der folgenden Zeile wird ausgesagt, dass die Götter dies hören (siehe oben). Hier ist eine Parallele zum Textende des altbabylonischen *Atram-ḫasīs* gegeben:

14	*ša-ni-it-ti-iš-[ka]*	Zu [deinem] Preis
15	*an-ni-a-am za-ma-[ra]*	mögen dieses Lie[d]
16	*li-iš-mu-ma ^{d}I-gi-g[u]*	die Igig[i] hören und
17	*li-iṣ-ṣi$_2$-ru na-ar-bi-ka*	mögen deine Größe bewahren!
18	*a-bu-ba a-na ku-ul-la-at ni-ši*	Von der Flut habe ich für alle Menschen
19	*u$_2$-za-am-me-er ši-me-a*	gesungen. Hört!

Atram-ḫasīs 3,8,14–19[23]

In *Atram-ḫasīs* sind die Igigi und alle Menschen die Hörenden. *Atram-ḫasīs* belegt, dass das Textende Indizien auf die situative Verortung als gesungenes Lied enthalten kann. Das **s e r$_3$** von *Enki und Ninmaḫ* ist an dieser Stelle am Textende (Abschnitt B Z. 110) für die situative Verortung ein ernst zu nehmender Hinweis.

Nach dem Hören soll der Uĝu'ul den Tempelhaushalt führen, d. h. seinem Broterwerb nachgehen; damit ist der thematische Schwerpunkt des Textes deutlich: Der Text zielt nach A. Zgoll im Blick auf die von Ninmaḫ erschaffenen Geschöpfe und auch im Blick Uĝu'ul darauf, dass diese „Brot ... essen und sich ... Brot selbst ... verdienen" können.[24] Die Haushaltsführung, d. h. die Tempellei-

---

22 Die Umschrift basiert auf Ceccarelli 2016, 130 mit teilweisen Ergänzungen von mir; Übersetzung KM.

23 Die Umschrift basiert auf Lambert/Millard 1969, 104; Übersetzung KM.

24 A. Zgoll 2012, 49.

tung durch den zukünftigen Menschen (Uĝu'ul)[25], führt erstens zum Funktionieren des Tempels und damit konkret zum Festmahl, das als Setting des Schöpfungstextes beschrieben wird, und zweitens zum Broterwerb für den Menschen selbst. Hiermit ist ein starkes Indiz für die situative Verortung des Schöpfungstextes im Rahmen eines Festmahles gegeben.

Darüber hinaus liegt ein weiterer Hinweis für die situative Verortung vor: Enki ordnet mit diesem Lied (Abschnitt B Z. 110: ser₃ nam-[...]) sein eigenes Preislied (Abschnitt B Z. 113: za₃-mim) und vermutlich ebenso dessen Niederschrift an, worauf das Lexem nam-dub-sar als Teil der me (siehe oben) möglicherweise anspielt; die Götter sind Teilnehmer dieses Rituals, nach dessen Abschluss die Tempelversorgung weiter stattfindet.[26] Enki ist in anderen Texten der Urheber bzw. Überbringer von verschiedenen Liedarten (ser₃ nam-nar, ser₃ nam-šub) sowie von der Schreibkunst (nam-dub-sar), wie bereits gezeigt werden konnte.

Auch der restliche Kontext des Schöpfungstextes deutet auf ein Ritual mit Rezitation des Liedes: Der Schöpfungstext gibt als Setting ein Festmahl (Abschnitt B Z. 9: ĝešbun)[27] für verschiedene Götter an: Enki als Gastgeber, Namma, Ninmaḫ (Abschnitt B Z. 9); Muttergöttinnen (Abschnitt B Z. 10); An, Enlil (Abschnitt B Z. 11); zahllose Götter (Abschnitt B Z. 12). Belege für solche ĝešbun sind gut überliefert. So gibt es aus verschiedenen Städten Auslieferungen für Festmähler zur Zeit der großen Feste, beispielsweise aus dem Ur-III-zeitlichen Drehem für das herbstliche a₂-ki-ti-Fest zur Aussaat[28] oder für das ebenfalls aus der Ur-III-Zeit belegte ĝešbun des še-KIN-ku₅-Festes[29] in Umma. Auch im Palast sind ĝešbun in den Urkundenabrechnungen belegt.[30] Weitere Informationen über rituelle Festmähler (ĝešbun) sind den sogenannten literarischen Texten zu entnehmen, die sie im Palast oder Tempel verorten.

---

25 Dieses erschaffene Wesen (Säugling oder eine Frühgeburt) muss erst heranwachsen, um seine Aufgaben übernehmen zu können; vgl. die Interpretation dieses Wesens oben. Diese Passage zeigt auch, dass eine Fehlgeburt hier nicht gemeint sein kann.

26 Die Idee der Verfügung eines Preises durch Enki, dessen Verschriftung und der Götterversorgung findet sich bei Ceccarelli 2016, 69.

27 Zu ĝešbun vgl. Sallaberger 2003, 100.

28 BM 103399 (CT 32, 16) Vs. 1,2,8': ĝešbun₂ a₂-ki-ti šu-nuĝun-na.

29 CST 709 Z. 2: ĝešbun še-KIN-ku₅-še₃. In Umma fand dieses Fest im 3. Jt. v. Chr. im ersten Monat statt, vgl. Cohen 1993, 165 f.

30 StOr 09-1 39 Pl. 17 (Ur III, Drehem) Z. 7: ĝešbun e₂-gal; SAT 2, 0693 (Ur III, Drehem) Z. 7: ĝešbun ša₃ e₂-gal. Auch aus Ur sind Abrechnungen über Lieferungen an den Palast für das a₂-ki-ti-Fest im siebten Monat überliefert, vgl. Cohen 1993, 152 f mit den entsprechenden Belegen.

202	ĝešbun niĝ2 du10-ga mu-un-na-ni-ĝal2	Ein angenehmes Festmahl ließ er (= Iddin-Dagān) dort (vgl. Z. 205 + 210) für sie (= Innana) vorhanden sein. (...)
205	$^{\hat{g}e\check{s}}$al-ĝar gu3 du10-ga ⌜e2⌝-gal me-te-bi	Das al-ĝar-Instrument mit der guten Stimme: des Palastes Zierde. (...)
210	e2-gal izim(-ma)-am3 lugal ḫul2(-la)-am3	Der Palast ist (voller) Festlichkeiten. Der König ist (voller) Freude.

Iddin-Dagān A Z. 202, Z. 205, Z. 210 (ausgewählte Zeilen)[31]

In diesem mythischen Text findet das Festmahl im Palast zu Ehren Innanas statt; das kann auch in einer Palastkapelle oder einem Schrein im Palast sein. Dass solch ein Festmahl auch im Haupttempel einer Gottheit veranstaltet wurde, zeigt *Gudea-Zylinder B* mit dem Festmahl zu Ehren von Ningirsu in dessen fertiggestelltem Tempel:

17	en ^{d}Nin-ĝir2-su-ra ĝešbun du10 mu-na-ni-ib2-ĝal2	Für seinen Herrn Ninĝirsu wurde ein ausgezeichnetes Festmahl dort veranstaltet.

Gudea-Zylinder B 1,19,17[32]

Begleitend zu Festmählern wurden z. B. Streitgespräche rezitiert, wie Verwaltungsurkunden aus dem 3. und frühen 2. Jt. v. Chr. zeigen. So ist in Drehem ein Schaf für ein Streitgespräch als Opfergabe belegt (1 udu a-da-min).[33] In Ĝirsu wurde etwas zusammen mit einem Boot (daḫ-u3 ma2 a-da-min-še3) als Ausgabe für ein Streitgespräch notiert.[34] In den Urkunden aus Drehem ist ebenfalls belegt, dass Köche Schafe für ein Streitgespräch zubereiten (3 udu muḫaldim-e-ne a-da-min ak).[35] In *Enkis Fahrt nach Nippur* enthält Zeile 109 einen Verweis auf ein Streitgespräch der Götter während eines Festmahles:

109	zabar-e an uraš-e a-da-min3 mu-un-e3-ne	Sie begannen, das Streitgespräch aufzunehmen bei den Bronzegefäßen in der Nähe von Himmel und Erde.

Enkis Fahrt nach Nippur Z. 109[36]

31 Die Umschrift basiert auf Attinger 2014, 25; Übersetzung KM.

32 Die Umschrift basiert auf Averbeck 1987, 709; vgl. ETCSL 2.1.7; Übersetzung KM orientiert sich an Averbeck (ebd.; aber: nicht-passivisch).

33 BIN 3, 269 Z. 2 (FD III-/Ur-III-Zeit); transliteriert nach ePSD.

34 ITT 5, 08234 Z. 3 (FD III-/Ur-III-Zeit); transliteriert nach ePSD.

35 SACT 1, 155 Z. 1 und SACT 1, 190 Vs. 1,1,19' (beide FD-III-/Ur-III-Zeit); transliteriert nach ePSD.

36 Die Umschrift basiert auf Ceccarelli 2012, 96; Übersetzung Ceccarelli 2012, 96, mit geringfügigen Modifikationen durch KM.

Enki und Ninmaḫ wird nicht direkt als Streitgespräch (a-da-min₃) bezeichnet; dennoch weist der Text inhaltliche Parallelen zu den a-da-min₃-Texten auf: Beide Götter treten in einen Wettstreit über ihre Taten, aus dem ein Gott (hier: Enki) als klarer Sieger hervorgeht.

Es gibt weitere Verbindungen zu den Ritualen während der Festmähler. Auch die Schicksalsentscheidungen, von denen der Text berichtet, wurden in der Regel in Verbindung mit einem Festmahl von den Göttern ausgesprochen.[37] Eine weitere Verbindung zu den Festmählern ist die Klassifizierung als Preislied (vgl. die Doxologie von *Enki und Ninmaḫ*: za₃-mim). Dieses wurde bei mehreren Gelegenheiten rezitiert, u. a. im Kontext von Speisungen der Götter (vgl. *Ninisinas Reise nach Nippur* Z. 53 in Abschnitt 9.6). Durch die Verwaltungsurkunden (siehe oben) ist belegt, dass es solche Festmähler zumindest während des 3. und frühen 2. Jt. v. Chr. gegeben hat.

Ein besonders wichtiges Indiz, dass dieser Text Teil eines Rituals zu einem Festmahl war, liefert Abschnitt B Z. 106:

106	u₄-da ĝeš₃-⌜ĝu₁₀⌝ me-teš₂ ḫa-ba-i-i ĝeš-tu9ĝeštu de₅-ge-zu ḫe₂-ĝal₂	Heute soll man meinen (= Enkis) Penis preisen! Dein[38] gesammeltes Ohr möge (darauf) gerichtet sein (= ganz aufmerksam sein)!

Enki und Ninmaḫ Abschnitt B Z. 106[39]

Das „Heute“ verweist auf die Wirklichkeit des Rituals (vgl. dazu Abschnitt 3.4.2). „Heute“ ist die Spiegelung des Rituals im Text: „Heute“, d. h. genau dann, wenn das Ritual durchgeführt wird und das Preislied *Enki und Ninmaḫ* verkündet wird, geschieht der Preis auf Enki. Durch die Rezitation dieses Liedes ist also der Preis von Enkis Penis, resp. seine Macht über Fruchtbarkeit (durch sexuelle Reproduktion),[40] gewährleistet. Ninmaḫ (und ebenso jeder weitere An-

37 Vgl. Polonsky 2002; vgl. die Schicksalsentscheidung in *Enkis Fahrt nach Nippur* nach einem Festmahl in Nippur (Z. 114–124); vgl. Gabriel 2014 (Abschnitt 6.3.2 „Marduks erste Erhöhung – Abschluss des Aufstiegsvertrags“; besonders S. 332) zu Schicksalsentscheidungen beim Göttermahl in *Enūma eliš*. Zum Ritual einer Schicksalsentscheidung während eines Festmahls vgl. auch *Lugal-e* Z. 21 (vgl. oben Kapitel 13).

38 Hier redet Enki zu Ninmaḫ. Nach Ceccarelli 2016, 128 schreibt Textzeuge A das Possessivsuffix (-zu), Textzeuge C den Terminativ (-še₃) und Textzeuge E ist an dieser Stelle fragmentarisch.

39 Die Umschrift basiert auf Ceccarelli 2016 (Abschnitt b), 128; Übersetzung Ceccarelli 2016, 129 (übersetzt sinnhaft, z. B. „dass du dich (dessen) erinnerst!“), mit geringfügigen Modifikationen durch KM.

40 Vgl. Wilcke 2007, 34; Leick 1994, 28 f; Ceccarelli 2016, 68.

wesende) soll das Lied sehr aufmerksam hören. Das ist ein wichtiges Indiz für die situative Verortung des Textes im Ritual, das bislang unbeachtet blieb.

Somit ergibt sich folgendes Bild für die Einordnung von *Enki und Ninmaḫ* als Ritualtext:

Tab. 14: Ausgewählte Indizien in Abschnitt B für die rituelle Verortung von *Enki und Ninmaḫ*

Zeile	Sumerisch	Übersetzung	Bemerkung	Rituelle Einordnung
9	ĝešbun	Festmahl	von Enki ausgerichtet für verschiedene Götter (Z. 9–12)	Festmahl für Götter
106	u$_4$-da ĝeš$_3$-⸢ĝu$_{10}$⸣ me-teš$_2$ ḫa-ba-i-i $^{ĝeš\text{-}tu9}$ĝeštu de$_5$-ge-zu ḫe$_2$-ĝal$_2$	Heute soll man meinen (= Enkis) Penis preisen! Dein gesammeltes Ohr möge (darauf) gerichtet sein (= ganz aufmerksam sein)!	Auftrag, das Lied „heute“ zu kultischen Zwecken zu singen	Das Lied soll „heute“ (am Tag des Vortrags) zu kultischen Zwecken gesungen werden.
110	ser$_3$ ⸢nam?⸣-⸢x⸣ (⸢x⸣) ⸢dugud?⸣ ⸢x⸣ [...] ⸢nam⸣⸢dub?⸣-[sar? ...]	⸢Sangeskunst?-⸣/ ⸢schicksalsweisendes?⸣/ ⸢Heldentums?-⸣ Lied, gewichtig/e? [...] Schreib?[kunst ...].	Rede des Enki	Bezug auf das Lied und dessen Verschriftlichung?
111	diĝir ĝeš tuku-a-bi	Nachdem die Götter (das) gehört haben (...)	Rede des Enki	Das Lied wird den Göttern vorgetragen.
113	aia ^{d}En-ki za$_3$-mim-zu du$_{10}$-ga	Vater Enki, dein Preislied ist ausgezeichnet.	Doxologie mit Eigenbezeichnung	Preislied auf eine Gottheit weist auf kultische Verortung (vgl. 3.5). Preislieder sind in verschiedenen Kontexten belegt, z. B. Götter-Festmahl
Abschnitt B	Inhalt:	Streitgespräch		in verschiedenen Kontexten belegt, wie Festmahl u. a.
	Zeit:	am kultischen „Heute“ (Z. 106)		Lied zu kultischen Zwecken

15.2 Ritualadressat

Die Doxologie am Textende (vgl. dazu Abschnitt 15.1) verbindet die Eigenbezeichnung (za$_3$-mim) mit Enki. Es ist Enki, der im Text die Schicksale entscheidet, was ein Indiz für den Ritualadressaten sein kann (vgl. Abschnitt 5.2.1–5.2.4). Er ist zusammen mit Namma und Ninmaḫ sowie den Muttergöttinnen das Schöpfungssubjekt für den Menschen in Abschnitt A Zeilen 30–37 (= Planung) sowie für den Uĝu'ul in Abschnitt B Zeile 50. Enki sorgt in Abschnitt B durch seine Schicksalsentscheidungen in Bezug auf die Schöpfungsobjekte für das Funktionieren der Schöpfungsordnung, in der jeder für seinen Broterwerb sorgen kann und auch die Götter versorgt werden.[41] Was im Preislied gepriesen werden soll, ist Enkis Penis (Abschnitt B Z. 106) und seine heldenhafte Kraft (Abschnitt B Z. 109; vgl. dazu Abschnitt 15.1). Nach dem Hören des za$_3$-mim wird die Versorgung von Enkis Tempelhaushalt fokussiert (Abschnitt B Z. 111).[42] Weil im vorangegangenen Abschnitt mehrere Indizien gezeigt haben, dass *Enki und Ninmaḫ* als rituelles Preislied auf Enki eingeordnet werden kann, das eindeutig auf dessen Rühmen abzielt, kann Enki als Ritualadressat gelten.

15.3 Ritualobjekt

Die Empfänger der Schicksalsentscheidungen sind im Schöpfungstext die Menschen, in Abschnitt A (vgl. Z. 37) und Abschnitt B (vgl. Z. 25, Z. 28, Z. 35, Z. 41, Z. 45, Z. 48). Sie sollen durch die Schicksalsentscheidungen befähigt werden, die Götter zu versorgen (vgl. Abschnitt A) und den Broterwerb (= den Unterhalt) für sich selbst (vgl. Abschnitt B) zu sichern.[43] Der Text deutet an, dass durch das Rühmen des Enki im Preislied sein Wohlwollen für die Menschen erbeten wird:

105	lu$_2$ me?-[d]im$_2^?$-⌜ĝu10⌝ ⌜x x teš$_2$⌝ tuku-a giri$_{17}$-be$_2$ šu ḫe$_2$-bi$_2$-ĝal$_2$	Die Menschen,[44] meine Glied[er?], mögen für das/die stolze/n [...] ehrerbietig beten.

Enki und Ninmaḫ Abschnitt B Z. 105[45]

41 Vgl. A. Zgoll 2012, 46–49. Abschnitt A Z. 37 nennt Namma als Schicksalsentscheiderin des ersten Menschen: ama-ĝu$_{10}$ ze$_4$-e nam-bi u$_3$-mu-e-tar („Meine Mutter, nachdem du sein Schicksal entschieden haben wirst (...)").

42 Siehe zu dieser Stelle ausführlich Abschnitt 15.1.

43 Vgl. A. Zgoll 2012, 46–49; Wilcke 2007, 32 f.

44 Die Verbform impliziert einen Kollektiv.

45 Die Umschrift basiert auf Ceccarelli 2016, 128; Übersetzung KM; vgl. auch die Übersetzung von Ceccarelli (ebd., 129): „Der Mensch$^?$, meine Gli[edmaßen$^?$ ...], da er ehrfürchtig ist, soll

Nach der eben vorgenommenen Analyse sollen die Menschen (Kollektiv) in Zukunft beten. Gemeint sind diejenigen Menschen, die auf den Uĝu'ul folgen. Was ist aber mit den Gliedern gemeint? Glieder werden als Schöpfungsmaterial in Abschnitt A bei der Erschaffung des ersten menschlichen Wesens erwähnt (Z. 26, Z. 28, Z. 32). Enki ist hierbei zwar der Auftraggeber, aber die Glieder soll Namma erschaffen:

32	ze$_4$-e me-dim$_2$ u$_3$-mu-e-ne$_2$-ĝal$_2$	Nachdem du (= Namma), du für sie Glieder hast vorhanden sein lassen (...)

Enki und Ninmaḫ Abschnitt A Z. 32[46]

Enki wird in Zeile 26 als Kundiger von Blut, Gliedern und allem Möglichen (ku$_3$-zu mud me-dim$_2$ niĝ$_2$-nam-ma) betitelt. Enki ist hier als Auftraggeber (vgl. Z. 105 oben) das auktoriale Schöpfungssubjekt der Glieder des ersten Menschen. Wer eine Handlung veranlasst, ist der eigentliche Auftraggeber und damit wichtiger als die Person, die den Auftrag ausführt.

Die Schöpfung von Uĝu'ul in Abschnitt B Zeile 50 wird direkt von Enki ausgeführt:

Textzeuge A:

50	⸢^{d}⸣En-ki-ke$_4$ me-[d]im$_2$ saĝ-⸢ĝa$_2$-ke$_4$$^{?}$⸣ AMAR-du$_{11}$ ⸢ša$_3$⸣-ba ⸢am$_3$⸣-ni-dim$_2$	Nachdem Enki für$^{?}$ die Glieder des Kopfes einen Fötus in dem dafür bestimmten Inneren erschaffen hatte, (...)

Textzeuge D:

50	⸢^{d}En⸣-ki-ke$_4$ me-dim$_2$ saĝ-ĝa$_2$-na ⸢AMAR⸣-du$_{11}$ ša$_3$-ba im$^{?}$-m[a-ši$^{?}$-in-dim$_2$$^{?}$]	Während Enki die Glieder seines Kopfes, einen Fötus in dem dafür bestimmten Inneren [erschuf], (...)

Enki und Ninmaḫ Abschnitt B Z. 50[47]

Bei Uĝu'ul handelt es sich um den Fötus, aus dem der Mensch wird; d. h. Uĝu'ul ist jeder Mensch.[48]

---

diesbezüglich ehrerbietig beten." Ceccarelli 2016, 196 (zu Z. 105) weist darauf hin, dass der Direktiv in giri$_{17}$-bi sehr ungewöhnlich ist, da dieses Kompositverb sonst ohne Richtungskasus belegt ist.

46 Die Umschrift basiert auf Ceccarelli 2016, 104; Übersetzung KM; vgl. die Übersetzung von Ceccarelli 2016, 105: leicht anderslautend.

47 Die Umschrift basiert auf Ceccarelli 2016, 116; Übersetzung KM; vgl. Ceccarelli 2016, 117: leicht anderslautend.

48 Vgl. A. Zgoll 2012, 49; Wilcke 2007, 34.

Dass es sich bei diesen Gebeten um real durchzuführende Ritualhandlungen handelt und nicht nur um rein literarische Beschreibungen von ehrfürchtigen Grußgesten, zeigen die folgenden Zeilen. In Abschnitt B Zeilen 106–111 wünscht sich Enki weitere rituelle Handlungen. In Zeile 106 fordert er einen Preis auf seinen Penis im kultischen Heute des Rituals (siehe Abschnitt 15.1), in Zeile 107 f das lobende Besingen durch die Enkum und Ninkum (ka-tar-še$_3$ ḫe-si-il-le) sowie in Zeile 109 das strahlende Hervorkommen ([pa$_3$$^?$ ḫe$_2$$^?$-e$_3$$^?$]-e$_3$) von seiner heldenhaften Kraft (vgl. Abschnitt 15.8). Im Anschluss wird ein Lied (und vermutlich die Schreibkunst) erwähnt (Z. 110; vgl. Abschnitt 15.1); beides kombiniert weist rituellen Charakter auf, wie die Zeile 111 mit dem Hören des Liedes durch die Götter impliziert.

Möglicherweise ist hier eine Spiegelung des Rituals im Schöpfungstext greifbar, und es sind in dieser Zeile die Vertreter aller Menschen für die Abgaben der Opfermahlzeit von Enki im Tempel angedeutet. So ist vermutlich die Versorgung der Götter durch die Menschen in Abschnitt B Zeile 111 (e$_2$-ĝu$_{10}$ ḫe-AK-[e]) nach dem Hören des Liedes impliziert.[49] Durch dieses Lied wird Enkis Penis und dessen heldenhafte Kraft gerühmt, womit vermutlich landwirtschaftliche Konnotationen in Bezug auf die Frühjahrsflut vor der Getreideernte gemeint sein dürften (vgl. dazu Abschnitt 15.8). Fruchtbarkeit des Bodens, der Unterhalt der Götter sowie der Broterwerb der Menschen als Ziel der Schicksalsentscheidung hängen hier eng zusammen. Daher können die Menschen, die sich in der mesopotamischen Gesellschaft ihr Brot verdienen (vgl. oben), als Ritualobjekt postuliert werden.

15.4 Weitere göttliche Ritualteilnehmer

Die Indizien für die Teilnahme weiterer Götter werden nun vorgestellt. Der Text sagt explizit am Textende in Abschnitt B, dass die Götter dieses Lied hören sollen:

111	diĝir ĝeš tuku-a-bi U$_4$-ĝu$_{10}$-ul du$_3$-⸢a$^?$⸣(-)[x x x] e$_2$-ĝu$_{10}$ ḫe$_2$-AK-[e]	Nachdem die Götter (das) gehört haben, wird der erschaffene Uĝu'ul [...] Er[50] möge meinen Tempel „machen“ (= den Tempel-

49 So erwogen bereits bei Ceccarelli 2016, 69.

50 Bei Ergänzung von -ene (Ergativmarkierung) wäre pluralisch („sie“) zu übersetzen.

betrieb aufrecht erhalten).[51]

Enki und Ninmaḫ Abschnitt B Z. 111[52]

Es sind aufgrund dieser Zeile göttliche Ritualteilnehmer zu erwarten. Im Folgenden ist zu untersuchen, um welche Götter es sich dabei handeln kann. Ein Indiz für die Teilnahme Ninmaḫs liefert z. B. Abschnitt B Zeile 109. Hier wird Ninmaḫ direkt von Enki angesprochen (nin$_9$-ĝu$_{10}$: „meine Schwester"). Auch ihre Rolle im Streitgespräch impliziert ihre Teilnahme am Ritual.

Ein weiteres Indiz ist Abschnitt B Zeile 107 f zu entnehmen. Hier äußert Enki einen Wunsch in Bezug auf die Enkum und Ninkum:

107	⌜Enkum⌝ Ninkum	Die Enkum und Ninkum,
108	u$_4$ ⌜eš$_2$$^?$ e$^?$ ĝiri$_3$$^?$⌝ ru-ru-gu$_2$ nam-š[e$_3$ x x (x)] ka-tar-še$_3$ ḫe$_2$-[si-i]l-le	die zum$^?$ … den Fuß setzen,[53] […] mögen lobend […] [besi]ngen[54].

Enki und Ninmaḫ Abschnitt B Z. 107 f[55]

Wenn Enki diesen Wunsch im Lied ausdrückt, dann sind Enkum und Ninkum vermutlich als anwesend vorzustellen.

Als Teilnehmer des Festmahls erwähnt Abschnitt B Namma und Ninmaḫ (Z. 9), die Muttergöttinnen (Z. 10), An und Enlil (Z. 11) sowie die zahllosen Götter (Z. 12). Es scheint, als ob der Text nicht genau zwischen den Anuna und den kleinen Göttern differenziert, sondern alle als Teil der zahlreichen Götter bucht. Textzeuge A erwähnt in Zeile 4 die Schöpfung der Anuna; dem folgt die akkadische Übersetzung von Textzeuge B und übersetzt „die großen Götter" (DINGIR^{MEŠ} GAL^{MEŠ}), was sich von der sumerischen Fassung von Textzeuge B, welche

51 Die Übersetzung von e$_2$--AK („Haushalt führen") basiert auf Ceccarelli 2016, 131 (Kommentar: S. 197). Damit ist die Leitung des Tempelhaushalts gemeint zur Versorgung der Götter und gleichzeitig zur Sicherung des Lebensunterhaltes der Menschen (vgl. Abschnitt 15.1).

52 Die Umschrift (inklusive Ergänzungen) basiert auf Ceccarelli 2016, 130; Übersetzung Ceccarelli 2016, 131, mit geringfügigen Modifikationen durch KM.

53 Nach Alster ist ĝiri$_3$ ru.g mit „to move by feet up against something" zu übersetzen (zitiert in: Ceccarelli 2016, 197: Kommentar zu Z. 108). Dann wäre hier möglicherweise das Auftauchen dieser urzeitlichen Wesen nur bei Nacht gemeint. Ceccarelli 2016, 129 übersetzt: „die wie$^?$ Tageslicht entgegenkommen" nach der adverbialen Ergänzung u$_4$-de$_3$-eš$_{(2)}$-e (vgl. den Kommentar auf S. 197); dieses Adverb kommt „allerdings immer mit dem Verb e$_3$ vor" (ebd., 197).

54 Übersetzung KM folgt Ceccarelli 2016, 197 (Kommentar zu Z. 108: „lobend besingen"), um der adverbialen Konstruktion gerecht zu werden.

55 Die Umschrift basiert auf Ceccarelli 2016, 128; Übersetzung Ceccarelli 2016, 129, mit Modifikationen durch KM.

„zahlreiche Götter“ (diĝir šar₂-šar₂) schreibt, unterscheidet.[56] Abrupt sprechen Textzeuge A und B in Zeile 9 Abschnitt B von kleinen Göttern (A: diĝir ⌜tur-tur⌝, B: ⌜dim₁₀-me-er⌝ [tu]r-tur)[57], ohne genau die Beziehung zu den vorher genannten Göttern anzugeben. Möglicherweise sind hier die Anuna gemeint bzw. im Ritual ihre irdischen Manifestationen in Form von Götterstatuen, Göttersymbolen oder Ähnliches.

15.5 Ritualexperte

Mindestens ein Sänger wird dieses Lied gesungen haben. Der Text erwähnt die Erschaffung des nar-gala („Obermusiker“) in Abschnitt B Zeile 29. Alle wörtlichen Reden in diesem Text sind eingeleitet,[58] sodass das Lied durchaus von einer einzigen Person rezitiert werden konnte.[59] Außerdem sind große Teile des Werks narrativer Art ohne Refrain oder Wiederholungen. Ein Chor ist deshalb für die Rezitation nicht anzunehmen. Die Zeilen über den Obermusiker lauten:

28	⌜nam⌝-⌜bi⌝ i-ni-in-tar nam-nar mi-ni-in-ba	Während er (= Enki) ihm (= dem Obermusiker) dort dieses Schicksal entschied, teilte er ihm die Sangeskunst[60] zu.
29	[nar]-gal za3?-gu?-la?61 igi lugal-la-ke4 am3-[ma]-ni-i[n-gub]	Nachdem er ihn als Ober[musiker] an die große? Seite? vor den König [gestellt hatte], (…)[62]

Enki und Ninmaḫ Abschnitt B Z. 28 f[63]

56 Vgl. Ceccarelli 2016, 96 (Textzeuge A und B).

57 Vgl. Ceccarelli 2016, 98 (Textzeuge A).

58 Rede-Einleitungen in Abschnitt A: Z. 15 (Götter), 18 (Namma), 29 (Enki); Rede-Einleitungen in Abschnitt B: Z. 12 (zahlreiche Götter), 17 (Ninmaḫ), 20 (Enki), 47 (Enki), 51 (Enki), 61 (Enki), 70 (Ninmaḫ), 72 (Enki), 83 (Ninmaḫ), 100 (Enki).

59 Vgl. die Überlegungen von A. Zgoll (2015a, 54), dass Reden, die nicht eingeleitet sind, einen Sprecherwechsel implizieren können.

60 nam-nar umfasste wahrscheinlich nicht nur Gesang, sondern auch das Musizieren eines Instruments, obwohl der Fokus höchstwahrscheinlich auf dem Gesang lag; vgl. Shehata 2009; Pruszinsky 2007.

61 Die ältere Lesung ušumgal-la geht auf Benito 1969 zurück; die Lesung za₃ gu-la findet sich erstmalig bei Klein 1997, 518.

62 Ein nar-gal za₃-gu-la igi lugal-la ist sonst nicht belegt. Nach Pruszinsky 2007, 333 ist ur-III-zeitlich ein nar lugal („königlicher Sänger“) in Ur, Lagaš und Umma nachweisbar. Ebd., 334 liefert einen Beleg für einen nar [igi] lugal-[ka] („Sänger vor dem König“) in Umma. Vgl. A. Zgoll 2012, 48.

63 Die Umschriften basieren auf Ceccarelli 2016, 112; Übersetzung KM.

Um welchen Sänger könnte es sich beim Vortragenden des Textes handeln? Ein spezifischer Ort für die Schicksalsentscheidungen in Abschnitt B ist nicht genannt; in Abschnitt A ist der Schauplatz der Tempel. Bis auf Nippur in altbabylonischer Zeit ist für eine Stadt jeweils nur ein nar-gal belegt.[64] Dem nar-gal unterstanden bestimmte Tänzer und Gaukler.[65] Die Untersuchungen von Pruszinsky zu den königlichen Sängern zeigen für die Ur-III-Zeit eine weite Verbreitung von Sängern nicht nur am Tempel, sondern auch am Palast (nar lugal).[66] Shehata argumentiert aufgrund der guten Beleglage in der altbabylonischen Zeit für Ur, Larsa und Nippur eine hohe Position des nar-gal am Tempel und nimmt für die nördlicheren Städte wie Babylon und Sippar aufgrund der bisher raren Fundauswertung eher einen Palastkontext an.[67] Falls es sich in Abschnitt B 110 um ein ser_3 nam-nar („Lied der Sangeskunst") handelt, könnte hier auf den Sänger, der das Ritual durchgeführt hat, angespielt worden sein. Ob es sich bei dem Vortragenden um einen einfachen nar oder um den nar-gal handelt, kann hier nicht abschließend beurteilt werden.

Sollte es sich um ein ser_3 nam-šub („schicksalsweisendes Lied") in Abschnitt B Zeile 110 handeln, ist eher ein gala als Ritualexperte anzunehmen.[68] Falls die Eigenbezeichnung in Zeile 110 als ser_3 nam-ur-saĝ-$ĝa_2$ („Lied des Heldentums") rekonstruiert werden kann, können aufgrund des einzigen Vertreters dieser Gattung (*Iddin-Dagān A*) kaum Schlüsse auf die Vortragenden der Gattung gezogen werden. Shehata nimmt für den Einzeltext *Iddin-Dagān A* mehrere nar (und zusätzlich aufgrund des Neujahrsfestcharakters des Textes einen gala) an.[69] Falls also *Enki und Ninmaḫ* als „Lied des Heldentums" zu verorten ist, kommt als Vortragender ein nar („Sänger") oder ein nar gal („Obermusiker") infrage.

15.6 Weitere menschliche Ritualteilnehmer

Als Veranstalter des Festmahls war der König sicherlich als Ritualteilnehmer anwesend. Direkt im Schöpfungstext wird auf Berufe am Königshaus Bezug genommen (Abschnitt B Z. 25, Z. 29, Z. 35, Z. 45). Dass Preislieder (za_3-mim)

64 Vgl. Shehata 2009, 21 f.
65 Vgl. Shehata 2009, 22; vgl. dort die Belege zu *ḫuppû(m)* bzw. *aluzinnu(m)*.
66 Vgl. Pruszinsky 2007.
67 Vgl. Shehata 2009, 22.
68 Vgl. Shehata 2009, 272.
69 Vgl. Shehata 2009, 281.

während eines Banketts der Götter unter königlicher Beteiligung dargeboten wurden, zeigt Abschnitt 9.1 zu *Enkis Fahrt nach Nippur.*

Wie in Abschnitt 15.8 ausführlich diskutiert wird, ist die Beteiligung von Vertretern der Abgaben für den Gott als Ritualteilnehmer denkbar. Da das Lied im Rahmen eines Festmahls situativ verortet werden kann, ist die Beteiligung von Bediensteten vorauszusetzen.

15.7 Ort des Rituals

Ein Festmahl des Königs mit verschiedenen Rezitationen und anderen Darbietungen konnte an mindestens zwei unterschiedlichen Orten stattfinden: im Tempel und dessen zugehörigen Bereichen oder im Palast. Dass sich *Enki und Ninmaḫ* in einen Festmahlskontext einordnen lässt, zeigen die Abschnitte 15.1 und 15.8. Zuerst werden im Folgenden die Indizien für eine situative Verortung im Palast diskutiert, anschließend diejenigen für einen Tempelkontext.

15.7.1 Indizien für Palast

In *Enki und Ninmaḫ* zielen die Schöpfungshandlungen explizit auf mit dem Palast verbundene Berufe bzw. eine handwerkliche Spezialisierung, die nicht explizit dem Tempel oder Palast zuzuordnen ist:

25	saĝ lugal-la-ke$_4$ am$_3$-ma-ni-in-gub	Nachdem er ihn beim König angestellt hatte (...)	Person 1: Bezug zum **Palast**
29[70]	[nar]-gal za$_3^?$-gu$^?$-la$^?$ igi lugal-la-ke$_4$ am$_3$-[ma]-ni-i[n-gub]	Nachdem er ihn als Obersänger an die große Seite beim König angestellt hatte (...)	Person 2: Bezug zum **Palast**
32	kiĝ$_2$ [x (x)] ku$_3$-babbar dim$_2$-me-de$_3$ šu-ni [... -n]i-⌜in⌝-[...]	[Nachdem er] seine Hände, um Arbeit [...] Silber zu schmieden [...].	Person 3: kein Bezug zum Palast erkennbar
34	^{d}en-ki-ke$_4$ lu$_2$-lil u$_3$-TU-bi subur igi du$_8$-a-ni-ta	Nachdem sich Enki den Dummen, dessen Nachkomme ein Diener (ist),	Nachkommen v. Person 4: Bezug zum **Palast**

70 Vgl. die Kommentare zu *Enki und Ninmaḫ* Abschnitt B Zeile 28 f in Abschnitt 15.5.

		angeschaut hatte,	
35	nam-bi i-ni-i[n-t]ar saĝ lugal-la-ka im-ma-ši-in-gub	hatte er dieses Schicksal entschieden, indem er ihn beim König anstellte. (...)	Person 4: Bezug zum **Palast**
38	----	----	Person 5: keine Berufszuweisung
41	na[m]-⸢bi⸣ [m]i-ni-in-tar e$_2$-munus-a-ke$_4$ am$_3$-ma-ni-in-du$_3^?$	Er hatte dieses Schicksal entschieden, nachdem er sie[71] für das Haus der Frauen schuf.[72] (...)	Person 6: Bezug zum **Palast** (indirekt)
45	igi lugal-la-ke$_4$ gub-bu-de$_3$ nam-bi a-ma-ni-in-tar	Nachdem er ihm[73] dieses Schicksal, vor dem König zu stehen, dort entschieden hatte (...)	Person 7: Bezug zum **Palast**

Enki und Ninmaḫ Abschnitt B Z. 25, Z. 29, Z. 32 f, Z. 35, Z. 38, Z. 41, Z. 45 (ausgewählte Zeilen)[74]

Bis auf eine Person (Nr. 5) sind alle mit einer speziellen beruflichen Funktion durch die Schicksalsentscheidung des Enki versehen. Fünf Personen (Nrn. 1, 2, 4, 6, 7) haben ausdrücklich mit dem König zu tun. Person Nr. 3 ist zwar nicht für den Palast erschaffen worden, jedoch sind dessen Nachkommen Diener und damit ebenfalls direkt mit dem König verbunden. In diesem Zusammenhang ist auch Abschnitt B Zeile 105 interessant.[75]

Fazit aus diesem Abschnitt: Da beim Erschaffen der sieben Menschen der Fokus auf das Umfeld des Königs gelegt ist, sind damit Indizien für die gesellschaftliche Verortung im Palast gegeben.

---

71 Es handelt sich hier um eine Frau (vgl. Z. 40).

72 Ceccarelli 2016, 52 f diskutiert das e$_2$-munus als Teil des königlichen Palastes im Sinne eines Harems in altbabylonischer Zeit im Gegensatz zum e$_2$-munus von Lagaš in altsumerischer Zeit, welcher damals noch der Frauenpalast war.

73 Es handelt sich hier um den Eunuchen (vgl. Z. 42–44).

74 Die Umschriften basieren auf Ceccarelli 2016, 110.12.114.116; Übersetzung KM.

75 Vgl. die ausführliche Analyse dieser Zeile in Abschnitt 15.3.

15.7.2 Indizien für Tempel

Enki und Ninmaḫ weist neben den Indizien für eine situative Verortung des kultischen Liedes im Palast (vgl. Abschnitt 15.7.1) auch solche für eine situative Verortung im Tempel vor, die nun diskutiert werden.

Der Uĝu'ul bzw. der zukünftige Mensch, der sich sein Brot in der Gesellschaft und v. a. am Palast verdient, soll Enki ehrerbietig grüßen, d. h. zu ihm beten. Diese Zeile geht über die Textebene hinaus und gewährt einen Einblick in das Ritual mit Gebetsgesten an Enki. Auch soll er laut Abschnitt B Zeile 111 dessen Tempel „machen" (= versorgen). Enki beauftragt den Uĝu'ul und damit die zukünftigen Menschen, seinen Tempelhaushalt zu führen.[76]

Der Schöpfungstext bietet weitere Indizien für die gesellschaftliche Verortung im Tempel. So spielt die gesamte Schöpfung im Tempel resp. im ḫal-an-ku₃. Ceccarelli versteht es als „Beratungszimmer Enkis" in Eridu.[77] Kurz zuvor wird berichtet, dass Enki im engur geschlafen hat (Abschnitt A Z. 13), womit der Abzu gemeint ist. Der Text zielt generell auf den Broterwerb für die Menschen, aber auch für die Götter, speziell für Enki. Diese Indizien weisen eher auf den Tempel als rituellen Rahmen für ein Festmahl des Gottes Enki und von Palastangestellten, bei dem dieser Text vorgetragen wurde.

15.7.3 Wie gehören die Indizien zusammen?

Zu fragen ist, wie sich Indizien für Palast und für Tempel zueinander verhalten? Beides wird im mythischen Text kombiniert. Nach A. Zgoll ist der Uĝu'ul jeder Mensch im „Säuglingsalter" und er wird als Erwachsener vielfältig tätig für Enkis Tempel.[78] Darüber hinaus werden manche behinderte Menschen im Palast eingesetzt, weil ihren Behinderungen Vorzüge entsprechen, die sie „als besonders geeignet für solche Schlüsselpositionen erscheinen lassen."[79]

In die Überlegungen muss einbezogen werden, dass sich die Belege für Palast vs. Tempel auf die beiden wichtigsten mythischen Stoffe (= Mythen), die im Text referiert werden, verteilen:

---

76 Vgl. diese Textstelle in Abschnitt 15.1.

77 Ceccarelli 2016, 152 zu Abschnitt A Z. 25; vgl. auch Green 1975, 160.205; George 1993, 26 zu Nr. 193 verweist auf eine lexikalische Entsprechung von ḫal-an-ku₃ mit Abzu in MSL XIV 142 18.

78 Vgl. A. Zgoll 2012, 50.

79 A. Zgoll 2012, 48.

(1) Die Erschaffung von Menschen mit Einschränkungen im vorletzten Teil des mythischen Textes verweist auf den Palast.
(2) Die Erschaffung des Säuglings, d. h. des Menschen überhaupt, verweist auf den Tempel. Das steht auch am Textende. Und der Uĝu'ul, der Mensch an sich, soll sich ja um den Tempelhaushalt von Enki kümmern. Zu diesem Tempelhaushalt gehören auch die Rituale.

Der Schöpfungstext klärt an keiner Stelle, wo genau das Festmahl (Abschnitt B Z. 9), das Enki veranstaltet, abgehalten wird. Ninmaḫ erwähnt ihr Bankett (kaš de$_2$-a-ĝu$_{10}$), zu dem sie hereintritt ([... i]n$^?$-ku$_4$-re) in Abschnitt B Zeile 93.[80] Ist hier ein weiteres Bankett gemeint, zu dem sie anreisen wird? Und um welchen konkreten Tempel könnte es sich dabei handeln? Mögliche Kandidaten wären Enkis Tempel in Eridu oder das e$_2$-kiš-nu-gal des Mondgottes in Ur, das ein Heiligtum des Enki wahrscheinlich bereits in der Ur-III-Zeit aufwies.[81]

Wie könnte ein Bankett im Ritual ausgesehen haben? Der Terminus kaš-de-a ku$_4$-re kann eine Referenz auf das Eintreten der Götter sein, z. B. in Form von Götterstatuen oder ihren Symbolen zu einem Festmahl im Palast.

Die Fundumstände der Textzeugen helfen bei der Analyse der gesellschaftlichen Verortung und der Frage, ob das Ritual im Tempel oder Palast stattfand, nicht weiter. Von den fünf Textzeugen können nur zwei[82] in einen altbabylonischen Schreiberkontext in Nippur eingeordnet werden und nur einer[83] in einen viel späteren Kontext in der Bibliothek Assurbanipals in Ninive. Die restlichen Tafeln stammen aus dem Kunsthandel.

Es ist an dieser Stelle festzuhalten, dass die Indizien für den Tempel als Ort des Rituals eher überwiegen. Da keine eindeutige Zuordnung vorgenommen werden kann, ist *Enki und Ninmaḫ* hier mit beiden Ritualorten (Tempel und Palast) angegeben.

15.8 Zeit des Rituals

In diesem Abschnitt wird zuerst das Thema in beiden Abschnitten von *Enki und Ninmaḫ* diskutiert und anschließend eine situative Verortung im Zusammenhang mit einem Festmahl inklusive eines Vorschlags zur zeitlichen Einordnung

80 Die Umschrift basiert auf Ceccarelli 2016, 124.

81 Vgl. Espak 2010, 131–133.

82 Textzeuge A (Ceccarelli 2016), Textzeuge E (Ceccarelli 2016) mit unsicherer Zuordnung zu *Enki und Ninmaḫ*.

83 Textzeuge B$_{1-4}$ (Ceccarelli 2016).

des Rituals hergestellt; eine kurze inhaltliche Skizzierung beider Abschnitte bietet Abschnitt 15.1.

Abschnitt A hat als Thema die Versorgung der Götter (vgl. *Atram-ḫasīs* Tf. 1). In den Kontext der Frühjahrsflut und der Getreideernte weist der Textanfang von Abschnitt A: Hier geht es um Arbeit und Arbeitslast (Z. 9: kiĝ$_2$, du$_2$-lum), um Kanalbau (Z. 10: i$_7$--dun-dun) und um das Mahlen von Getreide (Z. 11: ar$_3$-ar$_3$). Letztlich, auch wenn es erst in Abschnitt B im Text explizit geschrieben steht (Z. 48), ist das Endprodukt, auf das beide Abschnitte fokussieren, das Brot selbst. Um die Arbeit, die zur Brotentstehung führt, den Göttern abzunehmen, wurden die Menschen geschaffen (Abschnitt A Z. 23: ter-ḪUM-bi--tu-lu). Abschnitt B thematisiert die Versorgung der Menschen, d. h. konkret ihren Broterwerb.[84] Das Ziel der spezifischen Teilschöpfung der Menschen mit körperlichen Behinderungen ist ebenfalls das Getreideprodukt Brot (Z. 48: inda$_3$); aufgrund von Enkis Schicksalsentscheidungen können sie sich ihr Brot verdienen.[85] Der mythische Textanfang allein (Kanalbau, Getreide mahlen) ist kein ausreichendes Indiz für eine rituelle Verankerung des Schöpfungstextes während der Getreideernte. Da zu diesem Indiz ein ausdrücklich genanntes Ziel der Teilschöpfungen (Broterwerb in Abschnitt B Z. 48) hinzukommt, wird die Zielrichtung des Textanfangs verstärkt. Außerdem wünscht sich Enki unmittelbar am Textende in Abschnitt B Zeile 109, dass seine Kraft des Heldentums (⌜a$_2$⌝ nam-ur-saĝ-ĝa-ĝ[u$_{10}$]) [strahlend] hervorkommen möge ([pa$^?$]--e$_3$).[86] Hiermit ist sicherlich eine Anspielung auf die Fruchtbarkeit durch Enki gegeben (siehe weiter unten).

Die bisher diskutierten Indizien für die situative Verortung von *Enki und Ninmaḫ* weisen auf das Nahrungsmittel Brot für Mensch und Götter und somit auf einen landwirtschaftlichen Kontext um Enki zeitlich vor oder bei der Getreideernte hin, für die Enki gepriesen wird. Im Folgenden wird untersucht werden, um welche Monate und möglichen Anlässe es sich dabei handeln könnte.

Es gibt mehrere Indizien für die Existenz von Festen des Enki im zwölften Monat. Von November bis März gab es die Winterflut, die im April und Mai den Euphrat und Tigris stark anschwellen ließ.[87] Der zwölfte Monat war somit die Zeit direkt vor dieser Frühjahrsflut. Dass ausgerechnet in diesen Zeitraum der Vorbereitung für die Flut inklusive letzter Kanalarbeiten Feste des Enki fallen,

---

84 Vgl. A. Zgoll 2012, 49.

85 Vgl. A. Zgoll 2012, 49.

86 Die Umschriften inklusive Ergänzungen basieren auf Ceccarelli 2016, 130; Übersetzung KM.

87 Vgl. Cohen 1993, 7 f.

überrascht kaum. So bucht *Astrolab B* den zwölften Monat als Monat von Eas Freude.[88] Eine Ur-III-zeitliche Königsinschrift von Urnamma weist Enki das Flut-Epitheta (mar-uru$_5$: „Sturmflut“) zu.[89] *Urnamma C* Zeile 23 nennt Enki als Spender von Flut und Getreide, womit offensichtlich die Frühjahrsflut mit anschließender Getreideernte gemeint ist:

23	^{d}⌜En⌝-ki-ke$_4$ mim zi mu-un-du$_{11}$ a-eštub ^{d}Ezina$_2$ še gu-nu saĝ-e-eš mu-un-rig$_7$	Enki verkündete einen tatkräftig aktivierenden Preis[90]; die (Frühjahrs-)Flut, Getreide und Weizen spendete er.

Urnamma C Z. 23[91]

In *Enki und Ninmaḫ* Abschnitt B Zeile 106 erwartet Enki, dass sein Penis gepriesen wird. Die Potenz Enkis mag auf die Frühjahrsflut anspielen.

Eine weitere Parallele von Wonne, üppiger Vegetation und Überflutung von Tigris und Euphrat auf Veranlassung Enkis zeigt ein Passus in *Ibbi-Sîn C*:

45	^{d}En-ki-ke$_4$ nam-ḫe$_2$ u$_4$ giri$_{17}$-zal mu$_2$-mu$_2$	Der bekannte Enki: der Überfluss und Tage (der) Wonne wachsen lässt,
46	^{i7}idigna ^{i7}buranun-na a-u$_3$-ba daĝal-[la$^?$]	der von Tigris und Euphrat die Hochflut weit [gemacht hat?.]

Ibbi-Sîn C Z. 45 f[92]

Hier ist der Bezug zur Freude, wie sie im zwölften Monat für Enki gedacht war, greifbar: Freude aufgrund der Flut, welche die Vegetation sprießen lässt.

Welche Feste des Enki sind konkret im zwölften Monat belegt? Die Verwaltungsurkunde PDT I 270 aus Drehem erwähnt Lieferungen für die Durchführung eines Enki-Festes (u$_4$ izim ^{d}En-ki-ka in-na-ak), allerdings ohne die Stadt des Festes anzugeben; als Datum ist der zehnte Tag des zwölften Monats des neunten Jahres von Šu-Sîn notiert.[93] Von BM 86535 sind mehrere Einträge zu Festen des Enki ohne Nennung einer konkreten Stadt im zwölften Monat belegt

88 Vgl. Cohen 1993, 158: Anm. 3.

89 Vgl. Espaak 2010, 52 f: ^{d}En-ki mar-uru$_5$ an-ki-ra (Urnamma 32).

90 Nach A. Zgoll und A. Merk (unpubliziert) handelt es sich bei mim (zi)--du$_{11}$ um die Verkündigung eines „aktivierenden Liedes“ im Sinne eines „aktivierenden Preisens“; vgl. demnächst A. Merks Dissertation zu *Enkis Fahrt nach Nippur* und A. Zgolls Monographie „Religion in Mesopotamien“; vgl. Gerstenberger 2018. Vgl. A. Zgoll 1997 a, 177 zum Stichwort „munus zi(d)“ („tatkräftige Frau“). Vgl. auch Lämmerhirt 2010.

91 Die Umschrift basiert auf Flückiger-Hawker 1999, 210; Übersetzung KM.

92 Die Umschrift basiert auf ETCSL 2.4.5.3 mit einem Rekonstruktionsvorschlag in Zeile 46 von A. Zgoll (persönliche Mitteilung; ETCSL schreibt „x“); Übersetzung KM.

93 Vgl. Cohen 1993, 158.

(izim ^{d}am-an-ki-ga me-da am$_3$-tuku-am$_3$, izim ^{d}am-an-ki-ga a$_2$ il$_2$-la und das izim u$_3$-mun-ku$_3$-ga a$_2$ il$_2$-la).[94] Im Zusammenhang mit Abschnitt B Zeile 109, wo der Arm oder die Kraft von Enkis Heldentum angesprochen wird (a$_2$ nam-ur-saĝ-ĝa-[u$_{10}$]), ist die Erwähnung in den Namen des Festes von dem Arm oder der Kraft, die erhoben ist (a$_2$ il$_2$-la), äußerst interessant.

Wie bereits in Abschnitt 15.1 gezeigt wurde, nimmt das Festmahl mit dem Streitgespräch der Götter in *Enki und Ninmaḫ* eine sehr prominente Rolle ein. Das Thema des Brotes und Broterwerbs von Göttern (Abschnitt A, siehe oben) und Menschen (Abschnitt B, siehe oben)[95] kann gut in einen situativen Kontext eines Festmahls als Teil eines landwirtschaftlichen Festes des Enki in der Zeit der Flut eingeordnet werden.

Da die Götter das Lied gehört haben, scheint es wahrscheinlich, dass *Enki und Ninmaḫ* zum göttlichen Festmahl vorgetragen wurde. Außerdem ist das Lied selbst ein Preislied auf Enki. Alternativ dazu wären auch Festmähler für die Menschen mit Rezitationen denkbar; diese fanden zeitlich nach einem solchen Götterfestmahl des Enki statt. So sind beispielsweise aus neuassyrischer Zeit Urkunden überliefert, die belegen, dass die Überreste des Göttermahles (*rēḫātu*) aus dem Assur-Tempel in Assur an ein Festmahl für die Vertreter der Abgaben (König, hochrangige Palast- und Tempelfunktionäre, Vertreter der Provinzen) gegeben wurden.[96] Belege für die Weiterverteilung des Göttermahles an den König und Tempelfunktionäre bzw. andere Tempelangestellte und Pfründeninhaber im Rahmen von Festen existieren bereits seit der altsumerischen Zeit.[97] Das Essen des übriggebliebenen Götterfestmahles bildete dann möglicherweise den situativen Rahmen für die Rezitation von *Enki und Ninmaḫ*, da in diesem Kontext beide Themen des Textes (= Broterwerb für Götter und Menschen) zusammen in einem Ritual verortet werden können.[98] Auch wenn hier nicht mit Sicherheit postuliert werden kann, dass *Enki und Ninmaḫ* zu einem Festmahl im Rahmen eines Enki-Festes im zwölften Monat gesungen wurde (entweder direkt beim Götterfestmahl und/oder bei dem sich anschließenden Festmahl der Menschen), scheinen die Indizien in diese Richtung zu deuten. Sicherheit werden

94 Vgl. Cohen 1993, 158: Anm. 4.

95 Vgl. A. Zgoll 2012, 49.

96 Vgl. Maul 2008, 83 f mit weiterer Literatur; Maul 2013 a, 322.

97 Vgl. Sallaberger 2012, 142; Mayer/Sallaberger 2003, 98 mit weiteren Belegen und Literatur.

98 Maul 2008, 84: „Aus der Gemeinschaft der Gotteserhährer wird so auch eine Gemeinschaft, die mit Götterspeise nicht nur den Gott, sondern auch ihren König und sich selbst ernährt."

wir erst mit der ausführlichen Rekonstruktion des Kalenders von Eridu gewinnen, sollten die Fundumstände dies zulassen.

Die ältesten beiden Textzeugen datieren altbabylonisch;[99] der ältere der beiden stammt aus Nippur, der andere von einem unbekannten Fundort. Ein weiteres altbabylonisches Fragment unbekannter Herkunft ist überliefert.[100] Möglicherweise ist ein Exzerpt aus Nippur den Textzeugen zuzuordnen.[101] Daneben ist ein neuassyrischer Textzeuge aus der Bibliothek von Assurbanipal in Ninive überliefert, der zusätzlich eine akkadische Interlinearübersetzung enthält.[102]

Der mythische Text weist Indizien für eine frühere Entstehung vor der altbabylonischen Zeit auf: Inhaltlich mit der Fokussierung auf Enki und Ninmaḫ sowie den sumerischen Motiven der Trennung von Himmel und Erde am Uranfang und einer damit verbundenen Schicksalsentscheidung, die eingebettet ist in die Zeitformel aus Tagen, Nächten und Jahren (Abschnitt A Z. 1–3), ist eine frühe Entstehung oder eine frühere rituelle Vorform (bzw. mehrere) des Werks möglich, wenn auch zur Zeit rein spekulativ.[103]

Es ist aufgrund des Inhalts und der rekonstruierten situativen Verortung als Ritualtext im Rahmen eines Festmahls von Enki ziemlich unwahrscheinlich, dass Könige der 1. Dynastie von Babylon für die Entstehung des Werks verantwortlich zeichnen. Ein solches Ritual im Palast in Babylon ist ziemlich sicher auszuschließen, weil dort Marduk, und nicht Enki als Ritualadressat zu erwarten wäre.[104] Auch lassen die Königsinschriften und die anderen sogenannten literarischen Texte, z. B. jene von Hammurapi oder Samsu-iluna, nicht erkennen, dass sie Enki als Herrn für die Versorgung mit Nahrungsmitteln herausstellen; auch hier ist Marduk oder sogar Enlil prominent.[105]

Gesicherte Aussagen über den genauen Werdegang des Rituals können aktuell nicht getroffen werden. Wir sind für diesen Text auf neue Funde angewiesen.

---

99 Textzeuge A und C bei Cecarelli 2016; Textzeuge a und b bei Lambert 2013.

100 Textzeuge D bei Ceccarelli 2016; Textzeuge d bei Lambert 2013.

101 Textzeuge E bei Ceccarelli 2016.

102 Textzeuge B bei Ceccarelli 2016 (vgl. Ceccarelli 2016, 90); Lambert datiert das diesem Textzeugen zuzuordnende Fragment K 13456 zuerst mittelassyrisch (Lambert 2013, 330), dann neuassyrisch (ebd., 335).

103 Eine Zusammenstellung der älteren Motive bieten Lambert 2013, 334 und Ceccarelli 2016, 85–88.

104 Gerade die 1. Dynastie von Babylon etablierte Marduk und Babylon als Zentrum der mesopotamischen Kultur, vgl. Maul 2008; ders. 2012.

105 Vgl. Espak 2010.

16 Theogonie von Dunnu: Ritual auf dem Feld

Hauptziel der Schöpfung:	*dunnu* (ein urzeitlicher Bauernhof nach Wiggermann 2011, 672: Anm. 1) und eventuell Pflug[1]
Erstedition:	Lambert/Walcot 1965; Jacobsen 1984
Aktuellste Edition:	Lambert 2013, 387–395; vgl. Stol (nur Übersetzung: Melammu-Database)[2]
Sprache:	Babylonisch (Spätbabylonisch nach Lambert 2013)
Anzahl Textzeugen:	1 (BM 74329)
Anzahl Zeilen:	62
Fundort:	unbekannt (= stammt aus dem Kunsthandel)
Besonderheit:	hurritisches Wort (Z. 37: ^{d}*ḫamurnu* / „Himmel")[3]

16.1 Indizien für die Einordnung als Ritualtext

Einführend sei hier bemerkt, dass dieser Schöpfungstext ohne gesicherte situative Verortung Indizien aufweist, die auf einen Zusammenhang mit Ritualen auf dem Feld verweisen. Im Folgenden werden diese Phänomene diskutiert. In dieser Fallstudie kommen – wie bereits in den Abschnitten zuvor – die einzelnen Beobachtungen aus den methodischen Annäherungen I–III zur Anwendung.

Dieser Schöpfungstext wurde bisher im Kontext von Nomadentum oder von Landwirtschaft eingeordnet. Als Arbeitslied im Sinne einer Kosmogonie von Hirten deutet ihn Jacobsen.[4] Wiggermann hingegen verortet ihn als landwirtschaftliches Arbeitslied der Pflüger.[5] Nach Lambert handelt es sich bei dem Schöpfungstext um einen Sukzessionsmythos, der kultisch aufgeführt sein könnte.[6] Dalley erwägt eine mögliche Rezitation des Schöpfungstextes auf dem Neujahrsfest, trifft aber aufgrund des fragmentarischen Zustands der Tafel keine definitiven Aussagen.[7]

1 Ob der Pflug in den ersten drei Zeilen erschaffen wird oder am Uranfang als numinose Entität vorausgesetzt ist, ist aus den stark fragmentarischen ersten Zeilen nicht klar ersichtlich.

2 Online abrufbar unter: http://melammu-project.eu/database/gen_html/a0001475.html.

3 Vgl. Lambert 2013, 389.

4 Vgl. Jacobsen 1984, 19–26; vgl. zur Deutung mit Bezug auf das Hirtentum: Hecker 1994, 610 f.

5 Vgl. Wiggermann 2011, 672; Wiggermann 2000, 203.

6 Vgl. Lambert 2008, 35.

7 Vgl. Dalley 2000, 278.

https://doi.org/10.1515/9783110719222-016

Die Indizien für die Einordnung als Ritualtext sind in dem methodischen Abschnitt 3.4.3 (= Methodische Annäherung I) zu finden. Einige ausgewählte Indizien werden an dieser Stelle vertiefend diskutiert.

Die *Theogonie von Dunnu* weist in der Textunterschrift ein starkes Indiz für die situative Verortung auf, das für die Einordnung wichtig ist:

20’	[*ši-si-i*]*t* ^{d}*A-la-*[*la i-na ma-ti li-iš-si/-su*] *ṭa-*[*b*]*iš*	[Das Arbeits]lied (der Pflüger; wörtlich: das Rufen des Alala) [möge er/mögen sie[8]] schö[n im Land ausrufen.]

Theogonie von Dunnu Z. 20’[9]

Zumindest der erste Teil der Textunterschrift ([*ši-si-i*]*t* ^{d}*A-la-*[*la*]: „Rufen des Alāla“) kann als gesichert betrachtet werden.[10] Ein solches Arbeitslied wurde häufig während der Pflugarbeiten gesungen.[11] Babylonische Götterlisten (KAR 22 Z. 23–25, K 9417) belegen Alāla mit Belili als Nachkommen des Götterpaares Dūri und Dāri sowie Laḫmu und Laḫamu, also als ur-zeitlichen Gott.[12] Der hethitische *Kumarbi-Mythos* aus dem 2. Jt. v. Chr. beschreibt, wie Alāla neun Jahre im Himmel regiert und danach von Anu vertrieben wird; Anu wird dann seinerseits von Kumarbi besiegt, den sein Sohn Tešub am Ende der Erzählung in die Unterwelt verbannt.[13] Alāla und Belili sind hier die Eltern des Anu. In diesem mythischen Text ist auch Nippur wie in der *Theogonie von Dunnu* erwähnt. Ein altbabylonischer Ritualtext aus dem 26. Regierungsjahr Samsu-ilunas von Babylon nennt Dūri und Dāri als Enlils Vorfahren.[14] Somit galt Alāla im 2. Jt. v. Chr. als urzeitlicher Vorfahr, und zwar nicht nur vom Himmel selbst, sondern auch von Enlil. Das „Rufen des Alāla“ mag ursprünglich keine feste Wendung gewesen sein, sondern dem Gott Alāla als Vorfahr Enlils gegolten haben.

Der Text weist neben der Unterschrift weitere Bezüge zum landwirtschaftlichen Arbeiten auf. Die ersten beiden Zeilen sind stark beschädigt. Die Zeile 3 f erwähnt den Pflug (*ḫarbu*) und das Meer (a-ab-ba = *tâmtu*). Nach der Rekonstruktion von Jacobsen und Wiggermann sowie Stol erschafft der Pflug allein

8 Denkbar wäre meines Erachtens auch: „mögen sie“ (3. Pers. Pl.: *li-iš-su* = *lišsû*).

9 Die Umschrift folgt Jacobsen 1984, 8; Übersetzung KM. Vgl. für dieses Lied auch Wiggermann 2011, 672 und ders. 2000, 203.

10 Vgl. Wiggermann 2000, 203; ders. 2011, 672. Lambert 2013, 394 transliteriert ähnlich: [... *i*]*d* ^{d}*A-la*$^{?}$-[*la* ...] x x.

11 Vgl. die Literaturliste bei CAD 1, 329 (Art. *alālu* unter Punkt c); vgl. auch Jacobsen 1984, 9 („(ploughman’s) [work-s]ong“); Wiggermann 2011, 672 („ploughman’s works[ong]“).

12 Vgl. Lambert 2008, 31; vgl. auch Bottéro 2001, 73 (An/Anum-Liste).

13 Vgl. Lambert 2008, 32.

14 Vgl. Lambert 2008, 32.

mit der Erde das Meer.[15] Lambert hingegen deutet den Pflug als Werkzeug des ersten Götterpaares aus Zeile 1 f, das mit seiner Hilfe das Meer erschafft.[16]

Die Gottheiten der Genealogien im Text sind dem bäuerlichen Umfeld zuzuordnen: Pflug (Z. 3: *ḫarbu*), Steppentiere (Z. 5: Sumuqan), Vieh (Z. 15: Laḫar), Hirte (Z. 25: Ga'u), Wein bzw. Mutterschaf (Z. 33: Nin-ĝeštinnana) sowie Meer (Z. 4: *tâmtu*), Erde (Z. 10: *erṣetu*), Fluss (Z. 21: [*n*]*āru*) und Himmel (Z. 37: *ḫamurmu*).[17]

Ein Ort (^{URU}*dunnu*) wird im Text in Zeile 6 erwähnt: Er wird vom Meer und von Sumuqan erbaut. Damit ist vermutlich ein „befestigter bäuerlicher Gutshof"[18] gemeint. Das passt zu den landwirtschaftlichen Bezügen des Textes. In der mittelassyrischen Zeit ist ein *dunnu* eine große Farm, die Wiggermann als „agricultural production centre" oder „farmstead" bezeichnet (z. B. Tell Sabi Abyad).[19] Eine Art befestigter *dunnu* ist bei Tell Halaf sowie in Isin und Larsa belegt.[20] Wie Lambert ausführlich diskutiert, sind alle erwähnten Gottheiten am Textende (vgl. die Rückseite) der Nippur-Theologie zuzuordnen (Z. 6': Ungal-[Nibru], Z. 9' und Z. 16': Ninurta, Z. 11' und Z. 15': Enlil, Z. 12': Nuska).[21] Lambert gibt eine Umschrift einer babylonischen Rechtsurkunde aus dem 18. Jahr von Nabonid wieder, die einen *dunnu* von Nippur (*du-un-nu ša*$_2$ *qi*$_2$*-rib* EN-LIL$_2$^{ki}) erwähnt.[22] Ein solcher befestigter bäuerlicher Gutshof wird in der *Theogonie von Dunnu* zur Begräbnisstätte der getöteten Götterkönige und deren Gemahlinnen (Z. 12 und Z. 17). Der Text verweist auf einen bäuerlichen Sitz im Leben und ist durch seine Textunterschrift als Arbeitslied (der/für Pflüger) klassifiziert, womit ein Ritualkontext im landwirtschaftlichen Leben gegeben ist.

---

15 Vgl. Jacobsen 1984, 7; Wiggermann 2000, 202; zu Stol: vgl. dazu den Eintrag in der Melammu-Database (http://www.aakkl.helsinki.fi/melammu/database/gen_html/a0001475.php); vgl. auch Hecker 1994, 619 und A. Zgoll 2012, 36.

16 Vgl. Lambert 2013, 387 f.

17 Vgl. A. Zgoll 2012, 36; Wiggermann 2000, 202 f; Wiggermann 2011, 672.

18 A. Zgoll 2012, 36. Wiggermann 2000, 202 f diskutiert *dunnu* in diesem Text als urzeitlichen ahistorischen Bauernhof.

19 Wiggermann 2000.

20 Vgl. Lambert 2013, 390. Jacobsen 1984, 22. 26 erwähnt ein *dunnu* in der Isin-Larsa-Zeit (Jahr: Rīm-Sîn 30) bei Isin.

21 Vgl. Lambert 2013, 390.

22 Vgl. Lambert 2013, 390.

16.2 Ritualadressat

Aufgrund des fragmentarischen Zustands der Tafel ist der Ritualadressat nicht sicher zu bestimmen. Es könnte sich um die Götter am Ende des Textes auf der Rückseite handeln (Z. 6': Ungal-[Nibru], Z. 9' und Z. 16': Ninurta, Z. 11' und Z. 15': Enlil, Z. 12': Nuska), die in den Kreis der Nippur-Theologie gehören. Ungal-Nibru ist mit Innana/Ištar in Nippur geglichen und besaß einen eigenen Tempel (e$_2$-para$_{10}$-dur$_2$-ĝar-ra)[23]; sie ist ebenfalls als Gula mit eigenem Schrein (e$_2$-ka-aš-bar(-ra))[24] im Ninurta-Tempel in Nippur belegt. Nuska galt als Sohn des Enlil und hatte ebenfalls einen Tempel in Nippur (e$_2$-me-lam$_2$-an-na bzw. e$_2$-me-lam$_2$-ḫuš).[25] Auffallend ist, dass Enlil und Ninurta zwei Mal genannt sind. Diese beiden Götter spielen interessanterweise bei den großen halbjährlichen Festen im landwirtschaftlichen Jahr eine Rolle. Laut Krebernik sind Enlil und dessen Sohn Ninurta ursprünglich Ackerbau-Gottheiten.[26] Ninurta wurde oft als engar [zi] ^{d}En-lil$_2$-la („[rechtmäßiger] Bauer des Enlil") bezeichnet.[27] Die mythischen Texte mit ihm als Protagonisten (vgl. *Lugal-e*, *Unterweisungen eines Bauern an seinen Sohn*) verbinden ihn mit dem Aufrichten der landwirtschaftlichen Ordnung. Das gu$_4$-si-su-Fest im zweiten Monat ist das Hauptfest Ninurtas in der Ur-III-Zeit und im 2. Jt. v. Chr., das den Beginn der Bodenlockerung durch die Pflüger auf den von der Frühjahrsflut überschwemmten Feldern einleitet (vgl. Abschnitt 11.7 und 16.8).[28] Enlil ist mit Erntefesten in Verbindung zu bringen (vgl. *Nissaba A* Z. 18) und beispielsweise mit dem *ākīti*-Fest in Nippur im vierten Monat zur Zeit der Pflugarbeiten für die Aussaat.[29]

Die *Theogonie von Dunnu* ist eine landwirtschaftliche Kosmogonie, die zusätzlich mit dem Pantheon von Nippur verbunden ist. Die Götter von Nippur spielten in ihrer Stadt eine wichtige Rolle für die Landwirtschaft. Die vier aufgezählten Götter dieses Pantheons (Enlil, Ninurta, Ungal-Nibru und Nuska) sind daher vermutlich die Ritualadressaten dieses Arbeitsliedes. Die Rückseite der Tafel liegt leider zu stark fragmentiert vor, als dass eine eindeutige Identifizierung von Ninurta als alleinigen Ritualadressaten vorgenommen werden könnte.

---

23 Vgl. George 1993, 71 f: Nr. 110.

24 Vgl. George 1993, 106: Nr. 544.

25 Vgl. George 1993, 123 f: Nrn. 763 und 767.

26 Vgl. Krebernik 2012, 58 f.

27 Vgl. Annus 2002, 125 mit Belegen.

28 Vgl. Annus 2002, 61–71.

29 Vgl. Sallaberger 1999 a, 382 und 384.

Sollten weitere Funde zutage kommen, kann eine genauere Bestimmung vorgenommen werden.

16.3 Ritualobjekt

Da der Pflug im Text eine prominente Rolle spielt und er mit dem Arbeitslied aus der Textunterschrift in Verbindung steht, kann es sich bei ihm um das Ritualobjekt handeln. Mit dem Pflug wurde der Boden aufgelockert. Dies war wichtig für die Bebauung des Bodens. Zugleich konnte dadurch nach mesopotamischer Vorstellung aber auch Unheil aus der Unterwelt nach oben kommen.[30] Es bedurfte verschiedener Rituale, damit dieses Unheil abgewehrt werden konnte. Beispielsweise wurde Gilgameš angerufen, der im *Gilgameš-Epos* den ersten Brunnen gebaut hat und nach der Auswertung von A. Zgoll als „mythischer Prototyp" für das Aufgraben der Erde den Erfolg eines solchen Unternehmens garantieren konnte.[31] Der Pflug musste rituell mit Wirkmacht aufgeladen werden, um, wie in Zeile 3 des Schöpfungstextes beschrieben, für seine Arbeit aktiviert zu werden, damit kein Unheil aus der Tiefe der Erde heraufgeholt wird. Und so wie der urzeitliche Bauernhof nach den Pflugarbeiten (Z. 3 f) erschaffen wurde (Z. 6), wurde der Pflug rituell mit Wirkmacht ausgestattet, um auf den Feldern seinen Dienst in einem ähnlichen Kontext zu tun. Das war bereits der Fall am Uranfang und sollte durch Rezitation des Textes erneut geschehen.

Die Textunterschrift verweist auf die Zeit von landwirtschaftlichen Feldarbeiten für die Rezitation des Liedes (vgl. dazu Abschnitt 16.1). Ein weiteres Indiz für die Verbindung des Textes zu Unheil und Pflugarbeiten ist die Erwähnung der Ermordung von verschiedenen Vegetationsgottheiten, die mit dem bäuerlichen Raum zu tun haben. Diese Ermordung ist mit A. Zgoll als Transfer in den Raum der Unterwelt zu verstehen, d. h. denjenigen Raum, wo diese Numina vorgestellt waren; es ist genau der Raum, der beim Aufgraben des Bodens für die Feldbestellung aufgerissen wurde.[32] Die Vegetationsgottheiten werden im Schöpfungstext jeweils durch einen Usurpator an Tagen getötet, an denen den Toten geopfert wurde (vgl. dazu den Methodikabschnitt 3.4.3). Das Singen des Arbeitsliedes (Z. 20') sollte vermutlich einen Sieg über solche Mächte garantieren und den Beginn der landwirtschaftlichen Saison unter der Oberhoheit der

30 Vgl. Ambos 2004, 68–74 (Rituale beim Freilegen der Fundamente); A. Zgoll 2013 a, 100 (Rituale beim Auflockern des Bodens und Kanalbau).

31 Vgl. A. Zgoll 2013 a, 99 und George 2003, 94–96.

32 Vgl. A. Zgoll 2012, 36.

höchsten Götter von Nippur feiern. Gerade Ninurta wurde am Anfang des landwirtschaftlichen Zyklus als Sieger über Chaosmächte und als König, der die landwirtschaftliche Ordnung aufrichtet (vgl. *Lugal-e* und den Abschnitt 13.7), geehrt. Da Ninurta auf dem frühjahrszeitlichen gu_4-si-su-Fest als Sieger Jahr für Jahr feststeht, wird der erneute Anfang der landwirtschaftlichen Arbeiten gelingen. Daher weist die *Theogonie von Dunnu* inhaltlich beides auf: den Transfer von Gottheiten in die Unterwelt und den Preis der am Ende als Sieger verehrten Gottheiten (Enlil und Ninurta).

Generell führt das Ritualobjekt dazu, dass das Ritualziel erreicht werden kann. In diesem Ritual sollte laut der Textunterschrift das Ritualziel möglicherweise für das Land bewirkt werden, falls die Rekonstruktion von Zeile 20' von Jacobsen (1984) stimmt. Bei dem dafür nötigen Pflug konnte es sich um einen rituellen Pflug handeln, wie er im E-kur in Nippur vorhanden war, oder auch um die alltäglichen Pflüge der Arbeiter, die sie an einem bestimmten Festtag zum ersten Mal im Jahr benutzten. Für ihre Arbeiten mussten die Pflüge sicherlich rituell befähigt werden (vgl. die Belege in Abschnitt 16.8).

16.4 Weitere göttliche Ritualteilnehmer

Das „Arbeitslied (der/für Pflüger)" heißt originalsprachlich *alāla* (Z. 19'). Ein urzeitlicher Gott Alāla ist in Nordbabylonien und Anatolien belegt.[33] Dieser lebte (emisch betrachtet) als chthonischer Gott in der Unterwelt, nachdem er seine Herrschaft im Himmel verloren hatte (vgl. den hethitischen *Kumarbi-Mythos;* siehe dazu auch Abschnitt 16.1). Er könnte als göttlicher Garant für das Ritual fungiert haben. So ist er personal als Gott belegt im hurritischen Raum, und hier sind hurritische Bezüge im Text erkennbar. Ein *alāla* als Arbeitslied für Pflüger ist sicherlich im hurritischen Raum eng mit dem gleichnamigen Gott verbunden gewesen. Hurriter sind in Nippur seit der Akkad-Zeit ansässig, wie zwei hurritische Personennamen aus dieser Zeit zeigen.[34] In der mittelbabylonischen Zeit (zweite Hälfte des 2. Jt. v. Chr.), der wahrscheinlichsten Entstehungszeit des Rituals der *Theogonie von Dunnu*, war Nippur ein wichtiges Verwaltungszentrum der Kassiten mit einer größeren hurritischen Einwohnerschaft.[35] Hurritische Einflüsse in einem Text, der vermutlich aus Nippur stammt, verwundern in dieser Zeit nicht.

---

33 Vgl. Wiggermann 2000, 204.
34 Vgl. Sallaberger/Westenholz 1999, 96.
35 Vgl. Hölscher 1996.

Beim Lockern des Bodens im Frühjahr/Sommer während der Pflugarbeiten (und während anderer Arbeiten, die den Boden aufbrachen), wurden chthonische Gottheiten angerufen und um Beistand gebeten (vgl. die im vorherigen Abschnitt [16.3] vorgestellte rituelle Anrufung des Gilgameš). Die getöteten Götter werden im Text der *Theogonie von Dunnu* im urzeitlichen Bauernhof (*dunnu*) begraben; dazu passen auch die im Text erwähnten Zeitpunkte der Begräbnisse für diese Götter: Das sind alles Mondfeiertage, an denen den Verstorbenen und den Unterweltsmächten geopfert wurde (vgl. dazu Abschnitt 3.4.3). Das *akīti*-Fest (Z. 19': [*a-ki*-]*it* [...]) ist der zeitliche und rituelle Rahmen für die ersten Bodenarbeiten nach der Flut, die solche Mächte hervorholen konnten. Alāla dürfte eventuell in dieser Zeit aufgrund der hurritischen Einflüsse vor Ort bei diesem Arbeitslied, dem *alāla*-Lied, als Ritualgarant auch personal anwesend gedacht gewesen sein.

16.5 Ritualexperte

Ein nar („Sänger") oder ein nar-gal („Obermusiker") hat möglicherweise das Lied gesungen. *Lipit-Eštar und der Pflug* weist – wie die *Theogonie von Dunnu* – einen landwirtschaftlichen Kontext auf und wurde während des gu_2-si-su von einem nar-gal des Enlil gesungen.[36] Da die Rückseite der Tafel der *Theogonie von Dunnu* die großen Götter des Nippur-Pantheons nennt, darunter Enlil und Ninurta sogar doppelt, ist der Sänger des Textes vermutlich ein Sänger von Enlil oder Ninurta. Im altbabylonischen Nippur sind nar-gal und nar belegt.[37] Das Singen oder Rufen eines *alāla*-Liedes hat auch Ninurta bzw. Ninĝirsu durchgeführt.[38] Es ist jedoch bisher nicht als Ritualtext belegt und ist daher nicht mit einem Ritualexperten (maš-maš, *āšipu*) in Verbindung zu bringen. Auch wenn der Kontext das Öffnen der Felder darstellt, feiert das gu_4-si-su-Fest bereits Ninurtas Sieg über die Chaosmächte (vgl. *Lugal-e*), und daher wird er erneut für die landwirtschaftliche Ordnung mittels aller weiteren Rituale sorgen.

Die Textunterschrift „Arbeitslied (der/für Pflüger)" bzw. wörtlich: „Rufen des Alāla" lässt nicht auf eine szenische Aufführung schließen, die Kürze des Textes ebenso wenig. Allerdings böte sich prinzipiell der Inhalt als aufeinanderfolgende Usurpationen für eine Aufführung an.[39]

36 Vgl. Cohen 1993, 90.

37 Vgl. Shehata 2009, 168–172.

38 Das CAD A, 328 zu *alāla* führt unter Punkt b) Belege auf.

39 Ähnlich äußert sich Lambert 2008, 35.

16.6 Weitere menschliche Ritualteilnehmer

Das „Arbeitslied (der/für Pflüger)" (vgl. die Textunterschrift: [*ši-si-i*]*t* ^d^*A-la*-[*la*]) wurde aufgrund des komplizierten Inhalts sicherlich nicht von Pflügern gesungen; sie waren aber vermutlich anwesend. Das Singen des Liedes läutete höchstwahrscheinlich die Pflugsaison ein; in diesem Sinn ist es als Arbeitslied *für* die Pflüger zu verstehen. Während der Pflugsaison wurden in Nippur (vgl. Abschnitt 16.8) verschiedene Texte rezitiert (*Lipit-Eštar F*, *Song of the Ploughing Oxen*).[40] Falls es sich hier um einen ähnlichen situativen Kontext handelt, ist sicher das Volk als Ritualteilnehmer bei der Rezitation der *Theogonie von Dunnu* zu erwarten.

In der altbabylonischen Zeit nahmen einige Isin-Könige an den Feldritualen in Nippur teil.[41] Dass ein kassitischer König in der zweiten Hälfte des 2. Jt. v. Chr. (vgl. Abschnitt 16.8) anwesend war, kann ebenfalls angenommen werden: So residierte er in verschiedenen Städten, u. a. in Nippur, das weiter religiöses Zentrum blieb.[42] Bei einem großen Fest zum Auftakt des landwirtschaftlichen Jahres war seine Anwesenheit sicherlich vorauszusetzen.

16.7 Ort des Rituals

Da der Text als Schauplatz *dunnu* angibt, ist im Folgenden dessen mögliche Eignung als Ort des Rituals zu untersuchen. Der Text datiert zwar spätbabylonisch; er dürfte jedoch früher entstanden sein: in der zweiten Hälfte des 2. Jt. v. Chr.[43] Der Kolophon gibt an, dass die Tafel eine Abschrift eines Originals aus Babylon und Assur ist.[44] Demnach hat es Vorläufer der Tafel gegeben.

Wiggermann verweist darauf, dass es in der Zeit der Verschriftung des Schöpfungstextes in der zweiten Hälfte des 2. Jt. v. Chr. keine *dunnu* im südlichen Babylonien mehr gegeben habe und *dunnu* deshalb im Text als mythisches, urzeitliches befestigtes Bauerngehöft ohne lokale Entsprechung anzusehen sei.[45]

Viel eher ist eine spezifische landwirtschaftliche Lokalität ernsthaft in Betracht zu ziehen: das Feld. Felder waren sicherlich mit dem *dunnu* verbunden;

---

40 Vgl. Sallaberger 1993, 120 f.
41 Vgl. Cohen 1993, 89–91.
42 Vgl. Paulus 2014, 80 f. 84.
43 Vgl. dazu ausführlich die Argumentation in Abschnitt 16.8.
44 Vgl. Lambert 2013, 387 und 394; Jacobsen 1984, 5 und 8.
45 Vgl. Wiggermann 2011, 672: Anm. 1.

und sie mögen zu Zeiten, in denen *dunnu* nicht mehr belegt sind, mit ihnen in Verbindung gebracht worden sein. In Nippur fanden während des halbjährlichen *akīti*-Festes Riten auf Feldern statt (vgl. Abschnitt 16.8). Auf diesen Feldern ist das „Arbeitslied (der/für Pflüger)" (vgl. die Textunterschrift: [*ši-si-i*]*t* ^{d}*A-la*-[*la*]) am ehesten zu verorten. Solche Arbeitslieder wurden (auch) auf dem Feld gesungen, wie zwei Textstellen hier mit negativer Aussage zeigen:

101	*ina qer-be*$_2$*-ti-ia u*$_2$*-ša*$_2$*-as-su-u*$_2$ ^{d}*A-la-la*	Auf meinen Feldern entfernten sie das Arbeitslied (der/für Pflüger; wörtlich: [das Rufen des] Alāla).

Die Leiden des Gerechten (Ludlul bēl nēmeqi) 1,101[46]

18	*ri-gim* ^{d}*A-la-la ina qer-be*$_2$*-ti u*$_2$*-ša*$_2$*-aš-ša*	Das Rufen des Arbeitsliedes (der/für Pflüger; wörtlich: das Rufen des Alāla) entfernten sie auf den Feldern.

Erra-Epos 3,18[47]

Die Hinweise aus dem Text lassen auf eine ursprüngliche Verortung auf Feldern von Nippur (bzw. angrenzenden Gebieten) schließen. Da die uns vorliegende Tafel ein Original aus Babylon und Assur im Kolophon angibt, ist eine Verbreitung des Textes ebenfalls in Nordbabylonien und Assur anzunehmen. Ob es möglicherweise auch ein entsprechendes Ritual in Assur gegeben hat, kann aktuell nicht geklärt werden. Die Tafel in Assur kann mit der prominenten Rolle von Ninurta, einem der Ritualadressaten, der zudem auf der Rückseite der Tafel erwähnt wird (Z. 9' und Z. 16'), erklärt werden.

16.8 Zeit des Rituals

Zuerst ist an dieser Stelle zu klären, wann der Text ursprünglich verschriftet wurde und in welche Zeit der einzige Textzeuge datiert. Der Textzeuge BM 74329 datiert spätbabylonisch und wurde vor dem Fall Assurs (614 v. Chr.) geschrieben.[48] Aufgrund des hurritischen Wortes (Z. 37: ^{d}*ḫamurnu*, „Himmel") könnte der uns vorliegende Text der *Theogonie von Dunnu* deutlich älter verschriftet

---

46 Die Umschrift folgt Oshima 2014, 84; vgl. CAD A, 328 Eintrag zu *alāla* unter Punkt b); Übersetzung KM.

47 Die Umschrift folgt Cagni 1977; vgl. CAD A, 328 Eintrag zu *alāla* unter Punkt b); Übersetzung KM.

48 Der Kolophon gibt an, dass die Tafel nach einem Original aus Babylon und Assur geschrieben und kollationiert wurde: [*kī* KA] *ṭup-pi gaba-ri* ⸢K[A$_2$.DINGIR.KI] *u*$_3$ BAL.TI.KI SAR-*ma* IGI.KAR$_2$; vgl. Jacobsen 1984, 8 (Umschrift); Lambert 2013, 387 (Bezug zum Fall Assurs).

sein, „vermutlich zweite Hälfte des 2. Jahrtausends"[49]. Lambert setzt die Verschriftung des Textes zwischen 2000–614 v. Chr. an.[50] Die Indizien weisen auf eine mögliche Verschriftung in der zweiten Hälfte des 2. Jt. v. Chr.: Der Text weist Parallelen zu mythischen Hylemen (konkret: Usurpation von Gottheiten) des hethitischen *Kumarbi-Mythos* aus dem 2. Jt. v. Chr. auf, der Nippur und den Gott Alāla (vgl. die Textunterschrift der *Theogonie von Dunnu*) erwähnt.[51] Nach Jacobsen könnte der Mythos wegen der sumerischen Götternamen ursprünglich sogar deutlich früher als die verschriftete Fassung entstanden sein: in der Isin-Larsa-Zeit.[52]

Im Folgenden werden Indizien für eine zeitliche Einordnung des Rituals beleuchtet. Die *Theogonie von Dunnu* enthält etliche spezifische Zeitangaben mit möglichen Indizien für die situative Verortung, was bereits in Methodikabschnitt 3.4.3 diskutiert wird. Der Schöpfungstext erwähnt verschiedene Tage, an denen ein göttlicher Usurpator Herrschaft und Königtum errang und den vorherigen Götterkönig tötete: 16. Kislīmu (= neunter Monat, Z. 20), 1. [Ṭebētu] (= zehnter Monat, Z. 24), x. [Šabaṭu] (= elfter Monat, Z. 32), 16. (bzw. 29.) [Addar] (= zwölfter Monat, Z. 36).[53] Diese Zeitangaben korrespondieren mit den Tagen, an denen den Toten geopfert wurde (vgl. Abschnitt 3.4.3). Eine weitere Zeitangabe beschreibt den Zeitpunkt der Usurpation ohne Ermordung des vorherigen Götterkönigs: die [Jahresgrenze] (Z. 39).[54] Hiermit ist entweder die kalendarische Jahresgrenze gemeint, d. h. die halbjährliche Tagundnachtgleiche.[55] Oder es ist eine Angabe über die kultische Jahresgrenze, die in einem Hauptfest der Gottheit einer Stadt gipfelte.[56] Inhaltlich würde beispielsweise die Tagundnachtgleiche zu Beginn des Frühlings passen: An diesem Tag wird im mythischen Text der Götterkönig von dem Usurpator Hajašum[57] „nur" gefangen genommen, je-

---

49 A. Zgoll 2012, 35.

50 Vgl. Lambert 2013, 391.

51 Vgl. Lambert 2008, 32.

52 Vgl. Jacobsen 1984, 22.

53 Die Ergänzungen der Monate erfolgt nach den Vorschlägen von Jacobsen 1984, 6; Stol folgt Jacobsen: vgl. die Melammu-Database (http://www.aakkl.helsinki.fi/melammu/database/gen_html/a0001475.php). Lambert 2013 gibt keine Lesungen der fragmentarischen Stellen an.

54 Jacobsen 1984, 8 ergänzt: [*i-na* ZA$_3$.MU]. Weil der Text chronologisch den babylonischen Monaten folgt, ist an dieser Stelle als Zeitangabe die Jahresgrenze wahrscheinlich; vgl. den Eintrag von Stol in der Melammu-Database (siehe Anm. oben).

55 Vgl. Cohen 1993, 6 f. Die Idee von einer halbjährlichen „Jahresgrenze" findet sich auch bei Sallaberger 1993, 175.

56 Vgl. Sallaberger 1993, 142 f.

57 Vgl. Jacobsen 1984, 7; vgl. Lambert 2013, 394 ohne Rekonstruktionsvorschlag.

doch nicht getötet. Das kann eine Anspielung auf die länger werdenden Tage sein, an denen die Vegetation sichtbar auf ihrem höchsten Stand ist.

Unmittelbar vor der Textunterschrift findet sich die letzte Zeitangabe: *akīti*-Fest eines nicht erhaltenen Monats (Z. 19').[58] In Nippur wurden die beiden *akīti*-Feste in der Ur-III-Zeit und im 2. Jt. v. Chr. mit landwirtschaftlichen Festen verbunden, die im vierten Monat (Aussaat) und im ersten bzw. zwölften Monat (Ernte bzw. Gerstenschnitt) stattfanden.[59] Der achte Monat markierte das „Ende der Aussaat"[60] und hieß „Der den Pflug gelöst hat" (iti ^{geš}apin du$_8$-a). Welches der beiden *akīti*-Feste kommt in Frage, das Frühjahrsfest am Beginn des Gerstenschnitts (im zwölften Monat) bzw. zur Ernte (im ersten oder zweiten Monat) oder das Sommerfest zu Beginn der Aussaat (im vierten Monat)?

Nach Sallaberger weist ganz besonders das sommerliche/herbstliche Fest auf landwirtschaftliche Arbeiten mit dem Pflug hin: „... doch liegen die gleichnamigen Feste von Nippur und Girsu im iv. Monat noch deutlicher vor dem Beginn der Saat: Zu dieser Zeit wird mit den Pflugarbeiten begonnen, die in der Aussaat ihren Hohepunkt und Abschluss finden."[61] Die *Theogonie von Dunnu* als „Arbeitslied (der/für die Pflüger)" (siehe Textunterschrift) passt inhaltlich besser zu diesem zeitlich späteren *akīti*-Fest.

Rezitationen begleiteten das *akīti*-Fest zur Aussaat, so u. a. das Streitgespräch *Hacke und Pflug*.[62] Sallaberger verweist auf die besonderen Rituale mit dem Pflug zur Zeit des Aussaat-Festes:

> Eine besondere Wertschätzung als Objekt der materiellen Kultur erfährt nur der Pflug in den ‚Aussaat'-Festen. So führt ihn der Konig persönlich beim Aussaatfest: an der Spitze der Hierarchie und als Vertreter des ganzen Landes führt er den Ritus aus, um damit den Segen der Götter für sein Reich zu empfangen. Entsprechend wird beim Aussaatfest von

---

58 Jacobsen 1984, 8 ergänzt: [... *a-k*]*i-it* ⸢ITI⸣ [GU$_4$.SI.SA$_2$]. Meines Erachtens kommt hier ebenfalls das *akīti*-Fest im Herbst in Frage. Für das Ende des 3. Jt. v. Chr. ist nicht ganz klar, in welchem Monat dieses in Nippur gefeiert wurde; es kommt z. B. der vierte Monat in Frage nach Sallaberger 1993, 123 und Cohen 1993, 403. In Ur wurde das herbstliche *akīti*-Fest im siebten Monat gefeiert (vgl. ebd., 183–190), wie auch im 2. –1. Jt. v. Chr. (vgl. Cohen 1993, 406–453, auch mit Belegen für andere Städte).

59 Vgl. Cohen 1993, 403 (vgl. auch die Beleglage auf S. 124). Nach Sallaberger 1999 a, 383 f feierte man das zweite *akīti*-Fest in Nippur nicht im zwölften, sondern im ersten Monat; jedoch sind nach ebd. die Belege überhaupt für ein solches Fest spärlich. Daneben existiert ein Beleg aus jungbabylonischer Zeit über ein *akīti*-Fest im zweiten Monat: OECT 11, 69 und 70, zitiert bei Sallaberger 1993, 121 f. Im 1. Jt. v. Chr. feierte man in Nippur *akīti*-Feste im ersten und im achten Monat: vgl. Cohen 1993, 307 und 331 f und 451 f.

60 Vgl. Sallaberger 1999 a, 383.

61 Sallaberger 1999 a, 384.

62 Vgl. Sallaberger 1993, 124 (Anm. 577) und 187 f.

Umma der Pflug im Šaratempel rituell gereinigt und werden Utensilien für ihn ausgegeben: der Kult des Ensi vor dem Stadtgott gilt der Provinz, deren sämtliche Belange der Ensi verantwortet.[63]

Weitere Indizien sind dem mythischen Text zu entnehmen: So deutet A. Zgoll die Ermordung von Vegetationsgottheiten als Transfer in den Raum der Unterwelt, also genau als den Raum, der bei Pflugarbeiten aufgerissen wurde (vgl. Abschnitt 16.3).[64] Das Singen des Arbeitsliedes (Z. 20') sollte vermutlich einen Sieg über solche Mächte garantieren im Rahmen der Pflugarbeiten unter der Oberhoheit der höchsten Götter von Nippur. Zu diesem Fest im vierten Monat (alternativ: zum Ende der Aussaat im achten Monat) passen die Vegetationsgötter im mythischen Text, die im landwirtschaftlichen/bäuerlichen Bereich zu verorten sind (siehe Abschnitt 16.1) sowie der Themenkomplex der Übernahme der Herrschaft und des Königtums, weil Ninurta bereits das Königtum innehat; er wird zum König bereits im zweiten Monat erhöht (vgl. *Lugal-e* und Abschnitt 11.7 *zu Lugal-e*).[65]

Dass der Ninurta-Kult mit landwirtschaftlichen Liedern in Verbindung steht, zeigt die Darbietung des Liedes *Song of the Ploughing Oxen*, das während des gu_4-si-su-Festes im zweiten Monat, dem Hauptfest Ninurtas, an die Ochsen gerichtet wurde.[66] Es ist als [u_2-lu-lu]-ma-⸢ma⸣ des Ninurta klassifiziert. Zu dieser Liedgattung gehören drei weitere sumerische Kompositionen: *Nanna J*, *Ningublaga A* und *Ibbi-Sîn D*.[67] Shehata verweist auf Themen von „Schaf- und Rinderhirtentum“, die alle vier Lieder gemeinsam aufweisen.[68]

---

63 Sallaberger 1999 a, 386.

64 Vgl. A. Zgoll 2012, 36.

65 Ein wiederkehrendes Lexem (Vs. Z. 20, Z. 24, Z. 32, Z. 36) ist die Herrschaft (*bēlūtu*/EN-*tu*) und das Königtum (*šarrūtu*/LUGAL-*tu*), die von usurpierenden Gottheiten an sich gerissen werden.

66 Vgl. Civil 1976, 84 f.

67 Shehata 2009, 303.

68 Vgl. Shehata 2009, 303.

17 Fazit

In der Einleitung wird gefragt, warum Schöpfung ein so zentrales Thema in Mesopotamien war und in welchen Situationen mesopotamische Schöpfungstexte zum Tragen kamen. Die Analysen der „Kronzeugentexte“ zeigen, dass diese Schöpfungstexte in sehr bedeutsamen Situationen für die Mesopotamier verankert waren. Sie können hauptsächlich in zwei verschiedenen Kontexten situativ verortet werden. So gibt es die Rituale für Einzelpersonen, die Unheil (z. B. in Form von Krankheit) beseitigen sollen.[1] Daneben existieren die Rituale für Tempel, die Wirkmacht auf den Tempel übertragen sollen.[2] Ohne diese Rituale würde – emisch betrachtet – die von Unheil geplagte Einzelperson ihre Rolle in der mesopotamischen Gesellschaft nicht adäquat ausführen können und auch der Tempel nicht funktionsfähig sein.

In zehn Fallstudien von bislang nicht detailliert situativ verorteten Einzeltexten werden weitere rituelle Verankerungen der mesopotamischen Schöpfungstexte deutlich. Acht Schöpfungstexte können innerhalb des Tempelkultes,[3] einer[4] in einem Ritual des Tempels oder Palastes situativ verortet werden und ein weiterer als rituelles Lied[5] auf dem Feld am Beginn der Pflugsaison. Das rituelle Aussprechen von Schöpfung, mündlich oder verschriftet durch die Tontafel (vgl. Abschnitt 3.1.4), ist also – emisch betrachtet – wesentlicher Bestandteil für das Funktionieren der mesopotamischen Tempel und der landwirtschaftlichen Ordnung. Zukünftige Untersuchungen von weiteren mesopotamischen Schöpfungstexten mögen weitere rituelle Verankerungen belegen.

1 In diese Kategorie fallen folgende Schöpfungstexte: *Ritualtext für ein Gerstenkorn I* (Krankheit: Gerstenkorn am Auge), *Ritualtext für ein Gerstenkorn II* (Krankheit: Gerstenkorn am Auge), *Ritualtext für einen Wurm* (Krankheit: Augenleiden), *Ritualtext für einen Zahnwurm* (Krankheit: Zahnschmerz), die Beschwörung *Doppelschöpfung von Anu und Ea* (Krankheit: Herzleiden), *Ritualtext für den Schöpfungsstrom* (Unheil: verschiedene Ursachen), einen *Geburtsritualtext* (Krankheit: Komplikationen bei Geburt), *Ritualtext für Šamaš* (Unheil: Einzelperson, König als Amtsträger).

2 Es handelt sich hierbei um folgende Schöpfungstexte: *Tonmännchen und Puppen*, *Als An/Anu, Enlil, Enki/Ea Himmel und Erde schufen*, *Kosmologie des kalû*, *Erschaffung von Eridu-Babylon*.

3 Im Tempelkult können folgende Schöpfungstexte situativ verortet werden: *Innana holt das Himmelshaus*, *Keš-Hymne*, *Enkis Fahrt nach Nippur*, *Atram-ḫasīs*, *Lied auf die Hacke*, *KAR 4*, *Lugal-e*, *Gilgameš, Enkidu und die Unterwelt*.

4 Es handelt sich um *Enki und Ninmaḫ*, für den Indizien für die Einordnung im Tempelkult oder in einem Ritual im Palast vorliegen.

5 Es handelt sich hierbei um die *Theogonie von Dunnu*. Das *Lied auf die Hacke* war womöglich zusätzlich zu einem Ritual im bzw. am Tempel in einem Ritual auf dem Feld situativ verortet.

https://doi.org/10.1515/9783110719222-017

Neben diesen rituellen Situationen kann es sicherlich auch andere situative Verortungen von mesopotamischen Schöpfungstexten geben, außerhalb von Ritualen. So waren Festmähler mit vorgetragenen Schöpfungstexten rituell gestaltet (vlg. *Enki und Ninmaḫ*), sofern (auch) Götter anwesend gedacht waren. Texte mit Bezug auf Schöpfungsmythen können aber auch bei nicht-religiösen Festmählern eine Rolle gespielt haben.[6] In diesen Fällen war Schöpfung sicherlich ebenfalls bedeutsam für die Zuhörenden. So half der Verweis auf die am Uranfang festgelegte Ordnung beim Erhalt des Status Quo, bei der politischen und religiösen Machtsicherung und diente darüber hinaus zur Unterhaltung der Beteiligten. Diese Fragestellung ist jedoch nicht mehr Teil dieser Arbeit; sie stellt aber ein interessantes Forschungsthema für zukünftige Untersuchungen dar.

Die vorliegende Arbeit versteht sich als methodischen und auswertenden Beitrag zur Rekonstruktion der situativen Verortung von mesopotamischen Schöpfungstexten. Welche methodischen Schritte helfen bei der situativen Verortung eines mesopotamischen Schöpfungstextes und wie werden diese auf zehn Einzeltexte angewendet? Zur Beantwortung dieser Fragen werden die wichtigsten Ergebnisse der einzelnen Kapitel im Folgenden zusammengefasst.

Die Methodikkapitel 3 und 4 beschäftigten sich mit der Frage, ob und ggf. inwieweit der mythische Text selbst Indizien enthält für die situative Verortung, ohne dass eine Anweisung für Ritualhandlungen oder eine direkte Klassifizierung der situativen Verortung (beispielsweise durch eine Eigenbezeichnung) vorliegt. Hierbei wurden die methodischen Überlegungen aufgrund einer allgemeinen Indizienargumentation in Kapitel 3 skizziert und um eine Analyse der zwölf „Kronzeugentexte“ erweitert (Kapitel 4 und 5).

Die Analyse der allgemeinen Indizien für die situative Verortung hat in Abschnitt 3.1 ergeben, dass der mythische Text Indizien für seine Entstehung bzw. Tradierung liefern kann, die mündlich-performativ (= der Text wird gesprochen) oder schriftlich-performativ sind (= der Text wird geschrieben etc.). Interessanterweise ist nicht nur die Aussprache des Textes wirkmächtig, sondern auch die schriftliche Fixierung – und damit die dauerhafte Form des Textes –, die eine ähnliche Funktion wie die Rituale innehat (Abschnitt 3.1.4). Es wurde deutlich,

---

6 Hier sollten besonders die Prologe der Streitgespräche untersucht werden; vgl. zu den Streitgesprächen Mittermayer 2019. Vgl. Abschnitt 15.1 für Belege für eine situative Verortung von Streitgesprächen bei Festmählern im Tempel oder Palast. Vgl. Wilcke 2012 für eine situative Einordnung eines mythischen Textes (mit Streitgespräch, aber ohne Schöpfungshylem) innerhalb eines Festmahles in einem Privathaus. Vgl. Jiménez 2017, 15 f (zur kultischen Verortung von sumerischen Streitgesprächen) und 109–111 (zur situativen Verortung von zumindest der sumerischen Streitgespräche auf Festmählern).

dass sich das Ritual im mythischen Text spiegeln kann (Abschnitt 3.1.5): der Ritualablauf, der Ritualadressat, der zeitliche situative Rahmen des Rituals, die göttlichen und menschlichen Ritualteilnehmer bzw. Ritualexperten. Vielfach ist das Textende entscheidend, weil hier oft wichtige Indizien für die situative Verortung vorliegen, z. B. in der Eigenbezeichnung oder in expliziten Aufforderungen. Am Textende ist oft auch ersichtlich, ob es sich um einen allgemeinen performativen Text (wie z. B. eine szenische Aufführung ohne Ritualbezug) oder um einen rituellen performativen Text handelt (Abschnitt 3.1.4 und 3.2.3). Ein solcher Ritualtext liegt z. B. vor, wenn Götter aufgefordert werden, den Text zu hören.

Weitere Indizien für eine mündliche Performanz eines mythischen Textes sind z. B. optischer oder struktureller Art (Abschnitt 3.2.2). So können optische Trennstriche darauf hinweisen, wo der zu rezitierende Abschnitt endet bzw. wie dieser strukturiert ist. Musikalische Notierungen (beispielsweise ĝeš-ge$_{4}$-ĝal$_{2}$-bi: „Gegengesang“) sind zu berücksichtigen und nicht als rein literarische Zusätze zu betrachten. Daneben gibt es sprachliche Indizien, die Aufschluss über die situative Verortung eines mythischen Textes geben. Deiktische Pronomen sind deutliche Indizien sprachlicher Art für eine Aufführung des Textes, entweder mit mehreren Sängern bzw. Vortragenden oder unter Anwesenheit von einer Person bzw. einem Gegenstand, auf die verwiesen wird (Abschnitt 3.2.4). Personalpronomen und Personalsuffixe im Erzählerteil können ein deutliches Indiz für einen Vortrag bzw. eine Aufführung sein, die direkt an jemanden gerichtet sind (Abschnitt 3.2.5). Es handelt sich sicher um eine Aufführung, wenn andere Indizien für mehrere Protagonisten vorliegen.

Eine eindeutige Markierung als Ritualtext stellen die (allerdings seltenen) Anweisungen für Ritualhandlungen innerhalb des mythischen Textes dar, wie v. a. Imperative, die über den Erzählstoff des Textes hinausreichen und auf eine rituelle Verortung des Textes hinweisen (Abschnitt 3.3). Durch eine Analyse des unmittelbaren textlichen Umfeldes kann der Ritualteil ziemlich genau rekonstruiert werden.

Interessanterweise wird die Zeit des Rituals häufig im mythischen Text gespiegelt (Abschnitt 3.4). Indizien hierfür sind unspezifische und spezifische Zeitangaben. Unspezifische Zeitangaben können über die mythische Textebene hinaus auf das Ritual verweisen; solche unspezifischen Zeitangaben sind entweder prozesshaft (beispielsweise „von heute an“, „künftig“) oder nicht prozesshaft (z. B. „heute“, „jetzt“). Die rituelle Verankerung eines mythischen Textes wird besonders deutlich durch spezifische Zeitangaben. Hierbei sind v. a. spezifische Tage oder Feste für den Tempel, Mondfeiertage, Kulthandlungen oder Tageszeiten wichtig. Diese Zeitangaben im mythischen Text weisen auf die präsentische Gegenwart des Textrezipienten hin und sind somit ein Indiz für die situative Verortung in der mesopotamischen Gegenwart.

Als Ergebnis der Fallstudie zu den Preisliedern (za$_3$-mim) rückt die mündliche Performanz dieser Texte stärker in den Fokus, ebenso wie die Wirkmacht, die sich auch im verschrifteten Werk zeigt (Abschnitt 3.5). Kolophone enthalten selten verortungsrelevante Informationen, die auf eine Anwendung des Textes schließen lassen; ebenso sind die Fundumstände oft wenig aussagekräftig für die gesellschaftliche oder situative Verortung (Abschnitt 3.6).

Die Auswertung der zwölf „Kronzeugentexte" konnte in Kapitel 4 zeigen, dass v. a. die mythische Schöpfungspassage Indizien beinhalten kann, die auf eine situative Verortung im Ritual hinweisen. Im mythischen Text können Indizien vorhanden sein, in welchen rituellen Situationen er zur Anwendung kommen sollte bzw. für welche rituelle Situationen er konzipiert wurde. Hierbei hat sich besonders für die Schöpfungsobjekte (= was bzw. wer erschaffen wird) ergeben, dass sie eine spezielle Funktionalisierung im Ritual haben können: Das Hauptziel der Schöpfung (d. h. das Schöpfungsobjekt, in dem die Schöpfungshandlungen kulminieren) ist in der Regel ein Ritualteilnehmer. Es ist in zwei Texten[7] der Ritualadressat und in neun Texten[8] das Ritualobjekt. Schöpfungsobjekte als Teilziele der Schöpfung sind hingegen selten ein Ritualteilnehmer oder Bestandteil des Ritualrahmens (= Ritualort, Ritualzeit). Zeiten, die als Teilziele der Schöpfung erschaffen werden, gehören in einem „Kronzeugentext"[9] zum Ritualrahmen: Sie geben die Zeit des Rituals an. Der König wird in drei „Kronzeugentexten"[10] erschaffen als Teilziel der Schöpfung und ist in diesen drei Fällen zugleich ein Ritualteilnehmer. Die restlichen Teilziele der Schöpfung haben in den „Kronzeugentexten" eine Funktionalisierung für mindestens einen Ritualteilnehmer: für das Ritualobjekt oder den Ritualadressaten. Die situative Verortung im Ritual kann sich nach dieser Analyse also ganz konkret in dem Erschaffenen (d. h. im Schöpfungsobjekt) spiegeln: Das Schöpfungsob-

7 In dem *Ritualtext für den Schöpfungsstrom* ist es der Fluss, in dem *Ritualtext für Šamaš* ist es Šamaš.

8 In der *Kosmologie des kalû, Tonmännchen und Puppen, Als An/Anu, Enlil, Enki/Ea Himmel und Erde schufen* sowie *Erschaffung von Eridu-Babylon* ist der Tempel im weitesten Sinn das Ritualobjekt; in dem *Ritualtext für ein Gerstenkorn I* und *II* ist es das Gerstenkorn; in dem *Ritualtext für einen Zahnwurm* und *Ritualtext für einen Wurm* ist es der Wurm und in dem *Geburtsritualtext* ist es der Embryo. Die *Doppelschöpfung von Anu und Ea* ist leider zu fragmentarisch, so dass Aussagen in dieser Hinsicht nicht getroffen werden können.

9 Es handelt sich um Tag und Nacht als Teilziele der Schöpfung in dem *Ritualtext für Šamaš.*

10 In *Tonmännchen und Puppen, Als An/Anu, Enlil, Enki/Ea Himmel und Erde schufen* sowie in der *Kosmologie des kalû* ist der König ein Teilziel der Schöpfung und zugleich Ritualteilnehmer.

jekt kann der Ritualadressat, das Ritualobjekt, ein weiterer Ritualteilnehmer bzw. der Ritualrahmen (Ort, Zeit) sein. Es hat sich gezeigt, dass Schöpfung (= mythischer Text) z. B. im Ritual „ins Hier und Jetzt geholt“[11] werden kann.

Es konnten in Abschnitt 4.5 besonders zwei Ritualziele der „Kronzeugentexte“ deutlich herausgestellt werden: zum einen die Festsprechung positiver Wesensbestandteile auf das Ritualobjekt und zum anderen die Beseitigung von Unheil. Das Textziel gibt Indizien für das Ritualziel: Wird mit dem Text etwas oder jemand hauptsächlich gerühmt oder gepriesen (z. B. durch hymnische Passagen), kann daran das erste Ritualziel erkannt werden. Ist der Text jedoch darauf angelegt, vorrangig Unheil zu beseitigen bzw. jemanden zu bestrafen, kann hier ein Indiz für das zweite Ritualziel vorliegen.

Der Abschnitt 4.6 beschäftigte sich genauer mit dieser Verbindung des Hauptziels der Schöpfung (= Mythos) zu dem eben angesprochenen Unheil (= Ritual). Diese Verbindung kann entscheidende Hinweise auf das konkrete Ritual liefern: Wer verursacht Unheil? Wer beseitigt es? An wem geschieht das Unheil? Die Indizien weisen hier oft auf das Hauptziel der Schöpfung, je nach Schwerpunkt des Rituals.

In Kapitel 5 wurden v. a. die gesamten Schöpfungspassagen der „Kronzeugentexte“ (und nicht nur die Schöpfungsobjekte wie in Abschnitt 4) auf Indizien für die Rekonstruktion der spezifischen situativen Verortung im Ritual mit den einzelnen Ritualteilnehmern und dem Ritualrahmen untersucht. Es hat sich ergeben, dass der Ritualadressat in der Regel im mythischen Text erscheint und nicht erst in der Anweisung für Ritualhandlungen (Abschnitt 5.2). Indizien, die auf ihn hinweisen, sind z. B. eine direkte Ansprache in der 2. Person Singular oder seine Funktion als Rechtsentscheider im mythischen Text.[12] Er kann bei der Schöpfung anwesend sein oder direkt nach den Schöpfungshandlungen genannt werden.[13] Ein weiteres Indiz ist seine Rolle als aktiver Helfer für denjeni-

---

11 A. Zgoll 2012, 39.

12 Vgl. den Fluss in dem *Ritualtext für den Schöpfungsstrom* und Šamaš in dem *Ritualtext für Šamaš* sowie die Muttergöttin in dem *Geburtsritualtext.*

13 So waren Sîn und Šamaš bei der Schöpfung anwesend in dem *Ritualtext für ein Gerstenkorn I* und *II*; Ea erscheint direkt nach den Schöpfungshandlungen im Text von dem *Ritualtext für einen Zahnwurm* sowie Damu und Gula in dem *Ritualtext für einen Wurm*. Auch die Ritualadressaten von zwei Tempelbauritualen erscheinen bereits im mythischen Text (*Als An/Anu, Enlil, Enki/Ea Himmel und Erde schufen, Kosmologie des kalû*).

gen, der an Unheil leidet.[14] Die göttlichen Garanten für das Ritual erscheinen ebenfalls im mythischen Text (Abschnitt 5.3).[15]

Auch der Ritualexperte kann im mythischen Text genannt werden, allerdings in den „Kronzeugentexten“ nie als Schöpfungsobjekt (Abschnitt 5.4). Wie in den Kapiteln 7–16 zu sehen ist, ergibt die Analyse weiterer Schöpfungstexte einen etwas anderen Befund: Selten erscheint der Ritualexperte in der Schöpfungspassage, und wenn, dann als Hauptziel der Schöpfung.[16] Es kann Anweisungen für Ritualhandlungen im mythischen Text geben, die über die Ebene des Textes hinaus auf die situative Verortung im Ritual und konkret auf den Ritualexperten verweisen;[17] in den mythischen Passagen der „Kronzeugentexte“ wird der Ritualexperte jedoch nie mit seinem Amt oder seiner Berufsbezeichnung genannt. Wird der König als Teilziel der Schöpfung erschaffen, kann es sich – wie in drei Tempelbauritualen – um einen Ritualteilnehmer handeln. Die Erschaffung von spezifischen Personen oder Ämtern kann auf die Teilnahme am Ritual verweisen. Liegen Hinweise auf eine Einzelperson im mythischen Text vor, die durch Unheil geschädigt ist, handelt es sich dabei vermutlich um den Ritualabsender[18]; vorhandene Anweisungen für Ritualhandlungen im mythischen Text sind hier ebenfalls zu berücksichtigen sowie die Erwähnung eines Rechtsentscheides für jemanden.[19]

Die Indizien für das Ritualobjekt sind, wie oben bereits erwähnt, gut im mythischen Text erkennbar (Abschnitt 5.5): Es ist oft das Hauptziel der Schöpfung. Zusätzlich kann es erkannt werden, weil es direkt im mythischen Text angesprochen wird oder weil für es etwas erschaffen oder getan wird.[20] Der Rechtsentscheid kann ihm gelten.[21]

Orte als Teilziele der Schöpfung, die der schöpfungsgemäße lokale Lebensraum für das Hauptziel der Schöpfung sind, sind auf ihre Eignung als Ritualort

---

14 Z. B. Asalluḫi und die Muttergöttin als aktiv Handelnde für den Embryo in dem *Geburtsritualtext*.

15 Šamaš in dem *Ritualtext für einen Zahnwurm* und An/Anu, Enlil, Enki/Ea in *Tonmännchen und Puppen* sind sicherlich göttliche Ritualgaranten. Kulla ist in *Kosmologie des kalû* sogar ein Teilziel der Schöpfung.

16 Vgl. das en-Priestertum in *KAR 4*.

17 Vgl. *Ritualtext für einen Zahnwurm*.

18 Vgl. *Ritualtext für einen Zahnwurm*, *Ritualtext für ein Gerstenkorn I* und *II* sowie den *Geburtsritualtext* und *Ritualtext für einen Wurm*.

19 Vgl. *Ritualtext für einen Zahnwurm* (Anweisung für Ritualhandlungen) und *Ritualtext für den Schöpfungsstrom* (Rechtsentscheid).

20 Vgl. den Tempel in der *Kosmologie des kalû*.

21 Vgl. die Lebenden und die Toten in dem *Ritualtext für Šamaš*.

zu untersuchen (Abschnitt 5.6).[22] Werden Orte als Hauptziel der Schöpfung erschaffen, kann es sich bei ihnen um den Ritualort handeln.[23] Es hat sich gezeigt, wenn Orte im mythischen Text zugleich das Ritualobjekt sind, sie häufig gleichzeitig der Ritualort sind.

Die Zeit des Rituals kann in der Schöpfungspassage als Teilziel der Schöpfung gespiegelt werden (Abschnitt 5.7). So konnte hier gezeigt werden, dass die Erschaffung von Tag und Nacht genau die Ritualzeit am Übergang von Tag zu Nacht in der Schöpfungspassage von dem *Ritualtext für Šamaš* spiegelt.

Nach einem einführenden Kapitel (Kapitel 6) u. a. mit grundlegenden Überlegungen zur situativen Verortung von Tempelweihtexten wurden die methodischen Überlegungen aus den vorherigen Kapiteln auf zehn mythische Schöpfungstexte angewendet, die keine eindeutige Verortungsangabe besitzen (Kapitel 7–16). Alle Texte konnten mit der in den vorigen Kapiteln entwickelten Methodik rituell verortet werden, hauptsächlich innerhalb von Ritualen im Tempel bzw. im Fall von *Enki und Ninmaḫ* aufgrund der mehrdeutigen Indizien in einem Ritual im Tempel oder im Palast (Kapitel 15) sowie im Fall der *Theogonie von Dunnu* in einem Ritual auf dem Feld (Kapitel 16).

Drei der Texte, die im Tempel verortet werden können, wurden als Ritualtexte für die Tempelweihe identifiziert: *Innana holt das Himmelshaus* (Kapitel 7), die *Keš-Hymne* (Kapitel 8) und *Enkis Fahrt nach Nippur* (Kapitel 9) konnten aufgrund von Indizienargumentationen als rituelle Lieder zur (Re-)Aktivierung bzw. Weihe des Tempels im Rahmen des Neujahrsfestes verortet werden. *Atramḫasīs* (Kapitel 10) stellt vermutlich ein rituelles Lied zur Beruhigung des Enlil während eines Tempelfestes dar. Das *Lied auf die Hacke* konnte als rituelles Lied zur (Re-)Aktivierung bzw. Weihe der kultischen Hacke im Rahmen eines Tempelfestes in Nippur verortet werden (Kapitel 11). Die Indizien für *KAR 4* weisen ihn als rituelles Lied zur (Re-)Aktivierung des en-Priestertums durch Nissaba während eines Tempelfestes in Nippur aus (Kapitel 12). *Lugal-e* konnte als rituelles Lied zur Erhöhung Ninurtas im Rahmen eines Tempelfestes zum kultischen Neujahr in Nippur bestimmt werden (Kapitel 13). Die Indizien für *Gilgameš, Enkidu und die Unterwelt* weisen diesen Text als rituelles Lied bei der Durchführung von Totenopfern im Rahmen der Totenversorgung des Herrscherkultes aus (Kapitel 14). *Enki und Ninmaḫ* konnte als rituelles Lied zum

22 Vgl. *Ritualtext für ein Gerstenkorn I* und *II*, *Beschwörung für einen Wurm* und *Ritualtext für einen Zahnwurm*.

23 So beispielsweise der Fluss in dem *Ritualtext für den Schöpfungsstrom* oder der Tempel in *Tonmännchen und Puppen*, *Als An/Anu, Enlil, Enki/Ea Himmel und Erde schufen* sowie in der *Kosmologie des kalû*.

Preis Enkis im Rahmen eines Göttermahles im Tempel oder Palast verortet werden (Kapitel 15). Der Schöpfungstext *Theogonie von Dunnu* wurde als rituelles Lied zur (Re-)Aktivierung des Pfluges für die beginnende landwirtschaftliche Saison eingeordnet, das auf einem Feld verkündet wurde (Kapitel 16).

Mit dieser Arbeit wird jedoch nicht postuliert, dass alle Schöpfungstexte Ritualtexte sind (siehe den Anfang dieses Kapitels). Texte, die von mythischen Schöpfungshandlungen erzählen, sind in der Gegenwart der Textrezipienten verankert und für diese bedeutsam gewesen.[24] Konkret konnte das ganz verschieden ausgesehen haben, so z. B. als rituelle (Re-)Aktualisierung der Schöpfung, von der im Schöpfungstext erzählt wird, wie die zehn Texte aus den Kapiteln 7–16 gezeigt haben.

Die situative Verortung von diesen zehn Fallstudien zeigt, dass Schöpfungstexte im Alten Orient mehr als nur reine Informationslieferanten zur Befriedigung der Neugierde über den Anfang waren. Sie sind kunstvolle, durchdachte Werke mit einer spezifischen Bedeutung für die mesopotamische Wirklichkeit. Deshalb war Schöpfung so ein zentrales Thema im antiken Mesopotamien. Die Schöpfung am Uranfang, von der mythisch erzählt wird, ist im Alten Orient nicht bloße Vergangenheit, sondern dient zur Orientierung im Alltag und zur Bewältigung desselben. A. Zgoll bemerkt treffend Folgendes: „Allgemein lässt sich festhalten, dass Personen, Dinge und Vorgänge desto eher in einem Schöpfungskontext zu finden sind, je wichtiger ihre Funktionen und ihr Funktionieren für die mesopotamische Gesellschaft waren."[25] Schöpfungstexte sind daher hochaktuell für die Mesopotamier gewesen; Spuren von dieser zeitgenössischen Bedeutung sind im mythischen Text zu finden. Die vorliegende Arbeit kann uns helfen, diese Spuren zu entdecken.

24 Zur Definition von Mythen vgl. C. Zgoll 2019, 557–563.
25 A. Zgoll 2012, 40.

Steckbriefe der „Kronzeugentexte“

Entsprechend zu den Steckbriefen der zehn Schöpfungstexte der Fallstudien[1] werden hier die zwölf „Kronzeugentexte“ mit Steckbriefen aufgelistet.

Ritualtext für ein Gerstenkorn I

Hauptziel der Schöpfung:	Gerstenkorn
Erstedition:	Landsberger/Jacobsen 1955, 14–16
Aktuellste Edition:	Dietrich/Loretz 2000, 497–502; vgl. Lambert 2013, 399 (nur Schöpfungspassage)
Sprache:	Akkadisch (Altbabylonisch)
Ritualvermerk:	Anweisungen für Ritualhandlungen (Z. 17–27), mythischer Ritualtext liegt nicht ohne Anweisung für Ritualhandlungen vor

Ritualtext für ein Gerstenkorn II

Hauptziel der Schöpfung:	Gerstenkorn
Erstedition:	Landsberger 1958, 56–58
Aktuellste Edition:	siehe Erstedition; vgl. Lambert 2013, 399 f (nur Schöpfungspassage)
Sprache:	Akkadisch (Altbabylonisch)
Ritualvermerk:	„Ritualtext/Beschwörung“ (Z. 1: EN$_2$), „Zu rezitierender Wortlaut, um ein Gerstenkorn aus dem Inneren der Augen herausgehen zu lassen“ (Z. 6: [ka-enim-ma] *mi-ir-ḫu ša* ŠA$_3$ IGI.II *š*[*u-li-i*])

Ritualtext für einen Wurm

Alternativbezeichnung:	*Creation of the Worm*
Hauptziel der Schöpfung:	Wurm
Erstedition:	van Dijk/Goetze/Hussey 1985
Aktuellste Edition:	Veldhuis 1993, 45 f
Sprache:	Akkadisch (Altbabylonisch)
Ritualvermerk:	„Ritualtext/Beschwörung“ (Z. 8: *šiptam*, hier mit Akkusativ)

Ritualtext für einen Zahnwurm

Hauptziel der Schöpfung:	Zahnwurm
Erstedition:	Thompson 1904, 160–162
Aktuellste Edition:	Dietrich 2000; vgl. Lambert 2013, 400 (Schöpfungspassage)
Sprache:	Akkadisch (Jungbabylonisch)
Ritualvermerk:	„Zu rezitierender Wortlaut: Für einen kranken Zahn“ (Z. 24: zu$_2$-ge$_{17}$-ga-kam), Anweisungen für Ritualhandlungen (Z. 20 und 25 f)

1 Vgl. die Steckbriefe jeweils am Anfang von Kapitel 7–16.

https://doi.org/10.1515/9783110719222-018

Doppelschöpfung von Anu und Ea

Hauptziel der Schöpfung:	unklar (fragmentarisch)
Erstedition:	Köcher 1971, Tafel 18: Nr. 333
Aktuellste Edition:	Lambert 2013, 401
Sprache:	Akkadisch (Neuassyrisch)
Ritualvermerk:	„Ritualtext/Beschwörung“ (Z. 1: EN$_2$), „Zu rezitierender Wortlaut für ein krankes Herz“ (Textzeuge K 3261: ka-enim-ma ša$_3$-ge$_{17}$-ga-kam$_2$), „acht Wortlaute der Ritualtexte“ (Textzeuge BM 98589 Z. 25: 8 inim-inim-ma)

Ritualtext für den Schöpfungsstrom

Alternativbezeichnung:	*River of Creation*[2]
Hauptziel der Schöpfung:	Fluss, alles (Kombination von zwei Mythen?)
Erstedition:	King 1902, 128 f
Aktuellste Edition:	Lambert 2013, 396–398
Sprache:	Akkadisch (Neubabylonisch, Neuassyrisch)
Ritualvermerk:	„Ritualtext/Beschwörung“ (Z. 1: EN$_2$)

Geburtsritualtext

Hauptziel der Schöpfung:	Embryo
Erstedition:	van Dijk 1973
Aktuellste Edition:	siehe Erstedition
Sprache:	Akkadisch (Altbabylonisch)
Ritualvermerk:	„Zu rezitierender Wortlaut für eine gebärende Frau“ (Z. 28: ka-enim-ma munus u$_3$-du$_2$-da-kam)

Tonmännchen und Puppen

Hauptziel der Schöpfung:	Tempel
Erstedition:	Borger 1973b, 176–183. Pl. V–VII
Aktuellste Edition:	Ambos 2004, 155–166 (Ritualtexte: S. 160–165)
Sprache:	Sumerisch (Post-Spätsumerisch des 1. Jt. v. Chr.), Akkadisch (Neuassyrisch)
Besonderheit:	zwei verschiedene Ritualtexte (zuerst Post-Spätsumerisch, dann Neuassyrisch)
Ritualvermerk:	„Ritualtext/Beschwörung“ (Z. 42 EN$_2$), „Tafel für das, was man braucht, um die Fundamente des Gotteshauses anzulegen“ (Z. 1: *ṭup-pi ḫi-šiḫ-ti* UŠ$_8$ E$_2$.DINGIR.RA DU$_3$-*šu*)

Als An/Anu, Enlil, Enki/Ea Himmel und Erde schufen

Hauptziel der Schöpfung:	Tempel
Erstedition:	Mayer 1978, 438–443
Aktuellste Edition:	Ambos 2004, 193–195

2 Vgl. King 1902, 128 f.

Sprache: Sumerisch (Post-Spätsumerisch des 1. Jt. v. Chr.), Akkadisch (Spätbabylonisch)
Besonderheit: Bilingue
Ritualvermerk: „Ritual(anweisungen) [für die Hände des *kalû*]" (Rs. Z. 3': *ne*$_2$-*pe*-*ši* [*ša*$_2$ ŠU.II ^{lu2}GALA]), nach der Schöpfungspassage folgt ein „Handerhebungsritual" (Rs. Z. 2': ŠU. ⸢IL$_2$.LA$_2$⸣)

Kosmologie des kalû
Hauptziel der Schöpfung: Tempel
Erstedition: Thureau-Dangin 1921, 44–47
Aktuellste Edition: Ambos 2004, 177–189 (Ritualtext: S. 180–187)
Sprache: Akkadisch (Neubabylonisch)
Ritualvermerk: „Ritual(anweisungen) für die Hände des *kalû*" (Z. 20: ⸢*ne*$_2$⸣-*pe*-*ši* *ša*$_2$ ŠU ^{lu2}GALA), „Wenn die Mauer eines Gotteshauses einstürzt: um (sie) einzureißen und zu erneuern" (Z. 1: *e*-*nu*-*ma* E$_2$.GAR$_8$ E$_2$ DINGIR *i*-*qa*-*a*-*ap* *a*-*na* *na*-*qa*$_2$-⸢*rim*-*ma* *uš*-*šu*-*ši*⸣)

Erschaffung von Eridu-Babylon
Hauptziel der Schöpfung: Tempel
Alternativbezeichnung: *Founding of Eridu*[3], *Cosmologie chaldéene*[4]
Erstedition: Pinches 1891, 393–408
Aktuellste Edition: Lambert 2013, 366–375; Ambos 2004, 200–207 (mit Partitur)
Sprache: Sumerisch (Post-Spätsumerisch des 1. Jt. v. Chr.), Akkadisch (Spätbabylonisch)
Besonderheit: Bilingue
Ritualvermerk: „Zu rezitierender Wortlaut, um einen Tempel anzulegen" (Z. 21': k a - e n i m - m a e$_2$- d i n g i r - r a ĝ a$_2$- ĝ a$_2$- d e$_5$- k e$_4$)

Ritualtext für Šamaš
Hauptziel der Schöpfung: Šamaš
Erstedition: von Weiher 1983, 51–60, 277 f
Aktuellste Edition: siehe Erstedition
Sprache: Sumerisch (Post-Spätsumerisch des 1. Jt. v. Chr.), Akkadisch (Spätbabylonisch)
Besonderheit: Serie *bīt rimki*
Ritualvermerk: „Zu rezitierender Wortlaut: ki-Utu-Gebet im Haus des Reinigungswassers" (1,4,30: k a - e n i m - m a k i - ^{d}U t u e$_2$$^{!}$- [t] u$_5$- a - k a m)

3 Vgl. Lambert 2013, 366–375, Ambos 2004, 200 und Borger 1975, 126.
4 Vgl. Ambos 2004, 200 und Labat 1970, 74–76.

Listen von mythischen Schöpfungstexten

In die folgenden Listen wurden ausschließlich mythische Schöpfungstexte aufgenommen, die zum einen mindestens ein Schöpfungshylem aufweisen[1] und zum anderen in sumerischer und/oder akkadischer Sprache verfasst sind.[2] Ausgenommen sind davon die fārazeitlichen Texte aufgrund der mir unbekannten Sprachstufe.
Die folgende Liste ist in fünf Gruppen geteilt: in „Kronzeugentexte“, in die Fallstudien der Kapitel 7–16 und in weitere Schöpfungstexte (sumerische, akkadische, Bilinguen). Die einzelnen Editionen und Übersetzungen der „Kronzeugentexte“ finden sich in den Steckbriefen der „Kronzeugentexte“. Auf die Editionen und Übersetzungen weiterer Texte, die in der vorliegenden Arbeit in den Fallstudien der Kapitel 7–16 verortet werden, wird in den Steckbriefen am Anfang der jeweiligen Kapitel verwiesen (im Folgenden sind die jeweiligen Kapitel in Klammern angegeben). Die aktuellsten Editionen und Übersetzungen von weiteren Schöpfungstexten (sumerische, akkadische, Bilinguen), die im vorliegenden Buch nicht situativ verortet werden, sind im Folgenden in Klammern angegeben. Die folgende Liste ist bei der Identifizierung von weiteren Schöpfungshylemen zu ergänzen.[3]

„Kronzeugentexte“ (vgl. die Steckbriefe der „Kronzeugentexte“):
- *Ritualtext für ein Gerstenkorn I*
- *Ritualtext für ein Gerstenkorn II*
- *Ritualtext für einen Wurm*
- *Ritualtext für einen Zahnwurm*
- *Doppelschöpfung von Anu und Ea*
- *Ritualtext für den Schöpfungsstrom*
- *Geburtsritualtext*
- *Tonmännchen und Puppen*

1 Ein Schöpfungshylem beschreibt die Welt-, Menschen- oder Götterschöpfung, d. h. das aktive Erschaffen der Welt (oder von Weltbestandteilen sowie Kulturgütern, Tempeln etc.), des Menschen (oder spezifischen Personen sowie Ämtern) oder von Göttern (bzw. einem Gott oder Numen) durch mindestens ein Numen. Damit solch ein Text ein *mythischer* Text wird, muss er zusätzlich mindestens ein Numen bzw. Halbgott als Protagonisten aufweisen, vorrangig narrativ sein sowie kollektiv bedeutsam für eine Gruppe von Mesopotamier gewesen sein. Vgl. C. Zgoll 2019 zur Identifikation von mythischen Texten.
2 Etliche Schöpfungshyleme finden sich darüber hinaus in den sumerischen und akkadischen Königsinschriften sowie in den Götterlisten. Die Königsinschriften weisen z. B. als Verstärkung einer Aussage ein Schöpfungshylem auf (wie beispielsweise die Königsgeburt durch einen Gott), sind jedoch selbst keine mythischen Texte. Die Götterlisten als Konkretionen von Mythen (Götterschöpfung) sind hier nicht aufgenommen, weil sie auf eine andere Art von Schöpfung erzählen und daher eine eigene Gruppe darstellen, die gesondert betrachtet werden muss.
3 Lambert 2013 führt weitere Schöpfungstexte an, die wegen ihres fragmentarischen Charakters hier unberücksichtigt bleiben.

https://doi.org/10.1515/9783110719222-019

- *Als An/Anu, Enlil, Enki/Ea Himmel und Erde schufen*
- *Kosmologie des kalû*
- *Erschaffung von Eridu-Babylon*
- *Ritualtext für Šamaš*

Texte, die in der vorliegenden Arbeit in Fallstudien verortet wurden (vgl. Kapitel 7–16):

- *Innana holt das Himmelshaus = Innana and An*[4] *= Innana raubt den großen Himmel*[5] (Kap. 7)
- *Keš-Hymne* (Kap. 8)
- *Enkis Fahrt nach Nippur* (Kap. 9)
- *Atram-ḫasīs* (Kap. 10)
- *Lied auf die Hacke* (Kap. 11)
- *KAR 4* (Kap. 12)
- *Lugal-e = Ninurta und die Steine*[6] (Kap. 13)
- *Gilgameš, Enkidu und die Unterwelt* (Kap. 14)
- *Enki und Ninmaḫ* (Kap. 15)
- *Theogonie von Dunnu = Ḫarab-Myth*[7] (Kap. 16)

Weitere sumerische Schöpfungstexte:

- *Barton-Cylinder* (Alster/Westenholz 1994)
- *Die Erschaffung des gala* (Kramer 1981)
- *Enki und Ninḫursaĝ* (Attinger 1984; Übersetzung: Attinger 2015a)
- *Enki und die Weltordnung* (Benito 1969, 77–160)
- *Enlil und Ninlil* (Behrens 1978; Übersetzung: Steible 2015)
- *Enlil A* (ETCSL 4.05.1; Reisman 1970)
- *Gudea-Zylinder A* und *B* (Averbeck 1987; Suter 2000; Übersetzung: Heimpel 2015)
- *Innana und die Numun-Pflanze* (Wagensonner 2009)
- *Lugalbanda I = Lugalbanda and the Mountain Cave* (Wilcke 1969; Übersetzung: Wilcke 2015)
- *NBC 11108* (van Dijk 1976)
- *Ninurta und die Schildkröte* (Alster 1971–1972)
- *Prolog von Dattelpalme und Tamariske* (Streck 2004)
- *Prolog von Holz und Rohr* (Bottéro/Kramer 1989, 479–481)
- *Prolog von Kupfer und Silber* (ETCSL 5.3.6)

4 Vgl. diesen Titel bei ETCSL 1.3.5.
5 Vgl. diesen Titel bei van Dijk 1998.
6 Vgl. diesen Titel bei Selz 2001, 383.
7 Vgl. diesen Titel bei Jacobsen 1984.

- *Prolog von Mutterschaf und Getreide* (Alster/Vanstiphout 1987; Mittermayer 2019: dort Abschnitt 8.1)
- *Prolog von Sommer und Winter* (ETCSL 5.3.3)
- *Prolog von Vogel und Fisch* (Herrmann 2010; Mittermayer 2019: dort Abschnitt 8.2)
- *Rulers of Lagash* (Sollberger 1967)
- *Sumerische Flutgeschichte* (Lambert/Millard 1969, 138–145 [Civil])
- *Ukg. 15* (van Dijk 1964, 39–41)
- *Wie das Getreide nach Sumer kam* (Bottéro/Kramer 1989, 515 f)

Weitere akkadische Schöpfungstexte:
- *Agušaja-Lied A* und *B* (Groneberg 1997, 57–93)
- *Lied auf Bazi* (George 2009, Nr. 1; A. Zgoll 2019)
- *Enmešaras Niederlage und die Neuordnung der göttlichen Machtbereiche* (Lambert 2013, 281–298)
- *Enūma elīš* (Kämmerer/Metzler 2012; Lambert 2013, 3–277)
- *Hymne an Nabû* (Oshima 2014, 474–480)
- *Mythos von der Erschaffung des Menschen und des Königs* (Mayer 1987)
- *Labbu-Mythos* (Lambert 2013, 361–365)

Weitere bilinguale Schöpfungstexte:
- *Ištars Erhöhung* (Foxvog 2013; Projekt Oracc: http://oracc.museum.upenn.edu/blms/corpus)
- *Prologe von Enūma Anu Enlil* (Lambert 2013, 176 f)

Literaturverzeichnis

Etliche sumerische Texte in Umschrift und Übersetzung sind in der Datenbank „Electronic Text Corpus of Sumerian Literature“ (ETCSL) der Oxford University eingestellt; das ETCSL ist abrufbar unter http://etcsl.orinst.ox.ac.uk. Daneben ist „The Pennsylvania Sumerian Dictionary“ (ePSD) ein hervorragendes Online-Wörterbuch der University of Pennsylvania, das auch über eine ausführliche Belegstellensammlung verfügt. Das ePSD ist abrufbar unter: http://psd.museum.upenn.edu/epsd/nepsd-frame.html. Ein Lexikon von sumerischen Lexemen und ihren französischen Entsprechungen von Pascal Attinger ist online abrufbar unter: http://www.arch.unibe.ch/attinger; vgl. dazu auch die neue Version von 2019 unter https://zenodo.org/record/2585683#.XXuzVGbgrlU.

Abusch, T., 2016, The Magical Ceremony Maqlû. A Critical Edition, Ancient Magic and Divination 10, Leiden / Boston.

Abusch, T. / Schwemer, D., 2016, Corpus of Mesopotamia Anti-Witchcraft Rituals II, Ancient Magic and Divination 8/2, Leiden / Boston.

Afanasjeva, V., 1974, Mündlich überlieferte Dichtung („Oral Poetry“) und schriftlich überlieferte Literatur in Mesopotamien, in: Acta Antiqua Academiae Scientiarum Hungaricae 22, 121–136.

Albertz, R., 1999, Das Motiv für die Sintflut im Atramḫasīs-Epos, in: Lange, A. / Lichtenberger, H. / Römheld, D. (Hg.), Mythos im Alten Testament und seiner Umwelt. Festschrift für Hans-Peter Müller zum 65. Geburtstag, Beihefte zur die alttestamentliche Wissenschaft 278, Berlin / New York, 3–16.

Al-Fouadi, A., 1969, Enki's Journey to Nippur. The Journeys of the Gods, Ph.D., University of Pennsylvania.

Al-Rawi, F. N. H., 1995, Tablets from the Sippar Library IV. Lugale, in: Iraq 57, 199–223.

Alster, B., 1971–1972, Ninurta and the Turtle, in: Journal of Cuneiform Studies 24, 120–125.

Alster, B., 1983, The Mythology of Mourning, in: Acta Sumerologica Japan 5, 1–16.

Alster, B. / Vanstiphout, H., 1987, Lahar and Ashnan. Presentation and Analysis of a Sumerian Disputation, in: Acta Sumerologica Japan 9, 1–43.

Alster, B. / Westenholz, A., 1994, The Barton Cylinder, in: Acta Sumerologica Japan 16, 15–46.

Ambos, C., 2004, Mesopotamische Baurituale aus dem 1. Jahrtausend v. Chr., Dresden.

Ambos, C., 2012, Purifying the King by Means of Prisoners, Fish, a Goose, and a Duck. Some Remarks on the Mesopotamian Notions of Purity, in: Rösch, P. / Simons, U. (Hg.), How Purity is Made, Wiesbaden, 89–103.

Ambos, C., 2013 a, Rituale beim Abriss und Wiederaufbau eines Tempels, in: Kaniuth, K. et al. (Hg.), Tempel im Alten Orient. 7, Internationales Colloquium der Deutschen Orient-Gesellschaft, 11.–13. Oktober 2009, München, 19–31.

Ambos, C., 2013 b, Der König im Gefängnis und das Neujahrsfest im Herbst. Mechanismen der Legitimation des babylonischen Herrschers im 1. Jahrtausend v. Chr. und ihre Geschichte, Dresden.

Ambos, C., 2013 c, Rites of Passage in Ancient Mesopotamia: Changing Status by Moving Through Space. Bīt rimki and the Ritual of the Substitute King, in: Ambos, C. / Verderame, L. (Hg.), Approaching Rituals in Ancient Cultures. Questioni di rito: Rituali come fonte di conoscenza delle religioni e delle concezioni del mondo nelle culture antiche, Proceed-

https://doi.org/10.1515/9783110719222-020

ings of the Conference, November 28–30. 2011, Rom, Supplemento No. 2 alla Rivista degli Studi Orientali Nuova Serie LXXXVI, Pisa / Rom, 39–54.
Ambos, C. et al. (Hg.), 2005, Die Welt der Rituale. Von der Antike bis heute, Darmstadt.
Annus, A., 2002, The God Ninurta in the Mythology and Royal Ideology of Ancient Mesopotamia, State Archive of Assyria Studies 14, Helsinki.
Annus, A. / Lenzi, A., 2010, Ludlul bēl nēmeqi. The Standard Babylonian Poem of the Righteous Sufferer, State Archives of Assyria Cuneiform Texts 7, Helsinki.
Arnaud, D., 1985–1987, Récherches au pays d'Aštata. Emar VI. Les textes sumériens et accadiens, Paris.
Attinger, P., 1984, Enki et Nin[h]ursa[g]a, in: Zeitschrift für Assyriologie 74, 1–52.
Attinger, P., 1993, Eléments de linguistique sumérienne: la construction de du$_{11}$/e/di „dire", Orbis Biblicus et Orientalis Sonderband, Freiburg / Göttingen.
Attinger, P., 2014, Iddin-Dagan A, in: Koslova, N. V. / Vozirova, E. / Zólyomi, G. (Hg.), Studies in Sumerian Language and Literature. Festschrift Joahannes Krecher, Babel und Bibel 8, Winona Lake, 11–82.
Attinger, P., 2015 a, Enki und Ninchursaĝa, in: Volk, K. (Hg.), Erzählungen aus dem Land Sumer, Wiesbaden, 5–20.
Attinger, P., 2015 b, Gilgamesch, Enkidu und die Unterwelt, in: Volk, K. (Hg.), Erzählungen aus dem Land Sumer, Wiesbaden, 297–316.
Avalos, H., 1998, Daniel 9:24–25 and Mesopotamian Temple Rededications, in: Journal of Biblical Literature 117/3, 507–511.
Averbeck, R. E., 1987, A Preliminary Study of Ritual and Structure in the Gudea Cylinders I and II, Ph.D., Dropsie College, Pennsylvania, University Microfilms International, Ann Arbour.
Averbeck, A. E., 1997, Ritual Formula, Textual Frame and Thematic Echo in the Cylinders of Gudea, in: Young, G. D. / Chavalas, M. W. / Averbeck, R. E. (Hg.), Crossing Boundaries and Linking Horizons. Studies in Honor of Michael C. Astour, Besthesda, 37–93.
Averbeck, A. E., 2003, Myth, Ritual and Order in „Enki and the World Order", in: Journal of the American Oriental Society 123, 757–771.
Bartelmus, A. S., 2016, Fragmente einer großen Sprache, Band 1: Sumerisch im Kontext der Schreiberausbildung des kassitenzeitlichen Babylonien, Boston / Berlin.
Bauer, J., 2015, Enkis Reise nach Nippur, in: Volk, K. (Hg.), Erzählungen aus dem Land Sumer, Wiesbaden, 365–372.
Bauks, M., 1997, Die Welt am Anfang. Zum Verhältnis von Vorwelt und Weltentstehung in Gen 1 und in der altorientalischen Literatur, Neukirchen-Vluyn.
Behrens, H., 1978, Enlil und Ninlil. Ein sumerischer Mythos aus Nippur, Studia Pohl Series Major 8, Rom.
Ben-Barak, Z., 1980, The Coronation Ceremony in Ancient Mesopotamia, in: Orientalia Lovaliensia Periodica 11, 55–67.
Benito, C., 1969, „Enki and Ninmaḫ" and „Enki and the World Order", Ph.D, University of Pennsylvania.
Berlejung, A., 1996, Die Macht der Insignien. Überlegungen zu einem Ritual der Investitur des Königs und dessen königsimplikatorischen Implikationen, in: Ugarit-Forschungen 28, 1–35.
Berlejung, A., 1998, Die Theologie der Bilder. Herstellung und Einweihung von Kultbildern in Mesopotamien und die alttestamentliche Bilderpolemik, Orbis Biblicus et Orientalis 162, Freiburg / Göttingen.

Biggs, R. D., 1971, An Archaic Sumerian Version of the Kesh Temple Hymn from Tell Abu Salabikh, in: Zeitschrift für Assyriologie 61, 193–207.
Black, J., 1998, Reading Sumerian Poetry, London.
Black, J. et al., 2004, The Literature of Ancient Sumer, Oxford.
Black, J. / Green, A., 1992, Gods, Demons and Symbols of Ancient Mesopotamia. An Illustrated Dictionary, London.
Böck, B., 2004, Überlegungen zu einem Kultfest der altmesopotamischen Göttin Inanna, in: NUMEN 51/1, 20–46.
Borger, R., 1967, Das „dritte Haus“ der Serie bīt rimki, in: Journal of Cuneiform Studies 21, 1–17.
Borger, R., 1973 a, Die Weihe eines Enlil-Priesters, in: Bibliotheca Orientalis 30, 163–176.
Borger, R., 1973 b, Tonmännchen und Puppen, in: Bibliotheca Orientalis 30, 176–183. Pl. V–VII.
Borger, R., 1975, Handbuch der Keilschriftliteratur II. Supplement zu Band I. Berlin / New York.
Borger, R., 2003, Mesopotamisches Zeichenlexikon, Alter Orient und Altes Testament 305, Münster.
Bottéro, J., 1985, Mythes et rites de Babylone, Paris.
Bottéro, J., 1980–1983, Küche, Reallexikon der Assyriologie und Vorderasiatischen Archäologie 6, 277–298.
Bottéro, J., 2001, Religion in Ancient Mesopotamia, Chicago.
Bottéro, J. / Kramer, S. N., 1989, Lorsque les dieux faisaient l’homme. Mythologie Mésopotamienne, Bibliothèque des Histoires, Paris.
Brisch, N., 2007, Tradition and the Poetics of Innovation. Sumerian Court Literature of the Larsa Dynasty (c. 2003–1763 BCE), Alter Orient und Altes Testament 339, Münster.
Brisch, N., 2010, A Sumerian Divan. Hymns as Literary Genre, in: Pruszinsky, R./Shehata, D. (Hg.), Musiker und Tradierung. Studien zur Rolle von Musikern bei der Verschriftlichung und Tradierung von literarischen Werken, Wien, 153–170.
Brosius, C. / Michaels, A. / Schrode, P., 2013, Ritual und Ritualdynamik, Tübingen.
Butler, S. A. L., 1998, Mesopotamian Conceptions of Dreams and Dream Rituals, Alter Orient und Altes Testament 258, Münster.
Çağirgan, G. / Lambert, W. G., 1991–1993, The Late Babylonian Kislīmu Ritual for Esagil, in: Journal of Cuneiform Studies 43–45, 89–106.
Cagni, L., 1977, The Poem of Erra, Sources of the Ancient Near East 1/3, Malibu.
Cancik-Kirschbaum, E., 1995, Konzeption und Legitimation von Herrschaft in neuassyrischer Zeit. Mythos und Ritual in VS 24, 92, in: Welt des Orients 26, 5–20.
Cancik-Kirschbaum, E., 2007, „Menschen ohne König …“. Zur Wahrnehmung des Königtums in sumerischen und akkadischen Texten, in: Wilcke, C. (Hg.), Das geistige Erfassen der Welt im Alten Orient, Beiträge zu Sprache, Religion, Kultur und Gesellschaft, nach Vorarbeiten von Joost Hazenbos und Annette Zgoll, Wiesbaden, 167–190.
Casson, L., 2001, Libraries in the Ancient World, New Haven.
Cavigneaux, A., 2000, Gilgameš et la Mort. Textes de Tell Haddad VI avec un appendice sur les textes funéraires sumériens, Cuneiform Monographs 19, Groningen.
Cavigneaux, A. / Al-Rawi, F. N. H., 2000, La fin de Gilgameš, Enkidu et les Enfers d’apres les manuscripts d’Ur et de Meturan, Textes de Tell Haddad VIII, in: Iraq 62, 1–19.
Cavigneaux, A. / Jaques, M., 2010, Peut-on comprendre le Silbenvokabular?, in: Shehata, D. / Weiershäuser, F. / Zand, K. (Hg.), Von Göttern und Menschen. Beiträge zu Literatur und Geschichte des Alten Orients. Festschrift für Brigitte Groneberg, Leiden / Boston, 1–15.

Cavigneaux, A. / Krebernik, M., 2001a, Nin-agala, Reallexikon der Assyriologie und Vorderasiatischen Archäologie 9, 325 f.
Cavigneaux, A. / Krebernik, M., 2001b, ^{d}Nin-duluma, Reallexikon der Assyriologie und Vorderasiatischen Archäologie 9, 340 f.
Cavigneaux, A. / Krebernik, M., 2001c, Nin-kur(a), ^{d}NIN-KUR, Reallexikon der Assyriologie und Vorderasiatischen Archäologie 9, 451.
Cavigneaux, A. / Krebernik, M., 2001d, ^{d}Nin-SAR (Nin-nisig), Reallexikon der Assyriologie und Vorderasiatischen Archäologie 9, 484–486.
Cavigneaux, A. / Krebernik, M., 2001e, ^{d}(NIN).SIMUG, Reallexikon der Assyriologie und Vorderasiatischen Archäologie 9, 489.
Cavigneaux, A. / Krebernik, M., 2001f, Nin-muga, Nin-zed, Nin-zadim$^{?}$, Reallexikon der Assyriologie und Vorderasiatischen Archäologie 9, 471–473.
Cavigneaux, A. / Krebernik, M., 2001g, NIN-maḫ, Reallexikon der Assyriologie und Vorderasiatischen Archäologie 9, 462 f.
Ceccarelli, M., 2012, Enkis Reise nach Nipppur, in: Mittermayer, C. / Ecklin, S. (Hg.), Altorientalische Studien zu Ehren von Pascal Attinger. mu-ni ul-li$_{2}$-a-aš ĝa$_{2}$-ĝa$_{2}$-de$_{3}$, Orbis Biblicus et Orientalis 256, Freiburg / Göttingen, 89–118.
Ceccarelli, M., 2016, Enki und Ninmaḫ. Eine mythische Erzählung in sumerischer Sprache, Orientalische Religionen in der Antike 16, Tübingen.
Charpin, D., 1986, Le Clergé d'Ur au siècle d'Hammurabi (XIXe–XVIIIe siècle av. J.-C.), Hautes Etudes Orientales 22, Paris.
Civil, M., 1976, The Song of the Ploughing Oxen. Kramer Anniversary Volume. Cuneiform Studies in Honor of Samuel Noah Kramer, Alter Orient und Altes Testament 25, 83–95.
Cohen, A., 2005, Death Rituals, Ideology, and the Development of Early Mesopotamian Kingship. Toward a New Understanding of Iraq's Royal Cemetery of Ur, Ancient Magic and Divination 7, Leiden / Boston.
Cohen, M., 1988, The Canonical Lamentations of Ancient Mesopotamia I/II, Potomac.
Cohen, M., 1993, The Cultic Calendars of the Ancient Near East, Bethesda.
Cohen, M., 2015, Festivals and Calendars of the Ancient Near East, Bethesda.
Cooper, J. S., 1978, The Return of Ninurta to Nippur. An-gim dím-ma, Analecta Orientalia 52, Rom.
Cooper, J. S., 1992, Babbling on: Recovering Mesopotamian Orality, in: Vogelzang, M. / Vanstiphout, H. L. J. (Hg.), Mesopotamian Epic Literature: Oral or Aural?, Lewiston, 103–122.
Cunningham, G., 1997, Deliver Me from Evil. Mesopotamian Incantations 2500–1500 BC, Studia Pohl Series Maior 17, Rom.
Dalley, S., 2000, Myths from Mesopotamia: Creation, the Flood, Gilgamesh, and Others, Oxford.
Davila, J. R., 1995, The Flood Hero as King and Priest, in: Journal of the Ancient Near Eastern Society 3/54, 199–214.
Delitzsch, F., 1896, Das babylonische Weltschöpfungsepos, Leipzig.
Delnero, P., 2006, Variations in Sumerian Literary Composition. A Case Study Based on the Decad, Ph. D, University of Pennsylvania. [abrufbar unter: http://repository.upenn.edu/dissertations/AAI3246150]
Delnero, P., 2012, The Textual Criticism of Sumerian Literature, Journal of Cuneiform Studies Supplement Series 3, Boston.

Dietrich, J., 2010, Kollektive Schuld und Haftung. Religions- und rechtsgeschichtliche Studien zum Sündenkuhritus des Deuteronomiums und zu verwandten Texten, Tübingen.

Dietrich, M., 1989, Das Einsetzungsritual der Entu von Emar (Emar 6/3, 369), in: Ugarit-Forschungen 21, 47–100.

Dietrich, M., 1995, ina ūmī ullûti „An jenen (fernen) Tagen". Ein sumerisches kosmogonisches Mythologem in babylonischer Tradition, in: Dietrich, M. / Loretz, O. (Hg.), Vom Alten Orient zum Alten Testament. Festschrift für Wolfram Freiherrn von Soden zum 85. Geburtstag am 19. Juni 1993, Alter Orient und Altes Testament 240, 57–72.

Dietrich, M., 1999, Vom mythischen Urbild zum Realbild. Zur Poetologie und Tempussystem babylonischer Ritualtexte, in: Lange, A. / Lichtenberger, D. / Römheld, D. (Hg.), Mythos im Alten Testament und seiner Umwelt. Festschrift für Hans-Peter Müller zum 65. Geburtstag, Berlin / New York, 17–28.

Dietrich, M., 2000, Der unheilbringende Wurm. Beschwörung gegen den ‚Zahnwurm' (CT 17,50), in: Graziani, S., Studi sul vicino oriente antico: dedicati alla memoria di Luigi Cagni, Napoli, 209–220.

Dietrich, M., 2005, Die Menschenschöpfung im Zeichen religiöser Indentität. Aspekte des religiösen Selbstverständnisses der antiken Mesopotamier, in: Ahn, G. / Dietrich, M. / Häussling, A. (Hg.), Religionskonflikte – Religiöse Identität, Mitteilungen für Anthropologie und Religionsgeschichte 17, 137–152.

Dietrich, M. / Loretz, O., 2000, Studien zu den ugaritischen Texten. I. Mythos und Ritual, Alter Orient und Altes Testament 269, Münster.

Ebeling, E., 1917, Babylonische Beschwörung gegen Belästigung durch Hunde, in: Mitteilungen der Voraderasiatischen Gesellschaft 21, 17–21.

Ebeling, E., 1931, Tod und Leben nach den Vorstellungen der Babylonier. 1. Teil: Texte, Berlin / Leipzig.

Ebeling, E. / Meissner, B. / Weidner, E. F., 1926, Die Inschriften der altassyrischen Könige, Altorientalische Bibliothek I, Leipzig.

Edzard, D. O., 1974, Zur sumerischen Hymne auf das Heiligtum Keš, in: Orientalia Nova Series 43, 103–113.

Edzard, D. O., 1976–1980a, Keš, Reallexikon der Assyriologie und Vorderasiatischen Archäologie 5, 571–573.

Edzard, D. O., 1976–1980b, Kiš A. Philologisch, Reallexikon der Assyriologie und Vorderasiatischen Archäologie 5, 607–613.

Edzard, D. O., 1987, Literatur. §§1–3, Reallexikon der Assyriologie und Vorderasiatischen Archäologie 7, 35–48.

Edzard, D. O., 1997, Gudea and His Dynasty, The Royal Inscriptions of Mesopotamia Early Periods 3/1, Toronto.

Edzard, D. O., 2003, Sumerian Grammar, Handbook of Oriental Studies 71, Leiden u. a.

Ellis, R. S., 1968, Foundation Deposits in Ancient Mesopotamia, Yale Neat Eastern Researches 2, New Haven / London.

Espak, P., 2010, The God Enki in Sumerian Royal Ideology and Mythology, Dissertationes Theologiae Universitatis Tartuensis 19, Tartu.

Fales, F. M. / Postgate, J. N., 1992, Imperial Administrative Records. Part 1: Palace and Temple Administration, State Archives of Assyria 7, Helsinki.

Falkenstein, A., 1931, Die Haupttypen der sumerischen Beschwörung, literarisch untersucht, Leipzig.

Falkenstein, A., 1941, Topographie von Uruk. 1. Teil: Uruk zur Seleukidenzeit, Ausgrabungen der Deutschen Forschungsgemeinschaft in Uruk-Warka 3, Leipzig.
Falkenstein, A., 1953, Zur Chronologie der sumerischen Literatur. Die nachaltbabylonische Stufe, in: Mitteilungen der Deutschen Orient-Gesellschaft 85, 1–13.
Farber, G., 1999 a, Kleiner Leitfaden zum Silbenvokabular A, in: Böck, B. / Cancik-Kirschbaum, E. / Richter, T. (Hg.), Munuscula Mesopotamica. Festschrift für J. Renger, Alter Orient und Altes Testament 267, Münster, 117–133.
Farber, G., 1999 b, „Lied von der Hacke" – ein literarischer Spaß?, in: Klengel, H. / Renger, J. (Hg.), Landwirtschaft im Alten Orient, Ausgewählte Vorträge der XLI. Rencontre Assyriologique Internationale, 4.–8.7.1994, Berliner Beiträge zum Vorderen Orient 18, Berlin, 369–373.
Farber, G., 2015, Das Lied von der Hacke, in: Volk, K. (Hg.), Erzählungen aus dem Land Sumer, Wiesbaden, 69–76.
Farber, G. / Farber, W., 2003, Von einem, der auszog, ein gudu$_4$ zu werden, in: Sallaberger, W. / Volk, K. / Zgoll, A. (Hg.), Literatur, Politik und Recht in Mesopotamien. Festschrift für Claus Wilcke, Orientalia Biblica et Christiana 14, Wiesbaden, 99–114.
Farber, W., 1981, Zur älteren akkadischen Beschwörungsliteratur, in: Zeitschrift für Assyriologie 71, 60–68.
Farber, W., 1987, Rituale und Beschwörungen in akkadischer Sprache, in: Kaiser, O. et al. (Hg.), Rituale und Beschwörungen I, Texte aus der Umwelt des Alten Testaments II, Religiöse Texte, Lieferung II, Gütersloh, 212–281.
Farber, W., 1997, Bīt rimki – ein assyrisches Ritual?, in: Waetzoldt, H. / Hauptmann, H. (Hg.), Assyrien im Wandel der Zeiten, XXXIe Rencontre Assyriologique Internationale Heidelberg 6. –10. Juli 1992, Heidelberger Studien zum Alten Orient 6, 41–46.
Farber, W., 2014, Lamaštu. An Edition of the Canonical Series of Lamaštu Incantations and Rituals and Related Texts from the Second and First Millennia B. C., Mesopotamian Civilizations 17, Winona Lake.
Farber-Flügge, G., 1973, Der Mythos „Inanna und Enki" unter besonderer Berücksichtigung der Liste der me, Studia Pohl 10, Rom.
Feliu, L., 2010, A New Fragment of Nisaba A, in: Altorientalische Forschungen 37, 27–37.
Finkel, I. L., 1983, Necromancy in Ancient Mesopotamia, in: Archiv für Orientforschung 29, 1–17.
Finkel, I. L., 1986, On the Lugale Commentaries, in: Revue d'Assyriologie et d'Archéologie Orientale 80, 190 f.
Fitzgerald, M. A., 2002, The Rulers of Larsa, Ph.D., Yale University.
Fleming, D. E., 1992, The Installation of Baal's High Priestess at Emar. A Window of Ancient Syrian Religion, Harvard Semitic Series 42, Atlanta.
Flückiger-Hawker, E., 1999, Urnamma of Ur in Sumerian Literary Tradition, Orbis Biblicus et Orientalis 166, Freiburg / Göttingen.
Foster, B. R., 1991, On Authorship in Akkadian Literature, in: Annali 51, 17–32.
Foster, B. R., 1996, Before the Muses. An Anthology of Akkadian Literature, Bethesda.
Foxvog, D., 2013, The Late Bilingual Exaltation of Ištar (Inannas Erhöhung). [abrufbar unter: https://www.academia.edu/4297790/The_Late_Bilingual_Exaltation_of_Ištar_Inannas_Erhöhung_]
Frahm, E., 2011, Babylonian and Assyrian Commentaries. Origins of Interpretations, Guides to the Mesopotamian Textual Records 5, Münster.

Frechette, C. G., 2012, Mesopotamian Ritual-Prayers of „Hand-Lifting" (Akkadian Šuillas). An Investigation of Function in Light of the Idiomatic Meaning of Rubric, Alter Orient und Altes Testament 379, Münster.
Gabbay, U., 2007, The Sumero-Akkadian Prayer „Eršema": A Philological and Religious Analysis, Ph.D., Hebrew University, Jerusalem.
Gabbay, U., 2010, The Ancient Mesopotamian Sistrum and its References in Cuneiform Literature: The Identification of the ŠEM and MEZE, in: Dumbrill, R. / Finkel, I. (Hg.), Proceedings of the International Conference of Near Eastern Archaeomusicology ICONEA 2008 Held at the British Museum, December 4, 5 and 6, 2008, London, 23–28.
Gabbay, U., 2013, The Performance of Emesal Prayers Within the Regular Temple Cult of Ancient Mesopotamia: Content and Ritual Setting, in: Kaniuth, K. et al. (Hg.), Tempel im Alten Orient, Colloquien der Deutschen Orient-Gesellschaft 7, Wiesbaden, 103–121.
Gabbay, U., 2014 a, Pacifying the Hearts of the Gods, Heidelberger Emesal-Studien 1, Wiesbaden.
Gabbay, U., 2014 b, The Balaĝ Instrument and ist Role in the Cult of Ancient Mesopotamia, in: Westenholz, J. G. / Maurey, Y. / Seroussi, E. (Hg.), Music in Antiquity. The Near East and the Mediterranean, Oldenbourg, 129–147.
Gabbay, U., 2015, The Eršema Prayers of the First Millennium BC, Heidelberger Emesal-Studien 2, Wiesbaden.
Gabbay, U. / Mirelman, S., 2011, Two Summary Tablets of Balaĝ Compositions with Performative Indications from Late-Babylonian Ur, in: Zeitschrift für Assyriologie 101, 274–293.
Gabbay, U. / Mirelman, S., 2017, „Text and Performance: Tayyartu, 'Repetition', in a Mīs Pî-Type Incantation and an Emesal Prayer", in: Zeitschrift für Assyriologie 107, 22–34.
Gabriel, G., 2014, enūma eliš – Weg zu einer globalen Weltordnung. Pragmatik, Struktur und Semantik des babylonischen „Lieds auf Marduk", Orientalische Religionen in der Antike 12, Tübingen.
Gadd, C. J. / Kramer, S. N., 1963, Literary and Religious Texts I, Ur Excavation Texts VI/I, London.
Gadotti, A., 2010, The Nar and the Gala in Sumerian Literary Texts, in: Pruszinsky, R. / Shehata, D. (Hg.), Musiker und Tradierung. Studien zur Rolle von Musikern bei der Verschriftlichung und Tradierung von literarischen Werken, Wiener Offene Orientalistik 8, Wien, 51–65.
Gadotti, A., 2014, „Gilgamesh, Enkidu, and the Netherworld" and the Sumerian Gilgamesh Cycle, Untersuchungen zur Assyriologie und Vorderasiatischen Archäologie 10, Berlin.
Gehlken, E., 2012, Weather Omens of Enūma Anu Enlil. Thunderstorms, Wind and Rain / Tablets 44–49, Cuneiform Monographs 43, Leiden / Boston.
Geller, M. J., 2002, A Kultmittelbeschwörung in Trinity College Dublin, Zeitschrift für Assyriologie 91, 225–237.
Geller, M. J., 2016, Healing Magic and Evil Demons. Canonical Udug-hul Incantations, with the Assistance of Luděk Vací, Die babylonisch-assyrische Medizin in Texten und Untersuchungen 8, Boston / Berlin.
Geller, S., 1916, Die sumerisch-assyrische Serie LUGAL-E UD ME-LAM-BI NÌR-GAL, Leiden.
George, A. R., 1992, Babylonian Topographical Texts, Orientalia Lovaniensia Analecta 40, Leeuven.
George, A. R., 1993, House Most High. The Temples of Ancient Mesopotamia, Mesopotamian Civilizations 5, Winona Lake.
George, A. R., 2003, The Babylonian Gilgamesh Epic. Introduction, Critical Edition and Cuneiform Texts I–II, Oxford.

George, A. R., 2005, In Search of the É.DUB.BA.A: The Ancient Mesopotamian School in Literature and Reality, in: Sefati, Y. et al. (Hg.), „An Experienced Scribe who Neglects Nothing". Ancient Near Eastern Studies in Honor of Jacob Klein, Bethesda, 127–137.
George, A. R., 2009, Babylonian Literary Texts in the Schøyen Collection, Bethesda.
George, A. R., 2016, Die Kosmogonie des alten Mesopotamien, in: Gindhart, M. / Pommerening, T. (Hg.), Anfang & Ende. Vormoderne Szenarien von Weltentstehung und Weltuntergang, Darmstadt, 7–25.
George, A. R. / Al-Rawi, F. N. H., 1996, Tablets From the Sippar Library VI. Atra-ḫasīs, in: Iraq 58, 147–190.
Gerstenberger, E. S., 2018, Theologie des Lobens in sumerischen Hymnen. Zur Ideengeschichte der Eulogie, Tübingen.
Gesche, P., 2000, Schulunterricht in Babylonien, Alter Orient und Altes Testament 275, Münster.
Gragg, G., 1969, The Keš Temple Hymn, in: Sjöberg, Å. W. / Bergmann, E. (Hg.), The Collection of the Sumerian Temple Hymns, Texts from Cuneiform Sources 3, Locust Valley, 155–188.
Grayson, A. K., 1972–1976, Assyrian Royal Inscriptions. I. From the Beginning to Ashur-resha-ishi I. II. From Tiglath-pileser to Ashur-nasir-apli II., Wiesbaden.
Grayson, A. K., 1987, Assyrian Rulers of the Third and Second Millennia BC (to 1115 BC), The Royal Inscriptions of Mesopotamia: Assyrian Periods I, Toronto / Buffalo / London.
Grayson, A. K., 1991, Assyrian Rulers of the Early First Millennium BC (1114–859 BC), The Royal Inscriptions of Mesopotamia: Assyrian Periods 2, Toronto / Buffalo / London.
Grayson, A. K., 1996, Assyrian Rulers of the Early First Millennium BC (858–745 BC), The Royal Inscriptions of Mesopotamia: Assyrian Periods 3, Toronto / Buffalo / London.
Green, M. W., 1975, Eridu in Sumerian Literature, Chicago.
Groneberg, B., 1997, Lob der Ištar. Gebet und Ritual an die altbabylonische Venusgöttin. Tanatti Ištar, Cuneiform Monographs 8, Groningen.
Groneberg, B., 2009, Aspekte der „Göttlichkeit" in Mesopotamien. Zur Klassifizierung von Göttern und Mischwesen, in: Kratz, R. G. / Spieckermann, H. (Hg.), Götterbilder – Gottesbilder – Weltbilder 1: Ägypten, Mesopotamien, Persien, Kleinasien, Syrien, Palästina, 2., durchges. Aufl.,131–165.
Haas, V., 1999, Babylonischer Liebesgarten, München.
Hallo, W. W., 1966, The Coronation of Ur-Nammu, in: Journal of Cuneiform Studies 20, 133–141.
Hallo, W. W., 1970, The Cultic Setting of Sumerian Poetry, in: Université Libre de Bruxelles (Hg.), Actes de la XVIIe Rencontre Assyriologique Internationale, 30. Juin – 4 Juillet 1969, Ham-sur-Heure, 116–135.
Hallo, W. W., 1975, Toward a History of Sumerian Literature, in: Lieberman, S. J. (Hg.), Sumerological Studies in Honor of Thorkild Jacobsen, Assyriological Studies 20, Chicago, 181–203.
Harris, R., 1975 , Ancient Sippar. A Demographic Study of an Old-Babylonian City (1894–1595 B. C.), Uitgaven van het Nederlands Historisch-Archaeologisch Instituut te Istanbul 36, Istanbul.
Hartmann, H., 1960, Die Musik der sumerischen Kultur, Frankfurt/M.
Hecker, K., 1974, Untersuchungen zur akkadischen Epik, Alter Orient und Altes Testament Sonderreihe 8, Münster.
Hecker, K., 1994, Kleinere Schöpfungserzählungen, in: Hecker, K. et al. (Hg.), Texte aus der Umwelt des Alten Testaments. Weisheitstexte, Mythen und Epen 3/4, Gütersloh, 603–611.
Heidel, A., 1951, The Babylonian Genesis, Chicago.

Heimpel, W., 1981, Nanshe Hymn, in: Journal of Cuneiform Studies 53, 65–139.
Heimpel, W., 1987, The Natural History of the Tigris According to the Sumerian Literary Composition Lugal, in: Journal of Near Eastern Studies 46, 309–317.
Heimpel, W., 1993–1997, Mythologie (mythology). A. I. In Meospotamien, in: Reallexikon der Assyriologie und Vorderasiatischen Archäologie 8, 537–564.
Heimpel, W., 2000, Nin-ḫursaĝa A., in: Reallexikon der Assyriologie und Vorderasiatischen Archäologie 9, 378–381.
Heimpel, W., 2015, Die Bauhymne des Gudea von Lagasch, in: Volk, K. (Hg.), Erzählungen aus dem Land Sumer, Wiesbaden, 119–165.
Heimpel, W. / Salgues, E., 2015, Lugale oder wie Ninurta dem Tigris mehr Wasser schuf, in: Volk, K. (Hg.), Erzählungen aus dem Land Sumer, Wiesbaden, 33–67.
Heinrich, E., 1936, Kleinfunde aus den archaischen Tempelschichten aus Uruk, Ausgrabungen der Deutschen Forschungsgemeinschaft in Uruk-Warka 1, Berlin.
Herrmann, S., 2010, Vogel und Fisch – Ein sumerisches Rangstreitgespräch. Textedition und Kommentar, PHILOLOGIA – Sprachwissenschaftliche Forschungsergebnisse 145, Hamburg.
Hockmann, D., 2008, Die Warka-Vase – eine neue Interpretation, in: Altorientalische Forschungen 35, 326–336.
Hölscher, M., 1996, Die Personennamen der kassitenzeitlichen Texte aus Nippur, Imguala 1, Münster.
Horowitz, W., 1989, The Akkadian Name for Ursa Minor: ^{mul}m a r . g í d . d a . a n . n a = *eriqqi šamê/šamāmi*, in: Zeitschrift für Assyriologie 79, 242–244.
Horowitz, W., 1991, Antiochus I., Esagil and a Celebration of the Ritual for Renovation of Temples, in: Revue d'Assyriologie et d'Archéologie Orientale 85, 75–77.
Horowitz, W., 2011, Mesopotamian Cosmic Geography, Winona Lake, 2., überarbeitete Aufl. (1. Aufl. 1998).
Horowitz, W., 2015, Mesopotamian Cosmogony and Cosmology, in: Ruggles, C. L. N. (Hg.), Handbook of Archaeoastronomy and Ethnoastronomy, New York, 1823–1827.
Hrouda, B., 2002, Der Alte Orient. Geschichte und Kultur des alten Vorderasiens, München, 3. Aufl. (1. Aufl. 1991).
Hrůša, I., 2015, Ancient Mesopotamian Religion. A Descriptive Introduction, Münster.
Hruška, B., 1996, Zum „Heiligen Hügel“ in der altmesopotamischen Religion, in: Wiener Zeitschrift für die Kunde des Morgenlandes 86, 161–175.
Hunger, H., 1968, Babylonische und assyrische Kolophone, Alter Orient und Altes Testament 2, Kevelaer / Neukirchen-Vluyn.
Hunger, H. / Pingree, D., 1989, MUL.APIN. An Astronomical Compendium in Cuneiform, Archiv für Orientforschung Beiheft 24, Horn.
Hurowitz, V. A., 1992, I Have Built You an Exalted House. Temple Building in the Bible in Light of Mesopotamian and Northwest Semitic Writings, Journal for the Study of the Old Testament Supplement Series 115, Sheffield.
Hurowitz, V. A., 2014, The Inauguration of Palaces and Temples in the Assyrian Royal Inscriptions, ORIENT 49, 89–105.
Jacobsen, T., 1973, Notes on Nintur, in: Orientalia Nova Series 42, 274–298.
Jacobsen, T., 1976, The Treasures of Darkness. A History of Mesopotamian Religion, New Haven / London.
Jacobsen, T., 1984, The Harab Myth, Sources form the Ancient Near East 2/3, Malibu.

Jacobus, H. R., 2015, Zodiac Calendars in the Dead Sea Scrolls and their Reception. Ancient Astronomy and Astrology in Early Judaism, Studies in Judaica 14, Leiden.
Janowski, B., 2000, Der Himmel auf Erden. Zur kosmologischen Bedeutung des Tempels in der Umwelt Israels, in: Janowski, B. / Ego, B. (Hg.), Das biblische Weltbild und seine altorientalischen Kontexte, Forschungen zum Alten Testament 32, Tübingen, 229–260.
Janowski, B. / Scholtissek, K., 2006, Schöpfung, in: Berlejung, A. / Frevel, C. (Hg.), Handbuch theologischer Grundbegriffe zum Alten und Neuen Testament, Darmstadt, 360–362.
Jensen, P., 1890, Die Kosmologie der Babylonier, Strassbourg.
Jiménez, E., 2017, The Babylonian Disputation Poems: with Editions of the Series of the Poplar, Palm and Vine, the Series of the Spider, and the Story of the Poor, Forlorn Wren, Culture and History of the Ancient Near East 87, Leiden / Boston.
Jiménez, E. / Mittermayer, C., i. V., Disputation Literature in the Near East and beyond, Studies of Ancient Near Eastern Records.
Johanning, K., 1988, Der Babel-Bibel-Streit. Eine forschungsgeschichtliche Studie, Frankfurt a. M. / Bern / New York / Paris.
Kärger, B., i. V., Neuedition und Interpretation der Keš-Hymne. [Projekt zur Tempelschöpfung]
Kämmerer, T. R. / Metzler, K. A., 2012, Das babylonische Weltschöpfungsepos Enūma elîš, Alter Orient und Altes Testament 375, Münster.
Kalla, G., 2011, Sippar. A. I. Im 3. und 2. Jahrtausend, Reallexikon der Assyriologie und Vorderasiatischen Archäologie 6, 528–533.
Katz, D., 2003, The Image of the Netherworld in the Sumerian Sources, Bethesda.
Keel, O. / Schroer, S., 2008, Schöpfung. Biblische Theologien im Kontext altorientalischer Religionen, Freiburg / Göttingen.
Kilmer, A. D., 1965, The Strings of Musical Instruments: Their Names, Numbers, and Significance, in: Güterbock, H. G. / Jacobsen, T. (Hg.), Studies in Honor of Benno Landsberger on his Seventy-Fifth Birthday, April 21, 1965, Assyriological Studies 16, Chicago, 261–281.
Kilmer, A. D., 1976, Speculations on Umul, the First Baby, in: Eichler, B. et al. (Hg.), Kramer Anniversary Volume: Cuneiform Studies in Honor of Samuel Noah Kramer, Alter Orient und Altes Testament 25, Neukirchen-Vluyn, 265–270.
Kilmer, A. D., 1992, Musical Practice in Nippur, in: deJong Ellis, M. (Hg.), Nippur at the Centennial, Papers Read at the 35e Rencontre Assyriologique Internationale, Philadelphia 1988, Occasional Publications of the Samuel Noah Kramer Fund 14, Philadelphia, 101–112.
Kilmer, A. D., 2000, Continuity and Change in the Ancient Mesopotamian Terminology for Music and Musical Instruments, in: Hickmann, E. / Laufs, I. / Eichmann, R. (Hg.), Studien zur Musikarchäologie II. Musikarchäologie früher Metallzeiten, Orient-Archäologie 7, Rahden/Westf., 113–119.
King, L. W., 1902, The Seven Tablets of Creation, London.
Klein, J., 1981, Three Sulgi Hymns. Sumerian Royal Hymns Glorifying King Šulgi of Ur, Bar-Ilan Studies in Near Eastern Languages and Culture, Publications of the Bar Ilan University Institute of Assyriology, Ramat-Gan.
Klein, J., 1989, Buidling and Dedication Hymns in Sumerian Literature, in: Acta Sumerologica Japan 11, 27–67.
Klein, J., 1997, Enki und Ninmaḫ, in: Hallo, W. W. (Hg.), Context of Scripture I. Canonical Compositions from the Bible World, Leiden / New York / Köln, 516–518.
Klein, J. / Sefati, Y., 2014, The „Stars (of) Heaven“ and Cuneiform Writing, in: Sassmannshausen, L. (Hg.), He Has Opened Nisaba's House of Learning. Studies in Honor of Åke Waldemar Sjöberg on the Occasion on his 89th Birthday on August 1st 2013, Leiden, 85–102.

Koch-Westenholz, U., 1995, Mesopotamian Astrology. An Introduction to Babylonian and Assyrian Celestial Divination, The Carsten Niebuhr Institute of Near Eastern Studies Publications 19, Kopenhagen.

Köcher, F., 1971, Babylonisch-assyrische Medizin in Texten und Untersuchungen IV, Berlin.

Komoróczy, G., 1982, Literatur am Königshof (2. Jahrtausend v. u. Z.), in: Klengel, H. (Hg.), Gesellschaft und Kultur im alten Vorderasien, Schriften zur Geschichte und Kultur des Alten Orients 15, Berlin, 155–161.

Kramer, S. N., 1981, BM 29616. The Fashioning of the gala, in: Acta Sumerologica Japan 3, 1–11.

Krebernik, M., 2001, Nin-kasi und Siraš / Siris, Reallexikon der Assyriologie und Vorderasiatischen Archäologie 6, 442–444.

Krebernik, M., 2005, Altoriental(ist)ische und biblische Schöpfungsmythen, Antrittsvorlesung Jena 23.5.2000, Antrittsvorlesungen VII der Philosophischen Fakultät der Friedrich-Schiller-Universität Jena, Jena, 143–169.

Krebernik, M., 2012, Götter und Mythen des Alten Orients, München.

Krecher, J., 1966, Sumerische Kultlyrik, Wiesbaden.

Krecher, J., 1978, Sumerische Literatur, in: Röllig, W. (Hg.), Altorientalische Literaturen, Wiesbaden, 101–150.

Kümmel, H. M., 1973–1974, Bemerkungen zu den altorientalischen Berichten von der Menschenschöpfung, in: Welt des Orients 7, 25–38.

Kvanvig, H. S., 2011, Primeval History: Babylonian, Biblical and Enochic. An Intertextual Reading, Supplements to the Journal for the Study of Judaism 149, Leiden.

Labat, R. et al., 1970, Les religions du Proche-Orient asiatique. Textes babyloniens, ougaritiques, hittites, Paris.

Lämmerhirt, K., 2010, Wahrheit und Trug. Untersuchungen zur altorientalischen Begriffsgeschichte, Alter Orient und Altes Testament 348, Münster.

Læssøe, J., 1955, Studies on the Assyrian Ritual and Series Bīt Rîmki, Kopenhagen.

Lambert, W. G., 1959, Babylonian Wisdom Literature, Oxford.

Lambert, W. G., 1975, The Cosmology of Sumer and Babylon, in: Blacker, C. / Loewe, M. (Hg.), Ancient Cosmologies, London, 42–63.

Lambert, W. G., 1980, The Theology of Death, in: Bendt, A. (Hg.), Death in Mesopotamia, Kopenhagen, 53–63.

Lambert, W. G., 1994, Akkadische Mythen und Epen. Enuma Elisch, in: Kaiser, O. et al. (Hg.), Weisheitstexte, Mythen und Epen. Mythen und Epen II, Texte aus der Umwelt des Alten Testaments III, Lieferung IV, Gütersloh, 565–602.

Lambert, W. G., 2008, Mesopotamian Creation Stories, in: Geller, M. / Schipper, M. (Hg.), Imagining Creation, Leiden / Boston, 15–59.

Lambert, W. G., 2013, Babylonian Creation Myths, Mesopotamian Civilizations 16, Winona Lake.

Lambert, W. G. / Millard, A. R., 1969, Atra-ḫasīs. The Babylonian Story of the Flood, with the Sumerian Flood Story by M. Civil, Oxford.

Lambert, W. G. / Millard, A. R., 1999, Atra-ḫasīs. The Babylonian Story of the Flood, Winona Lake (Ndr. von 1969).

Lambert, W. G. / Walcot, P., 1965, A New Babylonian Theogony and Hesiod, in: Kadmos 4, 64–72.

Landsberger, B., 1949, Jahreszeiten im Sumerisch-Akkadischen - Concluded, in: Journal of Near Eastern Studies 8/4, 272–297.

Landsberger, B., 1958, Corrections to the „Charm against Merḫu“, in: Journal of Near Eastern Studies 17, 56–58.
Landsberger, B. / Jacobsen, T., 1955, An Old Babylonian Charm against Merḫu, in: Journal of Near Eastern Studies 14, 14–21.
Lang, B., 1998, Ritual / Ritus, in: Cancik, H. / Gladigow, B. / Kohl, K.-H. (Hg.), in: religionswissenschaftlicher Grundbegriffe IV: Kultbild – Rolle, Stuttgart, 442–458.
Langdon, S., 1912, Die neubabylonischen Königsinschriften, Vorderasiatische Bibliothek 4, Leipzig.
Langdon, S., 1963, Creation Legends of the Ancient Near East, London.
Leichty, E., 2011, The Royal Inscriptions of Esarhaddon, King of Assyria (680–669 BC), The Royal Inscriptios of the Neo-Assyrian Period 4, Winona Lake.
Leick, G., 1994, Sex and Eroticism in Mesopotamian Literature, New York.
Lenzi, A., 2008, Secrecy and the Gods: Secret Knowledge in Ancient Mesopotamia and Biblical Israel, State Archives of Assyria Studies 19, Helsinki.
Linssen, M. J. H., 2004, The Cults of Uruk and Babylon. The Temple Ritual Texts as Evidence for Hellenistic Cult Practices, Cuneiform Monographs 25, Leiden.
Lisman, J. J. W., 2013, At the Beginning ... Cosmogony, Theogony, and Anthrophogeny in Sumerian Texts of the Third and Second Millennium BC, Ph.D., Leiden University.
Livingstone, A., 1986, Mystical and Mythological Explanatory Works of Assyrian and Babylonian Scholars, Oxford.
Livingstone, A., 1989, Court Poetry and Literary Miscellanea, State Archives of Assyria 3, Helsinki.
Löhnert, A., 2008, Scribes and Singers of Emesal Lamentations in Ancient Mesopotamia in the Second Millennium BCE, in: Cingano, E. / Milano, L. (Hg.), Papers on Ancient Literatures, Greece, Rome and the Near East, Proceedings of the „Advanced Seminar in the Humanities“, Venice International University 2004–2005, Padova, 421–447.
Löhnert, A., 2010, Reconsidering the Consecration of Priests in Ancient Mesopotamia, in: Baker, H. D. / Robson, E. / Zólyomi, G. (Hg.), Your Praise Is Sweet. A Memorial Volume Presented to Jeremy Allen Black by Colleagues, Students, and Friends, London, 183–191.
Löhnert, A., 2011, Manipulating the Gods. Lamenting in Context, in: Radner, K. / Robson, E. (Hg.), The Oxford Handbook of Cuneiform Culture, Oxford, 402–417.
Löhnert, A., 2013, Das Bild des Tempels in der sumerischen Literatur, in: Kaniuth, K. et al. (Hg.), Tempel im Alten Orient, 7. Internationales Colloquium der Deutschen Orient Gesellschaft, München, 11. –13.11.2009, Wiesbaden, 263–282.
Ludwig, M.-C., 1990, Untersuchungen zu den Hymnen des Išme-Dagan von Isin, Wiesbaden.
Luginbühl, M., 1992, Menschenschöpfungsmythen: ein Vergleich zwischen Griechenland und dem alten Orient, Europäische Hochschulschriften 15, Klassische Sprachen und Literaturen 58, Bern u. a.
Maag, V., 1954, Sumerische und babylonische Mythen von der Erschaffung des Menschen, in: Asiatische Studien: Zeitschrift der Schweizerischen Asiengesellschaft 8, 85–106.
Maag, V., 1980, Sumerische und babylonische Mythen von der Erschaffung des Menschen, in: Schmid, H. H. / Streck, O. H. (Hg.), Kultur und Kulturkontakte und Religion. Gesammelte Studien zur allgemeinen und alttestamentlichen Religionsgeschichte. Festschrift Maag, Göttingen / Zürich, 38–59.
MacDougal, R., 2014, Remembrance and the Dead in Second Millennium BC Mesopotamia, Ph.D., University of Leicester.

Maul, S. M., 1988, Herzberuhigungsklagen. Die sumerisch-akkadischen Eršaḫunga-Gebete, Wiesbaden.

Maul, S. M., 1994, Zukunftsbewältigung: eine Untersuchung altorientalischen Denkens anhand der babylonisch-assyrischen Löserituale (Namburbi), Mainz.

Maul, S. M., 2004, Altorientalische Schöpfungsmythen, in: Brandt, R. / Schmidt, S. (Hg.), Mythos und Mythologie, Berlin.

Maul, S. M., 2005, No. 43. Fragment of Lugal-e, in: Spar, I. / Lambert, W. G. (Hg.), Literary and Scholastic Texts of the First Millennium B.C., Cuneiform Texts in the Metropolitan Museum of Art II, New York, 201 f.

Maul, S. M., 2007, Ringen um göttliches und menschliches Maß. Die Sintflut und ihre Bedeutung im Alten Orient, in: Hornung, E. / Schweizer, A. (Hg.), Schönheit und Maß. Beiträge der Eranos Tagungen 2005 und 2006, Basel, 161–183.

Maul, S. M., 2008, Den Gott ernähren. Überlegungen zum regelmäßigen Opfer in altorientalischen Tempeln, in: E. Stavrianopoulou / A. Michaels / C. Ambos (Hgg.), Transformations in Sacrificial Practices. From Antiquity to Modern Times, Berlin, 75–86.

Maul, S. M., 2010, Die Tontafelbibliothek aus dem sogenannten „Haus des Beschwörungspriesters", in: Maul, S. M. / Heeßel, N. P. (Hg.), Assur-Forschungen. Arbeiten aus der Forschungsstelle „Edition literarischer Keilschrifttexte aus Assur" der Heidelberger Akademie der Wissenschaften, Wiesbaden, 189–228.

Maul, S. M., 2013 a, Das Haus des Götterkönigs. Gedanken zur Konzeption überregionaler Heiligtümer im Alten Orient, in: Kaniuth, K. et al. (Hg.), Tempel im Alten Orient, Colloquien der Deutschen Orient-Gesellschaft 7, Wiesbaden, 311–324.

Maul, S. M., 2013 b, Die Wahrsagekunst im Alten Orient. Zeichen des Himmels und der Erde, München.

Mayer, W. R., 1976, Untersuchungen zur Formensprache der babylonischen „Gebetsbeschwörungen", Studia Pohl 5, Rom.

Mayer, W. R., 1978, Seleukidische Rituale aus Warka mit Emesal-Gebeten, Orientalia Nova Series 47, 438–443.

Mayer, W. R., 1987, Ein Mythos von der Erschaffung des Menschen und des Königs, Orientalia Nova Series 56, 55–68.

Mayer, W. R. / Sallaberger, W., 2003,Opfer. A. I. nach schriftlichen Quellen. Mesopotamien, Reallexikon der Assyriologie und Vorderasiatischen Archäologie 10, 94–102.

McCaffrey, K., 2012, The Sumerian Sacred Marriage. Texts and Images, in: Crawford, H. (Hg.), The Sumerian World, New York / London, 227–245.

Mc Ginnis, J., 1987, A Neo-Assyrian Text Describing a Funeral, State Archives of Assyria Bulletin 1, 1–12.

Merk, A., i. V., Neuedition und Interpretation von „Enkis Fahrt nach Nippur". [Dissertationsprojekt]

Michalowski, P., 1990, Presence at the Creation, in: Abusch, T. / Huehnergard, J. / Steinkeller, P. (Hg.), Lingering Over Words. Studies in Ancient Near Eastern Literature in Honor of William L. Moran, Atlanta, 381–396.

Michalowski, P., 1992, Orality and Literacy and Early Mesopotamian Literature, in: Vogelzang, M. / Vanstiphout, H. L. J. (Hg.), Mesopotamian Epic Literature: Oral or Aural?, Lewiston, 227–245.

Michalowski, P., 2001, Nisaba. A. Philologisch, Reallexikon der Assyriologie und Vorderasiatischen Archäologie 9, 575–579.

Michalowski, P., 2010 a, Learning Music: Schooling, Apprenticeship, and Gender in Early Mesopotamia, in: Pruszinsky, R. / Shehata, D. (Hg.), Musiker und Tradierung. Studien zur Rolle von Musikern bei der Verschriftlichung und Tradierung von literarischen Werken, Wiener Offene Orientalistik 8, Wien.

Michalowski, P., 2010 b, Maybe Epic: The Origins and Reception of Sumerian Heroic Poetry, in: Konstan, D. / Raaflaub, K. A. (Hg.), Epic and History. The Ancient World: Comparative Histories, Oxford, 7–25.

Michalowski, P., 2010 c, „Where's Al?" Humor and Poetics in the Hymn to the Hoe, in: Kleinerman, A. / Sasson, J. M. (Hg.), Why Should Someone Who Knows Something Conceal It? Cuneiform Studies in Honor of David I. Owen on His 70th Birthday, Bethesda, 195–200.

Mirelman, S., 2010, Performative Indications in Late Babylonian Texts, in: Pruszinsky, R. / Shehata, D. (Hg.), Musiker und ihre Rolle bei der Verschriftlichung und Tradierung von literarischen Werken, Wiener Offene Orientalistik 8, Wien, 241–264.

Mirelman, S. / Sallaberger, W., 2010, The Performance of a Sumerian Wedding Song (CT 58, 12), in: Zeitschrift für Assyriologie 100, 177–196.

Mittermayer, C., 2006, Altbabylonische Zeichenliste der sumerisch-literarischen Texte, unter Mitarbeit von Pascal Attinger, Orbis Biblicus et Orientalis Sonderband, Freiburg / Göttingen.

Mittermayer, C., 2009, Enmerkara und der Herr von Arata. Ein ungleicher Wettstreit, Orbis Biblicus et Orientalis 239, Freiburg / Göttingen.

Mittermayer, C., 2010, Gilgameš im Wandel der Zeit, in: Steymans, H. U. (Hg.), Gilgamesch: Ikonographie eines Helden, Orbis Biblicus et Orientalis 245, Freiburg / Göttingen, 77–106.

Mittermayer, C., 2019,‚Was sprach der eine zum anderen?' Argumentationsformen in den sumerischen Rangstreitgesprächen, Untersuchungen zur Assyriologie und Vorderasiatischen Archäologie 15, Berlin / Boston.

Mofidi-Nasrabadi, B., 1999, Untersuchungen zu den Bestattungssitten in Mesopotamien in der ersten Hälfte des ersten Jahrtausends v. Chr., Baghdader Forschungen 23, Mainz.

Müller, H.-P., 1989, Eine neue babylonische Menschenschöpfungserzählung im Licht keilschriftlicher und biblischer Parallelen. Zur Wirklichkeitsauffassung im Mythos, in: Orientalia Nova Series 58, 61–85.

Müller, K. F., 1937, Das assyrische Ritual, Mitteilungen der Vorderasiatisch-Ägyptischen Gesellschaft 41/3, 4–19.

Nevling Porter, B., 1995, Language, Audience and Impact in Imperial Assyria, in: Izre'el, S./Drory, R. (Hg.), Language and Culture in the Near East, Israel Studies XV, Leiden et al., 51–72.

Nunn, A., 2009, Alltag im Alten Orient, Zaberns Bildbände zur Archäologie, Mainz, 2. Aufl. (1. Aufl. 2006).

Oshima, T., 2014, Babylonian Poems of Pious Sufferers. Ludlul Bēl Nēmeqi and the Babylonian Theodicy, Tübingen.

Ossendriver, M., 2008, Astronomie und Astrologie in Babylonien, in: Marzahn, J. (Hg.), Babylon. Mythos und Wahrheit. Band 2: Wahrheit. Katalog zur Ausstellung „Babylon, Mythos und Wahrheit" in den Staatlichen Museen zu Berlin, Pergamonmuseum, 26.6.2008–5.10.2008, Berlin, 373–385.

Ossendriver, M., 2009,Die Sonne im Alten Orient – Konzeptionen zwischen Mythos und Wissenschaft, in: Bärnreuthner, A. (Hg.), Die Sonne. Brennpunkt der Kulturen der Welt, Staatliche Museen Berlin, Deutsche Bank Stiftung und Edition Minerva, Berlin, 54–65.

Ossendriver, M., 2016, Conceptions of the Body in Mesopotamian Cosmology and Astral Science, in: Buchheim, T. / Meissner, D. / Wachsmann, N., SŌMA: Körperkonzepte und körperliche Existenz in der antiken Philosophie und Literatur, Hamburg, 143–158.

Parpola, S., 1983, Letters from Assyrian and Babylonian Scholars to the Kings Esarhaddon and Assurbanipal II: Commentary and Appendices, Alter Orient und Altes Testament 5/2, Kevelaer et al.

Paulus, S., 2014, Babylonien in der 2. Hälfte des 2. Jt. v. Chr. – (K)ein Imperium? Ein Überblick über Geschichte und Struktur des mittelbabylonischen Reiches (ca. 1500–1000 B.C.), in: Gehler, M. / Rollinger, R. (Hg.), Imperien und Reiche der Weltgeschichte, Wiesbaden, 65–100.

Perdersén, O., 1998, Archives and Libraries in the Ancient Near East: 1500–300 B. C., Bethesda.

Perdersén, O., 2005, Archive und Bibliotheken in Babylon. Die Tontafeln der Grabung Robert Koldeweys 1899–1917, Abhandlungen der Deutschen Orient-Gesellschaft 25, Saarwellingen.

Pettinato, G., 1971, Das altorientalische Menschenbild und die sumerischen und akkadischen Schöpfungsmythen, Heidelberg.

Pinches, Th. C., 1891, A New Version of the Creation-Story, in: Journal of the Royal Asiatic Society of Great Britain and Ireland 23, 393–408.

Polonsky, J., 2002, The Rise of the Sun God and the Determination of Destinies in Ancient Mesopotamia, Ph.D., University of Pennsylvania. [abrufbar unter: http://repository.upenn.edu/dissertations/AAI3073042]

Pongratz-Leisten, B., 1994, Ina šulmi īrub: Die kulttopographische und ideologische Programmatik der akītu-Prozession in Babylonien und Assyrien im 1. Jahrtausend v. Chr., Baghdader Forschungen 19, Mainz.

Pruszinsky, R., 2007, Beobachtungen zu den Ur III-zeitlichen königlichen Sängern und Sängerinnen, in: Köhbach, M. et al. (Hg.), Festschrift für Hermann Hunger, Wiener Zeitschrift für die Kunde des Morgenlandes 97, 329–352.

Pruszinsky, R., 2010, Die königlichen Sänger der Ur III-Zeit als Werkzeug politischer Propaganda, in: Pruszinsky, R. / Shehata, D. (Hg.), Musiker und Tradierung. Studien zur Rolle von Musikern bei der Verschriftlichung und Tradierung von literarischen Werken, Wiener Offene Orientalistik 8, Wien, 95–118.

Pruszinsky, R. / Shehata, D. (Hg.), 2010, Musiker und Tradierung. Studien zur Rolle von Musikern bei der Verschriftlichung und Tradierung von literarischen Werken, Wiener Offene Orientalistik 8, Wien.

Radner, K., 2005, Die Macht des Namens. Altorientalische Strategien zur Selbsterhaltung, SANTAG 8, Wiesbaden.

Ragavan, D., 2010, The Cosmic Imagery of the Temple in Sumerian Literature, Ph.D., Harvard University.

Reisman, D., 1970, Two Neo-Sumerian Royal Hymns, Philadelphia.

Robson, E., 2001, The Tablet House: A Scribal School in Old Babylonian Nippur, in: Revue d'Assyriologie et d'Archéologie Orientale 95, 39–66.

Rochberg, F., 2009, The Stars Their Likeness. Perspectives on the Relation between Celestial Bodies and Gods in Ancient Mesopotamia, in: Nevling Porter, B. (Hg.), What is a God? Anthropomorphic and Non-Anthropomorphic Aspects of Deity in Ancient Mesopotamia, Winona Lake, 41–91.

Roth, M. et al. (Hg.), 1956–2010, The Assyrian Dictionary of the Oriental Institute of the University of Chicago, Chicago.
Rubio, G., 2009 a, Sumerian Literature, in: Ehrlich, C. A. (Hg.), From an Antique Land. An Introduction to Ancient Near Eastern Literature, Lanham, 11–74.
Rubio, G., 2009 b, Sumerische Literatur, Kindlers Literatur Lexikon 15, 749–758.
Sallaberger, W., 1993, Der kultische Kalender der Ur III-Zeit, München.
Sallaberger, W., 1999 a, Riten und Feste zum Ackerbau in Sumer, in: Klengel, H. / Renger, J. (Hg.), Landwirtschaft im Alten Orient, Ausgewählte Vorträge der XLI. Rencontre Assyriologique Internationale, 4.-8.7.1994, Berliner Beiträge zum Vorderen Orient 18, Berlin, 381–391.
Sallaberger, W., 1999 b, Neujahr(sfest). A. nach sumerischen Quellen, Reallexikon der Assyriologie und Vorderasiatischen Archäologie 9, 291–294.
Sallaberger, W., 2007 a, Reinheit. A. Mesopotamien, Reallexikon der Assyriologie und Vorderasiatischen Archäologie 11, 295–299.
Sallaberger, W., 2007 b, Ritual. A. In Mesopotamien, Reallexikon der Assyriologie und Vorderasiatischen Archäologie 11, 421–430.
Sallaberger, W., 2012, Das Opfer in der altmesopotamischen Religion, in: Lang, A. / Marinković, P. (Hg.), Bios – Cultus – (Im)mortalitas. Zu Religion und Kultur – Von den biologischen Grundlagen bis zu Jenseitsvorstellungen, Beiträge der interdisziplinären Kolloquien vom 10.–11. März 2006 und 24.–25. Juli 2009 in der Ludwig-Maximilians-Universität München, Rahden/Westf., 135–143.
Sallaberger, W., 2019, Das göttliche Wesen des Kosmos. Zum Sitz im Leben von Weltentstehungsmotiven im frühen Mesopotamien, in: Díaz Hernández, R. A. / Flossmann-Schütze, M.-C. / Hoffmann, F. (Hg.), Weltentstehung und Theologie von Hermopolis Magna I. Antike Kosmogonien, Beiträge zum Internationalen Workshop vom 28. –30. Januar 2016, Tuna el-Gebel 9, Vaterstetten, 93–107.
Sallaberger, W. / Huber Vulliet, F., 2005, Priester A. I. Mesopotamien, Reallexikon der Assyriologie und Vorderasiatischen Archäologie 10, 617–640.
Sallaberger, W. / Huber Vulliet, F., 2007, Reinheit. A. Mesopotamien, Reallexikon der Assyriologie und Vorderasiatischen Archäologie 11, 295–299.
Sallaberger, W. / Westenholz, A., 1999, Mesopotamien. Akkade- und Ur III-Zeit, Orbis Biblicus et Orientalis 160/3, Freiburg / Göttingen.
Salonen, A., 1969, Götterboot, Reallexikon der Assyriologie und Vorderasiatischen Archäologie 3, 464 f.
Sauren, H., 1969, Besuchsfahrten der Götter in Sumer, in: Orientalia Nova Series 38, 214–236.
Schaudig, H., 2001, Die Inschriften Nabonids von Babylon und Kyros' des Großen samt den in ihrem Umfeld entstandenen Tendenzschriften. Textausgabe und Grammatik, Alter Orient und Altes Testament 256, Münster.
Schmid, K. (Hg.), 2012, Schöpfung, Themen der Theologie 4: UTB-Taschenbuch 3514, Tübingen.
Schmidt, K. S., 2011, Zur Musik Mesopotamiens. Erste Ergänzung. [abrufbar unter: https://opus.bibliothek.uni-wuerzburg.de/frontdoor/index/index/docId/5057]
Schmitt, A., 2004, Deponierungen von Figuren bei der Fundamentlegung assyrischer und babylonischer Tempel, in: Ambos, C., Mesopotamische Baurituale aus dem 1. Jahrtausend v. Chr., Dresden, 229–234.
Schmitt, R., 2004, Magie im Alten Testament, Alter Orient und Altes Testament 313, Münster.
Schneidmüller, B. (Hg.), 2010, Ritual Dynamics and the Science of Ritual III, State, Power, and Violence, Section II: Rituals of Power and Consent, Wiesbaden.

Schramm, W., 2008, Ein Compendium sumerisch-akkadischer Beschwörungen, Göttinger Beiträge zum Alten Orient 2, Göttingen.

Schrott, R., 2001, Gilgamesh-Epos, München.

Schuol, M., 2004, Hethitische Kultmusik. Eine Untersuchung der Instrumental- und Volksmusik anhand hethitischer Ritualtexte und von archäologischen Zeugnissen, Orient-Archäologie 14, Rahden/Westf.

Schwemer, D., 2011, Magic Rituals: Conceptualization and Performance, in: Radner, K. / Robson, E. (Hg.), The Oxford Handbook of Cuneiform Culture, Oxford, 418–445.

Scurlock, J. A., 1988, Magical Means of Dealing With Ghosts in Ancient Mesopotamia, Vol. I, Chicago, Ph.D., University of Chicago.

Scurlock, J. A., 2006, Magic-Medical Means of Treating Ghost-Induced Illness in Ancient Mesopotamia, Ancient Magic and Divination 3, Leiden / Boston.

Scurlock, J. A. / Andersen, B. R., 2004, Diagnoses in Assyrian and Babylonian Medicine. Ancient Sources, translations, and Modern Medical Analyses, Urbana / Chicago.

Sefati, Y., 1998, Love Songs in Sumerian Literature. Critical Edition of the Dumuzi-Inanna Songs , Bar-Ilan Studies in Near Eastern Languages and Culture, Ramat Gan.

Sehri, A., 2012, On the Role of Creation in Enūma eliš, in: Journal of Ancient Near Eastern Religions 12, 4–29.

Selz, G., 1989, Nissaba(-k). „Die Herrin der Getreidezuteilungen“, in: Behrens, H. / Loding, D. / Roth, M. (Hg.), DUMU-E_2-DUB-BA-A. Studies in Honor of Åke W. Sjöberg, Occasional Publications of the Samuel Noah Kramer Fund 11, 491–497.

Selz, G., 1992, Kultstatue der Herrschergemahlin Šaša. Ein Beitrag zum Problem der Vergöttlichung, in: Acta Sumerologica Japan 14, 245–268.

Selz, G., 1995, Untersuchungen zur Götterwelt des altsumerischen Stadtstaates von Lagaš, Philadelphia.

Selz, G., 1998, Über mesopotamische Herrschaftskonzepte. Zu den Ursprüngen mesopotamischer Herrscherideologie im 3. Jahrhtausend, in: Dietrich, M. / Loretz, O. (Hg.), dubsar anta- men. Studien zur Altorientalistik. Festschrift W. H.Ph. Römer, Münster, 281–343.

Selz, G., 2001, Nur ein Stein, in: Richter, Th. et al. (Hg.), Kulturgeschichten. Altorientalistische Studien für Volkert Haas zum 65. Geburtstag, Saarbrücken, 383–393.

Selz, G., 2007, Zu Ritual und Literatur in frühen mesopotamischen Texten, in: Biel, A. / Lämmle, R. / Wesselmann, K. (Hg.), Literatur und Religion I, Berlin, 77–115.

Seminara, S., 2001, La versione accadica del Lugal-e. La tecnica babilonese della traduzione dal sumerico e le sue regole, Rom.

Shaffer, A., 1963, Sumerian Sources of Tablet XII of the Epic of Gilgameš, Philadelphia.

Shehata, D., 2001, Annotierte Bibliographie zum altbabylonischen Atramḫasīs-Mythos Inūma ilū awīlum, Göttinger Arbeitshefte zur altorientalischen Literatur 3, Göttingen.

Shehata, D., 2006, Some Observations on the /alĝarsur/, in: Hickmann, E. / Both, A. A. / Eichmann, R. (Hg.), Studien zur Musikarchäologie V, Musikarchäologie im Kontext, Orient-Archäologie 20, Rahden/Westf., 367–378.

Shehata, D., 2009, Musiker und ihr vokales Repertoire. Untersuchungen zu Inhalt und Organisation von Musikerberufen und Liedgattungen in altbabylonischer Zeit, Göttinger Beiträge zum Alten Orient 3, Göttingen.

Shehata, D., 2010, Klagesänger und ihr Gesangsrepertoire, in: Pruszinsky, R. / Shehata, D. (Hg.), Musiker und Tradierung. Studien zur Rolle von Musikern bei der Verschriftlichung und Tradierung von literarischen Werken, Wiener Offene Orientalistik 8, Wien, 171–198.

Shehata, D., 2014, Sounds from the Divine. Religious Musical Instruments in the Ancient Near East, in: Westenholz, J. G. / Mauray, Y. / Seroussi, E. (Hg.), Music in Antiquity. The Near East and the Mediterranean, Studies of the Jewish Music Research Centre VIII, Berlin / Boston / Jerusalem, 102–128.
Sigrist, M., 1984, Les sattukku dans l'ešumeša, Bibliotheca Mesopotamica 11, Malibu.
Sjöberg, Å. W., 1966, Götterreisen A. Nach sumerischen Texten, Reallexikon der Assyriologie und Vorderasiatischen Archäologie 3, 480–482.
Sjöberg, Å. W., 1975, Three Hymns to the God Ningišzida, in: Studia Orientalia 46, 301–322.
Sjöberg, Å. W., 2002, In the Beginning, in: Abusch, T. (Hg.), Riches Hidden in Secret Places. Ancient Near Eastern Studies in Memory of Thorkild Jacobsen, Winona Lake, 229–247.
Sjöberg, Å. W. / Bergmann, E., 1969, The Collection of the Sumerian Temple Hymns, in: Sjöberg, Å. W. / Bergmann, E. / Gragg, G. B. (Hg.), The Collection of the Sumerian Temple Hymns, Texts from Cuneiform Sources III, Locust Valley/New York, 3–154.
Sladek, W. R., 1974, Inanna's Descent to the Netherworld, Ann Arbor.
Smith, G., 1876, The Chaldean Account of Genesis. Containing the Description of the Creation, the Fall of Man, the Deluge, the Tower of Babel, the Times of the Patriarchs, and Nimrod, from the Cuneiform Inscriptions, London.
Sollberger, E., 1967, The Rulers of Lagaš, in: Journal of Cuneiform Sources 21, 279–291.
Steeb, C., i. V., Die jungbabylonische Fassung von Atram-ḫasīs. Tafel 1–2. [Dissertationsprojekt]
Steible H., 2015, Enlil und Ninlil. Der Mythos von der Zeugung des Mondgottes, in: Volk, K. (Hg.), Erzählungen aus dem Land Sumer, Wiesbaden, 21–31.
Steinert, U., 2012a, Aspekte des Menschseins im Alten Mesopotamien. Eine Studie zu Person und Identität im 2. und 1. Jt. v. Chr., Cuneiform Monographs 44, Leiden / Boston.
Steinert, U., 2012b, Zwei Drittel Gott, ein Drittel Mensch. Überlegungen zum altmesopotamischen Menschenbild, in: Janowski, B. (Hg.), Der ganze Mensch. Zur Annthropologie der Antike und ihrer europäischen Nachgeschichte, Berlin, 59–81.
Stol, M., 1989, Malz, Reallexikon der Assyriologie und Vorderasiatischen Archäologie 7, 322–329.
Stol, M., 2000, Birth in Babylonia and the Bible. Its Mediterranean Setting, Cuneiform Monographs 14, Groningen.
Streck, M. P., 2001, Ninurta / Ninĝirsu A. I. In Mesopotamien, Reallexikon der Assyriologie und Vorderasiatischen Archäologie 9, 512–522.
Streck, M. P., 2002, Die Prologe der sumerischen Epen, in: Orientalia Nova Series 71/3, 189–266.
Streck, M. P., 2004, Dattelpalme und Tamariske in Mesopotamien nach dem akkadischen Streitgespräch, in: Zeitschrift für Assyriologie 94, 250–290.
Streck, M. P., 2011, Altbabylonisches Lehrbuch, PORTA LINGUARUM ORIENTALIUM 23, Wiesbaden.
Strong, S. A., 1898, A Hymn of Nebuchadnezzar, in: Proceedings of the Society of Biblical Archaeology 20, London, 154–162.
Suter, C. E., 2000, Gudea's Temple Building. The Representation of an Early Mesopotamian Ruler in Text and Image, Cuneiform Monographs 17, Groningen.
Suter, C. E., 2014, Human, Divine or Both? The Uruk Vase and the Problem of Ambiguity in Early Meopotamian Visual Arts, in: Feldman, M. / Brown, B. (Hg.), Critical Approaches to Ancient Near Eastern Art, Berlin, 545–568.

Talon, P., 2005, The Standard Babylonian Creation Myth Enūma eliš, The Neo-Assyrian Text Corpus Project, Helsinki.
Thompson, R. C., 1904, The Devils and Evil Spirits of Babylonia, London.
Thomsen, M.-L., 1984, The Sumerian Language. An Introduction to its History and Grammatical Structure, Kopenhagen.
Thureau-Dangin, F., 1921, Rituels accadiens, Paris.
Thureau-Dangin, F., 1923, La procession du nouvel an à Uruk, in: Revue d'Assyriologie et d'Archéologie Orientale 20, 107–112.
Tigay, J. H., 1982, The Evolution of the Gilgamesh Epic, Philadelphia.
Tinney, S., 1999, On the Curricular Setting of Sumerian Literature, in: Iraq 61, 159–172.
Tropper, J., 1989, Nekromantie. Totenbefragung im Alten Orient und im Alten Testament, Alter Orient und Altes Testament 223, Neukirchen-Vluyn.
Tsukimoto, A., 1985, Untersuchungen zur Totenpflege (*kispum*) im Alten Mesopotamien, Alter Orient und Altes Testament 216, Neukirchen-Vluyn.
Vacín, L., 2013, Šulgi Meets Stalin. Comparative Propaganda as a Tool for Mining the Šulgi Hymns for Historical Data, in: Garfinkle, S. / Molina, M. (Hg.), From the 21st Century B.C. to the 21st Century A.D, Proceedings from the International Conference on Sumerian Studies Held in Madrid 22–24 July 2010, Winona Lake 2013, 233–247.
van der Toorn, K., 2008, Family Religion in Second Millennium West Asia (Mesopotamia, Emar, Nuzi), in: Bodel, J. / Olyan, S. M., Household and Family Religion in Antiquity. Contextual and Comparative Perspectives, The Ancient World: Comparative Histories, 20–36.
van Dijk, J., 1964, Le motif cosmique dans la pensée sumérienne, in: Acta Orientalia 28, 1–59.
van Dijk, J., 1972, Une variante du thème de „l'Esclave de la Lune", in: Orientalia 41, 339–348.
van Dijk, J., 1973, Une incantation accompagnant la naissance de l'homme, in: Orientalia 42, 502–507.
van Dijk, J., 1976, Existe-t-il un >Poème de la création< sumérien?, in: Eichler, B. L. et al. (Hg.), Kramer Anniversary Volume. Cuneiform Studies in Honor of Samuel Noah Kramer, Neukirchen-Vluyn, 125–133.
van Dijk, J., 1983, Lugal ud melam-bi nir-gal. Le récit epique et didactique des Travaux de Ninurta, du Deluge et de la Nouvelle Création I–II, Leiden.
van Dijk, J., 1985, Mesopotamian Incantations and Rituals, Yale Oriental Series 11, New Haven.
van Dijk, J., 1987, Lugal-e, Reallexikon der Assyriologie und Vorderasiatischen Archäologie 7, 134–136.
van Dijk, J., 1998, Inanna raubt den „großen Himmel". Ein Mythos, in: Maul, S. M. (Hg.), Festschrift für Rykle Borger zu seinem 65. Geburtstag am 24. Mai 1994. tikip santakki mala bašmu, Cuneiform Monographs 10, 9–38.
van Dijk, D. / Goetze, A. / Hussey, M. I., 1985, Early Mesopotamian Incantations and Rituals, Yale Oriental Series Babylonian Texts, New Haven u. a.
van Koppen, F., 2011, The Scribe of the Flood Story and His Circle, in: Radner, K. / Robson, E. (Hg.), The Oxford Handbook of Cuneiform Culture, Oxford, 140–166.
van Lerberghe, K., 2003, Private and Public. The Ur-Utu Archive at Sippar-Amnānum (tell ed-Dēr), in: Brosius, M. (Hg.), Ancient Archives and Archival Traditions. Concepts of Record-Keeping in the Ancient World, Oxford Studies in Ancient Documents, Oxford, 59–77.
Vanstiphout, H. L. J., 1978, Lipit-Eštar's Praise in the Edubba, in: Journal of Cuneiform Studies 30, 33–64.
Vanstiphout, H. L. J., 1986, Towards a Reading of „Gilgamesh and Agga". Part II: Construction, in: Orientalia Lovaniensia Periodia 17, 33–50.

Vanstiphout, H. L. J., 2003, Epics of Sumerian Kings. The Matter of Aratta, Writings from the Ancient World 20, Atlanta.
Veldhuis, N., 1991, A Cow of Sîn, Groningen.
Veldhuis, N., 1993, The Fly, the Worm, and the Chain, in: Orientalia Lovaniensia Periodia 24, 41–64.
Veldhuis, N., 2003, Entering the Netherworld, in: Cuneiform Digital Library Bulletin 2003:6, 1–4. [Version vom 2. September 2003]
Veldhuis, N., 2004, Religion, Literature and Scholarship. The Sumerian Composition Nanše and the Birds, with a Catalogue of Sumerian Bird Names, Cuneiform Monographs 22, Leiden.
Verbrugghe, G. / Wickersham, J., 2000, Berossos and Manetho, Introduced and Translated, Native Traditions in Ancient Mesopotamia and Egypt, Ann Arbor.
von Soden, W., 1959–1981, Akkadisches Handwörterbuch, Wiesbaden.
von Soden, W., 1994, Der altbabylonische Atramḫasis-Mythos, in: Kaiser, O. et al. (Hg.), Weisheitstexte, Mythen, Epen, Texte aus der Umwelt des Alten Testaments III/1. Weisheitstexte, Gütersloh, 612–645.
von Weiher, E., 1988, Uruk. Spätbabylonische Texte aus dem Planquadrat U 18, Teil III, Ausgrabungen in Uruk-Warka, Endberichte 12, Berlin.
Waerzeggers, C. / Jursa, M., 2008, On the Initiation of Babylonian Priests, in: Zeitschrift für Altorientalische und Biblische Rechtsgeschichte 14, 1–38.
Wagensonner, K., 2005, „Wenn Götter reisen ...“. Götterreisen, -prozessionen und Besuchsfahrten in den sumerischen literarischen Texten. [Magisterarbeit an der Universität Wien, abrufbar unter: http://www.academia.edu/311426/_Wenn_Götter_Reisen..._]
Wagensonner, K., 2007, Götterreise oder Herrscherreise oder vielleicht beides?, in: Wiener Zeitschrift für die Kunde des Morgenlandes 97, 541–559.
Wagensonner, K., 2009, What is the Matter with the Numun-Plant? BM 120011 Reconsidered, in: Wiener Zeitschrift für die Kunde des Morgenlandes 99, 355–376.
Walker, C. / Dick, M. B., 2001, The Induction of the Cult Image in Mesopotamia. The Mesopotamiant Mīs Pî Ritual, State Archives of Assyria Literary Texts 1, Helsinki.
Wasserman, N., 2008, On Leeches, Dogs, and Gods in Old Babylonian Medical Incantations, in: Revue d'Assyriologie et d'Archéologie Orientale 102, 71–88.
Wasserman, N., i. V., Atra-ḫasīs III: The Akkadian Accounts of the Flood. [Edition der 3. Tafel von Atram-ḫasīs]
Weidner, E. F., 1941, Die astrologische Serie Enūma Anu Enlil, in: Archiv für Orientforschung 14, 172–195.
Weinfurter, S. / Ambos, C. / Rösch, P., 2010, Bild und Ritual. Visuelle Kulturen in historischer Perspektive, Darmstadt.
Westenholz, J. G., 2010, Heaven and Earth. Asexual Monad and Bisexual Dyad, in: Stackert, J. / Nevling Porter, B. / Wright, D. P. (Hg.), Gazing on the Deep. Ancient Near Eastern, Biblical, and Jewish Studies in Honor of Tsvi Abusch, Bethesda, 293–326.
Wiggermann, F. A. M., 1992, Mythological Foundations of Nature, in: Meijer, D. J. W. (Hg.), Natural Phenomena. Their Meaning, Deciption and Descripton in the Ancient Near East, North-Holland et al., 279–304.
Wiggermann, F. A. M., 1994, Mischwesen. A. Philologisch. Mesopotamien, Reallexikon der Assyriologie und Vorderasiatischen Archäologie 8, 222–244.
Wiggermann, F. A. M., 2000, Agriculture in the Northern Balikh Valley. The Case of Middle Assyrian Tell Sabi Abyad, in: Jas, R. M. (Hg.), Rainfall and Agriculture in Northern Mesopo-

tamia, Publications de l'Institut historique-archéologique néerlandais de Stamboul 88, Leiden, 171–229.

Wiggermann, F. A. M., 2001, Nin-ĝišzida, Reallexikon der Assyriologie und Vorderasiatischen Archäologie 9, 368–373.

Wiggermann, F. A. M., 2004, Deities and Demons. Mesopotamia, in: Iles Johnston, S. (Hg.), Religions of the Ancient World, Cambridge, 396–399.

Wiggermann, F. A. M., 2011, Agriculture as Civilization. Sages, Farmers, and Barbarians, in: Radner, K. / Robson, E. (Hg.), The Oxford Handbook of Cuneiform Culture, Oxford, 663–689.

Wilcke, C., 1969, Das Lugalbandaepos, Wiesbaden.

Wilcke, C., 1972, Hacke, Reallexikon der Assyriologie und Vorderasiatischen Archäologie 4, 33–38.

Wilcke, C., 1975, Formale Gesichtspunkte in der sumerischen Literatur, in: Lieberman, S. J. (Hg.), Sumeriological Studies in Honor of Thorkild Jacobsen on his Seventieth Birthday June 7 1974, Assyriological Studies 20, Chicago / London, 205–316.

Wilcke, C., 1992, Sumerische Epen, Kindlers Neues Literatur Lexikon 19, 574–606.

Wilcke, C., 1993, Politik im Spiegel der Literatur. Literatur als Mittel der Politik im älteren Babylonien, in: Raaflaub, K. (Hg.), Anfänge politischen Denkens in der Antike, Schriften des Historischen Kollegs, Kolloquien 24, München, 29–75.

Wilcke, C., 1999, Weltuntergang als Anfang. Theologische, anthropologische, politisch-historische und ästhetische Ebenen der Interpretation der Sintflutgeschichte im babylonischen Atram-hasis-Epos, in: Jones, A. (Hg.), Weltende. Beiträge zur Kultur- und Religionswissenschaft, Wiesbaden, 63–112.

Wilcke, C., 2006 a, Die Hymne auf das Heiligtum Keš. Zu Struktur und „Gattung" einer altsumerischen Dichtung und zu ihrer Literaturtheorie, in: Michalowski, P. / Veldhuis, N. (Hg.), Approaches to Sumerian Literature. Studies in Honor of Stip (H. L. J. Vanstiphout), Cuneiform Monographs 35, Leiden / Boston, 201–237.

Wilcke, C., 2006 b, Vom Wesen des Menschen in altorientalischer Mythologie, in: Stagl, J. / Reinhard, W. (Hg.), Grenzen des Menschseins. Probleme einer Definition des Menschlichen, Veröffentlichungen des Instituts für Historische Anthropologie e. V. 8, Wien, 235–251.

Wilcke, C., 2007, Vom altorientalischen Blick zurück auf die Anfänge, in: Angehrn, E. (Hg.), Anfang und Ursprung. Die Frage nach dem Ersten in Philosophie und Kulturwissenschaft, Colloqium Rauricum 10, Berlin / New York, 3–59.

Wilcke, C., 2010 a, Altmesopotamische Weltbilder. Die Welt mit altbabylonischen Augen gesehen, in: Gemeinhardt, P. / Zgoll, A. (Hg.), Weltkonstruktionen. Religiöse Weltdeutung zwischen Chaos und Kosmos vom Alten Orient bis zum Islam, Göttingen, 1–27.

Wilcke, C., 2010 b, Sumerian. What We Know and what We Want to Know, in: Kogan, L. et al. (Hg.), Language in the Ancient Near East, Proceedings of the 53rd Rencontre Assyriologique Internationale, Part 1, Babel und Bibel 4/1, Orientalia et Classica XXX/1, Winona Lake, 5–76.

Wilcke, C., 2012, The Sumerian Poem Enmerkar and En-suhkeš-ana. Epic, Play, or? Stage Craft at the Turn from the Third to the Second Millennium B.C., with a Score-Edition and a Translation of the Text, American Oriental Series, Essays 12, New Haven.

Wilcke, C., 2015, Vom klugen Lugalbanda, in: Volk, K. (Hg.), Erzählungen aus dem Land Sumer, Wiesbaden, 203–272.

Wonneberger, R., 2001, Sprache, in: Cancik, H. / Gladigow, B. / Kohl, K.-H. (Hg.), Handbuch religionswissenschaftlicher Grundbegriffe V, Säkularisierung – Zwischenwesen, Stuttgart, 89–101.
Woods, C., 2000, Deixis, Person, and Case in Sumerian, in: Acta Sumerologica 22, 303–334.
Woods, C., 2009, New Light on the Sumerian Language, Canadian Society for Mesopotamian Studies 4, 77–85.
Yoshikawa, M., 1993, Spatial Deictic System in Sumerian, in: Acta Sumerologica Japan 15, 185–192.
Zgoll, A., 1997 a, Der Rechtsfall der En-ḫedu-Ana im Lied Nin-mešara, Alter Orient und Altes Testament 246, Münster.
Zgoll, A., 1997 b, Inana als nugig, in: Zeitschrift für Assyriologie 87, 181–195.
Zgoll, A., 2000, Ebeh und andere Gebirge in der politischen Landschaft der Akkadezeit, in: Milano, L. et al. (Hg.), Geography and Cultural Landscapes. History of the Ancient Near East, Monographs III/2, Padova. 83–90.
Zgoll, A., 2003 a, Die Kunst des Betens. Form und Funktion, Theologie und Psychagogik in babylonisch-assyrischen Handerhebungsgebeten zu Ištar, Alter Orient und Altes Testament 308, Münster.
Zgoll, A., 2003 b, Für Sinne, Geist und Seele. Vom konkreten Ablauf mesopotamischer Rituale zu einer generellen Systematik von Ritualfunktionen, in: Zenger, E. (Hg.), Ritual und Poesie. Formen und Orte religiöser Dichtung im Alten Orient, im Judentum und im Christentum, Herders Biblische Studien 36, 25–46.
Zgoll, A., 2006 a, Königslauf und Götterrat. Struktur und Deutung des babylonischen Neujahrsfestes, in: Blum, E. / Lux, R. (Hg.), Festtraditionen in Israel und im Alten Orient, Veröffentlichungen der Wissenschaftlichen Gesellschaft für Theologie 28, Gütersloh, 11–80.
Zgoll, A., 2006 b, Rezension zu: Y. Sefati, Love Songs in Sumerian Literature. Critical Edition of the Dumuzi-Inanna Songs, Bar-Ilan Studies in Near Eastern Languages and Culture, Ramat Gan 1998, in: Zeitschrift für Assyriologie 96, 109–119.
Zgoll, A., 2006 c, Traum und Weiterleben im antiken Mesopotamien. Traumtheorie und Traumpraxis im 3.–1. Jt. v. Chr. als Horizont einer Kulturgeschichte des Träumens, Alter Orient und Altes Testament 333, Münster.
Zgoll, A., 2007, Religion. A. Mesopotamien, Reallexikon der Assyriologie und Vorderasiatischen Archäologie 11, 323–333.
Zgoll, A., 2009, Die Toten als Richter über die Lebenden. Einblicke in ein Himmel, Erde und Unterwelt umspannendes Verständnis von Leben im antiken Mesopotamien, in: Berlejung, A. / Janowski, B. (Hg.), Tod und Jenseits im Alten Israel und in seiner Umwelt. Theologische, religionsgeschichtliche, archäologische und ikonographische Aspekte, Forschungen zum Alten Testament 64, Tübingen, 567–582.
Zgoll, A., 2011, Enlil und Ninlil. Vom Schrecken des Kanalbaus durch Stadt und Unterwelt, in: Vácin, L. (Hg.), U4 du11-ga-ni sá mu-ni-ib-du11. Ancient Near Eastern Studies in Memory of Blahoslav Hruška, Dresden, 287–299.
Zgoll, A., 2012, Das Universum als Stadt. Welt, Götter und Menschen in den Schöpfungsentwürfen des antiken Mesopotamien, in: Schmid, K. (Hg.), Schöpfung, Themen der Theologie 4: UTB Taschenbuch 3514, Tübingen, 17–70.
Zgoll, A., 2013 a, Fundamente des Lebens. Vom Potential altorientalischer Mythen, in: Zgoll, A. / Kratz, R. G. (Hg.), Arbeit am Mythos. Leistung und Grenze des Mythos in Antike und Gegenwart, unter Mitarbeit von Kerstin Maiwald, Tübingen, 79–107.

Zgoll, A., 2013 b, Inana in Metropolis Uruk, in: van Ess, M. et al. (Hg.), Uruk. 5000 Jahre Megacity, Begleitband zur Ausstellung „Uruk. 5000 Jahre Megacity" im Pergamonmuseum – Staatliche Museen zu Berlin, in den Reiss-Engelhorn-Museen Mannheim, Petersberg, 33–41.

Zgoll, A., 2014, Der Sonnengott als Transporteur von Seelen (Psychopompos) und Dingen zwischen den Welten im antiken Mesopotamien, mit einem Einblick in den konzeptuellen Hintergrund des taklimtu-Rituals in: Koslova, N. / Vizirova, E. / Zólyomi, G. (Hg.), Studies in Sumerian Language and Literature, Festschrift für Joachim Krecher, Babel und Bibel 8, Winona Lake, 617–633.

Zgoll, A., 2015 a, Innana holt das erste Himmelshaus auf die Erde. Ein sumerischer Mythos aus der Blütezeit der Stadt Uruk, in: Janowski, B. / Schwemer, D. (Hg.), Mythen, Texte aus der Umwelt des Alten Testaments 8, Gütersloh, 45–55.

Zgoll, A., 2015 b, Nin-me-šara – Mythen als argumentative Waffen in einem rituellen Lied der Hohepriesterin En-ḫedu-Ana, in: Janowski, B. / Schwemer, D. (Hg.), Mythen, Texte aus der Umwelt des Alten Testaments 8, Gütersloh, 55–67.

Zgoll, A., 2015 c, Der akkadische Bazi-Mythos und seine Performanz im Ritual. Wie der Gott Bazi Königtum und Tempel erlangt, in: Janowski, B. / Schwemer, D. (Hg.), Mythen, Texte aus der Umwelt des Alten Testaments 8, Gütersloh, 68–73.

Zgoll, A., 2017, The Creation of the First (Divinatory) Dream and Enki(g) as the God of Ritual Wisdom, الشرق Ash-sharq, Bulletin of the Ancient Near East Archaeological, Historical and Societal Studies 1, 155–161.

Zgoll, A., 2019, Mythos als rituell aufgeführtes Drama. Inthronisation, Tempelschöpfung und Stadtgründung im altbabylonischen Lied auf Bazi, unter Mitarbeit von B. Cuperly, in: Chambon, G. / Guichard, M. / Langlois, A.-I. (Hg.), De l'argile au numérique. Mélanges assyriologiques en l'honneur de Dominique Charpin, PIPOAC 3, Leuven, 1209–1242.

Zgoll, A., i. V., Religion in Mesopotamien.

Zgoll, A. / Kratz, R. G. (Hg.), 2013, Arbeit am Mythos. Leistung und Grenze des Mythos in Antike und Gegenwart, unter Mitarbeit von Kerstin Maiwald, Tübingen.

Zgoll, A. / Roaf, M., 2001, Assyrian Astroglyphs. Lord Aberdeen's Black Stone and the Prisms of Esarhaddon, in: Zeitschrift für Assyriologie 91, 264–295.

Zgoll, A. / Zgoll, C., 2019 a, Inana-Ištars Abstieg ins Totenreich und Aufstieg mit Machtmitteln (me). Durch Hylemanalysen zur Erschließung von Spuren mythischer Stoffe hinter kultischer Praxis und epischer Verdichtung, in: Kogan, L. / Koslova, N. (Hg.), Festschrift N. N., Babel und Bibel 10, Winona Lake. [zum Druck angenommen]

Zgoll, A. / Zgoll, C., 2019 b, Mythische Sphärenwechsel. Methodisch neue Zugänge zu antiken Mythen in Orient und Okzident, Mythological Studies 2, Berlin / Boston.

Zgoll, A. / Zgoll, C., i. Dr., Was vom Himmel kommt. Stoffanalytische Zugänge zu antiken Mythen aus Mesopotamien, Ägypten, Griechenland und Rom, Mythological Studies, Berlin / Boston.

Zgoll, C., 2019, Tractatus mythologicus. Theorie und Methodik zur Erforschung von Mythen als Grundlegung einer allgemeinen, transmedialen und komparatistischen Stoffwissenschaft, Mythological Studies 1, Berlin / New York. [abrufbar unter: http://doi.org/10.1515/9783110541588]

Ziegler, N., 2007, Les Musiciens et la musique d'après les archives de Mari, Florilegium Marianum 9, Mémoires de N.A.B.U. 10, Paris.

Namens-, Sach- und Stellenregister

„Kronzeugentexte“ 87, 152, 153, 154
Als An/Anu, Enlil, Enki/Ea Himmel und Erde schufen 19, 29, 107, 112, 114, 140, 146, 153, 158, 179, 185, 189, 405, 406, 408
Ritualziel 30, 114, 136, 402
Z. 1 131
Z. 1–14 185
Z. 3 f 113
Z. 7 120
Z. 8 120
Z. 9 108
Z. 9 f 30, 170, 183
Z. 10 108
Z. 11–14 159
Z. 11 f 147
Z. 13 f 160
Z. 15 f 170, 185
Z. 15–20 147
Z. 15–2’ 185
Z. 19 f 160, 183
Z. 29 196
Z. 2’ 185
Z. 5’ f 168
Doppelschöpfung von Anu und Ea 19, 98, 139, 179, 188, 405
Ritualziel 198, 402
Z. 1 130
Z. 1–4 130
Erschaffung von Eridu-Babylon 19, 30, 99, 106, 112, 114, 140, 146, 153, 158, 179, 185, 187, 189, 405
Ritualziel 114, 136, 402
Z. 1 114, 148
Z. 1–11 184
Z. 6 114
Z. 7 114
Z. 8 114
Z. 9 114
Z. 12 113
Z. 12 f 114
Z. 14 113, 114
Z. 15 105
Z. 16 106, 113, 114, 148
Z. 17 160
Z. 18 12
Z. 19 114
Z. 19–21 110–111
Z. 21 161
Z. 22 120
Z. 23 f 118
Z. 25 119
Z. 31 160
Z. 32 161
Z. 34 119
Z. 36 120
Z. 37 120
Z. 38 120
Z. 39 113, 114
Z. 40 113, 114
Z. 41 114
Z. 5’–21’ 169
Z. 8’ 114, 161
Z. 14’ f 148
Z. 18’ 161
Geburtsritualtext 19, 107, 139, 140, 158, 179, 188, 196, 405, 406, 407
Ritualziel 30, 107, 145, 175, 193, 196, 198, 402
Z. 1 f und Z. 5 f 193
Z. 2 121
Z. 3 175
Z. 4 107, 175
Z. 8 175
Z. 11 158
Z. 11–15 30, 146
Z. 12 f 146
Z. 14–17 193
Z. 16 f 30
Z. 18 30, 159
Z. 18–27 158
Z. 20 109
Z. 20 f 107, 146, 159
Z. 22 146, 158
Z. 23 f 193
Z. 26 f 183, 193

https://doi.org/10.1515/9783110719222-021

Z. 27 159
Kosmologie des kalû 29, 106, 107, 113, 114, 140, 153, 158, 165, 179, 185, 187, 189, 190, 405, 406, 407, 408
Ritualziel 114, 136, 149, 162, 402
Z. 2 49
Z. 5 196
Z. 7 49
Z. 14–23 176
Z. 23 161, 169, 181
Z. 26 113, 117, 131
Z. 27 103, 117, 149, 161, 181, 189, 266
Z. 28 117, 119
Z. 29 104
Z. 30 118, 119
Z. 31 44, 104
Z. 32 105
Z. 33 105
Z. 34 105
Z. 35 108, 170
Z. 36 110, 177
Z. 37 149
Z. 19' 176
Ritualtext für den Schöpfungsstrom 19, 97, 99, 100, 124, 139, 144, 179, 186, 188, 189, 405, 406, 407
Ritualziel 134, 144, 154, 186, 198, 402
Z. 1 43, 101, 102, 134, 144, 154
Z. 2 101, 102, 134, 189
Z. 2 f 144, 154
Z. 3 102, 135
Z. 4 102, 154
Z. 5 144
Z. 7 154
Z. 8 31, 102, 144, 155, 176, 189
Z. 9 134, 154
Z. 10 155
Rs. Z. 14 49
Ritualtext für ein Gerstenkorn I 19, 112, 123, 138, 139, 141, 152, 157, 179, 188, 190, 405, 406, 407
Ritualziel 128, 198, 402
Z. 2 123
Z. 4 128
Z. 6 128
Z. 8 115
Z. 9–13 141
Z. 14–16 141, 173
Z. 25–27 115, 173–174, 182
Ritualtext für ein Gerstenkorn II 19, 112, 123, 138, 139, 141, 157, 179, 188, 190, 405, 406
Ritualziel 128, 174, 198, 402
Z. 2 123
Z. 51 51, 125, 191
Z. 52 128
Z. 53 128
Z. 54 115, 141, 157
Z. 54 f 191
Z. 55 115, 124, 174, 182
Z. 55 f 141–142
Ritualtext für einen Wurm 19, 112, 123, 126, 138, 139, 141, 157, 179, 188, 405, 406, 407
Ritualziel 116, 127, 128, 143, 175, 198, 402
Z. 1 130
Z. 2 127
Z. 2 f 143
Z. 3 128
Z. 4 143
Z. 4 f 157, 164
Z. 5 143, 175
Z. 6 143, 157, 182
Z. 7 175
Z. 8 157
Ritualtext für einen Zahnwurm 13, 19, 48, 112, 123, 126, 138, 139, 141, 157, 179, 186, 188, 190, 405, 406, 407
Ritualziel 94, 116, 127, 186, 198, 402
Z. 1 f 129
Z. 7 158, 166
Z. 8 158
Z. 9–17 158
Z. 9–19 142
Z. 15–19 173
Z. 20 46, 167, 173
Z. 21–23 116, 130, 142, 158
Z. 24 167
Z. 25 f 186
Z. 25–28 116

Ritualtext für Šamaš 19, 70, 73, 99, 133, 139, 140, 153, 179, 188, 197, 200, 405, 406, 408
- Ritualziel 30, 72, 198, 402
- 1,1,1–6 50
- 1,1,1–29 156
- 1,1,1–45 156
- 1,1,11 f 133, 195
- 1,1,15 f 122
- 1,1,16 122
- 1,1,17 f 122
- 1,1,27 f 129
- 1,1,31–36 99–100
- 1,1,33 f 129, 156
- 1,1,35 156
- 1,1,35 f 129
- 1,1,37 100
- 1,1,37 f 122, 129, 192
- 1,1,37–45 145
- 1,1,39 f 129
- 1,1,39–45 156
- 1,1,41 133, 181
- 1,1,41 f 100
- 1,1,41–45 122
- 1,1,42 f 145
- 1,1,43 192
- 1,1,44 f 31, 44, 101, 122, 129, 156
- 1,1,46 168
- 1,1,57 f 192
- 1,2,53–56 192
- 1,3,7 f 192
- 1,3,14–19 192
- 1,3,20 f 192
- 1,3,22 192
- 1,3,31 f 192
- 1,3,43 f 192
- 1,4,3–29 155, 172, 176
- 1,4,5 f 172, 176
- 1,4,9 f 155
- 1,4,15 f 30, 155–156
- 1,4,15–22 52, 184
- 1,4,30 52, 155

Ritualtexte zum Tempelbau 29, 112, 114, 124, 136, 137, 138, 139, 145, 146, 163, 168, 169, 185, 189, 198, 209, 212, 257

Ritualziele 136

Tonmännchen und Puppen 19, 29, 107, 112, 114, 140, 146, 158, 179, 185, 189, 405, 407, 408
- Ritualziel 114, 136, 163, 402
- Z. 3 49
- Z. 8 f 162
- Z. 13 146
- Z. 32 49, 196
- Z. 42 109
- Z. 42 f 177
- Z. 42–45 110
- Z. 43 109
- Z. 44 f 118
- Z. 46 109
- Z. 47–50 108, 118, 119
- Z. 49 f 112
- Z. 51 f 118, 119
- Z. 53 f 162
- Z. 57 f 108
- Z. 57–60 171
- Z. 57–62 108
- Z. 58 108
- Z. 59 f 108
- Z. 61 f 108, 118, 119
- Z. 63 f 112
- Z. 65 f 162
- Z. 65–68 163
- Z. 67 f 112
- Z. 70 131, 163
- Z. 70–72 162
- Z. 72 112, 131
- Z. 73 112
- Z. 74 171
- Z. 76 112
- Z. 89 168
- Z. 90 171

Adab 714 248

Agušaja-Lied 71, 73
- situative Verortung 32, 36
- situative Verortung im Kultfest 63

Agušaja-Lied A
- 1,2,3 36
- 1,2,6 36
- 1,3,3 36
- 1,3,6 36
- 1,3,7.11 62
- 1,4,22 36

1,4,26 36
1,5,29 36
1,5,34 36
1,7,1 36
1,7,5 36
1,8,33 36
Agušaja-Lied B 32
1,1,10 36
1,1,6 36
1,5,11–17 62–63
1,5,15–17 und 1,5,19 f 32
1,5,23 32, 36
1,5,25 36
1,5,26 32, 36
1,6,21 36
1,6,25 36
Alāla 25, 39, 61, 125, 126, 391, 395, 396, 398, 399
An/Anu 372, 379, 391
erschafft Tempel 147, 162, 203
Indizien für A. als Ritualadressat 147, 163
ist Schöpfer 130, 131, 220
An-gen$_7$-dim$_3$-ma
Z. 64 261
Anuna
Indizien für A. als Ritualteilnehmer 380
werden erschaffen 105, 379
Anstimmen des *alāla*-Liedes *Siehe* Performanzangabe
Anzu-Mythos 342
Aruru
ist Schöpferin 161
Asalluḫi
Indizien für A. als Ritualadressat 30, 108, 146
Asarhaddon 204, 227
Ašgi 229, 252, 255
erschafft Tempel 209
Indizien für A. als Ritualteilnehmer 245
wird erschaffen 228, 254
Assurbanipal 321
Assurnaṣirpal II. 204
Astrolab B 349, 365, 387
Atram-ḫasīs 322, 334, 371, 402
1,125 284
1,174–351 290
1,206 f 282
1,221 f 282
1,239–241 280
1,277–295 291
1,299–304 291
1,407–410 282
1,59 284
1,8.43.45.57.59.125.137 284
2,2,25–28 283
2,8,32–35 284
2,8,35 284
3,1,11–38 282
3,1,39 290
3,1,39–41 291
3,2,11 291
3,2,12 291
3,3,14–16 287
3,3,44–46 286
3,6,2 291
3,6,6–8 291
3,6,9 f 284
3,8,11 283, 293
3,8,14 286
3,8,14–17 281, 292, 293
3,8,14–19 23, 29, 40, 371
3,8,15–19 280
3,8,16 31
3,8,17 286, 292
3,8,18 f 282, 286, 287, 290, 292, 293
3,8,19 31, 86, 290
3,8,35 286
3,8,9–19 281
gesellschaftliche Verortung 285, 288, 293
Hinweise auf das Ritualobjekt 292
Hinweise auf das Ritualziel 281, 282, 283,286, 287, 291, 292
Hinweise auf den Ort des Rituals 285, 289, 292, 293
Hinweise auf den Ritualadressaten 283, 284, 285, 286, 287
Hinweise auf den Ritualexperten 282, 288, 289
Hinweise auf die Ritualabsender 292
Hinweise auf die Zeit des Rituals 294
Hinweise auf einen Vortrag 281

Hinweise auf weitere Ritualteilnehmer 281, 287, 290, 291
Textzeuge DT 42
Z. 8' 284, 286
Textzeuge RS 22 421
Z. 7 286
Z. 9 286
Tf. 1 386
situative Verortung
erweiterte situative Verortung 291, 294
in Geburtsritualen 280, 291
in Hochzeitsritualen 280, 291
in Tempelritualen 408
nicht-kultisches Lied 280, 282
rituelles Lied 24, 40, 281
Steckbrief 280

Babylon 34
Barton-Zylinder 227
Bazi 23, *Siehe auch Lied auf Bazi*
Erhöhung 32, 210
erschafft Tempel 72
Indizien für B. als Ritualadressat 57–58
BIN 3, 269
Z. 2 373
BIN 9, 216 351
bīt rimki 230
BM 86535 387
BPOA 7
Nr. 2957 329

CBS 473 355
CST 709
Z. 2 372
CT 32, 16
1,2,8' 372
CT 58, 12
situative Verortung als Lied mit Wechselgesang 37

Damu
Indizien für D. als Ritualadressat 143, 157
deiktisches Pronomen *Siehe* Performanzangabe
Die Leiden des Gerechten
1,101 398
Diviner's Prayer 204
Doxologie 9, 24, 75, 80, 82, 207, 210, 214, 230, 241, 263, 267, 275, 297, 299, 301, 324, 369
Dumuzi und Enkimdu
Z. 89 f 77, 335
dunnu 390, 392, 396, 397, *Siehe auch Theogonie von Dunnu*
wird erschaffen 392

e2-ZAHL-k a m - m a *Siehe* Häuservermerk
Ea *Siehe* Enki/Ea
Enki/Ea 21, 24, 31, 258, 265, 268, 276, 278, 282, 283, 284, 291, 292, 293, 294, 370, 372, 374, 379, 385, 386, 387
entscheidet Schicksal 263, 305, 368, 376, 380, 383, 386
erschafft Tempel 147, 162, 209, 257, 261, 264, 266, 271
Indizien für E. als Ritualadressat 129, 142, 147, 163, 265, 376
Indizien für E. als Ritualteilnehmer 287
ist Schöpfer 113, 120, 131, 158, 161, 274, 277, 368, 376, 377
Krönung 262
singt m i m -Lied 259, 260
singt Preislied 297, 302, 304
Enkidu
Indizien für E. als Ritualobjekt 362
Enkis Fahrt nach Nippur 28, 71, 73, 205, 257–279, 301, 402
gesellschaftliche Verortung 270
Hinweise auf das Ritualobjekt 267, 268, 269
Hinweise auf das Ritualziel 259, 263, 265, 269, 275
Hinweise auf den Ort des Rituals 273, 274, 275
Hinweise auf den Ritualadressaten 264, 265, 266, 267
Hinweise auf den Ritualexperten 270, 271, 272
Hinweise auf den Ritualgaranten 267, 275

Hinweise auf die Zeit des Rituals 261, 262, 264, 276–279
Hinweise auf weitere Ritualteilnehmer 272, 273
situative Verortung
als rituelles Lied 137
auf dem Neujahrsfest 279
erweiterte situative Verortung 270, 279
in Ritualen der Tempelweihe 207, 209, 223, 258, 266, 279, 408
Steckbrief 257
Z. 1–13 258
Z. 1–68 258
Z. 1–79 258
Z. 3 274, 316
Z. 4, Z. 18, Z. 45, Z. 60, Z. 117 265
Z. 5 265
Z. 7 208
Z. 8, Z. 25, Z. 82 258
Z. 9 385
Z. 10 265, 274
Z. 13 258
Z. 17 97
Z. 18–20 259
Z. 20–68 258
Z. 26–32, Z. 43 258
Z. 35 265
Z. 37 259
Z. 45 265
Z. 46 265
Z. 48 260
Z. 62–66 271
Z. 67 258
Z. 67–68 a 271
Z. 69 f 258
Z. 69–126 258
Z. 69–71 267
Z. 70 268
Z. 73 f 277
Z. 77 258
Z. 80–126 258
Z. 80–82 277
Z. 82 261, 276
Z. 85 276
Z. 85 64, 261, 262, 265, 277
Z. 86 261
Z. 87 269
Z. 88 261
Z. 90–92, Z. 95–100 258
Z. 93 261
Z. 101–110 258, 267
Z. 102 265
Z. 104–116 251
Z. 106 370
Z. 109 33, 373
Z. 111–113 268
Z. 114 258, 263, 268
Z. 114–124 263, 274
Z. 115–120/124 263, 268
Z. 120 268, 273, 275
Z. 120–124 263
Z. 121–124 273
Z. 124 268
Z. 124 f 267
Z. 125 f 263, 273
Z. 126 275
Enki und die Weltordnung 13, 70, 73
situative Verortung als Ritual für das Land 56
Z. 261–264 262
Z. 451 f 55
Enki und Ninmaḫ 16, 292, 367–389, 402, 403, 408
Abschnitt A
Z. 1–3 389
Z. 1–37 368
Z. 9 386
Z. 10 386
Z. 11 386
Z. 23 386
Z. 26 377
Z. 28 377
Z. 30–37 376
Z. 32 377
Z. 37 376
Abschnitt B
Z. 1–113 368
Z. 4 (Textzeugen A, B) 379
Z. 9 33, 372, 375, 379
Z. 10 372, 379
Z. 11 372, 379
Z. 12 372, 379

Z. 25, Z. 28, Z. 35, Z. 41, Z. 45 und Z. 48 376
Z. 25, Z. 29, Z. 32 f, Z. 35, Z. 38, Z. 41 und Z. 45 382–383
Z. 25, Z. 29, Z. 35, Z. 45 381
Z. 28 369
Z. 28 f 380
Z. 48 386
Z. 50 376, 377
Z. 93 261, 385
Z. 101–111 369, 370
Z. 105 376, 383
Z.106 374, 375, 376, 387
Z. 106–111 378
Z. 107 f 379
Z. 109 376, 379, 386, 388
Z. 110 369, 370, 371, 372, 375, 381
Z. 110–113 24, 368–369
Z. 111 29, 282, 293, 375, 376, 378–379, 384
Z. 112 370
Z. 113 375
gesellschaftliche Verortung 383, 384, 385, 389
Hinweise auf das Ritualobjekt 376, 378
Hinweise auf das Ritualziel 371, 374, 378
Hinweise auf den Ort des Rituals 382, 384, 385
Hinweise auf den Ritualadressaten 376
Hinweise auf den Ritualexperten 380, 381
Hinweise auf die Zeit des Rituals 372, 374, 385, 386, 387, 389
Hinweise auf weitere Ritualteilnehmer 378, 379, 381
situative Verortung
auf Festmahl 372, 388, 408
humoristischer Schultext 16, 368
in Ritualen bei der Geburt 367
in Tempel- oder Palastritualen 199, 408
rituelles Lied 24, 372, 376
Steckbrief 367
Enlil 22, 23, 26, 238, 258, 265, 283, 291, 294, 336, 372, 379, 391, 393
entscheidet Schicksal 263, 267, 268, 297, 301, 304, 305, 346
erschafft Hacke 301
erschafft Tempel 147, 162, 238, 242
Indizien für E. als Ritualadressat 77, 147, 163, 243, 267, 284, 286, 288, 292, 301, 302, 395
ist Schöpfer 131, 238, 274, 298, 301
singt Preislied 203, 244, 297, 302, 305
Enlil A 337
Z. 165 f 337
Z. 167–171 337
Enlil und Ninlil 15
situative Verortung als Ritual bei Kanalarbeiten 15
En-me-barage-si 253
Enmerkara und der Herr von Aratta
situative Verortung auf Königsfesten 16
Z. 57 81
Z. 134 370
Z. 135 370
Z. 325–329 308
Enmerkara und En-suḫkeš-ana 13, 213
situative Verortung
auf Festmahl 14
auf Königsfesten 16
Z. 17–22 42–43
Enūma elīš 6, 7, 8, 13, 15, 20, 70, 72, 73, 87, 89, 195, 197, 250, 272, 275, 281, 304, 322, 341, 342, 346
1,78 205
4,7 53, 54
5,3 195
5,4 195
5,5 195
5,12 f 195
5,14 195
5,15 f 195
5,17 195
5,18 195
5,21 195
5,22 195
5,39 195
5,40 195
5,42 195
5,45 195
5,46 195

5,75 f 53
5,129 f 63
6,70–76 205
6,136 54
7,133 f 54
BM 32206+ (Textzeuge)
1,2,55.62–64 68, 196, 200
gesellschaftliche Verortung 217
situative Verortung
als Ritual 13
auf dem Neujahrsfest 13, 15, 63, 195, 200, 205, 209, 223, 251, 272
in Ritualen der Tempelweihe 207, 209, 210, 223, 251
vielfältig 196, 200
Ereškigal 362
Eridu-Klage
Segment A Z. 65 272
Segment C Z. 11' 240
Erm. 14738 248
Erra 27
Indizien für E. als Ritualadressat 27
Erra-Epos 29
3,18 398
5,41–44 27
5,53–58 27
5,55 29
5,57 29
Ritualziel 27

Fluch über Agade
Z. 67 f 237
Fundkontext 85, 269, 272, 285, 288, 294, 340
Funktion 91
Funktionalisierung 91
Grundfunktion 91
Metafunktion 91

Gegengesang *Siehe* Performanzangabe
Geschichte von Tummal
Z. 1 f 253

gesellschaftliche Verortung
Siehe auch Fundkontext, *Siehe auch* Kolophon
Definition 2, 83
Methodik allgemein 22, 83, 84
von Schöpfungstexten allgemein 7
ĝeš-ge$_4$-ĝal$_2$-bi *Siehe* Gegengesang
Ĝeštin-ana 21
Gilgameš 357, 361, 362, 394, 396
Indizien für G. als Ritualadressat 359
Gilgameš, Enkidu und die Unterwelt 353–366, 402
gesellschaftliche Verortung 365
Hinweise auf das Ritualobjekt 361, 362
Hinweise auf das Ritualziel 354, 355, 356, 358, 359
Hinweise auf den Ort des Rituals 363, 364
Hinweise auf den Ritualadressaten 359, 360
Hinweise auf den Ritualexperten 363
Hinweise auf die Ritualabsender 363
Hinweise auf die Zeit des Rituals 356, 365, 366
situative Verortung
bei Schreiberausbildung 354
erweiterte situative Verortung 362
in Tempelritualen 408
rituelles Lied 353
unterhaltsames Lied 353
Steckbrief 353
Textzeuge UET 6/1 60
Z. 1'–17' 355
Z. 6' 356
Z. 9' // Z. 16' 356, 361
Z. 13' 356
Z. 15' 364
Z. 17' 354, 356
Z. 1–26 357
Z. 4–7 357, 361
Z. 6 361
Z. 8–13 357–358
Z. 10 356, 361
Z. 13 354, 361, 362
Z. 14–26 354
Z. 85–143 354
Z. 90 359
Z. 128–131 359
Z. 135 360
Z. 136–143 360
Z. 163–242 354

Z. 167 354
Z. 181–205 355
Z. 221–237 362
Z. 229 360
Z. 237 360
Z. 238–242 360, 362
Z. 243–303 357
Z. 255–303 355
Z. 255–306 358
Gilgameš-Epos 365, 394
11,155–161 204
Gilgamešs Tod 12, 360, 366
Gilgameš und der Himmelsstier 360
Gilgameš und Huwawa A 270, 360
Ĝirsu 29
Götterreise 69, *Siehe auch* Rituale zum Neujahrsfest, *Siehe auch* Rituale zu Neulicht
Gudea 205, 342, 347
Gudea-Statue B
1,7,55 347
Gudea-Statue E
Z. 1–3 350
Gudea-Zylinder 347
situative Verortung
auf dem Neujahrsfest 262
in Ritualen der Tempelweihe 209, 210, 223, 241, 258
rituelles Lied 227
Gudea-Zylinder A 203
Gudea-Zylinder B 202, 203, 205
1,1,3 204
1,1,10 204
1,19,17 373
1,3,5–11 262, 278
1,3,5–9 205
1,3,6–8 210
1,3,13–17 204
1,4,4 f 204
1,5,1–15 204
1,8,13–15 263
1,17,18–1,18,3 204
1,18,17 234
1,18,20 f 234
1,19,16–21 251
1,20,14–1,23,1 251
1,20,15–1,22,2 204
Gula 393
Indizien für G. als Ritualadressatin 143, 157

Hacke 296, 297, 300, 302, 304, 324, 326
Indizien für H. als Ritualobjekt 79, 304, 305
wird eingesetzt 298, 302, 305
wird erschaffen 301
Hacke und Pflug 400
Z. 24–27 235
Z. 65 f 296, 298
Hammurapi 389
Hauptziel der Schöpfung *Siehe* Schöpfung
Häuservermerk *Siehe* Performanzangabe
Hylem 2, 15, 262, 268, 274, 282, 300, 399
Hymne an Nabû 33
situative Verortung
bei der Krönung des Königs 33
rituelles Lied 36
Z. 36–40 33

Ibbi-Sîn B
Z. 11–13 78, 335
Ibbi-Sîn C
Z. 43 237
Z. 45 f 276, 277
Ibbi-Sîn D 401
Iddin-Dagān
Indizien für I. als Ritualteilnehmer 67
Iddin-Dagān A 34, 71, 73, 223, 239, 381
situative Verortung
rituelles Lied 34, 67
vorzutragendes Lied 38
Z. 16 34, 68
Z. 26 206
Z. 27 67
Z. 27 f 66
Z. 106–110 34
Z. 122–126 34
Z. 149 207
Z. 153–162 34
Z. 163–167 34
Z. 167–175 66
Z. 172–174 68
Z. 174 206, 207
Z. 192 67

Z. 202, Z. 205, Z. 210 373
Z. 203–207 67
Z. 215–220 79–80
Igigi 23, 31
Innana/Ištar 393
entscheidet Schicksal 304
erschafft Tempel 209, 215
Indizien für I. als Ritualadressatin 36, 45, 67, 80, 213, 214, 215, 216
Innana D
Z. 66 207
Z. 69 207
Innana-Dumuzi-Texte
situative Verortung als Rituale 16
Innana holt das Himmelshaus 10, 15, 70, 73, 211–225, 402
Hinweise auf das Ritualobjekt 215, 216
Hinweise auf das Ritualziel 214, 215, 216, 217
Hinweise auf den Ort des Rituals 219
Hinweise auf die Ritualadressatin 214, 215, 216
Hinweise auf die Ritualexperten 217
Hinweise auf die Zeit des Rituals 212, 213, 215, 216, 219–224
Hinweise auf Ritualgaranten 217
Hinweise auf weitere Ritualteilnehmer 218
situative Verortung
in Ritualen der Tempelweihe 207, 209, 211, 212, 223, 224, 408
rituelles Lied 137, 219
Steckbrief 211
Z. 41 224
Z. 41–43 222
Z. 42 f 224
Z. 112 221
Z. 146 f 220
Z. 146–148 132
Z. 149 219, 224
Z. 153–156 211, 216, 217, 218
Z. 155 f 215
Z. 156 131, 217
Z. 157 f 218, 219
Z. 158 53, 212, 224
Z. 159 216, 224
Z. 159–162 41, 208, 213, 218
Z. 160 215
Z. 160 und Z. 163 215, 216, 217, 224
Z. 161 f 213, 224
Z. 163 215
Z. 163–165 211, 214
Z. 165 216
Innanas Reise nach Eridu
Z. 6–8 261
Innana und Ebiḫ 270
Innana und Enki
Z. 51 369
Z. 241 222
Segment D
Z. 12 370
Z. 67 370
Innana und Gudam
Segment C
Z. 36 f 75–76, 335
Innanas Gang zur Unterwelt 12, 288
Z. 322–325 261
Išme-Dagān A + V
Z. 367 f 369
ITT 5, 08234
Z. 3 373

Jahresdatum B des Rīm-Sîn II. aus Larsa 240, 254

KAR 4 309–331, 402, 407
gesellschaftliche Verortung 309, 321
Hinweise auf das Ritualobjekt 321, 322, 324, 325
Hinweise auf das Ritualziel 311, 317, 320, 322
Hinweise auf den Ort des Rituals 325, 326
Hinweise auf den Ritualexperten 318, 320, 321
Hinweise auf die Ritualadressatin 314, 316, 317, 318
Hinweise auf die Zeit des Rituals 314, 326, 328, 329, 330, 331
Kolophon 314, 317, 318, 320, 327
Rs. Z. 6–18 317
Rs. Z. 7 324
Rs. Z. 7 und Z. 14 322
Rs. Z. 8–10 und Z. 23 322

Rs. Z. 8–12 323, 324
Rs. Z. 13 317
Rs. Z. 13–18 319
Rs. Z. 17 330
Rs. Z. 19 318, 319, 322
Rs. Z. 19–21 315
Rs. Z. 23–25 314
Rs. Z. 23–28 323
Rs. Z. 27 330
Rs. Z. 29 f 311–312, 317, 319, 323, 325, 326, 330
Rs. Z. 30 314, 316, 322
situative Verortung
erweiterte situative Verortung 309, 318, 331
in Geburtsritualen 310
in Tempelritualen 312, 408
Steckbrief 309
Textzeuge IB 591
Rs. Z. 3–13 325–326
Rs. Z. 6–13 327
Textzeuge K 4175+
Rs. Z. 29 f 327–328
Textzeuge VAT 9307
Rs. Z. 26–30 327
Z. 2 330
Z. 5–15 321
Z. 13 329
Z. 24 319, 325
Z. 27 324
Z. 27–Rs. Z. 12 315
Z. 27–Rs. Z. 6 317
Z. 28–Rs. Z. 10 321
Z. 29 f 313
Z. 30 312, 324
Z. 30 f 326
KAR 22
Z. 23–25 391
Kumarbi-Mythos 391, 395, 399
Keš 221, 231, 240, 252, 253, 268
als Ort der Schöpfung 239
Indizien für K. als Ritualobjekt 78
Indizien für K. als Ritualort 250
wird erschaffen 122, 228, 238
Keš-Hymne 15, 16, 22, 86, 226–256, 268, 270, 281, 300, 301, 402
Hinweise auf das Ritualobjekt 243, 244
Hinweise auf das Ritualziel 234, 239, 241, 242, 244, 252
Hinweise auf den Ort des Rituals 251
Hinweise auf die Ritualadressaten 242, 243
Hinweise auf die Ritualexperten 246
Hinweise auf die Zeit des Rituals 241, 249, 251, 253, 254, 255
Hinweise auf eine Aufführung 238
Hinweise auf weitere Ritualteilnehmer 245, 246, 248, 249, 250
Refrain 228
situative Verortung
erweiterte situative Verortung 230
im Rahmen einer Wallfahrt oder Prozession 16, 226
in Ritualen der Tempelweihe 207, 209, 223, 227, 250, 255, 408
Lied 37, 228
rituelles Lied 137, 227, 230, 231
auf dem Neujahrsfest 252, 255
Steckbrief 226
Textzeuge B
Z. 21 230
Z. 44 230
Z. 1–3 236–237, 237, 241
Z. 3 209, 239, 242, 243, 246
Z. 4 244
Z. 4–7 242
Z. 4–8 122, 244
Z. 7–12 243
Z. 8 f 242, 244
Z. 8 f und Z. 38 78–79
Z. 9 242, 245
Z. 10 f 306, 316
Z. 10–12 242, 244, 300, 316
Z. 15–17 203
Z. 19 254
Z. 21 229
Z. 24 238
Z. 24–26 221
Z. 38 203, 244, 245
Z. 53 244
Z. 78 209, 243
Z. 79 245, 254

Z. 80 245, 252, 254, 255
Z. 90 244
Z. 91 245
Z. 98 238
Z. 103 f 238
Z. 105 245, 246
Z. 105–121 247
Z. 106 248
Z. 106–113 233
Z. 107 233, 238, 246, 248, 253
Z. 107–121 246, 249, 250, 251
Z. 108 245, 246
Z. 109–111 249
Z. 111 235, 250
Z. 120 f 234, 243, 249, 250
Z. 122 f 230
Z. 122–125 251
Z. 126 230
Z. 126–129 249, 250, 251, 256
Z. 126–132 231–232
Z. 129–131 241–242
Z. 130 238
Z. 130 f 209, 231
Z. 130–132 251
Z. 131 242, 337
Z. 132 337
ki-ru-gu$_2$ *Siehe* Rubrik
Klage über Sumer und Ur
Z. 28 237
Kolophon 10, 83, 86, 321
Kolophon aus der Tontafelsammlung der Beschwörungspriester in Assur (Hunger 1968, Nr. 198)
Z. 1–3 84
Kolophon aus der Tontafelsammlung der Beschwörungspriester in Assur (Hunger 1968, Nr. 201)
Z. 1–5 83
Kolophon aus der Tontafelsammlung der Beschwörungspriester in Assur (Hunger 1968, Nr. 211)
Z. 1–7 84
Königshymne des Išbi-Erra von Isin an Nissaba 330
Königshymnen des Šulgi
situative Verortung 25, 27, 64, 65
Krönung von Urnamma
Z. 15 241
Z. 15 a–17 241
Kuh des Sîn 13
Kulla
Indizien für K. als Ritualadressat 103, 118, 149, 161
wird erschaffen 149, 161, 165, 181
Kusu A
Z. 39–41 81

Lied auf Bazi 15, 72, 73, 281, 312, 322
situative Verortung
in Ritualen der Tempelweihe 15, 33, 207, 209, 210
rituelles Lied 23, 32, 40, 48, 137
Z. 6, Z. 30, Z. 34, Z. 38 a 32–33
Z. 8 33
Z. 30 208
Z. 32 f 47
Z. 33 32, 46, 47, 86
Z. 38 a 208
Z. 55 f 33
Z. 58 f 23, 29, 40, 57
Z. 59 86
Lied auf die Hacke 72, 73, 243, 295–308, 324, 334, 402
gesellschaftliche Verortung 295
Hinweise auf das Ritualobjekt 304, 305, 306
Hinweise auf das Ritualziel 297, 298, 302, 304, 305, 306
Hinweise auf den Ort des Rituals 306
Hinweise auf den Ritualexperten 302
Hinweise auf den Ritualgaranten 301
Hinweise auf die Ritualadressaten 300, 301, 302
Hinweise auf die Zeit des Rituals 297, 307, 308
Hinweise auf eine Aufführung 299
Hinweise auf einen Vortrag 298
Hinweise auf weitere Ritualteilnehmer 303
situative Verortung
in der Schreiberausbildung 295
in Ritualen auf dem Feld 308
in Tempelritualen 308, 408
erweiterte situative Verortung 307

rituelles Lied 137, 296, 297
Steckbrief 295
Z. 1 304
Z. 6, Z. 18, Z. 18 a 325
Z. 7 f und Z. 18 304
Z. 8 f 58, 304, 305
Z. 11 58, 79, 297, 301, 305
Z. 11–15 304
Z. 11–17 302
Z. 12–15 297, 302, 305
Z. 16 79, 297, 301, 304, 305
Z. 17 79
Z. 17, Z. 23, Z. 34, Z. 81, Z. 90, Z. 96 298
Z. 18 79
Z. 20 274, 316
Z. 22 298
Z. 24 f, Z. 28–31 298
Z. 26 303
Z. 26, Z. 59, Z. 101–103 298
Z. 27 f 298
Z. 32 297, 298, 302, 304
Z. 33 298, 299, 302, 306, 316
Z. 34 298, 305
Z. 35 298
Z. 53 304
Z. 56, Z. 100 298
Z. 56–58 299
Z. 59–61 303–304
Z. 90 300
Z. 94–106 299, 308
Z. 95 300
Z. 96, Z. 101 f 300
Z. 99–106 302
Z. 100 300, 306
Z. 106 306, 308
Z. 107–109 42, 299
Z. 108 297, 304
Z. 109 297, 299, 302

Lipit-Eštar
Indizien für L. als Ritualobjekt 81

Lipit-Eštar B
Z. 57–63 81–82

Lipit-Eštar F 340, 397

Lipit-Eštar und der Pflug 396

LKA 83
Z. 1–10 355

Lu C
1,9,66–68 248

Lugalbanda I 13
situative Verortung auf Königsfesten 16
Z. 8 316

Lugalbanda und der Anzu-Vogel
situative Verortung auf Königsfesten 16

Lugal-e 70, 332–352, 393, 395, 396, 401, 402
gesellschaftliche Verortung 340, 341, 348
Hinweise auf das Ritualobjekt 343, 344
Hinweise auf das Ritualziel 344
Hinweise auf den Ort des Rituals 345
Hinweise auf den Ritualadressaten 334, 336, 338
Hinweise auf den Ritualexperten 340, 341
Hinweise auf die Zeit des Rituals 333, 346, 347, 348, 349, 350, 351, 352
Hinweise auf einen Vortrag 332, 335
Hinweise auf Ritualgaranten 338
Hinweise auf weitere Ritualteilnehmer 339, 340, 342, 343
situative Verortung
auf dem *akīti*-Fest 352
auf dem Neujahrsfest 333, 350, 352, 408
erweiterte situative Verortung 342, 352
in Tempelritualen 334
rituelles Lied 336
Steckbrief 332
Z. 1 336
Z. 1–16 332
Z. 12 335, 336, 339, 341, 343, 346
Z. 17 345
Z. 17–21 333
Z. 18 333
Z. 19 333, 339
Z. 20 332, 334, 339
Z. 20 f 344
Z. 21 333, 339, 346
Z. 340 und Z. 358 (ETCSL) 348
Z. 360 f (ETCSL) 55
Z. 648 (ETCSL) 261
Z. 671 (ETCSL) 339
Z. 709 (ETCSL) 316

Z. 347–367 (ETCSL) 349
Z. 406 (ETCSL) 340
Z. 409 (van Dijk 1983) 340
Z. 475–478 (ETCSL) 346–347
Z. 477 (ETCSL) 341, 346
Z. 478–481 (van Dijk 1983) 347
Z. 480 (van Dijk 1983) 341, 346
Z. 566, Z. 579, Z. 592, Z. 609 (ETCSL) 336
Z. 662–668 (ETCSL) 342, 347–348
Z. 665–671 (van Dijk 1983) 342, 348
Z. 668 (ETCSL) 350
Z. 671 (van Dijk 1983) 350
Z. 672 (ETCSL) 350
Z. 672–674 (ETCSL) 345, 350
Z. 674 (van Dijk 1983) 339
Z. 675 (van Dijk 1983) 350
Z. 675–677 (van Dijk 1983) 345, 350
Z. 675–680 (ETCSL) 345
Z. 676 (ETCSL) 339
Z. 678–683 (van Dijk 1983) 345
Z. 679 (ETCSL) 336
Z. 679 (van Dijk 1983) 339
Z. 681 (ETCSL) 346
Z. 682–697 (ETCSL) 333, 336
Z. 684 (van Dijk 1983) 346
Z. 685, Z. 688, Z. 697 (ETCSL) 333
Z. 698–708 (ETCSL) 337
Z. 701–711 (van Dijk 1983) 337
Z. 704 (ETCSL) 344
Z. 707 (van Dijk 1983) 344
Z. 707–723 (ETCSL) 339
Z. 707–726 (ETCSL) 337
Z. 710–729 (van Dijk 1983) 337, 339
Z. 721 (ETCSL) 338
Z. 723 (ETCSL) 345
Z. 724 (van Dijk 1983) 338
Z. 724 f (ETCSL) 335
Z. 725 (ETCSL) 334
Z. 726 (ETCSL) 334
Z. 726 (van Dijk 1983) 345
Z. 727 f (van Dijk 1983) 335
Z. 728 (van Dijk 1983) 334
Mami
Erhöhung 283
ist Schöpferin 283
Maqlû
4,45 f 125
8,53 f 125
Marduk 33, 253
Indizien für M. als Ritualadressat 36
ist Schöpfer 120, 160, 210
Mardukordal 342
m i m -Lied 259, 260, 310, 313, 317, 326, 357, 361, 387
Mittelassyrischer Liedkatalog 281
Mittelassyrisches Krönungsritual 241
m u - l a a - l a - l u i n - g u r *Siehe* Anstimmen des *alāla*-Liedes
Muttergöttin/Muttergöttinnen 372, 379
Indizien für M. als Ritualadressatin 30, 108, 146
sind Schöpferinnen 368, 376
Mythos
Mythosdefinition 1
Mythos von der Erschaffung des Menschen und des Königs 12

Nabonid 204, 227
Nabû 33, 278
Indizien für N. als Ritualadressat 36
Namma 372, 379
ist Schöpferin 368, 376
Nanna/Sîn 26
Indizien für N. als Ritualgarant 124, 355
Nanna J 401
Nannas Reise nach Nippur
Z. 329–339 273
Nanše A
situative Verortung auf dem Neujahrsfest 333
Z. 97 249
Z. 101–109 249
Nebukadnezar II. 33, 36
Ninĝešzida B
Z. 5, Z. 13, Z. 38 335
Z. 24 f 77, 335
Ninĝešzida C
Z. 13 (// Z. 22 // Z. 29 f // Z. 38 f) 75–76
Ninĝirsu 262, 348, 396
Erhöhung 263
ist Schöpfer 210
Ningublaga A 401
Ninḫursaĝ/Ninḫursaĝa 250, 340

Ninisina A
Z. 27–29 80
Ninisinas Reise nach Nippur 271
situative Verortung auf dem Neujahrsfest 262
Z. 51–56 78, 264, 275
Z. 52 f 272
Z. 53 78, 265, 271
Z. 53 f 271
Z. 55 271
Z. 10’ 262, 278
Ninlil 26
Ninlils Reise zum/nach Tummal I 71, 73
Z. 27–30 69
Ninmaḫ 24, 240, 340, 372, 374, 379
ist Schöpferin 368, 376
Ninmena
ist Schöpferin 298, 303
Nin-me-šara 15, 214, 219, 221
situative Verortung 29
rituelles Lied 45
Z. 121–133 45
Z. 137 29
Z. 139 f 28
Z. 67 und Z. 153 78
Z. 7 f 45
Nintu 229, 249, 250
Indizien für N. als Ritualadressatin 239, 242, 243, 252
ist Schöpferin 209, 229, 238, 239, 240, 254
Nintu A 254
Z. 8 254
Z. 8 f 239
Z. 9 und Z. 12 254
Z. 44 239
Z. 45 239
Ninurta 303, 393, 395, 396, 401
entscheidet Schicksal 336, 341, 344, 346
Erhöhung 332, 333, 336, 343, 345, 346
Indizien für N. als Ritualadressat 336, 395
ist Schöpfer 337, 344, 349
Ninurta A
Segment B Z. 22 f 77
Ninurtas Reise nach Eridu 71, 73, 262
Z. 20 f 68
Ninurtas Rückkehr nach Nippur
Z. 207 f 77
n i s a ĝ *Siehe* Erstlingsgaben
Nissaba 26, 82, 297, 299, 300, 307, 310, 311, 313, 314, 315, 316, 317, 318, 321, 324, 325, 327, 328, 329, 330, 337, 338, 344, 345, 349
Indizien für N. als Ritualadressatin 299, 300, 301, 302, 314, 317, 318, 319, 322, 326, 328
Indizien für N. als Ritualteilnehmerin 339, 340, 350
ist Schöpferin 344
schreibt mythischen Text auf 20
schreibt Preislied auf 22, 238, 242, 244, 298, 300, 302, 306, 316
setzt Hacke ein 302
setzt ihr Fest ein 319
setzt Priester ein 311, 319
singt Preislied 297, 299
Nissaba A 328
situative Verortung auf einem Erntefest 328
Z. 6 311, 314
Z. 14–26 310–311, 314
Z. 18 319, 328, 393
Z. 25 319, 322
Z. 25 f 331
Z. 36–50 260
Z. 44 260
Z. 56 f 260
Nungal A 270
Nuska 393
Nuska B
Z. 4–6 76
Z. 5 f 335

O.174
Z. 8’–10’ 159
OECT 11, 69 400
OECT 11, 70 400
OIP 121
Z. 19 329

PDT I 270 387

Performanzangabe 9, 11, 35, 72, 86, 239, 281, 404
Anstimmen des *alāla*-Liedes 37
deiktisches Pronomen 13, 43, 213, 238, 249, 268, 299, 339
Dialoggesang 37
Gegengesang 36, 37, 38
Häuservermerk 37, 229, 230, 251
Personalpronomen 43, 45
Possessivpronomen 44, 45, 332, 336
Refrain 37, 67, 86, 228
Rubrik 36, 38
Trennstriche 39
unverständliche Silben 37
Verbeugung 230
Wechselgesang 86
Zwischenstück 38
Personalpronomen *Siehe* Performanzangabe
Possessivpronomen *Siehe* Performanzangabe
Preislieder 10, 86, 89, 214, 217, 260, 264, 275, 298, 301, 317, 335, 372
als Schicksalsbestimmung 304
im Ritual allgemein 20, 75, 80, 200
in medizinischen Ritualen 80
in Reinigungsritualen 80
in Ritualen der Schreiber 81, 82
in Ritualen der Tempelweihe 78, 202, 203, 207, 216, 244, 263
in Ritualen im Tempel allgemein 65
in Ritualen von Götterreisen 78, 264
in Ritualen zum Neujahrsfest 79
in Weiheritualen von Gegenständen 79, 297
performativ 369, 405
Ritualadressaten 77
Ritualexperte 78, 79
Ritualobjekt 76
Ritualziele 77, 203
Proto-Ea 270
Proto-Lu
Z. 222–229 248
Prototyp *Siehe* Schöpfung

RA 9, 44 329
Rīm-Sîn II. 240
Ritual 93, 199
Anweisung für Ritualhandlungen 114, 259
Funktionalisierung 94, 96
performativer Sprechakt 22, 24, 25, 29, 31, 74, 76, 85, 88, 96, 123, 136, 137, 138, 151, 166, 203, 215, 216, 259
performativer Sprechakt der Tontafel 27, 29, 44, 81, 82, 85, 203
Ritualabsender 56, 94, 95, 166, 199
Ritualadressat 34, 45, 75, 76, 94, 96, 138, 166, 199, 265
Ritualexperte 11, 34, 83, 84, 94, 96, 166, 167, 169, 199
Ritualgarant 94, 96, 199
Ritualobjekt 45, 76, 94, 96, 178, 179, 180, 199
Ritualort 96
Ritualrahmen 94, 96, 195
Ritualteilnehmer 34, 94, 96, 199
Ritualzeit 34, 96, 195, 220, 404
Ritualziel 34, 76, 88, 94, 96, 136, 166, 180, 199, 215
Ritual gegen Unheil am Haus eines Menschen (KAR 2777+)
Z. 21 154
Ritual zur Beseitigung von Unheil durch Urin eines Hundes (KAR 64)
Rs. Z. 5 153–154
Rituale der Götterversorgung 313
Rituale der Königskrönung 240
Rituale der Schicksalsentscheidung 305
Rituale der Tempelweihe *Siehe auch* Rituale zum Neujahrsfest
Indizien für die situative Verortung 210
Rituale des *akīti*-Festes 206, 234, 235, 262, 271, 349, 351, 396, 398, 400
Rituale des Totenkults 355, 356, 365, 396, 399
Rituale mit Festmahl 372, 373, 382, 385, 388, 403
Rituale mit Götterreise allgemein 262, 263, 312, 350
Rituale mit Hacke und Pflug 297, 302, 306, 307, 394, 397, 400
Rituale zu Neulicht 67, 68
Götterreise zu Neulicht 68

Rituale zum Neujahrsfest 28, 206, 251, 253, 278, 351
Darbringung von Erstlingsgaben 28, 69, 207, 252
Götterreise 28, 262, 278
Heilige Hochzeit 67, 224
Königsreise 28, 69
Prozession 251
Schicksalsentscheidung 206, 244, 251, 267
Tempelweihe 206, 207, 235, 249
Rituale zur Opfermahlzeit 222, 388
Ritualforschung 8, 9, 10
Ritualhandlung 8, 32, 84, 86, 96, 136, 166
Anweisung für Ritualhandlungen 30, 32, 89, 102, 138
Definition 151
Formelvermerk 8, 87–90, 192, 200
Ritualtext 9, 10, 83–84, 148, 259
Definition 151, 199–200
und Ritualhandlung 29, 49, 89, 88–90, 200–201
Ritualtext an die Totengeister der Familie (VAT 13567 // VAT 8910) 70, 73
1,3,40 f 56
situative Verortung als Totenritual 56
Rubrik *Siehe* Performanzangabe
Rulers of Lagaš
situative Verortung bei Schreiberausbildung 20
Z. 200 20

SA 47 329
ša₃-ba-TUKU-am₃ *Siehe* Zwischenstück
SACT 1, 155
Z. 1 373
SACT 1, 190
1,1,19' 373
Salmanassar I. 204
Samsu-iluna 389
Samsu-iluna F Segment B
Z. 7–9 77
SAT 2, 0693
Z. 7 372
Schöpfung
Hauptziel der Schöpfung 88, 91, 100, 101, 106, 107, 108, 111, 112, 114, 115, 116, 117, 118, 120, 121, 123, 124, 126, 128, 130, 131, 134, 135, 137–139, 150, 152, 153, 155, 156, 157, 164, 165, 179, 180, 187, 188–190, 191, 194, 211, 215, 217, 226, 242, 243, 244, 257, 267, 280, 292, 295, 304, 306, 309, 315, 321, 325, 332, 343, 353, 357, 358, 367, 390, 405–408
Prototyp 13, 92, 93, 105, 107, 108, 114, 136, 138, 146, 149, 163, 174, 175, 177, 178, 181, 183, 326, 394
Schöpfungsdefinition 1, 90
Schöpfungshandlung 2, 90
Schöpfungsobjekt 2, 7, 87, 90, 91, 93, 97, 98, 138
Schöpfungssubjekt 2, 7, 90
Teilziel der Schöpfung 91, 106, 107, 108, 109, 112, 132, 135, 165, 172, 190, 194, 195, 197, 218, 303, 306, 321, 405, 407, 408
Schöpfungshylem 2, 6, 8, 16, 90, 215
Königsgeburt 238, 239, 240, 243, 254, 303
Menschenschöpfung 316
Priestergeburt 238, 239, 240, 254, 303
Tempelschöpfung 215, 261
Schöpfungsmythos 90, 137
Funktionalisierung 92
Grundfunktion 92
Metafunktion 92
Schöpfungsstrom
Indizien für S. als Ritualadressat 102, 103, 153
Indizien für S. als Ritualort 102
ist Schöpfer 101, 134, 144
wird erschaffen 101, 134, 189
Schöpfungstext 2, 7, 88, 90, 409
Silbenalphabet A 309, 317, 318, 321, 331
Silbenalphabet B 318
Silbenvokabular A 309, 317, 318, 321, 331
Sîniddinam 28, 69
Sîniddinams Reise mit Nanna nach Nippur 71, 73
Z. 4', Z. 10' 69
Z. 10' (BM 14016), Z. 10' und Z. 10'a

(U 16869) 28
Z. 13'–20' 273
situative Verortung 31, 34
Definition 2
erweiterte situative Verortung 3, 16, 22
Hinweise auf das Ritualobjekt 106, 107, 109, 111, 114, 115, 117, 121, 128, 132, 135, 136, 143, 150, 177, 178, 178–187, 405, 407
Hinweise auf das Ritualziel 34, 406
Hinweise auf den Ort des Rituals 109, 112, 114, 121, 124, 126, 127, 132, 187–194, 407
Hinweise auf den Ritualabsender 177, 178
Hinweise auf den Ritualadressaten 34, 103, 106, 123, 132, 135, 136, 143–145, 150, 152–164, 194, 405, 406
Hinweise auf den Ritualexperten 34, 167, 169, 178, 407
Hinweise auf den Ritualgaranten 103, 106, 124, 132, 165–166
Hinweise auf die Zeit des Rituals 34, 50, 70, 72, 74, 134, 135, 194–197, 404, 408
Hinweise auf weitere Ritualteilnehmer 34, 106, 107, 108, 136, 172, 177, 178, 405, 407
Methodik allgemein 8, 11–16, 22, 29, 34, 37, 43, 47, 72, 85, 87, 151, 200, 203, 322, 368, 403, 404, 405, 406, 408
von Schöpfungstexten 7, 16, 47, 87, 88, 89, 112, 132, 136, 137, 138, 151, 152, 157, 200, 402, 403, 409
Song of the Ploughing Oxen 397, 401
StOr 09-1 39 Pl. 17
Z. 7 372
Streitgespräch von Winter und Sommer
Z. 60 329
Streitgespräche
Unterhaltung beim Festmahl 33
Šulgi 25
Indizien für Š. als Ritualobjekt 65, 76
Šulgi B 70, 73
Z. 358 57
Šulgi D
Z. 355 237
Šulgi E 71, 73
situative Verortung
im Tempel 64, 65
und Tradierung 22
Z. 59–62 64
Z. 240 21
Z. 240 f, Z. 249–251, Z. 253–257 25, 26
Z. 241 21
Z. 243–245 21–22
Z. 249–251 21–22
Z. 252–257 64–65
Z. 255–257 76–77
Šulgi X 224
Šulpa'e 249, 254
Indizien für Š. als Ritualteilnehmer 245

Teilziel der Schöpfung *Siehe* Schöpfung
Tempelhymnen
Z. 87 240
Z. 204 234
Z. 500–503 239
Theogonie von Dunnu 71, 73, 281, 312, 322, 390–401, 402, 408
gesellschaftliche Verortung 398
Hinweise auf das Ritualobjekt 394, 395
Hinweise auf das Ritualziel 394, 395, 401
Hinweise auf den Ort des Rituals 397, 398
Hinweise auf den Ritualexperten 396
Hinweise auf die Ritualadressaten 393
Hinweise auf die Zeit des Rituals 391, 392, 398, 399, 400, 401
Hinweise auf weitere Ritualteilnehmer 395, 396, 397
Kolophon 398
situative Verortung
in landwirtschaftlichen Ritualen 62, 199, 390, 401, 409
rituelles Lied 24, 39, 126
Steckbrief 390
Z. 1 f 392
Z. 3 392
Z. 3 f 391, 394
Z. 4 392
Z. 5 392

Z. 6 392, 394
Z. 10 392
Z. 12 392
Z. 15 392
Z. 17 392
Z. 20 399
Z. 20, Z. 24, Z. 32 und Z. 36 59
Z. 20, Z. 24, Z. 32, Z. 36, Z. 39–42 und Z. 19’ 58–59
Z. 21 392
Z. 24 399
Z. 25 392
Z. 32 399
Z. 33 392
Z. 36 399
Z. 37 392, 398
Z. 39 60, 399
Z. 6’ 392, 393
Z. 9’ und Z. 16’ 392, 393, 398
Z. 11’ und Z. 15’ 392, 393
Z. 12’ 392, 393
Z. 19’ 61, 396, 400
Z. 20’ 25, 39, 126, 391, 394, 395, 401
Tiglatpileser I. 204
Totengeister der Familie
sind Ritualadressaten 56
Tukulti-Ninurta I. 204
Uĝu’ul 367, 368, 371, 377, 384, *Siehe auch Enki und Ninmaḫ*
wird erschaffen 376, 377
Unheil 55, 60, 62, 67, 88, 102, 112, 114, 115, 116, 117, 120, 124, 127, 128, 130, 135, 136, 137, 150, 153, 154, 157, 158, 163, 164, 166, 174, 177, 178, 180, 184, 185, 186, 187, 188, 189, 190, 191, 192, 194, 198, 265, 266, 297, 305, 345, 359, 360, 365, 394, 402, 406, 407
Unterweisungen eines Bauern an seinen Sohn 393
Z. 107 f 330
Urnamma 4 276
Urnamma 10 277
Urnamma 12 277
Urnamma 46 277
Urnamma B 202, 203
Z. 19 261, 276
Urnamma C
Z. 23 387
Z. 24 277
Urninurta A
Z. 7 237
Urninurta B
Z. 47 f 77, 335
Utu *Siehe* Utu/Šamaš
Utu/Šamaš 133, 361
Indizien für U. als Ritualadressat 31, 44, 52, 100, 101, 122, 129, 155, 156
Indizien für U. als Ritualgarant 124, 130, 166
wird erschaffen 99, 100, 122

Vegetationsmythen
situative Verortung 12

WF 103 249

Zwischenstück *Siehe* Performanzangabe

www.ingramcontent.com/pod-product-compliance
Lightning Source LLC
Chambersburg PA
CBHW071936220426
43662CB00009B/915
* 9 7 8 3 1 1 1 1 1 5 8 1 8 *